# 식민지 근대관광과 일본시찰

## 趙成雲

동국대학교 사범대학 국사교육과 졸업
동국대학교 문학박사
교토대학 인문과학연구소 초빙외국인학자(2008)
현재 동국대학교, 경기대학교 강사

## 대표논저

일제하 농촌사회와 농민운동(혜안, 2002)
일제하 수원지역의 민족운동(국학자료원, 2003)
일제의 식민지 지배정책과 매일신보 1910년대(두리미디어, 2005)(공저)
식민지 동화정책과 협력 그리고 인식(두리미디어, 2007)(공저)
이외 논문 다수

### 식민지 근대관광과 일본시찰       값 34,000원

2011년 1월 17일 초판 인쇄
2011년 1월 24일 초판 발행

저       자 : 趙成雲
발 행 인 : 한 정 희
발 행 처 : 경인문화사
편       집 : 신학태 김지선 문영주 안상준 정연규
          서울특별시 마포구 마포동 324 - 3
          전화 : 718 - 4831~2, 팩스 : 703 - 9711
          이메일 : kyunginp@chol.com
          홈페이지 : 한국학서적.kr / www.kyunginp.co.kr
등록번호 : 제10 - 18호(1973. 11. 8)

ISBN : 978-89-499-0760-4   94910

# 식민지 근대관광과 일본시찰

趙 成 雲

景仁文化社

# 서문

한국근대사학계에서 근대관광에 대해 관심을 갖을 만큼 여유가 생긴 것은 한국사회의 민주화가 일정하게 진전되었다는 것을 의미하기도 한다. 이는 1990년대 이전까지 한국근대사학계는 근대관광이라는 주제에 관심을 기울일 여유가 없었기 때문이다. 그것은 이 시기 한국근대사 연구자의 대부분 일제에 대한 저항사, 즉 민족운동사와 해방 공간의 연구에 몰입하고 있었던 사정과 맞물리는 것이다. 이러한 사정은 한국사회의 민주화와 통일에 한국근대사 연구가 기여해야 한다는 암묵적인 합의가 연구자들 사이에 존재하였기 때문이 아닌가 생각해본다.

그런데 한국사회의 민주화가 크게 진전되고 민족운동사에 대한 연구가 어느 정도 일단락되면서 한국근대사 연구자들은 새로운 방법론과 새로운 주제를 찾게 되었다. 이러한 때에 정부에 의해 추진되었던 과거사 정리사업은 한국근대사 연구자들에게는 기회가 되었다. 즉 그 동안 특정한 주제에 대해 연구할 수 없었던 정치적, 사회적 분위기가 이 시기에 소멸되었던 것이나. 그리하여 친일파와 일제의 식민지 지배정책사에 대한 연구가 크게 진전되었다. 또한 일군의 연구자들은 일상사에 대한 관심을 보였다. 주로 문학 연구자들에 의하여 선도되었던 일상사에 대한 연구에 한국근대사 연구자들이 뛰어들기 시작하였던 것이다. 바로 이러한 시대적 분위기 속에서 근대 관광에 대한 연구도 시작될 수 있었다고 생각된다.

이 근대 관광이 식민지 조선에 전해진 것은 역시 일본제국주의에 의해서였다. 그들은 1906년 만한순유단을 조선에 파견하여 제국주의적 시선으로 조선과 조선인을 파악하였다. 그리고 1910년 조선을 강점한 직후인 1912년 일본여행협회 조선지부를 설치함으로써 식민지 조선에 근대 관광을 본격적으로 이식하고자 하였다. 그리고 조선총독부 철도국은 이러한 식민지 근대 관광의 머리로서의 역할을 한 것으로 파악된다. 따라서 식민지 근대 관광에 대한 연구는 일제의 식민지 지배정책과도 직접적인 관련이 있는 것이다. 이렇게 보면 우리나라의 근대 관광은 그 시작부터 식민지성을 지니게 되었음을 알 수 있다. 따라서 근대 관광에 대한 연구는 식민지 조선의 근대(성) 연구의 일환으로도 이해할 수 있는 것이다.

그러나 이 책은 처음부터 근대 관광에 대한 관심에서 비롯된 것은 아니다. 식민지 지배정책사 연구의 일환으로 시작되었던 일본시찰단에 대한 연구를 근대 관광이라는 차원으로 발전시킨 것이다. 관광이라는 주제는 일상사와 밀접한 관련이 있다. 따라서 본서는 일상생활에서 관철되는 지배정책이 식민지 조선인에게 어떠한 영향을 끼쳤는가 하는 것을 관광을 통해 바라본다는 관점에서 서술된 것이라 보아주시기를 독자 여러분께 부탁드린다. 또한 본서는 처음부터 하나의 책으로 묶을 생각으로 기획된 것이 아니라 필자의 개별연구를 주제별로 모아서 묶은 것이므로 때로는 중복된 내용이 포함될 수 있다. 이 점에 대해서도 독자 여러분의 양해를 부탁드린다.

본서는 제1부 식민지 근대 관광과 제2부 일본시찰단의 두 부분으로 구성되어 있다. 제1부와 제2부로 구분한 것은 주제에 따른 것이지만 시기적으로도 구분된다. 즉 제2부에 수록된 일본시찰단 연구가 먼저 이루어졌으며, 제1부 식민지 근대 관광에 대한 연구는 2008년 이후 이루어진 것이다. 필자가 일본시찰단에 대해 최초로 알게 된 것은 수요역사연구회의 '매일신보강독반'에 참여하면서부터이다. 1999년 봄에 설치된 '매일신보강독반'은 조선총독부의 기관지였던 『매일신보』의 사회면을 강독하였다. 이를 통해 필자는 본서에 수록된 '일본시찰단'이라는 새로운 연구 주제를 갖게 되었다. 따라서 본고에 수록된 일본시찰단 관련 논문은 수요역사연구회의 동료들의 도움에 힘입은 바 크다고 할 것이다. 그리고 2008년 1년간 교토(京都)대학 인문과학연구소에서 연구하게 된 것을 계기로 시찰단을 관광이라는 관점에서 새롭게 인식하게 되어 지금까지 식민지 근대 관광에 대해 연구하게 되었다.

본서는 이상에서 언급한 바와 같은 과정을 거쳐 세상에 나오게 되었다. 특히 관광이라는 새로운 관점을 갖게 된 1년간의 일본생활은 필자의 연구생활에서 큰 전환점이 되었다고 할 수 있다. 이 기회에 필자에게 일본행을 권유하시고 다양한 조언과 충고를 해주시는 경기대학교의 조병로교수님과 평소 함께 공부하는 정혜경, 황민호, 성주현 선생님 등 수요역사연구회의 여러 선생님들께도 감사드린다. 그리고 필자가 게으름을 피울 때마다 채찍질해주시는 동국대학교 역사교육과의 강택구교수님과 황인규교수님께도 감사를 드린다. 또한 교토대학 인문과학연구소에서 연구할 수 있도록 도와주신 동국대학교 사학과의 정병준교수님과 교토대학 인문과학연구소의 미즈노 나오키(水野直樹) 교수님과 이승엽 선생님, 그리고 고베대학의 도서관을 이용하는데 더없는 편의를 제공해주신 고베대학 박사과정의 김현씨와 김태현씨에게도 감사의 인사를 드린다. 마지막으로 시장성도 없는 이 책을 출판해주신 경인문화사의 한정희사장님과 신학태부장님을 비롯한 편집부 여러분께도 감사드린다.

평촌에서 조성운 씀

# 목 차

x

# 제1부

## 식민지 근대 관광

# 제1장 일제하 조선총독부의 관광정책

## 1. 머리말

근대 관광은 제국주의 정책의 산물로 탄생하였다. 그것은 식민지 본국인에게는 국가적 정체성과 자긍심을 강화시키면서 피식민지인에게는 식민지 본국의 근대문물 소개를 통해 열등의식을 심어주는 역할을 하였다. 식민지 조선의 근대 관광 역시 이러한 의미를 지닌다. 1906년 일본 최초의 단체해외여행인 滿韓巡遊團과 1909년 경성일보시찰단 이후 식민지 전기간을 통해 일본에 파견되었던 일본시찰단은 그 대표적인 사례이다.

최근에는 식민지시기 일본시찰단에 대한 연구가 비교적 활발하게 이루어졌으나 이는 근대 관광이라는 관점에서 이루어진 것이 아니라 일제의 식민지 동화정책이라는 관점에서 이루어진 경향이 강하였다. 그리고 국내 관광에 대한 연구는 주로 문학적인 측면에서 이루어져 사실에 대한 실증적인 접근보다는 문학작품을 중심으로 식민지 조선의 '근대(성)'의 탄생과 성격에 주목하면서 이루어진 경향이 있다.[1] 따라서 조선총독부

---

1) 서기재, 2002, 「일본근대「여행안내서」를 통해서 본 조선과 조선관광」『일본어문학』13, 한국일본어문학회.
차혜영, 2004, 「1920년대 해외 기행문을 통해 본 식민지 근대의 내면 형성경로」『국어국문학』137, 국어국문학회.
김중철, 2005, 「근대 초기 기행 담론을 통해 본 시선과 경계 인식 고찰-중국과

의 관광정책[2]의 실체를 구명하는 데는 한계가 없지 않았다.

　또한 조선총독부의 관광정책에 대한 한 연구[3]는 일본인의 만주와 조선에 대한 시찰, 수학여행, 조선인의 일본시찰, 여성과 관광 등을 중심으로 파악하여 조선총독부의 관광정책에 대한 본격적인 연구에 이르지는 못한 것으로 판단된다. 또 다른 연구에서는 식민지 조선의 근대 관광의 탄생에 대하여 교통시설과 일본여행협회 조선지부의 설치를 중심으로 설명하였다.[4] 국사편찬위원회에서 편찬한『여행과 관광으로 본 근대』(두산동아, 2008)는 역사학적인 관점에서 근대 관광의 탄생, 여행의 수단, 관광지의 창출과 숙박시설, 해외여행의 탄생과 여행지 등 근대 관광을 실증적으로 서술하고 있어 이 분야 연구의 선구적인 업적이라 할 수 있다.

　이상에서 본 바와 같이 지금까지의 식민지 시기 근대 관광에 대한 연구는 일본시찰단에 대한 연구와 문학작품이나 기행문을 소재로 한 '근대(성)'에 대한 연구가 중심이 되었으며, 역사학적 관점에서는 이제 막 연구가 시작되었다고 해도 과언이 아니라 할 수 있다.

　본고에서는 이상의 연구 성과를 바탕으로 조선총독부의 관광정책에 대하여 1910년대, 1920년대, 1930년대 이후의 3시기로 나누어 살펴보고자 한다. 특히 1930년대 이후의 관광정책은 1938년 5월 5일 국가총동원

　일본 여행을 중심으로 -」『인문과학』 36, 성균관대학교 인문과학연구소.
　서기재, 2005,「일본 근대 여행관련 미디어와 식민지 조선」『일본어문학』 14.
　홍순애, 2007,「근대소설에 나타난 타자성 경험의 이중적 양상」『정신문화연구』 106, 한국학중앙연구원.
　김려실, 2008,「기록영화 <Tyosen> 연구」『상허연구』 24, 상허학회.
 2) 본고에서 말하는 '조선총독부의 관광정책'이란 조선총독부 철도국이나 道·府·郡 등 지방자치단체, 그리고 각 지방의 고적보존단체 등에서 행해진 것까지를 포함한다. 즉 조선총독부와 그 관련단체들의 관광정책을 의미한다.
 3) 李良姬, 2007,「植民地時期における朝鮮總督府の觀光政策」『東北アジア研究』 13, 島根縣立大學東北アジア地域研究センター.
 4) 조성운, 2008,「1910년대 식민지 조선의 근대관광의 탄생」『한국민족운동사연구』 56, 한국민족운동사학회.

법의 시행 이전과 이후 시기를 각각 제1기와 제2기로 나누어 살피고자 한다. 이는 중일전쟁을 계기로 크게 변화된 제국 일본의 관광정책이 식민지 조선에도 직접적인 영향을 끼치기 때문이다. 이를 통해 본고에서는 식민지 시기 조선총독부의 관광정책의 큰 흐름을 파악할 수 있을 것이라 기대한다. 그런데 식민지 조선의 관광정책에 대한 연구는 제국 일본의 근대관광이라는 측면과 불가분의 관계에 있으므로 일본의 근대 관광 정책5)과의 비교 속에서 연구되어야 한다고 생각하지만 본고에서는 충분히 이러한 측면을 충분히 고려하지 못했다. 향후 이에 대해 보완하고자 한다.

## 2. 1910년대의 관광정책

1910년대는 일제의 조선 강점 직후라는 점에서 일제의 식민지 지배정책의 근간이 형성되는 시기로서 동화주의를 식민지 지배정책의 목적으로 채택하였음은 잘 알려진 사실이다. 그리하여 조선총독부는 식민지 조선의 여론을 주도하는 조선의 상층 및 중간 지배층, 그리고 鄕村社會의 유지층 등을 식민지 지배의 새로운 협력자로 포섭하고자 하였다. 이를 위해 일제는 일제의 조선 강점에 협력한 조선인들에 대한 논공행상과 함께 식민지 지배에 적합한 형태로 조선의 지방제도를 변화시키고자 하

---

5) 일본의 근대관광정책에 대해서는 다음의 연구가 참조된다.

曾山毅, 2003, 『植民地台湾と近代ツーリズム』, 靑弓社.

佐藤哲哉, 2004, 「明治初期か第二次世界大戦に至る日本の觀光政策」『九州産業大學商経論叢』45-2.

中村宏, 2007, 「戰前における國際觀光(外客誘致)政策－滿州事變日中戰爭第二次大戰─」『神戶學院法學』36권 2호.

中村宏, 2007, 「戰時下における國際觀光政策－滿州事變日中戰爭第二次大戰─」『神戶學院法學』36권 3·4호.

安田政彦, 2007, 「繪葉書にみる大正時代の博覽會」『帝塚山學院大學研究論集』42, 文學部.

였다. 이러한 목적 하에 일제는 '병합' 직후 '朝鮮貴族'의 창출, 府制의 시행과 郡面의 통폐합 및 面制의 시행 등 지방행정제도의 개편, 『매일신보』의 발행을 통한 식민지 언론의 육성 등 다양한 정책을 시행하였다.

이러한 일제의 식민지 지배정책을 수행하기 위해 채택된 정책 중의 하나가 이른바 '관광' 혹은 '시찰'이었다. 그런데 이 시기 조선총독부의 관광정책은 일본시찰을 중심으로 한 해외관광과 경성을 중심으로 한 국내의 도시관광에 초점이 두어졌다. 특히 일본시찰단의 파견은 조선의 상층과 중간층 및 향촌사회의 지배층에게 일본을 견문시킴으로써 식민지 지배의 동조자 혹은 협조자를 양성하고자 한 목적에 따른 것이었다.[6] 이러한 계획에 따라 1910년대 조선총독부가 파견했던 일본시찰단은 조선귀족관광단(1910), 동척시찰단(1911~1914)), 기독교시찰단(1911), 유생대표시찰단(1912), 조선진신시찰단(1914), 교육시찰단(1914), 일본시찰단(1915), 불교시찰단(1917), 규슈시찰단(1918), 교육시찰단(1918), 잠업시찰단(1919), 농사시찰단(1919) 등 15개에 달하였다.[7]

여기에서 주목되는 것은 1910년대 일본시찰단에 참여하였던 인물들은 대부분 식민지 조선의 지배층에 해당하는 계층에 속한다는 점이다. 이는 이 시기 조선총독부가 조선인을 일본 시찰에 파견한 목적과 관련이 깊다고 할 수 있다. 즉 조선총독부가 목적으로 한 것은 1911년의 동척시찰단에 대해서 『매일신보』는 사설에서 그 목적을 "十人이 一地를 觀할지라도 十人의 思와 十人의 事가 各殊한 즉 自然 百人의 取捨가 不同"할 것이므로 "我의 拙함을 棄하고 彼의 巧함을 學하며 我의 鈍함을 棄하고 彼의 利함을 學"[8]하는데 있는 것이라 하였다. 또한 마츠나가(松永) 평남도장관은 "博覽의 大會는 世界 玩物이 각각 品色을 자신할 뿐 不是라. 行程

---

6) 조성운, 앞의 논문, 『한일민족문제연구』 6, 7쪽.
7) 조성운, 앞의 논문, 『한일민족문제연구』 6, 30~32쪽.
8) 『매일신보』 1911년 3월 19일, 「內地觀光團에 대한 感想」.

3천리(조선리 15000리) 간에서 진보·발전된 내지의 문물제도와 대규모의 農工場과 山明水麗한 명소구적들 無漏探得할지니 그 趣味와 實益이 과연 여하하리오."9)라 하여 大正博覽會의 관람과 일본의 선진문물을 시찰할 것을 적극 권장하였다.

그리고 1910년 조선귀족관광단의 조직 이래 일본시찰단의 조직에 주도적 역할을 한 趙重應은 1909년과 1910년에 경성일보가 조직하여 파견했던 제1회 및 제2회 일본시찰단 파견의 성과에 대해 "日韓併合 후 朝鮮人의 思想은 年次 進化를 生하니 그 원인은 各種이 有하나 直接의 功은 병합 전에 朝鮮 一流의 人士가 日本大觀光團을 2회에 決行"10)한 것에 있다고 하면서 "觀風察俗의 達하고 歸家한 후 농공업의 개량진보의 기타 各般 事에 物質과 精神上에 絶對로 偉大한 美果를 奏함으로 朝鮮觀光團의 嚆矢를 作하였더니 그 후로 東拓觀光團 및 개인관광단이 續出하였으며 朝鮮 內地에서도 이를 模範한 此進步的觀光團을 見함에 至"11)했다고 평가하였다. 즉 그는 일본시찰단 파견의 결과 조선의 근대문명이 발달하였으며, 조선 국내 관광도 발달하기 시작하였다고 평가하였던 것이다.

그리고 『매일신보』는 이와 같은 맥락에서 또한 "인류는 活潑潑한 동물이라. 상당한 聞見이 有한 然後에야 孤陋의 恥를 免할지라. 若一處에서 生하며, 一處에서 長하며, 一處에서 死하여 局外의 森羅萬象이 如何한지 不知하면 雖軒昂한 氣宇와 明敏한 才質이 有할지라도, 自然 大都地의 下愚에 不及할지라도 自然 大都地의 下愚에 不及할지니 어찌 可惜할 事 아니하리오."12)라고 하여 관광을 통해 새로운 문물 견식의 중요성을 지적하였다.

---

9) 『매일신보』 1914년 3월 11일, 「內地觀光團에 대하여」.
10) 『매일신보』 1913년 9월 10일, 「鮮人思想의 進化」.
11) 『매일신보』 1914년 3월 8일, 「內地觀光團에 대하여 子爵 趙重應氏談」.
12) 『매일신보』 1912년 4월 21일, 「地方觀光團에 對하여」.

　　다른 한편 『매일신보』는 "繁華만을 是玩하며, 遊浪만 是貪하여 人의 錦繡를 見하면 必艶愛하고 人의 膏粱을 見하면 必欽羨하며 기타 사물의 여하는 一分의 了解가 無히 徒往徒來하여 多數 金錢만 虛費하고 歸家 후에는 浮華가 蒙目하여 所執業務는 反히 怠惰에 至하면 此는 観光의 益은 姑舍하고 즉 관광의 大病을 □成함이니 어찌 可戒할 사가 아니리오."13)라고 하여 관광단원이 경계해야 할 일도 적시하고 있다.

　　이에 대해 일본시찰단의 파견에 지도적인 역할을 수행했던 趙重應은 '한일합방' 이후 조선인의 사상이 진보하였다고 하면서 그 원인을 일본 시찰에서 찾고 있다. 일본 시찰을 다녀온 篤農家들이 일본인의 근면과 일본의 문명개화, 식산흥업의 발달 등을 조선에 돌아와 일반 민중에게 전파했기 때문이라는 것이다. 그리고 이러한 시찰의 효과는 특히 완고한 유생들에게서도 발견할 수 있다고 하여 일본 시찰에 대한 적극적인 입장을 개진하고 있는 것이다. 여기에서 더 나아가서 趙重應은 조선의 각 지방에서 경성을 시찰하는 것도 이러한 목적이라고 설명하고 있다.14)

　　앞의 조중응의 견해와 마찬가지로 『매일신보』는 이 시기의 관광의 편리성을 "往日에는 水陸의 교통이 불편하여 遠地는 10일 20일의 跋涉이 아니면 可達치 못하므로 京城이 何處에 在한지, 老死不知하는 者가 往往하고, 又 人民의 程度가 低下하여 觀光의 思想이 初無하였고, 또 부녀는 所居地方에서도 敢히 門外에 出치 못하더니. 현하 문명이 대□하여 水에는 氣艦이 有하며, 陸에는 汽車가 有하여"15)라고 하여 근대 교통의 발달과 근대적인 의식의 보급이 부녀자들까지도 관광을 할 수 있게 되었다는 점을 강조하고 있다. 이는 비서구지역에서 근대 관광이 발달할 수 있는 조건으로 철도의 건설과 관광객 유치제제의 정비와 같은 제도적인 틀과 함께 근대 관광의 생성의 요람이 되는 '近代'가 동시에 도입되어

---

13) 『매일신보』 1912년 4월 21일, 「地方觀光團에 對하여」.
14) 『매일신보』 1913년 9월 10일, 「鮮人思想의 進化」.
15) 『매일신보』 1912년 4월 21일, 「地方觀光團에 對하여」.

야 한다고 한 소야마 다케시(曾山毅)의 주장과 일치한다고 할 수 있다.16)

　이처럼 조선 국내의 관광도 일제의 조선 강점 직후부터 활발히 이루어지고 있었던 것으로 판단된다. 이와 같은 국내 관광의 활성화는 『매일신보』가 지적하였듯이 철도로 대표되는 근대 교통의 발달과 '근대 의식'의 성장에 따른 것이었다. 특히 근대 교통의 발달은 관광의 대중화에 크게 기여하였다. 그리하여 "近日 地方人士가 往往히 觀光團을 조직하여 大都會를 遊覽하여 眼目을 高尙케 하니 可히 美擧라 謂할지로다."17)라고 하여 이미 일제의 조선 강점 직후부터 국내관광이 행하여지고 있음을 알 수 있다. 계속해서 『매일신보』는 "嗚呼라. 一個人이 宇內를 遊覽하여도 자연 知識의 增長이 有하거던 況幾十人幾百人이 一團을 作하여 大都風物을 視察하면 개인의 지식이 증장할 뿐 아니라 全郡에 대하여 그 影響이 果然 如何하리오."18)라고 하여 국내관광을 권하고 있는 것이다. 또한 경기도장관인 히가키 나오스케(檜垣直右)는 1911년 5월 19일 경기도청을 방문한 果川觀光團員에게 행한 연설에서 다음과 같이 말하였다.

　　今回에 觀光團을 조직, 상경함은 喜悅하는 바이어니와 觀光團이니 視察團이니 見學團이니 하는 許多의 명칭은 某事를 물론하고 관찰한 후에 取長棄短하니 實效가 有케함이요, 만일 實地實心이 無하면 來往의 旅費만 消耗하는 것이니 諸君은 該郡의 上流社會에 處하였은 즉 還鄕한 後에 일반 인민에게 대하여 殖産의 主旨를 奬勵할 뿐 아니라 勤儉貯蓄하여 생명을 보호하는 것이 天皇陛下께옵서 下民을 보호하시는 聖德을 萬分의 一이라도 보답함이니 관광한 사항을 該郡 내에서도 실행하여 일반 인민의 程度가 발전하기를 희망하노라19)

16) 曾山毅, 2003, 『植民地台湾と近代ツーリズム』 青弓社, 19쪽.
17) 『매일신보』 1911년 8월 18일, 「地方의 觀光團」.
18) 『매일신보』 1911년 8월 18일, 「地方의 觀光團」.
19) 『매일신보』 1911년 5월 20일, 「果川觀光團來京」.

즉 국내관광 역시 일본시찰과 마찬가지로 조선민중에 대한 동화정책의 연장선에서 바라보고 있었던 것이다. 이상에서 볼 수 있듯이 1910년대 조선총독부는 조선인을 중심으로 구성된 일본시찰단의 파견을 통해 조선인을 일본에 동화시키고자 하였고, 일본시찰을 할 수 없었던 조선인들에게는 경성을 비롯한 조선의 대도시를 관광하게 함으로써 일제의 식민지 지배 이후의 조선의 발전상을 확인시키고자 하였음을 알 수 있다.

그리하여 일제의 조선 강점 직후인 1910년대 초반에는 "某地方을 勿論하고 觀光團의 組織이 頻繁"[20]하다고 할 만큼 국내관광이 활발하게 이루어진 것으로 판단된다. 이 시기 국내 관광단의 실태를 『매일신보』를 통해 살펴보면 다음과 같다.

〈표 1〉 1910년대 국내관광단의 실태

| 명 칭 | 기간 | 주관 | 단 원 | 방 문 지 | 목적 및 기타 | 전거 |
|---|---|---|---|---|---|---|
| 창성관광단 | | 창성군 유지 | 군수, 군민 | 경성(관청, 공업전습소, 중앙농회, 창덕궁, 경복궁), 수원 농사모범장 | | 1911.4.23 |
| 과천관광단 | | 과천군 | 면장, 유지자 60여명 | 경성(관청, 공장, 창덕궁), 경기도청 | 인민사상계발 | 1911.5.20 |
| 연안관광단 | | 연안군 | 군서기외 30명 | 경성(매일신보사, 교동보통학교, 송현사범학교, 숙명여학교, 종로청년회관) | 예종석 주최의 환영회에 참석 | 1911.5.25 |
| 평양부인관광단 | | 평양 융흥면 | 50여명 | 경성 | 계획 중이라는 기사 | 1911.6.13 |
| 아산관광단 | | 유지 | 54명 | 수원(모범장, 농림학교), 용산(인쇄고, 사령부), 경성(鷺島모범장, 공업전습소, 미술공장, 창덕궁, 은사수산장, 동아연초주식회사, 총독부) | | 1911.7.8 |

20) 『매일신보』 1912년 3월 13일, 「地方의 觀光團」.

| 관광단 | 일정 | 지역 | 인원 | 방문지 | 비고 | 날짜 |
|---|---|---|---|---|---|---|
| 양지관광단 | 4.9~4.13 | 양지군 | 군수(민윤식), 면장 및 유지자 20여명 | 경기도청, 미술품공장, 총독부, 日出小學校, 경성고녀, 경성고보, 창덕궁, 동아연초주식회사, 총독부의원, 공업전습소, 매일신보사, 경성일보사, 경무총감부, 藘島원예모범장, 水源池, 동척회사□□支場, 수원농림학교, 수원권업모범장 | 매일신보사 방문시 매일신보사 및 경성일보사의 악대가 환영, 경성실업가 제씨의 환영연 | 1912.4.9: 1912.4.11 |
| 진위관광단 | | 진위군 | 130명(남 70, 여 60) | 경기도청, 총독부, 조선은행, 경성고보, 경성식림묘원, 경성고녀, 총독부의원, 동물원, 식물원, 공업전습소, 藘島원예모범장, 동척 | | 1912.4.11 |
| 은진관광단 | 5.6~19 | 은진군 참사 池光熙 方主錫 | 면장, 유지신사, 공주참사회구역내 참사 | 수원(농림학교, 농업모범장), 경성(총독부, 사령부, 농상공부진열소, 공업전습소, 동물원, 식물원, 藘島원예모범장), 開城參圃, 평양탄광, 신의주, 압록강철교, 대구, 부산잔교, 절영도, 대전, 공주도청 | 일반인민의 견문지식을 開道 | 1912.4.24 |
| 순숙관광단 | | | 37명 | | 순천과 숙천의 연합관광단 | 1912.4.25 |
| 함열관광단 | | | 50여명 | 고등연예관, 송도, 매일신보사주최 용산대운동회, 인천부청, 인천관측소, 양주제조소, 수원 | | 1912.5.5.: 1912.5.9 |
| 숙천관광단 | 4.14~19 | | 55명(남 41, 여 14) | | | 1912.5.5 |
| 개성관광단 | | | 남녀 200명 | 경성, 수원, 인천 | 문명사상 발전 | 1912.5.9 |
| 성천관광단 | | | 30여명 | 평양(평남도청, 경무부, 평양부청, 평남상품진열관, 자혜병원, 동아연초회사분공장, 농업학교, 묘포장, 수도수원지), 경성, 수원, 대전, 대구 | | 1912.7.2 |
| 창녕관광단 | | 창녕군 | 조선인 유지 22명 | 개성(선죽교, 구월대, 숭양서원, 사세국출장소) | | 1913.4.1: 1913.4.5 |

| | | | | | | |
|---|---|---|---|---|---|---|
| 용천시찰단 | | 용천군 | 용천군 양반 32명 | 蕪島권업모범장, 수원지, 경무총감부, 총독부, 용산비행장, 상품진열관, 창덕궁 | 수리사업 현상 시찰(군산, 전주, 수원의 수리사업 시찰) | 1913.4.5 |
| 전주관광단 | 20일간 예정 | 전주군 | 군수 임진섭 등 유지 20여명 | 경성, 인천, 수원, 평양, 신의주, 대구, 부산 | 흉작으로 중지, 예산의 50%를 빈민구제에 사용(1913. 4.20) | 1913.4.10 |
| 죽산관광단 | 4.22~26 | 죽산군 | 군수 이윤영 등 유지 40명 | 총독부, 각 관광, 은행 | | 1913.4.13 |
| 장수관광단 | 4.27~ | 장수군 | 면장, 유지 및 독농가 30명 | 전주, 익산(전익, 임익수리조합), 경성, 인천, 수원, 대구, 부산 | 각지 발전 시찰 | 1913.4.16 |
| 삭녕관광단 | | 삭녕군 | 면장, 이장 | | 민지계발, 교육발전 | 1913.5.6 |
| 봉산관광단 | | | | 경복궁, 남부부역소 | | 1913.5.6 |
| 연합관광단 | | | 개성 유지와 상업인 100명 | 평양 고적 명승 | 西道隣接界 懇親 | 1913.5.24 |
| 순천관광단 | | | | 평남도청, 경찰부, 도립양잠업강습소, 자혜의원, 수원지, 모범지장, 물산진열장, 東亞分工場, 농업학교, 보통학교, 고등여학교 | 평양관광 | 1913.5.28 |
| 강서관광단 | 6.1~8 | 강서군 | 48명(면장 및 유지 39명, 부인 9명) | 총독부, 日出심상고등소학교, 매일신보사, 상품진열관, 백운동소방조림, 광화문, 창덕궁, 총독부의원, 수원농림모범장, 용산인쇄소, 蕪島支場, 총독부중학교, 평남도청, 동아연초회사제조공장 | 농림, 상공, 토목, 교육시설 상황 시찰 | 1913.5.29 |
| 공주관광단 | 6.20~ | 공주군 | | | | 1913.6.15 |
| 강동관광단 | 11.2~5 | 강동군 | 면장, 독농가 39명 | 평양(품평회), 진남포(공진회) | | 1913.10.29 |
| 신천관광단 | 11.4~6 | 신천군 | 실업가, 독농가 90여명, 학생 30여명 | 진남포(공진회) | | 1913.11.2 |

| 안주관광단 | | 안주군 | 54명 | | | |
|---|---|---|---|---|---|---|
| 진남관광단 | | | 진남공보 및 중화공보 학생 수백명 | | 평양에서 개최된 품평회 관람 목적 | 1913.11.4 |
| 영유관광단 | | | 영유군 및 안주군 보통학생 147명 | | | |
| 강서관광단 | | | 강서군 및 강동군 39명 | | | |
| 순천관광단 | | | 130여명 | | | |
| 강동관광단 | | | 보통학생 30명 | | | |
| 창원관광단 | 9.26 ~ 10.1 | 매일신보경남지국 마산출장소 | 매일신보 애독자 180명 | 경성(공진회, 가정박람회, 명승고적), 인천수족관, 수원모범장 | 시정5년기념공진회 및 가정박람회 관람 | 1915.9.13 |
| 제천관광단 | | | 매일신보 구독자 140명 | 경성(공진회, 가정박람회, 명승고적) | | |
| 여주시찰단 | | | 480명 | | | |
| 가평시찰단 | | | 469명 | | | |
| 공주제3회 관광단 | | | | | | 1915.10.15 |
| 대전제3회 관광단 | | | | | | |
| | | | 53명 | | | 1919.6.16 |

<표 1>을 통해 보면 1910년대 국내관광단은 대부분 각군에서 면장 및 유지, 독농가로 조직하였으며, 이들이 관광한 곳은 일제가 설치한 근대 시설물에 집중되어 있다. 이는 이 시기 일본시찰단이 관광한 시설들의 성격과 거의 일치한다고 할 수 있다. 그리고 이러한 관광단 중 강서관광단·선천관광단·수안관광단 등은 총독과 면담하기도 하였다.[21] 이

자리에서 데라우치(寺内正毅)총독은 "京城 市中의 店頭를 見함과 如한 外觀에만 迷惑하는 事이 無하고 能히 其實質의 如何를 硏究하여 各自 의 從事하고 있는 事業과 職務上에 應用하여 改善을 計"하도록 하며, "歸鄕後 이 趣旨를 人民에게 傳하여 官民이 協力하여 地方産業의 發 展을 計할지오."22)라고 하였다. 이는 관광을 통해 경성을 비롯한 근대 도시의 발전상을 지방사회에 알림으로써 일제의 식민지 통치가 조선을 발전시키고 있다는 사실을 강조하고자 했던 것으로 보인다. 따라서 1910년대 조선총독부의 관광정책은 일제의 식민지 지배의 결과 조선의 문물이 발전하였다는 것을 선전하기 위한 것이었음을 알 수 있다.

다른 한편 조선총독부는 외국인 관광객의 유치를 통해 경제적인 목적 과 함께 일제의 조선 지배에 대한 정당성을 확보하고자 하였다. 그리하여 조선총독부 철도국, 일본여행협회 조선지부 등 관광 관련 기관에서는 다 양한 인쇄물을 출판하여 조선관광을 해외에 홍보하기도 하였다. 일본여 행협회는 1912년 3월 12일 "外客을 本邦에 誘致하고 이들 外客을 위한 諸般 設備를 圖謀"23)할 것을 목적으로 도쿄의 鐵道院에서 창립되어 11 월 1일 대련지부, 12월 1일 조선지부와 대만지부를 설치하였고, 1917년 에는 청도지부를 설치하였다. 조선지부는 설치되면서 부산과 경성에 여 행안내소를 두어 관광객을 위한 제반 서비스를 제공하였다.

일본여행협회 조선지부는 1910년대에는 지도 출판, 그림엽서의 제작, 외국인 관광객의 유치, 관광안내서의 발행 등의 활동을 하였다. 즉 1914 년 1월 칼라로 영문판 경성지도 출판24)하였으며, 1915년에는 금강산·모 란대 등의 풍경을 3색으로 인쇄한 3매 1세트의 그림엽서를 제작25)하였

21) 『매일신보』 1913년 6월 4일, 「總督觀光團訓示」 ; 『매일신보』 1913년 6월 15일, 「總督觀光團引見」.
22) 『매일신보』 1913년 6월 4일, 「總督觀光團訓示」.
23) 社團法人ジャパン・ツーリスト・ビューロー(日本旅行協會), 1937, 『回顧錄』, 3~4쪽.
24) 日本旅行協會, 1914.2, 「朝鮮支部の京城地図出版」 『ツーリスト』 5, 39쪽.

으며, 1916년에는 러시아에 금강산 소개하여 러시아 관광객 약 3000명을 유치[26]하는 한편 영문 경성안내·영문 조선수렵안내·영문 금강산안내·로문 금강산안내·그림엽서 수종을 발간하였다.[27] 1917년에는 역시 러시아에 금강산을 소개하여 러시아 관광객 약 3600명 유치[28]하는 한편 영문 평양안내·영문 조선사진첩·조선 풍경 그림엽서의 발행·영문 경성안내·영문 조선수렵안내·영문 금강산안내·로문 금강산안내·그림엽서 수종을 발간하였다.[29]

그리고 일본정부의 鐵道院에서는 제국 일본에 대한 최초의 영문관광 안내서로서 1913년부터 1917년까지 滿洲·朝鮮(1913), 南西部 日本(1914), 北東部 日本(1914), 中國(1915), 東인도·필리핀·佛領 인도네시아·海峽植民地(1917) 등 전 5권으로 『An Official Guide to Eastern Asia』를 발간하여 일본여행협회를 통해 각국에 배포하였다. 이러한 일본여행협회의 활동은 식민지 조선의 근대 관광이 제국 일본의 관광정책이라는 큰 틀 속에서 구현되었음을 의미한다고 할 수 있을 것이다.

다음으로 조선총독부는 고적조사를 통해 명승지를 창출하여 관광지로 육성하고자 하였다. 조선총독부가 고적조사사업을 본격적으로 시작한 것은 1916년 古蹟調査委員會를 발족한 이후의 일이었다. 이후 1924년 조선총독부의 긴축재정에 따라 고적조사과가 폐지되면서 고적조사가 축소되기 시작하였고 1931년 만주사변 발생 이후 문화사업에 대한 억제에 따

---

25) 社團法人ジャパン·ツーリスト·ビューロー(日本旅行協會), 1937, 『回顧錄』, 87쪽.
26) 『ジャパンツーリストビューロー大正5年度事業報告』, 2쪽. 1910년대 중반에는 러시아 관광객의 일본여행이 붐을 이루었다. 그리하여 일본여행협회 본부에서도 『金剛山案內』를 비롯하여 『日本の溫泉』, 『箱根案內』, 『雲仙案內』 등의 노문 여행안내서를 1915년과 1916년에 발행하였다(社團法人ジャパン·ツーリスト·ビューロー(日本旅行協會), 『回顧錄』, 83쪽).
27) 『ジャパンツーリストビューロー大正5年度事業報告』, 55~56쪽.
28) 『ジャパンツーリストビューロー大正6年度事業報告』, 3쪽.
29) 『ジャパンツーリストビューロー大正6年度事業報告』, 47쪽.

라 고적조사는 더욱 축소되었다. 그런데 조선총독부의 고적조사는 주로 왜성 및 일본과 관련이 있는 지역에 대해 이루어졌다.[30] 이러한 고적조 사사업은 "도요토미 히데요시(豊臣秀吉)의 '朝鮮征伐'의 '偉業'을 현창 하고 '國民'을 '啓蒙'하는 것으로서 조선지배의 정당성을 강조하는 작업 의 일환"[31]이었다. 이렇게 국민을 계몽하기 위해서는 일단 고적 방문자 가 많으면 많을수록 좋은 것이었으므로 고적 방문자의 수를 증가시킬 필 요가 있었다. 따라서 경성의 倭城臺公園과 蔚山倭城公園과 같은 고적을 공원화하고 명승지화함으로써 관광객을 유치하고자 하였다. 즉 메이지유 신(明治維新) 이후 일본 내에서 행해졌던 것과 같이 고적을 공원으로 정 비하고 널리 일반시민에게 개방하여 '萬民皆樂'의 공간을 제공함과 동시 에 '일본국민'으로 교화하고자 하였던 것이다.

   이러한 관광정책의 결과 이미 1910년대에 이미 관광객을 모집하는 광고가 잡지에 실리기도 하였다. 즉 잡지『朝鮮及滿洲』에는 우이동과 수원의 벚꽃놀이, 전주·개성·중화의 복숭아꽃놀이, 월미도의 꽃놀이와 동래온천, 온양온천, 용강온천을 광고하고 있다.[32]

## 3. 1920년대의 관광정책

   3·1운동 이후 일제가 문화통치로 식민지 지배방식을 전환한 것은 잘 알려진 사실이다. 이러한 지배방식의 전환은 일제의 관광정책에도 영향 을 미쳐 1920년대 초반 일본시찰단의 수가 급증하였다. 즉 1920년대 244개의 일본시찰단 중 148개가 1920년부터 1922년에 집중되고 있 다.[33] 3·1운동 직후 조선인에 대한 회유와 통제가 필요했기 때문이겠지

---

30)  太田秀春, 2008,『近代の古蹟空間と日朝關係』, 淸文堂, 59쪽.
31)  太田秀春, 2008,『近代の古蹟空間と日朝關係』, 淸文堂, 67쪽.
32)『朝鮮及滿洲』118, 1917.4, 광고.

만 1920년대 일본시찰단의 약 61%가 이 시기에 집중되어 있는 것이다.
이는 1919년 조선총독부 사법부장관이던 코쿠분 산카이(國分三亥)가
"중류지식계급을 식민지 지배의 협조자, 동조자로 흡수해야 한다."[34]고
한 주장과 일맥상통한다고 할 수 있다. 이러한 주장은 사이토 마코토(齋
藤實) 총독이 부임하면서 "문화적 제도의 혁신에 의해 조선인을 유도하
고 이끌어서 그들의 행복과 이익의 증진을 꾀하고 장차 문화의 발달과
민력의 충실에 맞추어 정치상, 사회상 대우에서도 내지인과 동일하게 취
급할 수 있는 궁극의 목적을 달성할 것을 바라마지 않는다."[35]고 한 諭
告의 연장선에 있는 것이었다.

　이에 따라 조선총독부는 임시행정위원회로서 조선정보위원회를 설치
하였다. 조선정보위원회는 3·1운동 이후 "비밀선전기관을 설립해서 유
식자를 이용하여 문서나 구두로 선전활동을 실시하여 조선인들에게 경
각심을 일깨우기 위한 방법"[36]으로서 설치되었다. 즉 조선총독부는 조
선정보위원회의 설치를 통해 "朝鮮事情을 內外 및 外國에, 日本事情을
朝鮮에 소개하고 施政의 眞相과 施政方針의 周知普及을 도모"[37]하고
자 하였던 것이다. 이러한 목적을 갖는 조선정보위원회는 활동사진의 상
영, 국문(한글)·일문·영문 소책자의 발행, 사진첩 등의 간행, 시정방침

---

33) 조성운, 2007, 「1920년대 일본시찰단의 조직과 파견」『한국독립운동사연구』 28,
　　참조.
34) 齋藤實文書 931, 國分三亥, 「總督施政の將來の方針に關する意見書」(1919년 5월
　　제출)
35) 『매일신보』 1919년 9월 4일.
36) 「朝鮮民族運動に對する對策」『齋藤實文書』 742.
37) 「情報委員會及情報係」 朝鮮總督府, 『朝鮮』 1921년 1월호, 148쪽. 김규환은 일본
　　의 정치선전 활동의 대상으로서 첫째, 조선 내의 조선인, 둘째, 외국 및 외국인,
　　셋째, 일본 국내의 일본인으로 나누면서 외국 및 외국인을 대상으로 한 이유는 미
　　국과 영국 등의 對朝鮮論을 중시하고 일본의 善政을 선전하고 조선인의 반일운동
　　을 중단시키게 하는 동시에 총독부의 시정에 대한 협조를 얻는데 목적이 있다고
　　하였다(金圭煥, 1978, 『日帝의 對韓言論·宣傳政策』, 이우출판사, 187쪽).

강연회 등의 개최 등의 업무를 조사, 심의[38]하는 일과 군수일본시찰단의 파견, 활동사진반의 신설[39] 등을 통하여 조선인에게 일본의 사정을 소개하고 일본인에게는 조선의 사정을 소개하여 상호 이해를 통한 동화를 추구하였다.

특히 일본시찰은 3·1운동 이후 조선인에 대한 회유와 동화를 위한 주요한 방법으로 이용되었다. 그리하여 조선의 군수, 중추원 참의, 면직원, 교사, 공직자, 지방 유력자 등을 대상으로 일본 각지를 시찰하게 하는 일본시찰단을 본격적으로 조직, 파견하였다.[40] 그러나 이러한 일본시찰단의 파견에 대해 『동아일보』는 당국자가 기대하는 효과는 노력과 예산에 비해 크지 않다고 평가하여 조선총독부와 『매일신보』의 평가와는 달리 평가하고 있다.[41]

이러한 일본시찰단의 파견은 문화통치로의 전환에 따라 조선 민중에게 조선총독부의 정책 변화를 선전해야만 하였고, 3·1운동의 발생으로 인해 조선총독부에 대한 비난이 고조된 일본 내의 여론과 서구의 제국주의국가 및 조선 민중에게도 일본의 식민통치에 의해 조선이 발전하였다는 것을 선전할 필요에 따른 것이었다. 즉 조선총독부는 일본 국내에 조선총독부가 식민지 지배를 위해 행한 정책과 성과를 보여줄 필요가 있으며, 조선인에게도 식민지 지배가 조선의 근대적인 발전을 가능하게 하였다는 사실을 보여주어야 했다. 그리고 이를 통해 식민지 지배가 조선과 일본 양민족 공동의 번영을 위한 것이며, 이를 위해 양민족이 동화되어

---

38) 朝鮮總督府, 1922, 『朝鮮總督府施政年報』, 14쪽.

39) 조선총독부, 1921, 『朝鮮に於ける新施政』, 3~8쪽.

40) 朝鮮總督府, 1921, 『朝鮮總督府施政年報』, 16쪽. 1920년에는 봄, 가을에 걸쳐 100여 단체, 2,000명이 일본시찰을 하였으며, 1922년에는 200여 단체, 5000명 이상의 인원이 일본을 시찰하였다.(朝鮮總督府, 1922, 『朝鮮總督府施政年報』, 16~17쪽). 이 시기 일본시찰단에 대해서는 조성운, 2006, 「1920년대 초 일본시찰단의 파견과 성격」(『한일관계사연구』 25, 한일관계사학회)을 참조 바람.

41) 조성운, 앞의 논문, 『한일관계사연구』 25, 347쪽.

야 한다는 것을 선전하였다.

이와 함께 1923년 朝鮮鐵道協會는 관광객을 유치하기 위한 방안으로서 여객유치를 위한 기관을 총독부 및 소속 각 관청·각 철도 및 각 교통 경영자·각 사업회사·공공단체·상업회의소 및 상업조합·각종 공익단체·각 통신기관 등으로 구성하기로 하고 이 기관은 다음의 사항을 담당하도록 하였다.

> 1. 조선 내외의 안내소 설치
> 2. 안내기 및 선전인쇄물의 고안 및 작성
> 3. 환등, 활동사진의 作製 및 供覽
> 4. 임시출판물 및 잡지, 회화, 그림엽서 등의 출판
> 5. 순회강연
> 6. 여행 권유 전람회[42]

이는 곧 조선총독부의 관광정책을 실행할 기관의 설치를 통해 조선 국내의 관광산업을 진흥시키겠다는 의지를 나타내는 것이었다고 할 수 있다. 다만 이 기관이 실제 설치되어 활동했는지는 확인이 필요하다.

한편 이 시기에는 관광철도의 건설, 명승지 혹은 명소의 개발 등과 같은 국내 관광을 위한 제반 시설의 설치도 추진되고 있다. 먼저 관광철도의 건설을 위한 논의가 본격적으로 시작되었다. 1931년 개통된 금강산전기철도는 다음과 같이 관광 목적으로 건설되었음을 알 수 있다.

> 한국 병합 이래 일층 그 이름이 높아져 관광자가 매년 증가하고 탐승하는 자가 많다. 때문에 조선총독부는 수년 전부터 夏季에는 도로를 수축하고 자동차 운전의 편의를 도모하였으나 夏季 이외에 수시로 탐승을 하고자 하는 자들에게 불편이 심하다는 것을 유감으로 생각하여 완전한 교통기관의 부설을 일반이 희망한 바가 있다.[43]

---

42) 「朝鮮鐵道旅客誘致策」 1923.6, 『朝鮮鐵道協會會報』 제2권 제5호, 5쪽.

43) 金剛山電氣鐵道株式會社, 1939, 『金剛山電氣鐵道株式會社20年史』, 24~25쪽.

금강산전기철도는 조선 최초의 전기철도였다. 1924년 개통 당시에는 철원 - 김화 간을 운행하였으나 1931년 내금강역까지 전선이 개통되어 운행하였으며,[44] 특히 일요일이나 '祝祭日(국경일)' 등 공휴일에는 경성 -금강산 간의 야간침대 직통열차를 운행하기도 하였다.[45] 그리하여 금강산 관광객의 수가 매년 증가하고 있다. 예를 들면 금강산 관광객은 1926년 8,000여명, 1927년 15,000여명[46]에 달하였다.

그리고 금강산전기철도 이외에도 경상북도와 황해도에도 관광철도를 건설하자는 논의가 제기되었다. 이 지역들을 관광지로 개발하고자 한 이유는 "(이 지역이-인용자) 가장 오랜 역사를 가지며, 東方文明과는 가장 깊은 관계를 가지고 있다는 생각을 할 것도 없이 하나는 歷史的 遺物에서, 하나는 山水風光, 溫泉의 湧出에서, 山岳의 美麗"[47] 때문이라는 것이다. 이는 제국 일본의 철도정책에서 조선철도의 의의를 "조선을 남북으로 관통하는 철도로서 그 교통적 가치가 조선 그 자체의 내부적 교통을 삼기보다 오히려 대륙 교통의 일부 … 세계적 교통의 하나로서 국제적 의의"[48]를 갖는다고 한 점에 비추어 보면 이례적인 언급이다. 따라서 1920년대 조선총독부의 철도정책에서 관광정책이 하나의 패러다임으로 자리를 잡고 있다는 의미로 이해할 수 있을 것이다.

다른 한편으로 사설철도의 연선을 중심으로 한 명승지 혹은 명소의 개발을 통해 새로운 관광지의 개발이 이루어지고 있음도 확인할 수 있다. 예를 들면 서선식산철도주식회사는 신천온천, 달천온천, 안악온천 등의 온천과 장수산, 구월산 등의 명산을 연선에 두고 있었으므로 이들 지역에 관광객을 유치하고자 하였다.[49] 또한 長壽山에 대한 관광개발을

44) 金剛山電氣鐵道株式會社, 1939, 『金剛山電氣鐵道株式會社20年史』, 2쪽.
45) 金剛山電氣鐵道株式會社, 1939, 『金剛山電氣鐵道株式會社20年史』, 2쪽.
46) 『중외일보』 1927년 11월 15일, 「金剛山探勝客의 激增」.
47) 一記者, 「慶北及黃海道に二大遊覽地を完成せよ」 1923.9, 『朝鮮鐵道協會會報』 63쪽.
48) 一記者, 「慶北及黃海道に二大遊覽地を完成せよ」 1923.9, 『朝鮮鐵道協會會報』 61쪽.

다음과 같이 계획하였다.

> 長壽山은 黃海 金剛이란 이름 있는 奇巖重疊 山水明媚로서 유람객이
> 근래 증가함으로 도로의 개수, 山麓宿泊所의 설비 등을 계획하고 있으며, 또
> 信川溫泉은 탄산수로서 噴泉量이 많아 조선에서 보기 힘든 良溫泉이므로
> 여관을 직영할 계획을 세워 목하 건축 중으로 본년(1923년 - 인용자) 6월에
> 개업할 예정이다.[50)]

이러한 계획에 따라 서선식산철도주식회사는 1923년 6월에는 실제 신천호텔이 개업하였다.[51)] 또한 중앙철도주식회사는 1922년 경주 불국사 앞의 건물을 慶州古蹟保存會에서 인수받아 8월 15일부터 불국사여관이라 명명하여 경영하고 있으며, 불국사와 석굴암 등의 관광객을 수용하였다.[52)]

이처럼 사설철도는 이미 연선의 관광지 개발을 통하여 수익을 창출하고자 하였다. 여기에서 볼 수 있듯이 사설철도회사는 철도의 운영뿐만 아니라 연선의 관광지에 호텔이나 여관을 운영하기도 하였다. 즉 사설철도는 철도사업만이 아니라 관광사업을 부대사업으로 하고 있었음을 의미한다. 이는 일본자본 및 일본인을 조선에 도입할 것, 日鮮資本의 제휴와 日鮮人融和를 실현할 것[53)] 등 사설철도의 건설 목적과도 일치하는 것이었다. 결국 철도회사에 의한 관광지의 개발은 철도 연선의 관광지까

---

49) 津川俊一郎, 「載寧平野と西鮮殖鐵」 1923.5, 『朝鮮鐵道協會會報』, 153쪽.

50) 「西鮮殖産鐵道株式會社」 1923.5, 『朝鮮鐵道協會會報』, 163쪽. 『동아일보』 기사에 따르면 1923년 5월 8일 최초로 장수산 탐승에 관한 기사가 보이고 있다. 따라서 서선식산철도주식회사의 장수산 관광개발과 이 기사는 관련이 있다고 생각된다.

51) 「西鮮殖産鐵道株式會社」 1923.5, 『朝鮮鐵道協會會報』, 161쪽.

52) 「中央鐵道株式會社 創立以來の沿革並功勞者の氏名」 1923.5, 『朝鮮鐵道協會會報』 155쪽.

53) 賀田直治, 1920.12, 「朝鮮私設鐵道の使命と效果」 『朝鮮私設鐵道協會會報』 창간호, 12쪽.

지 철도승객을 수송함으로써 철도수익의 확대를 꾀하는 것이기도 하였다.[54]

한편 조선총독부는 조선의 명승지와 근대 시설을 촬영한 활동사진을 일본과 조선, 그리고 서양제국에서 상영함으로써 일제의 식민지 지배의 정당성을 선전하고자 하였다. 특히 조선의 명승지를 촬영한 것으로는 <朝鮮의 金剛山>, <妓生의 舞>, <新羅舊蹟>, <百濟遺蹟>, <鴨綠江의 筏>, <金剛山>, <雪의 秘苑>, <丹陽江伴>, <朝鮮의 旅 日本으로부터>, <朝鮮의 旅 滿洲로부터>, <朝鮮의 旅 間島로부터>, <朝鮮旅行> 등을 들 수 있다. <朝鮮의 金剛山>은 세계적 명승지로서 인구에 회자되는 금강산의 실경을 표현하고 있는 實寫物로써 내금강, 외금강, 해금강으로 나누어 소개하였다. <妓生의 舞>는 '조선 명물'의 하나인 春鳳舞, 四鼓舞기, 劍舞, 僧舞 등 기생의 춤을 소개하였다. <金剛山>은 금강산의 대표적인 계곡미를 모은 것으로서 만폭동, 장안사, 비로봉, 구룡연, 팔담, 만물상, 해금강 등을 소개한 것이다. 특히 <朝鮮의 旅 日本으로부터>, <朝鮮의 旅 滿洲로부터>, <朝鮮의 旅 間島로부터>, <朝鮮旅行>은 조선에 대한 관광 안내서와 같은 역할을 하였던 것으로 보인다. <朝鮮의 旅 日本으로부터>는 시모노세키(下關)부터 부산에 상륙하여 대구, 경주를 보고 서울에서 금강산에 들어가 신의주에 이르는 과정을 소개하였으며, <朝鮮旅行>은 부산에 상륙하여 대구, 서울, 인천, 개성, 평양을 보고 신의주에서 끝나는 行程을 소개하였다.[55] 또한 <朝鮮의 旅>는 1923년에 처음 제작된 이래 1925년, 1926년, 1931년, 1933년, 1940년에도 속편이 제작되었는데, 1925년 제작된 <朝鮮의 旅>는 전8권의 장편으로서 "일본의 부호가 조선에서 경영하고 있는 농장에 대

---

54) 賀田直治, 1927, 「鐵道と遊覽地經營」, 『朝鮮鐵道協會會誌』 6권 10호, 참조 바람.

55) 朝鮮總督府內務局社會課, 1928, 「朝鮮總督府活動寫眞班槪況」 『朝鮮社會事業』 제6권 7호, 56~63쪽.

한 시찰을 겸해 히자쿠리게(膝栗毛 : 도보여행)의 鞭을 打하는 스지가키
(筋書 : 줄거리)로 그 여행 중에 교통, 산업, 교육 등 모두 조선의 대표적
사물을 도입하여 약간의 深味와 마음에 맞는 것을 가한 여행상태영화였
다"[56]는 설명은 활동사진이 관광안내서의 역할도 하고 있었음을 의미한
다고 할 수 있다. 이러한 활동사진의 촬영과 상영은 한편으로는 일제의
조선지배를 정당화하고자 하는 것이었으나 다른 한편으로는 조선에 관광
객을 유치하고자 한 것이었다고 할 수 있다.

　이와 같이 활동사진을 동화정책에 이용할 것을 제안한 것은 다음의 글
에서 보이듯이 1910년대 초반이었으나 이를 본격적으로 이용한 것은
1920년 설치된 조선정보위원회의 설치 이후라 할 것이다.

　　　同化의 방법이 갖가지 있다 해도 (중략) 조선 아동을 인솔하여 內地 小
　　學校에 넣는 것과 조선인을 안내하여 우리나라 관광을 시키는 것은 친밀하게
　　우리 문물과 풍속을 보여주는 가장 효과 있는 방법이나 이는 물론 실행 가능
　　할 법한 일은 아니며 모국(일본 - 인용자)에 遊學하는 자, 또는 모국 관광객 되
　　는 자 해마다 그 수가 증가하고 있음은 의심할 바 없으나 모든 아동, 모든 인
　　민의 수만 수천 분의 일에 지나지 않으므로 우리나라를 두루 알리기 위한 수
　　단으로는 迂遠疎闊하기에 이것이 이미 우원소활하다면 우리는 대신에 최량
　　의 방법 최선의 수단으로서 결국 우리의 활동사진을 제공하지 않을 수 없
　　다.[57]

　이외에도 조선총독부는 사진엽서의 발행, 여행안내서, 관광안내도, 팜
플렛, 리플렛 등 다양한 인쇄매체를 이용하여 조선관광을 선전하였음은
잘 알려진 사실이다.[58] 또한 관광객을 위한 여관과 호텔의 건립, 국립공

---

56) 1926.6, 「總督府의 活動寫眞」 『朝鮮』 104, 74쪽.
57) 「朝鮮人同化の方法 - 寺內總督に提議す活動寫眞の利用」 1911.2, 『活動寫眞界』, 1쪽
　　(김려실, 2008, 「기록영화 <Tyosen> 연구」 『상허학보』 24, 상허학회, 208쪽, 주 19)
　　재인용).
58) 이에 대해서는 다음의 연구가 참조된다.

원의 설치 추진 등과 같은 사업들이 논의되거나 추진되고 있었다.

그리고 조선총독부 철도국에서는 1910년대부터 주유권이나 할인권을 발행하여 관광을 촉진하였다. 예를 들면 일본여행문화협회가 발행한 잡지 『旅』에는 일본인 관광객을 유치하기 위한 금강산 관광 안내에는 다음과 같이 소개되어 있다.

> 일본에서의 탑승
> (1) 일본－조선간 왕복승차권(2개월 통용) 기차기선임 20% 할인
> (2) 일본－조선간 왕복단체권(2개월 통용) 기차기선임 50% 할인
> (3) 학생할인권(통용통상승차권과 동일) 기차기선임 20% 할인[59)]

이상에서 볼 수 있듯이 1920년대 초 조선총독부는 3·1운동 이후 조선인에 대한 동화정책의 필요에 따라 일본시찰이라는 명목하에 일본관광을 집중적으로 시행하였으며, 1920년대 전반에 걸쳐서는 사설철도의 건설과 활동사진의 상영 등을 통해 국내 관광의 활성화를 꾀하였다. 이는 관광이 단순히 동화정책 실시에 따른 부수적인 사업이 아니라 경제적 이윤의 창출을 위한 산업으로 추진되고 있었음을 의미한다고 할 수 있다. 그리고 이러한 관광정책의 실시는 국립공원법의 제정 논의와 맞물리면서 관광이 점차 하나의 산업으로 인정되고 있음을 보여준다고 할 것이다. 1930년대 중반 이후 시행 예정이었던 금강산 국립공원화 계획[60)]은

---

서기재, 2002, 「일본근대 「여행안내서」를 통해서 본 조선과 조선관광」 『일본어문학』 13, 한국일본어문학회.

권혁희, 2003, 「일제시대 사진엽서에 나타난 '재현의 정치학'」 『한국문화인류학』 36-1.

권혁희, 2005, 『조선에서 온 사진엽서』, 민음사.

국사편찬위원회편, 2008, 『여행과 관광으로 본 근대』, 두산동아.

59) 「朝鮮金剛山」 『旅』, 1925.8, 69쪽.

60) 『大阪朝日新聞』 1936년 6월 28일, 「國立公園領制定し金剛山を指定 施設費は國庫負擔」.

1937년 중일전쟁의 발발로 계획이 실행되지 못하였으나 조선총독부는 국립공원법의 제정을 통해 관광산업을 본격적으로 육성하고자 했던 것으로 판단된다.

## 4. 1930년대 이후의 관광정책

1930년대의 관광정책은 1938년 국가총동원법의 실시 이전과 이후의 두 시기로 나누어 볼 수 있다. 즉 국가총동원법 실시 이전에는 관광진흥정책을 통해 조선 국내외 관광이 진전되었으나 국가총동원법 실시 이후에는 대륙침략에 따른 군수물자의 수송을 우선으로 하면서 관광억제정책으로 정책변화가 이루어지고 있는 것이다.

제국 일본의 관광정책은 1937년을 중일전쟁의 발발을 기점으로 평화적 외객유치정책에서 정치적 선전노선 즉 점령지 통치 보완노선으로 이행하였다.[61] 1930년대의 조선총독부의 관광정책 역시 이러한 제국 일본의 관광정책의 변화에 직접적인 영향을 받는다. 여기에서는 이를 국가총동원법 실시 이전을 제1기, 국가총동원법 실시 이후를 제2기로 나누어 살펴보고자 한다.

먼저 제1기의 관광정책은 사토(佐藤作郎)[62]의 글을 통해 볼 수 있다.[63] 사토는 조선철도에 대해 관광가치를 지닌 동양의 노대국 중국과

---

61) 中村宏, 2007, 「戰時下における國際觀光政策 – 滿州事變日中戰爭第二次大戰 – 」『神戶學院法學』 36권 3·4호, 169~170쪽.

62) 사토는 1918년 滿鐵에 들어가 京城管理局 營業科에서 근무하기 시작하여 1922년에는 旅客主任이 되었다. 1925년 모스크바에서 열린 세계철도사무의 권위자를 모은 연합회에 출석하였으며, 1925년 朝鮮總督府 參事로 승진하여 영업과장이 되었다.(『조선공로자명감』, 426쪽, 국사편찬위원회 한국사데이터베이스에서 인용)

63) 이와 관련된 내용은 佐藤作郎의 글(「朝鮮に於ける觀光事業に就いて」『朝鮮』 1931년 7월호)에 근거하며, 이후 인용을 생략한다.

일본을 연결하는 한편 歐亞交通의 幹線으로서 외국인 관광객을 유치하
는데 중대한 역할을 해왔다고 평가하면서 이 시기 조선총독부의 관광정
책을 교통시설, 유람지의 시설, 숙박지의 숙박 및 오락시설, 안내소·선
전·여권·세관·기타로 나누어 살핀 후 조선의 내국인 관광객 유치사업을
개략하였다. 사토의 주장은 조선총독부의 입장을 대변하는 것이라 생각
된다. 우선 교통시설에 대한 사토의 주장을 보면 제국 일본의 정책에 따
라 조선철도를 중국, 유럽과 보다 긴밀하게 연결시킨다는 구상이었다.
그리하여 유럽 – 시베리아 – 일본 – 인도양 – 유럽 노선 및 유럽 – 시베리
아 – 일본 – 미국 노선과 일본 – 조선 – 만주 – 중국 – 유럽을 잇는 노선의
설치를 희망하고 있다. 해운으로는 부산 혹은 인천과 상해를 잇는 노선
을 신설한다면 운젠(雲仙) 방면에서 오는 상해, 홍콩 방면의 관광객을
해운대와 금강산 등지로 유치할 수 있다는 구상을 하고 있다. 그러나 이
를 위해서는 매년 3회 이상 오는 세계일주선을 맞이할 수 있을 정도로
인천항의 상륙 설비를 개선해야 한다고 주장하였다. 또 자동차드라이브
를 가능하게 하는 도로의 건설을 주장하여 관광버스나 관광택시 등의 활
용을 생각하고 있음을 알 수 있다.

그리고 금강산·평양·경주·주을 등을 명승지 혹은 명소로서 관광지로
개발하자는 제안을 하였다. 금강산은 조선 유일의 국립공원 후보지, 평
양과 경주는 역사적 유적지, 주을은 온천으로 유명한 지역이었다. 이처
럼 그는 자연경관이 뛰어난 지역이나 역사 유적지, 온천지 등에 대한 관
광지 개발을 제안하였다. 특히 금강산은 1923년 무렵부터 자동차의 운
행, 호텔 설치, 국내외에 대한 선전 등을 통해 관광지로서 널리 알려졌으
며, 1931년 금강산전기철도의 개통과 조선철도 東海北部線의 개통 등
으로 관광이 보다 용이한 지역이었다.

또한 사토는 호텔, 여관 등 관광숙소문제의 해결을 주장하면서 일본
식 여관의 양식 호텔로의 전환을 강력하게 주장하였다. 동시에 그는 숙

박지에 오락시설이 결여되어 있기 때문에 외국인 관광객들이 즐길거리가 없으므로 오락시설을 확충해야 한다고 주장하였다. 그리하여 그는 댄스홀과 같은 서양식 시설도 경영유지가 가능할 것으로 판단하였다.

이외에도 그는 조선관광을 위한 여행안내소에 대해서도 언급하였다. 일본여행협회 여행안내소가 각지에 설치되어 있으며, 조선관광안내를 위한 제반 선전 및 포스터도 일본어 및 유럽어로 국내외의 각종 잡지에 광고할 것을 주장하였다. 그 결과 일본여행협회의 전무이사는 이 선전들이 기대 이상의 효과를 얻었다고 평가하였다고 하였다.

다른 한편 제1기에는 일본여행협회 조선지부의 여행안내소나 관광협회 등과 같은 관광관련 단체가 확충되었다. 1930년대에 접어들어 조선총독부는 일본의 국제관광국의 사례를 본받아 조선에서도 그와 같은 성격의 조직으로 조선관광협회를 조직하기로 하였다. 이에 조선총독부 철도국과 민간대표가 모여 각 지방에 관광협회를 설치하여 이를 세포로 조직하기로 결정하였으나 경성과 부산을 제외한 지역은 경비문제로 지지부진하였다.[64] 이에 경성관광협회는 1934년 7월 9일 상임위원회를 열고 조선관광협회의 설립을 추진할 것 등 3개항의 안건을 결정[65]한 것으로 보아 지속적으로 조선관광협회를 조직하고자 하였으나 조선관광협회는 1937년이 되어서야 경성관광협회의 주도 하에 금강산협회, 조선 각지의 고적보존회, 여관업사조합 등으로 조직되는 것으로 보인다.[66]

한편 경성관광협회는 1933년 4월 11일 각 방면의 단체 대표자들이 모여 관민 합동의 관광협회의 조직을 결정하고 10여명의 위원을 선정하여 설립 취지서와 예산안을 작성하게 하였고,[67] 4월 15일에는 창립준비

64) 『매일신보』 1933년 10월 19일, 「朝鮮觀光協會 復興을 企圖」.
65) 『동아일보』 1934년 7월 12일, 「朝鮮觀光協會創立하기로 決定」.
66) 『매일신보』 1937년 1월 18일, 「4월까지 結成될 朝鮮觀光協會」 ; 『매일신보』 1937년 4월 15일, 「外客誘致强化 위한 朝鮮觀光協會 結成」.
67) 『동아일보』 1933년 4월 13일, 「觀光協會組織」.

위원회에서 관광안내서의 발행과 경성역 근처에 관광안내소를 설치할 것을 결의하였으며,[68] 5월 9일에는 조선호텔에서 발기인회를 개최하였으나[69] 창립일은 알 수 없다. 다만 1933년 10월 경성관광협회 주최로 벽제관고전장시찰단을 모집하다는 기사[70]로 보아 경성관광협회가 창립되었음을 알 수 있다.

관광협회가 조직된 지역은 경성, 부산, 원산, 평양 등이었다. 이외에도 1936년 현재 부여고적본존회와 경주고적보존회, 금강산협회 등의 관광 관련 단체가 있었다.[71] 경성관광협회의 가입 단체로는 택시회사, 여관, 의원 등 관광과 관련있는 단체였다.[72] 창립 이후 경성관광협회는 1933년 10월 17일부터 27일까지 여행안내 8건, 유람버스 및 유람택시 안내가 11건, 관광순로 자체 주문이 11건, 기차임금과 시간조회가 99건 등의 성과를 보였다.[73] 그리고 1935년 5월 9일에는 관광선전강연회를 개최하였다.[74] 또 관광업 종사자들의 서비스 향상을 위한 강습회를 1938년 11월 4~5일에 걸쳐 여관, 식당, 카페 종사자 등을 대상으로 개최하였다.[75] 평양관광협회는 牧丹峰, 大同江, 樂浪古墳, 妓生 등을 관광상품으로 선전하고 관광객을 유치하기 위하여 다음을 결의하였다.

> 1. □□□前에 안내소를 설치하고 안내에 萬全을 기할 일
> 2. 팜플렛 외 기타 인쇄물을 인쇄하여 관광단체 및 개인견학자에 供할 일
> 3. 개인 안내인을 置하기로 한 후 관광협회에서 其□採用할 일
> 4. 진남포부와의 연락을 취하여 진남포 견학자로 평양에 □□할 일

---

68) 『동아일보』 1933년 4월 19일, 「京城觀光協會創立準備奔忙」.
69) 『동아일보』 1933년 5월 4일, 「觀光協會發起人會」.
70) 『동아일보』 1933년 10월 3일, 「碧蹄觀光團募集」.
71) ジャパンツーリストビューロー(日本旅行協會), 1936, 『ビューロー讀本』, 539쪽.
72) 『동아일보』 1935년 1월 19일, 「碧蹄觀光團募集」.
73) 『동아일보』 1933년 10월 31일, 「觀光協會 11일간 410건을 案內」.
74) 『조선중앙일보』 1935년 5월 8일, 「觀光宣傳講演」.
75) 『조선일보』 1938년 11월 1일, 「觀光協會 주최로 써비스강습회」.

　　5. 유람버스 운전할 일
　　6. 연암동 하에 휴게소를 설치할 일[76]

　이와 같은 평양관광협회의 관광객 유치책은 여타 지역의 경우에도 크게 다르지 않을 것이라 생각된다. 그리하여 평양관광협회는 모란강에 순조선식 건물을 건축하여 妓生房을 설치하여 관광객을 유치하고자 하는 계획을 수립하였다.[77] 그리고 1938년 평양관광협회는 평양역 – 신사 – 칠성문 – 박물관 – 기자릉 – 을밀대 – 현무문 – 모란봉 轉錦門 – 乘船 – 대동문 – 연광정 – 기생양성소 – 시내견학의 제1코스와 郵便局前 – 寺洞 – 西電 – 日□ – 日□ – 낙랑고분 – 시내견학의 제2코스의 평양 관광코스를 두 가지로 개발하였다.[78]

　뿐만 아니라 관광목적으로 조선을 찾는 일본인들을 맞이하기 위한 來鮮團體案內打合會를 개최하였다.[79] 이 타합회는 1930년대 이전에는 기록이 보이지 않는 것으로 보아 1930년대에 접어들어 최초로 개최된 것으로 판단된다.

　그리고 일본여행협회 조선지부는 1930년 국제관광국의 설치 이후 조선지부의 조직을 대폭 강화하였다. 그리하여 경성, 부산, 평양, 함흥, 대구, 원산, 신의주, 대전, 나진, 청진, 목포, 광주, 인천, 홍남, 군산, 전주, 부평, 여수 등에 안내소나 출장소 등을 설치하였다.[80]

---

76) 『매일신보』 1935년 1월 31일, 「平壤觀光協會의 遊覽客誘致政策 선전과 시행을 병행」.
77) 『조선중앙일보』 1935년 6월 5일, 「平壤牧丹江에 妓生房을 新建築 一般觀光客에게 觀覽시키고자 觀光協會에서 計劃中」.
78) 『조선일보』 1938년 4월 22일, 「觀光客의 便利圖謀 案內料까지 全廢 평양관광협회 신계획」.
79) 『조선중앙일보』 1935년 1월 15일, 「旅行씨즌 앞두고 서비스 方法 準備 旅館協會 등 各界 關係者가」 ; 『조선중앙일보』 1935년 1월 23일, 「第1回團體旅客案內打合會」.
80) 조성운, 앞의 논문, 『한국민족운동사연구』 56, 133쪽.

제2기는 전황이 점차 불리하게 전개되면서 조선총독부의 관광정책은 관광장려보다는 관광억제의 방향으로 이루어지고 있는 시기이다. 다만 이 시기에도 일제의 전황이 불리해지기 이전인 1939년 무렵까지는 관광을 진흥시키고자 하는 정책들이 나오고 있다. 예를 들면 관광데이의 설정[81]이나 관광제의 개최[82] 등에서 알 수 있다. 그리고 1937년 2월 15일 관광객 유치대책회의에서는 다음의 6개항을 협의하였다.

1. 조선의 외객유치 장소와 그 개선책
2. 외객 유치에 대하여 만족을 줄 만한 호텔의 설비가 여하한가
3. 안내업자와 기타 직접 외객을 접하는 업자의 지도에 관한 건(외객의 불편불쾌를 감하는 점)
4. 해외에 조선을 선전하는 방법 여하
5. 관광선물 등의 개선에 관한 건
6. 세관과 경찰 방면의 연락[83]

이처럼 조선총독부가 중일전쟁 직전 관광산업의 진흥을 도모했던 것은 1940년 도쿄에서 개최될 예정이었던 제12회 동경올림픽과 연계하였기 때문이다. 그리하여 조선총독부 철도국에서는 관광루트의 설정을 통한 특정운임제의 실시, 특별열차의 운행, 조선-만주-북부 중국을 연결하는 직통열차의 운행 등 관광객 유치를 준비하였던 것이다.[84] 그리고 개성에서는 사회사업과에 속해있던 관광계를 독립시켜 관광진흥을 준비하기 위해 행정기구를 개편하였다.[85]

---

81) 『조선일보』 1937년 3월 4일, 「觀光데-決定協議」.
82) 『조선일보』 1937년 4월 13일, 「觀光協會主催 觀光演奏會」.
83) 『조선일보』 1937년 2월 17일, 「觀光朝鮮의 整備 外客誘致對策協議」.
84) 『조선일보』 1937년 5월 5일, 「올림픽을 앞두고 선전-설비-수송 철도국 만반준비 관광루-트 설치 運賃制 特定」.
85) 『조선일보』 1937년 7월 5일, 「開城府政機構改革 토목과를 설립 위생, 관광계도 분리」.

한편 1938년 8월 16일 경성부와 경성관광협회에서는 철도국 영업과, 경기도 산업과, 일본여행협회 조선지부 등의 관계자가 출석하여 관광 시설을 갖추기 위한 회의를 개최하였다.[86] 그리고 1938년 평양관광협회는 觀光祭를 폐지하고 관광보국주간을 실시하였다.[87] 이는 이 무렵부터 관광산업에 중일전쟁의 영향이 미치기 시작한 것으로 판단되지만 1939년 8월 경성관광협회간담회에서는 다음을 결정한 것으로 보아 이 무렵까지도 관광 진흥이 하나의 기조로 유지되었던 것으로 판단된다.

1. 협회의 재원을 늘리기 위해 경성부, 경기도, 상공회의소, 경성전기, 경성택시 등에 대해 보조금 증액을 청원하고 조선철도, 경춘철도, 경성궤도, 경동철도 등의 사철과 조선우선, 대판상선, 대일본항공회사, 인천송도관광, 은행 등에 보조금을 요구
2. 관광객을 유치하기 위해 주요 열차에 계원을 파견하며 관광안내소 기능을 확충하고 관광객의 편의를 도모하며 도서출판, 영화, 노래 등을 만들어 대대적인 선전을 함
3. 용산구역 내에도 관광안내소를 신설하고 경성구역 내 택시를 통제하여 승차권 발매를 취급하며 역전과 관광구역의 청소, 시가지 간판의 통제와 미화, 선물직매소 설치[88]

그러나 1939년 7월부터 자동차용 가솔린을 배급제로 전환하고 배급량도 30% 정도 줄인다는 방침이 수립되고 실제 행해짐으로써 이 시기 관광은 타격을 받지 않을 수 없었다.[89] 이러한 흐름은 이미 1939년 3월 조선총독부 내무국에서는 도회·부회의원의 해외시찰여행의 제한을 재촉하였고,[90] 같은 해 9월에는 함경도의 읍면직원들의 만주와 북중국시

---

86) 『조선일보』 1938년 8월 15일, 「大京城의 面目問題 觀光施設積極改善」.
87) 『조선일보』 1938년 4월 16일, 「觀光祭를 廢止 報國週刊實施」.
88) 『조선일보』 1939년 8월 17일, 「觀光施設을 擴充 京城觀光協會懇談會開催코 協議」.
89) 『조선일보』 1939년 6월 21일, 「가솔린 統制 深刻으로 自動車 營業線 休止 續出 豫想」; 『조선일보』 1939년 9월 12일, 「가솔린의 缺乏으로 水仁間 自動車 杜絶」.

찰을 장기전을 대비한다는 명목으로 제한[91]하는 방침을 세웠다는 것으로 보아 이 무렵부터 여행과 관광을 제한하는 방향을 정책이 결정된 것으로 판단된다. 그리고 1940년 미국의 대일본 석유금수조치 이후 연료 부족을 이유로 여행금지조치가 확대된 것으로 판단되며, 1941년 陸運統制令[92]이 공포되어 전쟁물자 수송에 철도·자동차 및 연료를 집중시키고자 하였다. 이러한 필요에 따라 1937년 일본 내에서 가솔린 구매표제가 실시되었으며, 1938년 6월 1일 식민지 조선에서도 도지사가 발행하는 가솔린 구입권제, 즉 가솔린 배급제를 실시하였고,[93] 1939년에는 가솔린 배급을 감축하였다.[94] 이와 함께 조선총독부는 승합자동차의 운행 수를 줄이거나 중복된 자동차 노선을 통합하는 등 가솔린을 절약하기 위한 다양한 방안을 강구하였다.[95] 이와 같은 일련의 조치는 관광산업에 대한 축소를 가져올 수밖에 없었다고 판단된다.

이리하여 1940년 기원 2600년 기념사업의 일환으로서 행해졌던 성지 참배 이외의 여행은 사실상 금지되고 있다. 이것은 현실적으로는 연료부족에 기인하는 것이지만 총력전체제 속에서 '국민'을 전쟁에 동원하고자 하는 정신적인 측면도 있다고 할 수 있다. 그리고 이 시기의 관광정책은 총동원체제와의 관련성 속에서 이해해야 한다고 판단된다. 이러한 정책을 담당했던 기관이 일본여행협회 조선지부였다고 할 수 있다. 따라서 제2기에 대해서는 일본여행협회의 활동을 중심으로 서술하고자 한다.

1937년 중일전쟁을 전후한 시기에는 1940년 기원 2600년 기념사업

---

90) 『조선일보』 1939년 3월 14일, 「道議員府議員의 團體旅行에 一針」.
91) 『조선일보』 1939년 9월 30일, 「邑面職員 旅行 制限할 方針」.
92) 육운통제령의 전문은 『朝鮮時局關係法規』(朝鮮總督府企劃室編, 1945)를 참조 바람.
93) 『조선일보』 1938년 6월 15일, 「가솔린 配給統制로 實情調查實施」 ; 『조선일보』 1938년 8월 24일, 「朝鮮內石油 配給順調」.
94) 『조선일보』 1939년 5월 2일, 「漸漸 貴해가는 가솔린」.
95) 『조선일보』 1938년 2월 23일, 「自家用은 勿論 營業車도 使用制限」.

의 일환으로서 행해졌던 성지참배,[96] 사진 및 문예 작품의 공모, 관광안
내서 및 잡지 『觀光朝鮮』(1941년 『文化朝鮮』으로 改題)의 출판 등의
활동을 하였다. 이러한 활동은 1931년 만주사변, 1937년 중일전쟁, 1941
년 진주만 습격으로 전쟁이 확대되는 과정에서 일제의 침략전쟁을 후방
에서 지원하는 것이었다고 할 수 있다. 즉 1939년에는 기원 2600년 기
념사업을 준비하기 위해 기원 2600년 기념 임시여행사무소를 설치하
여[97] 기원 2600년 기념 성지참배단의 파송[98]과 관광사진 및 관광문예
의 현상공모[99]를 주최하였다. 특히 철도성은 교통편의 부족을 감안하여
가시하라(橿原)신궁, 이세(伊勢)신궁, 모모야마고료(桃山御陵), 이츠쿠시
마(嚴島)신사 등의 성지참배는 모두 일본여행협회가 숙박·식사·여행지
의 교통편 등의 준비와 알선을 담당하도록 하였다.[100] 그리하여 보통단
체는 여행 1개월 전에 역 또는 여행안내소를 통해 신청하도록 하였으며,
여행안내소가 없는 지역의 경우는 안내소의 직원이 출장하여 신청을 받

---

96) 일본내에서도 이 시기 성지참배가 행해졌다. 그리하여 성지참배와 관련된 서적
도 출판되었는데 다음의 것들이 대표적인 것이라 할 수 있다. 철도성이 편찬한
祖國認識旅行叢書가 1939년 현재 10권이 출판되었으며, 『神國日本神まうで』도
철도성이 편찬하고 1943년 東亞旅行社에서 출판하였다.

97) 「紀元2600年臨時旅行事務所 參拜の旅」 1939.12, 『觀光朝鮮』 2권 1호, 111쪽. 서
기 1940년은 神武天皇이 즉위한 지 2600년이 되는 해로서 침략전쟁을 수행 중인
일본에서는 국체에 대한 인식을 확산시키고 일본 국민을 전쟁에 동원하기 위하여
만국박람회와 1940년 제12회 올림픽의 유치 등 국제적 이벤트를 개최하고자 하였
다. 그리고 이 행사에 식민지 조선인의 적극적인 참여를 독려하기 위하여 이른바
'성지참배'를 실시하였다. 그러나 일본은 만국박람회와 제12회 올림픽의 유치를 반
납하였다. 제12회 동경올림픽의 반납 과정에 대해서는 瀧正男, 1986, 「オリンピック
大會と第12回(1940年)と東京大會中止返上についての一考察」 『中京大學敎養論叢』
제27권 제1호, 참조 바람.

98) 「聖地參拜團體」 1940.4, 『觀光朝鮮』 2권 2호, 84~85쪽.

99) 「紀元 2600年 奉祝紀念 懸賞公募」(광고) 1940.3, 『觀光朝鮮』 2권 2호.

100) 「紀元2600年臨時旅行事務所參拜の旅」 1939.12, 『觀光朝鮮』 2권 1호, 111쪽 ; 「聖
地參拜とビューロー」 1940, 『朝鮮私設鐵道協會會誌』 제19권 제2호, 74쪽.

도록 하였다.101)

그리고 관광사진 및 관광문예의 현상공모는 관광사진과 관광문예 분야 모두 조선의 풍광, 풍속, 산업, 행사, 교육, 사회활동, 기행 등을 주제로 한 것을 공모하였으며, 문예 작품의 경우 소개기, 보고기, 안내기 등을 공모하였다. 鮮內學童綴方(츠즈리가타: 작문)使節派遣 사업은 기원 2600년과 잡지 『觀光朝鮮』의 창간 1주년 기념으로 조선내 학생의 조국 인식의 철저를 도모하고 內鮮一體의 정신을 체득할 것을 목적으로 행한 사업이었다. 이 사업은 조선내의 일본인과 조선인 소학교 6학년생을 대상으로 憧憬의 內地, 內地의 친구들에게 보이고 싶은 조선, 內地 친구들에게 들려줄 여행담 등의 주제로 조선총독부 학무국·조선총독부 철도국·국제관광국·일본여행협회가 후원하였다.102) 또 1944년에는 '決戰下 半島의 脈搏을 전한다', '時局意識啓發', '戰意昂揚에 이바지하는 명랑 건강한 주제'등의 주제로 단편소설을 공모하여 전시체제를 뒷받침하고자 하였다.103)

이외에도 조선지부는 『半島の印象』, 『朝鮮列車時刻表』와 같은 관광 안내서를 출판하기도 하였다.104) 특히 1939년 5월에는 조선지부의 기관지이자 일본여행협회가 발행한 기관지 『旅』의 자매지로서 『觀光朝鮮』을 격월간으로 발행105)하였으나 『觀光朝鮮』은 1941년 『文化朝鮮』으로 改題하였다.

이와 같은 조선지부의 활동 결과 1939년에는 알선 단체 수 1321개,

---

101) 「聖地參拜とビューロー」, 1940, 『朝鮮私設鐵道協會會誌』 제19권 제2호, 74쪽.
102) 「鮮內學童綴方使節派遣 사업」(광고) 1940.7, 『觀光朝鮮』 2권 4호. 선발된 학생들의 여행은 1940년 7월 28일부터 8월 11일까지 京城 - 下關 - 宮島 - 大阪 - 橿原 - 內良 - 宇治山田 - 東京 - 日光 - 東京 - 京都 - 大阪 - 瀬戸內海 - 別府 - 阿蘇 - 熊本 - 博多 - 門司 - 京城의 14박 15일의 일정이었다.
103) 「一頁小說募集」 1944.5, 『文化朝鮮』 6권 2호, 19쪽.
104) 광고, 1940.7, 『觀光朝鮮』 2권 4호.
105) 「旅行雜誌 「觀光朝鮮」 發刊」 1939, 『朝鮮鐵道協會會誌』 제18권 제5호, 62쪽.

내방자수 618,633명(전년비 48% 증가), 경성 丁子屋안내소, 淸津안내소, 제2차 群山안내소 개소가 예정되는 등 여행안내소가 증설되었다. 특히 丁子屋안내소가 증설됨으로써 경성에만 4개의 여행안내소가 설치되었는데 4개 이상의 여행안내소가 개설된 곳은 동경, 오사카, 경성의 세 곳에 불과하였다.[106] 그리고 미나카이백화점(三中井百貨店) 내의 여행안내소는 개설 당일인 1939년 5월 2일 이용객 190여명, 매출 1900여원에 달했으며, 2~3일차에도 1000원대의 매출을 올릴 정도였다.[107] 또한 조선지부는 만주지부와 야구경기를 통해 친목을 도모하기도 하였다.[108]

다른 한편 이 시기는 일제가 중일전쟁과 태평양전쟁으로 전쟁을 확대시키던 시기로서 전쟁물자의 수송이 우선적이던 시기였다. 따라서 이 시기는 여객의 수송보다 군수물자의 수송이 주가 되던 시기였다. 그러므로 일제는 전쟁 수행에 직간접적인 관련이 없는 여행은 최대한 축소해야 하였다. 이에 따라 일제는 1941년 4월 1일부터 7월 31일까지 일본, 조선, 만주, 중국 상호 연락 운수 단체와 철도국에서 인정한 성지참배, 근로봉사, 군사교련 등의 단체를 제외한 단체의 여행을 금지하였다.[109] 그리고 1943년에는 경성역에서 운행하는 인천, 수원, 의정부, 금촌, 양평 구간의 지정열차에 한해 유락여객의 승차를 제한하였다.[110] 또한 1944년에는 철도에 탑승할 여행자의 우선순위를 다음과 같이 정하여 일반 여행자의 여행, 즉 관광을 사실상 금지하였다.

1. 軍人, 軍屬, 官公吏 등의 公用 旅行者
2. 國策的 중요산업 관계자의 사업상 필요한 여행자

106)「ジャパンツーリストビューロー朝鮮支部の發展」1940.7,『觀光朝鮮』2권 4호, 97쪽.
107)「三中井內のビューロー大繁昌」1939,『朝鮮私設鐵道協會會誌』제18권 제6호, 83쪽.
108)「滿洲支部對朝鮮支部野球戰」1942.7,『文化朝鮮』4권 4호, 85쪽.
109)「指定外の団体旅行お斷り」1941.5,『文化朝鮮』3권 3호, 97쪽.
110)「輸送力奉還 日曜祭日の行樂旅行を制限」1943.6,『文化朝鮮』제5권 제3호, 83쪽.

3. 通勤通學者
4. 노동자, 拓土, 國策的 集合 旅客
5. 기타 긴급하다고 인정되는 자
6. 이상의 인물들의 수송에 여유 있을 경우 일반여객을 수송함[111]

그리고 다음과 같이 승차권의 발매도 제한하였다.

1) 근거리 여행자

① 100km 미만의 승차권의 통용기간은 발행 당일로 한다(종래 200km까지 2일간을 폐지)
② 승차권의 발매 매수를 제한하여 소정의 매수를 발매 후에는 발행하지 않음
③ 당일 돌아오는 승객에 대해서는 여행목적증명서에 의한 우선승차를 행하지만 제한매수까지 반드시 승차할 필요는 없음
④ 특히 遊樂, 카이다시부다이(買出し部隊 : 2차 대전 말기에 식량 등을 사러 농촌에 떼지어 가던 사람들)의 여행은 엄금함

2) 원거리 여행자

① 100km를 초과하는 원거리 여행자는 반드시 경찰 또는 町會長의 증명서가 없으면 승차권을 살 수 없음[112]

이와 관련하여 일본여행협회가 1942년 조선인 강제동원과 관련하여 조선인 노무자의 송출을 담당하였음을 밝힌 연구가 있다.[113]
이러한 조선총독부의 관광정책은 제국 일본의 지배정책의 범주 안에서 이루어졌다. 그리하여 제국 일본의 지배하에 있던 조선과 대만, 그리고 만주의 관광정책의 충돌과 모순점을 통일하고 조정해야 했다. 이를

---

111) 「戰時交通壁新聞」 1944.2, 『文化朝鮮』 제6권 제1호, 50쪽.
112) 「戰時交通壁新聞」 1944, 『文化朝鮮』 제6권 제2호, 32쪽.
113) 金炅榮, 2003.6, 「植民地時代 勞務動員 勞動者의 送出과 鐵道・連絡船」 『한일민족문제연구』 4 참조.

위해 1938년과 1939년에는 각각 제13회와 제14회 조선·만주·중국 관광객의 수송을 위한 협의회가 개최되었다. 1938년 협의회는 2월 8~10일 3일에 걸쳐 조선총독부 철도국, 만철, 각 선만안내소, 일본여행협회 본부 및 지부, 오사카상선, 대련기선, 북일본기선, 조선과 만주의 여관협회 관계자 참가하여 단체여객의 대우개선과 유치 등을 논의하였다.[114] 그리고 일본여행협회와 조선·만주·중국철도 및 각 기선회사가 만철 동경지사의 주최로 1939년 2월 23~24일 양일에 걸쳐 제14회 鮮滿支視察團體 및 觀光事務打合會를 개최하여 다음의 사항을 협의하였다.

1. 滿鐵·鮮鐵·船는 금년도 수송이 곤란한 실정이나 관계자는 최선의 노력을 하여 관광시찰단체의 목적을 달성시킬 것
1. 內地發 來鮮團의 증가는 간사이 이서에서 2할, 오사카 이동에서 약 10할의 증가를 예상함
1. 北支방면의 수송력, 여관 등의 현상에 관한 관계자의 설명
1. 가솔린 통제에 의한 鮮內 자동차 이용에 관한 방법에 관하여
1. 조선시찰의 목표를 관광에만 둘 것이 아니라 물심 양방면에 힘을 경주하여 다소의 일정 연장을 고려할 것
1. 알선취급상의 불편한 점 협의
1. 移民 視察者 및 滿洲特別地區 및 北支旅行者에 필요한 주의
1. 여관에 대한 희망 및 여관 측의 희망 관계
1. 滿人訪日團의 취급에 관한 주의 및 희망
1. 14년도의 선전인쇄물의 예정, 계획 및 유효한 배포 선전에 관하여
1. 14년도의 선전영화 예정 및 계획
1. 최근의 선전영화에 대한 관중의 동향 및 비평[115]

그런데 위의 '제14회 鮮滿支視察團體 및 觀光事務打合會'에서 볼 수 있듯이 조선·만주·북중국 관광을 위한 협의가 관련 단체들 간에 지속적으로 이루어졌음을 알 수 있다. 그리고 일본여행협회 주임회의도 개

---

114) 「鮮滿視察團體輸送事務打合會」 1938, 『朝鮮鐵道協會會誌』 제17권 제2호, 74쪽.
115) 「觀光事務打合會」 1939, 『朝鮮鐵道協會會誌』 제18권 제4호, 75쪽.

최되었다. 즉 1938년 2월 7~8일 양일 간 조선총독부 철도국에서 조선지부의 이사 사토(佐藤)의 사회 하에 철도국 영업과원과 일본여행협회 본부 전무이사, 조선 내 각 여행안내소 주임, 각 철도 사무소 담당자, 일본여행협회 만주지부원과 만철 관계자 등이 참가하는 일본여행협회 주임회의가 개최되었다.[116] 그리고 조선지부 제7회 안내소 주임회의가 1940년 3월 11~12일 개최[117]된 것으로 보아 조선지부의 안내소 회의는 정기적으로 개최된 것으로 보인다. 이외에도 '전국 일본여행협회 주임회의'도 1940년 6월에 개최[118]된 것으로 보아 정기적으로 회의가 개최되었던 것으로 보인다.

이상과 같이 일본여행협회는 제국 일본의 관광정책의 수행 과정에서 일정한 역할을 담당하였고, 이 과정에서 조선지부는 조선총독부 철도국과 함께 식민지 조선의 관광정책의 수립과 실행에 기여하였다.


## 5. 맺음말


식민지 조선의 근대 관광은 일제의 조선 침략과 함께 시작되었다. 1906년 일본 최초의 해외단체여행인 만한순유단은 그 시작이었다. 그러나 만한순유단은 일본에 의해 '보여지는' 관광이었으며, 1909년 경성일보의 일본시찰단 파견은 일본이 조선에 '보여주는' 관광이었다. 따라서 식민지 조선의 근대 관광은 주체가 아닌 객체의 입장에서 시작되었다고 할 수 있다. 그리고 일제의 조선 강점 이후의 식민지 관광정책은 식민지

---

116) 「ツーリスト・ビューロー主任會議」 1938, 『朝鮮鐵道協會會誌』 제17권 제3호, 107쪽.
117) 「ビューロー主任會議」 1940, 『朝鮮鐵道協會會誌』 제19권 제4호, 71쪽.
118) 「ツーリスト・ビューロー主任會議」 1940, 『朝鮮鐵道協會會誌』 제19권 제7호, 78쪽. 이 회의에는 加藤간사, 宮村·鳥井지부원, 倉澤 부산안내소 주임, 小藤 京城三越안내소 주임, 小野原 경성화신안내소 주임, 馬谷 평양안내소 주임, 簾內 함흥안내소 주임이 참석하였다.

동화정책의 주요한 수단으로 이용되었으므로 식민지 조선의 근대 관광
의 성격을 잘 보여준다고 할 수 있다.

1910년 조선총독부의 설치 이후 일제는 관광을 식민지 지배정책에
이용하였다. 1910년대에는 일본시찰을 중심으로 한 해외관광과 경성을
중심으로 한 국내의 도시관광에 초점이 두어졌는데 근대문물의 견학을
통해 일제의 조선지배를 통해 조선이 근대문물을 수용하고 발전시킬 수
있다는 사실을 보여주기 위한 것이었다고 할 수 있다. 이러한 1910년대
의 관광정책은 1920년대 초에는 3·1운동 이후 새로운 식민지 지배의 협
력자를 양성하고 획득하기 위한 방법으로서 더욱 강조되었다. 특히 조선
정보위원회의 설치와 운용은 조선총독부의 관광정책이 단순히 일본시찰
과 조선관광이 아니라 미국을 중심으로 한 서구제국에 일제의 조선지배
에 대한 정당성을 선전하기 위한 것이었다. 그리하여 외국 관광객의 조
선 유치와 외국에 대한 조선 사정의 소개와 안내를 강조하였다. 그리고
그 결과 관광은 활동사진의 상영과 함께 주요한 수단으로 활용되었다.
1920년대 중반에 무렵부터는 사설철도를 중심으로 한 관광지 개발이 이
루어지고 있으며 그것은 경상도와 황해도를 중심으로 한 관광철도의 부
설 논의와 금강산전기철도의 건설로 나타났다.

1930년대의 관광정책은 1938년 국가총동원법 이전의 제1기와 이후의
제2기로 나누어 설명할 수 있다. 제1기에는 관광을 진흥시키기 위한 정
책이 채택되었으나 제2기에는 관광을 억제하는 방향으로 정책이 전개되
었다. 그것은 1931년의 만주사변과 1937년의 중일전쟁, 그리고 1941년
의 진주만습격 이후의 일제의 전쟁 수행 과정과 그 결과에 따른 것이었
다고 할 수 있다. 즉 제1기에는 북중국의 시찰을 중심으로 한 관광특수
현상이 나타나 제국 일본의 판도하에 있는 조선·대만·만주의 관광 관련
단체들이 간담회나 협의회의 개최를 통해 관광을 진흥시키고자 하였다.
그러나 1939년 중일전쟁이 확대되면서 전쟁수행에 필요한 물자의 확보

와 보급이 시급해지고 1941년 미국의 대일석유금수조치가 취해지면서 나타난 연료부족현상에 따른 관광억제정책으로 전환하였다. 특히 1939년 7월에 조선총독부가 취했던 가솔린 배급 30%의 저감조치는 미국이 1940년 일본에 대해 취했던 연료금수조치 이전에 행해진 것이라는 점이 주목된다. 그리하여 조선총독부는 1941년 여행금지조치를 확대하고 있는 것이다.

이상에서 보듯이 조선총독부의 관광정책은 일제의 식민지 지배정책과 궤를 같이 하면서 전개되었으며, 관광이 단순히 여가생활이나 오락으로서가 아니라 식민지 지배정책의 일환으로서 채택되고 활용되었음도 확인할 수 있었다. 따라서 식민지 조선의 근대 관광은 '근대(성)' 혹은 '식민지 근대'에 대한 보다 입체적인 이해를 가능하게 해준다고도 할 수 있을 것이다.

# 제2장 일본여행협회(Japan Tourist Bureau)의 활동을 통해 본 1910년대 조선관광

## 1. 머리말

19세기 중반 서구에서 시작된 근대 관광은 제국주의의 발전과정과 그 맥을 같이 하는 것이었다. 일본의 근대 관광 역시 이와 큰 차이가 없다. 따라서 일제의 식민지 지배를 받았던 식민지 조선의 근대 관광은 그 출발부터 식민지성을 가질 수밖에 없었다. 그러므로 식민지 조선의 근대 관광은 일본의 근대 관광과 밀접한 관계가 있다고 할 수 있다.

식민지 조선의 근대 관광에 대한 연구는 근래에 들어서야 시작되어 충분한 연구가 축적되지 않은 형편이다. 그것은 그동안 역사학계에서 관광에 대한 관심이 사실상 없었기 때문이라 할 수 있다. 그러나 최근 근대 관광 연구가 활성화된 것은 일상사에 대한 연구가 활발해지면서 관광 역시 식민지 조선인의 삶에 변화를 주었고, 그것이 식민지 지배정책의 일환으로 이루어졌다는 인식이 확산되었기 때문이라 할 수 있다.

이러한 인식의 변화에 따라 이루어진 식민지 조선의 근대 관광에 대한 연구는 주로 근대 문학 연구자들을 중심으로 이루어지고 있는 상황이며,[1] 역사학계의 연구는 미진한 편이다.[2] 문학계의 연구는 주로 식민지

---

1) 서기재, 2002, 「일본근대 「여행안내서」를 통해서 본 조선과 조선관광」 『일본어문

조선의 '근대(성)'의 탄생과 성격에 주목하면서 이루어진 경향이 있으며, 역사학계의 연구는 경주나 인천의 사례를 중심으로 도시성격의 변화과정과 그에 따른 관광도시로서의 성격에 주목한 연구, 1910년대 식민지 조선의 근대 관광의 탄생을 철도와 선박 등의 교통수단과 일본여행협회 조선지부의 설치 등 식민지 근대 관광의 기반시설을 다룬 연구, 그리고 신문에 보도된 관광기사를 분석하여 1920년대 초반의 국내관광을 개관한 연구, 조선총독부의 관광정책에 대한 연구 등으로 나누어 볼 수 있다.

학』 13, 한국일본어문학회.

차혜영, 2004, 「1920년대 해외 기행문을 통해 본 식민지 근대의 내면 형성경로」 『국어국문학』 137, 국어국문학회.

김중철, 2005, 「근대 초기 기행 담론을 통해 본 시선과 경계 인식 고찰 ─ 중국과 일본 여행을 중심으로 ─」 『인문과학』, 성균관대학교 인문과학연구소.

서기재, 2005, 「일본 근대 여행관련 미디어와 식민지 조선」 『일본어문학』 14.

홍순애, 2007, 「근대소설에 나타난 타자성 경험의 이중적 양상」 『정신문화연구』 106, 한국학중앙연구원.

김려실, 2008, 「기록영화 <Tyosen> 연구」 『상허연구』 24, 상허학회.

2) 최석영, 2002, 「일제 강점 상황과 扶餘의 '관광명소'화의 맥락」 『인문과학논문집』 35, 대전대학교 인문과학연구소.

李良姫, 2004, 「日本植民地下の觀光開發に關する硏究」 『日本語文學』 24, 일본어문학회.

김정훈, 2005, 「'韓日倂合' 전후 국내관광단의 조직과 성격」 『전남사학』 25.

조성운, 2008, 「1910년대 식민지 조선의 근대관광의 탄생」 『한국민족운동사연구』 56.

차순철, 2008, 「일제강점기 경주지역의 고적조사와 관광에 대한 검토」 『新羅史學報』 13.

추교찬, 2008, 「월미도 유원지와 경인선」 『仁川文化硏究』 6.

국사편찬위원회 편, 2008, 『여행과 관광으로 본 근대』, 두산동아.

김신재, 2009, 「1910년대 경주의 도시변화와 문화유적」 『新羅文化』, 동국대학교 신라문화연구소.

김영수, 2009, 「1920~30년대 인천의 '관광도시' 이미지 형성」 『인천학연구』 11.

조성운, 2009, 「일제하 조선총독부의 관광정책」 『동아시아문화연구』 46, 한양대학교 동아시아문화연구소.

조성운, 2010, 「1930년대 식민지 조선의 근대관광」 『한국독립운동사연구』 36, 한국독립운동사연구소.

이외에도 식민지 근대 관광이라는 시각에서 이루어진 것은 아니지만 식민지 전시기에 걸쳐 파견되었던 일본시찰단에 대한 일련의 연구가 있다.

이러한 연구들은 일본인의 조선인식과 조선인의 일본인식 등 식민지 근대 관광의 성격 부분에 관한 분석을 중심으로 이루어진 경향이 있다. 따라서 식민지 근대 관광이 발달할 수 있었던 배경이나 조직, 시설 그리고 일제의 관광정책 등에 대한 연구는 거의 찾아보기 어려운 실정이다. 따라서 식민지 근대 관광에 대한 연구는 이제 시작이라 할 수 있다.

본고는 이미 필자가 그 설치 과정에 대해 살핀 바가 있는 일본여행협회 조선지부[3]의 본부인 일본여행협회의 활동을 통해 1910년대 식민지 조선의 근대 관광을 살피고자 하는 목적에서 작성되었다. 이를 위해 필자는 러일전쟁 이후 일본제국주의의 발전 과정 속에서 1912년 일본여행협회의 설립과 그 과정에서 설치된 일본여행협회 조선지부의 활동을 살피고자 한다. 이를 통해 1910년대 식민지 조선의 근대 관광에 대해 보다 깊은 이해에 도달할 수 있기를 기대한다.

## 2. 일본여행협회의 설치

근대 관광은 1841년 7월 5일 금주운동가이자 목사인 토마스 쿡 (Thomas Cook)[4]이 570여명을 모집하여 금주운동의 일환으로 조직했던

---

3) 조성운, 앞의 논문, 『한국민족운동사연구』 56 : 앞의 논문, 『한국독립운동사연구』36.
4) 토마스 쿡은 1808년 11월 22일 영국의 더비셔(Derbyshire) 맬버른(Melbourne)에서 태어났다. 가정형편이 넉넉하지 못하였으며, 3살에 아버지가 사망하고 몇 달 후 어머니가 재혼을 하여 10살 무렵부터 노동을 하지 않을 수 없었다. 14살부터는 이모부의 가구점에서 일을 하였다. 그런데 그를 고용했던 두 사람이 모두 알콜중독자였다. 바로 이러한 그의 경험이 그를 금주운동가로 성장시킨 것이 아닌가 한다. 러프버러로 이사한 토마스 쿡은 침례교 관련 책을 출판하는 인쇄소에 취직을 하여 일요학교에 입학하여 공부하고 후에는 교사, 교장이 되었다. 1826년 그는 침례교

레세스터(Leicester) - 러프버러(Loughborough) 간의 철도여행에서 비롯되었다고 한다. 이렇게 근대 관광이 탄생할 수 있었던 것은 첫째, 여행할 수 있을 정도의 시간적, 경제적 여유를 가진 계층, 즉 중산층이 탄생하였고 둘째, 철도라는 대량운송 수단이 발달하였으며 셋째, 제국주의적 발전에 수반하여 해외 식민지를 직접 보고자 했던 영국민의 열망 등 여러 조건들이 그 배경이 되었다고 할 수 있다.[5]

이러한 탄생 배경에서 볼 수 있듯이 근대 관광은 제국주의의 발전과정 속에서 탄생하였다. 특히 토마스 쿡이 1845년 설립한 세계 최초의 여행사인 토마스 쿡 앤 선(Thomas Cook & Son)사가 성공적으로 경영될 수 있었던 배경에는 당시 유럽에서 광풍처럼 개최되었던 박람회와 식민지 관광에 힘입은 바 크다는 것은 근대 관광의 이와 같은 발생 배경을 잘 설명해준다고 할 수 있다.

요시미 순야(吉見俊哉)가 지적했듯이 박람회는 '帝國'의 디스플레이, '商品'의 디스플레이, 흥행물(見世物)로서의 의미를 가지고 있다.[6] 이는 박람회가 제국주의의 발전과정에서 제국의 우수성과 근대문물을 선전하는 장치이면서 동시에 제국민의 오락물로서의 기능도 수행하고 있다는 의미라 생각된다. 그러나 이를 피식민지의 입장에서 바라보면 박람회는 곧 피식민지의 야만성과 전근대성을 각인하는 장이며, 피식민지인을 제국 상품의 소비자로서 각인시키는 장이라는 의미로도 파악된다. 또한 박람회는 제국민과 마찬가지로 피식민지인에게도 오락물로서의 기능을 하고 있다는 점에 주목해야 한다고 생각한다. 이는 박람회가 가지는 기본적인 속성에 기인하는 것이라 보이지만 전시물을 보는 시선이나 관점은

---

의 세례를 받고 1828년 전도사가 되었다. 1830년 비어 하우스법(Beerhouse Act) 실시 이후 급속도로 확대된 음주문화를 경계하면서 그는 금주운동에 종사하였다(本城靖久, 『トーマスクックの旅 - 近代ツーリズムの誕生』, 講談社、1996, 18~29쪽).

5) 조성운, 앞의 논문, 『한국민족운동사연구』 56, 108~109쪽.

6) 吉見俊哉, 2000, 『博覽會の政治學』, 中公新書, 25쪽.

제국민과 피식민지의 입장에 따라 다르다는 점에서 산출되는 결과 역시 다르다는 점을 지적하지 않을 수 없다. 이 시선과 관점의 차이가 바로 식민지 본국과  피식민지를 가르는 근본적인 기준이 되기 때문이다.

따라서 후발제국주의국가로서의 일본 역시 이러한 박람회의 기능과 역할에 주목한 것은 당연하다 할 것이다. 일본이 처음으로 만국박람회에 참여한 것은 1862년 런던만국박람회였으나 막부가 정식으로 출품한 것은 1867년 파리 만국박람회가 최초이다. 이후 일본은 꾸준히 서구에서 개최된 박람회에 참여하였고, 1877년 제1회 內國勸業博覽會의 개최를 통하여 일본도 박람회 개최국 대열에 동참하고 있다. 이후 일본에서는 박람회의 개최가 붐을 이루었다.

그런데 박람회의 성공 여부는 관람객의 수에 달려있다고 할 수 있다. 그러므로 박람회 주최측은 보다 많은 관람객을 동원하기 위해 다양한 방식으로 홍보하였으며, 관람객들이 박람회장까지 보다 용이하게 접근할 수 있도록 버스나 전철, 기차 등의 교통수단을 새로이 설치하거나 그 운행에 편의를 기하여야만 하였다. 또 관람객들을 박람회장까지 동원하는 회사, 즉 여행사가 설립되거나 여행사와 같은 기능을 하는 조직이 탄생하기도 하였다. 그리고 원거리에서 온 관람객을 위한 여관, 호텔 등 숙박시설과 식당 등이 확충되었다. 그리하여 앞에서 언급했듯이 토마스 쿡앤 선사는 철도회사 및 박람회 주최측, 그리고 호텔·식당업자들과의 협약을 통해 관람객들이 보다 저렴한 가격으로 박람회를 관람[7]할 수 있도록 하면서 여행사로 성공하였던 것이다. 이러한 결과 1868년까지 토마스 앤 선사를 통하여 관광을 한 인원은 약 200만 명[8]에 달하였던 것이다. 더욱이 기선을 이용하여 실시한 1872년의 22일간의 세계일주관광은

---

7) 本城靖久, 1996, 『トーマスクックの旅 – 近代ツーリズムの誕生』, 講談社、58~65쪽.
8) 김사헌·지선진, 2006, 「근대 – 탈근대사회 맥락에서 본 관광패턴의 변화 : 이론적 논의를 중심으로」 『경기관광연구』 9, 관광종합연구소, 1쪽.

관광의 범위를 국외로까지 확대시켰다. 특히 이 세계일주관광은 식민지 관광을 포함한 것이었다. 이로써 근대관광이 성립함과 동시에 제국주의적 정체성을 강화하는 도구로 이용되었음을 확인할 수 있는 것이다.

서구에서 이루어진 근대 관광은 일본에도 전하여졌다. 잘 알려져 있듯이 일본 최초의 단체해외관광여행은 러일전쟁의 승리 이후인 1906년 아사히(朝日)신문사가 주최하였던 滿韓巡遊團에서 찾을 수 있다. 만한순유단은 여행사가 아닌 신문사에서 주최하였다는 점이 특징이다. 이는 당시 치열하게 경쟁하고 있던 신문업계의 사정을 반영하는 것이기도 하였으나 뒤에서 살펴 볼 1912년 일본여행협회가 설치되기 이전에는 이러한 여행을 담당할만한 여행사가 존재하지 않았다는 점에서 그 이유를 찾을 수 있다. 더욱이 러일전쟁 승리 이후의 일본 사회는 승리감에 도취되어 일본이 세계 열강과 어깨를 나란히 할 수 있는 존재로 성장하였다는 자부심이 대단히 컸던 시기였다. 이러한 때에 만한순유단의 조직은 일본에 대한 자부심과 정체성을 확인하는 장이 될 수 있었던 것이다. 그리하여 만한순유단은 주최자인 아사히신문사뿐만 아니라 일본 사회의 전폭적인 지지를 받아 크게 성공하였고, 만한순유단의 성공 이후부터 조선과 만주에 대한 일본인의 수학여행과 관광은 하나의 사회적 현상으로서 붐을 이루었다.[9]

---

9) 1906년 조선과 만주여행에 관한 대표적인 연구는 다음과 같다.
　渡部宗助, 1990, 「中學校生徒の異文化体驗―1906年滿韓大修學旅行の分析」『國立敎育硏究所硏究收錄』 21, 財団法人學會誌刊行センター.
　有山輝雄, 2002, 『海外觀光旅行の誕生』, 吉川弘文館.
　高媛, 2003, 「滿州修學旅行の誕生」 『彷書月刊』 215.
　三谷正憲, 2005, 「日本近代の朝鮮觀―明治期の滿韓修學旅行をめぐって」 『Gyros』 11.
　鈴木普慈夫, 2006, 「滿韓修學旅行の敎育思想的考察―敎育目標の時代的変化の一例として」 『社會文化史學』 48.
　임성모, 2006, 「팽창하는 경계와 제국의 시선」 『일본역사연구』 23.
　宋安寧, 2008, 「1906(明治39)年における滿州敎員視察旅行に關する研究」 『研究紀要』 1-2.

그리하여 이 시기 일본인의 조선과 만주에 대한 시찰 혹은 여행은 주로 청일전쟁과 러일전쟁을 통해 획득한 새로운 '영토'를 눈으로 확인함으로써 일본이 서구 열강과 어깨를 나란히 하는 '제국'으로 발전하고 있음을 선전하고자 한 측면이 강하였다. 반면에 여행 참가자의 경우에는 사회의 유지 혹은 명사로서의 대접을 받게 됨으로써 사회적인 위치나 지위를 획득하는 하나의 수단이 되었다. 그리하여 여행지는 당연히 요코하마(橫浜), 고베(神戶), 오사카(大阪), 쿠레(吳), 모지(門司) 등 러일전쟁의 관련지와 대련, 요양, 봉천 등 러일전쟁의 전승지, 인천, 경성, 평양 등 청일전쟁의 관련지 및 유적 등 일본군의 전승지 중심이었다.[10] 따라서 이 시기 일본인의 조선과 만주여행은 제국주의로 성장하고 있었던 일본의 정체성을 강조하고 강화하는 방향에서 이루어졌다.[11]

이러한 이유에서 이 시기 일본인의 조선과 만주여행에는 육군성의 역할이 매우 컸다. 육군성은 1906년 6월 26일 "금년 하기 중 육군성 관할의 선박에 편승하는데 문부성이 적당하다고 인정하는 중학교 이상의 학교생도(감독자를 동반한 단체에 한함)의 滿韓지방 수학여행"[12]에 다음과 같은 편의를 제공하고자 하였다.

1. 한국에서는 京義線鐵道를 제외하고 선박 및 陸行에 한해서는 육군에서 취급하기로 함
2. 육군 관할의 선박 및 철도는 여행자에 대해 무상수송하기로 함
3. 여행자에 대해서는 대련잔교의 통행료를 면제하기로 함
4. 여행자의 숙소는 육군에서 가능한 편의를 제공함. 단 開原 이북은 제외함
5. 滿韓에서 給與는 여행자의 자기 부담으로 함. 단 그 조달에 관해서는

---

小林健, 2009, 『日本初の海外觀光旅行』, 春風社.

10) 李良姬, 2004, 「日本植民地下の觀光開發に關する硏究」 『日本語文學』 24, 일본어문학회, 476쪽.

11) 有山輝雄,, 앞의 책 참조 바람.

12) 有山輝雄,, 앞의 책, 36~37쪽.

　　　육군에서 가능한 편의를 제공함

　　6. 선중에서는 군대 수송의 예에 근거해 식량을 지급하고 실비를 지불받음

　　7. 여행자에게 침구를 대여함

　　8. 여행자가 육군 조성의 조영물을 관람하고자 할 때에는 그 감독자가 육
　　　군관헌에게 신청하여 그 지휘를 받도록 함

　　9. 저명한 전장 기타 수학여행에 이익이 될 사항에 관해서는 근무에 지장
　　　이 없는 한 설명의 편의를 제공함

　　10. 여행 중 입원치료의 필요가 발생할 경우 감독자가 이를 육군관헌에게
　　　출원할 때는 육군관할의 병원에서 치료함. 단 실비는 算入함[13]

　　위의 인용문을 통해 볼 수 있듯이 일본 육군성은 조선과 만주여행자
들에 대해 교통편과 숙소를 무상으로 제공하는 한편 식사도 실비로 제공
함으로써 여행객들에게 최대한의 편의를 제공하고자 하였던 것이다. 이
와 같은 육군성의 활동은 滿韓巡遊團 이후의 일본 사회의 분위기가 있
었다. 특히 1905년 부관연락선의 개통으로 인하여 부산은 "東亞大陸으
로 통하는 通路", "世界의 通路", "歐亞大陸으로 통하는 門戶"로써 일
본근대관광에 매우 중요한 위치를 차지하게 되었다.[14] 이러한 분위기
속에서 일본에서는 관광에 대한 욕구가 확산되었고, 이제 관광여행지도
조선과 만주를 뛰어넘어 유럽과 미국에까지 이르게 되었다.[15]

　　이처럼 일본의 근대 관광은 20세기 초에 육군으로 대표되는 군부의
후원으로 시작되었다. 이는 일본 근대 관광이 그 시작부터 침략적·제국
주의적 성격을 갖게 되었음을 의미한다. 따라서 일본에 의해 규정된 조
선의 근대 관광은 그 시작부터 식민지성을 갖게 되었던 것이다.[16]

　　이러한 일본 사회의 분위기 속에서 일본 정부의 일각에서는 서구 사
회에 일본을 알리고 관광객을 유치함으로써 경제적 이익을 획득할 수 있

---

13) 『大阪朝日新聞』 1906년 6월 30일, 「學生滿韓旅行」(宋安寧, 앞의 논문, 주) 9 재인용).

14) 조성운, 앞의 논문, 『한국민족운동사연구』 56, 124쪽.

15) 이에 대해서는 有山輝雄, 앞의 책을 참고 바람.

16) 조성운, 앞의 논문, 『한국민족운동사연구』 56, 113쪽.

다는 움직임이 발생하였다. 그것은 미국과 유럽에서 공부하고 귀국한 鐵道院 영업과장 기노시타 도시오의 경험과 도쿄상공회의소 회장인 시부사와 에이이치(澁澤榮一)[17]의 사업적 요구에 기인한 바가 컸다고 할 수 있다. 특히 1893년 시부사와는 마스다 다카시(益田孝)와 함께 일본 최초의 여행단체인 키힌카이(喜賓會)를 조직한 바 있었다. 그러나 키힌카이는 근대적인 의미의 관광을 위한 단체라기보다는 공무차 일본을 찾는 외국 귀빈들을 접대하는 것을 주된 활동으로 하였다.[18] 그런데 근대적인 의미에서의 관광단체의 필요성이 제기되면서 1912년 이 단체의 해산과 함께 일본여행협회가 설립되었다. 이는 국제 사회에서 일본의 위상을 높이고자 했던 일본 정계의 입장과 경제적 이익을 목적으로 했던 경제계의

---

17) 메이지 시대(明治時代)에 정부 관리로 있으면서 개혁정책을 수립하여 일본 경제를 확고한 기반 위에 올려놓는 데 이바지했다. 또한 시부사와회사를 세워 일본에서 가장 큰 재벌의 하나로 키움으로써 정부와 기업이 밀접한 관계를 맺는 데 기여했다. 그는 한때 모든 외국인을 일본에서 내쫓을 것을 요구하는 '양이'(攘夷) 운동에 가담했으며, 히토쓰바시(一橋) 가문의 상속자인 도쿠가와 요시노부(德川慶喜)를 받들었다. 요시노부에 의해 그는 사무라이(武士) 신분이 되었으며, 얼마 후 일본의 세습 군사 독재자인 쇼군(將軍)의 자리를 물려받게 되자 시부사와를 바쿠후(幕府) 관리로 임명했다. 시부사와는 곧 '양이' 사상을 버렸고, 1867년 1월에 요시노부의 동생을 수행하여 유럽을 순방했다. 그가 귀국했을 때 일본은 메이지 유신이 일어나 쇼군의 바쿠후가 무너지고 왕정복고가 이루어진 뒤였다. 그해에 시부사와가 설립한 금융무역상사는 법인 조직을 가진 일본 최초의 주식회사였다. 1869년 10월에는 대장성(大藏省) 관리로 정부에 들어가 조세와 화폐를 개혁하고 도량형 제도를 개정했으며, 새로운 지방 행정법을 개발하는 데 이바지했다. 1873년에 시부사와는 정책에 대한 견해 차이로 사직하고, 일본제일국립은행의 설립을 도와 총재가 되었다. 같은 해 오지(王子)제지회사를 설립했고, 10년 뒤에는 유명한 오사카(大阪)방직회사를 세워 경영하기 시작했다. 그는 어떤 방직회사보다 규모가 크고 효율적인 이 공장을 통하여 일본 실업계의 거물로 등장했다. 실제로 철도 및 기선회사, 수산회사, 인쇄소, 철강공장, 가스 및 전기회사, 석유 및 광산회사를 설립함으로써 당시 일본의 산업 발전과 관련된 거의 모든 기업활동에 관여했다. 1916년에 경영 일선에서 물러난 뒤로는 91세로 죽을 때까지 사회복지사업에 종사하였다.

18) 喜賓會에 대해서는 白幡洋三朗의 연구(1985, 「異人と外人」 『十九世紀日本の情報と社會変動』, 京都大學人文科學研究所)를 참조 바람.

협조 속에서 이루어진 일이었다.

　이처럼 1910년대 초반은 일본여행협회의 설립을 통해 제국 일본이 관광을 본격적으로 육성하고자 한 시기였다. 그리하여 이 시기부터 일본 鐵道院은 관광루트의 설정과 관광지의 정비 등을 본격적으로 추진하기 시작하였다. 즉 1910년 시베리아經由國際連絡運輸會議의 기반 하에서 일본은 조선, 중국, 러시아를 주유하는 세계일주관광루트·'日支'周遊루트·'日滿'周遊루트를 선정하였다. 이와 같은 관광루트 설정에는 청일전쟁과 러일전쟁의 승리에 따른 일본의 국가적 위상이 고양되고 시베리아철도가 완성됨으로써 대륙진출이 보다 용이해졌다는 점 등이 배경으로 작용하였다. 이에 따라 오쿠마 시게노부(大隈重信)내각의 자문기관이었던 '經濟調査會'는 철도와 기선에 의한 '日滿'周遊루트를 제안하였던 것이다.[19]

　이와 같이 일본의 근대 관광이 체계를 갖추기 시작한 것은 1912년 3월 12일 일본여행협회(Japan Tourist Bureau)가 설립된 이후라고 판단되며, 일본여행협회의 설립은 일본의 관광산업이 근대화하는 계기로 이해할 수 있다. 설립 이후 일본여행협회는 도쿄에 본부, 지방에 지부, 그리고 지부 관하에 안내소 또는 출장소 및 촉탁안내소, 해외에는 대리점을 두었다. 본부는 업무를 계획하고 지부 및 안내소 이하의 現業事務를 통제, 감독하는 기관으로서 1936년 현재 總務部, 調査宣傳部, 外人旅行部, 邦人旅行部, 事業部, 經理部로 구성되었다. 지부는 본부와 동일회계 하에 유람지의 개발 및 개선 촉진, 유람지의 소개, 안내소·출장소 및 촉탁안내소의 관리, 단체사무의 통할, 지방사무소의 통제, 일본여행구락부 및 일본온천협회의 사무 등을 그 업무로 하였다.[20]

　그런데 일본여행협회의 주요 업무는 관광객에 대한 알선과 안내였으

19) 佐藤哲哉, 2004, 「明治初期から第２次世界第２次世界大戰に至る日本の観光政策」『九州産業大學産経論叢』 45-2, 51쪽.
20) 社團法人ジャパン·ツーリスト·ビューロー(日本旅行協會), 1936, 『ビューロー讀本』, 7쪽.

므로 업무는 대부분 여행안내소에서 이루어지고 있다고 해도 과언이 아니었다. 그리하여 일본여행협회는 설립 직후인 1912년 5월 24일 개최되었던 제1회 이사회에서는 요코하마(橫浜), 고베(神戶), 나가사키(長崎) 등의 3곳에 '독립 안내소'[21]를 설치할 것과 조선·만주·대만 등의 중요한 철도역 및 일본여행협회의 회원단체인 기선회사 본사와 지사, 그리고 철도원·남만주철도주식회사가 경영하는 호텔 등에 여행안내소(이하 안내소)를 설치할 것을 결정하였다. 이외에도 유럽·남양·동양의 저명한 도시에도 안내소를 설치할 것을 결정하였다.[22] 이는 곧 일본여행협회의 활동 범위를 제국 일본의 세력 범위 내로만 국한시키지 않고 전 세계적으로 확장하여 각국의 관광객을 일본에 유치하겠다는 의미로 이해된다.

이 결정에 따라 1913년 본부 직속의 전속안내소가 시모노세키(下關)와 고베에 설치되었고, 도쿄(東京)안내소는 도쿄역의 영업 개시와 동시에 1914년 12월 20일 설치되었다. 그리고 外地에서는 조선지부의 안내소는 1912년 12월 1일 경성안내소와 부산안내소를 각각 남대문정거장 여객대합소와 부산정거장 여객대합소 내에 설치하였고, 대련지부의 여순·봉천·장춘안내소는 당지의 야마토(大和)호텔 내에 설치하였다. 또한 1917년 靑島지부의 개설과 동시에 청도역과 濟南驛에 안내소를 설치하였다. 이외에도 1918년 중국의 北京에 최초의 해외 안내소이자 본부 직속의 안내소가 설치되었다.[23] 그리고 1914년 도쿄 우에노(上野)공원에서 개최되었던 다이쇼(大正)박람회와 1915년 샌프란시스코에서 개최되었던 파나마박람회장에서 설치되었던 것과 같이 국내외에 특별한 행사가 있을 때 행사장 내에 임시안내소를 설치하여 운영하기도 하였다.[24]

---

21) '독립적 안내소'가 무엇을 의미하는지에 대해서는 정확히 이해할 수 없으나 아마 일본여행협회 본부의 직접적인 통제가 아닌 간접적인 통제를 받는다는 의미가 아닐까 추측된다.
22) 『過去一年間に於けるジャパンツーリストービューロー』(발행처 불명), 8~9쪽.
23) 日本交通公社, 1962, 『50年史』, 20~21쪽.

이러한 안내소의 확충은 1912년 제1회 이사회의 결정사항을 이행하는
것이었다. 이후에도 일본여행협회는 지속적으로 안내소의 확충을 도모
하였다. 즉 1913년 11월 13일 일본여행협회 상무이사회에서는 안내소망
을 보완하고자 하는 의미에서 촉탁안내소의 설치를 결정하였다.[25] 그리
고 안내소망은 일제가 패망할 때까지 점차 확대되었다. 이처럼 일본여행
협회가 안내소의 설치 및 운영에 집중한 것은 안내소가 "여객에 대한
안내, 알선의 중심을 삼는 가장 중요한 기관이며 정관에 정해져있는 사
명의 수행은 실로 안내소를 통해 이루어지는 것이므로 그 完否와 良否
는 바로 뷰로 자체의 면목에 관한 것"[26]이기 때문이었다.

　이렇게 각지에 안내소를 설치하는 등의 조직을 정비한 이후 일본여행
협회는 가이드 조사, 호텔조사, 외국관광객의 국적별 조사, 일본여관조
사, 자동차에 관한 조사, 유람지 조사, 夏季 체류 외국인 조사, 가이드
기타 실태 조사, 요양지에 관한 조사, 유람지 기후 조사, 후지산 기후 고
지, 縣·市營公園 및 유람지 조사, 종업원의 시찰여행[27] 등 관광사업을
진흥시키기 위한 기초조사와 제반 사업을 행하였다. 그리고 단행본, 팜
플렛 등의 인쇄물의 발간, 포스터, 그림엽서, 사진, 환등, 강연회, 전람회
등을 통하여 관광객을 유치하고자 하였다.

　특히 이러한 방법은 일본 국내에서만 행하였던 것이 아니라 해외에서
도 행하여졌다. 즉 해외의 유력한 신문이나 잡지에도 관광객을 유치하기
위한 광고를 하였으며, 또 영어·러시아어·프랑스어·독일어 등의 외국어
로도 여행안내서를 비롯한 인쇄물을 발간하여 배포하였다.[28] 이 때 일
본여행협회에서 발간한 여행안내서는 <표 1>과 같다.

---

24) 日本交通公社, 앞의 책, 23쪽.
25) 日本交通公社, 앞의 책, 24쪽.
26) ジャパンツーリストービューロー, 1939, 『案內所實務』, 2쪽.
27) 日本交通公社, 앞의 책, 34~38쪽.
28) 日本交通公社, 앞의 책, 38~39쪽.

〈표 1〉 일본여행협회가 발간한 여행안내서[29)]

| 본부 | 일문 | 『日光、塩原案內』『山田、鳥羽案內』『富士登山案內』『溫泉案內』『奈良案內』『京都案內』 |
|---|---|---|
| | 영문 | 『An Official Guide to Eastern Asia』(滿洲·朝鮮(1913), 南西部 日本(1914), 北東部 日本(1914), 中國(1915), 東인도·필리핀·佛領 인도네시아·海峽植民地(1917)의 전 5권) |
| | 로문 | 『日本案內』 |
| 조선지부 | | 『京城案內』『朝鮮狩獵案內』『金剛山案內』(이상 영문) |
| 대북지부 | | 『台湾案內』『台北案內』(이상 영문) |
| 대련지부 | | 『長春案內』『奉天案內』『星力浦案內』『旅順案內』『日光、塩原案內』『大連案內』(이상 일문) |

다른 한편 창립 초기 일본여행협회는 다음과 같이 일본 내의 대표적인 관광지를 선정하여 국내외에 선전하였다.

　1. 사전 예약이 필요한 곳
　(東京) 慶應義塾, 商船學校, 東京外國語學校, 東京盲學校, 女子職業學校, 東京市養育院, 內務省東京衛生試驗所, 農商務省農事試驗場, 王子製紙株式會社, 大日本麥酒株式會社, 東京株式取引所, 日本赤十字社病院, 講道館, 警視廳獎武會, 砲兵工廠內後樂園, 淺野總一郞氏邸, 鹿島精一氏邸園, 監獄
　(地方) 第三高等學校, 京都市立高等女學校, 大阪高等工業學校, 熊本高等工業學校, 第七高等學校造士館, 第八高等學校, 千葉醫學專門學校, 三菱造船所, 金田炭坑, 生野銀山, 三重製絲所, 大阪城

　2. 사전 예약이 필요 없는 곳
　(東京) 東京帝國大學, 東京帝國大學農科大學, 東京高等商業學校, 東京美術學校, 東京高等工業學校, 日本女子大學, 東京聾啞學校, 東京控訴院, 衆議院, 印刷局, 中央氣象臺, 帝國大學附屬醫院, 日本赤十字社,

29) 日本交通公社, 앞의 책, 41쪽 : THE IMPERIAL JAPANESE GOVERNMENT RAILWAYS, 『An Official Guide to Eastern Asia』 Vol.1, PREFACE, 1913.

東京慈惠會醫院

　　(地方) 九州帝國大學, 第五高等學校, 長崎醫學專門學校, 長崎高等商
業學校, 山口高等商業學校, 廣島高等師範學校, 第六高等學校, 岡山醫學
專門學校, 神戶高等商業學校, 京都高等工藝學校, 京都市立美術工藝學
校, 京都市立盲啞學校, 京都市立染織學校, 稻畑氏和樂庵, 奈良女子高等
師範學校, 第四高等學校, 名古屋高等工業學校, 橫濱商業學校, 東北帝國
大學, 第二高等學校, 秋田鑛山專門學校, 盛岡高等農林學校, 小樽高等商
業學校, 造幣局, 京都市陶磁器試驗所, 日本車輛株式會社, 片倉八王子製
絲所, 原富崗製絲所, 撫順炭坑30)

　　이상의 관광지를 볼 때 일본여행협회가 외국인 관광객들을 대상으로
보여주고 싶었던 장소는 주로 일본의 근대 문물과 관련된 것이었음을 알
수 있다. 이는 일본여행협회 설립 시 실무를 담당했던 기노시타 도시오
(木下淑夫)가 일본여행협회의 설립 목적 중의 하나로 삼았던 서구인의
일본인식, 즉 이미 세계의 강국으로 등장한 일본을 (반)식민지에 불과하
였던 다른 아시아국가와 동일시하고 있다는 인식을 변화시키기 위한 활
동의 일환이라고 볼 수 있다.31) 그리하여 기노시타는 이러한 관광지를
관광객에게 소개함으로써 서구인에게는 일본이 서구와 동등한 근대문명
국임을 보여주고자 했던 것이라 판단된다. 그리고 동시에 식민지 조선인
들로 구성되었던 일본시찰단의 파견에서 확인할 수 있듯이 식민지 조선
인에게는 일본 근대문물의 우수성 및 선진성과 조선 문화의 열등감을 각
인시키고자 하였던 의도도 있었다고 판단된다.

## 3. 일본여행협회의 조선관광 활동

　　일본여행협회는 "外客을 我邦에 誘致하고 外客을 위한 諸般 施設을

---

30) 『過去一年間に於けるジャパンツーリストービューロー』(발행처 불명), 21~27쪽.
31) 조성운, 앞의 논문, 『한국민족운동사연구』 56, 127쪽.

도모"[32]한다는 설립 목적에 따른 활동을 하였다. 이러한 활동은 일본 국
내에서만 이루어진 것이 아니라 조선과 만주, 대만 등 外地를 포함하는
것이었다. 따라서 일본여행협회는 지부뿐만 아니라 본부에서도 外地觀
光에 대한 활동을 수행하고 있다. 이 장에서는 이 가운데 조선과 관련된
내용을 살펴보기로 한다.

  일본여행협회가 설립 직후 조선지부를 설치한 것에서도 알 수 있듯이
일본여행협회는 조선관광을 적극 장려하였다. 이를 위해 일본여행협회
는 본부뿐만 아니라 조선지부에서도 각종 여행안내서를 출판하였다. 이
러한 여행안내서의 출판은 설립 초기 일본여행협회의 2대사업이라 할
수 있는 관광객에 대한 각종 편의 제공 및 알선과 외국관광객 유치를
위한 선전 활동[33]의 일환으로 이루어진 것이었다. 특히 鐵道院에서는
1913년부터 1917년까지 滿洲·朝鮮(1913), 南西部 日本(1914), 北東部
日本(1914), 中國(1915), 東인도·필리핀·佛領 인도네시아·海峽植民地
(1917)의 전 5권으로 구성된 영문 여행안내서 『An Official Guide to
Eastern Asia』를 출판하였다. 이 책은 유럽과 아메리카인을 대상으로 한
것으로서 일본관광에 대한 이들의 편의를 돕기 위한 것이었다.[34] 그런
데 전 5권으로 구성된 이 책 중 滿洲·朝鮮篇이 가장 먼저 출판된 것은
일본여행협회의 활동에서 조선과 만주가 차지하는 위상을 보여주는 것
이라고 할 수 있을 것이다. 즉 일본 최초의 해외 식민시인 대만은 섬이
라는 한계가 있으므로 대륙 진출이라는 일본의 침략 정책의 기지가 될
수 없었다. 반면에 조선과 만주는 대륙진출을 위한 교두보로서의 기능과
역할을 할 수 있는 지정학적 위치에 있었다. 그리하여 5권 중 가장 먼저

---

32) 「ジャパン·ツーリスト·ビューロー會則(草案)」, 日本交通公社, 『50年史』, 1962, 5쪽.
33) 日本交通公社, 앞의 책, 53쪽.
34) THE IMPERIAL JAPANESE GOVERNMENT RAILWAYS, 『An Official Guide
    to Eastern Asia』Vol.1, PREFACE, 1913 : 조성운, 「일제하 조선총독부의 관광정책」
    『동아시아문화연구』46, 한양대학교 동아시아문화연구소, 2009, 18~19쪽.

만주·조선편이 출판된 것이 아닌가 생각된다.

그리고 일본여행협회는 앞장에서 서술하였듯이 다수의 여행안내서를 출판하였다. 일본여행협회가 설립 이후 1917년까지 발행한 각종 인쇄물의 발행부수와 1920년까지 일본여행협회가 알선한 외국인 관광객의 수는 각각 <표 1>, <표 2>와 같다.

<표 1> 일본여행협회가 발행한 인쇄물의 부수    (단위 부)

| 연도 | 1912 | 1913 | 1914 | 1915 | 1916 | 1917 | 총계 |
|---|---|---|---|---|---|---|---|
| 종수 |  | 12 | 26 | 22 | 17 | 22 | 99 |
| 인쇄물수 | 5,000 | 65,500 | 179,300 | 110,400 | 111,400 | 144,000 | 615,600 |

(자료)バンツーリストービューロー大正6年度事業報告, 1918, 104쪽.

<표 2> 1910년대 일본여행협회의 알선 관광객 수    (단위 명)

| 연도 | 1912 | 1913 | 1914 | 1915 | 1916 | 1917 | 1918 | 1919 | 1920 | 합계 |
|---|---|---|---|---|---|---|---|---|---|---|
| 알선자수 | 228 | 3,804 | 6,207 | 7,726 | 8,436 | 13,558 | 17,419 | 20,731 | 22,951 | 101,060 |

(자료)『ビューロー讀本』, ジャバンツーリストビューロー, 1932, 32쪽. <부표3>에서 정리.

그런데 <표 2>에서 볼 때 조선·만주방면의 관광객 중 실제 조선을 방문한 관광객의 수는 확인이 불가능하지만 일본여행협회의 지부가 조선에 설치되어 있었다는 점에서 이들 가운데 일부는 조선을 관광했을 가능성이 있다. 예를 들면 1916년 미국관광단 일행 16명에 대해 도쿄안내소는 조선 및 만철 1등 승차권을 발행[35]하였고, 자바(爪哇)트레이딩회사 지배인 피어넌의 가족에게는 조선수렵 등에 관하여 알선[36]하였던 것이다.

그리고 다음의 <표 3>은 1916년과 1917년 일본 내에 설치되었던 안내소에서 조선과 만주여행에 대해 문의한 건수를 나타낸 것이다. 1916

---

35) 『バンツーリストービューロー大正5年度事業報告』, ジャバンツーリストビューロー, 1917, 35쪽.
36) 『バンツーリストービューロー大正5年度事業報告』, ジャバンツーリストビューロー, 1917, 38쪽.

년보다 1917년의 문의 건수가 증가한 것으로 보아 조선과 만주여행에 대한 외국인의 관심이 점차 증가하고 있었음을 알 수 있다.

〈표 3〉 외국인 일본관광객이 조선만주방면여행을 문의한 건수[37]          (단위: 건)

| 연도 | 본부 | 도쿄안내소 | 요코하마안내소 | 고베안내소 | 나가사키안내소 | 합계 |
|------|------|------------|----------------|------------|-----------------|------|
| 1916 | 87 | 46 | 35 | 150 | 48 | 366 |
| 1917 | 297 | 60 | 90 | 288 | 93 | 828 |
| 합계 | 384 | 106 | 125 | 438 | 141 | 1,194 |

또한 일본여행협회는 조선에 관광객을 유치하기 위하여 새로운 관광지를 소개하는데 관심을 기울여[38] 1916년 『금강산안내』를 英文과 露文으로 발간하였다.[39] 그리고 일본여행협회는 기관지 『ツーリスト』에 조선관광과 관련된 정보를 제공하였다. 즉 1916년 3월호에는 「金剛山」을 10쪽에 걸쳐 소개하였으며, 1918년 5월호에는 「朝鮮金剛山」을 6쪽에 걸쳐 소개하였다. 1917년 9월호에서는 碧蹄館保存會, 開成保勝會, 論山彌勒保存會, 靑陽保勝會, 慶州古蹟保存會, 津江墓地保存會, 海州保勝會, 平壤名勝舊蹟保存會, 成川名勝舊蹟保存會, 金剛山保勝會, 春川保勝會 등 조선의 관광관련단체를 소개하였다.[40] 1919년 1월호에

---

37) 「大正5年度ビューロー來方外客質疑應答別表」 『パンツーリストービューロー大正5年度事業報告』, ジャパンツーリストビューロー, 1917, 31~33쪽 : 「大正6年度ビューロー來方外客質疑應答別表」 『パンツーリストービューロー大正6年度事業報告』, ジャパンツーリストビューロー, 1918, 33~35쪽.

38) 『パンツーリストービューロー大正5年度事業報告』, ジャパンツーリストビューロー, 1917, 8쪽.

39) 『パンツーリストービューロー大正5年度事業報告』, ジャパンツーリストビューロー, 1917, 39쪽.

40) 「朝鮮に於ける名所旧跡の保護機關」 『ツーリスト』 27, 1917년 9월, 21~23쪽. 그런데 일본여행협회가 관광관련단체로 소개한 단체들은 주로 보승회였다. 보승회의 활동은 주로 지방의 명승고적을 보존, 보호하는 것이었으나 실제 보승회가 이러한 일에만 종사한 것 같지는 않다. 고유섭은 보승회란 것이 자칫하면 관광회와

는 「冬の朝鮮」이 5쪽에 걸쳐 소개되었다. 이외에도 1916년 5월호에는 유람안내코너에 「金剛山案內」를 수록하였으며, 7월호에는 「朝鮮印象記」(영문), 「金剛山の印象」, 1917년 3월호에는 「金剛山の雪」를 게재하여 조선과 금강산 관광에 대해 일본내외에 선전하였다.[41] 그리고 1919년 7월호에는 '朝鮮旅行에 대한 一般注意'와 '滿洲旅行에 대한 一般注意'를 게재하여 조선과 만주여행에 대해 안내하고 있음을 알 수 있다. 실제 일본여행협회는 동협회가 발간하는 일본여행안내서에 조선·만주·중국·대만 등의 여행계획을 병기[42]하기로 하였다. 이러한 결과 1917년 나가사키(長崎)안내소의 경우 조선과 만주방면에 대한 여행문의가 혼슈(本州)에 대한 문의와 함께 가장 많았던 것이다.[43]

  '朝鮮旅行에 대한 一般注意'의 내용은 조선의 여름은 기온이 일본과 대략 비슷하지만 조석의 기온차가 크며, 7, 8월에는 비가 많이 내리므로 레인 코트와 오바 슈즈(덧신)가 필요하다고 하였다. 또 일반 휴대품은 특별히 필요한 것이 없으며, 학구적이거나 전문적인 여행이 아닌 경우 앞의 『An Official Guide to Eastern Asia』의 만주·조선편이나 만철경성관리국이 발행한 『Chosen』, 『Keijo』, 『Fusan』, 『Kongo-san』, 『朝鮮旅行案內』, 『南鮮の風光』, 『京城及附近』, 『西鮮の山川』, 『金剛山探勝案內』등을 이용하라는 안내가 있었다. 이외에도 도쿄 마루노우치(丸の內)의 만철 선만안내소, 오사카 出入橋 만철출장원대기소, 용산만철경성관리국 등에서 무료로 안내 받을 수 있음을 알리고 있다. 그리고 '음울한

---

혼동되어 마땅히 보유하여야만 할 품위를 俗惡한 선전과 유치로 誤導되어 뜻있는 인사의 반감을 사는 예가 왕왕 있다고 하였던 것이다(고유섭, 1993, 「高麗舊都 開成의 古蹟」 『高裕燮全集』 4, 403~404쪽). 따라서 향후 식민지 조선의 근대 관광과 보승회의 관련성에 대한 연구가 필요하다고 할 것이다.

41) 『パンツーリストービューロー大正5年度事業報告』, ジャパンツーリストビューロー, 1917, 41~51쪽.
42) ジャパンツーリストービューロー, 『回顧錄』, 1937, 81쪽.
43) 『パンツーリストービューロー大正6年度事業報告』, ジャパンツーリストビューロー, 1918, 84쪽.

방', '불결한 침구'로 묘사되는 여관은 조선여행에서 가장 불쾌감을 느
끼는 시설로 묘사하고 있다.[44] 따라서 숙박시설을 제외한 조선여행은
크게 문제없음을 선전하고 있다.

다른 한편 1912년 12월 1일 설치된 일본여행협회 조선지부는 사업을
홍보하기 위한 방안을 다음과 같이 강구하였다.

> 1. 조선철도에 의뢰하여 각 역장, 부산과 신의주정거장 호텔 주임 및 초량
>    과 평양영업과 파출원에 대하여 뷰로의 목적과 사업의 대강을 알리고
>    조선에서 외객유치 및 안내 등에 관해서는 뷰로를 이용하도록 하는데
>    노력함과 함께 뷰로에 대해 상당한 편의를 제공한다
> 2. 경성 기타 각 주요지의 신문사에 의뢰하여 지부 및 안내소의 개설과 그
>    목적 등에 관해 기사를 게재하도록 한다
> 3. 각 영업소에는 일정한 간판을 만들어 보기 쉬운 장소에 걸어놓는다
> 4. 지부전보약호를 'Tourist Ryuzan'으로 정하고 작년 12월 12일 그 등기
>    를 끝냄[45]

이와 함께 일본여행협회 조선지부는 '朝鮮'이라 쓴 간단한 영문 폴더
2000부를 제작하여 세계 주요지의 기선회사, 만국침대회사대리점, 토마
스 쿡상회 등에 배포하는 등 해외에 조선관광을 선전하였다.[46]

그리고 1914년 최초의 안내소회의 석상에서 일본여행협회의 사업계
획이 발표되었다. 이 계획 중 조선과 관련된 것만을 보면 다음과 같다.

> 1. 1915년 홍콩에서 개최될 奈馬開通紀念大博覽會에 일본관을 설치하
>    고 일본·朝鮮臺灣滿洲 등의 사진과 기타를 출품한다
> 2. 내외 각 요지에 설치한 안내소에 일본·朝鮮臺灣滿洲 등의 천연풍경의
>    정수를 모아 컬러사진으로 비치한다

---

44) 『ツーリスト』 38, 1919년 7월, 21~23쪽.
45) 『過去一年間に於けるジャパンツーリストビューロー』(발행처 불명), 43쪽.
46) 『過去一年間に於けるジャパンツーリストビューロー』(발행처 불명), 43~44쪽.

3. 正金銀行에 교섭하여 일본·朝鮮·臺灣·滿洲에만 공통으로 사용할 수 있는
여행자 수표를 발행하여 正金銀行[47]과 뷰로가 공동책임으로 실행할 것[48]


이 결정에 기초하여 조선지부는 奈馬開通紀念大博覽會 기간 중 그
림엽서 1만조를 제작[49]하여 배포하였다. 그런데 여행자 수표의 발행에
관해서는 일본여행협회와 쇼긴(正金)은행이 합의하여 실행하기로 하면
서 조선과 만주는 은시세의 변동이 있으므로 실행방법에 적지 않은 곤란
이 있을 것[50]이라 하였으나, 1939년 여행자 수표(JTB 체크)가 일본여행
협회 안내소, 호텔, 쿠폰 가맹점, 일본우선회사의 선박 내에서 사용[51]되
는 것으로 보아 여행자 수표의 사용은 실현된 것으로 판단된다.

다음으로 조선지부의 활동을 살펴보자. 조선지부의 활동에 대해서는 그
리 많이 알려진 것이 없다. 즉 1914년 1월 칼라로 영문판 경성지도 출판[52]
하였고, 1915년에는 금강산·모란대 등의 풍경을 3색으로 인쇄한 3매 1세
트의 그림엽서를 제작[53]하였으며, 1916년에는 러시아에 금강산을 소개하
여 러시아 관광객 약 3,000명 유치[54]하는 한편 영문『京城案內』·영문『
朝鮮狩獵案內』·영문『金剛山案內』·노문『金剛山案內』·그림엽서 수종
을 발간하였다.[55] 이는 서구인의 조선관광을 유치하기 위한 것이었다. 특

---

47) 正金銀行의 정식명칭은 요코하마쇼긴긴코(橫浜正金銀行)로서 1879년 국립은행조례에
의해 설립되었으나 1946년 폐쇄되어 같은 해 설립된 동경은행에 업무가 인계되었다.
48) ジャパンツーリストービューロー, 1937,『回顧錄』, 37~44쪽.
49) ジャパンツーリストービューロー, 1937,『回顧錄』, 75쪽.
50) ジャパンツーリストービューロー, 1937,『回顧錄』, 44쪽.
51) ジャパンツーリストービューロー, 1937,『案內所實務』, 7쪽.
52)「朝鮮支部の京城地図出版」,『ツーリスト』5, 日本旅行協會, 1914년 2월, 39쪽.
53) 社團法人ジャパン・ツーリスト・ビューロー(日本旅行協會), 1937,『回顧錄』, 87쪽.
54)『ジャパンツーリストビューロー大正5年度事業報告』2쪽. 1910년대 중반에는 러시아
관광객의 일본여행이 붐을 이루었다. 그리하여 일본여행협회 본부에서도『金剛山
案內』를 비롯하여『日本の溫泉』,『箱根案內』,『雲仙案內』등의 노문 여행안내서
를 1915년과 1916년에 발행하였다.(『回顧錄』, 앞의 책, 83쪽).

히 노문 안내서의 발행은 국경을 마주하고 있는 러시아 관광객을 유치하기 위한 노력이었다. 그리하여 1917년에도 러시아에 금강산을 소개하여 러시아 관광객 약 3,600명 유치56)할 수 있었다고 판단된다. 또한 1917년에는 진남포와 신의주까지를 포함하는 영문『平壤案內』·영문『朝鮮寫眞帖』·조선 풍경 그림엽서·영문『京城案內』·영문『朝鮮狩獵案內』·영문『金剛山案內』·노문『金剛山案內』·그림엽서 수종을 발간하여 조선관광객뿐만 아니라 각 지부, 일본, 중국, 남양, 호주, 미국 등의 유명한 호텔이나 클럽 등에 배포하였다.57) 이러한 활동의 결과 1917년 경성안내소와 부산안내소의 알선에 의해 조선을 여행한 관광객의 수는 <표 4>와 같다.

〈표 4〉 1917년 경성안내소와 부산안내소의 알선관광객의 수                    (단위 명)

| 국적<br>안내소 | 영국 | 미국 | 러시아 | 프랑스 | 기타 | 합계 |
|---|---|---|---|---|---|---|
| 경성안내소 | 289 | 953 | 89 | 61 | 253 | 1,645 |
| 부산안내소 | 288 | 576 | 735 | 98 | 203 | 1,900 |

『ジャパンツーリストビューロー大正6年度事業報告』, ジャパンツーリストビューロー, 1918, 89쪽.

<표 4>를 통해 볼 때 알 수 있는 것은 미국인 관광객의 수가 가장 많으며, 부산안내소의 경우 러시아 관광객의 수가 많다는 점이다. 미국인 관광객의 수가 많은 이유는 중국 거주 미국인의 조선관광이 증가하였기 때문이며, 부산에 러시아 관광객이 많았던 것은 러시아혁명으로 인해 귀국하던 러시아인이 귀로에 조선관광을 했기 때문이었다.58)

이와 같이 일본여행협회 조선지부는 여행안내서, 그림엽서, 팜플렛,

---

55) 『ジャパンツーリストビューロー大正5年度事業報告』, ジャパンツーリストビューロー, 1917, 55~56쪽.
56) 『ジャパンツーリストビューロー大正6年度事業報告』, ジャパンツーリストビューロー, 1918, 3쪽.
57) 『ジャパンツーリストビューロー大正6年度事業報告』, ジャパンツーリストビューロー, 1918, 47쪽.
58) 『ジャパンツーリストビューロー大正6年度事業報告』, ジャパンツーリストビューロー, 1918, 88쪽.

리플렛 등 출판물의 발간과 배포를 통해 국내외에 조선관광에 대해 선전하고 관광객들에 대해서는 각종 편의를 제공하는 활동을 하였다.

## 4. 맺음말

이상에서 일본여행협회의 설치를 기점으로 한 일본의 근대관광의 성립과 일본여행협회의 활동을 통해 식민지 조선의 근대관광에 대해서 간략히 살펴보았다. 그 결과 일본의 근대관광은 제국주의적 침략성을 갖고 탄생하였으며, 식민지 조선의 근대관광은 그 직접적인 영향으로 식민지성을 갖고 탄생하였음도 확인할 수 있었다. 이를 통해 다음의 몇 가지를 확인할 수 있었다.

첫째, 일본의 근대관광은 다른 제국주의국가와 마찬가지로 제국주의의 발달과정과 그 궤를 같이 한다고 할 수 있다. 이것은 근대 관광이 '보는' 주체로서의 제국주의가 '보여지는' 주체로서의 식민지를 여행하는 프로그램의 일환으로 발전했다는 사실을 통해서 확인할 수 있다. 그리하여 1904년 러일전쟁의 승리 이후 일본에서는 '승리의 戰場'을 보기 위한 일련의 여행들이 언론과 육군성의 후원으로 광범위하게 조직되었다. 특히 1906년의 만한순유단은 일본 최초의 해외단체관광여행으로서 조선과 만주의 전적지를 여행하였다. 그리고 이후 일본 내에서는 조선과 만주여행은 하나의 사회적 현상으로서 붐을 이룰 정도였던 것이다. 이는 조선과 만주 여행이 일본의 제국주의적 발전과정에서 국가적 정체성을 확인, 강화하는 과정이었다는 의미를 갖는 것이기도 하지만 단순히 관광이라는 관점에서만 보면 일본 근대관광의 시점을 여기에서 찾을 수 있을 것이다.

둘째, 1910년대 초반은 제1차 세계대전이 발발하기 직전으로서 유럽이 전쟁이 휩쓸리면서 미국의 관광객들이 동양으로 눈을 돌릴 때였다. 이러한 시기에 일본에서는 전근대적인 여행단체였던 키힌카이가 해체되고 1912년 근대적인 관광단체인 일본여행협회가 조직되었다. 일본여행협회의 사업목적은 외국인 관광객의 유치를 통하여 일본에 대한 인식을 제고하는 한편 하나의 산업으로서의 관광산업이 국가경제에 기여하는 것이었다. 이러한 목적 하에 일본여행협회는 외국인의 일본관광을 알선, 안내하기 위하여 여행안내소를 일본 내는 물론이고 식민지 조선, 대만, 만주 등에 설치하였고, 서구에도 촉탁안내소를 두어 일본여행에 대해 안내하였다. 그리고 영문과 노문을 비롯한 언어로 일본여행안내서를 출판하여 외국인이 보다 편리하게 일본을 여행할 수 있도록 편의를 제공하였다. 특히 일본여행협회는 여행자 수표(JTB Check)를 사용할 수 있도록 함으로써 현금 휴대에 따른 불편을 최소화하고자 하였다.

셋째, 일본여행협회가 발간한 여행안내서에 수록된 대표적인 관광지는 주로 일본의 근대문물을 상징하는 곳이었다. 즉 고등학교 이상의 상급 학교와 근대 산업시설이었다. 이는 일본을 아시아의 다른 국가들과 동일시하는 서구인의 일본에 대한 인식을 바꾸고자 하는 것이었으며, 동시에 조선을 비롯한 아시아인에게는 일본의 선진문물을 견습시켜 일본 근대문물의 우수성과 자국 문화의 열등감을 각인시키고자 한 것이었다. 이러한 일본의 의도는 조선총독부가 파견했던 조선인 일본시찰단에서도 확인할 수 있다. 다만 이러한 일본에 대한 인식을 제고시키기 위한 활동은 3·1운동 이후 조선총독부의 임시행정위원회의 성격을 갖았던 조선정보위원회의 활동과 같은 일본정부의 적극적인 활동도 있었을 것이라 생각된다. 이에 대해서는 보다 전문적인 연구가 필요할 것이다.

넷째, 일본여행협회는 설립 직후 조선, 대만, 만주에 지부를 설치하였고 그 산하에는 여행안내소를 두어 관광객들에게 제반 편의를 제공하였다. 조선에는 경성과 부산에 설치되었는데 1910년대 여행안내소의 활동

에 대해서는 알려진 바가 극히 적으며, 그 활동도 여행안내서의 출판이
나 관광객의 알선 등과 같이 일본여행협회 본부의 활동과 크게 다르지
않다. 다만 1939년 일본여행협회 조선지부에서 기관지로 창간하는 『관
광조선』을 통해 전시체제기의 일본여행협회 조선지부의 활동을 대략 알
수 있을 뿐이다.[59]

결론적으로 볼 때 일본여행협회는 1930년 철도성 산하에 국제관광국
이 설치되기 이전 제국 일본의 관광사업을 총괄하는 기구였으며, 조선지
부는 그 산하기관으로서 식민지 조선의 관광사업을 담당하였다고 할 것
이다.

---

59) 전시체제기 일본여행협회 조선지부의 활동에 대해서는 조성운의 연구(「1930년대
    식민지 조선의 근대관광」 『한국독립운동사연구』 36, 독립운동사연구소, 2010)를
    참조 바람.

# 제3장 1910년대 식민지 근대 관광의 탄생

## 1. 머리말

관광은 다른 지방이나 다른 나라에 가서 그곳의 풍경, 풍습, 문물 따위를 구경하는 행위를 말한다. 그렇기 때문에 관광은 일상생활에서 잠시 벗어나는 한시적인 행위이다. 다시 말하면 관광은 '餘暇'를 자신이 속한 사회에서 벗어나 다른 자연과 문화를 가진 지방이나 나라에서 '즐기는 것'이라 할 수 있다. 그러므로 관광객은 관광을 하는 동안 생산 활동을 하지 않고 소비 활동만 할 수밖에 없으므로 관광을 하기 위해서는 일정한 경제적 여유가 필요하다. 이와 동시에 다른 지역으로 이동하기 위해서는 보다 신속하고 보다 많은 사람을 운송할 수 있는 교통수단, 즉 철도의 발달이 필요하였다.

이와 같이 근대 관광이 탄생하기 위해서는 관광을 영위할 수 있을 정도의 경제적 여유가 있는 계층 혹은 계급의 출현과 관광객을 운송할 수 있는 철도라는 근대적인 교통수단의 발달이라는 두 가지 조건이 전제되어야 하였다. 그러므로 관광은 근대의 산물이다. 그리고 이러한 근대는 제국주의 국가에서 탄생하였으므로 관광은 또한 제국주의의 산물이라 할 수 있다. 이는 유럽의 근대 관광이 해외의 식민지를 자국민에게 확인시키고자 하였던 것에서도 알 수 있다. 따라서 관광은 잘 알려지지 않은 지역이나 나라를 여행, 탐험하여 새로운 지식을 획득하는 것과는 달리 '잘 알려진 것'을 확인하는 행위이다. 여기에 전근대적인 여행과 구별되는 근대 관광의 특징이 있다고 할 수 있다.

식민지 조선의 근대 관광은 일제에 의하여 시작되었으므로 그 탄생부터 일제에 의해 규정되었다. 당시 제국 일본의 관광정책은 동화정책의 일환으로 실시되었다. 즉 일제는 관광을 통해 일본 국민에게 제국의 정체성을 확인시킴으로써 제국의식을 보다 강화시킴과 동시에 식민지 조선인에게 제국 일본의 우월성과 식민지 조선의 열등성을 각인시켜 조선을 영구히 지배하고자 하였다.

식민지 조선의 근대 관광에 대한 연구는 거의 없다고 해도 과언이 아니다. 일본에서도 식민지 대만에 대한 연구는 비교적 활발하지만 식민지 조선에 대한 연구는 거의 이루어지지 않았다.[1] 더욱이 근대 일본의 관광 산업의 기원이라고도 할 수 있는 일본여행협회에 대한 연구도 이루어지지 않은 형편이다.[2]

이러한 실정에서 국내에서는 소수의 연구자들에 의해 몇 편의 연구[3]

---

1) '外地'의 근대 관광에 대한 대표적인 연구는 다음과 같다.
曾山毅, 2003, 『植民地臺灣と近代ツーリズム』, 靑弓社.
李良姬, 2004, 『金剛山觀光の文化人類學的硏究』, 廣島大學 博士學位 論文.
根橋正一, 2005, 「日本植民地時期臺灣における國際觀光の成立」 『社會學部論叢』 16-1, 流通經濟大學.
李良姬, 2007, 「植民地朝鮮における朝鮮總督府の觀光政策」 『北東アジア硏究』 13, 島根縣立大學北東アジア地域硏究センター.
2) 일본여행협회에 대한 논문은 일본국회도서관의 잡지기사에서도 검색되지 않으며, 國際觀光局에 관한 논문도 1편에 불과한 실정이다(中村宏, 2006, 「戰前における國際觀光(外客誘致)政策」 『神戶學院法學』 제36권 2호). 다만 이 논문 역시 19세기 말의 喜賓會, 20세기 초의 일본여행협회, 1930년 설치되는 國際觀光局의 개략적인 측면만을 다루고 있으며 그 활동 내용까지 서술하고 있지 않다.
3) 식민지시기의 관광에 대해서는 다음의 글들이 참조된다.
한경수, 2005, 「한국의 근대 전환기 관광(1880~1940)」 『관광학연구』 29-2(통권 51호).
최석영, 2002, 「식민지시대 고적보존회와 지방의 관광화 - 부여고적보존회를 중심가 제출되었고, 식민지 지배정책사의 입장에서 일본시찰단에 대한 연구[4]가 이루어졌을 뿐이다. 한경수는 1880년부터 1940년까지 근대 관광사에 대해 정리하고 있다. 그는 주로 각종 신문이나 잡지의 기사를 통해 근대 관광에 접근하였으나 근대 관광이 일제의 식민지 지배정책의 일환으로 도입되었다는 측면은 간과하였다. 그리고 근대 관광 전반에 걸쳐 다루다 보니 심층적인 분석에 소홀한 감이 없지 않았다. 부여를 사례연

---

으로 - 」『아시아문화연구소』 18, 한림대아시아문화연구소.

최석영, 2003, 「식민지 상황에서의 부여 고적에 대한 재해석과 '관광명소'화」『비교문화연구』 9-1, 서울대학교비교문화연구소.

김정훈, 2005, 「'한일병합' 전후 국내관광단의 조직과 그 성격」『전남사학』 25.

4) 일본시찰단에 대해서는 다음의 글들이 참조된다.

이경순, 2000, 1917년 불교계의 일본시찰 연구」『한국민족운동사연구』 25, 한국민족운동사학회.

김경집, 2002.6, 「日帝下 佛敎視察團 연구」『불교학연구』 44.

성주현, 2003, 「日帝의 同化政策과 宗敎界 動向」『식민지 조선과 매일신보 1910년대』, 신서원.

조성운, 2004, 「매일신보를 통해 본 1910년대 일본시찰단 연구」『한일민족문제연구』 6, 한일민족문제학회.

조성운, 2005, 「1910년대 일제의 동화정책과 일본시찰단」『사학연구』 80, 한국사학회.

박양신, 2005, 「일본의 한국병합을 즈음한 '일본관광단'과 그 성격」『동양학』 37, 단국대학교 동양학연구소.

한규무, 2005, 「한말 한국인 일본관광단연구(1909~1910)」『국사관논총』 107, 국사편찬위원회.

조성운, 2006, 「1920년대 초 일본시찰단의 파견과 성격」『한일관계사연구』 25, 한일관계사학회.

박찬승, 2006, 「식민지시기 조선인들의 일본시찰 - 1920년대 이후 이른바 '內地視察團'을 중심으로 - 」『지방사와 지방문화』 9권 호, 역사문화학회.

조성운, 2007, 「1920년대 일본시찰단의 조직과 파견」『한국독립운동사연구』 28, 독립운동사연구소.

조성운, 2007, 「1920년대 초반 朝鮮情報委員會의 宣傳活動」『한국민족운동사연구』 51, 한국민족운동사학회.

조성운, 2007, 「일제의 식민지 지배정책과 불교시찰단」『한국선학』 18, 한국선학회.

조성운, 2007, 「전시체제기 일본시찰단 연구」『사학연구』 88, 한국사학회.

구의 대상으로 한 최석영의 연구는 관광에 초점을 둔 것이 아니라 內鮮
一體政策에 초점을 두었다는 느낌이다. 1910년 일제의 조선 강점을 전
후한 시기의 국내관광단에 대한 김정훈의 연구는 거제관광단을 비롯한
개별관광단에 대한 연구이므로 이 시기 국내 관광이 가능했던 배경이나
목적에 대한 분석이 결여되어 있다. 또한 일본시찰단에 대한 연구 역시
일본인의 관광이 문명과 지배자의 시선으로 일본의 정체성을 강화하고
자 한 것이라면 조선인의 관광은 야만과 피지배자의 시선을 강조함으로
써 조선에 대한 일본의 식민지 지배를 인정하게끔 하였다는데 초점이 맞
추어져 있었다. 뿐만 아니라 이 연구들은 일본시찰단을 사적인 성격의
'관광'이 아니라 공적인 성격의 '시찰'로만 인식함으로써 일본시찰단이
갖고 있는 사적인 영역의 관광이라는 측면은 제대로 인식하지 못하였다.
다만 조성운이 자신의 연구 속에서 이를 일제의 지배정책 속에서 파악해
야 한다는 제안을 하고 있을 뿐이다.[5]

　그런데 최근에 조선총독부의 관광정책에 대한 李良姫의 연구가 제출
되었으나[6] 그의 연구는 일본에서 이루어진 外地의 근대 관광에 대한 연
구와 일맥상통한다고 판단된다. 그리고 일제시기의 선전영화를 분석하
는 과정에서 식민지 지배정책으로서의 관광정책을 일부 다룬 연구[7]가
발표되었으나 조선총독부의 관광정책을 소략하게 취급하여 깊이 있는
연구가 되지 못하였다. 그리고 아라야마 마사히코(荒山正彦)는 1931년
5월 동경철도국에서 편찬한 『鮮滿の旅』의 분석을 통해 일본의 근대 투
어리즘에 대해 고찰하였다.[8] 또한 세키야 츠기히로(關谷次博)는 舊制

---

　5) 조성운, 앞의 논문, 『사학연구』 88.
　6) 李良姫, 2004, 「日本植民地下の觀光開發に關する硏究」 『日本語文學』 24, 일본어
　　　문학회.
　　　李良姫, 2007, 「植民地朝鮮における朝鮮總督府の觀光政策」 『北東アジア硏究』 13,
　　　島根縣立大學北東アジア地域硏究センター.
　7) 오카와 히토미, 2007, 「일제시대 선전영화에 표상된 조선의 이미지 - 『朝鮮素描』
　　　를 중심으로 -」, 이화여자대학교 석사학위논문.

浪速高等學校의 수학여행의 분석을 통해 중국과 조선에 대한 이 시기의 관광에 대해 고찰하였다.[9] 그런데 일본에서의 연구는 조선과 만주 혹은 중국을 하나의 권역으로 한 것이 주가 된다. 이는 이용한 자료의 성격에서 기인하는 것으로 판단되나 한편으로는 점증하는 일본의 우경화의 영향은 아닐까 하는 우려도 해본다.

본고에서는 기왕의 연구를 바탕으로 하면서 식민지 조선의 근대 관광에 대한 연구의 기초 작업이라 할 수 있는 철도를 중심으로 한 근대 교통의 발달과 일본여행협회(Japan Tourist Bureau, ジャパン·ツーリスト·ビューロー) 조선지부의 설치에 대해 고찰해보고자 한다. 이를 위해 철도·자동차·선박 등의 교통기관의 발달을 관광이라는 관점에서 접근한다. 지금까지 국내의 연구에서는 철도는 일제의 경제적·군사적 침략을 위한 수단이라는 시각만으로 바라보았으나 이것이 근대 관광이라는 측면에서는 어떠한 의미를 갖는가 하는 점을 살필 것이다. 다음으로는 일본 최초의 관광단체이자 제국 일본의 관광정책의 실무를 담당했던 일본여행협회 조선지부의 설치에 대해 알아보고자 한다. 다만 일본여행협회 조선지부의 활동은 조선총독부 철도국의 활동과 겹치는 부분이 많고, 그 활동을 알 수 있는 자료가 충분하지 못하기 때문에 본고에서는 활동에 관한 부분은 생략하고 後稿를 기약하기로 하겠다. 본고에 다루는 시기는 주로 1910년대에 한정되며 필요에 따라 이후의 시기에 대해 서술하였음을 사전에 밝혀둔다.

---

8) 荒山正彦, 1999.3, 「戰前期における朝鮮·滿洲へのツーリズム」 『關西學院史學』 26, 關西學院大學文學部史學科.

9) 關谷次博, 2007.2, 「戰前期中國·朝鮮への旅行と鐵道」 『鐵道史學』 24, 鐵道史學會.

## 2. 식민지 근대 관광

### 1) 식민지 근대 관광의 개념

관광은 기본적으로 근대의 산물임은 틀림없다. 근대 관광이 탄생한 유럽에서도 '관광(Tour)'이라는 용어는 18세기에나 사용되기 시작하였고, 그 의미도 오늘날과 달리 단순히 여행이라는 의미로 사용되었다고 한다. '관광객(Tourist)'이라는 용어 역시 18세기 후반에 여행객과 같은 의미로 사용되기 시작했다고 한다.[10] 다시 말하면 오늘날 우리가 사용하는 관광이라는 개념은 19세기가 되어서야 탄생하였던 것이다. 이렇게 '관광'은 19세기 이후 인간의 생활의 한 부분이 되었으나 아직까지 관광의 다양한 측면을 포괄하는 정의가 이루어지지 않은 실정이다. 이는 관광이 하나의 개념으로 정의할 수 없을 정도로 다양한 측면을 가지고 있기 때문이라 생각된다.

따라서 관광에 대해 정의하고자 할 때는 관광의 탄생 배경과 발전과정에 대한 고찰이 먼저 필요할 것이다. 근대적 의미의 '관광'은 19세기 중반 영국에서 탄생하였다고 한다. 그것은 잘 알려진 바와 같이 토마스 쿡(Thomas Cook)이 1841년 7월 5일 570명의 관광객을 모집하여 영국의 레스터(Leicester)에서 러프보로(Loughborough)까지 실시했던 기차여행에 기원을 두고 있다. 물론 쿡이 이 여행을 조직했던 목적은 관광이 아니라 금주운동에 있었다. 그런데 이 여행은 의외로 지금까지 일부 상류층에서 행해지던 여행에 대한 대중들의 폭발적인 지지와 참여를 초래하였다. 그것은 산업혁명 이후 성장하기 시작한 시민 – 중산층의 등장과 철도라는 대규모 운송수단의 발달 때문이었다. 즉 여행을 할 수 있는 계층의 탄생과 철도의 발달은 관광이 하나의 산업으로 성장할 수 있는 배경이 되었

---

10) 닝왕 지음, 이진형·최석호 옮김, 2004, 『관광과 근대성』, 일신사, 24쪽.

던 것이다. 이후 쿡은 몇 차례의 여행을 더 조직한 후 1845년 '토마스 쿡 앤 선(Thomas Cook and Son)'이라는 세계 최초의 여행사를 설립하였다. 그리고 이후 미국과 유럽에서 다른 여행사들이 설립되면서 여행은 대중화되기 시작하였다.

이렇게 여행의 대중화가 시작되었으나 그것은 식민지와 피식민지의 차별을 바탕으로 한 것이었다. 토마스 쿡의 여행사가 사회적, 경제적으로 성공할 수 있었던 것은 당시 유럽 사회에서 광풍처럼 유행하였던 박람회와 해외 식민지 관광 때문이었다. 박람회가 '문명'과 '야만'이라는 시각으로 식민지 지배를 정당화하는 이벤트로서 제국주의적 성격을 갖는다면 관광은 관광객 - 제국주의국가의 국민들에게 '문명'화된 시선으로 '야만'사회를 직접 볼 수 있는 기회를 제공함으로써 제국주의적 시선을 보다 강화하는 성격을 갖고 있었다. 그리하여 근대 관광은 제국주의의 산물인 것이다.

일본의 근대 관광 역시 이러한 틀에서 벗어나지 않는다. 그러나 일본은 서구의 제국주의 국가와는 달리 아시아에 속한 국가이며 후발 제국주의 국가라는 점에서 서구의 제국주의와는 출발점이 달랐다. 여기에 일본과 서구의 근대 관광의 차별성이 있다. 즉 서구의 관광이 제국주의의 시선으로 식민지를 야만시하는 '보는' 주체라는 입장에 기반하고 있다면, 일본은 서구에 대해서는 그들과 동등한 국가로 인정받고 싶은 콤플렉스 속에서 그들의 눈에 '보여지는' 객체라는 입장과 함께 조선, 대만, 중국 등 아시아 국가에 대해서는 서구와 마찬가지로 '보는' 주체로서 상대방을 야만시하는 이중적 성격을 보이고 있다.[11] 대표적인 사례가 1906년의 滿韓巡遊團과 1908년의 世界一周旅行團의 조직이다.[12] 이외에도

---

11) 이에 대해서는 有山輝雄, 2002, 『海外觀光旅行の誕生』, 吉川弘文館이 참조된다.
12) 滿韓巡遊團에 대해서는 다음의 글들이 참조된다.
   有山輝雄, 앞의 책 및 임성모, 2006, 「팽창하는 경계와 제국의 시선」『일본역사연구』 23.

이 시기 일본에서는 신문사나 상업회의소 등이 주체가 되어 滿鮮視察團을 조직, 파견하는 붐을 이루었으며 각급 학교에서도 修學旅行團을 조직하여 파견하였다.[13]

이와 같이 일제가 조선과 만주에 관광단을 조직, 파견하기 시작한 시기는 청일전쟁과 러일전쟁의 승리를 통해 제국주의로 성장하기 시작한 시기였다. 즉 일본은 청일전쟁을 통해 대만을 획득하였고 러일전쟁을 통해서는 조선과 關東州에 대한 지배권을 확립하였다. 따라서 이 시기 일본에서는 해외 전적지의 탐방을 통해 제국 일본의 강력함을 확인하는 한편 국가와 국민의 정체성을 강화하고자 하는 의도에서 조선과 만주에 관광단을 파견하였던 것이다. 이를 통해 일본은 제국주의로서의 자기 정체성을 확인하고 서구와 대등한 문명국가라는 자부심을 대내외적으로 선전함으로써 관광을 제국주의 발전의 수단으로 이용하였다. 또한 일제는 조선인과 대만인, 만주 거주 중국인들에게 일본을 관광 혹은 시찰하게 함으로써 일본 근대 문명의 우수성과 식민지 자신의 열등성을 각인시키고자 하였다.[14] 이를 다음 <표 1>의 만철의 관광안내 일정에서도 확인할 수 있다.

〈표 1〉 滿鐵 朝鮮經由往復割引乘車船卷 21日卷 旅行日程案內

| | 지 명 | 출발 및 도착 시간 | 관 광 장 소 | 숙 박 | 비 고 |
|---|---|---|---|---|---|
| 제1일 | 東京 | 발 08:30 | | 車中 | |
| 제2일 | 下關 | 착 09:38<br>발 10:10 | | 車中 | 釜關連絡船에서 조선 세관의 검사 |
| | 釜山 | 착 21:10<br>발 23:00 | | | |
| 제3일 | 京城 | 착 08:50 | 창덕궁, 박물관, 경복 | 京城 | 창덕궁 배관은 관헌 |

---

| | | | 궁, 남산공원, 총독부,<br>탑골공원, 독립문, 시내 | | 의 사전허가를 요함 |
|---|---|---|---|---|---|
| 제4일 | 仁川<br>(왕복) | 경성<br>발 12:20<br>착 18:37 | 청량리(아침), 인천축항,<br>거류지공원, 인천공원,<br>월미도 | 京城 | |
| 제5일 | 京城 | 발 09:10 | 용산시가 | 平壤 | |
| | 平壤 | 착 15:10 | 大同門, 練光亭, 牧丹<br>臺, 乙密臺, 玄武門, 浮<br>碧樓, 永明寺, 箕子廟,<br>시가 | | |
| 제6일 | 平壤 | 발 4:21 | | 奉天 | 안동역 구내에서 중<br>국세관의 검사 |
| | 安東 | 착 09:40<br>발 10:30 | 차중에서 압록강철교, 鳳<br>凰山, 釣魚臺, 本溪湖 등<br>전망 | | |
| | 奉天 | 착 18:20 | | | |
| 제7일 | 奉天 | | 城內, 宮殿, 北陵, 附屬<br>地, 市街, 西塔, 黃寺,<br>봉천공원, 小河沿, 南<br>滿醫學堂 | 奉天 | 궁전과 북릉의 구경은<br>중국측의 허가를 요하<br>므로 사전에 봉천역장<br>에게 신청하면 수속을<br>대리해줌. |
| 제8일 | 奉天 | 발 06:15 | | 長春 | |
| | 長春 | 착 14:35 | 寬城子(러시아시가), 부<br>속지, 시가 | | |
| 제9일 | 長春 | 발 15:22 | 城內, 伊通河 | 哈爾賓 | 장춘에서 일본화폐를<br>러시아화폐로 교환하<br>는 것이 편함 |
| | 哈爾賓 | 착 23:50 | | | |
| 제10일 | 哈爾賓 | | 신시가, 정거장, 東淸鐵<br>道廳, 상품진열소, 사원,<br>줄린상회, 埠頭區公園 | 哈爾賓 | |
| 제11일 | 哈爾賓 | 발 12:35 | 松花江埠頭, 傳家甸, | 長春 | |
| | 長春 | 착 20:47 | | | |
| 제12일 | 長春 | 발 07:30 | | 車中 | 길림왕복에는 장춘에<br>서 필요한 경비만 중<br>국화폐로 바꾸는 것이<br>편함 |
| | 吉林 | 착 11:25<br>발 14:30 | 松花江埠頭, 시가 | | |

| | | | | | |
|---|---|---|---|---|---|
| | 長春 | 착 18:25 발 22:30 | | | |
| 제13일 | 鐵嶺 | 착 05:15 발 13:35 | 城內, 시가지, 부속지, 龍首山 | 撫順 | 무순에는 蘇家屯에서 환승 |
| | 蘇家屯 | 착 16:05 발 16:20 | | | |
| | 撫順 | 착 17:55 | | | |
| 제14일 | 撫順 | 발 14:20 | 大山坑, 東鄕坑, 몬드가스회사 | 湯崗子 | 蘇家屯에서 환승 |
| | 蘇家屯 | 착 15:50 발 16:10 | | | |
| | 湯崗子 | 착 18:25 | 湯崗子溫泉 入浴 | | |
| 제15일 | 湯崗子 | 발 10:40 | | 車中 | 營口는 大石橋에서 환승 |
| | 大石橋 | 착 12:00 발 12:25 | | | |
| | 營口 | 착 13:00 | 신시가, 牛家屯, 遼河, 거류지 | | |
| 제16일 | 營口 | 발 00:10 | | 大連 | 대련에는 大石橋에서 환승 |
| | 大石橋 | 착 00:45 발 01:15 | | | |
| | 大連 | 착 08:00 | 러시아마을, 西公園, 中央試驗所, 電氣遊園, 滿鐵沙河口工場, 星浦, 시가 | | |
| 제17일 | 旅順(왕복) | 대련 발 07:50 착 18:10 | 白玉山表忠塔, 各戰跡, 신구시가, 기념품진열관 | 大連 | |
| 제18일 | 大連 | 발 10:00 | 부두 및 축항설비 | 船中 | 오사카상선 매주 2회 (일, 목) 出帆 |
| 제19일 | 船中 | | | 船中 | |
| 제20일 | 下關 | 착 오후 발 19:10 | | 車中 | 下關 상륙 시 일본 세관의 검사 |
| 제21일 | 東京 | 착 20:30 | | 歸家 | |

(자료) 南滿洲鐵道株式會社運輸部營業課, 1916, 『鮮滿觀光旅程』, 55~59쪽.

<표 1>에서 보듯이 관광객이 방문하는 지역은 청일전쟁과 러일전쟁의 전적지를 중심으로 하였음을 알 수 있다. 일제는 20세기 초 해외관광 여행을 시작할 때부터 이렇게 제국주의적인 성격을 분명히 하였던 것이다. 결국 그들의 (半)식민지였던 조선과 조선인은 일제의 '문명'화된 시선에 의해 '보여지는' 대상임과 동시에 일본을 관광할 때는 일본의 근대 문물을 보고 감탄하는 대상이었다. 요컨대 조선은 관광의 주체가 아니라 객체일 수밖에 없었던 것이다. 그리고 이러한 조선의 처지는 일제에 의해 규정된 것이었다. 그러므로 조선의 근대 관광은 그 출발부터 식민지성을 가지게 되었다고 할 수 있다.

그리고 <표 1>의 일정대로 관광했을 경우 비용은 日鮮滿巡遊卷, 大連－旅順間 往復, 大石橋－營口間 往復, 蘇家屯－撫順間 往復, 奉天－長春間 往復, 長春－哈爾賓間 往復, 長春－吉林間 往復, 永登浦－仁川間 往復 등의 교통비와 일본여관숙박료, 여관중심기타식사비, 車中辨當料, 車馬賃을 포함하여 1등석은 219.90엔, 2등석은 137.44엔이었으며 학생할인은 78.65엔[15]이어서 관광객의 부담이 적지 않았다고 판단된다.

식민지 조선의 근대 관광의 탄생을 이와 같이 규정한다면 이 시기 조선 국내의 관광은 어떠했을까. 한 연구에 따르면 1910년대 초반의 국내 관광단이 방문한 지역이나 시설은 경성의 공업전습소, 중앙농회, 창덕궁 동식물원, 경복궁, 매일신보사, 교동보통학교·송현사범학교·숙명여학교·경성고등보통학교 등의 각종 학교, 종로청년회관, 인쇄고, 일본군사령부, 미술공장, 동아연초회사, 조선총독부, 조선은행, 총독부의원, 동양척식주식회사, 평양의 평양남도청, 경무부, 평양부청, 상품진열관, 자혜병원, 동아연초회사분공장, 농업학교, 묘포상, 수원의 농사모범장, 수원농림학교 등이었으며, 이외에도 인천·목포·대전·대구 등을 방문하였다고 한다.[16]

---

15) 南滿洲鐵道株式會社運輸部營業課, 1916, 『鮮滿觀光旅程』, 43~46쪽.
16) 김정훈, 앞의 논문, 200쪽.

이 지역들은 대부분 일제가 근대도시로 건설하거나 일제에 의해 근대시설이 조성된 지역이었다. 그리고 개개의 방문지는 이러한 근대시설이 중심이 되었음을 알 수 있다.

이렇게 보면 이 시기 국내관광단의 방문지의 특징은 일본시찰단의 방문지가 갖는 특징과 사실상 일치한다. 따라서 여기에서도 식민지 조선의 근대 관광은 식민지성을 가지고 탄생했음을 다시 확인할 수 있는 것이다. 그것은 1910년 조선귀족시찰단을 이끌었던 趙重應이 국내 시찰을 일본시찰과 마찬가지의 의의를 갖는다고 지적한 바와도 일치한다.[17]

그런데 동시에 경성에서는 용산 元町[18]에 1903년 漢江遊船俱樂部라는 유람선회사가 설립되어 10척의 유람선 영업을 하고 있는 것으로 보아 관광산업이 이미 시작되어 식민지 조선에서는 관광의 기본 요소 가운데 하나인 오락시설이 운영되고 있음을 확인할 수 있다. 유람선의 탑승인원은 船夫를 제외하고 최대 40명부터 최소 5인에 이르렀다.[19]

이러한 일제의 의도는 이 시기에 발행된 관광안내서나 엽서, 활동사진 등에서 확인할 수 있다. 관광안내서는 구한말 이래 통감부, 조선총독부 및 민간회사나 단체에서 발행하였다. 예를 들면 『韓國案內』(香月源太郞 저, 靑木嵩山堂 발행, 1902, 477쪽), 『釜山案內誌』(日韓商品博覽會協贊會, 1906, 80쪽), 『京城案內』(京城協贊會, 1915, 272쪽), 『朝鮮鐵道旅行案內』(南滿洲鐵道株式會社 京城管理局, 1918, 201쪽), 『朝鮮の習俗』(朝鮮總督府, 1925, 82쪽),[20] 『朝鮮の年中行事』(朝鮮總督府, 1931, 221쪽)[21] 등이 있다. 이외에도 조선총독부 철도국에서는 『湖南地

---

17) 『매일신보』 1913년 9월 10일, 「鮮人思想의 進化」.

18) 광고, 1913.8, 『朝鮮及滿洲』 73.

19) 광고, 1913.7, 『朝鮮及滿洲』 72.

20) 이 책은 조선의 풍습을 일본인 여행자들을 대상으로 조선의 풍습을 알기 쉽게 설명한 책으로서 1937년까지 13판이 발행되었다.

21) 이 책은 월별로 조선의 세시풍속을 알기 쉽게 설명한 책으로서 1937년까지 7판이 발행되었다.

方』, 『西鮮地方』, 『沿線案內』, 『朝鮮鐵道旅行便覽』등의 관광안내서를
발간, 보급하였다. 이 밖에도 『四季の朝鮮』, 『朝鮮滿洲旅行』, 『朝鮮の
旅)』, 『金剛山』, 『朝鮮의の都市』, 『京元線寫眞帖』, 『京城と金剛山』등
다양한 여행안내서 및 사진첩을 출판하였다. 뿐만 아니라 조선철도협회
에서는 기관지 『朝鮮鐵道協會會報』를 통해 관광지를 소개하고 있으며,
南滿洲鐵道株式會社 鮮滿案內所에서도 『鮮滿支觀光旅程』・『朝鮮滿
洲旅行案內』(1926)・『鮮滿視察旅程と費用槪算畵像』(1928)・『朝鮮滿洲
旅行案內』(1932), 滿鐵門司鮮滿案內所에서는 『鮮滿旅行團體注意事
項』등과 같은 책을 발간하고 있는 것으로 보아 안내소나 출장소별로도
관광안내 책자를 발간하였음을 알 수 있다.

한편 일제는 3·1운동 이후 문화정책을 채택하면서 이른바 문화적인
수단을 식민지 지배정책에 이용하였다. 1920년 설치된 조선정보위원회
의 활동도 이와 밀접한 관련이 있다고 생각된다. 조선정보위원회이 주요
한 활동 가운데 하나가 조선과 일본의 사정의 외국에 소개하고 일본의
조선지배에 대한 인식을 개선하기 위한 활동을 조선, 일본, 외국에서 행
하는 것이었다. 이를 위해 조선정보위원회는 일본시찰단의 파견에 관여
하였고, 그림엽서의 발행하거나 강연회나 강습회의 실시, 활동사진의 상
영을 국내외에서 행하였다.[22] 이것은 관광을 식민지 지배정책에 이용하
는 대표적인 사례라 할 수 있다.

## 2) 근대 교통의 발달

식민지 대만의 근대관광을 연구한 소야마 타케시(曾山毅)는 "유럽 이
외의 지역에서 근대 투어리즘이 생성되기 위해서는 그 요람이 되는 '근

---

[22] 조선정보위원회의 활동에 대해서는 배병욱의 연구(2005, 「1920년대 전반 조선정
보위원회와 선전영화」, 동아대학교 석사학위논문)와 조성운의 연구(2007, 「1920
年代 初 朝鮮情報委員會의 設置와 性格」『한국민족운동사연구』51)가 참조된다.

대적 환경'이 준비되어야만 한다. 그것에는 일본처럼 '근대 국가'를 지향
하던지, '근대 식민지 통치'라는 방법에 따라 擬制로서의 근대를 형성할
필요가 있다."23)고 하여 근대 투어리즘의 발달이 제국주의와 직접적으로
관련이 있음을 밝혔다. 그리고 그에 따르면 비서구지역에서 근대 관광의
발달은 철도의 건설, 관광객 유치체제의 정비만이 아니라 근대 관광 생성
의 요람이 되는 '近代'가 동시에 도입되어야 하며, 사람들의 생활에서 공
간과 시간이 변용하고 그에 따라 야기되는 사람들의 이동성의 증대가 근
대 투어리즘이 형성되고 보급되어가는 사회적 조건이라 하였다.24)

　소야마가 주장했듯이 근대 관광이 발달하기 위해서는 '근대'가 동시에
도입되어야 했다. 그러나 조선의 경우 이 근대는 '근대 식민지 통치'에
의해 이식된 것이라는 점에서 제국주의 침략정책의 산물이라는 성격을
지닐 수밖에 없다. 식민지 조선의 근대 관광 역시 이러한 성격을 지닌다.

　앞 절에서도 보았듯이 근대 관광은 전근대의 여행과는 달리 대규모의
관광객을 보다 빨리, 보다 편안하게 이동시키기 위한 교통시설의 발달과
여행을 할 수 있을 정도의 경제력을 가진 시민계급의 탄생을 전제조건으
로 한다. 식민지 조선에서도 이러한 조건이 만족되지 않으면 근대 관광은
성립할 수 없다고 할 수 있다. 그러나 식민지 조선의 근대 관광에서는 이
두 개의 조건 중 시민계급이 탄생했는가 하는 점은 의문의 여지가 많다.25)

　먼저 철도에 대해 살펴보자. 한 연구에 따르면 금강산전기철도의 사
례를 들어 조선철도의 대부분은 최초의 단계부터 산업선에 더해서 관광
객의 편의를 도모하기 위한 철도로 활용되었다고 한다.26) 이 주장의 근
거는 금강산전기철도에 있으나 이 철도는 1930년에 완공되었으므로 주

---

23) 曾山毅, 앞의 책, 34쪽.

24) 曾山毅, 앞의 책, 19쪽.

25) 논쟁의 여지가 있지만 최소한 1910년대 조선에서 근대적 의미의 시민계급이 존재
　　했다고 보기는 어렵다고 할 수 있다.

26) 李良姬, 앞의 논문, 『北東アジア研究』 13, 152쪽.

장의 근거로는 적당하지 않다고 생각된다. 그럼에도 불구하고 식민지 조선의 철도는 초기 단계에서부터 관광 수단으로 이용되었던 것은 분명한 것 같다. 그것은 1906년 만한순유단 이래 조선철도를 이용한 관광이 지속되기 때문이다. 이렇게 보면 경인선이나 경부선, 경의선과 같은 초기의 철도는 관광보다는 조선의 식량과 자원의 수탈과 일본상품의 조선 수출 등의 경제적 목적과 일제의 대륙침략이라는 정치적 목적이 우선한 것은 틀림없지만 대만과는 달리 초기부터 관광목적의 여객운송도 하고 있었음을 알 수 있다.

우리나라 최초의 철도인 경인선은 1899년 제물포 – 노량진 구간으로 완성되고 이듬해인 1900년 남대문역까지 연장 개통되었다. 1905년 1월에는 경부선이 완공되었고, 1906년 4월에는 경의선이 완공되어 운행되었다. 또 1914년에는 용산 – 원산간의 경원선이 개통되었다. 특히 1911년 11월 1일에는 신의주와 만주의 안동을 연결하는 압록강 철교가 완공되어 조선과 만주를 직통하는 철도의 개설을 가능하게 하였다. 이로써 1905년 9월 시모노세키와 부산을 연결하는 부관연락선의 개통된 이후 6년 만에 일본과 대륙을 잇는 교통망이 완성되었다. 이것은 곧 시모노세키 – 부산 – 만주를 잇는 철도망의 탄생을 예고하는 것이며, 일제의 만주 진출 혹은 침략을 위한 교통로가 마련되었음을 의미한다고 할 수 있다. 더 나아가 이는 유럽횡단철도와 연결되었다.

예를 들면 조선총독부 철도국은 화물과 여객의 운송에 편의를 도모하기 위한 목적으로 1913년 釜山 – 長春간의 급행열차를 1주에 3회씩 운행하기 시작하였으며, 경의선에 야간열차도 창설하여 京釜線 및 安奉線의 주간급행 열차와 연결하여 유럽과의 연결을 원활히 하고자 하였다.[27] 이와 관련하여 조선총독부 철도국 부참사 야노 기쿠마츠(矢野菊松)는 뉴욕에서 발행되던 『이브닝 선(The Evening Sun)』의 기자인 존 헨리 미

---

27) 大屋權平, 1913.8, 「我朝鮮鐵道の任務」 『朝鮮公論』 1권 5호, 8쪽.

어스의 기사를 인용하여 일본을 중심으로 한 세계의 교통체계를 ① 일본에서 중국, 인도 연안을 거쳐 수에즈운하를 통해 지중해에 이르는 경로, ② 일본에서 태평양을 거쳐 샌프란시스코, 시애틀 또는 뱅쿠버에 이르거나 북미를 횡단하여 영국 또는 유럽에 이르는 경로, ③ 일본에서 시베리아철도를 경유하여 유럽에 이르는 경로로 나눌 수 있다고 하였다. 그리고 이 경로 중 일반 여객은 세 번째 경로를 선택할 것이라고 판단하면서 釜關連絡船의 역할이 보다 증진할 것이라 예상하였다.[28]

이러한 사정을 반영한 것인지 남만주철도주식회사는 1913년 『朝鮮及滿洲』에 '歐亞連絡最捷交通線'이라는 제목의 광고를 지속적으로 내고 있다.[29] 또한 1906년 만한순유단은 오사카를 출발하여 모지 - 부산 - 진해 - 인천 - 진남포 - 대련 - 나가사키 - 사세보 - 모지를 거쳐 고베항에 도착[30]하여 해산하였다. 이 과정에서 인천에서는 경성을, 진남포에서는 평양을 관광하는 등 인근의 대도시와 러일전쟁 당시의 일본군의 전적지를 관광하였다. 특히 인천에서 경성으로 이동할 때는 경인선을 이용하였다. 이는 조선철도가 이미 이 시기에 관광목적으로 이용되고 있음을 알 수 있는 사례라 할 수 있다. 이렇게 식민지 조선의 철도는 일제의 침략정책의 틀 속에서 건설되었지만, 관광이라는 관점에서 보면 일본 - 조선 - 만주를 잇는 교통로가 확보됨으로써 이 지역이 하나의 관광권으로 탄생할 수 있는 조건을 마련하였던 것이다.

다른 한편 일제는 1906년 통감부철도관리국을 설치하여 철도에 대한 제반 사항을 관할하게 하였고, 1907년에는 철도 안내자(가이드)를 남대문역과 초량역에 설치하였다. 1908년에는 토마스 쿡 앤 선사 및 영국침

---

28) 矢野菊松, 1914, 「關釜連絡の將來」 『朝鮮及滿洲』 78, 31~32쪽.
29) 이 광고에 따르면 대련-장춘간 급행열차와 선만직통급행열차가 운행되었음을 알 수 있다(『朝鮮及滿洲』 76, 광고).
30) 『大阪朝日新聞』 1906년 6월 24일.

대회사 동양지배인과 협정을 체결하여 외국인 관광객에 대한 승차권 대리발매를 위임하여 외국인의 조선여행에 편의를 도모하였다.[31] 그리고 1910년 조선을 강점한 이후에는 통감부철도관리국을 조선총독부 철도국으로 변경하여 관광정책을 수립하여 실행하였다. 그것은 일본을 포함한 외국 관광객의 조선 유치와 조선인의 국내관광을 활성화시키는 한편 조선인의 일본 관광도 적극 추진하는 것이었다.

이러한 조선총독부의 정책은 '병합' 초기 조선총독부 사무관이었던 시오카와 이치타로(鹽川一太郎)가 '조선인을 지도하는 견지에서' 조선인을 대상으로 한 오락기관의 설비와 개량[32]을 주장한 것에서도 알 수 있다. 그의 주장은 '文明國이라면 完備'되어야 하는 公園·公會堂·大劇場 등의 '娛樂機關'을 조선인에게 제공하여 일제의 식민지 지배는 곧 문명국으로의 발전의 길이라는 인식을 조선인에게 심어주어야 한다는 것이다. 여기에서 그가 열거하지는 않았지만 관광 역시 이러한 '오락기관'의 하나라 볼 수 있다. 이에 따라 철도 연선에 있는 명승이나 명소가 관광지로 개발되기도 하였고 온천과 같은 곳도 새로운 관광지로 개발되기도 하였다.

이와 같이 철도의 건설은 굳이 대만의 근대 투어리즘이 군사·산업적인 목적으로 건설된 대만철도에서 기인했다는 연구[33]를 원용하지 않더라도 일본과 조선, 만주를 하나의 권역으로 한 관광을 가능하게 하였다. 다만 예외적으로 1931년 개통된 금강산전기철도는 관광 목적으로 건설되었음을 다음의 회사설립취지서에서 명확히 알 수 있다.

한국 병합 이래 일층 그 이름이 높아져 관광자가 매년 증가하고 탐승하는 자가 많다. 때문에 조선총독부는 수년 전부터 夏季에는 도로를 수축하고 자

---

31) 이양희, 앞의 논문, 25쪽.

32) 鹽川一太郎, 「朝鮮人に對する娛樂機關の設備と改良を圖れ」 『朝鮮』 39, 17쪽.

33) 曾山毅, 2003, 『植民地臺灣の近代ツーリズム』, 57쪽.

동차 운전의 편의를 도모하였으나 夏季 이외에 수시로 탐승을 하고자 하는
자들에게 불편이 심하다는 것을 유감으로 생각하여 완전한 교통기관의 부설
을 일반이 희망한 바가 있다.[34]

금강산전기철도는 조선 최초의 전기철도였다. 1924년 개통 당시에는
철원 - 김화 간을 운행하였으나 1931년 내금강역까지 전선이 개통되어
운행하였으며,[35] 특히 일요일이나 '祝祭日(국경일)' 등 공휴일에는 경성
- 금강산 간의 야간침대 직통열차를 운행하기도 하였다.[36] 이 금강산전
기철도의 사례에서 볼 수 있듯이 1920년대 이후에는 관광을 목적으로
한 철도가 부설되고 있다. 그것은 1930년대 중반 이후 시행 예정이었던
금강산 국립공원화 계획과 밀접한 관련이 있다.[37] 비록 중일전쟁의 발
발로 계획이 실행되지 못하였으나 조선총독부는 국립공원법의 제정을
통해 관광산업을 본격적으로 육성하고자 했던 것으로 판단된다.

다음으로 볼 것은 도로이다. 일제는 1904년 러일전쟁 이후 식민지 조
선에 근대적인 의미의 도로를 건설하기 시작하였다. 1904년 일제는 도로
건설을 위한 기초조사를 수행하였고 이를 토대로 1906년 통감부 설치 이
후부터 도로건설을 추진하였으며 1910년 조선 강점 이후에는 본격적으
로 도로를 건설하였다. 그 결과 일제시기 건설된 도로의 52.14%가 1910
년대에 건설[38]되어 식민지 조선의 근대 도로의 기본축이 마련되었다.

이 시기 건설된 도로는 주로 대륙루트를 중심으로 한 도로 및 북한지
방과 호남지방을 중심으로 건설되었다는 특징이 있다. 이것은 철도와 마
찬가지로 도로도 제국주의 일본의 대륙침략의 수단으로써 정책적으로
건설되었음을 알려준다. 그리고 북한지방과 호남지방에 도로 건설이 집

---

34) 金剛山電氣鐵道株式會社, 1939, 『金剛山電氣鐵道株式會社20年史』, 24~25쪽.
35) 金剛山電氣鐵道株式會社, 1939, 『金剛山電氣鐵道株式會社20年史』, 2쪽.
36) 金剛山電氣鐵道株式會社, 1939, 『金剛山電氣鐵道株式會社20年史』, 2쪽.
37) 『大阪朝日新聞』 1936년 6월 28일, 「國立公園領制定し金剛山を指定 施設費は國庫負擔」.
38) 소두영, 앞의 논문, 2쪽.

중된 것은 식량과 자원의 수탈 등 경제적인 측면에 그 목적이 있음을 알 수 있다. 즉 함경도지방에는 철도가 부설되지 않았으므로 경원선 철도와 청진·성진 등의 항만을 도로를 통하여 함경도 내륙지방으로 연결하고자 했던 것이다. 그리고 호남지방은 곡창지대로서 쌀의 생산지였고, 목포는 쌀의 집산지이자 일본으로의 이출지이기도 하였다. 이처럼 이 시기 도로 건설은 식민지 수탈이라는 경제적인 측면에 그 목적이 있었음은 명확하다. 그리고 이 시기 도로건설에는 군사적 목적도 강하게 반영되었다. 당시 조선총독인 데라우치 마사다케가 현역 육군대장이었고 러일전쟁 당시부터 조선의 도로가 군사작전을 수행하는데 적합하지 않다는 사실을 잘 알고 있었다. 그리하여 그는 야포가 통행할 수 있을 정도의 도로를 건설하고자 하였다.[39]

그런데 도로는 철도와는 달리 비교적 단거리의 이동이나 철도가 연결되지 않은 지역에의 이동에 이용되었다고 판단된다. 즉 철도역과 인근의 관광지를 연결하는데 도로를 이용하였다. 예를 들면 1910년대 금강산 관광의 경우 금강산까지 직접 연결되는 철도가 없으므로 일단 경원선을 이용하여 원산까지 이동한 후 도로를 이용하여 자동차나 마차로 금강산까지 들어갔다는 기록이 보인다. 즉 1916년 금강산을 탐승했던 △△生은 자신의 일행이 장전에서부터 2대의 가다(ガタ)마차, 즉 승합마차에 분승하여 온정리까지 이동했다고 하였다.[40] 또 만철은 1920년 금강산 관광에 편의를 도모하기 위해 자동차 4대로 경원선과 함경선의 직통열차 원산 착발시간에 맞추어 원산역 - 온정리 구간의 영업을 시행[41]하였다고 한다. 그런데 이 기사는 금강산 자동차 영업이 1920년에 시작되었음

---

39) 예를 들면 이 시기 1등도로는 경성에서 도청 소재지·사단사령부 소재지·여단사령부 소재지·요새사령부 소재지·진수부 소재지·요항부 소재지·樞要한 개항 또는 철도정거장에 달하는 도로로서 군사적인 성격이 매우 강했음도 알 수 있다.

40) 「金剛山探勝」, 『朝鮮及滿洲』 109, 1916.8, 103쪽.

41) 『동아일보』 1928년 6월 28일, 「金剛遊覽과 自動車」.

을 의미하지는 않는다. 1920년 만철이 금강산탐승 자동차 영업기간을
1920년부터 7월 1일부터 10월 31일로 개정[42]했다고 하므로 최소한
1920년 이전에도 자동차 영업이 이루어졌음을 알 수 있다. 그리고 1925
년에는 조선총독부 철도국, 금강산전기철도주식회사, 강원도자동차상회,
조선우선주식회사가 연대하여 금강산 탐승권을 판매[43]하는 것으로 보아
만철뿐만 아니라 강원도 내에서도 금강산까지 운행하는 자동차 회사가
설립되었던 것으로 판단된다. 이후에도 자동차를 이용한 금강산 관광은
끊이지 않고 이어졌다. 그러나 자동차를 이용한 금강산 관광은 원산역에
서 온정리까지 이동하는 수단에 그쳤음도 지적해 둔다.

　다음으로는 일제시기 조선에 관광을 온 외국인은 대부분이 일본인이
었을 것으로 추정되는데 그들이 조선의 철도를 타기 위해서는 배를 타고
부산까지 이동해야 했으므로 일본과 조선을 연결하는 부관연락선[44]을
비롯한 바닷길에 대해서도 주목해야 한다고 생각한다. 실제 일본인의 조
선 관광을 위한 최초의 교통수단은 부관연락선일 수밖에 없었다. 그리하
여 남만주철도주식회사는 부관연락선과 일본철도, 조선철도, 만주철도
를 하나로 묶은 패키지상품을 판매하기도 하였다. 이 상품은 모지(門司)
나 고베(神戶)의 산노미야(三宮)에서 오사카(大阪)상선회사의 기선에 승
선하여　大連－奉天－安東－京城－釜山(부관연락선 승선)－시모노세

<hr/>

42)『동아일보』1920년 7월 1일,「金剛山探勝自動車營業期間改正」.
43)『시대일보』1925년 5월 31일,「金剛山探勝卷 6월 1일부터 販賣」.
44) 부관연락선의 원래 명칭은 관부연락선이지만 한국의 입장에서 부관연락선이라 부
　　르겠다. 부관연락선에 대해서는 다음의 논문이 참조된다. 향후 특별한 언급이 없
　　는 한 부관연락선에 대한 서술이 아래의 글들을 참조하였음을 말해둔다.
　　金贊汀, 1988,『關釜連絡船 海峽を渡った朝鮮人』, 朝日選書.
　　기무라 겐지, 2006,「關釜連絡船이 輸送史에서 차지하는 위치」『한국민족문화』28.
　　洪淵津, 2006,「釜關連絡船 始末과 釜山府 日本人 人口移動」『한일민족문제연구』11.
　　柳敎烈, 2006,「帝國과 植民地의 境界와 越境－釜關連絡船과 ‘渡航證明書’를 중
　　심으로－」『한일민족문제연구』11.

키(下關)로 이동하는 코스와 시모노세키에서 부관연락선에 승선하여 釜
山 - 京城 - 安東 - 奉天 - 大連(오사카상선회사의 기선 승선) - 모지(門
司) 또는 고베(또는 산노미야)로 이동하는 두 코스가 있었다.[45] 1916년
이 패키지 상품에는 朝鮮經由往復割引乘車船卷, 大連經由往復割引乘
車船卷, 滿韓巡遊團體往復乘車船卷, 學生割引乘車船卷의 4종류의 승
차선권이 있었다.[46] 그리고 조선경유와 대련경유에 따라 11일 여정, 14
일 여정, 18일 여정, 21일 여정의 4종류의 여행 상품을 출시하였다.

조선과 일본을 잇는 항로는 1877년 일본의 재계에서 한반도와 일본
을 연결하는 정기항로의 취항을 건의한 것이 계기가 되었다. 이에 따라
1893년 인천과 오사카(大阪), 모지(門司)를 잇는 기소카와마루(木曾川
丸)가 취항하였고, 1902년에는 원산과 오사카, 원산과 모지를 잇는 스미
다가와마루(隅田川丸)가 취항하였다. 그리고 1905년 9월 11일 산요(山
陽)철도주식회사에 의해 부관연락선이 개설되었다.[47] 그러나 부관연락
선은 1906년 일본정부가 철도와 항로를 국가가 직접 통제하겠다는 내용
의 철도국유법을 통과시킴으로써 국영화되어 이후 일제의 대륙침략정책
에 적극적으로 이용되었다.

최초의 부관연락선은 이키마루(壹岐丸)와 쓰시마마루(對馬丸)였다.
이키마루는 1905년 9월 11일, 쓰시마마루는 11월 1일에 각각 부산에 취
항하였는데 항해시간은 11시간 30분에 달하였다. 그리고 고라이마루(高
麗丸)와 시라기마루(新羅丸)가 1913년 1월 31일과 4월 5일에 취항하였
으며, 게이후쿠마루(慶福丸)와 도쿠주마루(德壽丸)가 각각 1922년 5월
8일과 11월 12일에 취항하였고, 1923년 3월 12일에는 쇼케이마루(昌慶
丸)가 취항하였다. 또 1936년 11월 16일에는 곤고마루(金剛丸)가, 1937

45) 남만주철도주식회사운수부영업과, 1916, 『鮮滿觀光旅程』, 1쪽.
46) 남만주철도주식회사운수부영업과, 1916, 『鮮滿觀光旅程』, 3~4쪽.
47) 金贊汀, 앞의 책, 4쪽.

년 1월 31일에는 고안마루(興安丸)가, 1942년 9월 27일에는 텐잔마루 (天山丸), 1943년 4월 12일에는 곤론마루(崑崙丸)가 각각 취항하였다. 그런데 이러한 선박의 이름은 모두 조선과 중국에 관련된 것으로서 해당 시기 일제가 이미 획득하였거나 획득하고자 하는 지역의 명칭이었다. 특 히 1937년 고안마루가 중국의 지명을 선박의 이름으로 사용한 이래 부 관연락선의 이름은 모두 중국과 관련된 것이었다는 점은 이 시기 중국에 대한 일본의 침략이 목전에 와있음을 상징적으로 보여준다고 할 것이다. 다시 말하면 부관연락선의 운행목적이 단지 여객과 화물의 수송에만 있 는 것이 아니라 대륙침략이라는 일제의 정책적 목적과도 매우 긴밀한 관 련이 있음을 보여준다고 할 수 있다.

한편 일본의 입장에서 볼 때 부관연락선과 경부선의 기점인 부산은 "세계의 통로"로서 일본과 만주, 일본과 만주 및 러시아, 일본과 중국을 잇는 동아시아 철도 교통의 중심지로서 자리를 잡았다고 볼 수 있다.[48] 그런데 부산의 지정학적 위치에 대한 여행안내서의 표현이 시기에 따라 조금씩 변하고 있다. 1902년에는 "東亞大陸으로 통하는 門戶"[49]라 하 였고, 1913년에는 앞에서 보았듯이 '세계의 통로', 1918년에는 "歐亞大 陸으로 통하는 門戶"라고 하였다. 즉 "東亞大陸으로 통하는 門戶"가 '세계의 통로' 혹은 "歐亞大陸으로 통하는 門戶"[50]로 변하였다.[51]

이와 같은 용어상의 변화는 1904년 러일전쟁의 승리를 통해 일제가 아 시아를 넘어 그 시야를 서구세계로까지 확대하고 있음을 보여주는 것이라 할 수 있다. 이러한 바탕에서 일제는 조선철도를 만주철도와 연결하여 조

---

48) 大屋權平, 1913.8, 「我朝鮮鐵道の任務」 『朝鮮公論』 1권 5호, 7~9쪽 ; 安藤又三 郎, 1914.2, 「조선철도외국철도연락」 『朝鮮公論』 2권 2호, 20~22쪽.

49) 朝鮮總督府鐵道局, 1902, 『朝鮮鐵道線路案內』, 1쪽.

50) 南滿洲鐵道株式會社 京城管理局, 1918, 『朝鮮鐵道旅行案內』, 2쪽.

51) 이에 대해서는 平山昇의 연구(2006.3, 「'日鮮滿'을 結んだ鐵路と航路 - 關釜連絡船・ 朝鮮鐵道・滿鐵 -」 『歷史と地理』 592, 山川出版社)를 참조 바람.

선과 만주를 잇는 관광벨트를 조성하고자 하였다. 그리하여 일제는 부산
항에 주목하였다. 부산항은 블라디보스톡 항로와 북청항로의 분기점[52]이
었으므로 일본에서 중국이나 러시아를 향하는 선박들이 기항하는 중요한
항구였다. 또한 일본의 시모노세키와 부산을 연결하는 부관연락선이 운행
되었다. 그리고 경부선과 경의선을 통해 만주철도와 연결되었다. 특히
1911년 11월 1일 압록강철교의 개통은 일본의 시모노세키－부산－안동
으로 이어지는 대륙 교통로의 완성이라는 의미를 부여할 수 있을 것이다.

조선총독부가 이처럼 관광정책을 수립하여 시행할 수 있었던 것은 기본
적으로 철도의 발달에 기인하였음은 명백하다. 기존의 그 어떠한 교통수단
보다도 많은 인원을 빠른 시간 내에 운송할 수 있는 장점을 철도가 갖고
있기 때문이다. 바로 이점이 관광 사업을 조선총독부 철도국에서 담당하게
된 이유일 것이다. 따라서 기간철도의 완성과 그에 따른 지선 및 도로의
확충은 식민지 조선에서 관광사업을 진행시킬 수 있는 기본조건이 된다.
도로의 경우에도 일제 식민지 전시기에 건설된 도로의 52.14%가 1904년
부터 1919년 사이에 건설[53]되었으므로 근대 투어리즘의 전제라 할 수 있
는 교통망이 1910년대 식민지 조선에 그 기초가 마련되었던 것이다.

## 3. 일본여행협회 조선지부의 설치

### 1) 일본여행협회의 조직

러일전쟁 이후 일본은 경제적으로 침체기였으며 청일전쟁과 러일전쟁
의 승리로 국가적 자부심이 고조되었던 시기였다. 동시에 이러한 국가적

---

52) 日韓商品博覽會協贊會, 1906, 『釜山案內誌』, 28쪽

53) 蘇斗永, 1991, 「韓末·日帝初期(1904~1919) 道路建設에 대한 一研究－用地收奪
　　과 夫役을 中心으로－」, 한양대학교 석사학위논문, 2쪽.

자부심을 바탕으로 서구와 어깨를 나란히 하려는 의지가 매우 높았던 시기이기도 하였다. 이러한 시대적 분위기는 1906년 만한순유단, 1908년과 1910년의 세계일주단, 1910년 영국 런던에서 개최되었던 英日博覽會 등을 통해 서구사회에 일본을 알리고 이해시키려는 노력으로 이어졌다.

　이러한 시대적 분위기에서 그 목적을 달성하는데 유용한 수단으로 선택되었던 것이 해외관광객의 유치였다. 그리고 이러한 목적을 수행하기 위한 기관으로서 일본여행협회가 1912년 조직되었다. 그러나 일본여행협회가 일본 최초의 관광단체는 아니다. 일본 최초의 관광단체는 1893년 조직된 키힌카이(喜賓會)이다. 키힌카이가 조직된 시기는 1899년 외국인의 일본 내지 여행 규제가 철폐되기 전까지 외국인의 일본여행은 엄격히 규제되던 시기였다.[54] 따라서 이 시기 일본을 방문하는 외국인들은 외국의 사절이나 통상을 목적으로 한 자들이 대부분이었다. 그러함에도 불구하고 이 시기 일본에는 이들을 위한 숙소가 부족하였다. 이에 따라 일본정부는 외국 귀빈의 숙소를 확대해야 할 필요가 있었고 키힌카이 회원인 실업가들은 외국 귀빈에게 자신들의 저택이나 별장을 숙소로 제공함으로써 경제적 이익을 추구할 수 있었다.[55] 그러므로 키힌카이의 목적은 관광객의 유치가 아니라 일본에 공무 차 온 외국의 귀빈을 접대하는 것이었다.

　키힌카이는 도쿄상공회의소의 회장과 부회장이던 시부사와 에이이치(澁澤榮一)와 미쯔이(三井)의 실권자였던 마스다 다카시(益田孝)의 주도하에 결성[56]되었다. 임원은 회장 하치스카 모치아키(蜂須賀茂韶), 간사

---

54) 白幡洋三郎, 앞의 논문, 114쪽.

55) 실제 1908년 미국인관광단이 2차례에 걸쳐 일본을 방문하였을 때 『東京朝日新聞』을 비롯한 일본의 언론들은 숙소의 불비를 도로의 미비와 함께 서구세계와 어깨를 나란히 하는 일본의 부끄러움이라고 표현할 정도로 일본의 호텔, 여관 등 관광숙소는 미비했다고 보여진다(有山輝雄, 앞의 책, 143~145쪽).

56) 白幡洋三郎, 1985, 「異人と外人」 『十九世紀日本の情報と社會變動』, 京都大學人文

장 시부사와 에이이치(澁澤榮一), 간사에 요코야마 마고이치로(橫山孫
一郞), 나베시마 케이지로(鍋島桂二郞), 마스다 다카시(益田孝), 산노미
야 요시마네(三宮義胤), 후쿠자와 스테지로(福澤捨次郞), 키도 다카마사
(木戶孝正)와 평의원 23명이었다.

키힌카이는 회원의 회비와 기부금으로 운영되었고, 영문 안내서와 지
도의 발행 등을 통해 해외에 일본 소개하고, 외국 귀빈의 접객과 친선에
상당한 역할을 하였다. 그러나 러일전쟁 이후 철도국유화법이 공포되어
유력한 회원이었던 私鐵이 잇달아 매각되고 전후 경제 불황이 장기화하
면서 재원이 고갈되어 활동이 지지부진하게 되었다.[57]

이러한 상황에서 키힌카이의 해산과 동시에 1912년 3월 12일 日本旅
行協會가 철도원에서 창립되었다. 일본여행협회의 조직에는 당시 철도
원 부총재이던 히라이 세이지로(平井晴二郞)와 키힌카이의 시부사와 에
이이치, 그리고 철도원 영업과장이던 기노시타 도시오(木下淑夫)가 중
추적인 역할을 하였다. 히라이는 1910년 스위스의 베른에서 개최되었던
제8회 만국국철도회의에 참석하고 관광사업의 중요성을 체감하였다. 귀
국 이후 그는 철도원 총재였던 하라 다카시(原敬)에게 관광 진흥을 목적
으로 한 단체의 조직을 건의하였고 하라는 이를 즉시 수용하여 일본여행
협회가 창립될 수 있는 동력이 확보되었다. 그리고 기노시타는 실무를
담당하였다. 기노시타는 구미 유학시절 서구에서의 일본에 대한 평가가
다른 아시아 국가들과 마찬가지라는 사실에 실망하였다. 그는 이를 극복
하기 위해서는 서구에 일본을 소개하고 이해시키는 것이 가장 효과적이
라 생각하였다. 그리고 그것은 외국인 관광객의 유치를 통해 달성될 수
있으며, 경제적으로도 이익이 된다는 점을 설파하였다.[58]

---

科學硏究所, 119쪽.
57) 日本交通公社, 1962, 『50年史』, 1쪽.
58) 日本交通公社, 1962, 『50年史』, 2쪽.

이렇게 정계에서 관광산업에 대한 인식이 확대됨과 함께 경제계에서
도 키힌카이의 주도자였던 시부사와는 관광산업을 경제회복을 위한 하
나의 방안으로 주목하였다. 그가 일본여행협회의 창립회의에서 행했던
연설에서 이를 확인할 수 있다.

> 철도의 국유화로 종래와 같이 (외국의 귀빈 접대를 – 인용자) 민간철도회
> 사에 의뢰할 수 없어 고민하다가 철도원 쪽에서 외객유치기관을 만들려는 움
> 직임이 있어 단지 철도원만이 아니라 일본의 외객유치에 관계있는 당업자에
> 게 협의59)

결국 국제사회에서 일본의 위상을 높이고자 했던 일본 정계의 입장과
경제적 이익을 목적으로 했던 경제계의 협조 속에서 1912년 3월 12일 일
본여행협회는 "外客을 我邦에 誘致하고 外客을 위한 諸般 施設을 도
모"60)할 목적으로 조직되었다. 일본여행협회의 활동 목표는 다음과 같다.

> 1. 교통사업, 호텔, 외인관계상점 등 漫遊外人에 직접 관계있는 당업자의
>    업무상 改良을 도모하고 상호 영업상의 연락, 편의를 증진할 것
> 2. 외국에 我邦의 風景, 事物을 소개하고 外人에 대해서 여행상 필요한
>    각종의 정보를 제공할 것
> 3. 我邦의 漫遊外人에게 여행상의 편의를 제공하고 관계업자의 弊風을
>    矯情할 것
> 4. 이상의 사항 이외 제1조의 목적을 달성하기 위해 필요한 각종의 시설
>    을 마련할 것61)

이를 통해 보면 일본여행협회가 창설될 당시에는 자국민의 해외여행

---

59) ジャパン・ツーリスト・ビューロー, 『回顧錄』, 31쪽(中村宏, 앞의 논문, 120쪽에서 재
   인용).
60) 「ジャパン・ツーリスト・ビューロー會則(草案)」 日本交通公社, 1962, 『50年史』, 5쪽.
61) 「ジャパン・ツーリスト・ビューロー會則(草案)」 日本交通公社, 1962, 『50年史』, 5~6쪽.

보다는 외국관광객의 유치를 통해 일본에 대한 이해의 도모와 경제적 이익을 획득하고자 하였음을 알 수 있다.

한편 일본여행협회의 창립에 참여한 기관은 일본의 철도원뿐만 아니라 조선총독부 철도국, 대만총독부 철도국, 오사카시 등의 정부기관과 남만주철도주식회사, 동양기선, 미츠코시(三越)오복점, 오사카상선, 제국호텔 등 민간회사도 있었다. 그리고 이들 기관에서는 협회에 관계자들을 이사 혹은 감사로 파견하고 있다. 초대 임원은 다음과 같다.

> 회장  平井晴二郎(鐵道院副總裁)
> 이사  林民雄(日本郵船專務取締役 겸 營業部長)  林愛作(帝國호텔 支配人)  大道良太(鐵道院文書課長)  木下淑夫 (鐵道院營業課長)  白石元治郎(東洋汽船取締役 겸 支配人)  淸野長太郎(南滿洲鐵道株式會社理事)  新元鹿 之助(臺灣總督府鐵道部工業課長)  堀啓次郎(大阪商船副社長)  三本武重(朝鮮總督府鐵道部營業課長)  日比翁助(三越吳服店專務取締役)  杉村正太郎(大阪市電氣鐵道部長)
> 간사  生野団六(鐵道院技師)[62]

창립 이후 일본여행협회는 1912년 11월 1일 대련 남만주철도주식회사 내에 대련지부, 대만지부는 같은 해 12월 1일 대만철도부 소속 臺北호텔 내에, 조선지부는 조선철도국 내에 각각 설치하였다. 그리고 1917년에는 靑島守備軍 民政部 鐵道部 내에 靑島지부를 설치하였다.[63] 그리고 여행안내소를 일본과 조선·대만·만주 등의 식민지와 서구를 비롯한 해외에도 설치하였다. 1913년 현재 여행 안내소는 본부 및 지부의 전속 안내소가 10개, 촉탁안내소가 39개(일본 9개, 해외 30), 해외 대리점 2개(일본 1, 해외 1)가 설치되었다.[64] 그리고 1912년 대정박람회와 1913

---

62) 日本交通公社, 1962, 『50年史』, 13쪽.
63) 日本交通公社, 1962, 『50年史』, 20쪽.

년 미국 샌프란시스코에서 개최되었던 파나마박람회장에 임시안내소를 설치하여 일본의 국정소개와 (관광객의 – 인용자) 유치선전을 하였다. 또 유명한 온천과 피서지인 운젠(雲仙), 카마쿠라(鎌倉), 카루이자와(輕井 澤)의 3곳에는 하기임시안내소도 설치되었다.[65] 이렇게 보면 일본여행협 회는 자본 구조상 민관합자회사이며, 지역적으로는 일본 본국뿐만 아니 라 조선지부, 대만지부, 만주지부, 청도지부를 설치하는 등 제국 일본의 영향 하에 있던 지역을 아우르는 대규모의 회사로 설립되었던 것이다.

한편 일본여행협회는 1930년 일본 철도성 산하에 국제관광국이 설치 될 때까지 일본의 관광산업을 주도하였다. 국제관광국은 일본이 전체주 의·군국주의화하는 과정에서 일본의 관광정책을 수립, 실행하는 기관으 로 설치되었던 것이다. 국제관광국은 일본여행협회와 외국관광객을 유 치하기 위한 해외선전기구로서 국제관광협회[66]를 산하에 두고 관광정책 을 총괄하였던 것이다.

이 시기 일본여행협회는 대동아공영권 구상의 영향을 받아 1941년 社名을 東亞旅行社로 변경하였고 1943년에는 東亞交通公社로 변경했 다가 1945년 패전 이후 日本交通公社(JTB)로 명칭을 바꾸어 오늘날에 까지 이르고 있다. 특히 1943년의 명칭 변경은 전시 하에서 오락의 색채 가 강한 '여행'이라는 명칭이 걸맞지 않다는 명분하에 이루어졌다.[67] 더 욱이 회의 명칭도 1934년 'ジャパン·ツーリスト·ビューロー(日本旅行協 會)'로 영어식 표기와 일본어 표기를 병기하기로 했으나 실제로는 '日本 旅行協會' 단독으로 표기한 것이 많다고 한다.[68] 이러한 명칭의 변경은 국제적인 감각을 가졌다며 이름 붙인 'ジャパン·ツーリスト·ビューロー'가

---

64) 日本交通公社, 1962, 『50年史』, 20쪽.
65) 日本交通公社, 1962, 『50年史』, 22쪽.
66) 國際觀光局, 1940, 『觀光事業十年の回顧』, 79쪽.
67) 須永德武, 2004, 「解題」『東亞旅行社滿洲支部15年誌』, 4쪽.
68) 中村宏, 앞의 논문, 118~119쪽.

국수적인 성격의 '日本旅行協會'로 변경된 것이므로 이 시기 대륙침략
을 본격적으로 시작하고 있는 일제의 성격을 보여준다고 할 수 있다.

## 2) 일본여행협회 조선지부의 설치

일본여행협회는 설립 직후부터 이들 지역에 영업망을 확충하였다. 조
선에만 한정하여 보면 1912년 12월 1일 경성에 조선지부를 설치하고 남
대문정거장 여객대합소 내에 경성안내소, 부산정거장 여객대합소 내에
부산안내소를 개설하였으며, 지부장으로 오야 곤페이(大屋權平)를 임명
하였다.69) 이후 조선지부장이 되는 구보 요조(久保要藏), 안도 마다사부
로(安藤又三郎), 오무라 다쿠이치(大村卓一) 등은 모두 조선총독부 철도
국 혹은 만철경성관리국의 책임자 혹은 그에 준하는 인물들이었다. 이는
일본여행협회 조선지부가 조선총독부와 밀접한 관련을 맺고 있었다는
점을 알려준다. 참고로 일제시기 일본여행협회 조선지부와 관련된 사항
은 다음과 같다.

1912.12.01  조선지부개설(경성 조선총독부 철도국 청사 내) 지부장 大屋權
平
1917.06.27  조선지부장 久保要藏 취임 大屋權平 퇴임
1922.06.22  조선지부장 安藤又三郎 취임 久保要藏 퇴임
1924.06.30  조선지부장 大村卓一 취임 安藤又三郎 퇴임
1930.12.15  경성 미츠코시(三越) 내 안내소 개설
1931.12.12  부산 棧橋출장소 개설
1932.04.15  경성 조선호텔 내 촉탁안내소 폐지

69) 日本交通公社, 1962, 『50年史』, 21쪽 및 「연표」 1쪽. 大屋權平는 철도전문가로서
1886년 철도기사가 되었고, 1901년 철도 시찰을 목적으로 구미를 시찰하였다. 일
본에 돌아온 후에는 경부철도주식회사 공장장, 통감부 철도관리국 기사, 철도관리
국 장관, 철도청 장관, 1909년 철도원 기감이 되었다. 1910년 일본의 조선 강점
이후에는 조선총독부 철도국 장관을 역임하였다(『紳士名鑑』, 124쪽. 국사편찬위
원회 홈페이지에서 인용).

1932.06.10    평양안내소 개설(三中井 내)

1933.10.17    조선관광안내소 내 출장소 개설

1934.01.15    부산안내소를 부산잔교안내소라 개칭

1934.01.15    부산안내소 개설(三中井 내)

1934.11.10    일본여행구락부지부설치 3개소(關西, 朝鮮, 臺灣)

1935.12.01    조선안내소내 출장소를 선만안내소내 출장소라 개칭 3개소(東京, 大阪, 下關)

1936.01.15    하관선만안내소내 안내소를 하관안내소라 개칭

1936.01.15    門司선만안내소내 출장소 개설

1936.09.01    조선지부 직제 제정

1936.09.01    조선지부 지압사무소 설치

1936.09.01    함흥안내소 개설(三中井 내)

1936.09.15    대구안내소 개설(三中井 내)

1937.11.11    경성 和信내 안내소 개설

1937.11.11    경성안내소를 경성 미츠코시안내소라 개칭

1938.10.01    원산안내소 개설(三中井 내)

1938.10.10    신의주안내소 개설(조선운송 내)

1939.04.01    선만안내소내 안내소를 鮮滿支안내소 내 안내소로 개칭

1939.04.20    대전안내소 개설(三中井 내)

1939.05.01    경성 三中井내 안내소 개설

1939.11.29    조선지부장 山田新十郎 취임 工藤義男 퇴임

1940.02.13    나진부두출장소 개설

1940.06.21    조선지부규칙(1934) 및 직제(1936) 개정

1940.07.01    안내소 개설 3개소(경성 丁子屋 내, 조선호텔 내), 開封(주재원 폐지)

1940.08.01    청진안내소를 만주지부에서 조선지부로 이관

1940.11.21    조선지부 이전(용산역 내)

1940.12.01    조선지부에 지방부 및 지방사무소 설치

1941. 3.    조선철도안내소내 안내소 개설 3개소(東京 20일), 大阪(25일), 下關(31일)

1941.06.01    선만지안내소내 안내소 개설 4개소(名古屋, 敦賀, 長崎, 小樽)

1941.06.01    門司선만지안내소내 출장소를 안내소라 개칭

1941.10.01    조선지부 이전(철도국 내)

1942.10.20    목포안내소 개설(三中井 내)

| 1942.10.21 | 광주안내소 개설(三中井 내) |
|---|---|
| 1942.10.27 | 인천안내소 개설(三越 내) |
| 1942.10.30 | 흥남안내소 개설(朝窒供給所 내) |
| 1942.12.08 | 경성지부장 山田新十郎 본사 이사 취임 |
| | 경성지사 편제 – 총무과, 경리과, 업무과, 지방부 |
| 1942.03.27 | 동경선만지안내소내 안내소 이전(제국생명 빌딩 내) |
| 1943.10.18 | 군산안내소 개설(三中井 내) |
| 1943.11.05 | 경성지사 이전(경성부 중구 古市町) |
| 1943.11.10 | 전주안내소 개설(전북산업장려관 내) |
| 1943.11.15 | 경성안내소 개설 |
| 1943.12.01 | 지사명 개칭(경성→조선) |
| 1944.05.01 | 사무소 개칭 13개소(敦賀鮮滿支안내소내를 滿鐵敦賀출장소 내, 長崎鮮滿支안내소내를 滿鐵長崎출장소내) |
| 1944.06.10 | 부평사무소 개설(仁川陸軍造兵廠 내) |
| 1944.11.20 | 청진사무소를 청진부두전사무소로 개칭 |
| 1944.11.20 | 청진사무소 개설 |
| 1945.03.15 | 여수사무소 개설 |
| 1945.05.01 | 만주 및 조선지사 기구 개정 |
| 1945.05.01 | 대판, 조선철도안내소내 사무소 폐지 |
| 1945.06.16 | 경성 丁子屋내 사무소 폐지 |
| 1945.07.01 | 조선군관구사령부내출장소 개설 |
| 1945.07.15 | 조선총독부내사무소 개설 |
| 1945.08.01 | 부산사무소를 부산三中井내사무소라 개칭 |
| 1945.08.01 | 부산사무소 개설[70] |

이렇게 보면 일본여행협회는 경성, 부산, 평양, 함흥, 대구, 원산, 신의주, 대전, 나진, 청진, 목포, 광주, 인천, 흥남, 군산, 전주, 부평, 여수 등에 안내소나 출장소 등을 설치하였음을 알 수 있다. 여행안내소는 조선과 만주에 대한 여행정보를 무료로 제공하였다. 30년대 이후라는 한계가 있지만 여행안내소는 조선·만주·중국에 관한 각종 질문에 대한 응답, 여행통관, 화물에 관한 설명, 활동사진 및 강연 출장을 주요 업무로 하였

70) 日本交通公社, 1962, 『50年史』, 「연표」에서 재작성

는데 모든 업무는 일체 수수료가 없었다.[71] 그것은 경성관광협회의 여행안내소의 경우도 마찬가지였다.[72] 따라서 일제시기 여행안내소는 이용자에게 요금을 받지 않고 무료로 운영했던 것으로 판단된다.

여행안내소의 소관업무는 案內(전화·응접·문서·인쇄물)·斡旋(外人斡旋·邦人斡旋)·附帶事業(도서판매:출판도서·수탁도서)·會員接受(일본여행구락부·일본온천구락부)·整理(문서·전표(현금)·出納日計簿·票類元帳·업무일지·물품사무)·報告(出納日計報告·發賣月報·收支報告·客扱月報)의 6가지로 구분된다.[73] 이 중 가장 중요한 것은 물론 안내와 알선이었다.

한편 일본여행협회 조선지부는 외국인 관광객을 유치하기 위하여 다음과 같은 활동을 하였다. 1916년의 경우 영문판 금강산안내서 5000부, 영문 수렵안내서 수정증보판 3000부, 노문판 금강산안내서 3000부, 영문판 경성안내서를 개정하여 인근의 개성·수원·인천 등에 대한 안내를 추가한 안내서 5000부를 발행하는 등 관광안내서를 간행하였다. 특히 수렵안내서는 일본 소재의 각국 공사관, 영사관, 각지의 호텔, 그리고 일본·만주·중국 등지의 수렵가 등에게 배포하였다. 여기에서 수렵을 관광사업의 일환으로 실시하였다는 것을 알 수 있다. 이외에도 조선과 만주의 관광여정에 대한 문의에 대한 안내를 비롯하여 경성·부산·나가사키에서 시작하는 구미여행계획 및 일정 및 여비 안내 7건, 수렵 문의에 대한 안내, 부산과 안동에서의 통관수속, 철도기선의 발착시각 및 환승, 화폐의 환전, 철도원선 및 태평양항로 접속에 대한 안내 등을 하고 있다.[74]

---

71) 朝鮮總督府鐵道局, 1934, 『朝鮮旅行案內記』 광고.

72) 東亞旅行社 朝鮮支部, 1942.12, 『文化朝鮮』 4권 5호, 광고. 이 광고에서 경성관광협회는 자신들의 업무를 "조선사정의 선전과 소개, 경성부내 관광의 안내, 임대버스 기타 교통수단의 안내, 숙박여관의 도움, 금강산 탐승 상담, 근교 온천지 소개, 기타 여행에 관한 일체"라고 선전하였다.

73) 『案內所實務』, ジャパン·ツーリスト·ビューロー(日本旅行協會), 1939, 1쪽.

1917년에는 진남포와 신의주 관련 안내를 포함한 평양안내서, 금강산·
수원·평양·대동강의 풍경을 모사한 그림엽서, 소형 조선사진첩 등을 발
간하여 관광객과 각 지부, 일본, 중국, 남양, 호주, 미국 등지의 저명한
호텔 등에 제공하였다.[75]

　그런데 위의 인용문에서도 볼 수 있듯이 여행안내소는 1920년대까지
는 경성과 부산에 촉탁안내소만 두었고[76] 나머지는 모두 1931년 이후에
설치하였다. 이것은 두 가지 측면으로 볼 수 있다. 하나는 최소한 1920
년대에는 일본여행협회가 직접적으로 조선의 관광사업에 관여하지 않았
음을 의미한다고 생각된다. 즉 조선총독부 철도국장이 당연직으로 일본
여행협회 조선지부의 지부장이 되었으므로 철도국이 중심이 되어 관광
정책을 입안하고 수행하였을 가능성이 높다. 이는 1910년대『朝鮮及滿
洲』에 게재된 원산 해수욕과 금강산 탐승에 대한 광고,[77] 봄철의 꽃놀
이에 대한 광고,[78]나 금강산 탐승과 온천에 대한 광고[79] 등 관광 관련
광고의 광고주가 일본여행협회 조선지부가 아닌 조선총독부 철도국 혹
은 조선철도였음에서도 알 수 있다. 그러나『半島時論』과 같은 잡지사
에서도 금강산탐승단을 모집한 것으로 보아 다양한 단체나 조직에서 관
광단을 모집한 것으로 보인다.

　그런데 1920년대에 접어들면 조선총독부 철도국 이외에도 일본여행
협회 조선지부, 각종 잡지사, 사회단체, 행정기관, 언론기관, 은행단, 여
행구락부, 종교단체, 경남합동자동차주식회사, 천일약방, 동양사진관, 서

---

74)『ジャパンツーリストビューロー大正5年度事業報告』, 82~84쪽.
75)『ジャパンツーリストビューロー大正6年度事業報告』, 88~89쪽.
76)『日本交通公社70年史』「연표」, 3쪽.
77)『朝鮮及滿洲』109, 1916.8, 광고.
78)『朝鮮及滿洲』118, 1917.4, 광고. 이 광고에서는 우이동과 수원의 벚꽃놀이, 전
　주·개성·중화의 복숭아꽃놀이, 월미도의 꽃놀이와 동래온천, 온양온천, 용강온천
　을 광고하고 있다.
79)『朝鮮及滿洲』124, 1917.9, 광고.

원사진관, 동양당서점 등이 관광단을 모집[80]하고 있다. 그리고 언제부터 시작되었는가는 확인할 수 없지만 1921년 이후에 관광열차가 운행되었다는 기록도 보이기 시작한다.[81]

그러나 이러한 조선총독부의 관광정책도 제국 일본의 관광정책의 범주 안에서 이루어졌을 것이므로 그들의 지배하에 있던 조선과 대만, 그리고 관동주의 관광정책의 충돌과 모순점을 통일하고 조정해야 했을 것이다. 그리고 이러한 역할을 일본여행협회가 하였던 것으로 판단된다. 바로 이점이 이 시기의 일본여행협회가 주목되어야 하는 이유라 할 수 있다. 일본여행협회 조선지부를 통해 일본의 관광정책이 조선에 전달되었을 가능성이 있기 때문이다.

다른 하나는 1930년 4월 일본정부의 국제관광국의 설치와 밀접한 관련이 있다고 추측된다. 국제관광국을 설치하면서 일본정부는 관광을 국책사업으로 육성하고자 했음은 이미 말한 바 있다. 즉 관광을 통해 경제공황의 어려운 경제상황을 극복함과 동시에 여행을 통해 만주사변 이래 확대된 제국 일본의 신영토를 일본국민에게 확인시킴으로써 국가적 정체성과 동질성을 강화하여 국민을 전쟁에 동원하기 위해 여행안내소의 확충은 필요하였다. 또한 여행안내소가 설치된 함흥, 원산, 나진, 청진, 흥남 등 함경도지방의 도시들은 병참기지화정책과 관련이 있을 것으로 생각된다. 이들 도시는 모두 함경도의 지하자원을 이용해 가공한 물건을 운송하기에 적합한 지역이며, 블라디보스톡으로 연결되는 항구도시라는 공통점이 있다. 결국 일제의 대륙 침략과 짝해서 조선 내에서 일본교통공사의 영업망도 확대되어 가고 있는 것이다. 그런데 일제의 패망이 점차 가시화되던 시기에도 일부 지역에 사무소가 개설되는 것은 이해하기 어렵다. 다만 1945년 7월 조선군관구사령부내출장소와 조선총독부내사

80) 한경수, 앞의 논문, 455쪽.
81) 『동아일본』 1921년 5월 1일.

무소를 개설한 것은 패망을 예견하고 조선으로부터 철수를 준비하기 위
한 것이었다고 할 수 있을 것이다.

## 4. 맺음말

이상에서 식민지 조선에서 근대 관광이 탄생한 배경으로서 철도를 중
심으로 한 교통기관의 발달과 식민지 근대 관광을 위한 기관이라는 성격
을 갖는 일본여행협회 조선지부에 대해 살펴보았다. 이를 다음의 몇 가
지로 정리할 수 있다.

첫째, 근대 관광은 19세기 중반 영국에서 탄생하여 박람회의 관람과
해외의 식민지의 여행을 통해 유럽을 중심으로 발달하였다. 그것은 산업
혁명과 시민혁명에 따라 관광할 수 있을 정도의 경제적 여유를 갖게 된
시민계급의 출현과 관계 깊다. 그러므로 근대 관광은 제국주의의 산물임
과 동시에 근대의 산물이다. 후발제국주의국가인 일본은 근대 관광의 측
면에서도 유럽보다 늦을 수밖에 없었다. 일본제국주의는 관광을 통해 한
편으로는 유럽과 대등한 국가임을 증명하고자 하였으며 다른 한편으로
는 그들의 식민지인 조선, 대만, 만주 등에 대해서는 일본 근대 문명의
우수성을 보이고자 하였다. 식민지 조선의 입장에서 보면 이는 곧 조선
문화의 열등성과 야만성을 각인시키는 것이었다. 이렇게 근대 관광은 제
국주의적인 성격을 강하게 내포하고 있다.

둘째, 식민지 조선의 근대 관광은 그 탄생부터 식민지성을 보일 수밖
에 없었다. 그것은 조선의 근대 관광이 일제에 의하여 시작되었다는 측
면과 조응하는 것이다. 즉 일제의 근대 관광이 제국주의적이라면 그 식
민지인 조선의 근대 관광이 식민지적 성격을 갖는 것은 당연하다. 이러
한 식민지 조선의 근대 관광의 성격은 조선 국내 관광이나 일본시찰단의

방문지와 장소, 일제가 발행했던 관광안내서, 우편엽서, 활동사진의 내용을 통해서 명백히 확인할 수 있다.

셋째, 식민지 조선의 근대 관광은 이러한 일제의 식민지정책이 관철되는 과정이었다. 근대 관광의 전제조건은 근대 시민계급의 탄생과 철도와 같은 대규모 운송수단의 발달에 있었다. 식민지 조선은 일제에 의하여 철도가 부설되고 도로가 건설되었으며 부관연락선을 통해 일본과 연결되었다. 그런데 이러한 식민지의 교통체계는 공교롭게도 부산과 관련이 있다. 철도와 부관연락선의 출발점이 부산이기 때문이다. 결국 일제의 입장에서 보면 부산은 대륙과 세계로 가는 통로였던 것이다. 따라서 근대교통기관의 발달은 곧 일제의 대륙진출과는 매우 밀접한 관계를 갖는다. 그리고 이 점은 부산을 기점으로 일제가 철도와 배로 관광사업을 수행할 수 있는 배경이 될 수 있었다. 그리하여 일제는 부관연락선과 조선·일본·만주의 철도를 하나로 묶은 패키지상품을 출시하기도 하였다.

넷째, 식민지 조선의 근대교통기관이 관광에 이용되기는 하였으나 그것은 기본적으로는 식민지 조선에 대한 경제적 수탈과 대륙에 대한 군사적 침략이라는 목적 하에 건설된 것이었다. 그러나 1920년대에 접어들면 금강산전기철도는 관광목적으로 부설되었다. 그리고 1910년대에 이미 원주-금강산 구간의 자동차운행이 이루어지고 있는 것으로 보아 자동차를 관광에 이용하기도 하였음을 알 수 있다.

다섯째, 1912년 3월 일본의 해외 관광객의 유치와 관광시설을 확충한다는 목적으로 일본여행협회, 즉 재팬 투어리스트 뷰로가 조직되었다. 일본여행협회의 조직에는 일본의 철도원뿐만 아니라 조선총독부 철도부, 대만총독부 철도부, 오사카시 등의 정부기관과 남만주철도주식회사, 동양기선, 미츠코시(三越)오복점, 오사카상선, 제국호텔 등 민간회사도 참여하였다. 그러므로 일본여행협회는 자본구조상 민관합자회사의 성격을 갖는다. 그리고 일본여행협회 조선지부를 비롯하여 대만지부, 관동지부,

청도지부 등의 지부와 여행안내소를 일본 내외에 설치하였다.

　여섯째, 일본여행협회 조선지부는 조선총독부 철도국장이 당연직 지부장이 되었다. 그리고 전국 각지에 여행안내소를 설치하여 활동하였다. 여행안내소는 일본여행협회 조선지부와 동시에 설치되었던 경성과 부산 안내소외에는 모두 1931년 이후에 설치되었다. 이는 1920년대에는 일본여행협회가 적극적으로 조선의 관광사업에 관여하지 않았음을 의미한다고 생각된다. 즉 조선총독부 철도국이 일본여행협회의 정책 안에서 식민지 조선의 관광정책을 입안하고 수행하였다고 생각된다. 그리고 1930년 4월 국제관광국이 철도성 내에 설치된 이후 일제는 관광을 국책사업으로 육성하고자 했다고 보여진다.

　결론적으로 말하면 1910년대 식민지 조선의 근대 관광은 일제의 지배정책 속에서 식민지성을 띠면서 탄생하였다. 그리고 이러한 일제의 관광정책은 제국 일본의 질서 속에 조선과 조선민족을 동화시키고 하였던 것임을 알 수 있다.

# 제4장 근대 관광과 여행지

## 1. 근대 관광의 성립

### 1) 근대 관광의 탄생과 조선인의 해외여행

　'근대'는 서구에서 탄생했기 때문에 '근대'의 의미를 탐구할 때 서구 사회를 원용하지 않을 수 없다. 일반적으로 서구사회에서 '근대'는 르네 상스 이후 나타난 이성과 합리성에 근거한 사회를 말한다. 그리고 '근대 성'이란 이성과 합리성을 바탕으로 한 자본주의적 사회질서를 의미한다. 이러한 맥락에서 보면 18세기 이후의 사회를 '근대' 혹은 '근대성'을 가 진 사회라 할 수 있다. 그런데 이 시기는 이성과 합리성에 근거한 자본 주의 사회만이 아니라 산업혁명을 통해 산업사회가 성립하고 시민혁명 을 통해 설대군주제가 타도되고 시민사회기 성립한 시기이며, 민족 단위 의 국가가 탄생한 시기이기도 하였다. 바로 이러한 시대적 변화가 근대 적 의미의 여행 혹은 관광의 탄생 배경이라 할 수 있다.

　근대적 의미의 '여행' 혹은 '관광'이 탄생한 것은 19세기 중반이다. 1841년 7월 5일 영국의 토마스 쿡(Thoma Cook)은 570명의 관광객을 모 객하여 영국의 레스터(Leicester)에서 러프보로(Loughborough)까지의 기 차여행을 실시하였다. 요금은 1실링으로 브라스 밴드와 점심 식사가 제 공되었다.[1] 그러나 쿡이 이 여행을 조직한 직접적인 목적은 관광에 있지 않았다. 당시 쿡은 매우 활동적인 금주운동가였고 금주운동을 전개하기 위하여 단체전세열차의 운행을 실현시켰다. 즉 쿡은 개통된 지 얼마 안되는 철도가 적자를 면치 못하고 있는 상황과 정규운임을 지불하고 열차를 이용하는 승객이 전체 승객의 25%에도 미치지 못한다는 사실에 착안[2]하여 이 여행을 성사시켰던 것이다. 이 여행이 역사상 최초의 패키지 여행상품이라 할 수 있다. 이 여행의 성공 이후 그는 금주협회원과 일요학교 어린이들의 단체여행을 몇 차례 성공적으로 이끈 이후인 1845년 '토마스 쿡 앤 선(Thomas Cook and Son)'이라는 세계 최초의 여행사를 설립하였다.

쿡이 처음부터 의도한 바는 아니었으나 이 여행의 성공은 그가 단체여행의 기획과 주선을 본격적으로 하게 된 계기가 되었다. 또한 당시 영국을 비롯한 유럽에서 유행처럼 개최되었던 박람회는 단체여행의 수요를 더욱 확대하는데 훌륭한 요소가 되었다. 이는 지금까지 소수의 귀족계급에 의해 이루어져오던 관광이 더 이상 그들만의 전유물일 수 없다는 것을 말해준다. 이후 그는 1868년까지 약 200만 명의 여행을 조직[3]하여 관광을 근대화하였다. 더욱이 그는 1872년에는 기선을 이용하여 22일간의 세계일주 관광을 실시하여 세계를 놀라게 하였다. 이처럼 19세기 중반에는 여행 혹은 관광이 점차 확대되고는 있지만 아직까지 대중화된 것은 물론 아니었다. 여행의 대중화, 관광의 대중화가 이루어진 것은 제2차 세계대전 이후의 일이었다.

토마스 쿡이 대단위의 관광객을 모객하고 이들을 여행시킬 수 있었던 것은 교통편의 예매, 관광안내서의 제공, 관광가이드의 동행, 일괄 예약

1) 정성채, 2005, 『여행사업경영론』, 기문사, 38쪽.
2) 김광군 외, 2001, 『관광학원론』, 백산출판사, 68쪽.
3) 김사헌·지선진, 2006, 「근대-탈근대사회 맥락에서 본 관광패턴의 변화 : 이론적 논의를 중심으로」 『경기관광연구』 9, 관광종합연구소, 1쪽.

및 요금의 단일청구서로의 지불 등 여러 가지 요소가 있을 수 있다. 그러나 무엇보다도 중요한 것은 대량운송수단인 기차와 선박의 발달을 빼놓을 수 없다. 그리고 제2차 세계대전 이후에는 비행기여행이 보다 대중화되어 시·공간적으로 관광은 대중화될 수 있었다.

여기에서 우리는 근대적인 의미의 '여행' 혹은 '관광'이 대중화할 수 있는 기본 조건은 기차나 선박, 비행기와 같이 보다 빠르게 보다 많은 사람을 운송할 수 있는 교통수단의 발달이 필수적이라는 것을 알 수 있다. 따라서 철도나 선박, 그리고 비행기의 발달은 근대 여행 혹은 관광의 발달과 분리할 수 없는 관계를 갖는다. 그런데 토마스 쿡이 대량의 관광객을 모집하여 여행을 시작하던 1841년에는 영국 최초의 국철시간표가 작성되어 발표되었으며, 영국 철도 요크(York)역 근처에는 유럽 최초의 호텔이 개업하였고, 최초의 대서양 증기선이 운행된 시기였다. 이는 이 시기에 이미 근대적 의미의 여행을 실시할 조건들이 성숙해가고 있었다는 것을 보여주는 것이라 할 수 있다.

이렇게 19세기 중반 서구에서는 점차 관광이 대중화하였다. 이러한 경향은 20세기에 접어들면서 일본에도 영향을 끼쳤다. 일본에서는 신사와 사찰에 대한 참배를 목적으로 한 관광이 17세기 에도(江戶)시대 이래 대중화되어 있었다. 물론 이 시기 일본의 여행은 그 목적에서도 알 수 있듯이 종교적인 성격을 띠었으나 참배 경로에는 하코네(箱根), 아리마(有馬), 아타미(熱海) 등 유명한 온천과 에도(江戶), 도쿄(東京), 오사카(大阪) 등 대도시의 관광도 포함되어 관광적인 성격을 다분히 띠고 있었다. 더욱이 이 여행에서는 권력에 의한 이동의 제약이나 봉건체제의 일상적인 속박에서 벗어나는 해방감을 느낄 수 있었기 때문에 일반 민중들에게는 더욱 매력적이었다. 이는 관광이 일상으로부터의 일탈 혹은 상상 속의 해방이라는 특성을 가지고 있다는 것을 말해주는 사례라고도 할 수 있다.

그러면 일본에서 이렇게 여행이 대중화될 수 있었던 조건은 무엇일

까. 그것은 에도막부가 실시한 산킨코다이(參勤交代)제도에서 찾을 수
있다. 산킨코다이제도란 막부가 전국 각지에 흩어져있는 다이묘(大名)들
을 통제, 감시하기 위해 제도화한 것으로서 원칙적으로 각 다이묘들은
격년에 한 번씩 에도에 거주할 것을 의무화한 것이다. 따라서 막부는 이
들의 이동에 편의를 주기 위해 도로망을 확충하였으며, 거의 매년 에도
로 가는 길은 이들 다이묘들의 행차로 북적거렸다고 한다. 이로 인해 다
이묘의 행렬이 지나다니는 길목에는 이들 일행이 묵을 여관이나 식당 등
이 생겼고 이러한 시설들이 일반 민중의 참배여행에도 이용되어 여행의
대중화에 기여하였다고 판단된다. 예를 들어 18세기 초인 1702년에는
도카이도(東海道)를 여행한 사람의 수가 100만 명을 넘었다는 기록4)은
일본의 국내여행이 이미 대중화되고 있었음을 의미한다고 해도 지나친
말은 아닐 것이다. 더욱이 18세기 초에 "유람을 위해 스코틀랜드를 방문
한 사람은 1년에 12명을 넘지 않았"5)다는 유럽의 한 史家의 지적을 보
면 아직 유럽에서도 여행은 소수의 특권이었다. 이에 비하면 100만 명이
라는 기록은 상상을 초월하는 것이라 할 수 있다.

이와 같이 일본은 18세기 무렵에 이미 국내 여행이 대중화되고 있었다.
이러한 토대를 바탕으로 일본은 20세기 초에 비록 국가주의적인 목적 하
에서 이루어진 것이기는 하지만 해외여행을 적극 장려하고 있다. 일본 역
사상 최초의 단체 해외여행이 시작된 해는 1906년이다. 1906년 6월 아사
히(朝日)신문은 일본 최초로 만주와 조선을 유람하는 관광여행을 기획하
였다. 이 여행은 橫浜 - 神戶 - 門司 - 釜山 - 仁川 - 京城 - 鎮南浦 - 大
連 - 遼陽 - 旅順 - 長崎로 이어지는 30일간의 일정에 약 350명의 인원을

4) 石森秀三, 「旅から旅行へ」 守屋毅 編, 1998, 『日本人と旅び』(現代日本文化における
傳統と變容 6), ドメス出版, 96쪽(권숙인, 「근세 일본에서 대중관광의 발달과 종교
－이세마이리(伊勢まいり:이세신궁참배를 중심으로」 『지역연구』 6권 1호, 127쪽에
서 재인용)
5) 권숙인, 앞의 논문, 127쪽.

모집할 계획이었다.6) 이 여행에 대한 아사히신문의 기획 의도는 다음과
같다.

> 바닷가에서 납량을 하고 산골짜기에서 피서를 하는 것은 이미 낡았다. 그
> 렇다고 발(簾) 그늘 아래에서 술을 마시고 나무 그늘 아래에서 오수를 즐기는
> 것도 피서라기에는 너무 소극적이다. 전승국 인민은 전승국에 인민에 부합되
> 는 호쾌한 거동을, 신흥국 인민은 신흥국 인민에 상응하는 장용한 消夏法을
> 취함이 마땅하다.7)

즉 아사히신문은 전쟁을 통해 획득한 새로운 '영토'에 대한 자부심을
고취하고 일본이 서구 열강과 어깨를 나란히 하는 '제국'으로 발전하고
있음을 선전하고자 하였다. 그리하여 여행지는 당연히 요코하마, 고베,
오사카, 쿠레, 모지 등 러일전쟁의 관련지 및 대련, 요양, 봉천 등 러일전
쟁의 전승지와 인천, 경성, 평양 등 청일전쟁의 관련지 및 유적 등 일본
군의 전승지 중심이었다.8) 따라서 일본 최초의 관광사업은 제국 일본의
정체성을 확립하는데 그 목적이 있었다고 할 수 있다. 물론 여행사가 아
닌 신문사에서 이러한 기획을 한 것은 당시 일본내에서 격화되던 신문시
장에서 생존하고 더 나아가 발행부수를 확대하기 위한 것이기도 하였
다.9) 다음의 <그림 1>은 만한순유단의 항로이다.

---

6) 朝日新聞百年史編修委員會 編, 1995, 『朝日新聞社史(明治編)』, 朝日新聞社, 500
   쪽(임성모, 2006, 「팽창하는 경계와 제국의 시선」 『일본역사연구』 23, 93~94쪽
   에서 재인용)

7) 『東京朝日新聞』 1906년 6월 22일, 「滿韓地方巡航」.

8) 李良姬, 2004, 「日本植民地下の觀光開發に關する硏究」 『日本語文學』 24, 일본어
   문학회, 476쪽.

9) 有山輝雄, 2002, 『海外觀光旅行の誕生』, 吉川弘文館, 28~29쪽.

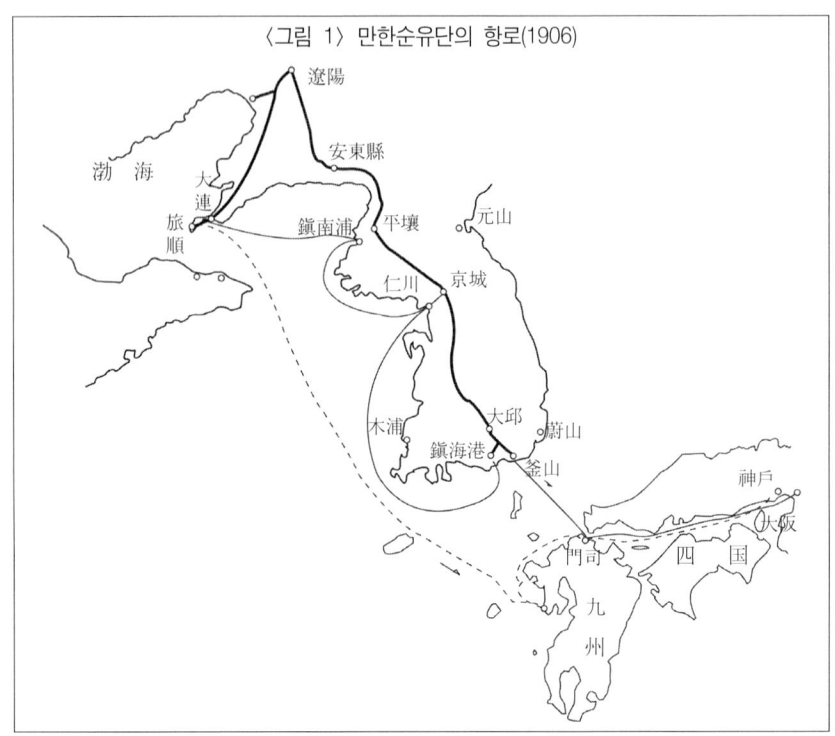

〈그림 1〉 만한순유단의 항로(1906)

(자료) 임성모, 앞의 논문, 95쪽.

<그림 1>을 통해 볼 때 만한순유선은 모지 - 부산 - 진해 - 인천 - 진
남포 - 다롄(大連)의 경로를 거쳤으나 귀국하는 길에는 조선을 들르지
않고 바로 대련 - 나가사키(長崎) - 사세보(佐世保) - 모지(門司)로 항해
했음을 알 수 있다. 그러나 대부분의 조선과 만주여행은 부산에서 경부
선을 타고 북상하는 것이 일반적이었다. 1939년 발행된 『朝鮮之觀光』
에서 제시한 동경 출발의 조선여행 코스는 다음과 같다.

제1일  도쿄역 출발 시모노세키행(22시간), 차중에서 1박
제2일  시모노세키 출발 부산행, 부관연락선 이용(7시간 30분)
제3일  부산역 출발 경성행(6시간 45분)

제4일  경성 관광
제5일  경성 관광
제6일  경성 출발 평양행(6시간 44분), 오후 평양 출발 안동행(5시간 45분)
제7일  안동역 출발 부산행(신의주→안동→대구)
제8일  대구 출발 경주행, 경주 관광후 경주 출발 부산행, 부산 출발 시모
       노세키행
제9일  시모노세키 출발 도쿄행
제10일 도쿄역 도착(오전)10)

이렇게 해서 10일간의 조선여행에 소요되는 비용은 2등 기준 169.99
엔, 3등 기준 90.57엔 정도였다.11) 이처럼 일본에서는 1906년을 기점으
로 해외여행이 시작되었다. 그리고 1912년 일본여행협회가 설치되고 조
선지부도 같은 해 경성에 설치되었으며, 1930년 4월 23일 國際觀光局
을 설치하여 관광을 국책사업으로 육성하기로 하였다. 이는 당시 세계적
으로 관광산업이 부흥하고 있었다는 시대적 배경과 함께 세계경제공황
으로 어려움을 겪고 있던 일본경제의 돌파구를 마련하고자 했기 때문이
다.12)

한편 조선에서도 이미 구한말 문명개화론의 영향을 받아 여행을 통해
신지식을 수용하자는 움직임이 없지 않았다. 특히 유럽과 미국을 여행한
후 느끼고 배운 바를 토대로 일본의 근대화에 큰 영향을 끼친 후쿠자와
유키치(福澤諭吉)의 사례를 들어 여행의 중요성을 강조13)하거나 "남자
13세 이상에 이르면 학교 휴학 중에 行狀을 바르게 하여 師友와 함께
각지를 여행케 할 것"14)이라는 시부사와(澁澤)가의 가훈을 잡지『西友』
는 소개할 정도였다. 이는 이 당시 여행에 대한 관심이 고조되고 있었음

10) 朝鮮之觀光社, 1939,『朝鮮之觀光』, 17~18쪽.
11) 朝鮮之觀光社, 1939,『朝鮮之觀光』, 18쪽.
12) 新井堯爾, 1931,『觀光の日本と將來』, 觀光事業研究會, 서문.
13) 編輯人,「日本 敎育界 思想의 特點」1910.5.20,『대한흥학보』제13호.
14) 1907,『西友』제11호.

을 보여준다. 그리고 이러한 관심은 여학생들도 예외는 아니었다. 한 여학생이 官人을 따라 탑동 僧房에 出遊한 사실에 대해 『西北學會月報』는 "여학생의 신분이 되어 여행운동을 作할지라도 同學生徒와 해야지 관인을 따라간 것은 순결을 견지하고 정조가 고상하다 하더라도 흘끗 보면 체모를 손상"15)할 것이라며 비판하고 있다. 이렇듯 구한말에도 여행을 강조하는 글들이 여기저기에서 보이고 있다. 그러나 여행을 강조했다고 해서 대다수의 사람들에게 여행이 가능한 것은 아니다. 따라서 이 시기는 여행에 대한 계몽기라 부를 수 있을 것이다.

그러면 우리나라 사람들이 여행을 비교적 활발하게 한 시기는 언제부터일까. 그것은 일본에 의해 국권을 강탈당한 이후의 일이라 할 수 있다. 특히 1920년대에 접어들면서 신문이나 잡지에 여행기나 기행문 등이 많이 게재되기 시작하였다. 더욱이 주목되는 것은 서양 여행기가 비교적 자주 게재되고 있다는 것이다. 이는 일본을 통해 수입된 근대 문물을 그 본고장인 서양을 통해서 직접 확인하고 수용하고자 했던 문명개화론의 흐름이 아니었나 생각된다. 이와 같이 여행을 권장하는 분위기 속에서 유명한 민족주의 역사학자인 湖巖 文一平 역시 여행을 다음과 같이 권장하고 있다.

> 近日 우리 社會에 名山水를 遊賞하는 風潮가 流行하게 되어 金剛山을 探勝하는 人士도 많으며 自頭山을 探險하는 人士도 있음은 天然美에 대하야 一般社會의 趣味가 向上된 表證이니, 어찌 可喜할 現象이 아니랴.16)

이처럼 1920년대 초반이 되면 일부 유산계급의 지식인들에 의한 여행은 비교적 활발하게 행해졌던 것으로 보인다.17) 더욱이 이 시기에는 조

---

15) 新民子, 「女學生諸氏어」, 1909.10, 『西北學會月報』 제16호.
16) 문일평, 「北漢의 一日」 1921.10.18, 『개벽』 제16호.
17) 주지하듯이 이 시기 조선 인구의 80% 가량이 농민이고 이들 농민의 대다수가 소

선인들의 일본관광을 장려하는 정책도 채택되었다. 물론 3·1운동 이전에도 조선인으로 구성된 일본시찰단이 조직되어 사실상 일본을 '관광'하고 있다. 정확한 통계는 없지만 1920년대 초 일본에서 개최되었던 박람회를 시찰한 일본시찰단의 수와 인원은 1921년 100여 개 2,000여 명, 1922년 192개 4,700여 명이다. 이 숫자는 뒤의 <표 2>에서 나타난 부관연락선 조선인 승객수의 각각 7.8%와 10.1%에 해당한다. 그리고 일본시찰단의 파견이 이보다 더 많았을 것이라 추정되기 때문에 실제 비율은 이보다 높을 것이라 생각된다. 그러므로 관광만이 아니라 다양한 명목으로 행해진 조선인의 일본여행은 이미 1920년대 초에 일본으로 도항하는 전체인원의 10% 이상이 되었다고 판단된다.

그런데 일본 이외의 다른 나라를 여행한 사람들의 수에 대해서는 대강의 통계도 발견할 수 없었다. 다만 중국을 여행한 사람의 수는 일본과 비교해 적지는 않았을 것이라 보인다. 그러나 이를 감안하더라도 당시 해외여행자의 수는 조선의 인구에 비하면 미미하였다. 그리고 중국으로 건너간 사람들은 여행자라기보다는 생계를 위해서나 독립운동을 위해 이주한 사람들이 다수라 생각되므로 이를 관광 목적으로 여행했다고 보기는 어렵다. 따라서 조선인의 해외여행이 이 시기에 대중화되었다고는 할 수는 없다. 오히려 이 시기의 해외여행자들은 남들은 하지 못하고, 또 할 수도 없는 해외여행을 했다는 특권의식을 갖고 있었으리라 생각된다.

그리고 조선총독부는 일본시찰단원에게 일본 시찰 중 자신들이 보고, 듣고, 느낀 바를 정리하여 보고서를 낼 것을 의무화 하였으며, 자신이 거주하는 지역의 인민들에게 강연이나 강습을 통해 이를 보고하고 계몽할 것을 요구하였던 것이다. 또한 이들 가운데는 자발적으로 자신들의 의무를 수행하는 사람도 있었다.

---

작인이었음을 감안하면 여행자들이 일반인들은 아니었을 것이라 생각된다.

## 2) 교통수단의 발달

근대에 들어 자국의 주요 명승지나 자연생태가 뛰어난 곳을 중심으로 행해지던 유람 혹은 여행이 원격지나 해외로까지 확대되었음은 이미 말하였다. 교통이라는 측면에서만 보면 그것은 철도교통의 발달에 기인한 측면이 절대적이었다. 철도는 사람과 화물을 원거리를 보다 짧은 시간에 보다 많이 운송하는데 결정적인 기여를 하였다. 따라서 철도의 발명과 개통은 거리와 시간에 대한 인간의 관념을 혁명적으로 바꾸어 놓았다.

그러나 철도는 레일 위에서만 이동이 가능하다는 한계가 있어 철도가 부설되지 않은 지역으로의 이동은 여전히 어려운 일이었다. 바로 이렇게 철도가 부설되지 않은 지역과 철도를 연결하는 수단이 도로였다. 도로는 필연적으로 자동차의 이용을 초래하였다. 따라서 철도를 이용하여 원거리를 이동한 후 자동차를 이용하여 철도역 근처에 위치한 여행지를 찾는 일이 가능해졌던 것이다. 이렇게 보면 철도와 도로의 발달은 우리 인간의 여행에 지대한 영향을 미쳤음을 알 수 있다.

이러한 변화가 우리나라에서 시작된 것은 이미 19세기 말엽부터이다. 우리나라 최초의 철도는 1897년 공사가 시작되어 1899년 완공된 제물포-노량진 구간의 경인선 철도이다. 그리고 이듬해인 1900년에는 노량진-남대문역이 완공되어 경인선을 제물포-남대문 구간으로 연장되었다. 또 1905년 1월에는 경부선이 완공되었고, 1906년 4월에는 경의선이 완공되어 운행되었다. 1911년 11월 1일에는 신의주와 만주의 안동을 연결하는 압록강 철교가 완공되어 조선과 만주를 직통하는 철도의 개설 가능성이 더욱 높아졌다. 이는 시모노세키-부산-만주를 잇는 철도망의 탄생을 예고하는 것이며 만주에 대한 일본제국주의의 진출 혹은 침략의 토대가 마련되었다는 것을 의미한다고 할 수 있다. 이로 보면 우리나라의 철도는 이렇게 일제의 침략정책의 틀 속에서 부설되었지만 여행이라는 관점에서만 보면 우리나라에 '근대' 여행을 시작할 수 있는 토대가 마련되었다는 의미도 있다.

한편 철도가 개통되고 운행되면서 조선의 전통적인 사회구조와 세계관에는 큰 변화를 초래하였다. 첫째로 철도역이 만들어진 지역에 새로운 행정적·산업적 중심도시가 탄생하게 되었다. 그리고 이러한 도시는 도시의 기반시설을 갖춘 이른바 '신도시'로서 주로 일본인이 거주하였다. 그 대표적인 도시가 대전, 부산, 인천, 원산, 청진, 군산 등이라 할 수 있다. 반면 수원이나 개성 등 조선의 전통적인 상업도시나 공주와 같은 행정도시들은 일제의 철도 건설 및 신도시 건설 과정에서 배제되어 점차 소외되고 있다. 이는 당연한 것이지만 조선총독부의 신도시 개발이 자신의 식민지 지배에 이익이 되거나 도움이 될 수 있는 지역을 개발했다는 것을 의미하며, 상대적으로 조선인의 세력이 강하여 일본의 자본이나 세력의 침투가 용이하지 않은 지역은 개발하지 않았음을 의미한다. 그러나 이러한 지역도 일제의 정책적인 필요에 의해서 조선의 전통적인 세력을 억누르거나 무마하면서 혹은 끌어들이면서 개발하기도 하였다. 대표적인 도시가 평양과 수원이다. 평양은 한양과 함께 조선의 전통적인 대도시였으나 일제의 지배정책과 대륙침략정책에서 중추적인 위치에 있는 도시였다. 그리고 수원의 경우도 정조 이래 유수부가 설치되면서 경기 남부의 핵심도시로서 기능하였으나 현재의 수원역을 일제가 건설하면서 그 주변에 일본인들이 거주하기 시작하면서 일본인들의 생활 영역이 성문 안으로까지 확대하였다. 이를 바탕으로 1924년 무렵이 되면 조선인과 일본인 상인들이 실업협회를 함께 구성할 정도로 일본인의 세력이 확대되었다.

둘째로는 철도로 대표되는 근대 문물의 우월성을 확실하게 인식하게 되었다는 것이다. 아직까지 조선인들은 근대문물의 침략성에 대해서는 직시하지 못하였던 것으로 보인다. 그것은 1917년 구례의 지방 지식인 柳瑩業이 읊은 다음의 시에서도 나타난다.

차바퀴는 화살구름과 같이 나는 것 같이
물이 북쪽에 있는지 산이 남쪽에 있는지 판별하지 못하고
어찌 장안길이 멀다고 말할 수 있겠는가
아침의 밝은 때에 출발하여 앉아서 천리를 오네[18]

위의 시에서도 보듯이 지방 지식인으로서 경성을 여행한 류형업 역시 기차의 속도감에 대해서는 경외감을 토로하고 있지만 그것이 갖는 수탈성과 침략성에 대해서는 전혀 언급이 없는 것이다.

그런데 여기에서 우리가 주목하는 것은 이와 같은 기존의 논의가 아니라 조선총독부의 정책에 따라 철도시설이 부설된 지역을 중심으로 그 주변이 점차 관광지로 개발되기 시작했다는 점이다. 이것은 관광 혹은 여행은 교통상의 편의가 최우선적으로 고려된다는 점에서 타당성이 있다. 따라서 철도의 부설은 분명히 일제의 대륙 침략이라는 목적 하에 이루어진 것이지만 관광이라는 관점에서는 오히려 그 결과 조선에서 근대 관광산업이 탄생하는 직접적인 배경이 되었다는 점을 인정하지 않을 수 없다.[19] 이에 따라 조선총독부철도국을 중심으로 관광객을 유치하려는 움직임이 구체적으로 실행되어 철도안내서, 여행안내서, 리플렛, 팜플렛, 그림엽서 등을 출판, 배포하였던 것이다.

그러면 이제 외국인의 조선여행과 조선인의 외국여행에 대해 알아보자. 외국여행을 할 때 우리가 주목해야 할 교통수단은 선박이다. 아직 비행기가 대중화되지 않았던 시기이므로 외국여행은 주로 선박을 이용하지 않으면 안되었다. 이것은 외국인의 조선여행이나 조선인의 외국여행의

---

18) 『紀語』 1917.10.10(이송순, 「한말·일제 초 '지방지식인'의 근대적 제도 및 문물에 대한 경험과 인식 - 生活日記類의 분석을 중심으로 - 」 『역사문제연구』 18, 63쪽 주 50)에서 재인용.

19) 이 때문에 근대 관광이 식민지 근대화론의 입지를 강화시키는 역할을 할 수 있다는 비판이 있을 수 있다. 그러나 이러한 비판은 근대 관광이 식민지 조선을 타자화하고 있다는 점을 간과하고 있다는 것을 강조하고 싶다.

경우에도 마찬가지였다. 물론 시베리아철도를 이용할 수도 있었으나 비용상으로 보아 주로 이용되지는 않았을 것으로 판단된다.

먼저 외국인의 조선여행부터 살피는 것이 순서일 것이다. 앞에서도 언급했듯이 철도의 건설은 관광산업의 발전을 촉진하였다. 외국인이 일본에서 조선으로 여행한다거나 조선에서 일본으로 여행할 때는 반드시 배와 항구에 대해 언급해야만 한다. 그것은 이 여행들이 배로부터 비롯되기 때문이다. 배를 통해서 조선과 일본이 항시적으로 연락된 것은 부관연락선의 개통 이후였다. 부관연락선은 1905년 1월 경부철도가 개통된 직후인 1905년 9월에 개통되었다. 이렇게 부관연락선의 개설이 경부철도와 관련이 깊은 것은 일본의 산요(山陽)철도와 조선의 경부철도를 연결하여 인적·물적 자원을 수송하려는 계획을 세웠던 일본산요철도주식회사의 역할이 매우 컸다고 한다. 여기에서 우리는 일본의 조선 침략 과정에서 철도와 선박이 가지는 밀접한 상관관계를 확인할 수 있다.

조선과 일본을 잇는 항로의 개설은 1877년 일본의 재계에서 한반도와 일본을 연결하는 정기항로의 취항을 건의한 것에 대하여 일본정부가 세이난(西南)전쟁의 혼란이 진정되면 운항을 허락하겠다고 회답한 것을 계기로 한다. 이에 따라 1893년 인천과 오사카(大阪), 모지(門司)를 잇는 기소가와마루(木曾川丸)가 취항하였고, 1902년에는 원산과 오사카, 원산과 모지를 잇는 스미타가와마루(隅田川丸)가 취항하였다. 그리고 드디어 1905년 9월 부관연락선이 개설되고 있는 것이다.

최초의 부관연락선[20]은 이키마루(壹岐丸)와 쓰시마마루(對馬丸)였다.

---

20) 부관연락선의 원래 명칭은 관부연락선이지만 한국의 입장에서 부관연락선이라 부르겠다. 부관연락선에 대해서는 다음의 논문이 참조된다. 향후 특별한 언급이 없는 한 부관연락선에 대한 서술이 아래의 글들을 참조하였음을 말해둔다.
   金贊汀, 1988, 『關釜連絡船 海峽を渡った朝鮮人』, 朝日選書.
   기무라 겐지, 2006, 「關釜連絡船이 輸送史에서 차지하는 위치」『한국민족문화』 28.
   洪淵津, 2006, 「釜關連絡船 始末과 釜山府 日本人 人口移動」『한일민족문제연구』 11.

이키마루는 1905년 9월 11일, 쓰시마마루는 11월 1일에 각각 부산에 취항하였는데 항해시간은 11시간 30분에 달하였다. 그리고 고라이마루(高麗丸)와 시라기마루(新羅丸)가 1913년 1월 31일과 4월 5일에 취항하였으며, 게이후쿠마루(慶福丸)와 도쿠주마루(德壽丸)가 각각 1922년 5월 8일과 11월 12일에 취항하였고, 1923년 3월 12일에는 쇼케이마루(昌慶丸)가 취항하였다. 또 1936년 11월 16일에는 곤고마루(金剛丸)가, 1937년 1월 31일에는 고안마루(興安丸)가, 1942년 9월 27일에는 텐잔마루(天山丸), 1943년 4월 12일에는 곤론마루(崑崙丸)가 각각 취항하였다. 그런데 이러한 선박의 이름에서 우리는 해당 시기 일제의 침략정책의 일단을 볼 수 있다. 다시 말하면 조선과 중국의 지명을 딴 선박의 이름은 곧 일제가 이미 획득하였거나 획득하고자 한 지역을 반영하고 있다고 볼 수 있다.

따라서 이러한 선박의 이름에서도 우리는 해당 시기 일제의 경계에 대한 인식을 확인할 수 있는 것이다. 특히 1937년 고안마루가 중국의 지명을 선박의 이름으로 사용한 이래 부관연락선의 이름은 모두 중국과 관련된 것이었다는 점은 이제 일본의 침략적인 시선이 조선을 넘어 중국에까지 미치고 있다는 것을 상징적으로 보여준다고 할 수 있다. 곧 부관연락선의 운행이 단지 여객과 화물의 수송에만 있는 것이 아니라 대륙침략이라는 일제의 정책적 목적과도 매우 긴밀한 관련이 있음을 보여주는 것이다. 그것은 1905년 부관연락선이 취항한 이듬해인 1906년 일본정부가 주요 운송수단인 철도와 항로를 국가가 직접 통제하겠다는 철도국유법을 통과시킴으로써 부관연락선도 국영화된 사실에서 이미 알 수 있는 것이다.

예를 들면 곤고마루는 1931년 만주사변 이래 격증한 승객과 화물을

---

柳敎烈, 2006, 「帝國과 植民地의 境界와 越境 - 釜關連絡船과 '渡航證明書'를 중심으로-」 『한일민족문제연구』 11.

수용하기 위해 건조된 것으로서 제67회 의회의 협찬을 거쳐 1935년 4월
설계하고 같은 해 12월 미쓰비시(三菱)중공업 나가사키(長崎)조선소에
서 기공하여 1936년 10월 건조를 완료하였다.[21] 아래의 <표 1>에서도
볼 수 있듯이 게이후쿠마루와 곤고마루는 선박의 규모나 시설에서 그 차
이가 많이 났다.

〈표 1〉 게이후쿠마루와 곤고마루의 비교

| 항              목 | | 게이후쿠마루 | 곤고마루 |
|---|---|---|---|
| 톤 수 | | 3,620 | 7,100 |
| 배의 길이(m) | | 114.10 | 134.10 |
| 배의 폭(m) | | 14.02 | 17.46 |
| 수면으로부터 舷의 높이 | | 3.96 | 8.34 |
| 최대속력 | | 19.8 | 23.2 |
| 여객정원 | 1등실(침대) | 45 | 46 |
| | 2등 보통석 | 161 | 236 |
| | 2등 침대 | 42 | 80 |
| | 3등 보통석 | 730 | 1,184 |
| | 3등 침대 | | 200 |
| | 합계 | 978 | 1,746 |
| 적화선창용적(㎥) | | 795 | 2,700 |
| 적화선창톤수 | | 277 | 954 |
| 수소화물실용적(㎥) | | 189 | 674 |
| 우편실 용적 | | 153 | 308 |

(자료) 「關釜聯絡船金剛丸の就航に就て」『朝鮮鐵道協會會誌』 vol15, No12, 71쪽.

　이 곤고마루가 기존의 게이후쿠마루와 비교해 보면 2등침대가 항상
만원이었으므로 이를 80개로 확대하였고, 2층 구조의 3등침대 200개를
신설하였으며, 정원 26명의 일본식 2등 부인보통석과 정원 109명의 3등
부인실을 분리하였다. 그리고 종래 1등실에만 있었던 욕실도 정원 3인용
의 일본식 2등실에 2개를 설치하였고, 13인 및 17인용 일본식 3등실에
도 욕실을 신설한 것 등을 들 수 있다.[22] 이러한 편의시설의 확충은 승

---

21) 「關釜聯絡船金剛丸の就航に就て」『朝鮮鐵道協會會誌』 vol15, No12, 71쪽.

객들의 편의를 도모한다는 측면도 있겠지만 보다 높은 비용으로도 여행
하거나 해야만 하는 사람들의 수가 증가하였다는 측면도 있다고 볼 수
있다. 즉 일본의 중국 침략과 함께 일본 자본가의 중국 시찰 여행이 빈
번하게 이루어지고 있는 상황과 맞물리고 있는 것이다.

다음으로 부관연락선의 항행시간을 보면 이키마루, 쓰시마마루, 고라
이마루, 시라기마루 등은 11시간 30분, 게이후쿠마루, 도쿠주마루, 쇼케
이마루는 최고시속이 20노트로서 항행시간은 8시간, 곤고마루와 고안마
루는 7시간으로서 대폭 단축되었음을 알 수 있다. 이는 당연한 것이라
생각된다. 부관연락선을 이용하는 사람이 증가하면서 선박의 편의시설
과 함께 항행시간을 단축해야 한다는 요구가 있었을 것이다. 또한 기존
에 운항하던 선박이 침몰하거나 퇴역하게 되었을 때 새로 취항하는 선박
은 당연히 기존의 것보다는 성능이 좋아야 할 것이다. 부관연락선으로
취항해던 모든 선박에 대한 기록을 확인할 수 없으므로 게이후쿠마루와
곤고마루의 시설을 <표 1>에서 비교해 보자.

한편 한 연구에 따르면 1905년 부관연락선이 개통된 이후 1945년 그
운행이 종료되기까지 부관연락선을 통해 일본과 조선을 왕래한 연인원
이 30,531,298명이었다.[23] 이 인원은 일본의 해외정기항로사상 그 유례
를 찾아볼 수 없는 것이었다. 이를 다음의 <표 2>에서 보도록 하자.

〈표 2〉 부관연락선 인원 수송 실적(1905~1945)

| 연도 | 운항회수 | 河關→釜山 | | 釜山→河關 | | 합 계 | |
|---|---|---|---|---|---|---|---|
| | | 승객총수 | 조선인승객 | 승객총수 | 조선인승객 | 승객총수 | 조선인승객 |
| 1905 | | | | | | 39,956 | |
| 1906 | | | | | | 98,446 | |
| 1907 | | 55,019 | | 56,077 | | 111,096 | |

22) 앞의 글, 『朝鮮鐵道協會會誌』 vol15, No12, 71~72쪽.
23) 이 통계는 홍연진, 앞의 논문, 앞의 책, 156~157쪽의 <표 1> 부관연락선의 인원
    수송 실적(1905~1945)를 이용하였다.

| 1908 |       | 62,616    |           | 56,298    |           | 118,914    |           |
|------|-------|-----------|-----------|-----------|-----------|------------|-----------|
| 1909 |       | 63,618    |           | 56,718    |           | 120,336    |           |
| 1910 | 1,080 | 80,546    |           | 67,451    |           | 147,997    |           |
| 1911 | 1,250 | 93,785    |           | 81,185    |           | 174,970    |           |
| 1912 | 1,453 | 104,597   |           | 95,422    |           | 200,019    |           |
| 1913 | 1,476 | 109,611   |           | 103,029   |           | 212,640    |           |
| 1914 | 1,492 | 102,411   |           | 96,593    |           | 199,004    |           |
| 1915 | 1,446 | 102,320   |           | 97,011    |           | 199,331    |           |
| 1916 | 1,550 | 102,199   |           | 106,379   |           | 208,578    |           |
| 1917 | 1,649 | 134,250   | 3,927     | 149,510   | 14,012    | 283,760    | 17,939    |
| 1918 | 1,613 | 177,053   | 9,305     | 189,672   | 17,910    | 366,725    | 27,215    |
| 1919 | 1,580 | 216,164   | 12,739    | 214,413   | 20,968    | 430,577    | 33,707    |
| 1920 | 1,405 | 221,220   | 20,947    | 218,268   | 27,497    | 439,488    | 48,444    |
| 1921 |       | 227,030   | 25,536    | 238,148   | 38,118    | 465,178    | 63,654    |
| 1922 |       | 261,726   | 46,326    | 303,510   | 70,462    | 565,236    | 116,788   |
| 1923 |       | 293,548   | 89,745    | 283,725   | 97,395    | 577,273    | 187,140   |
| 1924 |       | 280,451   | 75,427    | 358,112   | 122,215   | 638,563    | 197,642   |
| 1925 |       | 300,437   | 112,471   | 299,036   | 131,273   | 599,473    | 243,744   |
| 1926 |       | 284,148   | 77,689    | 296,831   | 88,360    | 580,979    | 166,046   |
| 1927 |       | 315,730   | 81,025    | 372,609   | 156,554   | 688,339    | 237,579   |
| 1928 |       | 349,590   | 113,904   | 360,229   | 132,024   | 709,819    | 184,187   |
| 1929 |       | 347,438   | 94,907    | 382,522   | 142,785   | 729,960    | 172,245   |
| 1930 |       | 330,304   | 102,436   | 295,156   | 81,751    | 625,460    | 177,188   |
| 1931 |       | 290,202   | 73,317    | 300,017   | 98,928    | 590,219    | 227,553   |
| 1932 |       | 322,955   | 67,718    | 319,787   | 109,470   | 642,742    | 190,814   |
| 1933 |       | 360,427   | 81,407    | 382,953   | 146,146   | 743,382    | 163,667   |
| 1934 |       | 391,439   | 83,393    | 371,337   | 107,421   | 762,776    | 168,279   |
| 1935 |       | 427,569   | 79,756    | 392,692   | 83,911    | 820,261    | 184,163   |
| 1936 |       |           | 81,725    |           | 86,554    | 899,688    | 259,095   |
| 1937 | 1,858 |           | 89,874    |           | 94,289    | 1,029,201  | 427,996   |
| 1938 | 2,134 |           | 118,447   |           | 140,648   | 1,353,993  | 551,922   |
| 1939 | 2,626 |           | 156,792   |           | 271,204   | 1,793,059  |           |
| 1940 | 2,991 |           | 158,164   |           | 393,758   | 2,198,113  |           |
| 1941 | 2,738 |           |           |           |           | 2,200,845  |           |
| 1942 | 2,719 |           |           |           |           | 3,057,092  |           |
| 1943 | 1,998 |           |           |           |           | 2,748,798  |           |
| 1944 |       |           |           |           |           | 1,659,500  |           |
| 1945 |       |           |           |           |           | 499,512    |           |
| 합계 | 33,058 | 6,408,403 | 1,856,977 | 6,544,690 | 2,673,653 | 30,531,298 | 4,047,007 |

(자료) 홍연진, 앞의 논문, 앞의 책, 156~157쪽.

<표 2>를 통해 보면 조선인에 대한 통계를 잡기 시작한 1917년 이후 1940년까지 일본으로 건너간 조선인의 수는 4,530,627명으로 14.84%에 해당한다. 여기에서 주의해야 할 점은 1941년 이래의 통계에서 조선인과 일본인의 구별을 없앴다는 점이다. 이것은 이 시기가 내선일체를 강조하면서 조선인을 전쟁에 강제동원하고 있던 시기였다는 점과 밀접한 관련이 있다고 생각된다. 내선일체가 되었는데 굳이 조선인과 일본인을 구별할 필요가 없다는 형식상의 논리에서 추론이 가능하다 할 수 있다.

특히 1939년 11월 10일 제령 제19호 「조선민사령 중 개정의 건」과 제령 제20호 「조선인의 씨명에 관한 건」이 공포되었고, 1939년 12월 26일 조선총독부령 제218호에 의해 앞의 제령들의 시행일이 1940년 2월 11일로 결정되었다. 그리고 조선총독부령 제220호는 氏制度의 성립에 따른 戶籍式의 변경을 규정하였다. 이러한 호적식의 변경은 결국 조선에서 일본식 氏制度를 실시하겠다는 것에 다름이 아니었다. 이는 곧 조선의 전통적인 가족관계를 일본식으로 변경하겠다는 의도를 표현한 것이다. 그리고 더 나아가 조선의 젊은이들을 일본군대에 징집하겠다는 의도가 내포되어 있었다. 즉 이러한 호적제도의 변경은 1940년대 전쟁이 점차 확대되면서 병역 자원의 부족을 해결하기 위한 돌파구를 모색하는 과정에서 제기된 것이었다. 1927년 공포된 법률 제47호에 따른 병역법의 적용을 받는 자는 '호적법의 적용을 받는 자'였으므로 조선인이나 대만인은 병역법의 적용을 받지 않았다. 그런데 전쟁이 확대되면서 병역법의 적용 대상자를 확대할 필요가 발생하였고 이에 따라 호적법을 개정할 필요가 있었던 것이다. 여기에서 문제가 되는 것은 호적법을 개정하여 조선이나 대만에서 전면적으로 실시한다면 법률과 상충되는 관습으로 말미암아 큰 저항이 예상되었으므로 종래 병역법에서 병역의 의무를 지닌 자를 '호적법의 적용을 받는 자'에서 '내지, 조선 또는 樺太(사할린)

에 본적을 갖는 자'로 변경함으로써 조선인을 비롯한 외지인들을 전쟁에 동원할 수 있는 법적 근거를 만들었다. 그리고 이러한 당시의 시대 분위기 속에서 조선에서 創氏改名이 행하여졌으며 이는 조선의 內地化를 의미하는 것으로 이해되는 경향이 강했다.[24]

바로 이러한 시기였으므로 1930년대 후반에는 이전 시기보다 부관연락선을 이용하여 일본으로 도항하는 사람의 수가 증가하였다. 1941년 이후 부관연락선을 이용한 총수는 10,165,747명으로서 연인원의 33.3% 이다. 이는 이 시기가 징병제와 징용제 등 강제동원이 실시되었던 시기였으므로 이들의 상당수가 조선인이었을 것으로 추정된다.

이렇게 보면 부관연락선은 그 의미가 무엇이었는가에 상관없이 조선과 일본을 잇는 가장 중요한 수단이었다고 할 수 있다. 그리하여 부관연락선은 한편으로는 침략을 수반한 일본의 근대 문물이 수입되는 창구이면서 다른 한편으로는 일자리를 찾아 일본으로 떠나는 노동자, 유학을 떠나는 학생, 그리고 일제 말기에 강제동원 되거나 징병되어 떠나는 조선인들의 애환을 모두 볼 수 있는 것이었다고 할 수 있다.

그런데 개인 여행은 철도를 이용하여 부산으로 간 후 부관연락선으로 일본으로 건너갔겠지만 단체여행은 이와는 달리 일본여행협회(Japan Tourist Bureau)의 조선지부를 통해 행해진 것으로 보인다. 일본여행협회는 1912년 3월 12일 鐵道院에서 창립되었다. 조선에서는 조선총독부철도부의 오야 곤페이(大屋權平)를 비롯하여 남만주철도와 대만종녹부철도부의 관계자도 참석하였다.[25] 또한 초대 임원에도 철도원 부총재인 히라이(平井晴二郎)가 회장에 선임되고 그 외 철도원 관계자 및 조선총독부 철도국 영업과장인 미즈모토(三本武重)와 대만총독부 철도부와 남

---

24) 이승일, 「일제시기 朝鮮人의 日本國民化 연구 - 戶籍制度를 중심으로 - 」『韓國學論集』 34, 108쪽.

25) 日本交通公社, 1962, 『50年史』, 8~9쪽.

만주철도주식회사, 동양기선, 미츠코시(三越)백화점 등의 관계자들이 이 사로 참여하였다. 결국 일본여행협회는 자본 구조상 민관합자회사이며, 지역적으로는 제국 일본의 영향 하에 있던 지역을 아우르는 대규모의 회사로 설립되었던 것이다.

그리고 일본여행협회는 설립 직후부터 영업망을 확충하여 1912년 12월 1일 경성에 조선지부를 설치하고 남대문정거장 여객대합소 내에 경성안내소, 부산정거장 여객대합소 내에 부산안내소를 개설하였으며, 지부장으로 오야(大屋權平)를 임명하였다.26) 이후 조선지부장이 되는 구보(久保要藏), 안도(安藤又三郎), 오무라(大村卓一) 등은 모두 조선총독부 철도국 혹은 만철경성관리국의 책임자 혹은 그에 준하는 인물들이었다.

그리고 일본여행협회는 경성, 부산, 평양, 함흥, 대구, 원산, 신의주, 대전, 나진, 청진, 목포, 광주, 인천, 흥남, 군산, 전주, 부평, 여수 등에 안내소나 출장소 등을 설치하였다. 그러나 1920년대까지는 경성과 부산에 촉탁안내소만 두었고27) 나머지는 모두 1931년 이후에 설치하였다.

이것은 1930년 4월 일본정부의 국제관광국의 설치와 밀접한 관련이 있다고 추측된다. 국제관광국을 설치하면서 일본정부는 관광을 국책사업으로 육성하고자 했음은 이미 말한 바 있다. 즉 관광을 통해 경제공황의 어려운 경제상황을 극복함과 동시에 여행을 통해 만주사변 이래 확대된 제국 일본의 신영토를 일본국민에게 확인시킴으로써 국가적 정체성과 동질성을 강화하여 국민을 전쟁에 동원하기 위한 여행안내소의 확충은 필

---

26) 日本交通公社, 1962, 『50年史』, 21쪽 및 「연표」 1쪽. 大屋權平는 철도전문가로서 1886년 철도기사가 되었고, 1901년 철도 시찰을 목적으로 구미를 시찰하였다. 일본에 돌아온 후에는 경부철도주식회사 공장장, 통감부 철도관리국 기사, 철도관리국 장관, 철도청 장관, 1909년 철도원 기감이 되었다. 1910년 일본의 조선 강점 이후에는 조선총독부 철도국 장관을 역임하였다(『신사명감』, 124쪽. 국사편찬위원회 홈페이지에서 인용).

27) 『日本交通公社70年史』「연표」, 3쪽.

요하였다. 또한 여행안내소가 설치된 함흥, 원산, 나진, 청진, 흥남 등 함경도지방의 도시들은 병참기지화정책과 관련이 있을 것으로 생각된다. 이들 도시는 모두 함경도의 지하자원을 이용해 가공한 물건을 운송하기에 적합한 지역이며, 블라디보스톡으로 연결되는 항구도시라는 공통점이 있다. 결국 일제의 대륙 침략과 짝해서 조선 내에서 일본여행협회의 영업망도 확대되어 가고 있는 것이다. 그런데 일제의 패망이 점차 가시화되던 시기에도 일부 지역에 사무소가 개설되는 것은 이해하기 어렵다. 다만 1945년 7월 조선군관구사령부내출장소와 조선총독부내사무소를 개설한 것은 패망을 예견하고 조선으로부터 철수를 준비하기 위한 것이었다고 판단된다.

## 2. 여행지

구한말 이래 우리나라 사람들은 해외여행을 자주 하게 되었다. 기록에 나타나는 것을 보면 태극학회 회원인 洪正求가 1906년 8월 2일 이바라키(茨城)현으로 수학여행을 갔다가 10월 16일 귀국하였다는 기록이 있으므로 이 시기에 이미 일본으로 수학여행을 가는 사람들이 있었음을 알 수 있다. 다만 이 시기의 수학여행은 경비나 필요성의 유무 등으로 보아 단체가 아닌 개인 혹은 소규모로 이루어졌을 가능성이 높다.

근대 우리나라 사람이 주로 찾았던 여행지는 흔히 말하는 국내의 명산대찰과 철도 건설 이후 조선총독부가 새로이 관광지로 개발하였던 지역이었다. 이 지역들은 철도의 연선에 위치하고 있다는 특징이 있었다. 그리하여 조선총독부 철도국에서는 철도 연선에 따른 관광의 활성화를 위해 각종의 안내 책자나 팜플렛, 리플렛 등을 간행하였다. 그리고 앞에서도 보았듯이 1912년 일본여행협회가 설립되면서 조선지부도 설치되었다. 또한 3·1운동 직후인 1920년 조선총독부는 조선정보위원회를 설치하여 조선

의 사정을 일본 및 외국에 알리고 일본의 사정을 조선 및 외국에 알리고
자 하였다. 이는 조선에 대한 가혹한 식민통치가 3·1운동을 비롯한 조선
인의 저항을 불러일으켰으며, 일본의 조선통치 실상이 외국에도 '잘못 알
려져' 일본이 외국의 언론으로부터 비난을 받고 있는 상황을 극복하고자
한 것이었다. 이 과정에서 조선정보위원회는 조선과 일본, 그리고 미국과
유럽에서 일제의 식민지 통치의 결과 조선이 근대적으로 발전하고 있다는
사실을 선전하기 위하여 강연회나 간담회, 활동사진 상영회 등을 개최하
거나 그림엽서를 발행하여 배포하였다.28)

그리고 일제는 1930년 4월 23일 정부 내에 국제관광국을 설치하였다.
이는 국책사업으로서 서구인을 중심으로 한 외국인 관광객의 유치를 통해
경제공황으로부터 탈출하고 일본의 정책과 이미지를 선전하고 이해시키
려는 목적을 동시에 가지고 있었다. 이에 대해 大正翼贊會 東亞局長인
나가이 야나기타로(永井柳太郎)는 국제관광국이 국내외 관광의 진흥을
중심사업으로 하지만 1937년 중일전쟁과 1941년 태평양전쟁으로 확대되
는 국제정세 속에서 일본을 방문하는 외국인에게 일본의 진심을 알리는
일이 국제관광국의 해야 할 급무라고 하였다.29) 또한 정보국총재인 이토
(伊藤述史)는 관광을 통해 일본의 대외선전이 성공한 사례를 다음과 같이
들었다.

　　얼마 전 都下의 신문지상에 다음과 같은 뉴스가 게재되었다. 廣東抗日派
　의 新聞記者, 抗日敎育을 행하던 女敎員 등이 처음으로 일본을 방문하고
　오랜 미몽에서 깨어나서 "실제 일본에 가서보니 蔣政權의 宣傳이 어떻게 虛
　構인가를 확실히 알고 왔다. 종래 廣州方面에서 듣거나 보거나 했던 抗日政
　權의 宣傳은 모두 사실과 다르다."고 고백하고 나아가서 經濟提携, 善隣友

---

28) 조선정보위원회의 선전활동에 대해서는 조성운, 2007, 「1920년대 초반 朝鮮情報
　　委員會의 宣傳活動」『한국민족운동사연구』 51을 참조하기 바람.
29) 永井柳太郎, 「大東亞共榮圈의 建設と國際觀光事業」日本觀光聯盟·國際觀光協會,
　　1941. 5,『觀光』제1권 제2호, 3쪽.

好, 文化交換의 協力을 盟誓하였다는 사회면 기사이다.[30]

그런데 여기에서 주목해야 할 것은 1920년대 조선정보위원회의 역할과 1930년대 국제관광국의 역할이 매우 유사하다는 점이다. 물론 조선정보위원회는 정무총감을 위원장으로 한 조선총독부의 임시행정위원회이며 국제관광국은 일본정부 내에 설치된 것이므로 조직 위상에서 큰 차이가 난다는 것은 의심의 여지가 없다. 또한 조선정보위원회가 3·1운동 이후 조선에 대한 식민지 지배정책의 한 수단으로서 일본시찰단의 파견과 조선에 대한 식민지 지배가 조선과 조선민족의 문화를 향상시켰으며 조선을 근대화시켰다는 점을 일본 국내와 서구에 알리려는 정보기구의 성격을 가지고 있으나 국제관광국은 이러한 업무를 제국 일본의 정부 차원에서 총괄하는 실무기관이었다는 점에서 차이가 있다.

그런데 국제관광국은 철도대신을 회장으로 하고 철도차관을 이사장, 국제관광국장을 상무이사, 대장성 재무국장을 비롯한 이사 18명, 철도성 경리국장과 대장성 주계국장의 감사 2명, 평의원 53명 등의 임원을 둔 국제관광협회[31]라는 외곽기구를 통해 사업을 수행하였다.

조선정보위원회는 조선총독부의 공식기구가 아니라 임시행정위원회의 성격을 갖는 것이었지만 위원장이 정무총감이었다는 것을 감안하면 매우 영향력이 있는 조직이었다. 조선총독부가 처음부터 의도하지는 않았겠지만 이러한 조선정보위원회의 선전활동은 관광사업에 일정한 영향을 끼쳤다. 그것은 조선의 실정을 일본과 외국에, 일본의 실정을 조선과 외국에 알리기 위한 방법의 하나로서 일본시찰단을 조직, 파견하고 있기 때문이다. 따라서 일본시찰단의 조직과 파견은 조선인이 본격적으로 해외여행을 하게 된 계기라고 생각된다.[32] 여기에서는 해외여행이 어느정

---

30) 伊藤述史, 「非常時下に於ける觀光宣傳の重要性」 日本觀光聯盟·國際觀光協會, 1941. 6, 『觀光』 제1권 제3호, 2쪽.

31) 日本觀光聯盟·國際觀光協會, 1940.1, 『觀光』 제8권 제1호.

도 활발하게 전개되었던 1920년대 이후의 사례만을 대상으로 분석하고
자 한다. 그것은 해외여행이 아직까지 이 시기만큼 대중화되었다고 보지
않기 때문이다.[33] 이와 같이 일제는 관광을 통해 자신들의 정당성을 대
내외적으로 선전하고자 하였다. 이렇게 보면 일제의 관광정책은 단순히
경제적인 목적만을 가진 것이 아니라 일본의 국체나 정책을 대외적으로
선전하는 수단을 동시에 가지고 있다는 것을 알 수 있다.

　그러면 이 당시 우리나라 사람들은 어디로 해외여행을 하였을까. 그
것은 오늘날과 크게 다르지 않다고 본다. 오늘날 우리나라 사람들이 가
장 많이 여행하는 국가가 일본과 중국인 것처럼 당시에도 일본과 중국을
가장 많이 여행했다고 생각된다. 특히 일본은 이미 구한말 이래 많은 유
학생과 조사시찰단이 찾은 곳이며 부관연락선의 취항으로 그 거리가 더
욱 가까워졌다. 또한 중국은 북쪽으로 국경을 마주하고 있을 뿐만 아니
라 고대 이래 우리나라와 끊이지 않는 관계를 맺어 온 나라이다. 특히
1931년 만주국의 건립 이래 이른바 '만선'이라는 명목 하에 여행이 보다
활발하게 이루어졌다. 1937년 중일전쟁 이후에는 일본은 '북지시찰'이
라는 명목으로 수많은 시찰단을 중국에 파견하였는데, 이러한 북지시찰
의 붐에 편승한 조선의 실업가들도 북지시찰에 나서는 일이 잦아졌다.

---

32) 물론 일제의 조선 강점 이전에도 조선인 중에는 해외여행을 한 사람들이 없지 않
　　았다. 그러나 아직까지 해외여행이 본격화되었다고 볼 수는 없다. 그리고 그들의
　　여행은 조사시찰단의 경우처럼 정부의 사절단이나 유학생의 경우처럼 학문을 위
　　한 것이 대부분이었고, 오락이나 휴식을 위한 '근대'적인 여행이 아니었다. 이러
　　한 의미에서 1920년대 박람회의 시찰을 목적으로 한 일본시찰단이 '보다 대중'적
　　인 의미에서의 최초의 여행이었다고 판단된다.
33) 해외여행이 언제 대중화되었는가 하는 점은 논자에 따라 다를 수 있으나 그 계기
　　가 된 것은 일본시찰단이라는 것은 확실한 것 같다. 그 이유는 일본시찰을 주도하
　　고 시찰단원을 선발한 주체는 분명히 조선총독부였지만 시찰단원이 되려면 반드
　　시 자의에 의해 신청해야 했기 때문이다. 특히 1920년대 초 일본에서 개최된 각
　　종 박람회시찰단의 경우에는 이러한 선발 원칙이 확실히 지켜졌다고 생각된다(조
　　성운, 앞의 논문, 『한일관계사연구』 25를 참조 바람).

따라서 중국여행은 주로 산업시찰의 형태로 이루어졌다고 할 수 있다. 이외에도 간혹 유럽이나 미국을 여행하는 사람들도 있었다. 일본과 중국을 여행한 사람들이 주로 시찰단의 형식으로 여행하였다면 이들은 개별여행을 하였다. 이들은 주로 문인이나 변호사, 학자, 의사 등 당대의 엘리트들이었다. 우리나라 최초의 여류화가인 나혜석, 신간회 중앙집행위원장을 역임한 허헌과 그의 딸 허정숙, 그리고 박승철, 정석태 등이 대표적이다.

## 1) 일본 여행

우리나라 역사상 해외여행이 비교적 대규모로 이루어지기 시작한 것은 1920년대 이후라 할 수 있다. 그것은 앞서 언급했듯이 일본시찰단의 조직과 파견이 그 계기가 되었다. 일본시찰단이 처음으로 조직된 것은 1909년이었다. 이른바 '을사5적' 중의 한 명인 조선귀족 趙重應은 1909년 경성일보사가 200여명을 '내지'시찰단으로 파견한 것이 효시라고 하였다.[34] 이후 경성일보사가 1910년에 52명의 시찰단을 일본에 파견한 것[35]을 비롯해 시찰단은 동척이나 매일신보사, 경성일보사 등 총독부의 주변단체에 의하여 조직되었을 뿐만 아니라 각지의 개인관광단의 형태로 속출하였다.[36] 특히 일제는 조선귀족령을 반포하여 조선에 귀족을 탄생시킴과 동시에 구래의 지배층을 일제의 식민지 지배에 순응시키기 위해 병합을 전후하여 이들을 '內地視察'이라는 명목 하에 일본을 시찰 혹은 관광시키고 있다.

---

34) 『매일신보』 1914년 3월 8일, 「內地視察團에 대하여 子爵 趙重應氏談」. 그런데 『讀賣新聞』에서는 111명으로 보도하고 있어 관광단원의 수에 큰 차이를 보이고 있다 (『讀賣新聞』 1909년 4월 22일).

35) 朴基順, 앞의 책, 6쪽.

36) 『매일신보』 1914년 3월 8일, 「內地視察團에 對하여 子爵趙重應氏談」.

이러한 시찰단의 파견은 일제의 식민지 지배정책과 밀접한 관계가 있는데 파견의 목적에 따라 다양한 종류의 시찰단이 조직되었다. 1910년대에는 貴族觀光團(1910), 전북관광단(1911), 東拓視察團(1911~1915), 基督教視察團(1911), 儒林視察團(1912, 1914), 朝鮮縉紳內地視察團(1914), 敎育視察團(1914), 佛敎視察團(1917), 九州視察團(1918), 蠶業視察團(1919), 農事視察團(1919) 등의 시찰단이 수시로 파견되었다. 일제가 시찰단을 조직한 목적은 1910년의 귀족시찰단은 "天長佳節을 好期로 삼고 優渥하신 天恩을 奉謝하기 위하여",37) 또는 조선귀족인 趙重應이 지적한대로 "功少賞厚한 授爵의 恩典에 대하여 天皇陛下께 微衷을 表"하는 것에 있으며 "東京으로부터 各地를 視察함은 寧히 其次에 居"38)하는 것이었다. 즉 귀족관광단의 목적이 첫째는 일제의 은사에 대한 충성맹세에 있음을 주장하였다.

그런데 1911년의 동척시찰단에 대해서『매일신보』는 사설에서 그 목적을 "十人이 一地를 觀할지라도 十人의 思와 十人의 事가 各殊한 즉 自然 百人의 取捨가 不同"할 것이므로 "我의 拙함을 棄하고 彼의 巧함을 學하며 我의 鈍함을 棄하고 彼의 利함을 學"39)하는데 있는 것이라 하여 일본시찰이 선진문물의 습득에 있다는 것을 강조하였다. 그리고 이후 1912년과 1914년의 진신시찰단의 주요한 목적이 각각 척식박람회와 대정박람회의 관람이었다는 점에서 일본 시찰의 목적이 두드러지게 나타난다. 그리고 1920년대 초반의 후쿠오카공업전람회, 규슈오키나와8현연합공진회, 도쿄축산박람회, 도쿄평화기념박람회 등 연이은 박람회를 개최한 일제는 일본시찰단, 즉 관광객을 적극적으로 유치하였다. 바로 여기에서 휴식과 오락을 특정으로 하는 '근대' 관광단의 성격을 볼 수

---

37)『매일신보』 1910년 10월 20일, 「貴族諸公의 東京觀光을 賀함」.
38)『매일신보』 1910년 12월 7일, 「趙子爵의 談話」.
39)『매일신보』 1911년 3월 19일, 「內地觀光團에 대한 感想」.

있다. 따라서 조선총독부는 일본시찰단을 통해 동화정책을 구현하는 한편 관광객의 유치라는 두 가지 목적을 가지고 있었음을 알 수 있다.[40] 이러한 일제의 관광정책은 1930년 일본 정부 내에 국제관광국을 설치하면서 두드러지게 나타난다.

이러한 일제의 관광정책은 이 시기 식민지 조선에 그대로 영향을 끼쳤다. 그리하여 중일전쟁이 발발한 직후부터 조선에서는 이세(伊勢)신궁, 가시하라(橿原)신궁 등에 대한 '성지참배단'이 조직되는 것이다. 이 성지참배에 동원하고 있는 계층은 면장·면서기, 도·부·군·면 협의원, 교원, 상공업자, 청년, 사상전향자, 육군훈련지원병, 경찰, 정총대, 체신국원, 소학생 등이었다. 특히 사상전향자, 육군훈련지원병, 경찰, 정총대, 체신국원, 소학생 등은 1937년 중일전쟁 이후에만 보이는데, 이는 전시동원체제 속에서 동원대상자를 동원하는데 의미 있는 역할을 할 수 있는 인물이나 동원대상자를 중심으로 시찰단이 조직되었음을 의미한다.[41]

그런데 재미있는 것은 조선총독부의 기관지인 『경성일보』나 『매일신보』는 이를 '내지'시찰단이라 하였고 조선인이 경영하였던 『동아일보』나 『조선일보』는 주로 '일본'시찰단이라 하여 용어상의 차이를 나타내고 있다. 이는 신문사 경영의 주체가 어느 민족이냐에 따라 발생한 용어상의 차이라 할 수도 있지만 결국은 그것을 바라보는 시각의 차이에서 오는 것이라 할 수 있다. 즉 조선 내에서 발행되던 『동아일보』나 『조선일보』는 최소한 일본을 '내지'라 칭하지 않음으로써 나름대로는 '민족지'라 표방한 자신들의 정체성을 확인하려 했다고 보인다. 한편 아직 일본에 나라를 빼앗기지 않았던 1909년의 일본시찰단을 『요미우리(讀賣)

40) 지금까지의 일본시찰단에 대한 연구는 주로 일제의 식민지 지배정책이라는 관점에서 이루어져 일본시찰단의 관광단으로서의 성격에 대해서는 검토하지 못하였다. 향후 이에 대한 깊이 있는 검토가 이루어져야 한다고 생각한다. 이는 근대 한국관광사 연구의 시발점이라 생각된다.
41) 조성운, 앞의 논문, 『사학연구』 88 참조 바람.

신문』, 『요로즈조호(萬朝報)』, 『도쿄니로크(東京二六)신문』 등 일본신
문에서는 '한국관광단'이라 하여 조선의 신문들이 '시찰'이라 한 것과는
다른 인식을 보이고 있다. 이것 역시 후술하듯이 '보는 자'와 '보여지는
자'의 차이가 아닐까 생각된다.

일본시찰단이 조직, 파견되게 된 배경은 시기에 따라 차이가 나지만
조선인에 대한 동화정책의 일환이라는 점은 일관하여 관통하고 있다. 즉
조선인에 대한 동화정책의 변화에 따라 일본시찰단의 구성원과 방문지,
방문 시설 등에 변화가 있다. 일반적으로 일제시기는 1910년대의 무단
통치기, 1920년대의 문화통치기, 1930년대의 민족말살통치기로 구분한
다. 따라서 일본시찰단 역시 이러한 시대구분에 따라 그 파견 배경을 다
르게 설명할 수 있다.

먼저 1910년대의 일본시찰단의 파견 배경을 살펴보자. 日帝가 1910
년 朝鮮을 '倂合'한 이후 朝鮮에 대한 식민지 통치방식으로서 同化主
義를 채택하였음은 잘 알려진 사실이다. 이를 위해 조선총독부는 조선인
을 식민지 지배체제에 포섭할 필요가 있었다. 그리고 그 대상으로서 조
선의 여론을 주도하는 조선의 상층 및 중간 지배층뿐만 아니라 鄕村社
會의 지배층을 상정하였다. 그리고 조선총독부는 한편으로는 조선의 식
민지화에 협조한 조선인들에 대한 논공행상과 함께 식민지 지배에 적합
한 형태로 조선의 지방행정제도를 변화시켜야 하였다. 이러한 목적 하에
일제는 '병합' 직후 '朝鮮貴族令'을 공포하여 조선의 식민지화에 공헌
한 76명에 대해 작위를 수여하였고,[42] 1914년 府制의 시행과 郡面의 통
폐합, 1917년 面制의 시행 등 지방행정제도의 개편을 단행하였다. 이렇
게 함으로써 조선총독부는 전통적인 조선의 향촌사회의 질서를 해체하
고 식민지 통치에 맞는 새로운 질서를 수립하려 하였다. 이러한 제도적

---

42) 심재욱, 2003, 「1910년대 『매일신보』의 식민지지배론」, 수요역사연구회편, 『식민
　　지 조선과 매일신보』, 신서원, 213쪽.

인 정비와 함께 일제는 조선인의 정신 혹은 사상을 일본인화하기 위해 일선동화정책을 추진하였다.

앞에서도 언급했듯이 필자는 우리나라의 보다 대중화된 해외여행의 시발점으로서 1920년대의 일본시찰단을 들었다. 그러나 지금까지 본 것과 마찬가지로 일본시찰단의 목적은 해외여행에 있었던 것이 아니라 일제의 식민지 지배에 대한 협력자 혹은 조력자를 양성하는 데에 있었다. 이러한 목적에서 전개되었더 일본시찰단의 코스를 다음의 <표 3>과 <표 4>에서 보자.

〈표 3〉 1926년 군수시찰단의 경로 및 시찰시설

| 날짜 | 시찰지 | 시 찰 시 설 |
|---|---|---|
| 10.16 | 서울 | 총독부 집합, 시찰계획 안내 |
| 10.17 | 서울 | 朝鮮神宮秋期祭 參拜 |
| 10.18 | 부산 | 오전 10시 서울 출발, 오후 8시 부산 도착, 연락선 탑승 |
| 10.19 | 下關 | 오전 8시 下關 도착, 八幡製鐵所, 中河內貯水池, 丸山學院 |
| 10.20 | 博多 | 福岡縣 犯人鑑識課, 福岡市, 西公園, 福岡日日新聞社, 磯野鑄造所, 福岡醫科大學, 農科大學, 莒崎八幡宮, |
| 10.21 | 博多 | 太宰府天滿宮, 觀世音寺, 農學部屬農場, 商品陳列所 |
| 10.22 | 佐世保 | 海軍航空機, 軍艦陸奥 |
| 10.23 | 長崎 | 三菱造船所, 長崎市 |
| 10.24 | | 陸軍飛行場, 土屋足袋會社 |
| 10.25 | | 大牟田三井炭鑛, 三菱染料場 |
| 10.26 | 鹿兒島 | 島津公別邸, 尙古集成舘, 城山公園, 南洲翁洞窟, 南洲翁終焉地, 鹿兒島市役所, 鹿兒島市, 鹿兒島縣 |
| 10.27 | 苗大川 | 鹿兒島縣 日置郡 苗大川 朝鮮人 移住 마을(민가 방문, 소학교 참관, 村役場, 신사참배, 沈壽官邸) |
| 10.28 | 別府 | 別府 |
| 10.29 | 大阪 | 別府에서 大阪으로 이동 |
| 10.30 | | 豊崎의 주택(조선인이 거주하는 주택), 內鮮協和會, 大阪府, 大阪每日新聞社 |
| 10.31 | | 春日神社, 奈良大佛, 大阪舞踏場 |
| 11. 1 | | 造幣局, 大阪城, 十合吳服店, 中山太陽堂 |
| 11. 2 | 伊勢 | 伊勢神宮, 二見浦 |
| 11. 3 | 東京 | 上野公園(적십자사 제34회 총회 및 창립 50년 축하회), 제국미술전람회, |

| 11. 4 | | 宮城二重橋, 日比谷公園, 愛宕公園, 愛宕放送局, 芝增上寺, 泉岳寺, 乃木大將邸, 明治神宮 |
| 11. 5 | | 希望雜誌社, 新宿御苑, 丸之內빌딩, 法心寺(大塚내무국장 법요 참석), 李王邸, 日鮮相愛會 |
| 11. 6 | 京都 | 경도로 이동 |
| 11. 7 | | 桃山御陵, 比叡山 |
| 11. 8 | | 京都御所, 嵐山, 金閣寺, |
| 11. 9 | 雲令 | 雲令으로 이동 |
| 11.10 | | 出雲大社 참배, 知井宮 참배 예정이었으나 부친의 기일 때문에 1일 먼저 귀국 |

(자료) 孔濯,「內地視察感想談」『朝鮮』1927년 3월 : 1927년 4월.

〈표 4〉 1941년 유림성지순배단 일정

| 일 시 | 장 소 | 시 찰 시 설 | 비 고 |
|---|---|---|---|
| 10.17 | 경성 | | 부산 도착 |
| 10.18 | 宮島 | 嚴島神社 | |
| 10.19 | 京都 | | 京都 도착 |
| 10.20 | 京都 | 桃山御陵, 神社參拜, 시내 견학 | |
| 10.21 | 京都 | 橿原神宮 | 奈良 |
| 10.22 | 山田 | 伊勢皇大神宮, 二見浦 | |
| 10.23 | 名古屋 | 名古屋城 | 차중 취침 |
| 10.24 | 東京 | 明治神宮, 湯島聖廟, 大東學院, 國學院 | |
| 10.25 | 東京 | 高麗神社, 儒學 關係 知名人士 訪問, 宇野박사 강연 | |
| 10.26 | 東京 | 시내 견학 | |
| 10.27 | 水戶 | 史蹟地 견학, 水戶學 청강 | |
| 10.28 | 日光 | 東照宮 및 기타 견학 | 中禪寺 숙박 |
| 10.29 | 東京 | | 차중 취침 |
| 10.30 | 大阪 | 大阪城, 시내 견학, 협화회 사업 및 조선인 마을 | |
| 10.31 | 松江 | | |
| 11. 1 | 松江 | 出雲神社 史蹟地 및 시내 견학 | 차중 취침 |
| 11. 2 | 別府 | 시내 견학, 지옥순례 | |
| 11. 3 | 門司 | | 선중 취침 |
| 11. 4 | 부산 | | 해산 |

(자료) 朝鮮儒道會聯合會, 1942,『朝鮮儒林聖地巡拜記』4~6쪽.

위의 <표 3>과 <표 4>에서 볼 수 있듯이 일본시찰단이 여행한 코스는 오늘날의 일본여행 코스와 큰 차이가 없다. 부산에서 부관연락선으

로 시모노세키에 내려 산요선(山陽線)과 도카이도선(東海道線)을 타고
히로시마, 오사카, 교토, 나고야, 도쿄의 순으로 시찰하는 것이었다. 그
런데 이 두 시찰단의 시찰장소와 시설이 다름을 알 수 있다. 즉 군수시
찰단은 주로 행정관서를 중심으로 관광지를 병행하였으나 유림시찰단은
유학과 직접 관련이 없는 신궁이나 신사를 중심으로 시찰하고 있음을 알
수 있다. 물론 전시체제기 일제가 이른바 皇道儒學을 내세우면서 유학
을 일본화할 것을 주창하기는 하였지만 조선의 전통유학의 관점에서 볼
때 이러한 장소를 참배한 것은 斯文亂賊의 행위였음은 분명하다고 할
수 있을 것이다. 이는 시찰이 어디를 가느냐가 중요한 것이 아니라 무엇
을 어떻게 보느냐가 중요하다는 점을 보여준다. 다시 말하면 시찰자들의
시선이 보다 중요하다. 이들은 '보는 자'이면서 동시에 '보여지는 자'이
다. '보는 자'가 시찰자라면 '보여지는 자' 역시 시찰자이다. '보는 자'는
시찰지의 유적이나 풍광을 보지만 그들은 현지인에게는 '보여지는 자'일
뿐이다. 따라서 '보는 자'와 '보여지는 자'는 결국 같은 존재이다. '보는
자'인 조선인들은 스스로 조선은 일본보다 열등하다는 생각을 하고 있으
며, '보여지는 자'를 보는 일본인들은 '야만인'이 일본의 근대 문물을 배
우기 위해 왔다는 생각을 하고 있는 것이다. 이것은 만한순유단의 일원
으로 조선과 만주를 관광한 일본인의 시선과는 반대의 입장에 있다. 즉
'보는 자'나 '보여지는 자'라는 것은 이미 정해져 있는 것이고 그들이
어떠한 시선을 갖는가 하는 점 역시 정해져 있었던 것이다. 즉 청일전쟁
과 러일전쟁의 승자로서의 일본인의 시선과 그들의 식민지인 조선인의
시선은 같은 사물을 보아도 그 시선과 의미는 전혀 다른 것이다.

이렇게 시작된 일본시찰단은 1920년대에 접어들면서 점차 '관광'의
목적을 갖게 되었다. 그것은 일제가 1920년대에 앞다투어 개최하였던
박람회의 성공을 위해서라도 필요한 것이었다. 특히 필자가 조사한 바로
는 일제하 35년 동안 파견된 일본시찰단의 수는 약 400개 정도이다.[43]

이 중 일본시찰단이 가장 많이 파견되었던 시기인 1920년부터 1923년까지는 시찰의 목적이 후쿠오카공업전람회, 규슈오키나와8현연합공진회, 도쿄축산박람회, 도쿄평화기념박람회 등 박람회의 관람에 있었다.

이 시기에 파견된 일본시찰단의 수는 154개이다. 이는 전체의 38.5%에 해당한다. 소파 방정환은 동경에서 일시 귀국할 때 "박람회에 다녀가는 관광단 때문에 (부관연락선이 – 인용자) 매일 만원이니 시모노세키에서 하룻밤 자고 내일 일찍"44) 배를 타라는 말을 들을 정도였다. 춘파는 이러한 일본시찰의 열풍을 "각지를 통하여 이야기 마다나 할 사람은 말금 외지로 갔구려. 記者大會民, 衆大會 또 일본관광단까지 하여 똑똑한 사람은 말금 도망했구려! 가가보는 사람, 관공리, 소년 부랑자 외에는 없는 모양이요."45)라고 할 정도였다.

이처럼 많은 시찰단이 1920년대 초반에 집중적으로 일본을 찾는 것은 물론 3·1운동 이후 식민지 지배에 위협을 느낀 일본제국주의가 조선에 대한 새로운 지배정책을 수립한 것과 무관하지 않다. 조선을 강점하는데 협력했던 세력이 더 이상 조선인민에게 영향력을 행사하지 못한다고 판단한 일제는 새로운 협력자를 양성할 필요를 느꼈을 것이다. 그리하여 식민지 지배의 새로운 파트너로서 이른바 '중견인물'을 상정하였고 일본시찰단원은 '중견인물'에 해당하는 사람들을 중심으로 선발했을 것으로 판단된다. 일제 식민당국의 이러한 의도에 대해 시찰단원으로 선발된 인물들은 어떠한 생각을 하였는가는 일본시찰단에 대한 시찰단원의 인식, 더 나아가 문화통치라는 새로운 식민지 지배정책에 대한 이들의 인식을 바라볼 수 있는 하나의 기준이 될 수 있다고 생각된다. 물론 여

---

43) 이 숫자는 『매일신보』 『동아일보』 『조선일보』에 보도된 기사의 통계이다. 이 중 중복되는 것도 있으리라 생각되지만 보도되지 않은 것을 포함하면 이보다는 그 수가 더 많았을 것이라 추정된다.
44) 方小波, 1930.3, 「미행 당하던 이야기, 도리어 신세도 입어」 『별건곤』 27, 54쪽.
45) 1925.5, 「東西片信」 『개벽』 59, 69쪽.

기에는 일정한 한계가 있을 수밖에 없다. 시찰을 다녀온 후 이들은 시찰기의 작성 및 제출, 간담회나 강연회를 통한 대중에 대한 선전 및 계몽을 의무적으로 해야만 했다. 그러므로 이러한 자리에서 이들이 일본에 대해 부정적인 언급을 할 수는 없었을 것이다. 그러함에도 불구하고 이들이 남긴 시찰기는 이들의 경향성을 파악하는 데는 큰 무리가 없다고 생각된다.

한편 이렇게 일본을 찾은 많은 시찰단은 일본에 유학하던 학생들의 눈에는 어떻게 비쳤을까. 유학생으로 판단되는 어느 학생의 다음의 글을 통해 살펴보자.

> 국외의 손이 되면서 衣表가 어쩌면 그리 □率할가요. 우리의 무기력을 왜 그다지 외국인에게까지 표시할가요. 제발 상투 좀 잘라버리시고 갓 좀 벗어버리시고, 세계식 현대식 보통식으로 하셨으면 좋겠습니다. 일본 유일의 銀座通이나 須田町에서 소위 조선의 貴客으로서 상투 짜고 망건 쓰고 흑립 쓰고 철 아닌 白紵 두루마기 입고 便利靴 신고 아모 기력 없이 뒷짐 지고 어릿어릿 하시는 경황 — 실로 보기에 미안스럽더이다. 조선의 자제로서 조선의 父老를 대할 때 이와 같이 불쾌하였는데 況且 이국의 민족이야 여간 비웃었겠나이까. 조선인으로 조선 고유의 衣表로써 萬國에 횡행함 — 물론 좋은 것입니다. 그러니 너무 貧弱의 態가 들어납니다. 국외의 손이 되면서 몸에 10원의 値가 없어 보이니… 제발 상투 좀 베고 흑립 좀 벗어 주셔요.46)

위의 인용문에서 볼 수 있듯이 이 학생은 '상투 짜고 망건 쓰고 흑립 쓰고 철 아닌 白紵 두루마기 입고 便利靴 신고 아모 기력 없이 뒷짐 지고'는 것은 '세계식', '현대식', '보통식'이 아니라고 생각하고 있다. 물론 이 학생이 공부하고 있던 일본 사람들도 모두 '세계식', '현대식', '보통식'으로 살았던 것은 아니다. 당시 일본 사람들 중에도 많은 사람들이 자신들의 전통복장과 머리모양을 하고 있었다. 그러나 이러한 인식은 일

---

46) 「여쭐말슴 잇습니다」 『개벽』 제12호, 81쪽.

반 대중에게도 널리 확산되었던 것으로 보인다. 이상재가 미국에 사절로 갔을 때를 회상하면서 "지금은 우리도 머리를 다 깎고 아무리 頑固 생원님이라 하더라도 외국관광단에 한번 뽑히면 의례 머리를 깎고 서투른 양복이나 입"[47]어야 될 줄 안다고 하였던 것이다. 그리고 이러한 인식은 1906년 아사히신문사에서 주최했던 滿韓巡遊團에서도 보인다. 아사히신문사는 만한순유단원에게 문명국의 복장으로서 양복을 입을 것을 장려[48]하였으며, 1908년 세계일주여행에서는 양복을 의무화하였다.[49] 20년 정도의 시간차가 나기는 하지만 양복을 착용하라는 이유가 똑 같은 것이다. 따라서 근대의 초입에 들어서면서 일본이건 조선이건 서구의 것은 근대이며 문명이라는 인식을 무비판적으로 수용하고 있었던 것이 아닌가 생각된다.

그러면 일제가 시찰단을 통해 이루고자 했던 궁극적인 목적은 무엇일까. 이는 시찰단 파견에 가장 적극적이었으며 지도적인 역할을 했다고 볼 수 있는 趙重應의 글을 통해 알 수 있다. 趙重應은 '한일합방' 이후 조선인의 사상이 진보하였다고 하면서 그 원인을 일본 시찰에서 찾고 있다. 일본 시찰을 다녀온 篤農家들이 일본인의 근면과 일본의 문명개화, 식산흥업의 발달 등을 조선에 돌아와 일반 민중에게 전파했기 때문이라는 것이다. 그리고 이러한 시찰의 효과는 특히 완고한 유생들에게서도 발견할 수 있다고 하여 일본 시찰에 대한 적극적인 입장을 개진하고 있는 것이다. 여기에서 더 나아가서 趙重應은 조선의 각 지방에서 경성을 시찰하는 것도 이러한 목적으로 설명하고 있다.[50] 이에 따라 평남도장관인 마츠나카(松永)는 1914년 진신시찰단에 참가할 것을 독려하였다.[51] 이로

47) 李商在, 1926.12, 「상투에 갓쓰고 미국에 공사갔던 이야기, 벙어리외교, 그래도 평판은 좋았다」 『별건곤』 2, 8쪽.

48) 有山輝雄, 2002, 『海外觀光旅行の誕生』, 吉川弘文舘, 57쪽.

49) 有山輝雄, 2002, 『海外觀光旅行の誕生』, 吉川弘文舘, 98~99쪽.

50) 『매일신보』 1913년 9월 10일, 「鮮人思想의 進化」.

보아 일본 시찰이나 조선 국내의 시찰이나 모두 일제가 의도했던 것은 일본의 근대문물의 우수성을 선전하여 조선인을 감복시키고 식민지 지배의 영구화를 꾀했던 것이라 볼 수 있을 것이다. 이에 따라 1924년 개최되었던 內鮮聯合敎育者大會에서는 일선동화의 한 방법으로서 일본과 조선 양국민의 상호 시찰을 권유하였고 박물관, 물산장려회 등을 이용하여 상호 이해를 도모하자는 주장이 제기되었다.52)

그리하여 조선총독부, 동척, 『매일신보』 등은 일본 시찰을 적극적으로 추진하였던 것이다. 그리고 이러한 목적 때문에 시찰 장소로서 박람회가 갖는 의미는 대단히 큰 것이었다. 일본이 자국내에서 개최되는 박람회에 조선의 유력자들을 관람시키고자 했던 것은 박람회를 식민지 지배전략에 적극적으로 이용하기 위한 것이었다.53) 박람회에 대한 조선의 관심은 이미 1882년 朝士視察團에 참가했던 인물들의 기록에서도 발견된다. 예를 들면 조사시찰단원으로 일본을 방문하였던 姜文馨도 일본이 산업박람회의 개최를 통하여 기술 발전과 공업 진흥을 도모하고 있음을 주목하였다.54) 이와 같이 박람회를 견학하기 위한 목적은 이미 경성일보사가 1909년과 1910년에 파견했던 시찰단의 경우에도 마찬가지였다.55) 이로 보아 일제는 박람회의 견학을 통해 일본문화 및 일본인의 우수성과 조선문화 및 조선인의 열등감을 각인시키고자 하였던 것이라 생

---

51) 『매일신보』 1914년 3월 11일, 「內地視察團에 對하여」.
52) 岡田貢, 1928, 『內鮮生活上より見たる內鮮融和の要諦』, 京城出版社, 157~158쪽. (박성진, 『한말~일제하 사회진화론과 식민지사회사상』, 선인, 233~235쪽에서 재인용)
53) 박성진, 「일제 초기 '朝鮮物産共進會' 연구」 수요역사연구회편, 2003, 『식민지 조선과 매일신보』, 74쪽.
54) 강문형, 『문견사건』 허동현편, 『朝士視察團關係資料集』 12, 35~36쪽.
55) 1910년 시찰단의 목적은 "今行目的이 兩地共進會(福岡共進會와 第10回 關西府縣聯合共進會 - 인용자)에 專注하고 實業發展에 亶在한 故로 兩地案內에 就하여 記述이 偏祥함."이라 하였다(朴基順, 1910, 『觀光略記』, 2쪽)

각된다. 즉 일본의 시찰을 통하여 일본의 선진문물을 선전하고 이를 조선에 이식하라는 것이었다. 더 나아가 『매일신보』와 『경성일보』는 1914년 진신시찰단에 대해 "一國一家族을 成함과 如하도다."[56]고 하였다. 그리하여 이를 통하여 일본의 식민지 지배에 순응하는 인간상의 창출, 즉 동화주의정책을 관철시키고자 하였던 것이다.

## 2) 서구 여행

유럽과 미국으로 대표되는 서구 여행은 일본 여행의 경우처럼 다양한 자료를 찾기 쉽지 않다. 그것은 서구 여행을 한 사람의 수가 절대적으로 적었기 때문이기도 하지만 실제 여행기나 기행문이 많이 남아 있지 않기 때문이다. 그러함에도 불구하고 서구 여행은 일본의 시각으로 걸러진 서구의 근대문물을 접하거나 수용했던 우리나라 사람이 직접 서구의 문물을 접할 수 있었던 기회였기 때문에 소홀히 취급할 수는 없다.

서구에 조선사람이 처음으로 여행한 것이 언제인지는 정확하게 알 수는 없지만 1887년 박정양이 미국에 전권대사로, 월남 이상재가 서기관으로 함께 파견되었다. 이로 보아 19세기 말에는 조선사람 가운데는 서구여행을 한 사람들이 있었을 것으로 보인다. 그리고 1922년 박승철이 독일 유학을 하면서 쓴 글에는 자신보다 먼저 독일에 유학을 온 조선인이 베를린 14명, 포츠담 5명, 남독일 13명 등 모두 32명이라고 하였다.[57] 그리고 극소수이기는 하지만 유럽에 정착해서 사는 사람도 있었다. 따라서 이 시기에는 유럽에 유학을 간 조선인들이 적지 않게 있었던 것으로 보인다. 그리고 이들이 여행기나 수필 등을 통해 우리나라에 유럽과 유럽의 문화를 소개하고 있다.

조선사회에서 서구에 대한 관심은 이미 17세기 중반부터 시작되었음

---

56) 『매일신보』 1914년 4월 26일, 「視察團의 成功」.
57) 朴勝喆, 1922.5, 「獨逸가는 길에(3)」 『開闢』 23, 112쪽.

은 잘 알려진 사실이다. 당시 淸을 왕래하던 사신들에 의해 서구의 문물이 소개되었고 이를 바탕으로 일부 실학자들이 서구 문물에 대해 연구하기 시작하였다. 이들이 관심을 가지고 연구한 서구의 문물 중 조선사회에 가장 크게 영향을 끼친 것은 서학이라 불렸던 천주교사상이었다. 더욱이 조선은 서학을 연구에서 시작해서 신앙으로 발전시킨 지구상의 유일한 나라였다. 보통 천주교의 전파는 로마교회가 선교사를 제3세계에 파견하여 형성되는 것이었지만 조선만은 선교사의 파견 없이 서학에 대한 연구가 천주교신앙으로 발전한 유일한 사례로 기록되고 있는 것이다. 그러나 서학은 집권세력에 의해 여러 차례 탄압되었다. 특히 대원군 집권기인 1866년 병인박해는 유례가 없을 정도로 심하였다. 그것은 서구의 사상이 조선의 전통적인 지배질서에 근본적인 도전을 하고 있었기 때문이었다. 즉 조선사회는 신분제와 조상숭배라는 성리학적인 지배질서에 의해 유지되고 있었는데 천주교는 이러한 질서를 전면적으로 거부하였다. 만민은 평등하다는 평등사상과 제사의식의 거부를 통한 조상숭배에 대한 거부는 명백한 성리학적 지배질서에 대한 도전으로 인식되었던 것이다.

그런데 1882년 미국을 비롯한 서구 여러 나라들과의 수교로 조선은 기독교의 포교를 인정하기 시작하였다. 따라서 이후 서구의 기독교세력은 조선에 선교사를 파견하여 자신들의 신앙을 전파하는데 힘썼다. 그 과정에서 조선사회에는 천주교와 함께 개신교도 전파되었고, 이들 선교사에 의하여 학교와 병원이 건립되어 조선사회에 이른바 근대적인 문물이 전파될 수 있었다. 이 과정에서 양성된 조선인 신자들은 서구문물은 곧 근대적인 것이며 선진적이라는 관념을 갖게 되었고 이러한 관념이 조선사회에 전파되어 일반화되었다.

그러나 조선사회에서 서구문물의 전파는 이렇게 선교사들을 중심으로 한 서양인이나 서구세계에 의하여 이루어진 것이라기보다는 일본을 통한

간접적인 방법에 의한 것이 일반적이었다. 이 시기 서구문물을 소개하는 경로는 신문이나 잡지 등 언론을 통한 방법, 일본시찰을 통한 방법, 유학을 통한 방법 등 다양하였으나 일본을 통하는 것이 일반적이었다. 특히 1909년 경성일보 주최의 일본시찰단원의 선정과정에서 보였던 정치지향성은 '근대'에 대한 흥미나 지적 호기심의 차원을 넘어 일본시찰이 곧 출세를 보장하는 것처럼 인식되었던 것이다.[58]

그러나 이러한 서구세계와 서구문물에 대한 소개와 인식은 일본을 통해 이루어져 일본에 의해 한 번 걸러진 '일본화'된 것이었다. 따라서 조선의 지식인들 중 일부는 서구세계와 서구문물을 자신의 눈으로 직접 보고 확인하고 싶은 욕망이 있었을 것이다. 이러한 욕망이 서구 유학과 여행으로 이어져 1920년대에 접어들면서 잡지『개벽』,『별건곤』등이 서구세계를 유학하거나 여행한 조선인의 여행기나 기행문을 소개하기 시작하였다. 1930년대 이후에는『삼천리』가 중심이 되어 서구여행기를 소개하고 있다. 이외에도 일부 신문에도 가끔씩 여행기가 소개되고 있다. 이러한 여행기를 쓴 대표적인 인물들이 박승철, 노정일, 나혜석, 정석태, 허헌 등이다.

이들 여행기의 필자에 대해 알아보자. 먼저 노정일은 황해도 진남포 출신으로서 일본 아오야마(青山)학원 중학부를 졸업한 후 미국의 웨슬리언대학을 졸업하고 콜럼비아대학에서 문학사 학위를 받았다. 이밖에도 유니언대학과 드루신학교에서 신학사 학위를 받았고 영국의 옥스퍼드대학에서 철학을 공부하였다. 귀국하여 연희전문학교 교수로 있다가 다시 미국으로 건너가 네브라스카 주립대학에서 철학박사학위를 받은 후 귀국하여 1931년에 이승협의 권유에 의하여 중외일보를 인수, 조선중앙일보로 개제한 후 사장이 되었다. 1926년 미국 유학 시 흥사단에 가입하였고, 1923년에는 대만의 福洲에서 개최되었던 동아선교대회에 조선대표

---

58) 한규무, 앞의 논문 참조.

로 참석하였다. 그러나 그는 "여러 가지로 사회적으로 비난이 많은"[59) 사람이라는 평가를 듣기도 하였다.

박승철은 서울에서 태어나 YMCA청년학교와 와세다대학을 졸업하고 베를린대학에서 수학하였으며, 일본 유학시절 잡지 『학지광』에 추봉(秋 峰)이라는 필명으로 논문과 평론을 집필하였다. 유럽에서 귀국 후 배재고보의 교사로 재직하였다. 그리고 그는 각각 1924년과 1925년에 조직된 흥업구락부와 조선사정조사위원회에 참여하였다. 특히 흥업구락부에 참여한 인물들은 배재고보, 한영서원, YMCA청년학교, 협성신학교 등을 졸업한 인물들이 많다. 이는 흥업구락부에 참여한 인물들의 상당수가 청소년기부터 이상재, 윤치호, 신흥우 등의 기독교인의 영향을 받았으며, 이를 통해 서구지향적인 가치관을 가지게 되었음을 시사한다. 그리고 박승철을 비롯하여 김준연, 안재홍, 유억겸, 이춘호, 조정환 등은 흥업구락부와 조선사정조사연구회에 모두 참여하고 있다. 이로 보아 이 단체들은 민족주의적인 인물들이 참여하고 있음을 알 수 있다. 박승철 역시 이러한 흐름 속에서 기독교세력의 일원으로서 참여하고 있는 것으로 보인다. 특히 그가 남긴 글 가운데에는 김준연과 관계된 사실들이 많이 소개되는 것으로 보아 그는 김준연과는 막역한 사이였을 것으로 짐작된다.

나혜석은 경기도 수원출신으로 삼일여학교를 졸업한 후 일본여자미술학교에 유학한 우리나라 최초의 여류 화가이자 여성운동가로서 이름이 높고 3·1운동에도 참여하였다. 또한 그는 문필에도 능해 金億, 廉想涉 등과 함께 잡지 『폐허』를 창간하기도 하였다. 그는 일제 초기 용인과 시흥군수를 지낸 羅基鼎의 3남매 중 막내이며, 오빠인 羅弘錫, 羅慶錫과 함께 3남매가 일본 유학을 한 것으로도 유명하다. 그가 일본여자미술학교에 유학할 수 있었던 것도 작은 오빠인 나경석의 역할이 컸던 것으로 알려져 있다. 한편 그의 사촌오빠는 羅重錫은 구한말 일제시기 수원

---

59) 黎曉生, 1932, 「중앙일보는 어데로 가나」 『별건곤』 52, 14쪽.

지역의 유지로서 명망이 높다. 하지만 나혜석은 만주국 주재 일본영사관 부영사인 김우영과 결혼하였으며, 천도교 신파의 거두인 최린과의 염문으로 세상 사람들의 입에 회자되는 등 친일과 도덕성이라는 측면에서 평가가 달라질 수 있다.

이처럼 서구 여행기나 기행문을 남긴 사람들은 대개가 기독교신자라는 공통점이 있다. 이는 이들이 기독교를 통해 서구지향적인 가치관을 가지게 되었음을 시사한다. 따라서 이들의 활동은 기독교적 민족주의의 흐름 속에서 이해할 수 있을 것이라 생각된다.

그러나 당시 조선사회에서는 일본이나 서구에 유학하고 돌아온 사람들이 할 수 있는 일이 많지 않았던 듯하다. 자신이 배운 바를 일본의 지배체제 속에서 출세의 도구로 사용해야 하는가, 아니면 민족적 관점에서 사용해야 하는가 하는 문제는 이들에게는 마치 원죄와 같은 것이었을 것이다. 그러므로 이들은 자신들이 배운 바를 실제 적용할 만한 직업을 갖는데 어려움이 있었다. 이들의 이러한 처지를 잡지 『별건곤』은 다음과 같이 썼다.

> 박승철君이 실은 獨逸에 만히 잇섯다지만 英國에서 도라왓다 하여도 조켓지. 그런데 中央學校에서 地理歷史하고 또 어느 專門學校에 가서 몃 시간 교수를 擔任하고 잇다데. 생각하면 가엽는 일이지. 외국 留學生이라고 본국에 도라오면 中學校 敎員, 新聞記者, 傳道師, 通譯人! 한심하지![60]

이러한 상황 속에서 신지식인으로서 이들은 자신들이 할 수 있고 해야 하는 일들을 고민하였다. 특히 최소한의 민족적인 양심을 가진 인물이었다면 그들의 선택은 제한적일 수밖에 없었다. 그것은 기독교인으로서 당시 확산되던 사회주의의 조류 속에서 자신들의 기독교적인 가치와

---

60) 「朝鮮에서 活動하는 海外에서 도라온 人物評判記, 어느 나라가 제일 잘 가르쳐 보냇는가?」 『별건곤』 3, 1927.1, 23쪽.

민족주의적인 가치를 지켜야 한다는 관념 혹은 압박 때문이었을 것이다. 따라서 이들이 할 수 있는 일은 위의 『별건곤』에서 지적한 바와 같이 교수, 교사, 신문기자, 전도사 등 이외에는 선택의 여지가 없었던 것이다. 그리고 이들은 이러한 제한된 범위 내에서 자신들이 할 수 있는 활동의 하나로서 신문이나 잡지에 자신들의 서구생활에 대한 경험이나 서구의 문물을 소개하였던 것으로 보인다. 그리고 이러한 활동을 통해서 자신들이 조선의 다른 사람들보다 '근대' 문물의 세례를 더 받았다는 사실을 확인하고 나아가 자신들의 주장이 보다 '근대'적이라는 것을 보여주고자 하였다고 보인다.

앞에서도 서술했듯이 일제시기 조선인이 서구여행을 하는 것은 대단히 어려운 일었다. 당시 유럽까지 가는 방법은 배를 이용하는 것이 일반적이었다. 박승철의 글에는 유럽까지의 이동 경로가 잘 나타나 있다. 우선 박승철은 고베(神戶) - 모지(門司) - 상해(上海) - 홍콩(香港) - 싱가포르(新嘉波) - 페낭(彼南) - 스리랑카(錫蘭島) 콜롬보(古倫母) - 수에즈운하(蘇士運河) - 이집트(埃及) 포트 싸이드 - 마르세유(馬耳塞)의 경로로 프랑스에 도착하였다. 아마도 이 길이 당시 일본에서 유럽으로 가는 일반적인 코스였다고 생각된다. 그것은 박승철보다 약 1년 뒤에 유럽을 여행한 정석태 역시 마르세유에 도착하고 있기 때문이다. 그런데 박승철은 고베를 출발한 이후 40일 만에 도착[61]하였지만 정석태는 배로만 48일, 소선을 떠난 후로는 57일 만에 도착하였다고 한다.[62] 항해 시간의 차이는 아마도 기상 조건이나 기항지의 사정에 영향을 받았기 때문이었을 것이다.

반면에 자신의 딸인 許貞琡과 함께 미국을 거쳐 유럽을 여행한 許憲의 여행코스는 다음과 같다. 1926년 5월 30일[63] 조선을 떠나 일본으로

61) 박승철, 1922.5, 「獨逸가는 길에(3)」 『개벽』 23, 112쪽.
62) 정석태, 1926,11, 「洋行中 雜觀雜感」 『별건곤』 1, 66쪽.
63) 許憲, 1926.1, 「世界一周紀行(제1신) 太平洋의 怒濤 차고 黃金의 나라 美國으로!

가서 6월 9일 요코하마(橫濱)에서 배를 타고 14일 만에 하와이에 도착하여 10여일을 체류한다. 7월 8일 샌프란스코행 배를 타서 1주일 만에 도착한 후 서부의 여러 주를 여행한 후 워싱턴과 뉴욕을 여행한다. 그리고 영국으로 건너가 아일랜드(愛蘭)-영국-네덜란드(和蘭)-벨기에(白耳義)-프랑스-스위스(瑞西)-오스트리아(墺地利)-독일-폴란드(波蘭)-러시아-중국을 여행한 후 1927년 5월 10일 거의 1년 만에 귀국하였다.64) 허헌의 여행코스는 1908년 아사히신문사가 주최하였던 세계일주 여행코스의 미국행 코스와 매우 흡사하다. 이 길이 아마도 당시 미국으로 가는 일반적인 코스였을 것이다. 그런데 무슨 이유인지는 모르겠으나 그의 이 여행기는 1929년에야 잡지 『삼천리』에 연재되었으나 그것도 끝을 맺지 못하였다. 연재가 끝나지 않은 것은 아마도 1929년 광주학생운동과 관련한 신간회의 민중운동자대회에 그가 연관되어 체포되었기 때문이라 추측된다.

　그런데 이 시기 유럽이나 미주여행은 '관광'을 목적으로 한 것이 아니라 주로 유학이나 이민을 목적으로 한 것이었다. 다만 허헌의 경우는 일제의 정치적인 탄압이나 압력에 기인한 것이라 추측된다. 그 자신이 "나의 외유의 동기라든지 주요 목적은 여기서 말씀할 필요가 없겠지요."65)라고 한 것으로 보아 공간되는 잡지에서 직접 말하지 못할 사정이 있음을 암시하고 있다.

　한편 이 시기 이들의 유학이나 여행에 소용되는 비용은 당시로는 보통사람은 상상할 수 없는 수준이었다. 허헌의 약 1년간 해외여행비용은 땅을 판 12,000원 정도였다. 정석태와 함께 유럽으로 유학을 가던 G군과 N군이 홍콩에 잠간 상륙했을 때 일본 기생집에서 반년간의 학비인

---

　　布哇에 잠감 들러 兄弟부터 보고」『삼천리』 1, 6쪽에는 5월 31일 서울을 출발한
　　것으로 되어 있다.
64) 許憲, 1927.7, 「東西 十二諸國을 보고와서」『별건곤』 45쪽.
65) 許憲, 1927.7, 「東西 十二諸國을 보고와서」『별건곤』 45쪽.

1500원이나 되는 돈을 사용하였다고 한다. 이처럼 유럽이나 미주로의 여행은 거금이 드는 길이었으므로 경제적인 여유가 없는 사람은 생각조차 할 수 없는 일이었다. 그러나 최린은 천도교의 지원으로 1925년부터 3년간 세계일주를 하였다.[66] 그리고 "자네도 耶蘇教 篤信者나 되어 가지고 교회의 주선으로 米國留學이나 가보게 그려! 그리고 자네 집부터도 재산 푼이나 있으니까 米國留學 가기는 제일 좋지."[67]라는 것에서 알 수 있듯이 기독교회에서 유학을 보내는 경우도 있었던 것이다. 이처럼 기독교나 천도교 등 종교단체가 지원하여 여행 혹은 유학하는 경우도 적지 않았던 것 같다.

이 시기 유럽이나 미주 여행은 '관광'을 목적으로 한 것이 아니라 유학을 목적으로 한 것이었다는 점에서 여가를 즐기기 위한 여행이라는 성격도 갖는 일본 여행과 평면적으로 비교하는 것은 무리일 수 있다. 따라서 서구여행에 대해 서술한 글은 유학하기 위해 서구로 이동하는 과정을 묘사한 글과 유학 도중 짬을 내어 주변의 다른 지역을 여행한 후 남긴 글로 나누어 볼 수 있다. 앞에서 본 박승철의 글은 전자의 대표적인 글이며 나혜석, 정석태, 허헌의 글은 후자의 대표적인 글이라 할 수 있다. 이제 이들이 여행을 하면서 무엇을 보고 느꼈는가를 절을 바꾸어 살펴보자.

## 3. 여행자와 여행지 인식

식민지 조선에서 해외여행을 한 사람들은 대부분 사회적·경제적·정치적인 측면에서 중견 이상의 인물이었다. 1910년 조선귀족관광단을 포함해서 1909년과 1910년 경성일보사 주최했던 일본시찰단은 당시 조선

---

66) 『사업과 향인』 제1집(국사편찬위원회 홈페이지 한국사데이터베이스에서 재인용)
67) 「朝鮮에서 活動하는 海外에서 돌아온 人物評判記, 어느 나라가 제일 잘 가르쳐 보냈는가?」 『별건곤』 3, 1927.1, 20쪽.

사회의 최상위층을 대상으로 하였다는 것은 명확하다. 그러나 이후 서서
히 변하여 1920년대가 되면 일본시찰의 대상은 유지, 교원, 군수, 면장,
실업가, 군참사, 군서기, 도평의원, 도참여관, 대지주, 경찰, 축산조합원,
향교평의원·直員·掌議 등 향교 관계자, 면협의원, 부협의원, 삼림조합
기술원, 학교평의원, 농회 관계자, 독농가, 유림, 금융조합 관계자, 청년,
목사, 보통학교장, 민풍진흥회 관계자, 잠종제조자, 승려, 인쇄업대표자,
소작인 등이었다.[68] 이 중 소작인을 제외하면 모두 조선 사회의 중간 지
배층에 해당한다고 할 수 있다. 이들은 주로 지방사회에서 민중들과 직
접 대면하는 인물들로서 조선총독부가 지칭했던 중견인물에 해당하는
인물이었다고 판단된다. 그리고 1930년대가 되면 면장·면서기, 도·부·
군·면 협의원, 교원, 상공업자, 청년, 사상전향자, 육군훈련지원병, 경찰,
정총대, 체신국원, 소학생 등이 주된 대상이 되고 있다.[69] 이 중 사상전
향자, 육군훈련지원병, 경찰, 정총대, 체신국원, 소학생 등은 제2기에만
보인다. 이는 전시동원체제 속에서 동원대상자를 동원하는데 의미 있는
역할을 할 수 있는 인물이나 동원 대상자를 중심으로 시찰단이 조직되었
음을 의미한다.

특히 1937년 중일전쟁 이후 총동원체제가 확립되면서 일본시찰은 그
동안 감추고 있던 침략적인 성격을 노골적으로 드러내고 있다. 그것은
이 시기와 이전 시기의 시찰 장소를 비교하면 쉽게 이해할 수 있다. 그
리고 미주나 유럽을 여행한 사람들은 경제적으로 여유가 있거나 기독교
나 천도교 등의 후원을 받은 사람들이었다. 이는 일본여행은 정책적인
측면이 강하게 작용한 반면 서구여행은 개인의 유학이나 종교적인 선택
이 보다 강하게 작용하였다는 것을 알려준다. 여기에서 일본여행자들이
남긴 시찰기와 서구여행자들이 남긴 시찰기의 근본적인 차이가 보인다

---

68) 조성운, 앞의 논문, 『한국독립운동사연구』 28, 220쪽.

69) 조성운, 앞의 논문, 『사학연구』 88, 1077쪽.

고 할 수 있다.

한편 일본시찰단원은 시찰 이후 의무적으로 시찰기를 제출해야 하였다. 그러므로 시찰단의 파견목적과 다른 의미로 서술할 수는 없었다고 판단된다. 조선총독부 및 각 지방행정기관, 그리고 조선총독부의 외곽단체인 시찰단의 파견주체가 의도한 바를 충실히 반영해야 하였던 것이다. 그리하여 일본시찰기는 천편일률적이라는 느낌이다. 반면에 서구 여행기는 이에 비해 상당히 자유롭다. 자신이 가고 싶은 곳을 가고 자신의 느낌을 자유롭게 썼다. 그렇기 때문에 공간된 서구여행기 중에는 검열에 걸려 삭제된 부분이 적지 않게 발견된다. 또한 허헌이나 박승철의 글에는 아일랜드나 폴란드처럼 제1차 세계대전 이후 독립한 나라들을 여행하면서 식민지 조선의 현실과 비교하기도 하였다. 이는 이들의 여행지가 일본이 아닌 유럽이기 때문에 가능한 일이었다. 비교의 대상을 직접 방문하여 경험한 것에서 도출한 결론이었던 것이다. 특히 허헌은 아일랜드의 정부와 의회의 주요인물들과 회견하기도 하면서 약소민족으로서 겪었거나 겪고 있는 현실을 공유하였다. 그리하여 아일랜드측의 요청에 의하여 조선관련 자료를 보내주기도 하였다.

이제 이를 일본여행기와 서구여행기로 나누어 이들 여행기에서 보이는 여행지에 대한 인식, 여행을 통해서 깨달은 식민지 조선에 대한 인식 등 식민지인으로 살아가면서 느낀 점을 서술해보자.

먼저 일본시찰단으로 일본을 여행한 사람들이 일본에 대해 느낀 점은 앞에서 서술했듯이 천편일률적이다. 그들의 남긴 시찰기에서는 보통 일본의 첫인상으로서 울창한 숲을 든다. 경부선 기차를 타고 부산으로 내려가는 과정에서 창밖으로 보였던 조선의 풍경과 일본에 첫발을 내딛고 도쿄로 향하는 기차 속에서 그들이 바라본 풍경은 전혀 다른 것이었다. 가장 먼저 그들의 눈의 비친 것은 녹색으로 울창한 일본의 산과 철도연변 공장의 굴뚝에서 뿜어져나오는 시커먼 연기였다. 이 장면에서 일본시찰자들은 근대 일본의 '문명'에 대해 첫 번째 깊은 인상을 받는다. 다음으로 그들이 시찰장소를 돌아다니면서 본 것은 일본의 고대문물이 조선과 비교해서도 그리 차이가 나지 않는다는 것이다.

당시 사람들이 남긴 글을 통해 보더라도 그들은 공장과 도시의 거리나 백화점, 그리고 소스이바시와 같은 근대 문물을 보고 일본의 강대함에 대해 한편으로는 놀라고 다른 한편으로는 기가 질렸을 것이며 또 다른 한편으로는 우리 조선도 저렇게 발전해야 한다는 생각이나 다짐을 하였다. 그것은 근대문물에 대한 충격이었고 일본의 저력에 대한 충격이었다. 그러나 우리도 저렇게 되어야 한다는 다짐은 유감스럽게도 일본화되어야 한다는 것에 다름 아니었다. 1909년 경성일보 주최 제1회 일본관광단 환영회에서 행한 이토 히로부미(伊藤博文)의 연설을 먼저 보자.

> 관광단 제군이 일본의 문화제도 및 인정, 풍습을 알고자 한다면 일본 국민 역시 열심히 그것을 환영하고 있다. 그러기에 일한양국의 관계를 보면 양국의 관계는 더욱 친밀해지고 있으며 이러한 양국민의 의사를 소통시켜야 한다. 그러므로 양국은 이해관계를 함께 하는 고로 금후 일가족과 같이 되어야 할 줄 안다. 또한 양국은 지금 문호개방을 함과 동시에 상부상조하고 나도 금후 한국을 위해 힘을 다해 결코 한국민 속에서 불공평을 함과 같이 어리석음을 보이지 않겠다. 일가족으로서 더욱 더 양국의 진보발달을 희망한다.[70]

이토는 조선과 일본이 일가족과 같이 되어야 한다고 하였다. 이는 경성일보 주최 제1회 일본관광단에 대한 다른 인사들의 환영사에서 자주 보이는데, 일가족이란 결국 조선을 일본이 병합하겠다는 의미였음은 두말할 나위가 없다. 이러한 일본측의 의도에 대해 당시 시찰단원은 어떻게 인식했는가를 그들이 남긴 글을 통해 살펴보자.

1909년 경성일보사 주최 일본시찰단에 참가하였던 朴基順은 후쿠오카(福岡)공진회와 아이치(愛知)현 나고야(名古屋)공진회뿐만 아니라 海

---

70) 『讀賣新聞』 1909년 4월 24일, 「觀光團招待會」.

軍工廠, 造幣局, 鐵□場 등을 시찰한 소감이 益深하다고 하면서 韓國
物品이 外國譏笑를 徒招함으로 槪論하여 全國工業界에 一聲警鼓한다
고 하고[71] 자신이 시찰기를 쓴 목적을 "國家의 富强을 實業이라 略論
함은 同胞諸公의 公益思想을 鼓吹할 뿐 不是라 抑爲自家의 座銘을 作
코저 함"[72]이라 하였다. 그리고 해주군수인 김정현은 일본의 첫인상을
다음과 같이 기록하였다.

> 甲板上에서 시모노세키(下關)를 展望할 수 있다. 船港內에 가까이 감에
> 따라 大小의 船舶이 마치 숲과 같고 陸上의 高樓巨閣은 우리 일행을 반기
> 는 것 같고 높은 구름 밖에 우뚝 솟아 실로 華麗精構하다. 곧 棧橋에서 上
> 陸하면 諸工場의 굴뚝은 낮부터 밤까지 검은 연기를 토해낸다. 長蛇와 같은
> 汽車는 西에서 東에서 옷감 짜는 것과 같이 車轂相擊해서 人肩相磨하고
> 店頭의 賣品을 쌓아 산을 이루고 있다. 오호라 이것이 동양에서 覇權을 다
> 투는 우리 母國의 風光인가[73]

한편 시찰단원은 일본이 근대국가로 발전한 원인을 공공심 혹은 공덕
심에서 찾았다. 강경군수 蔡洙康은 앞의 김정현과 익산군순 박영철 등
이 각각 촌민일동의 공공심, 관민의 일치협력 등으로 표현한 것을 '국가
적 公共'의 개념으로 파악하고 주목하였다. 그에 의하면 "국가적 공공의
개념은 국가존립의 기초로서 국민의 赤誠도 그것에서 胚胎"하며 시찰에
서 가장 인상 깊었던 깃이 "일본의 각 회사 및 조합 조직이 국가적으로
그것이 종업원도 역시 公共的 志想이 풍부하여 勤勉精勵하여 그 직"[74]
을 수행한다는 것이라 하였다. 또한 1911년 목사시찰단의 일원으로 일
본을 시찰한 상동교회의 부목사였던 현순은 하느님의 사랑이 일본 인민
을 통해 조선에까지 미친 것에 대해 감사하고 있는 것이다. 이러한 현순

---

71) 朴基順, 위의 책, 3쪽.
72) 朴基順, 위의 책, 3쪽.
73) 동양척식주식회사, 1914 위의 책, 5쪽.
74) 동양척식주식회사, 1914 위의 책, 99쪽.

의 말은 일본의 조합교회에서 주장한 바를 그대로 옮겼다는 느낌을 받을 정도이다. 이처럼 1910년대 일본시찰단원이 파악한 일본의 발전 원인은 '국가적 공공'의 개념이었으며 현순은 이를 종교적인 입장에서 하나님의 사랑이 일본인민을 통해 조선에까지 미친 것에 감사하고 있는 것이다.

　1920년대에 접어들어서도 이러한 인식에는 큰 차이가 나지 않는다. 1921년 일본을 시찰한 咸北 會寧郡 雲頭面長 鄭源榮은 일본의 잘 보존된 자연에 대해 감탄하면서도 자연에 인공을 가하여 이용한 일본의 선진기술에 주목하였다. 특히 그는 쿠레해군공창(吳海軍工廠)은 군함, 대소포 등 각 병기를 제조하니 기계의 響은 如雷轟轟하고 煙突의 煙은 如雲濛濛이라 하였으며 오이타공진회에 출품된 물품 중 조선공산품의 劣等됨을 보고 조선 관광객의 反省을 촉구하고 있다. 또 조선과 일본의 학교 수를 비교한 후 이것이 곧 조선과 일본의 優劣의 分岐點이라 하면서 교육이 無하면 常識이 乏하고 급격한 문명풍조에 淘汰의 患을 면치 못할 것이라 하여 교육의 중요성을 강조하였다.[75] 또 1922년 동경평화기념박람회를 시찰한 강원도 유생 김재익은 조선관을 관람한 후 "18만원으로 건축한 조선관 2층 殿閣製는 衆舘에 傑出하나 내부진열은 他舘보다 幼稺見하니 기계표본실에 古製船砲가 原初發明은 세계의 선각이라 稱揚할 만한 李汝諧의 龜船과 朴晉의 震天砲를 想像하니 계속 부진한 陷下狀態가 誰의 過失인가 (중략) 후일 세계평화박람회에 朝鮮舘 出品이 一等 占據되기를 기대한다."[76]고 하여 조선의 과학기술이 쇠퇴한 것에 대한 한탄과 함께 미래를 기약하고 있다. 1928년 조선여자교원일본시찰단원 중의 한 단원은 일본의 근대문물을 접한 후 "혼을 빼앗겼다."고 표현하였고, 다른 시찰단원은 일본 시찰 이전에는 "일본인과 조선인 사이에 큰 격차가 있었다고 생각했지만 이제는 진실로 골육의 형제"라고 생각된다고 말하고 더 나

75) 鄭源榮, 1921.12,「內地視察感想」『儒道』4, 유도진흥회.
76) 金在翼, 1922.7,「內地視察概要」『儒道』8, 유도진흥회.

아가 "人間道 향상을 위하여, 신일본 건설을 위하여, 대국민 육성을 위하여 感恩奉仕하는 생활로 정진"할 것을 맹세까지 하고 있다.[77]

그런데 이러한 인식은 앞에서 서술하였듯이 '보는 자'와 '보여지는 자'라는 시선의 문제였다. 결국 일본시찰단은 야만 혹은 열등한 존재로서 일본을 '보는 자'이며 동시에 일본인에게 '보여지는 자'가 되었다. 그럼으로써 이미 정해져있는 코스에 따라 일본의 '선진문물'에 대해 감탄하고 그것을 습득해서 '우리 조선도 그렇게' 되어야 한다는 결론을 내리게 되는 것이었다.

그러나 1930년대 중반 이후가 되면 이러한 인식은 內鮮一體로 구체화되어 나타난다. 그러한 의미에서 1922년 야나기하라 기치베에(柳原吉兵衛)가 1920년 조선 왕세자 李垠과 일본의 화족인 나시모토노미야 마사코(梨本宮方子)의 결혼을 기념하여 조직한 李王家御慶事記念會가 조선인 여교원을 대상으로 조직한 시찰단은 독특하다 할 수 있다. 야나기하라는 "조선 동포의 완전한 통치를 기하기 위해서는 그들의 언어·풍속·습관 등을 동일한 문화 아래 지도해 彼我相愛의 정신적 일치를 제일"[78]로 하지 않으면 안된다고 하면서 조선인 여성을 교육시키는 의미로 그 여성들로 하여금 조선의 후속세대를 교육시키게 하면 내선일치는 자연스럽게 이루어질 것이라 생각하였다. 이러한 취지에서 그는 조선인 여교원의 시찰단뿐만 아니라 조선인 어학생을 일본으로 초청하여 교육을 시키는 일에 적극적이었다.[79]

그리고 1937년 중일전쟁 이후 총동원체제가 확립되면서 일본시찰은 이른바 '성지참배'라는 형식으로 진행되었음은 앞에서 서술하였다. 여기에서 '성지'란 伊勢神宮, 橿原神宮, 明治神宮, 桃山御陵, 靖國神社, 乃

---

77) 朝鮮總督府編輯課, 1929, 『大禮奉拜朝鮮女子教員內地視察記』, 39~44쪽.

78) 『櫻槿의 華』 제4호, 1935, 2쪽(박선미, 2007, 『근대여성 제국을 거쳐 조선으로 회유하다』, 창비, 131쪽, 주 31) 재인용)

79) 이에 대해서는 박선미, 앞의 책을 참조바람.

木神社, 平安神宮, 神武大皇御陵, 湊川神社, 廣島 大本營, 豊受大神宮, 出雲大社, 宮崎神宮 등 일본정신을 강조하고 확인할 수 있는 장소를 의미한다. 1941년 조선유림성지순배단장이었던 永田種秀는 시찰 이후 참가 멤버들은 "팔굉일우의 대이상도 국민의 단결과 신의에 의해 실현되는 것"이라 하며 "스스로 경신사상을 강하게 가져 신도 실천, 진충보국의 뜻을 올려 황국민신으로서 부끄럽지 않은 봉공을 할 것"이라며 이 결심을 "조선에 돌아가면 강조하고 싶다"고 하였다.80) 즉 '천황폐하의 충실한 신민'으로서의 삶을 스스로 강조하고 있는 것이다.

또한 1941년 6월 5일부터 24일까지 장로회총회종교교육부 총무 鄭仁果, 조선기독교서회편집총무 白樂濬, 영업총무 吳文煥 등과 함께 일본 기독교를 시찰하고 돌아온 조선기독교서회총무 梁柱三은 "조선기독교가 일본기독교에 비해 양으로는 단연 우세를 점하고 있으나 문화적 수준에는 뒤떨어지는 점이 너무도 크다"81)고 하면서 소수의 교파를 제외한 일본의 기독교가 합동하여 '일본기독교단'을 창립한 것을 세계기독교사상 미증유의 획기적 일대변혁이라 평가하였다.82) 그런데 '일본기독교단'이라는 것은 '일본적 성격'을 강조하는 것으로서 이는 곧 일본의 국체, 즉 천황제를 적극적으로 옹호하는 것이었다. 그리고 그는 "기독교를 통한 內鮮結合은 쌍방이 요구하여 마지않는 바이며 이렇게 되기 위해서는 우선 조선기독교도 일본의 新敎團 합동실현과 같은 역사적 운동이 있어야"83)한다고 주장하였다. 결국 그는 침략전쟁을 지지하고 옹호하는 '일본적 성격'의 기독교와 조선의 기독교가 합동해야 한다는 것을 주장함으로써 일제의 내선일체운동을 적극 지지하였던 것이다. 이처럼 전시체제

---

80) 「永田種秀團長의 答辭」 조선유도회연합회, 『朝鮮儒林聖地巡拜記』 55~56쪽.
81) 梁柱三, 1941.9, 「內地基督敎界의 動向」 『三千里』 13권 9호, 106쪽.
82) 梁柱三, 앞의 글, 106~107쪽.
83) 梁柱三, 앞의 글, 110쪽.

기의 일본시찰은 드러내놓고 내선일체를 강조하는 방향으로 전개되었던 것이다.

반면에 일본에 앞서 근대화를 이룬 서구를 여행한 인물들은 서구여행 이전에 이미 일본 유학이나 여행을 통해 일본의 근대문물을 접했을 뿐만 아니라 어느 정도는 이해하고 있었다. 따라서 그들의 서구여행은 일본보다 앞선 서구를 여행함으로써 근대문물의 정수를 체험하고 이해하려고 하였다. 그와 동시에 이들은 영국이나 프랑스와 같이 식민지를 경영하던 나라와 폴란드나 아일랜드처럼 식민지 경험하고 막 독립한 나라들을 동시에 여행하면서 이를 우리 민족의 현실과 비교하기도 하였다.

먼저 박승철은 다음과 같이 스리랑카에 대한 영국의 식민통치의 현상을 들어 일제의 무단통치를 비판하였다.

> 이것이 비록 細少한 일이라 할지 모르나 대영제국이 이민족을 통치함에 어떻게 고심하는지를 察知하겠나이다. 대영제국이 金力으로나 武力으로나 錫蘭島民을 일시적 압박하기는 如反掌이겠으나 이민족 통치에 경험과 재기가 있으므로 기독교국으로서 불교사찰에서 재판을 행함은 실로 영국이 錫蘭島民의 관습을 존중함에서 由出한 것이라 하나이다. 이와 같이 이민족 통치가 至難한 것이외다.

또한 그는 자국 땅이 상해에서 인도인경찰에게 몽둥이로 매를 맞는 중국인을 "가장 불쌍"하다고 하면서 "異國人인 나로서도 憤하"고 하였다. 또한 허헌은 미국의 독립전쟁 당시 샌프란시스코선언에 대해 다음과 같이 말하였다.

> 이 桑港이란 北亞美利加의 關門에 서서 "請願의 때는 이미 지났다. 우리에게 자유를 달라 그러치 안으면 …"하고 부르짖으면서 내닫던 1775년 3월의 이 나라 民衆의 壯烈한 그 활동을 回憶하는 것은 당연한 의무이리라. 그 위에 또 殖民地인 美國에서 本國인 英國에 排貨運動을 일으키어 매년 237만磅의 수입이 있던 것을 一擊에 163만磅에까지 하락시키었으며 이어서

東印度會社의 茶를 上陸拒絶한 일과 連하여 印紙販賣事件과 大陸會議 등 온갖 歷史的 悲壯한 기억도 첨가하여 좋은 것이나 최후에 議長 쫀, 한콕 쿠를 선두로 한 13洲 대표 56명이 서명하던 그 옛날의 어느 광경은 누구나 없이 분명히 와서 보고 지나야 할 줄 안다.[84]

또 그는 뉴욕에서 미국독립전쟁의 영웅인 네단헬의 동상을 보고 그가 영국군에 의해 죽임을 당하면서 남겼다는 "나는 내 나라에 바치는 목숨을 오직 하나밖에 가지지 못한 것을 원통하게 생각한다."는 말을 떠올리면서 식민지 조선을 생각하였다. 그리고 아일랜드를 여행하면서 느낀 바를 다음과 같이 썼다.

자유국이 된 뒤에 신정부의 손으로 부흥사업이 성히 일어나는 모양으로 길가마다 새로운 가로수가 서기 시작하고 또 시구도 개정이 되며 좌왕우래하는 애란인의 얼굴 위에도 희망과 정열의 빛이 떠오르더이다. 나는 이 모양을 보고 잿 속에서 날개를 털고 일어나는 불사조라는 새를 생각하였소이다. [85]

이러한 허헌의 인식은 박승철에게서도 나타난다. 박승철은 폴란드 여행을 시작하면서 "復興國 波蘭을 보는 것이 朝鮮사람 된 나로서는 最高의 興味"를 가지게 되었다고 하면서 "波蘭의 往事를 生覺하면 波蘭사람 된 사람이야말로 血淚가 날 것"[86]이라며 식민지 조선인의 입장에서 새로이 독립한 폴란드에 대한 깊은 관심을 드러내고 있다. 또한 그는 폴란드 패망의 원인으로서 내정의 부패와 귀족의 알력이 주요하다 할 수 있으나 "權謀術數를 信條로 삼든 18世紀 外交에 犧牲"[87]된 것으로 파악하여 제국주의의 침략에 의한 것이었음을 명확히 인식하고 있다. 더 나아

---

84) 허헌, 1929.9, 「世界一週紀行(第二信), 꽃의 「바리웃드」를 보고, 다시 太西洋 건너 愛蘭으로!」『삼천리』 2, 22~23쪽.

85) 허헌, 1929.11, 앞의 글, 『삼천리』 3, 15~16쪽.

86) 박승철, 1923.6, 「波蘭·和蘭·白耳義를 旅行하고서」 『개벽』 36, 38쪽.

87) 박승철, 1923.6, 위의 글, 『개벽』 36, 38쪽.

가 박승철은 나폴레옹전쟁의 승리를 기념하기 위해 세운 파리의 개선문을 보고 난 후 "나는 近世文化人의 생각으로는 얼마만한 가치가 잇슬는지 의심하나이다."[88]고 하여 프랑스세력의 해외팽창에 대해 비판적인 시각을 보이고 있다. 그리고 그는 "이곳(싱가포르 – 인용자)도 西洋人의 住宅이며 道路는 香港이나 다름 없고 中國人 市街도 亦 上海나 香港이나 같더이다. 참으로 同病相憐인지는 몰라도 中國人과 馬來人(말레이시아인)이 불쌍"[89]하다고 하였다. 이러한 인식은 당시 지식인들이 제국주의의 침략성을 충분히 인식하고 있었음을 보여준다고 할 수 있다. 다만 그러함에도 불구하고 이들의 행동이 인식과 동일한 행보를 보인 것은 물론 아니었다. 여기에 지식인의 한계와 사명감이 동시에 있는 것이라 생각된다.

그러나 나혜석은 1927년 스위스를 여행 중 제네바에서 軍縮會議에 참석하였던 "日本全權과 丸山氏夫妻, 藤原氏夫妻를 만나 기쁘게 놀고 점심"[90]까지 같이 먹을 정도로 민족의식에 차이를 보인다. 그러한 그도 자신을 찾아온 朴錫胤을 만나고 "異國에서 동포를 만나 보면 조상으로부터 받은 피가 한데 엉키어지는 것 같은 감회가 생겨나서 감사함을 더욱 느끼게 된다."고 하면서도 "호수 위에 둥실둥실 떠 음악소리에 몸이 쌓였을 때 아 – 행복스러운 운명에 감사 아니 드릴 수 없었고 삶에 허덕이는 고국동포가 불쌍하였다."[91]고 하였다. 그 자신의 생활에 감사하지만 동포들의 삶은 불쌍한 정도에 시나시 않는 것이다. 이는 식민시 조선의 현실 속에서도 자기 자신만 행복하면 그만이라는 생각에 다름 아닌 것이다. 이처럼 해외여행은 그 자신의 민족적 정체성을 확인할 수 있는 기회이면서도 동시에 자기 자신의 삶의 방향을 정하는 배경이 되기도 하

---

88) 박승철, 1922.6, 「巴里와 伯林」『개벽』 24, 58쪽.
89) 박승철, 1922.3, 「獨逸가는 길에(1)」『개벽』 21, 76쪽.
90) 나혜석, 1933.3, 「伯林과 巴里」『삼천리』 5, 39쪽.
91) 나혜석, 1933.3, 「伯林과 巴里」『삼천리』 5, 39쪽.

였던 것이다.

다음으로 동양과 서양의 문화적 차이에 대해 서구여행자들이 느낀 바를 서술해보자. 먼저 박승철은 남녀의 성별에 따른 인식의 차이를 보이는 광경을 몇 차례 목격하였다. 유럽으로 향하는 배 위에서 벌어진 여자들의 수영경기를 보고 "우리 동양인의 안목으로 보기는 놀"[92]랐다고 한 점이나 룩셈부르크공원의 남녀 나체상도 그의 눈에는 이상하게 보였다고 한 것이나 미술관에 가서 "그 중 이상한 것은 남녀간에 비밀히 하는 그 부분을 가장 일목요연하게 한 것이다. 이것은 동양천지에서는 보기 어려운 것"[93]이라고 한 것에서 그가 서양의 미술작품 속에서 받은 문화적 충격을 서술하고 있다. 그러나 그의 이러한 생각도 선상생활이 지속되면서 변화하였다. 즉 그는 선상에서 계속되는 수영에 대해 "남자며 여자며 아동들이 일정한 시간에 수영을 연습하게 되었나이다. 수영은 할 줄 모르나 구경만 해도 퍽 유쾌하외다."할 정도가 되었던 것이다.

그리고 나혜석은 기자와 대담하는 과정에서 동서양 사람들의 기질의 차이에 대해서 다음과 같이 말하였다.

> 재주야 동양사람이 그네보다 질 것이 없지만 공부하는 데는 그네의 열심과 인내력을 참으로 따르지 못할 것 같습니다. 우리 동양 사람들은 공부를 하다가 조금만 잘하면 만족히 생각하고 조금 잘 못하면 아주 낙심을 하고 중지하지만 그 사람들은 그렇지 않습니다. 내가 연구소에서 보아도 일본사람은 무엇을 그리다가 마음대로 잘 되지 않으면 얼굴이 아주 변색이 되고 종이를 발기발기 찢으며 다메다테마다(駄目だてまだ) 하고 붓을 흔히 던지지만 저 사람들은 결코 그러지 않습니다. 지금 안되면 이따가 또 그리고 오늘 안되면 내일 또 그래서 기여히 좋은 작품을 내고야 맙니다. 동양사람 중에도 중국인이 그래도 꾸준히 나아가고 우리 조선 사람도 공부 중에는 꽤 참아갑니다.[94]

---

92) 박승철, 1922.5, 「獨逸가는 길에(3)」 『개벽』 23, 109쪽.
93) 박승철, 1922.6, 「巴里와 伯林」 『개벽』 24, 58쪽.
94) 「구미 漫遊하고 온 여류화가 나혜석씨와 문답기」 『별건곤』 22, 1929.8, 121쪽.

이 인용문에서 나혜석은 서양인과 동양인을 비교하고 다시 조선인, 중국인과 일본인을 비교하고 있다. 그는 서양인이 끈기가 있고 무엇을 이루고자 하는 의욕이 강하다는 점을 말하고자 하였던 것이라 생각하지만 조선인과 중국인, 일본인도 비교함으로써 이들 나라의 민족성을 나름대로 분석하고 있다. 특히 조선인이 일본인보다 자질상 우수하다는 점을 은연 중에 드러내고 있는 것이 눈에 보인다.

그런데 나혜석은 서양숭배자일지도 모른다. 그는 유럽에서 귀국한 이후의 자신에 대해 다음과 같이 썼다.

> 요코하마에 도착한 때부터 가옥은 나무간 같고 길은 시구렁 같고 사람들의 얼굴은 노랗고 등은 새우등 같이 구부러져 있다. 조선 오니 길에 먼지가 뒤집어 씌우는 것이 자못 불쾌하였고 송이버석 같은 납작한 집 속에서 울려 나오는 다듬이 소리는 처량하였고 흰옷을 입고 시름없이 걸어가는 사람은 불쌍하였다. 이와 같이 활짝 피었던 꽃이 바람에 떨어지듯 푸근하고 늘씬하던 기분은 전후좌우로 바싹바싹 오그라들기 시작하였다.[95]

자유롭고도 풍요로운 생활뿐만 아니라 그 누구의 간섭도 받지 않고 생활하던 그가 귀국하여 시댁 식구들과 부대끼며 살아갈 때 유럽 생활이 그리울 수는 있으나 요코하마에 내리자마자 느낀 감정은 쉽게 납득할 수 없다. 특히 조선에 돌아온 이후의 감상은 조국에 대한 그리움이나 애정을 느낄 수 없을 정도이다. 그리하여 그는 '전후좌우로 바싹바싹 오르라들기 시작'했고 이 글의 제목처럼 '자유의 파리'가 그리웠던 것이라 할 것이다. 여기에서 우리는 나혜석을 보는 관점을 명확히 해야 한다고 생각한다. 분명히 그는 많은 연구에서 지적하고 있듯이 페미니스트로서는 선구적이라 하겠으나 식민지 조선의 지식인으로서는 바람직하지 못했다고 보는 이유가 있는 것이다. 이와는 달리 정석태는 스페인에서의 경험

---

95) 나혜석, 1932.1, 「아아 自由의 巴里가 그리워, 歐米 漫遊하고 온 후의 나」 『삼천리』 4권 1호, 43쪽.

을 다음과 같이 말하며 우리의 경상도와 전라도 같았다고 한다.

> 밤에는 舊劇을 찾아 갔다. 길도 거의 알다시피 하여 차츰차츰 찾아간 것
> 이 옳게 들어섰다. 劇場 근처에는 너절한 사람이 많았고 괘짝 위에 놓고 파는
> 행상인도 무수하였다. 마치 조선의 전라도나 경상도 같았다. 극장문이 열리니
> 서로 앞을 다투고 악을 쓰고 떠다밀고 야단이다.

어느 사회든 사회계급이 분화되어 있는 것을 나혜석은 보지 못했던 것이 아닌가 싶다. 이는 근대 관광이 보고 싶은 것만을 보고, 보여주기 때문에 현지인과 소통을 못한다는 것을 보여주는 사례라 생각된다. 일상에서 관찰한 것과 일상을 떠난 국외자로서의 관찰은 분명히 다른 것이다. 이러한 점에서 나혜석은 상당한 기간 동안 유럽에 체류했으나 생활인으로서가 아니라 관광자로서 살았다고 생각되는 것이다.

# 제5장 1930년대 식민지 조선의 근대 관광

## 1. 머리말

최근 식민지 근대관광에 대한 연구가 비교적 활발히 전개되고 있다. 이는 일상사에 대한 이해의 폭이 커지고, 이를 통해 식민지 지배정책이 어떠한 과정을 거쳐 식민지 조선에 구현되었는가를 살피는데 의미있는 작업이라 할 수 있다.

그러나 이러한 의의를 가짐에도 불구하고 이에 대한 연구 경향은 주로 여행기를 통해 식민지 본국인이 식민지 조선을 어떻게 이해했는가를 확인하는데 그치고 있다는 느낌을 지울 수 없었다. 그리고 이에 대한 연구는 국문학이나 일문학 등 문학 연구자들에 의하여 주도되었다. 문학 연구자들에 의한 연구는 주로 '근대(성)'에 주목하여 역사학의 장점이라 할 수 있는 시공간적 인식에 한계를 갖는다고 판단된다. 또한 기왕의 연구는 식민지 조선의 근대관광에 직접적인 영향을 끼쳤다고 볼 수 있는 일본의 근대 관광에 대해서는 거의 언급하고 있지 않은 실정이다.[1]

---

1) 일본의 근대 관광의 성립과정에 대해서는 다음의 연구가 참조된다.
　　有山輝雄, 2002, 『海外觀光旅行の誕生』, 吉川弘文館.
　　曾山毅, 2003, 『植民地台湾と近代ツーリズム』, 靑弓社.
　　小林健, 2009, 『日本初の海外觀光旅行』, 春風社.
　　佐藤哲哉, 2004, 「明治初期か第二次世界大戰に至る日本の觀光政策」『九州産業大

따라서 이러한 기왕의 연구의 한계를 극복하기 위해서는 식민지 조선의 근대 관광의 성립 배경이라 할 수 있는 일본 근대 관광과 그 정책에 대한 이해가 있어야 할 것으로 판단된다. 또 이를 바탕으로 일본의 근대 관광 정책 속에서 식민지 조선의 근대 관광 정책이나 관광기관 혹은 시설 등에 대한 연구가 이루어져야 할 것이다.

필자는 이러한 관점에서 식민지 조선의 근대 관광을 일본여행협회 조선지부의 설치와 철도·선박 등 교통기관의 발달과정을 통해 살핀 바가 있으며,[2] 더 나아가 1910년대 일본여행협회 조선지부의 활동을 실증적으로 살폈다.[3] 그리고 일제시기 조선총독부의 관광정책에 대해서도 살핀 바가 있다.[4] 이외에도 이양희는 연구노트의 수준에서 조선총독부의 관광정책을 살폈다.[5]

본고는 이러한 필자의 연구 과정 속에서 1930년대 이후 식민지 조선의 관광과 조선총독부의 관광정책[6]을 살필 것을 목적으로 한다. 이를 통

　　學商経論叢』 45-2.
　　中村宏, 2007, 「戰前における國際觀光(外客誘致)政策－滿州事變日中戰爭第二次大戰一」『神戶學院法學』 36권 2호.
　　中村宏, 2007, 「戰時下における國際觀光政策－滿州事變日中戰爭第二次大戰一」『神戶學院法學』 36권 3·4호.
　　安田政彦, 2007, 「繪葉書にみる大正時代の博覽會」『帝塚山學院大學研究論集』 42, 文學部.
2) 조성운, 2008, 「1910년대 식민지 조선의 근대 관광의 탄생」『한국민운동사연구』 56.
3) 조성운, 2010, 「20세기 초 일본의 근대 관광과 조선－일본여행협회의 활동을 중심으로－」『동아시아 근대 전환기 여가문화의 형성』(한양대 동아시아문화연구소 2010년 춘계 학술대회 발표문, 한양대 동아시아문화연구소·동아시아문화네트워크연구단, 2010년 3월 19일).
4) 조성운, 2009, 「일제하 조선총독부의 관광정책」『동아시아문화연구』 46, 한양대학교 동아시아문화연구소.
5) 李良姬, 2007, 「植民地時期における朝鮮總督府の觀光政策」『東北アジア研究』 13, 島根縣立大學東北アジア地域研究センター.
6) 본고에서 말하는 조선총독부의 관광정책이란 조선총독부 자체만을 의미하는 것이 아니라 일본여행협회 조선지부, 조선총독부 철도국 등 조선총독부의 외곽기관이

해 1930년대 식민지 조선의 관광에 대한 이해가 보다 깊어질 것을 기대한다. 다만 본고에서는 선행연구[7]에서 일본여행협회 조선지부의 활동을 통해 1940년대 이후의 식민지 근대 관광에 대해서 그 대강을 살폈기 때문에 본고에서는 이를 생략하도록 한다.

## 2. 식민지 근대 관광의 성립

관광이라는 사회적 현상은 19세기 전반 서구의 교통기술의 쇄신과 사회변화, 그 중에서도 철도교통의 발달과 함께 탄생, 전개되었다.[8] 이는 곧 관광이 중세까지의 순례와 職人과 성직자의 遍歷, 17~8세기 귀족과 상류계급의 자제들이 교양을 위해 각지를 여행한 그랜드 투어(Grand Tour)를 한편으로는 계승하면서도 이러한 어느 것과도 다른 근대적인 현상으로서 대중화하고, 산업적으로 조직화되었다[9]는 의미로 이해된다. 결국 근대 관광은 서구사회가 제국주의로 성장하는 과정에서 성립한 것이다. 그러므로 '관광(Tour)'이라는 용어는 18세기에나 사용되기 시작하였고, 그 의미도 오늘날과 달리 단순히 여행이라는 의미로 사용되었으며, '관광객(Tourist)'이라는 용어 역시 18세기 후반에 여행객과 같은 의미로 사용되기 시작했다고 한다.[10] 따라서 '관광'은 19세기가 되어서야 성립하였던 것이다.

이러한 근대 관광은 19세기 중반 영국에서 토마스 쿡(Thomas Cook)이 1841년 7월 5일 570명의 관광객을 모집하여 레스터(Leicester)에서 러

나 소속 기관 등에서 채택, 실시하였던 제반 정책을 의미한다.

7) 조성운, 앞의 논문, 『동아시아문화연구』 46.
8) 山下晋司, 2007, 「觀光文化學案內」, 山下晋司編, 『觀光文化學』, 新曜社, 2쪽.
9) 吉見俊哉, 2007, 「觀光の誕生」, 山下晋司 編, 『觀光文化學』, 新曜社, 2쪽.
10) 닝왕 지음, 이진형·최석호 옮김, 2004, 『관광과 근대성』, 일신사, 24쪽.

프보로(Loughborough)까지 실시했던 기차여행에 기원을 두고 있다. 금주
운동의 일환으로 시행되었던 이 여행은 대중들의 폭발적인 참여와 지지
를 받았다. 그것은 산업혁명 이후 성장하기 시작한 시민 – 중산층의 등
장과 철도라는 대규모 운송수단의 발달 때문이었다. 즉 여행을 할 수 있
을 정도의 교양과 경제적 여유를 갖은 계급·계층의 탄생과 철도의 발달
은 관광이 하나의 산업으로 성장할 수 있는 배경이 되었던 것이다. 근대
관광이 발달할 수 있는 조건이 이와 같다면 식민지 조선에서도 이러한
조건이 만족되어야 근대 관광이 발달할 수 있을 것이나 식민지 조선의
근대 관광에서는 관광할 수 있는 시민계급이 형성되었는가는 의문이
다.11)

　　한편 여행의 대중화는 식민지와 피식민지의 차별을 바탕으로 한 것이
었다. 세계 최초의 여행사인 토마스 쿡 앤 선(Thomas Cook and Son)사가
성공할 수 있었던 것은 당시 유럽 사회에서 광풍처럼 유행하였던 박람회
와 해외 식민지 관광에 기인한 바가 컸다. 박람회는 '문명'과 '야만'이라
는 시각으로 식민지 지배를 정당화하는 이벤트로서 제국주의적 성격을
갖는다고 할 수 있다. 이에 대해 요시미 순야(吉見俊哉)는 박람회는 '帝
國'의 디스플레이, '商品'의 디스플레이, 흥행물(見世物)로서의 의미를
가지고 있다12)고 하였다. 이는 곧 박람회가 제국주의의 발전과정에서
제국의 우수성과 근대문물을 선전하는 장치이면서 동시에 제국민에게
오락물로서의 기능도 수행하고 있다는 의미라 생각된다. 그러나 이를 피
식민지의 입장에서 바라보면 박람회는 곧 피식민지의 야만성과 전근대
성을 각인하는 장이며, 제국 상품의 소비자로서의 피식민지인을 각인하
는 장이라는 의미로도 파악된다. 또한 박람회는 제국민과 마찬가지로 피

---

11) 논쟁의 여지가 있지만 최소한 1910년대 조선에서 근대적 의미의 시민계급이 존재
　　했다고 보기는 어렵다고 할 수 있다.
12) 吉見俊哉, 2000, 『博覧會の政治學』, 中公新書, 25쪽.

식민지인에게도 오락의 기능을 제공하고 있다.[13] 이와 마찬가지로 관광은 관광객 – 제국주의국가의 국민들에게 '문명'화된 시선으로 '야만'사회를 직접 볼 수 있는 기회를 제공함으로써 제국주의적 시선을 보다 강화하는 성격을 갖고 있었다. 그리하여 근대 관광은 제국주의의 산물이라 할 수 있는 것이다.

일본의 근대 관광 역시 이러한 틀에서 벗어나지 않는다. 그러나 일본은 아시아 국가이면서 후발제국주의 국가라는 측면에서 영국을 비롯한 선발제국주의 국가와는 그 출발점이 달랐다. 바로 여기에 일본과 서구의 근대 관광의 차별성이 기인한다. 즉 일본은 서구제국에게는 '보여지는' 객체인 동시에 아시아국가에게는 '보는' 주체라는 이중적인 성격을 보이고 있다.[14]

일본의 근대 관광의 발달은 청일전쟁과 러일전쟁의 승리를 통해 제국주의로 성장하기 시작한 시기에 이루어졌다. 이 시기 일본에서는 해외 전적지의 탐방을 통해 제국 일본의 강력함을 확인하는 한편 국가와 국민의 정체성을 강화하고자 하는 의도에서 1906년 청일전쟁과 러일전쟁의 전적지의 관광을 중심으로 한 滿韓巡遊團과 1908년 世界一周旅行團을 조직, 파견하였던 것이다.[15] 특히 1906년 아사히(朝日)신문사가 주최했던 만한순유단의 성공에 따라 일본육군은 중등학교 이상의 학생들을 대상으로 조선과 만주에 대한 수학여행을 적극적으로 장려하고 후원하였던 것이다. 따라서 그들의 (半)식민지였던 조선과 조선인은 일제의 '문명'화된 시선에 의해 '보여지는' 대상임과 동시에 일본을 관광할 때는

---

13) 조성운, 앞의 논문, 『동아시아 근대 전환기 여가문화의 형성』, 77쪽.
14) 조성운, 앞의 논문, 『한국민운동사연구』 56, 109쪽.
15) 이에 대해서는 다음의 연구가 참조된다.
　　有山輝雄, 2002, 『海外觀光旅行の誕生』, 吉川弘文館.
　　小林健, 2009, 『日本初の海外觀光旅行』, 春風社.
　　임성모, 2006, 「팽창하는 경계와 제국의 시선」 『일본역사연구』 23.

일본의 근대 문물을 보고 감탄하는 대상이었다. 동시에 그들이 '세계일
주'를 할 때에는 그들 역시 '문명'화된 서구인들에게는 '보여지는' 대상
이었다. 결국 조선은 관광의 주체가 아니라 객체일 수밖에 없었던 것이
다. 그러므로 일제의 근대 관광은 시작부터 제국주의적인 성격을 분명히
하였고, 조선의 근대 관광은 그 출발부터 식민지성을 가지게 되었다고
할 수 있다.

그렇다면 이 시기 조선 국내의 관광은 어떠했을까. 한 연구에 따르면
1910년대 초반의 국내 관광단이 방문한 지역이나 시설은 대부분 일제가
근대도시로 건설하거나 일제에 의해 근대시설이 조성된 지역이나 근대
시설이 중심이 되었음을 알 수 있다.[16] 이는 일본시찰단이 방문한 장소
의 성격과 사실상 일치한다. 이에 대해 일본시찰단의 파견에 핵심적 역
할을 했다고 판단되는 趙重應이 국내 시찰을 일본시찰과 마찬가지의 의
의를 갖는다고 지적한 바와도 일치한다.[17] 이러한 일제의 의도는 이 시
기에 발행된 관광안내서나 엽서, 활동사진 등에서 확인할 수 있다. 그리
하여 조선총독부는 조선정보위원회를 설치하여 일본시찰을 문화정책의
주요 시책으로 이용하였던 것이다.[18]

또한 조선총독부는 고적조사를 통해 명승지를 창출하여 관광지로 육
성하고자 하였다. 고적조사사업은 "도요토미 히데요시(豊臣秀吉)의 '朝
鮮征伐'의 '偉業'을 현창하고 '國民'을 '啓蒙'하는 것으로서 조선지배
의 정당성을 강조하는 작업의 일환"[19]이었다. 따라서 경성의 倭城臺公

---

16) 김정훈, 앞의 논문, 200쪽 및 조성운, 앞의 논문, 『동아시아 근대 전환기 여가문화
   의 형성』 참조.
17) 『매일신보』 1913년 9월 10일, 「鮮人思想의 進化」.
18) 조선정보위원회의 활동에 대해서는 배병욱의 연구(2005, 「1920년대 전반 조선정
   보위원회와 선전영화」, 동아대학교 석사학위논문)와 조성운의 연구(2007, 「1920
   年代 初 朝鮮情報委員會의 設置와 性格」, 『한국민족운동사연구』 51)가 참조된다.
19) 太田秀春, 2008, 『近代の古蹟空間と日朝關係』, 淸文堂, 67쪽.

園과 蔚山倭城公園과 같은 고적을 공원화하고 명승지화함으로써 관광객을 유치하고자 하였다. 특히 1917년에는 한양공원과 왜성대공원을 병합하고 주변의 노인정과 장충단을 편입하여 남산공원을 조성할 계획을 수립하였다.[20] 이러한 조선총독부의 의도가 잘 드러난 것이 관광안내서와 관광 팜플렛 등 관광 관련 인쇄물이었다.

예를 들면 평양 관광 팜플렛에는 "평양이라는 이름은 우선 조선건국 신화의 무대가 되어 나타난다. 우리 史家 중에는 이 신화의 檀君을 스사노오미코토(素盞嗚尊)의 아들 이다케루노미코토(五十猛命)"[21]라고 설명하고 있다. 이는 단군을 일본의 신화시대의 신들과 연결시켜 조선이 과거부터 일본과 같은 민족이라는 이른바 내선일체론을 관광 속에서 구현하고자 하는 의도라고 판단된다. 또한 평양성의 大同門과 普通門 등 유명한 사적지이자 관광지에 대한 설명에는 이들 사적지에 대한 일반적인 설명의 말미에 임진왜란 시 고니시 유키나가(小西行長)의 일화를 덧붙여 설명함으로써 관광의 시선과 목적이 일본과의 관련성 속에서 설명되고 있음을 알 수 있다.[22] 이렇게 하여 조선총독부는 메이지유신(明治維新) 이후 일본 내에서 행해졌던 것과 같이 고적을 공원으로 정비하고 널리 일반시민에게 개방하여 '萬民皆樂'의 공간을 제공함과 동시에 '日本國民'으로 교화하고자 하였던 것이다.[23]

다른 한편 소야마 타케시(曾山毅)는 근대 관광의 발달 조건으로 칠도의 건설, 관광객 유치체제의 정비와 함께 '근대'가 동시에 도입되어야 한다[24]고 하면서 근대 관광의 발달이 제국주의와 직접적으로 관련이 있음을 밝혔다. 여기에서 그는 제국주의에 의해 이식되었건 아니건 '근대'

---

20) 京城府, 1917, 『京城府南山公園設計案』, 1쪽.
21) 조선총독부 철도국, 1929, 『平壤』, 1쪽.
22) 조선총독부 철도국, 1929, 『平壤』, 12~13쪽.
23) 조성운, 앞의 논문, 『동아시아문화연구』 46, 19쪽.
24) 曾山毅, 앞의 책, 19쪽.

의 도입이 근대 관광이 탄생에 가장 중요한 조건으로 보았다. 그러나 그
는 '근대'의 도입이 제국주의의 지배정책의 산물이라는 점을 간과하거나
경시하고 있다. 바로 이 점을 주의해야 한다고 생각한다. 지배정책이라
는 것은 기본적으로 식민지 본국의 이익을 우선하는 것이기 때문이다.
그러므로 다시 강조하지만 일제에 의해 이식된 조선의 '근대'에 탄생한
'관광'은 제국주의 침략정책의 산물이라는 성격을 지닐 수밖에 없다.

　그리고 조선철도는 일제의 대륙진출의 수단으로서 뿐만 아니라 일제
의 '幻想의 視線'을 현실화시킬 수 있는 수단이기도 하였다. 더욱이
1911년 압록강 철교의 개통은 일제의 꿈이 이루어질 수 있는 것으로 보
이게 하였다.[25] 그리하여 조선총독부 철도국은 1913년 釜山-長春간의
급행열차를 1주에 3회씩 운행하기 시작하였으며, 경의선에 야간열차도
창설하여 京釜線 및 安奉線의 주간급행열차와 연결하여 유럽과의 연결
을 원활히 하고자 하였다.[26] 이러한 사정을 반영한 것인지 남만주철도
주식회사는 1913년 『朝鮮及滿洲』에 '歐亞連絡最捷交通線'이라는 제
목의 광고를 지속적으로 내고 있다.[27] 그리고 1914년 조선총독부 철도
국에서는 통용기간 60일의 日鮮滿巡遊券을 발행하여 부산, 대구, 남대
문 및 평양역에서 발매하기 시작하였다. 이 日鮮滿巡遊券은 鐵道院, 만
철, 오사카(大阪)상선회사의 철도 및 항로를 이용한 것으로서 철도와 기
선의 보통운임의 20%를 할인한 가격에 판매되었다.[28] 이렇게 日鮮滿巡
遊券이 발행된 것은 일본내에서 1906년 만한순유단 이래 일본-조선-
만주를 잇는 관광이 붐을 이루고 있었던 사정과 관련이 있다.

---

25) 이에 대해서는 平山昇의 연구(「日鮮滿を結んだ鐵路と航路」, 『歷史と地理』 592, 2006,
　　山川出版社)가 참조된다.
26) 大屋權平, 1913.8, 「我朝鮮鐵道の任務」 『朝鮮公論』 1권 5호, 8쪽.
27) 이 광고에 따르면 대련-장춘간 급행열차와 선만직통급행열차가 운행되었음을 알
　　수 있다(『朝鮮及滿洲』 76, 광고).
28) 『釜山日報』 1914년 12월 9일, 「日鮮滿巡遊券 來る20日頃から發賣」.

이렇게 보면 식민지 조선에서는 1910년대에 철도교통의 확충에 따른 근대관광의 기초적인 조건이 마련되고 있었던 시기라고 판단된다. 또한 1924년 8월 1일에 철원~김화 사이를 1차로 개통하였고, 1931년 7월 1일에는 철원~내금강 사이의 전체 구간이 개통된 금강산전기철도와 같이 관광을 직접적인 목적으로 한 철도의 부설, 그리고 서선식산철도주식회사와 중앙철도주식회사 등과 같은 사설철도회사의 관광사업[29]은 1920년대 식민지 조선의 근대관광이 점차 발전하고 있다는 사실을 보여준다고 할 것이다.

이와 같은 1920년대 국내관광산업의 진흥은 1920년대 일본 내에서 논의되기 시작하여 1931년 시행된 국립공원법과 맞물려있다고 생각된다. 즉 일본 내의 관광진흥책의 논의는 식민지 조선에도 영향을 끼쳤다고 판단된다. 그리하여 금강산 전기철도의 부설 역시 1930년대 중반 이후 금강산 국립공원화 계획과 밀접한 관련이 있는 것이다.[30] 이렇게 볼때 비록 중일전쟁의 발발로 계획이 실행되지 못하였으나 조선총독부는 국립공원법의 제정을 통해 관광산업을 본격적으로 육성하고자 했던 것으로 판단된다.[31]

다른 한편 1920년대 조선 내의 관광은 1910년대에 비해 다양하게 전개되었다. 그 특징을 들면 첫째, 관광사업 주최자가 각급 학교나 청년단체에서 각 신문사 시국으로 이행하였다. 즉 1920년대에는 긱 신문사의 지국이 관광사업에 주도적으로 참여하고 있다. 둘째, 관광형태도 학생층을 중심으로 했던 수학여행에서 역사유적지나 자연경관을 위주로 한 명승지 관광으로 이행하였다. 이는 관광 수요층이 학생층에서 여성을 포함

---

29) 조성운, 앞의 논문, 『동아시아문화연구』 46, 23~24쪽.
30) 『大阪朝日新聞』, 1936년 6월 28일, 「國立公園領制定し金剛山を指定 施設費は國庫負擔」.
31) 조성운, 앞의 논문, 『한국민운동사연구』 56, 120쪽.

한 일반 대중으로 이행하고 있음을 알려준다. 그리고 무전여행도 증가하기 시작하였으나 이를 사회주의사상의 선전행위로 조선총독부가 규정하면서 탄압하였다. 셋째, 사설철도와 도로의 건설에 따라 금강산, 백두산, 칠보산, 지리산, 묘향산 등 관광지가 다양화되었다. 이를 다음의 <표 1>, <표 2>, <표 3>에서 볼 수 있다.

〈표 1〉 수학여행 관련 기사

| 연도<br>신문 | 1920 | 1921 | 1922 | 1923 | 1924 | 1925 | 1926 | 1927 | 1928 | 1929 | 계 |
|---|---|---|---|---|---|---|---|---|---|---|---|
| 동아 | 11 | 42 | 37 | 55 | 7 | 19 | 12 | 11 | | 2 | 196 |
| 조선 | 2 | 13 | | 57 | 25 | 5 | 6 | 26 | 3 | 1 | 138 |

〈표 2〉 명승지·사적지 관련 기사

| 연도<br>신문 | 1920 | 1921 | 1922 | 1923 | 1924 | 1925 | 1926 | 1927 | 1928 | 1929 | 계 |
|---|---|---|---|---|---|---|---|---|---|---|---|
| 동아 | 19 | 37 | 7 | 13 | 10 | 54 | 95 | 109 | 76 | 40 | 460 |
| 조선 | 2 | 12 | 1 | 36 | 11 | 35 | 13 | 27 | 5 | 16 | 158 |

〈표 3〉 금강산 관련 기사

| 연도<br>신문 | 1920 | 1921 | 1922 | 1923 | 1924 | 1925 | 1926 | 1927 | 1928 | 1929 | 계 |
|---|---|---|---|---|---|---|---|---|---|---|---|
| 동아 | 7 | 10 | 10 | 17 | 16 | 19 | 24 | 24 | 43 | 20 | 190 |
| 조선 | 2 | 12 | 1 | 20 | 7 | 9 | 11 | 23 | 3 | 16 | 104 |

<표 1>, <표 2>, <표 3>을 통해 보면 1920년대의 국내관광은 명승지와 사적지, 금강산 등을 중심으로 활발히 성장하고 있음을 알 수 있다. 그리고 이러한 지역을 관광지로 개발하기 위한 사철의 건설, 숙박시설 및 위락시설의 건설 등이 이루어지고 있다.[32]

## 3. 1930년대의 관광과 관광정책

1930년대의 관광정책은 1938년 국가총동원법의 제정 이전과 이후의 두 시기로 나누어 볼 수 있다. 즉 국가총동원법 제정 이전에는 관광진흥 정책을 통해 조선 국내외 관광이 진전되었으나 그 이후에는 대륙침략에 따른 군수물자의 수송을 우선으로 하면서 관광억제정책으로 정책변화가 이루어지고 있는 것이다. 이러한 정책변화는 1937년 중일전쟁 발발을 기점으로 제국 일본의 관광정책이 평화적 외객유치정책에서 정치적 선전노선 즉 점령지 통치 보완노선으로 이행33)한 후 전쟁을 확대하는 과정의 연장선에 있는 것으로 판단된다. 1930년대의 조선총독부의 관광정책 역시 이러한 제국 일본의 관광정책의 변화에 직접적인 영향을 받는다. 본고에서는 이를 국가총동원법 제정 이전을 제1기, 이후를 제2기로 나누어 살펴보고자 한다.34)

### 1) 제1기의 관광과 관광정책

먼저 제1기의 관광정책은 사토(佐藤作郎)의 글을 통해 볼 수 있다.35)

---

32) 여기에 대해서는 다음의 연구가 참조된다.
   추교찬, 2008, 「월미도 유원지와 경인선」『仁川文化硏究』 6, 인천광역시립박물관.
   김영수, 2009, 「1920~1930년대 인천의 '관광도시' 이미지 형성 – '인천안내서'를 중심으로」『인천학연구』 11, 인천대학교 인천학연구소.
   조성운, 2009, 앞의 논문, 『동아시아문화연구』 46.

33) 中村宏, 2007, 「戰時下における國際觀光政策 – 滿洲事變日中戰爭第二次大戰一」『神戶學院法學』 36권 3·4호.

34) 필자는 선행연구(2009, 「일제하 조선총독부의 관광정책」『동아시아문화연구』 46, 한양대학교 동아시아문화연구소)에서 1930년대 관광정책을 1937년 중일전쟁을 기점으로 그 이전을 제1기, 이후를 제2기로 구분하였으나 이를 국가총동원법을 기준으로 구분하는 것이 보다 합리적이라 생각되어 본고에서 수정하게 되었다.

35) 사토는 1918년 滿鐵에 들어가 京城管理局 營業科에서 근무하기 시작하여 1922년

사토는 조선철도에 대해 관광가치를 지닌 동양의 노대국 중국과 일본을 연결하는 한편 歐亞交通의 幹線으로서 외국인 관광객을 유치하는데 중대한 역할을 해왔다고 평가하면서 이 시기 조선총독부의 관광정책을 교통시설, 유람지의 시설, 숙박지의 숙박 및 오락시설, 안내소·선전·여권·세관·기타로 나누어 살핀 후 조선의 내국인 관광객 유치사업을 개략하였다.

그는 먼저 제국 일본의 정책에 따라 조선철도를 중국, 유럽과 보다 긴밀하게 연결시켜야 한다고 주장하면서 유럽 – 시베리아 – 일본 – 인도양 – 유럽 노선 및 유럽 – 시베리아 – 일본 – 미국 노선과 일본 – 조선 – 만주 – 중국 – 유럽을 잇는 노선의 설치를 제안하였다. 즉 그는 해운으로는 부산 혹은 인천과 상해를 잇는 노선을 신설한다면 운젠(雲仙) 방면에서 오는 상해, 홍콩 방면의 관광객을 해운대와 금강산 등지로 유치할 수 있다고 하였다. 이와 동시에 그는 인천항의 상륙설비의 미비를 해결해야만 매년 3회 이상 오는 세계일주선을 맞이할 수 있다고 지적하여 식민지 조선의 항만시설을 정비할 것을 주장하였다. 또 그는 자동차드라이브를 가능하게 하는 도로의 건설을 주장하여 관광버스36)나 관광택시 등의 활용을 생각하고 있음을 알 수 있다.37)

<hr>

에는 旅客主任이 되었다. 1925년 모스크바에서 열린 세계철도사무의 권위자를 모은 연합회에 출석하였으며, 1925년 朝鮮總督府 參事로 승진하여 영업과장이 되었다(『조선공로자명감』, 426쪽, 국사편찬위원회 한국사데이터베이스에서 인용) 이와 관련된 내용은 佐藤作郎의 글(「朝鮮に於ける觀光事業に就いて」『朝鮮』1931년 7월호)에 근거하며, 이후 인용을 생략한다.

36) 식민지 조선에서 언제부터 관광버스와 관광택시가 운행되었는지는 확인할 수 없다. 다만 일본 내에서는 1925년 12월 15일 동경승합자동차회사가 皇居前 – 銀座 – 上野 코스의 운행을 개시한 것이 최초이며 이후 別府(1927), 大阪(1928), 京都(1928), 奈良(1940) 등지로 관광버스를 운행하는 도시가 증가하였으나 1940년 9월 가솔린 소비규제에 따라 폐지되었다고 한다(高嬡, 2002, 「樂土を走る觀光バス」『擴大するモダニティ』, 岩波書店, 202쪽).

37) 1920년대 중반부터 시작된 인천의 월미도 개발이나 금강산 전기철도주식회사의

식민지 조선에서 언제부터 관광버스와 관광택시가 운행되었는지는 확인할 수 없으나 1940년 8월 현재 전국의 200여개의 관광코스에서 600여대의 관광버스가 운행되고 있는 것으로 확인된다.[38] 다만 <표 4>를 통해 볼 때 1941년 무렵부터 3개회사가 94.9㎞의 코스에서 관광버스를 운행하고 있는 것으로 보인다. 그런데 1940년 철도성 감독위원회는 1940년 8월 관광버스를 전폐할 것을 결정하고 10월 1일부터 시행하기로 결정[39]하였다. 따라서 이 결정이 실제 시행되었는가는 확인해야 할 필요가 있다.

<표 4> 자동차 교통사업 상황표(1941~1943)[40](노선길이 단위 ㎞)

| | 여객자동차운수사업 | | 여객자동차 운송사업 | | | | | 화물자동차 운송사업 | | | 특정여객자동차운송사업 | | |
|---|---|---|---|---|---|---|---|---|---|---|---|---|---|
| | | | 관광 여객 | | 단체 여객 | | 보통여객 | 구간 화물 | | 구역화물 | 노선 정한 것 | | 노선 정하지 않은 것 |
| | 사업자수 | 노선길이 | 사업자 | 노선길이 | 사업자 | 노선길이 | 사업자수 | 사업자수 | 노선길이 | 사업자수 | 사업자수 | 노선길이 | |
| 1941 | 117 | 25,875.2 | 3 | 94.9 | 3 | 378.5 | 126 | 88 | 23,766.0 | 138 | 9 | 125.5 | 9 |
| 1942 | 102 | 25,760.1 | 3 | 94.9 | 3 | 378.5 | 119 | 87 | 23,641.0 | 123 | 17 | 172.1 | 11 |
| 1943 | 101 | 24,016.4 | 3 | 94.9 | 3 | 504.0 | 90 | 61 | 24,344.2 | 74 | 12 | 198.7 | 9 |

(자료) 조선총독부, 1942, 『朝鮮事情』, 168~169쪽 ; 조선총독부, 1943, 『朝鮮事情』, 179~180쪽 ; 조선총독부, 1937, 『朝鮮事情』, 181쪽.

이는 일본 최초로 1925년 12월 15일 동경승합사동차회사가 皇居前－銀座－上野 코스에서 관광버스를 탄생시킨 점과 1930년대에 집중적으로 만주에 관광버스가 등장하였다는 점[41]에 비해 시기적으로 늦은 것

---

금강산 개발과 같은 사업은 사토의 주장 이전에 이미 관광도로와 관광철도가 식민지 조선에서 구현되기 시작하였다는 증거로 볼 수 있다.

38) 『매일신보』 1940년 8월 25일, 「觀光버스 廢止 全國 200餘區에」.
39) 위와 같음.
40) 조병로·조성운·성주현, 2010, 「일제 식민지시기의 도로교통에 대한 연구(Ⅱ), 『한국민족운동사연구』 61, 281쪽, <표 13>.

이었다. 그러나 이 통계가 식민지 조선에서 관광버스가 운행되기 시작한 시기가 1941년이라는 것을 의미하는 것은 아니라고 생각된다. 이미 1920년대에 금강산 관광에 자동차가 이용되었으며, 1929년 경성에서는 시내명소를 一巡하고 경성역에 돌아오는 유람자동차가 운행되었고,[42] 1933년 경성관광협회 창립 이후 유람버스 및 유람택시 안내가 11건이었으며,[43] 부산에서도 부산역 – 大廳町 – 龍頭山 – 日韓市場 – 長手通 – 부산역을 운행하는 유람버스가 있었다고 판단[44]되고, 1935년 평양관광협회에서도 유람버스의 운행을 검토[45]하고 있기 때문이다. 따라서 1920년대 후반에는 식민지 조선에서도 관광자동차가 운행되고 있음을 확인할 수 있다. 그러나 이 관광자동차가 정규코스를 운행하는 것인지 혹은 전세버스인지는 확인할 수 없다. 이렇게 볼 때 제국 일본의 영역 내에서는 대략 1930년 무렵이면 관광버스나 관광택시 등 관광자동차가 운행되고 있음을 확인할 수 있다.

그리고 사토는 금강산·평양·경주·주을 등을 명승지 혹은 명소로서 관광지로 개발하자는 제안을 하였다. 금강산은 조선 유일의 국립공원 후보지, 평양과 경주는 역사적 유적지, 주을은 온천으로 유명한 지역이었다. 이처럼 그는 자연경관이 뛰어난 지역이나 역사 유적지, 온천지 등을 관광지로 개발할 것을 제안하였다. 특히 금강산은 1923년 무렵부터 자동차의 운행, 호텔 설치, 국내외에 대한 선전 등을 통해 관광지로서 널리 알려졌으며, 1931년 금강산전기철도의 개통과 조선철도 東海北部線의 개통 등으로 관광이 보다 용이한 지역이었다. 특히 1937년 미나미지로

41) 高媛, 2002, 「樂土を走る観光バス」 『擴大するモダニティ』, 岩波書店, 202쪽.
42) 조선총독부철도국, 1929, 『京城』, 6쪽.
43) 『동아일보』 1933년 10월 31일, 「觀光協會 11일간 410건을 案內」.
44) 조선총독부철도국, 1929, 『釜山』, 8쪽.
45) 『매일신보』 1935년 1월 31일, 「平壤観光協會의 遊覽客誘致政策 선전과 시행을 병행」.

(南次郞) 총독의 금강산 종단을 계기로 금강산조사회에서는 미나미총독에게 직접 '금강산관광플랜'을 제시, 설명하였는데 그 계획의 대강은 다음과 같다. 이는 앞에서 언급한 금강산국립공원화계획과도 관련이 있는 것으로 판단된다.

    1. 드라이브 웨이의 정비
    1. 금강산 관광국 영업소의 설정
    1. 호텔설비의 개선
    1. 산내 기설도로의 개수[46]

또 사토는 호텔, 여관 등 관광숙소문제의 해결을 주장하면서 일본식 여관을 서양식 호텔로 변경할 것과 숙박지에 오락시설이 결여되어 있으므로 외국인 관광객들을 위한 오락시설의 확충을 주장하였다. 이외에도 그는 조선관광을 위한 여행안내소에 대해서도 언급하였다. 일본여행협회 여행안내소가 각지에 설치되어 있으며, 조선관광안내를 위한 제반 선전 및 포스터도 국내외에서 일본어 및 유럽어로 각종 잡지에 광고를 게재할 것을 주장하였다. 그 결과 일본여행협회의 전무이사는 이 선전들이 기대 이상의 효과를 얻었다고 평가하였다고 하였다.

한편 1936년 니시무라 마사오(西村正雄)는 일제가 조선을 강점한지 4반세기가 지닌 시점이므로 조선에 관광객을 유치할 방법을 적극적으로 강구해야 할 시기가 되었다고 하면서 몇 가지 제안을 하였다.[47] 우선 그

---

46) 『동아일보』 1939년 10월 29일, 「自動車 타고 金剛山 구경」.

47) 西村正雄, 1936, 「朝鮮觀光客誘致策」 『朝鮮鐵道協會會誌』 15-10 이하 西村正雄의 제안은 이 글에 근거하며 각주를 따로 붙이지 아니한다. 西村正雄에 대해서는 알 수 없으나 그가 조선철도협회의 기관지인 『朝鮮鐵道協會會誌』에 1936년부터 기고하고 있는 것으로 보아 조선철도협회와 밀접한 관계를 맺은 인물이라 생각된다. 따라서 그의 제안은 그 자신만의 생각이 아니라 조선철도협회의 의중을 반영한다고도 볼 수 있을 것이다.

는 조선총독부와 지방청에 관광을 주관할 기구와 관광과 직접 관련있는
당국자·학자·권위자 등은 물론이고 종교·교육·경제·위생·스포츠·오
락·언론 등의 관계자로 구성된 위원회의 설치를 제안하였다. 또 관광객
의 소비를 증가시키고 관광객이 재차 조선을 방문하거나 주변 사람들에
게 조선관광을 권유할 수 있도록 하기 위해서는 관광업 종사자의 자세변
화도 요구되므로 이들을 중심으로 구성된 가칭 '朝鮮中央觀光協會',[48]
'保勝會' 등과 같은 실행기관의 조직을 주장하였다. 그리고 그는 조선총
독부 철도국과 만철에서 공동으로 운영하고 있는 선만안내소 외에 조선
중앙관광협회의 여행 안내소를 둘 것을 제안하였다. 이외에도 그는 각
지방에서 조직된 보승회의 업무로 관공서·교통기관·宿屋·요리점·선물
가게 등의 연락과 공조 도모, 안내기·지도·그림엽서의 발매, 안내자 양
성 및 공급, 관광지의 미화, 관광도로의 개설과 보수 등을 지적하였다.[49]
　　니시무라의 이러한 주장은 앞에서 본 사토의 주장과 크게 다른 것은
아니지만 중앙관광협회나 보승회 등 관광 단체의 조직을 주장했다는 점

---

48) 西村正雄은 조선중앙관광협회의 목적과 주된 사업을 다음과 같이 말하였다.
　　목적
　　1. 내지 및 외국의 관광객을 조선에 유치
　　2. 일반여행의 장려, 여행상의 편리 증진
　　3. 관계업자 상호간의 연락제휴
　　사업 내용
　　1. 관광지의 소개, 선전. 안내기, 지도, 포스타류의 편찬, 발행
　　2. 여행의 알선. 여행일정, 旅費槪算의 작성
　　3. 청부여행, 단체여행의 취급
　　4. 여관의 소개, 안내자의 소개
　　5. 여행에 관한 제반 행사의 개최 또는 알선
　　6. 승차권의 代賣. 쿠폰의 발행
　　7. 관광지 제반 시설에 관한 조언
49) 그런데 실제 보승회가 이러한 일에만 종사한 것 같지는 않다. 고유섭은 보승회란
　　것이 자칫하면 관광회와 혼동되어 마땅히 보유하여야만 할 품위를 俗惡한 선전과
　　유치로 誤導되어 뜻있는 인사의 반감을 사는 예가 왕왕 있다고 하였던 것이다(고
　　유섭, 1993, 「高麗舊都 開城의 古蹟」『高裕燮全集』4, 403~404쪽).

에서 보다 구체적이라 할 수 있다. 이러한 주장은 1933년경부터 일부 지방에서 결성되기 시작하였던 지방관광협회와 중앙 조직으로서의 조선관광협회의 조직이 지지부진한 상황에서 제기되었던 것이다.

이와 같이 관광을 진흥하고자 했던 분위기 속에서 조선총독부는 1933년 2월 10일 제1회 관광사업협의회를 개최하여 관광협회의 설립을 결정하였다.[50] 이 협의회에서 설치하기로 결정된 관광협회는 "조선에서 관광사업의 통일과 조직적 시설을 목적"으로 하였다. 그런데 이미 조직되어 있던 금강산협회에 대해서는 기금을 기부한 인물들의 의사를 존중하여 독자성을 인정하는 방향으로 논의가 진전된 것으로 보인다. 이러한 결정에 따라 경성과 부산에서는 관광협회가 조직되었으나 경비상의 문제로 여타 지방과 조선관광협회의 조직은 유야무야되었다.[51]

경성관광협회가 조직되는 과정은 다음과 같다. 1933년 4월 11일 각 방면의 단체 대표자들이 모여 관민 합동의 관광협회의 조직을 결정하고 10여명의 위원을 선정하여 설립 취지서와 예산안을 작성하게 하였고,[52] 4월 15일에는 창립준비위원회에서 관광안내서의 발행과 경성역 근처에 관광안내소를 설치할 것을 결의하였으며,[53] 5월 9일에는 조선호텔에서 발기인회를 개최하였으나[54] 창립일은 알 수 없다. 그런데 경성부는 경성관광협회의 활동이 부진하다는 판단으로 경성관광협회의 담당을 권업과로 변경할 것을 고려하였나.[55] 한편 1935년 1월 17일 이사회에서 여관 3, 의원 2, 택시 1의 가입을 승인[56]하였던 것으로 보아 관광사업체가

50) 『조선일보』 1933년 2월 13일, 「事業統一 施設組織化 觀光協會設立 金剛山協會는 獨自性 保有 實際問題엔 一難關」.

51) 『조선일보』 1933년 10월 19일, 「朝鮮觀光協會 年內로 成立?」.

52) 『동아일보』 1933년 4월 13일, 「觀光協會組織」.

53) 『동아일보』 1933년 4월 19일, 「京城觀光協會創立準備奔忙」.

54) 『동아일보』 1933년 5월 4일, 「觀光協會發起人會」.

55) 『조선일보』 1937년 11월 20일, 「隣保舘事業을 擴充 巡廻産婆를 任用 公設質屋과 觀光協會도 補強 京城府社會事業의 擴充」.

아닌 관광 관련단체를 망라한 것으로 보인다.

이외에도 1935년 무렵 평양을 선전, 소개할 목적으로 평양관광협회가 조직[57]되었고, 1937년 1월 현재 경주관광협회의 존재도 확인[58]되며, 원산관광협회도 1937년에 조직되었다.[59]

이와 같이 조선 내에서 각 지방에 관광협회가 조직되는 등 관광진흥을 위한 정책이 활발하게 추진되던 중 일본정부의 철도성은 1936년 일본관광연맹회의에서 1940년 동경에서 개최 예정이던 제12회 올림픽을 맞이하여 조선 내의 경성, 부산, 평양, 경주지방의 관광협회를 합동, 통제하여 일본관광연맹 조선지부로 두기로 하였다. 그리고 이 방침에 근거하여 경성관광협회의 관할권을 경성부에서 조선총독부 철도국으로 이관하도록 하였다.[60] 이러한 과정 속에서 경성, 평양, 함흥, 원산, 부산 등 전국 7개의 관광협회가 1939년 11월 27일 경성부청에서 조선관광연맹을 조직하였다.[61]

앞에서 본 바와 같이 관광협회가 조직된 지역은 경성, 부산, 원산, 평양 등이었다. 이외에도 1936년 현재 부여고적보존회와 경주고적보존회, 금강산협회 등의 관광 관련 단체가 있었다.[62]

이러한 관광 관련 단체들의 활동을 보면 다음과 같다. 먼저 창립 이후 경성관광협회는 1933년 10월 17일부터 27일까지 여행안내 8건, 유람버스 및 유람택시 안내가 11건, 觀光順路 자체 주문이 11건, 기차임금과 시간조회가 99건 등의 성과를 보였다.[63] 또 1933년 10월 경성관광협회

56) 『동아일보』 1935년 1월 19일, 「觀光協會理事會」.
57) 『조선일보』 1935년 2월 14일, 「牧丹峰」公園의 關門 轉錦門改築計劃 平壤觀光協會에서」.
58) 『조선일보』 1937년 1월 10일, 「觀光協會를 統制 東京올림픽에 備하여」.
59) 『동아일보』 1937년 4월 11일, 「觀光協會大活躍」.
60) 『조선일보』 1937년 1월 10일, 「觀光協會를 統制 東京올림픽에 備하여」.
61) 『매일신보』 1939년 11월 28일, 「觀光聯盟 準備 27日 打合會開催」.
62) ジャパンツーリストビューロー(日本旅行協會), 1936, 『ビューロー讀本』, 539쪽.

주최로 벽제관고전장시찰단을 모집하였으며,[64] 10월 17일 여행 안내소
를 개소하였다.[65] 그리고 1934년 3월 23일 상임이사회에서 관광객에게
조선의 예술을 소개하는 동시에 5월 1일부터 한달 간 三角町 1번지 食
道園에서 조선기생춤을 공연할 것을 결정하였고, 단체관광객 안내는 조
선총독부 철도국이 무료로 하고 개인관광객 안내는 경성관광협회가 2원
의 안내료를 받고 하기로 결정하였다.[66] 1935년 5월 9일에는 관광선전
강연회를 개최하였다.[67] 1938년 4월 24일부터 26일까지는 경성관광제
를 개최할 예정이었으며,[68] 관광업 종사자들의 서비스 향상을 위한 강
습회를 1938년 11월 4~5일에 걸쳐 여관, 식당, 카페 종사자 등을 대상
으로 개최하였다.[69]

평양관광협회는 창립 이후 첫 번째 사업으로 평양명승고적보존회와
공동으로 모란봉공원의 관문이라 할 수 있는 轉錦門을 개축하고 평양의
명승구적을 소개하는 출판물을 간행하기로 하였다.[70] 그리고 1935년 1
월 상순에 개최되었던 이사회에서 牧丹峰, 大同江, 樂浪古墳, 妓生 등을
관광상품으로 선전하고 관광객을 유치하기 위하여 다음을 결의하였다.

  1. □□□前에 안내소를 설치하고 안내에 萬全을 기할 일
  2. 팜플렛 외 기타 인쇄물을 인쇄하여 관광단체 및 개인견학자에 供할 일
  3. 개인 안내인을 置하기로 한 후 관광협회에서 其□採用할 일
  4. 진남포부와의 연락을 취하여 진남포 견학자로 평양에 □□할 일

---

63) 『동아일보』 1933년 10월 31일, 「觀光協會 11일간 410건을 案內」.
64) 『동아일보』 1933년 10월 3일, 「碧蹄觀光團募集」.
65) 『조선일보』 1933년 10월 19일, 「觀光協會案內所 17일 事務開始」.
66) 『동아일보』 1934년 3월 25일, 「봄빛을 따라 觀光客 殺到」.
67) 『조선중앙일보』 1935년 5월 8일, 「觀光宣傳講演」.
68) 『매일신보』 1938년 1월 15일, 「京城觀光祭協 4월 하순에 3일 동안 거행」.
69) 『조선일보』 1938년 11월 1일, 「觀光協會 주최로 써비스강습회」.
70) 『조선일보』 1935년 2월 14일, 「牧丹峰」公園의 關門 轉錦門改築計劃 平壤觀光協
   會에서」.

5. 유람버스 운전할 일
6. 연암동 하에 휴게소를 설치할 일71)

　이와 같은 평양관광협회의 관광객 유치책은 여타 지역의 경우에도 크게 다르지 않았을 것이라 생각된다. 그리하여 평양관광협회는 모란강에 순조선식 건물을 건축하여 妓生房을 설치하여 관광객을 유치하고자 하는 계획을 수립하였다.72) 그리고 1938년 평양관광협회는 평양역－신사－칠성문－박물관－기자릉－을밀대－현무문－모란봉　轉錦門－秉船－대동문－연광정－기생양성소－시내견학의 제1코스와 郵便局前－寺洞－西電－日□－日□－낙랑고분－시내견학의 제2코스의 평양 관광 코스를 두 가지로 개발하고, 관광안내를 무료로 하기로 하였다.73) 이러한 결과 1938년 4월 평양을 찾은 관광객의 수는 평양관광협회에 접수된 것만 33단체 2260명이었으며, 5월에 예약된 것만 36단체 2579명에 이르렀던 것이다.74)

　그리고 원산관광협회는 1938년 봄에는 觀櫻大會와 여름철에는 '海의 元山'이라는 행사를 개최하고자 하였다.75) 또 철도국에서는 관광객을 유치하기 위한 방법으로서 담배갑 속에 광고카드를 삽입하기로 하고 광고카드 50만장을 인쇄하기로 하였다.76)

　관광진흥을 위한 프로그램이 이와 같이 개발되는 과정에서 인천의 송

---

71) 『매일신보』 1935년 1월 31일, 「平壤觀光協會의 遊覽客誘致政策 선전과 시행을 병행」.
72) 『조선중앙일보』 1935년 6월 5일, 「平壤牧丹江에 妓生房을 新建築 一般觀光客에게 觀覽시키고자 觀光協會에서 計劃中」.
73) 『조선일보』 1938년 4월 22일, 「觀光客의 便利圖謀 案內料까지 全廢 평양관광협회 신계획」.
74) 『동아일보』 1937년 5월 4일, 「平壤 찾은 觀光客 二千三百餘人 前年보다 4割 增加」.
75) 『동아일보』 1937년 4월 11일, 「觀光協會大活躍」.
76) 『동아일보』 1938년 1월 22일, 「觀光客 招致에 名勝 카드」.

도유원지에서는 별장 부지를 분양하였다.[77] 이로 보아 일부 계층에 한
정되는 것이겠지만 관광과 휴양을 동시에 즐기고자 하는 풍토도 이 시기
에는 조성되고 있다고 판단된다. 특히 인천은 이 시기 관광을 3대사업의
하나로 선정하고 관광도시로서 성장하는데 집중하였다. 그리하여 산업
도로에서 송도유원지에 이르는 관광도로를 개통하였으며,[78] 월미도의
다리 폭도 기존의 차도 6m에서 인도 6m를 확장하였고,[79] 문학산에도
관광도로를 설치하고자 하였다.[80] 또 1938년에는 위생과 관광도시 미화
를 위해 가로수를 심었으며,[81] 선진국을 모방하여 桃山町에 종합대공원
을 설치하고자 하였다.[82] 그리고 송도관광주식회사가 1938년 4월 12일
창립[83]되어 인천은 관광도시로서의 성장을 꾀하고 있었음을 알 수 있다.
이러한 결과 1937년 인천시내 108개의 여관에 투숙한 관광객의 수는
75,003명이고 그 중 일본인은 약 7%인 5,222명으로서 나머지는 조선인
과 기타 외국인이었던 것으로 추정된다. 그리고 관광객이 가장 많이 몰
린 시기는 6월부터 9월까지의 피서기이며 가장 적을 때는 1, 2월과 10,
11월이었다고 한다.[84] 그런데 같은 해 3, 4, 5월 인천 관광객의 수는 대
략 3만명[85]이었다고 한다. 그리고 이듬해인 1938년 봄부터 여름에 월미
도와 송도를 찾을 관광객의 수를 대략 24만명으로 예측하고 있다.[86]

---

77) 『동아일보』 1937년 4월 12일, 「仁川 松島遊園地 土地 3萬坪 分讓」.
78) 『동아일보』 1937년 11월 11일, 「仁川의 觀光施設 松島行 道路完成」.
79) 『동아일보』 1937년 11월 13일, 「月尾島觀光路竣工式 21일 성대히 거행」.
80) 『동아일보』 1938년 2월 25일, 「文鶴山에 觀光路 3月末에 實測한다」.
81) 『동아일보』 1938년 2월 23일, 「明年仁川府土木費 50萬圓을 豫想 가로수와 가로
   등을 증설 계획 관광인천의 미화공작」.
82) 『동아일보』 1938년 2월 23일, 「仁川 桃山町에 綜合公園設置 新年度 實現」.
83) 『동아일보』 1938년 4월 12일, 「松島觀光會社創立」.
84) 『조선일보』 1938년 2월 3일, 「觀光次 仁川 찾아온 遊覽客 7만5천명」.
85) 『동아일보』 1938년 2월 10일, 「仁川에 觀光客 宿泊者 3萬名」. 3만명이라는 숫자
   는 이 시기 인천 소재의 여관이나 하숙에 숙박한 사람의 수를 합한 것이다.
86) 『동아일보』 1938년 5월 5일, 「觀光都市仁川에 大動員된 賞春客 客月中 24萬餘名

이와 같이 국내관광이 활발해짐과 동시에 해외 관광객을 유치하기 위한 활동도 전개하였다. 즉 1935년 1월 관광목적으로 조선을 찾는 일본인들을 맞이하기 위한 來鮮團體案內打合會를 개최[87]하였던 것이다. 이에 따라 경성관광협회가 안내한 것만으로 1935년 5~6월에 조선에 온 일본과 해외관광객의 수가 紳士團體 49개 1,296명, 학생단체 102개 7,593명에 이르러 1934년보다 45%가 증가[88]하였다. 이러한 일본인 관광객의 증가뿐만 아니라 이 시기에는 국내 관광도 상당히 활발히 이루어진 것으로 보인다.

그리고 일본여행협회 조선지부는 1930년 국제관광국의 설치 이후 조선지부의 조직을 대폭 강화하였다. 그리하여 경성, 부산, 평양, 함흥, 대구, 원산, 신의주, 대전, 나진, 청진, 목포, 광주, 인천, 흥남, 군산, 전주, 부평, 여수 등에 안내소나 출장소 등을 설치하였다.[89]

또한 이 시기에는 관광데이의 설정[90]이나 관광제의 개최[91] 등을 통해서도 관광을 진흥시키고자 하였다. 그리고 1937년 2월 15일 관광객 유치대책회의에서는 다음의 6개항을 협의하였다.

1. 조선의 외객유치 장소와 그 개선책
2. 외객 유치에 대하여 만족을 줄 만한 호텔의 설비가 여하한가
3. 안내업자와 기타 직접 외객을 접하는 업자의 지도에 관한 건(외객의 불편 불쾌를 감하는 점)
4. 해외에 조선을 선전하는 방법 여하

---

突破」.
87) 『조선중앙일보』 1935년 1월 15일, 「旅行씨즌 앞두고 서비스 方法 準備 旅館協會 등 各界 關係者가」 ; 『조선중앙일보』 1935년 1월 23일, 「第1回團體旅客案內打合會」.
88) 『조선중앙일보』 1935년 1월 23일, 「京城에 온 觀光團體 2개월간에 9천명 관광협회의 취급만」.
89) 조성운, 앞의 논문, 『한국민족운동사연구』 56, 133쪽.
90) 『조선일보』 1937년 3월 4일, 「觀光데 – 決定協議」.
91) 『조선일보』 1937년 4월 13일, 「觀光協會主催 觀光演奏會」.

　　5. 관광선물 등의 개선에 관한 건
　　6. 세관과 경찰 방면의 연락[92)

　이처럼 조선총독부가 중일전쟁 직전 관광산업의 진흥을 도모했던 것
은 1940년 도쿄에서 개최될 예정이었던 제12회 동경올림픽과 연계하였
기 때문이었다. 그리하여 조선총독부 철도국에서는 관광루트의 설정을
통한 특정운임제의 실시, 특별열차의 운행, 조선 – 만주 – 북부 중국을
연결하는 직통열차의 운행 등 관광객 유치를 준비하였던 것이다.[93)] 그
리고 개성에서는 관광진흥을 준비하기 위하여 사회사업과에 속해있던
관광계를 독립시키는 등 행정기구를 개편하기도 하였다.[94)]
　그러나 이러한 관광진흥정책에 대한 반대기류도 있었던 것으로 보인
다. 즉 1938년 3월 26일 개최된 평양부회에서는 모란봉공원의 도로포장
공사에 대한 논쟁이 있었다. 공원의 도로포장보다는 주민이 거주하는 지
역부터 먼저 포장하는 것이 우선이라는 조선인 부회의원의 주장에 대해
일본인 부회의원들은 관광도시 평양의 체면을 유지하기 위한 것이라고
주장하였던 것이다.[95)] 이러한 논쟁의 결과 모란봉공원 도로 포장사업은
원안대로 가결되지 않고 수정되었던 것이다.

## 2) 제2기의 관광과 관광정책

　1938년 5월 5일 국가총동원법이 공포된 이후에도 관광진흥을 위한
정책이 한동안 지속되었다. 즉 1938년 8월 16일 경성부와 경성관광협회

---

92) 『조선일보』 1937년 2월 17일, 「觀光朝鮮의 整備 外客誘致對策協議」.
93) 『조선일보』 1937년 5월 5일, 「올림픽을 앞두고 선전 – 설비 – 수송 철도국 만반준
　　비 관광루 – 트 설치 運賃制 特定」.
94) 『조선일보』 1937년 7월 5일, 「開城府政機構改革 토목과를 설립 위생, 관광계도
　　분리」.
95) 『조선일보』 1938년 3월 28일, 「牧丹峰公園觀光路 鋪裝工事에 反對」.

에서는 철도국 영업과, 경기도 산업과, 일본여행협회 조선지부 등의 관계자가 출석하여 관광 시설을 갖추기 위한 회의를 개최하였던 것이다.96) 그리고 경성부에서는 1939년에는 이듬해인 1940년에 권업과에 소속되었던 관광계를 관광과로 독립, 승격시킬 계획을 세우고 있었다.97) 그러나 1938년 평양관광협회가 觀光祭를 폐지하고 觀光報國週間을 실시98)한 것에서 알 수 있듯이 관광의 개념은 변화하였다고 판단된다.

觀光報國은 國土愛護, 公德强調, 心身鍛鍊을 3대 목표로 하는 것으로서 國民精神總動員運動의 일익을 담당하는 것이었다. 國土愛護란 史蹟·風景 기타 국토를 장식하고 있는 모든 사물의 보존과 향토의 미화를 포함하는 것으로 이러한 것들은 祖國認識, 志操涵養, 健康增進, 心身鍛鍊을 위한 기초가 되며 관광객 유치를 위한 자원이 된다는 것이다. 이를 위해 神社·佛閣의 청결, 公園·街路 기타 공개된 장소의 정화, 광고물의 정리, 광장과 공지 기타 연도에 나무와 꽃 등을 심어 도시미나 전원미를 가꾸어야 한다는 것이다.99) 公德强調란 관광지, 여관, 교통기관 등에서 공중도덕을 잘 지키자는 개념이다. 즉 관광지에서 나뭇가지를 꺾거나 종이를 버리는 일 등은 관광객에게 나쁜 인상을 주고 풍경을 상하게 하며 관광일본의 진가를 발휘할 수 없도록 한다는 것이다.100) 心身鍛鍊이란 공해 속에서 살고 있는 도시민에게 평소의 반자연적인 생활을 청산하고 관광을 통해 敬神崇祖의 聖地, 위인의 업적, 선각자의 흔적을 생각하는 곳, 情操敎育에 적당한 대자연의 勝地, 實質剛健의 여행적지, 療養本位의 온천장 등을 찾아 심신을 건강하게 하는 것으로 이해된다.101)

---

96) 『조선일보』 1938년 8월 15일, 「大京城의 面目問題 觀光施設積極改善」.
97) 『매일신보』 1939년 8월 9일, 「公園觀光課新設」.
98) 『조선일보』 1938년 4월 16일, 「觀光祭를 廢止 報國週刊實施」.
99) 국제관광국, 『觀光講話資料』, 12~14쪽.
100) 국제관광국, 『觀光講話資料』, 14~16쪽.

이를 위해 일제는 관광사업자, 관광기관, 일반 여행계에 각각 다음이
사항을 요구하였다.

### 관광업자에 대하여

1. 관광사업이 가진 국가 공공적 방면의 사명을 감안하여 滅私奉公의 결과
   를 거둘 것
2. 업자 전반의 공존공영을 염원으로서 협조할 것
3. 다액의 경비를 요하는 광고 권유 등의 수단보다는 친절한 서비스를 우선할
   것
4. 국산품 사용을 勵行하고 소비절약을 도모할 것

### 관광기관에 대하여

1. 인접기관 상호의 협력을 긴밀히 하고 공동선전과 같이 형식에 의해 선전비
   의 절약, 선전망의 확대 강화를 도모할 것
2. 시국을 正視하고 국책에 따른 고상하고 건강한 여객유치책을 강구할 것
3. 관광종사원의 훈련, 관광지의 미화·정화 내지 導標와 게시판과 같은 관광
   객의 편리증진을 위해 할 小施設 등은 지금이야말로 행하기에 가장 좋은
   시기라는 것을 생각해서 그 勵行에 힘쓸 것
4. 대중 특히 청소년의 간이여행시설을 고려할 것
5. 문화지리학적 시설 예를 들면 향토자료관의 설치랄까 새로운 방법의 안내
   서를 만들 것

### 일반여행계에 대하여

1. 敬神崇祖·忠君愛國의 관념을 고취함과 같이 聖地와 史蹟을 巡歷시킬
   것
2. 약진도상에 있는 산업 일본의 대표지를 견학하고 혹은 내일의 활력을 양성
   해야 하는 健康地에의 여행을 행하고 流惰安逸을 피할 것
3. 大國民으로서의 襟度와 雅量을 준비하고 공덕의 실천에 힘쓸 것[102]

이렇게 볼 때 이 무렵부터 관광산업에 중일전쟁의 영향이 미치기 시
작한 것으로 판단되지만 아직까지 관광을 억제하는 방향으로 정책이 결

---

101) 국제관광국, 『觀光講話資料』, 16~18쪽.
102) 국제관광국, 1938, 『觀光講話資料』, 9~10쪽.

정된 것 같지는 않는다. 즉 1939년 8월 경성관광협회간담회에서는 다음을 결정한 것으로 보아 이 무렵까지도 관광 진흥이 하나의 기조로 유지되었던 것으로 판단된다.

1. 협회의 재원을 늘리기 위해 경성부, 경기도, 상공회의소, 경성전기, 경성택시 등에 대해 보조금 증액을 청원하고 조선철도, 경춘철도, 경성궤도, 경동철도 등의 사철과 조선우선, 대판상선, 대일본항공회사, 인천송도관광, 은행 등에 보조금을 요구
2. 관광객을 유치하기 위해 주요 열차에 계원을 파견하며 관광안내소 기능을 확충하고 관광객의 편의를 도모하며 도서출판, 영화, 노래 등을 만들어 대대적인 선전을 함
3. 용산구역 내에도 관광안내소를 신설하고 경성구역 내 택시를 통제하여 승차권 발매를 취급하며 역전과 관광구역의 청소, 시가지 간판의 통제와 미화, 선물직매소 설치103)

위의 인용문에서 볼 수 있듯이 이 시기 경성관광협회는 경성부, 경기도, 상공회의소, 경성전기회사, 경성택시회사 등에 대해 보조금의 증액을 요청하였고, 조선철도, 경춘철도, 경성궤도, 경동철도 등의 사철과 조선우선, 오사카상선, 대일본항공회사, 인천송도관광, 은행 등에 보조금을 요구하였다. 이는 경성관광협회가 이 시기 이전에 이미 이들 기관으로부터 보조금을 지급받고 있었고 더 나아가 다른 기관으로부터도 보조금을 지급받기 위해 노력하고 있었음을 의미한다. 따라서 경성관광협회가 이와 같이 보조금을 요구할 수 있을 정도로 이 시기 관광사업이 활발하였다는 것을 방증하는 것이 아닐까 생각된다.

이외에도 이 시기 식민지 조선의 府郡에서는 여전히 관광을 중요한 시책을 채택하고 있다. 즉 인천에서는 위생과 관광의 견지에서 도로를 청소하였다.104) 그리고 평안남도에서는 앞에서 본 평양 관광루트에 陽

103)『조선일보』1939년 8월 17일,「觀光施設을 擴充 京城觀光協會懇談會開催코 協議」.
104)『조선일보』1939년 2월 18일,「道路掃淸에 注力 衛生과 觀光의 見地로」.

德溫泉과 龍岡溫泉, 江西古墳, 안주 百祥樓, 성천의 降雪樓와 十二峰, 龍澤溫泉, 耶馬溪 등을 추가하여 평남관광루트로 확대할 계획[105]을 세우기도 하였다. 또 마산과 진해를 잇는 관광도로의 건설과 猪島公園化도 추진하였고,[106] 부산에서도 부산－송도간 관광도로의 건설공사를 착공하였으며,[107] 인천에서는 1939년 관광도시로서의 면모를 갖추기 위해 하수구를 정비하고 도로를 포장하고자 하여 도로포장비에 15,116원의 예산을 마련하였다.[108] 그리고 구례에서는 씨름, 궁술, 명창대회 등을 포함한 지리산 관광주간을 개최[109]하여 관광객을 유치하고자 하였으며, 경성에서는 本町을 중심으로 8천평의 토지를 매수하여 활동사진을 비롯한 오락기관을 집중시켜 오락의 중심지로 삼아 경성부민에게 안정감을 주는 한편 외국인 관광객의 유치도 도모하였다.[110] 또 1940년에는 압록강 유역의 평북 多獅島와 안동현의 大東港을 연결하는 관광루트를 건설하고자 하였다.[111] 평양부에서는 1940년 1941년부터 대동강의 모란대 아래에서부터 斗團島까지 유람선을 운행할 계획을 수립하였다.[112] 한편 이 시기 주목되는 관광진흥책으로는 쿠폰제의 실시를 들 수 있다.[113] 쿠폰제란 조선총독부 철도국이 발행한 기차표 이외에 일정한 금

---

105) 『동아일보』 1938년 11월 11일, 「勝地平壤을 中心 觀光루트計劃 平南各郡勝地調査」.
106) 『동아일보』 1938년 11월 25일, 「馬鎭間觀光道路 마침내 實地踏査 猪島公園化도 計劃」.
107) 『동아일보』 1939년 4월 12일, 「釜山－松島 遊覽道路着工」.
108) 『동아일보』 1939년 3월 30일, 「鋪裝될 仁川道路網 總面積만 二萬二千餘平方米 觀光港都의 새로운 施設」.
109) 『동아일보』 1939년 4월 21일, 「智異山觀光週間」.
110) 『동아일보』 1939년 5월 10일, 「娛樂地帶計劃 外國人觀光客誘引코자 娛樂機關 한곳에 集中코 擴充」.
111) 『매일신보』 1940년 2월 29일, 「多獅島와 大東港간의 觀光루트 具體化」.
112) 『매일신보』 1940년 7월 28일, 「大同江에 遊覽船 新觀光루트 開設」.
113) 『조선일보』 1939년 11월 7일, 「가을은 旅行의 시즌 따스한 南方의 誘惑쿠폰으

액을 더 내고 여관과 관광지의 입장권을 구입하는 것을 말한다.

그러나 "예년 같으면 요즘 개성에는 각지로부터 수학여행단과 관광단이 몰려들어 비명을 지를 판인데 시국 관계로 일반이 自肅을 지키는 탓인지 도무지 길손이 없어 시설을 놀리는 여관업자들은 대타격을 받"114)고 있다는 기사에서 보듯이 관광객의 감소 현상은 이미 1938년 말부터 나타나기 시작한 것으로 판단된다.

이와 같이 府郡에 의한 관광진흥책이 추진되고 있었으나 1939년 중반부터 조선총독부는 관광을 서서히 억제하는 방향으로 정책을 추진하였던 것으로 보인다. 그 대표적인 정책이 가솔린 배급의 감축이라 할 수 있다. 실제로 조선총독부는 1939년 7월부터 자동차용 가솔린을 배급제로 전환하고 배급량도 30% 정도 줄인다는 방침을 수립, 시행함으로써 이 시기 관광은 타격을 받지 않을 수 없었다.115) 이와 함께 조선총독부는 승합자동차의 운행수를 줄이거나 중복된 자동차 노선을 통합하는 등 가솔린을 절약하기 위한 다양한 방안을 강구하였다.116) 이러한 흐름은 이미 식민지 본국인 일본에서는 1937년부터 가솔린 배급제의 시행을 통해 나타났다. 그리고 식민지 조선에서는 1938년 1월 경제단체연맹에서 자발적으로 연료를 10% 절약하겠다는 목표117)를 세워 실천하였으나 1938년 6월 1일부터 배급제의 실시118)로 강제되었다. 그리고 1939년에

---

로 鐵道局도 서비스」.일본에서 쿠폰제가 실시되기 시작한 것은 대략 1925년 무렵(日本旅行協會, 『旅はクーポン』, 1939, 1쪽)이며 대만에서도 대만총독부교통국에서 1937년부터 '대만유람권'을 발행하였다.(曾山毅, 앞의 책, 207쪽).

114) 『동아일보』 1938년 11월 3일, 「觀光客이 始無하여 旅館業者 大打擊」.

115) 『조선일보』 1939년 6월 21일, 「가솔린 統制 深刻으로 自動車 營業線 休止 續出 豫想」 ; 『조선일보』 1939년 9월 12일, 「가솔린의 缺乏으로 水仁間 自動車 杜絶」.

116) 『조선일보』 1938년 2월 23일, 「自家用은 勿論 營業車도 使用制限」.

117) 『조선일보』 1938년 1월 25일, 「重要輸入品 節約問題 燃料消費의 對策」.

118) 『조선일보』 1938년 6월 15일, 「가솔린 配給統制로 實情調査實施」 ; 『조선일보』 1938년 8월 24일, 「朝鮮內石油 配給順調」.

는 가솔린 배급을 감축하였다.[119] 더 나아가 1939년에는 택시 대용으로
마차를 사용할 것까지 고려하고 있었다.[120] 실제 1940년 목포에서는 승
합마차가 운행되었다.[121] 이처럼 1930년대 말기에는 가솔린 절약정책에
따라 관광이 위축될 수밖에 없는 상황이 전개되었다.

그리고 1939년 3월 조선총독부 내무국에서는 도회·부회의원의 해외
시찰여행의 제한,[122] 같은 해 9월 장기전을 대비한다는 명목하에 행해졌
던 함경도 읍면직원들의 만주와 북중국시찰 제한[123] 등 관광을 억제하
는 사례들이 나타나기 시작하였다. 또 1939년 4월 조선총독부 철도국은
단체여행의 신청을 거부하기로 방침[124]을 정하였다. 그리고 일본정부의
문부성은 1939년도 하기방학을 폐지하고, 이를 '심신단련특별기간'으로
대체하여 생산력 확충, 응소가족에 대한 근로봉사 등의 집단근로작업,
군사훈련, 체조와 수영 등의 무도 견학, 성적순배·내외견학·산야발섭·
농공장 견학·도보여행 등의 단련여행을 하도록 방침을 정하였고 조선총
독부도 이러한 문부성의 방침을 수용[125]하기로 하는 등 관광을 제한하
는 조치들이 나타났다. 특히 일제가 전쟁을 확대시키는 1940년에 접어
들면 일제는 2월 1일 陸運統制令[126]을 공포하여 전쟁물자 수송에 철
도·자동차 및 연료를 집중시키고자 하였다. 그리고 소비를 억제하기 위
한 방안의 하나로서 유람과 여행을 방지하기 위한 조치를 강구하였

119) 『조선일보』 1939년 5월 2일, 「漸漸 貴해가는 가솔린」.
120) 『조선일보』 1939년 7월 3일, 「택시 代用으로 馬車등用? 가솔린 恐慌時代 鐵道
    局 硏究中」.
121) 『조선일보』 1939년 7월 3일, 「가솔린 節約으로 木浦에 馬車登場」.
122) 『조선일보』 1939년 3월 14일, 「道議員府議員의 團體旅行에 一針」.
123) 『조선일보』 1939년 9월 30일, 「邑面職員 旅行 制限할 方針」.
124) 『조선일보』 1939년 4월 28일, 「滿腹의 關釜連絡船 團體客 謝絶의 배짱」.
125) 『조선일보』 1939년 6월 14일, 「夏期休學制度廢止 心身鍛鍊期間으로 轉用」.
126) 육운통·제령의 전문은 『朝鮮時局經濟關係法令例規集』(司法協會編, 1940)를 참
    조 바람.

다.[127] 이러한 때에 미국은 일제의 중국침략을 맹비난하면서 1940년 8월 1일 대일본 석유금수조치를 취하자 일제는 바로 "전시 아래 가솔린을 절약"[128]하자는 방침 하에 관광버스운행을 전면 금지하는 조치를 취하는 등 여행금지조치를 확대하게 되었던 것으로 판단된다.

이러한 과정은 결국 철도와 도로를 통한 이동을 중심으로 하는 관광산업을 위축시킬 수밖에 없었다. 이에 따라 일본 철도성은 1940년 遊覽割引의 중지, 근거리 여객의 급행 승차 제한, 수학여행의 정지, 贈答品 수송의 금지, 스키의 차내 지입을 금지하였다.[129] 그리고 식민지 조선에서는 1940년 5월 20일 '渡支制限'이 시행되어 중국으로의 여행이 사실상 금지되었다.[130] 이듬해인 1940년 5월에는 만주 개척민과 북부지방으로 가는 노동자의 수송으로 인한 열차의 부족으로 인하여 단체여행의 접수를 제한하였다.[131] 1941년 4월 1일부터 7월 31일까지 일본, 조선, 만주, 중국 상호 연락 운수 단체와 철도국에서 인정한 성지참배, 근로봉사, 군사교련 등의 단체를 제외한 단체의 여행을 금지하였다.[132] 그리고 1943년에는 경성역에서 운행하는 인천, 수원, 의정부, 금촌, 양평 구간의 지정열차에 한해 유락여객의 승차를 제한하였다.[133] 또한 1944년에는 철도에 탑승할 여행자의 우선순위를 다음과 같이 정하여 일반 여행자의 여행, 즉 관광을 사실상 금지하였다.

   1. 軍人, 軍屬, 官公吏 등의 公用 旅行者
   2. 國策的 중요산업 관계자의 사업상 필요한 여행자

127) 『동아일보』 1940년 6월 20일, 「購買力抑制에서 進一步 歡樂街의 營業도 短縮」.
128) 『매일신보』 1940년 8월 25일, 「觀光버스 廢止 全國 200餘區에」.
129) 日本交通公社, 『日本交通公社70年史』, 1982, 76쪽.
130) 『조선일보』 1939년 5월 22일, 「北支一帶서 圓貨使用을 禁止」.
131) 『조선일보』 1940년 3월 15일, 「三春旅行期에 對備 團體旅客廣範圍制限」.
132) 「指定外の団体旅行お斷り」 1941. 5, 『文化朝鮮』 3권 3호, 97쪽.
133) 「輸送力奉還 日曜祭日の行樂旅行を制限」 1943.6, 『文化朝鮮』 제5권 제3호, 83쪽.

3. 通勤通學者
4. 노동자, 拓土, 國策的 集合 旅客
5. 기타 긴급하다고 인정되는 자
6. 이상의 인물들의 수송에 여유 있을 경우 일반여객을 수송함[134]

그리고 다음과 같이 승차권의 발매도 제한하였다.

1. 근거리 여행자
① 100㎞ 미만의 승차권의 통용기간은 발행 당일로 한다(종래 200㎞까지 2 일간을 폐지)
② 승차권의 발매 매수를 제한하여 소정의 매수를 발매 후에는 발행하지 않음
③ 당일 돌아오는 승객에 대해서는 여행목적증명서에 의한 우선승차를 행하지만 제한매수까지 반드시 승차할 필요는 없음
④ 특히 遊樂, 카이다시부다이(買出し部隊 : 2차 대전 말기에 식량 등을 사러 농촌에 떼지어 가던 사람들)의 여행은 엄금함

2. 원거리 여행자
① 100㎞를 초과하는 원거리 여행자는 반드시 경찰 또는 町會長의 증명서가 없으면 승차권을 살 수 없음[135]

이리하여 1940년을 전후하여 기원 2600년 기념사업의 일환으로서 행해졌던 聖地參拜[136] 이외의 여행은 사실상 금지되고 있다. 그리고 1944

---

134) 「戰時交通壁新聞」 1944.2, 『文化朝鮮』 제6권 제1호, 50쪽.
135) 「戰時交通壁新聞」 1944, 『文化朝鮮』 제6권 제2호, 32쪽.
136) 성지참배는 紀元 2600年을 맞이한 1940년 일본이 國民精神作興의 의도로 행한 紀元2600年祝典의 일환으로 행하여졌던 것으로 일본뿐만 아니라 식민지인 조선, 만주, 대만 등에서도 가시하라(橿原)신궁, 이세(伊世)신궁, 이츠쿠시마(嚴島)신사 등 '성지'를 참배하였다. 성지참배에 대한 일체의 업무는 일본여행협회가 담당했다. 이 성지참배에 참여한 단체의 수는 16,600건, 인원은 240,437명이었다.(일본교통공사, 앞의 책, 78쪽) 그리고 성지참배와 관련하여 祖國認識旅行叢書가 1939년 현재 10권이 출판되었으며, 1943년 『神國日本神まうで』도 철도성이 편찬하고 東亞旅行社에서 출판하였다.

년 '노동자, 拓土, 國策的 集合 旅客'을 철도 탑승 우선자로 한 것은 강
제동원과 관련된 것으로 이해할 수 있을 것이다. 따라서 이 시기 관광은
일제의 國策, 즉 戰時動員體制와 밀접한 관련이 있음을 알 수 있다.[137]
이와 관련하여 일본여행협회가 1942년 조선인 강제동원과 관련하여 조
선인 노무자의 송출을 담당하였음을 밝힌 연구가 있다. 그런데 이 시기
일본여행협회의 활동은 노무자 송출뿐만 아니라 관광의 초점도 일제의
전쟁 수행에 맞추어져있다. 그것은 1941년 일본여행협회가 재단법인 동
아여행사로 개편되면서 총재로 취임한 오쿠라 긴모치(大藏公望)가 제시
했던 "모든 部面이 大東亞共榮圈의 건설에 협력한다"[138]는 동아여행사
의 근본방침이 반영된 것으로 보인다. 그리하여 이 시기에 관광정책은
총동원체제와의 관련성 속에서 이해해야 한다고 판단된다. 그러므로 일
본여행협회 조선지부의 활동도 '대동아공영권의 건설에 협력'하는 방향
에서 이루어졌다.

## 4. 맺음말

이상에서 우리는 1930년대 식민지 조선의 근대 관광에 대해 1938년
국가총동원법 제정 이전과 이후를 제1기와 제2기로 나누어 살펴보았다.
이상의 정리를 통해 1930년대 식민지 근대 관광을 다음의 몇 가지로 정
리할 수 있을 것이다.

첫째, 1910~20년대의 식민지 조선의 근대 관광은 일본제국주의의 팽

---

137) 이러한 방침이 수립된 배경에는 1941년 일본여행협회가 재단법인 동아여행사로
    개편되면서 총재로 취임한 오쿠라 긴모치(大藏公望)가 제시했던 "모든 部面이
    大東亞共榮圈의 건설에 협력한다"(일본교통공사, 앞의 책, 80쪽.)는 동아여행사
    의 근본방침이 반영된 것으로 보인다.
138) 일본교통공사, 앞의 책, 80쪽.

창 과정과 밀접하게 관련되어 있음을 다시 확인할 수 있었다. 1914년 日鮮滿巡遊卷의 판매 개시와 관광 팜플렛에 보이는 관광지 해설에는 이러한 일제의 의도가 충실히 반영되었다고 볼 수 있다. 또한 명승지 창출 역시 과거 일본과 관련있는 지역을 중심으로 이루어지고 있다. 그러므로 식민지 조선의 근대 관광은 식민지성을 가지고 출발하였음을 알 수 있다.

둘째, 1930년대 식민지 조선의 근대 관광은 1938년 국가총동원법의 제정을 계기로 제1기와 제2기로 구분할 수 있다. 제1기는 관광지 개발 및 관광 관련 시설의 확충이 이루어지고 있는 시기로 볼 수 있다. 특히 인천은 관광산업의 육성을 3대산업으로서 채택하여 이미 1920년대에 월미도를 관광지로 개발하기 시작한 이래 1930년대까지 꾸준히 관광시설을 확충하고, 송도관광주식회사를 설립하는 등 관광산업의 육성을 도모하고 있다. 이외에도 평양, 부산 등지에서도 관광도로를 개설하는 등 관광산업을 육성하고 있는 사실을 확인할 수 있다.

셋째, 제1기에는 관광협회 등 관광 관련 단체의 조직이 조선총독부 차원에서 준비되어 경성관광협회 등 지방조직과 중앙조직으로서 조선관광협회가 조직되었다. 또한 지방행정기관과 철도국, 일본여행협회 등이 관광을 진흥시키기 위한 회의를 개최하였다거나 실제 설치되었는지는 확인할 수 없으나 지방행정기관에 관광계 혹은 관광과를 설치하여 관광을 행정석으로 시원하고자 하는 움직임도 보이고 있다. 이는 관광을 하나의 산업으로서 인정하고 발전시키고자 했던 조선총독부의 의도에 부응하는 조치로 판단된다. 이는 곧 식민지 조선의 근대 관광이 식민지성을 가지고 탄생했지만 그 기저에는 자본주의적 경제법칙이 관통되고 있음을 보여주는 것이라 할 것이다.

넷째, 제2기에는 1937년 중일전쟁의 발발 이래 전황이 점차 일제에 불리하게 전개되는 시기였다. 특히 관광보국이라는 개념이 도입되어 관광에도 국가총동원정책이 개입하고 있다. 그리하여 관광은 이제 하나의 산업으로서가 아니라 '報國'의 관점에서 행해지게 되었다고 판단된다.

다섯째, 1939년 7월 자동차용 가솔린의 배급제가 실시되어 관광산업은 타격을 받기 시작하였다. 그리하여 자동차업계에서는 운행수를 감축한다거나 목탄차를 개발하는 등의 자구책을 내놓았으나 1940년 목포에서는 승합마차가 운행되는 등 가솔린 부족은 관광산업을 극히 위축시키게 되었다. 여기에 1939년 조선총독부 철도국의 여행제한조치와 일본 문부성의 하기방학 폐지 및 '심신단련특별기간'의 설정은 이른바 '성지참배' 이외의 다른 여행은 불가능하게 하였다. 그리고 1940년 미국의 대일 석유금수조치와 '육운통제령'의 실시는 관광버스운행을 전면 중단시켰으며, 1944년에는 철도 탑승자 우선순위가 정해지는 등 여행과 관광을 전면적으로 중단시켰다.

결론적으로 1938년 국가총동원법의 실시는 식민지 조선을 포함한 '제국 일본'의 관광산업을 사실상 고사시켰던 덧이다.

# 제2부

## 일본 시찰단

# 제1장 매일신보를 통해 본 1910년대 일본시찰단

## 1. 머리말

　일제는 1910년 조선을 강제 병합한 이후 식민 지배의 협조자, 동조자를 양성하기 위하여 다양한 방법으로 조선 사회의 상층 및 중간층, 지방 사회의 지배층을 체제 내적으로 포섭하고자 하였다. 이러한 정책으로 실시되었던 것 중의 하나가 이른바 '日本視察團'[1]의 파견이었다. '日本視察團'은 1909년 京城日報社가 200여명을 일본에 파견한 것이 효시였으며 이후 1910년대에는 京城日報社, 每日申報社, 東洋拓植株式會社 등이 중심이 되어 조직하였다. 그리고 1910년대 후반부에 이르면 도나 개별 기업에서 敎育視察團, 蠶業視察團, 農事視察團 등 고유의 목적을 가진 시찰단을 실무 차원에서 조직하기도 하였다.[2]

---

1) 『매일신보』에 나타난 시찰단은 일본에서 조선을 시찰하는 '조선시찰단', 조선에 거주하는 조선인과 일본이 조선 국내를 시찰하는 '조선 국내 시찰단', 조선에서 일본을 시찰하는 '일본시찰단'의 세 종류로 나뉘어진다. 조선시찰단은 주로 일본이 조선을 식민지로 획득한 이후 일본내에 이 '업적'을 선전하는 한편 조선에 투자할 목적으로 조직되었으며 조선 국내 시찰단은 일본의 지배 하에서 조선이 발전하였다는 점을 선전하기 위해 조직되었다. 따라서 시찰단이라는 명칭은 같지만 그 성격은 상당한 차이가 있다. 그리고 '일본시찰단'의 본래 명칭은 '내지시찰단' 이지만 본고에서는 편의상 '일본시찰단'이라 사용하기로 한다.

2) 필자의 판단으로는 일본시찰단은 1910년대 초중반까지는 전략적 혹은 정책적 차

그러나 '日本視察團'에 대한 연구는 거의 이루어지지 않은 실정이다.[3] 따라서 1910년대 日帝의 식민지배정책 중 광범위하게 실시되었던 '日本視察團'에 대해서는 그리 잘 알려지지 않은 형편이나 한 연구에서 日本視察團은 1920년대 전반기에 본격화하였다고 하였다.[4] 그러나 필자는 본고를 작성하면서 '일본시찰단'이 이미 1910년대에도 활발히 전개되었음을 확인하였다. 본고에서 필자는 '일본시찰단'의 조직, 파견 및 그 성격을 구명함으로써 1910년대 일제의 식민지 지배정책의 한 단면을 파악하는 것을 목적으로 하였다. 이는 1910년대 일제의 植民地 同化政策의 일단을 파악하는데 상당히 유용한 주제라 생각되었기 때문이다.

본고를 작성하면서 필자는 다음의 몇 가지 점에 유의하였다. 첫째는 '日本視察團'은 1910년대 植民地 同化政策의 일환으로 파견되었다는 점을 주목하였다. 이는 1910년대에 대한 연구가 아직까지 학계에서 본격적으로 논의되지 않은 형편이기 때문에 試論的인 성격을 갖는다고도 할 수 있다. 둘째, 1910년대는 일제가 식민지배정책을 수립, 체계화하는 시기였다. '日本視察團'은 이러한 일제의 식민지배정책의 협조자, 동조자를 양성하는 목적을 지니고 있었기 때문에 새로운 '동조자', '협조자'의 양성계획이라는 점에 주목하였다. 셋째, 어떠한 성격의 인물들이 '日本視察團'에 참여하였는가에 주목하였다. 즉 시찰단에 참가한 인물들이

원에서 새로운 친일세력을 양성하고 확대하려는 의도에서 주로 유력자를 중심으로 조직되었다면 1910년대 후반부터는 기능적인 차원으로 시찰단의 파견이 이루어지지 않나 생각한다. 그리하여 교육시찰단, 농사시찰단, 잠업시찰단 등이 집중적으로 1910년대 후반에 조직된 것으로 보여진다.

3) '일본시찰단'에 대한 본격적인 연구로는 이경순(「1917년 佛敎界의 日本視察 연구」 『한국민족운동사연구』 25)의 연구가 유일하며 성주현(2003, 「日帝의 同化政策과 宗敎界 動向」 『식민지조선과 매일신보』)의 연구는 1910년대 조선의 종교계와 동화정책을 분석하는 과정에서 '일본시찰단'을 대략적으로 서술하였다. 그리고 필자는 본고에서는 이미 이경순과 성주현의 연구에서 대강이 확인된 불교와 기독교, 유교 등의 종교계통의 시찰단에 대해서는 언급하지 않기로 한다.
4) 강동진, 1980, 『일제의 한국침략정책사』 한길사, 49쪽.

구한말 이래 정치적, 사회적, 경제적으로 어느 정도의 위치에 있었던 인물인가 하는 점과 통한다. 이는 둘째와 관련지어서도 의미있는 작업이라 생각된다. 넷째, '日本視察團'의 경로에 주목하였다. 이들이 시찰한 장소가 일본의 근대화와 밀접한 관계가 있을 곳이라는 생각은 타당하다고 볼 수 있다. 그리고 이 지역들은 교통로를 중심으로 선정되었을 것이기 때문에 朝鮮通信士나 朝士視察團의 經路와 큰 차이가 없을 것이라 생각된다. 따라서 실제 어떠한 성격을 지닌 시설을 시찰하였는가가 의미 있으므로 이들 지역에 대해 실증적으로 살펴보고자 하였다.[5] 이러한 작업을 통해 필자는 1910년대 일제의 植民地 同化政策의 일환으로 추진되었던 '日本視察團'에 대한 대강을 파악할 수 있을 것이라 생각한다.

## 2. 시찰단 파견의 배경

日帝가 1910년 朝鮮을 '倂合'한 이후 朝鮮에 대한 식민지 통치방식으로서 同化主義를 채택하였음은 잘 알려진 사실이다. 이러한 朝鮮總督府의 정책은 『매일신보』에도 다양한 논의로 나타났다. 그리고 그 논의는 '倂合' 이후 朝鮮의 변화를 강조하는 데 초점이 맞추어지고 있다. 물론 이러한 변화는 朝鮮이 日本의 선진문물을 수용하여 조선민족으로 하여금 충실한 일본인이 되도록 하는 것이었다.

그리하여 일제는 조선인을 식민지 지배체제에 포섭할 필요가 있었다. 특히 조선의 여론을 주도하는 조선의 상층 및 중간 지배층뿐만 아니라 鄕村社會의 지배층을 식민지 지배체제에 포섭할 필요가 있었다. 이를 위해 일제는 한편으로는 조선의 식민지화에 협조한 조선인들에 대한 논

---

5) 그러나 본고에서 필자는 이러한 목적을 달성할 수 없었다. 그것은 일본의 역사지리, 산업경제 등 일본사에 대한 필자의 기본 지식이 부족함에 기인하였다. 그리하여 이 문제는 다음 기회를 빌어 논의하고자 한다. 독자 여러분의 이해를 부탁한다.

공행상과 함께 식민지 지배에 적합한 형태로 조선의 지방행정제도를 변화시켜야 하였다. 이러한 목적 하에 일제는 '병합' 직후 '朝鮮貴族令'을 반포하여 조선의 식민지화에 공헌한 76명에 대해 작위를 수여하였고,[6] 1914년 府制의 시행과 郡面의 통폐합,[7] 1917년 面制의 시행[8] 등 지방행정제도의 개편을 단행하였다.

다시 말하면 일제는 '朝鮮貴族'을 창출하여 조선민족의 대표라 내세우면서 인민의 모범이 될 것을 요구하는 한편 이들을 이용하여 사회의 안정을 도모하려 하였다. 또 1914년 郡面의 통폐합을 통해 면의 재정과 행정력을 강화하면서 1917년 면제의 시행을 통해 일반 민중과 보다 밀접한 관계를 갖는 면을 말단 지방 행정 단위로 선택하였다. 이렇게 함으로써 일제는 전통적인 조선의 향촌사회의 질서를 해체하고 새로운 질서를 수립하려 했다는 것으로 이해된다. 이와 같이 식민지 지배체제를 확고히 하기 위해 일제는 조선과 조선인을 정신적으로 감화시켜 일본인화하고자 하였으며 지방행정제도의 개편을 통해 식민지 지배체제의 공고화를 기도하였다. 이러한 제도적인 정비와 함께 일제는 조선인의 정신 혹은 사상을 일본인화하기 위해 일선동화정책을 추진하였다.

본고에서 다루고자 하는 '일본시찰단'은 조선의 상층과 중간층 및 향촌사회의 지배층에게 일본을 견문시킴으로써 식민지 지배의 동조자 혹은 협조자로 삼고자 했던 일선동화정책의 대표적 사업이라 할 수 있다. 시찰단은 1909년 경성일보사가 '일본시찰단'이라는 명목 하에 200여 명[9]을 일본에 파견한 것이 효시였다고 한다.[10] 이후 경성일보사가 1910

---

6) 심재욱, 2003, 「1910년대 『매일신보』의 식민지지배론」 수요역사연구회편, 『식민지 조선과 매일신보』, 신서원, 213쪽.

7) 이에 대해서는 최재성, 「1914년의 지방행정구역 개편과 그 성격」 수요역사연구회편, 2003, 『식민지 조선과 매일신보』, 신서원, 참조 바람.

8) 이에 대해서는 홍순권, 1997, 「일제 초기의 면 운영과 '조선면제'의 성립」 『역사와 현실』 23, 참조 바람.

9) 朴基順, 1910.5, 『觀光略記』, 6쪽.

년에 52명의 시찰단을 일본에 파견한 것11)을 비롯해 시찰단은 동척이나 매일신보사, 경성일보사 등 총독부의 주변단체에 의하여 조직되었을 뿐만 아니라 각지의 개인관광단의 형태로 속출하였다.12) 특히 일제는 조선귀족령을 반포하여 조선에 귀족을 탄생시킴과 동시에 구래의 지배층을 일제의 식민지 지배에 순응시키기 위해 병합을 전후하여 이들을 '內地視察'이라는 명목 하에 일본을 시찰 혹은 관광시키고 있다.

이러한 시찰단의 파견은 일제의 식민지 지배정책과 밀접한 관계가 있는데 파견의 목적에 따라 다양한 종류의 시찰단이 조직되었다. 1910년대에는 貴族觀光團(1910), 전북관광단(1911), 東拓視察團(1911-1915), 基督敎視察團(1911), 儒林視察團(1912, 1914), 朝鮮縉紳內地視察團(1914), 敎育視察團(1914), 佛敎視察團(1917), 九州視察團(1918), 蠶業視察團(1919), 農事視察團(1919) 등의 시찰단이 수시로 파견되었다. 일제가 시찰단을 조직한 목적은 1910년의 귀족시찰단은 "天長佳節을 好期로 삼고 優渥하신 天恩을 奉謝하기 위하여",13) 또는 조선귀족인 趙重應이 지적한대로 "功少賞厚한 投爵의 恩典에 대하여 天皇陛下께 微衷을 表"하는 것에 있으며 "東京으로부터 各地를 視察함은 寧히 其次에 居"14)하는 것이었다. 즉 귀족관광단의 목적이 첫째는 일제의 은사에 대한 충성 맹세에 있음을 주장하였다. 그러나 1911년의 동척시찰단에 대해서 『매일신보』는 사설에서 그 목적을 "十人이 一地를 觀할지라도 十人의 思와 十人의 事가 各殊한 즉 自然 百人의 取捨가 不同"할 것이므로 "我의 拙함을 棄하고 彼의 巧함을 學하며 我의 鈍함을 棄하고 彼의 利함을 學"15)하는데 있는 것이라 하였다. 그리고 이후 1912년과

10) 『매일신보』 1914년 3월 8일 2면, 「內地視察團에 對하여 子爵趙重應氏談」.
11) 朴基順, 앞의 책, 6쪽.
12) 『매일신보』 1914년 3월 8일 2면, 「內地視察團에 對하여 子爵趙重應氏談」.
13) 『매일신보』 1910년 10월 20일, 「貴族諸公의 東京觀光을 賀함」.
14) 『매일신보』 1910년 12월 7일, 「趙子爵의 談話」.

1914년의 진신시찰단의 주요한 목적이 각각 척식박람회와 대정박람회의 관람이었다는 점에서 일본 시찰의 목적이 두드러지게 나타난다. 또 유림시찰단, 기독교시찰단, 불교시찰단, 교육시찰단, 규슈시찰단 등의 시찰단이 차례로 조직되고 있다. 이렇게 보면 박람회의 견학이라는 목적과 여러 시찰단의 명칭에서 시찰단이 점차 시찰단 고유의 특수한 목적을 가지고 조직되고 있다는 것을 알 수 있다.

그러면 일제가 시찰단을 통해 이루고자 했던 궁극적인 목적은 무엇일까. 이는 시찰단 파견에 가장 적극적이었으며 지도적인 역할을 했다고 볼 수 있는 趙重應의 글을 통해 알 수 있다. 趙重應은 '한일합방' 이후 조선인의 사상이 진보하였다고 하면서 그 원인을 일본 시찰에서 찾고 있다. 일본 시찰을 다녀온 篤農家들이 일본인의 근면과 일본의 문명개화, 식산흥업의 발달 등을 조선에 돌아와 일반 민중에게 전파했기 때문이라는 것이다. 그리고 이러한 시찰의 효과는 특히 완고한 유생들에게서도 발견할 수 있다고 하여 일본 시찰에 대한 적극적인 입장을 개진하고 있는 것이다. 여기에서 더 나아가서 趙重應은 조선의 각 지방에서 경성을 시찰하는 것도 이러한 목적으로 설명하고 있다.[16] 이에 따라 평남도장관인 마츠나가(松永)는 1914년 진신시찰단에 참가할 것을 독려하였다.[17] 이로 보아 일본 시찰이나 조선 국내의 시찰이나 모두 일제가 의도했던 것은 일본의 근대문물의 우수성을 선전하여 조선인을 감복시키고 식민지 지배의 영구화를 꾀했던 것이라 볼 수 있을 것이다. 이에 따라 1924년 개최되었던 內鮮聯合敎育者大會에서는 일선동화의 한 방법으로서 일본과 조선 양국민의 상호 시찰을 권유하였고 박물관, 물산장려회 등을 이용하여 상호 이해를 도모하자는 주장이 제기되었다.[18]

---

15) 『매일신보』 1911년 3월 19일, 「內地觀光團에 대한 感想」.
16) 『매일신보』 1913년 9월 10일, 「鮮人思想의 進化」.
17) 『매일신보』 1914년 3월 11일, 「內地視察團에 對하여」.
18) 岡田貢, 1928, 『內鮮生活上より見たる內鮮融和の要諦』, 京城出版社, 157~158쪽(박성

그리하여 동척과『매일신보』는 일본 시찰을 적극적으로 추진하였던 것이다. 그리고 이러한 목적 때문에 시찰 장소로서 박람회가 갖는 의미는 대단히 큰 것이었다. 일본이 자국내에서 개최되는 박람회에 조선의 유력자들을 관람시키고자 했던 것은 박람회를 식민지 지배전략에 적극적으로 이용하기 위한 것이었다.[19] 박람회에 대한 조선의 관심은 이미 1882년 朝士視察團에 참가했던 인물들의 기록에서도 발견된다. 예를 들면 朝士視察團員으로 일본을 방문하였던 姜文衡도 일본이 산업박람회의 개최를 통하여 기술 발전과 공업 진흥을 도모하고 있음을 주목하였다.[20] 이와 같이 박람회를 견학하기 위한 목적은 이미 경성일보사가 1909년과 1910년에 파견했던 시찰단의 경우에도 마찬가지였다.[21] 이로 보아 일제는 박람회의 견학을 통해 일본문화 및 일본인의 우수성과 조선문화 및 조선인의 열등감을 각인시키고자 하였던 것이라 생각된다. 즉 일본의 시찰을 통하여 일본의 선진문물을 선전하고 이를 조선에 이식하라는 것이었다. 더 나아가『매일신보』와『경성일보』는 1914년 진신시찰단에 대해 "一國一家族을 成함과 如하도다."[22]고 하였다. 그리하여 이를 통하여 일본의 식민지 지배에 순응하는 인간상의 창출, 즉 동화주의 정책을 관철시키고자 하였던 것이다.

진,『한말~일제하 사회진화론과 식민지사회사상』, 선인, 233~235쪽에서 재인용).
19) 박성진,「일제 초기 '朝鮮物産共進會' 연구」수요역사연구회편, 2003,『식민지 조선과 매일신보』, 74쪽.
20) 강문형,『문견사건』허동현편,『朝士視察團關係資料集』12, 35~36쪽.
21) 1910년 시찰단의 목적은 "今行目的이 兩地共進會(福岡共進會와 第10回 關西府縣聯合共進會-인용자)에 專注하고 實業發展에 亘在한 故로 兩地案內에 就하여 記述이 偏祥함."이라 하였다(朴基順, 1910,『觀光略記』, 2쪽)
22)『매일신보』1914년 4월 26일,「視察團의 成功」.

## 3. 시찰단의 구성과 경로

### 1) 시찰단의 구성

#### (1) 朝鮮貴族觀光團

일제는 조선 '합병' 이후 협력했던 인물들을 '조선귀족'에 임명하였다. 이에 '조선귀족'들은 이러한 일왕의 '후의'에 대해 감사를 표하기 위해 수작 당사자 일부와 그 부인들을 구성원으로 하는 '조선귀족관광단' (이하 귀족관광단)을 조직하였다. '귀족관광단'은 처음에는 수작 당사자들로만 이루어진 謝恩使의 형태로 파견할 예정이었으나[23] 같은 시기에 李鈺卿(李址鎔의 夫人)을 비롯한 李完用, 趙民熙, 趙重應 등의 부인 30여 명이 발기하여 '觀光 및 日本 貴婦人 간의 親睦을 圖'하기 위해 관광단을 조직하자[24] 이것이 앞의 사은사와 합쳐져 '귀족관광단'으로 변하는 것으로 보인다.

그 결과 '귀부인관광단'은 곧 '귀족관광단'으로 바뀌었고 '趙重應과 코쿠분(國分) 총독부 인사국장이 열심권유'한 결과 귀족 20명과 同夫人 10여명, 從者 50여 명의 '귀족관광단'이 구성되었다.[25] 이를 위하여 총독부는 '귀족관광단' 1인당 보조금 500원 내지 1,000원을 포함하여 총액 40,000원이나 되는 거금의 지출을 계획하였다.[26] 그리고 '귀족관광단'의 환송을 위하여 칙임관 및 총독부의 고등관을 포함하여 200명 이상의 인원을 동원하였다는 점도 주목된다.[27] 더 나아가 『매일신보』는

---

23) 『매일신보』 1910년 10월 15일, 「新貴族의 謝恩使」.
24) 『매일신보』 1910년 10월 15일, 「貴婦人日本觀光」 ; 10월 16일, 「觀光貴婦人發程期」.
25) 『매일신보』 1910년 10월 19일, 「觀光婦人發程期」.
26) 『매일신보』 1910년 10월 22일, 「總督府와 觀光團」.

관광단의 일정을 기사를 통해 일일이 보도하고 있다. 또 '귀족관광단' 일행이 일본에 도착해서는 일본 현지인의 열렬한 환영을 받았다. 시모노세키(下關)에서는 下關市 명예직원, 애국부인회 및 불교부인회원 등의 환영을 받았으며 교토(京都)에서는 지사, 시장 등 수백 명이 이들의 도착을 환영하였다.[28] 그리고 이들은 1910년 11월 4일 천황 및 황후를 배알[29]하는 한편 砲兵工廠, 國民新聞社 및 京城日報 支社, 九州俱樂部 등을 방문하였고,[30] 東洋協會, 外相官邸 등도 방문하였다.[31] 이는 일본이 '귀족관광단'에 대해 매우 큰 기대를 가지고 있었다는 것을 의미한다.

이러한 결과 일본의 의도는 일정하게 관철되었던 것으로 보인다. 박제순은 "今後 日鮮兩民間의 親和는 不期而自來할지요, 數年을 不出하여 日鮮이 一團이 될 것은 余等이 確信하는 바"라 하였고 윤택영의 아들인 윤홍섭의 부인은 국민신문사의 인쇄기를 본 후 일본의 선진문물에 감탄하고 있다.[32] 특히 고종의 명에 의해 관광단에 참여하였던 閔宗植과 같은 이도 "尙今까지 日本이 朝鮮人을 國外로 放逐하리라는 感想을 抱하였으나 今에 日本人의 眞意를 始知하고 更히 寺內總督에게 面會코저"하여 "寺內總督을 訪問하고 肝膽을 披瀝"[33]할 정도로 성공적이었다. 더욱이 고종은 관광단이 귀국 보고를 하는 자리에서 일본에 親往하겠다는 의지를 표시하기도 하였다.[34] 이러한 '성공'에 기반하여 조선 귀족들은 제2회 관광단을 조직하고자 하기도 하였다.[35]

27) 『매일신보』 1910년 10월 25일, 「各官의 觀光團 餞送」.
28) 『매일신보』 1910년 10월 28일, 「觀光團京都着」.
29) 『매일신보』 1910년 11월 8일, 「朝鮮貴族拜謁」.
30) 『매일신보』 1910년 11월 5일, 「國民社貴夫人招待」.
31) 『매일신보』 1910년 11월 12일, 「寺內總督의 消息 小松外事局長談」
32) 『매일신보』 1910년 11월 18일, 「貴族團의 歸來」.
33) 『매일신보』 1910년 11월 16일, 「貴族團歸來」.
34) 『매일신보』 1910년 11월 20일, 「李太王과 觀光團」.
35) 『매일신보』 1911년 3월 18일, 「第2回의 貴族觀光團」.

### (2) 東洋拓植會社視察團

동양척식회사시찰단(이하 동척시찰단)은 1911년부터 시작하여 1910
년대에는 거의 매년 실시된 것으로 보이지만 『매일신보』에 보도된 것은
1911년부터 1915년까지 5개년의 경우 뿐이다. 특히 1911년에는 200명
의 日本觀光團36)과 농사시찰단의 두 단체가 동척 주최로 일본을 시찰
하였다.37) 그리고 시찰단은 각도에서 10명 총 130명으로 정하였으나38)
1913년에는 각도 4명을 축소하여 총 52명을 감축하고39) 각도에서 선발
하는 시찰단원은 군수, 양반, 유생 중에서 2명, 독농가, 실업가, 면장 중
에서 2명으로 정하였다.40) 그리고 1914년의 동척시찰단은 63명의 인원
이 3개반으로 조직되었다.41) 또 시찰단의 비용은 동척에서 전액 보조하
였는데 1911년의 경우 1인당 130원으로써 총액은 20,000여원에 달하였
다.42)

동척이 시찰단이 파견한 이유는 "我의 事를 彼에 較하여 我보다 長
한 者를 取하고 我보다 利한 者를 學"43)하여 "朝鮮啓發上에 莫大한
效果"44)를 기대한 것이었다. 즉 일본 시찰을 통해 일본의 선진문물을
선정하고 학습할 것을 의도하였다. 그리하여 『매일신보』는 일본이 유럽

---

36) 『매일신보』 1911년 3월 19일, 「內地觀光團에 對한 感想」. 이 관광단은 동척의 일
  본관광단 사업의 제2회에 해당하는 것으로서 1911년 5월 중순경 서울을 출발할
  예정이었다.(『每日申報』 1911년 4월 11일, 「東拓觀光團出發期」)

37) 『매일신보』 1911년 5월 10일의 기사에는 「觀光團의 拜謁」과 「東拓視察團發程」
  이라는 기사가 동시에 보이고 있다. 이로 보아 관광단과 시찰단은 서로 다른 조직
  이라 보인다.

38) 『매일신보』 1913년 4월 19일, 「東拓主催 視察團의 計劃」.

39) 『매일신보』 1913년 7월 3일, 「東拓觀光團人選」.

40) 『매일신보』 1913년 7월 12일, 「東拓視察團人選」.

41) 동양척식주식회사, 『朝鮮人內地視察記』 1915, 10쪽.

42) 『매일신보』 1911년 5월 6일, 「東拓觀光團의 費用」.

43) 『매일신보』 1911년 3월 19일, 「內地觀光團에 對한 感想」.

44) 『매일신보』 1912년 8월 14일, 「東拓實業視察團」.

을 시찰한 이후 동양 제일의 선진국으로 도약할 수 있었다는 사례를 들었다.[45] 이를 위해 동척은 시찰단원의 선발자격을 각 지방의 유지신사, 舊習을 고수하는 자라도 一鄕에서 명망이 있는 자, 면장 등으로 제한하였다.[46] 더 나아가 동척은 시찰단원에게 일본 시찰의 감상을 "歸鮮한 후 其事情을 各其 鄕土에 普傳하여 聖旨에 奉副"[47]할 것을 요구하였다. 그리고 『매일신보』는 시찰의 성과로서 시찰단에 참가했던 사람들이 각종 방면에서 모범적 사업을 경영하는 중이라면서 咸興郡의 金昇煥의 사례[48]와 충남 목천군 金㮷鉉이 시찰 후 각지를 순행하며 면장과 이장 등에게 선전하였다는 사례[49]를 보도하였다.

1912년의 동척시찰단은 군수, 참사, 양반, 유생, 실업가 등 130명으로 구성되었는데[50] 東京의 우에노(上野)에서 개최하는 拓植博覽會를 관람하는 것도 주요한 목적 중의 하나였다.[51] 특히 동척시찰단에 대한 일본 정부의 기대는 대단히 컸다고 생각된다. 1911년의 동척시찰단을 당시 수상이던 가츠라 타로(桂太郞)의 초대[52]나 東洋協會의 초대,[53] 1913년의 동척시찰단의 출발 시에는 우사가와(宇佐川) 동척총재, 요시하라(吉原) 부총재, 이노우에(井上) 이사, 나카무라(中村) 매일신보 감사, 가와지마(川島) 경성일보 이사 등이 전송[54]한 것으로 보아 동척시찰단은 총독

45) 『매일신보』 1912년 8월 14일, 「東拓實業視察團」.
46) 『매일신보』 1911년 4월 9일, 「內地觀光團의 組織과 道訓」.
47) 『매일신보』 1911년 5월 30일, 「農事視察團消息 東洋協會招待會에 列席」.
48) 『매일신보』 1911년 8월 22일, 「東拓視察團의 效果 某當局者의 談」. 이에 따르면 金昇煥은 사물을 접할 때마다 일본과 비교하면서 생활했다고 한다.
49) 『매일신보』 1913년 1월 22일, 「內地視察의 效果」.
50) 『매일신보』 1912년 8월 11일, 「東拓實業視察團」.
51) 『매일신보』 1912년 7월 19일, 東拓主催視察團」.
52) 『매일신보』 1911년 5월 25일, 「首相視察團招待」.
53) 『매일신보』 1911년 5월 30일, 「農事視察團消息」.
54) 『매일신보』 1913년 10월 4일, 「東拓視察團記」(1).

부를 비롯한 주요기관의 적극적인 지원을 받고 있었음을 알 수 있다.

한편 동척은 동척시찰단이 귀국한 후 시찰단원들에게 시찰기를 제출하도록 하여 이를 책을 출판하여 보급[55]하는 한편 시찰단원으로 하여금 각지에서 시찰에 관한 강연 혹은 간담회[56]를 하도록 하였다. 그런데 시찰기의 출판은 동척 뿐만 아니라 각 도청 및 군청에서도 담당했던 것으로 보인다. 현재 확인 가능한 시찰기의 발행자가 동척, 경상북도, 전라북도, 익산군 등으로 나타나 있기 때문이다. 이로 보아 시찰기의 출판은 다양한 주체에 의하여 이루어진 것으로 보인다.[57]

### (3) 朝鮮縉紳內地視察團

조선진신내지시찰단(이하 진신시찰단)은 매일신보사와 경성일보사의 주최로 조선 진신 100명을 선발하여 大正博覽會를 중심으로 일본 각지의 대규모 농장, 공장 및 문물제도, 명승고적을 시찰하기 위하여 조직되었다.[58] 특히 진신시찰단의 주목적인 大正博覽會는 '明治天皇' 이후 등극한 '大正天皇'의 신시대를 기념하기 위해 조직된 것인데 그 목적은 명치시대의 과학적 진보와 이에 따라 발전한 물질적 문명을 기념하는데 있었다.[59] 이에 따라 대정박람회에 대한 『매일신보』의 기대는 매우 컸던 것으로 보인다. 그리하여 연재기사를 포함하여 대정박람회에 대한 기사를 매우 자주 게재하였다. 그리고 그 일환으로서 진신시찰단을 계획하고 이에 참가하라는 광고 및 사고를 수십 차례에 걸쳐 게재하였다. 또한 고위 관리 및 조선귀족 등은 이에 시찰단 참가에 대해 기고하기도 하였다. 다음은 어느 조선귀족의 주장이다.

---

55) 『매일신보』 1914년 6월 6일, 「朝鮮人內地視察記」.
56) 『매일신보』 1914년 5월 14일, 「校長의 視察談聽取」.
57) 『매일신보』 1913년 1월 10일, 「視察感想의 編纂」.
58) 『매일신보』 1914년 3월 4일, 「朝鮮縉紳內地視察團員募集」.
59) 『매일신보』 1914년 3월 24일, 「大正博本記」(1).

> 50年來 日本進步의 極致와 20世紀 世界文明의 長處를 蒐集하여 大正
> 博覽會가 櫻花漫瀾한 上野公園[60]에서 開設된다 하니 (중략) 泰西의 文明
> 까지 併覽하므로 信하니 如斯한 好機는 年年히 有함이 아니오 一平生에
> 幾十回나 有함이 아니라[61]

특히 大正博覽會에는 일본의 각 府縣 뿐만 아니라 조선을 비롯한 臺
灣, 樺太, 關東州 등 일본의 식민지에서도 참가시켜 이들 나라에 대해
일본 문명의 우수성을 선전하고자 하였다. 이에 따라 대정박람회에는 총
독부가 朝鮮舘을 건설하여 조선의 물산을 진열하여 소개하였다.[62] 이에
더하여 조중응은 진신시찰단의 역할로 앞으로 개최될 조선박람회의 사
전 지식을 파악하는 것으로도 이해하였다.[63] 이를 통하여 주최측은 "一
人의 見聞으로 十人의 知識을 助하며 十人의 見聞으로 百人의 知識을
助하며 百人의 見聞으로 千人萬人의 知識을 助"[64]하고자 하였다. 그러
나 박람회란 제국주의국가가 자신의 문화를 선전하는 장이었다는 점에
비추어보면 대정박람회에서 조선의 물산을 소개하고자 하였던 것은 일
본 문화의 우수성과 조선 문화의 열등성을 직접 비교하고자 한 목적 때
문이었다고 할 것이다. 이를 『매일신보』는 "朝鮮民族의 文明을 輸入할
好轉期"[65]라 선전하였다.

진신시찰단에 대해 『매일신보』는 대단한 관심을 가지고 있었던 것으
로 보인다. 시찰단원을 노십하는 광고가 『매일신보』의 1면 중앙에 수 차
례 실리는 한편 시찰 일정, 시찰단의 내규, 시찰단원의 이름 등이 상세하

---

60) 上野公園은 일본근대화의 상징적인 장소이기 때문에 대부분의 시찰단은 이 곳을
   방문하고 있다. 이는 일본의 근대성을 부각시키고자 하는 주최측의 의도라 생각
   된다.
61) 『매일신보』 1914년 3월 20일, 「內地視察團에 對하여 子爵趙重應氏談」.
62) 『매일신보』 1914년 3월 8일, 「內地視察團에 對하여 子爵趙重應氏談」.
63) 『매일신보』 1914년 3월 8일, 「內地視察團에 對하여 子爵趙重應氏談」.
64) 『매일신보』 1914년 3월 15일, 「內地視察團」.
65) 『매일신보』 3월 15일, 「內地視察團」.

게 안내하고 있다. 또한 '朝鮮縉神內地視察團', '視察團餘默', '視察團
問答蘭'이라는 고정란이 편성되어 시찰 일정에 따른 시찰단의 소식을
상세하게 소개하고 있다.

진신시찰단의 구조와 성격은 총 24개조의 내규[66]에 잘 나타나있다. 진
신시찰단은 100명으로 구성되었으며(1조) 응모한 귀족 중 2명으로 단장과
부단장으로 삼고(2조) 시찰단원을 20명의 5부로 나누어 호선에 의하여 부
장을 선출하도록 하였다.(3조) 시찰기간은 1914년 4월 1일부터 21일까지
로 하였으며(4조) 일본 관헌과 협력하여 개인으로서는 할 수 없는 관광이
되도록 한다고 하였고(6조) 단원의 편의를 도모하기 위하여 철도원과 의
사 각 1명을 진신시찰단과 함께 일본에 특파하는 것을 비롯한 여러 조치
들이 논의되었다.(7조, 8조, 9조) 그리고 진신시찰단의 활동을 보도하기 위
하여 『경성일보』와 『매일신보』에 전보에 의해 매일 진신시찰단의 소식을
전달하도록 하였다.(10조) 회비는 1인당 150원이었으며(15조) 더 이상의
추가 비용은 없었던 것으로 보인다. 이러한 내규에서 볼 때 진신시찰단에
대한 주최측의 배려는 상당한 수준이었다고 할 수 있다.

### (4) 九州視察團

규슈시찰단은 규슈오키나와(九州沖繩)박람회 및 구루메(久留米)전국
발명품박람회를 시찰하는 것을 목적으로 1918년 경성일보와 매일신보
사에 의해 조직[67]되었는데 참가비는 주최측의 '교묘한 절약'으로 비교
적 저렴한 80원이었으며,[68] 이에 대해 『매일신보』는 다음과 같이 설명
하였다.

---

66) 『매일신보』 1914년 3월 10일, 「朝鮮縉神內地視察團員募集」.
67) 『매일신보』 1918년 4월 13일, 「九州視察團」.
68) 『매일신보』 1918년 3월 12일, 「九州視察團」.

　　殖産興業의 振起와 富國强兵의 聲은 (중략) 百聞이 不如一見으로 우리
가 우리 在鮮한 內鮮人이 一葦水를 帶한 新九州産業界의 昨今 發展增大
한 眞相과 事情을 視察見學하고 帝國進運에 資코자 하는 事는 現下의 急
務[69]

그리고 또다시 다음과 같이 설명하였다.

　　腹中에는 아무리 奮鬪하여도 努力할 勇氣와 理想이 有할지라도 此에
應할만한 經驗과 識見과 實力을 先積치 아니하면 또한 龍肉을 座談함과
一般이로다. 故로 吾人은 互相日日複雜하며 時時變遷하는 大局에 對하여
此를 功究하며 此를 實驗하며 更히 此를 親閱躬執하여 孜孜勤勉하여 人
後에 落치 아니하기를 是務할 一道가 有할 뿐이로다.[70]

이로 보아『경성일보』와『매일신보』의 의도는 앞서 본 다른 시찰단과
마찬가지로 일본의 선진문물을 조선의 지도층에게 직접 보임으로써 그 감
화를 조선의 민중에게까지 미치도록 하기 위한 것이었다고 할 수 있다.
한편 규슈시찰단은 <별첨 1>에서 보듯이 전체 56명으로 구성되었고
이들을 4개의 部로 나누어 제1부는 赤色, 제2부는 紫色, 제3부는 淡紅
色, 제4부는 綠色으로 구분[71]하였던 것으로 보아 각부의 복색이 달랐던
것으로 보인다. 이는 1910년의 귀족시찰단에서도 확인할 수 있는 것으
로서 시찰단은 20명 내외의 班[72]으로 나누었고 반에 따라 복색이 달랐
을 것으로 생각된다.
또한『매일신보』는 규슈시찰단을 매우 중요하게 취급하였다. 규슈시

---

69)『매일신보』1918년 3월 16일,「陽春 4月을 際하여 九州視察의 快擧 縉神諸彦의
　　參加를 俟함」(1).
70)『매일신보』1918년 4월 6일,「時宜를 得한 九州視察團 我社主催本意와 急激히 勃
　　興되는 九州의 事業界」(1).
71)『매일신보』1918년 4월 16일,「九州視察團參加者氏名」.
72) 1914년 동척시찰단의 경우 3개 반으로 나누어졌는데 제1반 23명, 제2반 18명, 제
　　3반 17명으로 구성되었다.

찰단을 조직하기 위해 1914년의 진신시찰단과 마찬가지로 신문지상에 단원모집광고를 자주 게재하였고 鮮宇綠東을 특파원으로 규슈에 파견하여 규슈시찰단의 여정을 매일 보도하였으며 「九州視察의 快擧」라는 연재기사를 8회, 「時宜를 得할만한 九州視察團」이라는 연재기사를 4회, 「九州視察團」이라는 연재기사를 5회, 「九州視察餘祿」이라는 연재기사를 14회, 그리고 규슈시찰단의 기착지를 소개하는 기사도 수차례 게재할 정도로 중요하게 취급하였다. 이처럼 『매일신보』가 규슈시찰단에 관해 중요한 의미를 부여하고자 한 것은 이미 『매일신보』 자신이 "朝鮮의 四國化, 九州化"[73]를 日鮮同化의 궁극적인 목표로 생각하고 있었기 때문이었다고 할 것이다.

## 2) 시찰단의 경로

일본시찰단은 대략 부산을 출발해서 규슈의 下關에 내려서 육로를 통해 東京, 京都를 시찰하고 逆經路를 통해 부산으로 귀국하는 것이 일반적이었다. 이러한 경로는 조선통신사와 조사시찰단의 행로와 크게 차이나지 않은 것으로 생각된다. 다만 시찰단의 목적에 따라 특수한 지역이 시찰지에 추가되거나 탈락하거나 하였다. 또한 일본이 근대화하면서 어떤 지역이 근대화에 모범지역이라 할만한 지역으로 성장하였거나 새롭게 탄생하였다면 이들 지역이 시찰지로 선정되었으리라 생각된다.

1911년 동척시찰단의 예를 들어보자. 이 시찰단의 시찰지를 유형에 따라 분류하면 加古川, 神戶, 桐生, 新町의 직물산업, 廣村, 大阪의 군사시설, 加古川, 明石, 大阪, 名古屋, 豊橋, 興津, 鴻巢, 京都의 농업시설, 그 외에 기타시설 등으로 나누어볼 수 있다. 이들 시설은 일본이 근대화하면서 성장한 것이었으며 당시 일본의 선진적인 산업을 보여주는

---

73) 『매일신보』 1910년 9월 10일, 「親密의 關係」.

것이라 할 수 있다. 특히 京都의 인클라인(Incline)은 대표적인 것이라 할
수 있다. 인클라인은 琵琶湖의 물을 이용해서 京都를 관통하여 大阪에
이르는 운하를 건설하기 위하여 설치한 것이다.[74] 또 그것을 이용하여
수력발전과 전차의 운행을 가능하게 하여 京都에서 일본 최초의 전차가
운행될 수 있었다.

이와 같이 視察團의 視察地는 일본의 선진문물을 강조하고 조선과의
오랜 인연을 강조하는 지역과 장소가 선택되었다고 할 수 있다. 또한 일
본이 근대화하면서 어떤 지역이 근대화에 모범지역이라 할만한 지역으
로 성장하였거나 새롭게 탄생하였다면 이들 지역이 시찰지로 선정되었
으리라 생각된다.

다음 <표 1>은 시찰단이 시찰한 주요 시설을 나타낸 것이다.

〈표 1〉 시찰단이 둘러본 시설

| 年度 | 視察團名 | 視察場所 |
|---|---|---|
| 1911 | 東拓視察團 | 光村:海軍造船所 加古川:多木肥料製造所, 鍾淵紡績高砂工場, 三菱製紙高砂工場, 大日本手織加古川工場, 加古郡役所 明石:農事試驗場, 明石農學校, 明石郡役所 神戸:鍾紡兵庫支店, 燐寸工場, 布引水力發電機工場 大阪:大阪造幣局, 砲兵工廠, 天王寺農學校, 船場小學校, 住友圖書館 名古屋:瀬戸砂防工事, 原製造場, □排水工事, 濟洲農事試驗場 豊橋:神田牟呂用水路, 明治水路 興津:三保村의 蔬菜, 興津農□場, 二宮式으로 유명한 庵原村 東京:農科大學, 商品陳列館, 博物館, 動物園 本莊:兒玉郡役所 鴻巣:耕地整理 新町:高山社養蠶場, □絲場 桐生:工業學校, 織物組合, 織物工場 京都:花園養蠶講習所, 잉구라인(인클라인:Incline)博覽會, 伏見組合 |
| 1912 | 儒林視察團 | 京都:桃山御陵 東京:李王世子邸, 政務總監邸, 博覽會 |
| 1913 | 東拓視察團 | 岡山:後樂園 加古川:多木肥料製造所, 石守村信用組合, 殖産組合, 購買組合, 販賣組合, 加古川毛織會社, 加古川郡役所 京都:嚴島神社, 明治天皇陵, 東·西本願寺, 嵐山國有林, 野野宮竹林, 이조도진교육표본제조부(표본진열실, 전기실험실, 판매부), 勸業館(商品陳列所, |

---

74) 인클라인에 대해서는 奈良本辰也·高野澄, 1986, 『京都의 謎』, 祥伝社, 237~249
쪽 참조바람.

| | | |
|---|---|---|
| | | 動物園), 東山  大津:琵琶湖  兵庫:鍾淵紡績兵庫工場(劇場, 病院, 食堂, 寄宿舍, 製織工場 등)  新戸:瀧在燐寸工場, 新戸劇場聚落館, 楠松神社, 多□小學校運動會  大阪:市營水道水源 및 水力發電所 |
| 1914 | 縉神視察團 | 嚴島  吳港:海軍工廠  京都:桃山先帝御陵, 二條離宮, 東·西本願寺, 西陳織物工場, □水工事, 岡崎公園, 智恩院, 圓山公園, 南禪寺  東京:國民新聞社, 宮城拜觀, 上野公園, 大正博覽會, 表□院, 今上陛下御農事紀念館, 淺束公園, 墨堤의 觀櫻, 日本麥酒會社, 博物館, 動物園, 陸軍省製鍊所, 大藏省釀造試驗所, 王子製紙場, 西原農場, 西原養蠶傳習所, 芝離宮, 新宿御苑, 東宮拜觀, 李王世子邸伺候  名古屋:名古屋離宮拜觀, 伊藤百貨店, 春日神社  奈良:砲兵工廠, 造幣局, 大阪城, 天王寺, 新世界 |
| 1918 | 九州視察團 | 博多:共進會(古武器陳列館, 電氣博覽會), 物産陳列館, 博多織物工場, 九州帝國大學醫科大學  箱崎  福岡:東公園, 地滿宮, 西公園, 化學工業展覽會(사정상 관람 못함)  熊本:本妙寺(加藤淸正의 묘소), 加藤神社, 水前寺, 熊本城  鹿兒島:磁仙岩苑庭, 西鄕南洲翁祠堂, 城山, 櫻島, 久留米:全國發明品展覽會, 國武合名會社  中津:耶馬溪  大分:共樂亭, 五大地獄  鹿兒島:朝鮮村 |

　　<표 1>에서 볼 때 시찰단이 주로 시찰한 주요 시설은 관광지와 시찰 목적에 부응하는 산업의 중심지 혹은 공장으로 나누어 볼 수 있다. 이는 동척 및 매일신보 등이 일제의 일선동화정책에 부응하여 민간 차원에서 이를 시행한 것으로 이해된다. 즉 일본의 근대 문물을 조선의 상류 및 중츄층에 견문시켜 감복시킴으로써 이들의 입을 통해 이를 조선의 일반 민중에게 전파하고자 한 것이 아닌가 한다. 이를 『매일신보』는 다음과 같이 말하였다.

　　內地의 文明이 朝鮮보다 十倍三倍나 越하고 內地의 富庶가 朝鮮보다
　十倍百倍나 越하니 此는 他로 由함이 아니라 즉 內地人의 勤儉과 內地人
　의 奮發과 內地人의 勇敢에서 出함이라.[75]

　　한편 『매일신보』는 야하다(八幡)제철소에 대한 소개를 장황히 하고

---

75) 『매일신보』 1912년 9월 3일, 「東拓視察團」.

있는 것에서 시찰단이 시찰한 지역이나 장소가 아닐지라도 일본의 근대
문물을 알리는 계기로 시찰단을 이용하였다. 또 가고시마(鹿兒島)의 조
선촌에 대한 7회에 걸친 소개에서 보듯이 과거 일본이 조선인을 同族과
같이 대했다는 사실을 강조하였다.76) 이러한 『매일신보』의 의도는 한편
으로는 일본의 근대문물을 조선에 소개함으로써 일본의 우월성을 조선
민중에게 알리는 한편 그러함에도 불구하고 일본은 조선과 조선 민중을
일본인과 동등하게 대우하고자 한다는 생각을 조선과 조선인에게 선전
하고자 했던 것이라고 본다. 또한 일제는 이러한 과정을 거쳐 식민지 지
배의 새로운 협력자를 창출하고자 하였던 것이라 생각된다. 실제로 일제
는 식민지 지배가 진행되면서 '조선귀족'을 대신하는 새로운 협력자를
통치에 이용했다는 점은 주지의 사실이다.


## 4. 시찰단의 성격

<별첨 1>에서 확인할 수 있는 것은 시찰단원은 귀족, 중추원 찬의,
도참사, 군참사, 군수, 면장, 농업가, 실업가, 신사 등이었다. 특히 1910년
의 동척시찰단원 중에는 구한국의 무관, 지방관, 금융조합장, 삼림조합
장, 사립학교장 및 교사, 수리조합 이사, 광주농공은행 이사, 학무위원 등
을 역임한 구한국 시기의 지방 유력자들이 대부분이었다.77) 그리고 이외
에도 진신시찰단이나 규슈시찰단의 경우도 중앙과 지방의 유력자로 구성
되어 있음을 확인할 수 있다. 이렇게 보면 시찰단은 목적에 따라 다양하
게 조직하였으나 시찰단원은 시찰단의 목적과 관계없이 인민에 대해 영
향력을 지닌 유력자들을 중심으로 구성되었음을 확인할 수 있다. 특히 진

---

76) 『매일신보』 1918년 5월 1일부터 5월 8일까지의 기사 참조.
77) 1911년 동척시찰단 구성원의 주요경력은 동양척식주식회사, 1911, 앞의 책, 2~10쪽.

신시찰단은 조선 제1류의 진신으로 구성되었다.[78] 이는 앞 절에서 보았 듯이 시찰단원을 유지신사, 명망가, 면장 등에서 선발하기로 한 규정한 1913년 동척시찰단의 선발원칙에서도 확인할 수 있다.

그런데 여기에서 주의해야 할 것은 시찰단에 참가하면서 제출한 신분 과 실제 신분은 상당한 차이가 있다는 점이다. 예를 들면 1911년의 동척 시찰단원 가운데 실업가로 분류되었던 안성의 李九淳은 면장, 개성의 孔聖學은 조선농회지회원, 양반유생으로 분류되었던 음성의 權泰衡은 면장 겸 公錢領收員, 함양의 鄭淳賢은 사립함덕학교장, 실업가로 분류 되었던 진주의 朴在華는 지방위원, 괴산의 朴準夏는 면장, 영암의 金德 三은 지방위원, 학무위원, 韓明履는 진도금융조합장, 진도보통학교장, 1914년 동척시찰단원 가운데 독농가로 분류되었던 김포의 金重驥, 은율 의 洪淳翰, 춘천의 宋淳弼, 운산의 李桂植, 옥구의 李完植, 종성의 朱 哲濬, 朴秉朝는 郡參事의 신분을 갖고 있었으며 함평의 徐相基는 金融 組合長의 신분을 갖고 있었다. 이외에도 양반으로 분류되었던 김제의 李康馥이 면장, 실업가로 분류되었던 예산의 成樂憲이 호서은행 전무취 체역 등의 신분을 갖고 있었던 것이 확인되었다.

이로 보아 일본시찰에 참여하고 싶었던 지방의 유력자들이 동척의 시 찰단원 선발 규정에 맞추어서 자신의 신분을 위장했다거나 시찰단에 참 가시키고자 한 인물들을 주최측에서 신분 위장하였을 것으로 생각된다. 이와 관련하여 다음과 같은 1914년 동척시찰단원의 선발 방식은 유용한 의미가 있다.

> 본사 제5차 선인내지시찰단을 조직하기로 결정하고 시찰원의 선발을 조 선총독부에 신청하고 총독부는 다시 각 도청에 관내 시찰원의 선발을 맡기고 또 한편 본사는 각 출장소 및 파출소로서 경영지에 관계 깊은 유식자로서 적

---

78) 『매일신보』 1914년 4월 2일, 「2日 出發 本社內地視察團」.

당하다고 인정되는 자를 도청에 推擧하였다.[79]

또한 각종 시찰단에 참여하였던 인물들 가운데 趙命九의 경우에서 보이듯이 2회 이상 일본 시찰에 참여한 인물도 있다.

다른 한편 충분하지는 않지만 시찰단에 참가했던 인물들의 이후의 행적을 엿볼 수 있는 사례로서 시찰단원 중 확인 가능한 인물들의 시찰 이후의 경력을 보면 충북의 龐寅赫은 1918년 예산금융조합장을 역임한 이후 도회의원과 중추원 참의를 지냈으며 충남의 金鍾翕은 1918년 홍산금융조합장, 한흥학교장, 군참사, 학교위원, 저포조합장 등을 역임하였고 이후 군지주회장, 면협의원, 도평의원을 지냈다. 선산군수로 1911년 동척시찰단원이었던 李鍾國은 3·1운동 이후 5명의 총독부 사무관 중 1인이 되었다. 1914년 동척시찰단원이었던 田德龍은 중추원 참의, 평남 도회 의원, 池喜烈은 중추원 참의를 지냈다. 이로 보아 시찰단에 참여한 인물들은 일제의 지배정책에 적극적으로 참여하였던 인물이었다고 생각된다. 다만 1918년 규슈시찰단에 부단장을 참여하였던 鄭雲復이 李堈公의 망명사건에 관련되어 반일의 입장으로 선회한 것은 예외적인 사례라 할 것이다.

여기에서 확인할 수 있는 것은 1910년대 일선동화를 표방하던 일제의 담론 속에서 강조되던 중류 이상 계층의 역할론이 『매일신보』에서도 그대로 나타나고 있다는 점이다. 즉 "어떤 나라 어떤 시기든지 특정 사회는 중류 이상 계급이 주도하는 것"이며 "日鮮人의 중류 이상 계급이 진정으로 융화하면 그 이하의 사회는 저절로 쫓아간다."[80]는 『매일신보』의 인식을 확인할 수 있는 것이다. 특히 이러한 인식은 1920년대 초반의 실력양성론자들에게서도 발견되는 것으로서 이들의 인식틀에 1910년대의 동화주의 담론이 어느 정도 영향을 끼쳤는가를 확인할 필요가 있다.

---

79) 동양척식주식회사, 1914, 『朝鮮人內地視察記』, 4쪽.
80) 『매일신보』 1915년 6월 20일, 「如何히 하면 日鮮人이 融和될까」.

이를 위해 시찰단에 참가했던 인물들의 시찰기를 통해 이들의 생각을 확인해보자.[81] 이는 곧 시찰단원들이 일본 시찰을 어떠한 입장에서 수용했는가 하는 점을 확인할 수 있는 중요한 계기가 된다고 생각하기 때문이다. 다만 현재 남아있는 시찰기를 모두 검토할 수 없으므로『매일신보』에 게재된 내용을 중심으로 살펴보도록 하겠다.

먼저 1911년 동척농사시찰단원은 시찰지 농포의 대부분이 2모작이라는 점과 여자도 노역에 종사한다는 점에 주목하였다. 또한 각종의 공장과 농사시험장의 규모와 설비에 감탄하였다.[82] 1912년 유림시찰단으로 일본을 다녀온 宋鍾洙는 일본으로 가는 선박의 시설에서부터 감탄을 금하지 못하였다. 즉 그는 선내의 시설을 "一大都會", "별세계"라 하였으며 下關으로부터 東京에 오는 동안의 경치를 "蒼松竹林이 蔚然成林하여 (중략) 沃野千里는 天府之國"이라 하였다. 그리고 일본 시찰의 결과 그는 "內心에 將次內地文明之風으로 吹醒頑固者流之昏夜醉夢코져 하노라."고 하였다.[83] 1913년 시찰단원인 이천군수 朱榮煥은 일본 시찰 후 가장 인상깊게 느낀 점으로 첫째는 일본인의 근면성, 둘째는 개간할 만한 토지에 空地가 없다는 점, 셋째는 사회상의 도덕 즉 公德心의 진보, 재령군수 金定鉉은 모든 일이 정부의 감독지도가 得當함과 교육의 위대한 권위를 들었으며 춘천군수 申圭善은 도덕의 진보, 맹산군수 金鳳鍾은 자연이용의 발달을 들었다.[84] 또 어느 은행의 중역은 첫째, 시찰

---

81) 시찰단에 참가한 인물들은 의무적으로 시찰기 혹은 감상문을 제출해야 하였던 것으로 보인다. 그리하여 동척이나 경성일보사에서 출판한 시찰기 혹은 감상문을 통해 이들의 생각을 확인할 수 있다. 다음이 참조된다.
朴基淳, 1910.5,『觀光略記』; 동양척식주식회사, 1911,『朝鮮人內地視察』; 경상북도, 1911,『內地視察日記』; 동양척식주식회사, 1914,『朝鮮人內地視察記』; 박영철, 1913,『內地觀光略記』.
82)『매일신보』1911년 6월 2일,「農事視察團員의 感想」; 1911년 6월 10일,「農事視察團員感想」.
83)『매일신보』1912년 10월 26일,「儒生代表感想談」.

단원에 대한 일본인의 열성적인 환영, 둘째, 일본 자연경관의 수려함, 셋째, 일본 사회의 번창과 산업의 발달85)을 들었다. 1914년 진신시찰단원인 기독교 장로 鄭益魯와 李春燮은 일본 시찰이 조선인민 개발상의 다대한 이익을 주었으며 覺得한 감상도 실로 다대하다고 하였다. 그리고 일본 관헌 및 민중의 성대한 환영과 총독의 초대, 대정박람회에 개설된 조선관 등의 일본측의 '성의'에 깊이 감사하였다.86) 동단원인 朴慶浩는 일본의 자연상태와 관민의 환영 등에 감복하였다.87) 또 『매일신보』는 각도별로 일본 시찰의 효과를 다음과 같이 보도하였다. 경기도 안성군수 崔大鉉의 주장을 예로 들면 다음과 같다.

(1) 勤務는 富의 基됨을 一般으로 知悉케 하고 遊情安逸의 弊를 除할 事를 特히 指導하고 (2) 國語를 普及케 하고 事務를 見習케 하기 위하여 同郡 24面을 2組에 分하여 每金曜日에 面長 12명씩을 郡廳에 召集, 指導하고 (3) 從來의 松契에 擴張 또는 改良을 加하여 此를 實行하여 森林保護를 獎勵하고 (4) 未成道路를 改良하고 各面洞里에 境界標를 樹立하여 交通에 便케하고 (5) 農業의 改良으로는 朝鮮의 民度를 鑑察하여 施肥選種, 乾燥米 製造 등의 改良을 計圖하고 (6) 農家의 副業을 獎勵하여 養蠶, 養豚, 養鷄, 草履 및 莞席製作 등을 盛케 하고 尙現在의 貯金組合을 擴張하여 貯金의 增加를 計圖하며88)

1918년 규슈시찰단의 부단장이었던 요시다(吉田英三郎)는 일본인의 시각에서 조선에서 생산되는 공업 원료를 규슈지방으로 공급할 것을 희망하였다.89) 특히 요시다는 일본인 사업가로서 이러한 관계가 이루어지

---

84) 『매일신보』 1913년 11월 6일, 「東拓視察團員感想」.
85) 『매일신보』 1914년 3월 21일, 「個人과 團體의 視察 某銀行重役談」.
86) 『매일신보』 1914년 4월 28일, 「親接總督의 光榮」.
87) 『매일신보』 1914년 5월 2일, 「余等의 大福運 實業家朴慶浩君談」.
88) 『매일신보』 1914년 6월 21일, 「內地視察效果」(1).
89) 『매일신보』 1918년 4월 30일, 「九州視察의 感想 在鮮實業家의 奮起를 望함」.

지 못한 점을 아쉬워하며 상업회의소의 분발을 촉구하고 있다. 이로 보
아 당시 재조일본인 사업가들은 조선을 일본 공업의 원료공급지와 상품
시장화함으로써 얻을 수 있는 이익에 대해 조선총독부와 일본 정부의 정
책적 배려를 더욱 강하게 요구하였던 것으로 생각된다.

　　이상에서 보았듯이 일본 시찰을 다녀온 시찰단원은 천편일률적으로
일본의 잘 보존된 자연환경과 선진문물에 대해 감탄하고 있다. 이는 일
제가 시찰단원으로 선발한 인물의 성격에도 기인하는 것으로 보이나 이
들은 그러한 '생각'을 시찰을 통해 내적으로 체득하는 것으로 생각된다.
또 위의 안성군수 최대현의 주장에도 나타나 있는 국어(일본어)보급은
일선동화를 위한 방법으로 가장 많이 언급되는 내용이다.[90] 그리고 요
시다의 주장에서 보이듯이 재조일본인 사업가들은 일본 시찰을 통해 자
신의 경제적 이익을 위해 활동하였던 것으로 생각된다.


## 5. 맺음말

　　'일본시찰단'은 1909년 경성일보사 주최로 조직되어 200여 명의 인
원이 일본을 시찰한 후 일제의 식민지 지배기간 동안 지속되었던 사업이
다. 이는 구한말 조사시찰단의 파견과 함께 조선인에게 일본과 일본문화
의 우수성을 조선인에게 각인시키기 위한 사업이었다고 할 수 있다. 그
러나 조사시찰단은 주로 일본의 근대문물을 견학하고 배우기 위해 조선
정부가 조직한 것이라면 '일본시찰단'은 경성일보사, 매일신보사, 동양
척식주식회사 등 일제의 식민지배 협력기관이 주체가 된 것이라는 점에
서 차이가 있다. 이는 또한 일제의 식민지 지배정책인 동화정책을 수행
하는 한 방편이었다는 점에서 의미 있다고 할 수 있다.

---

90) 박성진, 2003, 『한말~일제하 사회진화론과 식민지사회사상』, 선인, 228쪽.

1910년대에 조직된 일본시찰단의 종류는 조선귀족관광단(1910), 기독교시찰단(1911), 유림시찰단(1912), 동양척식주식회사시찰단(1911-1915), 조선진신내지시찰단(1914), 교육시찰단(1914), 실업시찰단(1915), 불교시찰단(1917), 규슈시찰단(1918), 잠업시찰단(1919), 농사시찰단(1919) 등이 있다. 이를 보면 시찰단은 최초에는 주로 식민지 조선의 상층부를 중심으로 이루어지다가 1910년대 중반 이후에는 교육, 실업, 잠업 등 특정한 목적 하에서 특정한 집단을 대상으로 시찰 대상을 확대하였다고 생각된다. 이는 1910년대 중반 지방행정제도를 개편하면서 획득한 일제의 식민지 지배에 대한 자신감의 발로라고 생각된다.

한편 시찰단의 시찰지역은 주로 일제의 근대문물을 선전할 수 있는 지역을 중심으로 선정되었다. 또한 이들 지역에서 조선과 일본이 역사적으로 관련이 있는 장소를 견학하게 함으로써 과거부터 일본과 조선은 밀접한 관련을 맺고 있었다는 점을 강조하고자 하였던 것으로 보인다. 그리하여 교토, 오사카, 나라 등지의 시찰이 이루어지고 있는 것으로 보인다. 예를 들면 교토에서 인클라인을 견학한 것이 대표적이다.

그리고 1910년대 시찰단원은 주로 귀족을 비롯한 신사, 종교지도자, 면장, 실업가, 독농가, 군수 등 조선의 여론 주도층인 조선 사회의 상층 및 중류층을 대상으로 하였다. 그러나 1910년대 중반 이후에는 마름과 같은 특정한 십난을 시찰단원으로 하는 시찰딘이 등장히는 것으로 보아 1910년대 중반 이후 시찰단의 파견 목적에 변화가 있는 것으로 생각된다. 이에 따라 시찰단원의 선정에는 일제의 입장이 전적으로 반영되었다. 이는 시찰단의 선발원칙과 어긋나는 인물들이 대거 시찰단에 참가하고 있는 것에서도 확인할 수 있다. 요컨대 시찰단은 일제의 입장에서 식민지 지배에 적당한 인물을 선정하여 그들에게 일본문물의 우수성을 인식시켜 그들을 식민지 지배의 협력자, 동조자로 육성하려는 것이었다고 할 수 있다.

결론적으로 '일본시찰단'은 일제의 식민지 지배정책인 동화정책을 실천하는 한 방편으로서 1909년 최초로 조직된 이래 일제의 식민통치 전 기간에 걸쳐 파견되었다. 1910년대에 조직된 '일본시찰단'은 우선 조선의 식민지화 과정에서 협력한 조선인들에 대한 보상, 조선 사회의 중류층 이상 세력에 대한 친일화 작업이었으며 이를 통해 일제는 조선인의 의식을 '일본인화'하고자 하였다.

〈별첨 1〉 시찰단의 구성원

| 연도 | 시찰단명 | 시 찰 단 명 단 | 비 고 | 출 처 |
|---|---|---|---|---|
| 1910 | 조선귀족관광단 | 李載覺(侯爵), 李址鎔, 閔泳璘(以上 伯爵), 朴齊純, 李容植, 趙重應, 李埈鎔(以上 子爵), 朴箕陽, 韓昌洙, 李載克, 金宗漢, 成岐運, 朴容疑(以上 男爵), 徐相勛, 許璡, 高源植, 閔宗植, 李容汶, 尹正燮, 李源昇, 李完用의 子, 尹弘燮(尹澤榮의 子), 李址鎔의 妻, 李完用의 妻, 尹澤榮의 長婿尹弘燮의 妻, 李址鎔의 子, 尹明壆, 張成源, 金允俊, 嚴靑一, 李影溶, 李景善, 韓應順(以上 女官), 의사 1명, 간호부 2명 | 成岐運, 李址鎔, 李完用의 妻, 李源昇尹澤榮의 子, 李址鎔는 1910년 11월 8일자의 명단에는 보이지 않음. | 1910년 10월 21일 1910년 11월 18일 1910년 12월 7일 |
| 1911 | 동척 시찰단 | 朴宇欽(開城郡守), 金東桓(陽城郡守), 李夏永(兩班儒生), 宋仁源(兩班儒生), 尹元成(兩班儒生), 朴渼峴(面長), 高成根(面長), 李九淳(面長), 孔聖學(實業家以上 京畿道) 申昌休(清州郡守), 林淵相(永同郡守), 天輔冕(兩班儒生), 吳炳顥(兩班儒生), 李起權泰衡(面長), 金元卿(面長), 龐仁榦(實業家), 朴埈稷(實業家), 朴起鍾(實業家以上 忠北), 林東勳(이상 忠南郡守), 李埼(恩津郡守), 徐漢甫(兩班儒生), 李源老(兩班儒生), 申鉉默(兩班儒生), 兪致鳳(實業家以上 忠南), 金正基(金山郡守), 趙甲植(兩班儒生), 柳斗煥(實業家), 鄭鎭模(兩班儒生), 金洛肇(兩班儒生), 방ㅇ로 봄ㅇ로 함ㅇ로ㅇ군(實業家), 李河德(兩班儒生), 趙友誠(兩班儒生), 金相熙(實業家) (以上 全北) 洪蘭裕(光州郡守), 李載革(長興郡守), 奇宇健(兩班儒生), 金星主(兩班儒生), 林友松(實業家), 韓明履(實業家以上 全南) 梁弘默(慶州郡守), 金學洵(慶州郡守), 金德三(實業家), 金德國(善山郡守), 柳時一(兩班儒生), 辰相轍(兩班儒生), 李中泰(兩班儒生), 文周祥(面長), 洪載杓(實業家 家), 金泰林(實業家), 朴正準(實業家), 朴柱年(實業家以上 慶北) 金東宇(안의郡守), 李元鎬(巨濟郡守), 鄭淳賢(兩班儒生), 河在堰(兩班儒生), 趙東皓(兩班儒生), 李勉宰(實業家), 朴在華(實業家), 朴相旭(兩班儒生), 金能在(實業家) | | 東洋拓植株式會社, 『朝鮮人內地觀察』, 1911. |

| 연도 | 구분 | 내용 | 날짜 |
|---|---|---|---|
| 1911 | 기독교<br>시찰단 | 家以上 慶南) 朴喜옥(연안군수), 餘致勳(巨인군수), 尹基錫(面長), 盧東夏(양양군수), 金憲洙(양덕군수), 吳長鎭(面長)以上 黃海道 石明의(江陵郡守), 安植(利川郡守), 崔在民(兩班儒生), 李守黃(兩班實業家, 申鉉甲(實業家, 鄭教烈(實業家, 朴觀來(兩班實業家, 任良進(實業家, 李順興(面長), 李渾興(面長), 金蓮植(令신군수), 崔泰鎭(兩班儒生), 文光魯(兩班儒生), 安석(兩班儒生), 鄭在命(實業家, 林佑敦(實業家, 金大朝(面長), 劉基鳳(面長), 李斗元(面長)以上 平南) 洪淳一(郭山군수), 梁鳳濟(양덕군수), 咸錫檁(面長), 金景燁(面長), 崔夏錫(實業家, 金蔡熙(實業家, 金在洙(實業家, 李明龍(實業家, 金貞範(實業家, 金昌運(兩班儒生)以上 平北) 朱塤(定平군수), 朴命勳(兩班儒生), 金思勳(實業家, 金明洙(北靑郡守), 金洛敍(實業家)以上 咸南) 李澤鉉(實業家)以上 咸南 隆(兩班儒生), 金柄商(兩班儒生), 朴復塤(兩班儒生), 崔薺崗(實業家, 韓羲錫(實業家, 李義錫(實業家)以上 咸北 / 洪疇運(實業家), 許命勳(實業家), 李義錫(實業家)以上 咸北 申秉雨 외 8명 | 1911년 8월 5일 |
| 1912 | 동척내지<br>시찰단 | 金鑛賢(立정군수), 權周相(은정군수), 柳惠英(정수군수), 吳懿均(金堤郡守), 金榮桓(金山, 兩班, 實業家), 張學主(金구, 양반), 柳種奎(泰仁, 篤農家, 李東錫(읍 면장), 李桂烱(南原, 面長), 閔龍植(立산면장) | 1912년 8월 20일 |
| 1912 | 유생대표<br>시찰단 | 張明根, 宋鍾洙, 金禧碩 | 1912년 10월 22일 |
| 1913 | 동척내지<br>시찰단 | 朱氽煥(利川郡守), 崔台鉉, 李淳儀, 李寬榮(京議道) 朴嵤觀, 李基祥, 金甲淳, 宋×直(忠南), 金鴻圭, 李宰革, 南相陌(忠北), 任俊熙, 李光熙, 李秋承, 張學主(全北) 金順泰, 金寅夏, 李利範, 金長厚(全南) 成斗植, 朴寅洙, 李根和, 尹吳斗慶(全北) | 1913년 8월 24일 |

| 1914 | 조선잠진 시정연 | (name list) | 매일신보사, 경성일보사 주최 | 1914년 3월 27일 1914년 3월 25일 |
|---|---|---|---|---|

北: 池能兗, 李賛永, 盧世容, 崔有翰(慶南), 金定鉉(제천군수), 李炳烈, 盧之有, 趙雲泳(黃海道), 申圭春(春川郡守), 池相喜, 李敦定(江原道), 邊時驩, 金鳳鍾(孟山郡守), 鄭仁淑(平壤商業會議所會頭), 林炳茂, 崔聖律, 崔基源(平北), 李鍾殷, 金翰經, 韓基鳳, 金賢錫(咸南), 許ㅈ, 許鼎, 沈愈澤, 李熙晶(咸北)

趙重應(中樞院顧問, 子爵), 李琦鎔(子爵), 朴濟斌(中樞院贊議, 男爵), 趙鎭泰(商業會議所會頭), 白寅基(韓日銀行專務取締役), 李啓均(德壽宮참사), 金容達(朝鮮貿易會社取締役), 李謙濟(李王職事務官), 金倫洙(李王職事務官), 朴鶴榮(實業家), 朴潤觀(實業家), 趙東源(李王職事務官), 崔健榮(李王職事務官), 李秉淑(實業家), 劉海鍾(實業家), 朴胄彬(이왕직참사), 李鍾夏(農業家), 崔昌煥(貿易商), 金柄熙(富農), 張齊翰(보성법률상업학교장), 金玉(貿易運送業), 金禛景(水原商業會議所會頭), 車明鎬(富豪), 金永承(農業家), 李載昇(富農), 李廈(貿易商), 金鎭學(사리원지사무소장리에두릴원), 孫壽順(대지주), 徐相基(農業家), 李春愛(貿易商), 宗敎家), 崔時俊(富農), 金基煥(前郡守), 李禧卒(紳士), 金性權(商業家), 卓基恩(農業家), 卓基喆(農業家), 崔相喆(實業家), 朴慶鎬(實業家), 具泰書(農業家), 金基烔(蔘業組合理事), 鄭弘錫(慶南日報社長), 李秉泰(富農), 高昌河(제천군수에두린), 吳群瀬(貿易商), 千象河(前郡守), 金基烔(蔘業組合理事), 鄭弘錫(慶南日報社長), 玄命高南日報社長), 朴泰鉉(開城府理事長), 飲致洞(농산식물조합리에두린), 朴在秀(每日申報支局장리에두린), 史一燮(경성일보분주), 玄命高南日報社長), 姜黃壽(農業家), 任達秀(농산조합리에두린), 金鍊海(商業家), 鄭桐時(農業家), 高齋厚(蔘業組合理事), 車亢植(農業家), 朴東秊(農業家), 金東烈(京畿道參事), 李x鎌(農業家), 金澤基(李王職事務官), 李仁用(李王職事務官), 金逸春(京畿道參事), 崔順員(每日申報平南支局長), 金應順(農業家), 李昊鎭(商業家), 金鍾鳳(商業家), 中村均(武官步兵參領), 金德順(實業家), 金應元(서울기장리에두각수), 高三宗(農業家), 具然升(面長), 李鳳烈(實業家), 金輩基(商業家), 金二柱(商業家), 柳完永(辯護士), 趙命九(紳士), 金潤德(紳士), 尹九榮(紳士), 趙南駿(紳士), 禹宗林(紳士), 李炳均(興業銀行取締役), 柳朝朗桓(紳士), 朱

| 1914 | 교육<br>시찰단 | 性根(韓湖農工銀行取締役), 金用集(韓湖農工銀行監査役), 洪淳目(고양인숙면장), 閔泳直(紳士), 韓正烈(農業家), 鄭益魯(宗敎家), 朴在銘(農業家), 徐丙周(大地主), 金性權(實業家), 皮元根(實業家), 宋星鎭(大地主), 金斗萬(大地主), 尹致吁(中樞院贊議), 李圭冕(實業家), 崔忠一(實業家), 李康爀(연동교회집사), 池景文(實業家), 金箕東(道參事), 金永喆(논산군이곡면장), 金明玉(紳士), 李泰善(紳士) | | 東洋拓植株式會社, 『1914年 朝鮮人內地視察記』. |
| --- | --- | --- | --- | --- |
| 1914 | 교육<br>시찰단 | 30여 명 | | |
| 1914 | 동척<br>시찰단 | 第1班 徐相敏(郡守), 洪鍾國(郡守), 李寅奎(郡守), 鄭奎濱(面長), 金重驥(篤農家以上 京畿道) 麥星熙(郡守), 李啓浩(郡守), 宋淳郡(篤農家), 柳喆熙(篤農家), 洪淳翰(篤農家以上 黃海道) 朴贊錫(郡守), 田德龍(郡守), 黃錫煥(篤農家), 吳憲炘(篤農家以上 江原道) 金喂檗(郡守), 申鉉求(郡守), 李桂植(篤農家), 李明煥(篤農家以上 平北) 第2班 申泰茂(郡守), 李在坫(郡守), 夔仁焕(農業家), 白殷主(篤農家以上 慶南) 李寅用(郡守), 朴英順(郡守) 金道鉄(面長), 襄東植(篤農家以上 慶北) 金祺泰(郡守), 李免泰(郡守), 徐敦戴(篤農家), 徐相基(篤農家以上 全南) 李康峻(兩班), 李基萷(兩班), 宋舜惠(實業家以上 忠南) 金奉斗(郡守), 安泰昇(郡守), 金完鎬(郡守), 李基萷(兩班), 宋舜惠(實業家以上 忠北) 第3班 池喜列(郡守), 鄭丙鉉(郡守), 元谷甲(兩班), 盧槙周(面長 咸南) 申載永(郡守), 玄章昊(郡守), 朴秉朝(篤農家以上 咸北) 成樂憲(郡守), 盧鑑(郡守), 朱哲濬(篤農家), 劉鳳錫(郡守) | | |
| 1915 | 내지<br>시찰단 | | 심업 및 교통시설 | |

| 연도 | 시찰단 | 구성 | 주최 | 출처 |
|---|---|---|---|---|
| 1917 | 불교시찰단 | 金九河(通度寺住持, 30本山聯合事務所委員長, 李晦光(海印寺住持, 姜大連(龍珠寺住持, 羅晴湖(봉은사주지), 郭法鏡(범어사주지), 李智永(전등사 수반말사 회장서주지), 金相淑(봉은사 수반말사 신륵사주지), 權相老(朝鮮佛敎總譜記者) | | 이정순, 앞의 논문, 59쪽. |
| 1918 | 유교 시찰단 | 李範來(團長), 平南參與官, 吉田永三郞(副團長, 東拓參事, 鄭雲福(警務總監部囑記) 第1部, 松浦茂一郞(米穀商, 中華義忠(京城電氣會社技手, 森田秀治郞(京城商業會議所, 諸方民次(農業), 元吉重口, 辻謹之助, 南部京平(貿易商, 倉元百一郞(金融業), 岸辰一(商業), 矢切賴治(農業), 房喜生太郞(겨물商, 岩山壯一郞(冬另부, 金敎哲(각두도시기), 韓應壽(상암), 兪瓀直(농업), 제2부 기수 吳熙合(농업), 金東成(겨을기, 제2부 기수, 金致億(회사원), 山川重市(회사원), 洪運杓(중주원부권의), 手致昕(겨을기, 李升鉉(은행중역), 金祇, 朴洗(무역상) 제3부: 鄭浮弘(도참사), 李尙謀(매지주, 朴正魯(매지주, 李憲永(매지주, 尹燦炳(매지주, 李宮建(농업), 南宮璋(농업), 金格鉉(매지주, 乭口復(매지주, 金英容(매지주, 徐範淳(매지주, 徐相夏(실업가, 金鐏雄(농업), 閔泳道(매지주, 趙東旭(매지주, 金相德, 趙重九(농업), 徐相昇(실업가, 李鍭驥(실업가, 李鈦憨(농업), 제4부: 鄭晃兒(농업), 金性洙(실업가, 朴根昌(실업가, 高啓河(매지주, 徐沫哲(매지주, 趙龍衍(농업) | 매일신보사, 경성일보사 공동주최 | 1918년 4월 16일 |
| 1918 | 교육 시찰단 | 山口(경성고부교수), 申基德(매듯보교교도, 李起鳳(수명여학교교원), 玄檼(경성여 고보교유), 교보교유 등 16명 | | 1918년 12월 20일 / 1918년 11월 22일 |
| 1919 | 잠업 시찰단 | | 경기도주최 | 1919년 7월 19일 |
| 1919 | 농사 시찰단 | 조선인 농감 및 사용인 45명(명복농장 2명, 전북농장 43명) | 붙이농장 주최 | 1919년 7월 29일 |

# 제2장 1910년대 일제의 동화정책과 일본시찰단

## - 1913년 일본시찰단을 중심으로 -

## 1. 머리말

근래 한국사학계에서는 일본의 식민지 지배에 대한 연구가 비교적 활발히 이루어지고 있다. 그것은 과거사 청산이라는 국내의 정치적 흐름과 일정한 관계가 있다고 보여진다. 그리고 일본내의 극우파를 중심으로 고조되고 있는 식민지 지배에 대한 긍정적인 평가 움직임에 대한 한국사학계의 대응이라는 차원으로도 이해할 수 있다.

그런데 이러한 연구는 주로 일본의 식민지배의 이론적인 측면에 대한 연구를 위주로 이루어짐으로써 일본이 식민지 지배를 위해 실시한 정책이 현실에서 어떻게 구현되었고 그 정책의 실시 대상이었던 조선인은 이에 대해 어떠한 반응을 보였는가를 살피는 데는 미진한 감이 없지 않았다. 실제 일제의 정책이 구현된 하나의 사례로서 식민지 지배 협력자의 관리·양성 프로그램이라 할 수 있는 일본시찰단을 분석하는 것은 이러한 연구의 한계를 탈피하는데 의미 있는 시도라 할 것이다.

일본시찰단은 1909년 경성일보사가 처음으로 조직하였으나 이후 매일신보사와 공동으로 조직, 파견하기도 하였다. 그리고 동양척식주식회사(이하 동척)가 1911년부터 1914년까지 일본시찰단을 매년 파견하고

있으며 1910년대 후반에는 각군 및 개별 농장 등에서도 일본시찰단을
조직하여 파견하고 있다. 그리고 1920년대 이후에도 지속적으로 시찰단
이 파견되고 있다.

　일본시찰단에 대한 연구는 그리 활발하지 않은 형편이었으나 최근 다
수의 논문이 발표되어 일본시찰단 연구가 주목을 받고 있는 것으로 보인
다. 일본시찰단에 대한 연구는 이경순[1]의 연구가 시초라 할 수 있다. 그
의 연구는 주로 불교사적인 관점에서 이루어진 것으로 식민지 지배정책
과 일본시찰단을 관련지어 설명하지 못하였다는 한계가 있다. 그리고 성
주현[2]은 1910년대 조선의 종교계와 동화정책을 분석하는 과정에서 '일
본시찰단'을 대략적으로 서술하였으며 필자가 『매일신보』의 기사를 통
해 1910년대 일본시찰단에 대해 대강을 밝혔다.[3] 박양신[4]과 한규무[5]는
거의 같은 시기에 1910년 일제의 한국 '병합'을 전후한 시기의 '일본관
광단'에 대해 살폈으며, 박찬승[6]은 1920년대 이후의 일본시찰단에 대해
연구하였다. 그러나 현재까지의 일본시찰단에 대한 연구는 시기적으로
1910년대에 국한되어 있으며 1920년대 이후의 시찰단에 대한 연구는 시
작단계에 있는 실정이다.[7] 그런데 이들 연구는 주로 일제의 동화정책 혹

---

1) 이경순, 2003, 「1917년 佛敎界의 日本視察 연구」 『한국민족운동사연구』 25.
2) 성주현, 2003, 「日帝의 同化政策과 宗敎界 動向」 수요역사연구회, 『식민지 조선
　과 매일신보 1910년대』, 신서원.
3) 조성운, 2004, 「매일신보를 통해 본 1910년대 일본시찰단 연구」 『한일민족문제연
　구』 6, 한일민족문제학회.
4) 박양신, 2005, 「일본의 한국병합을 즈음한 '일본관광단'과 그 성격」 『동양학』 37,
　단국대학교.
5) 한규무, 2005, 「한말 한국인 일본관광단연구(1909~1910)」 『국사관논총』 107, 국
　사편찬위원회.
6) 박찬승, 2005, 「식민지 시기 조선인들의 일본 도시 여행 - '내지시찰단'을 중심으
　로 -」 『동아시아 근대 도시와 타자의 거리』(역사문화학회·한양대 비교역사문화
　연구소 주최 '동아시아 도시의 역사와 문화' 학술심포지엄 발표논문집).
7) 필자는 1910년대의 시찰단은 식민지 지배를 위해 동화주의를 전면에 내세운 것이
　라 보고 있으나 1920년대 이후의 시찰단은 이러한 목적과 함께 일본 관광단을 유

은 동화주의에 초점을 맞추어 연구하고 있는 데 반하여 한규무는 '관광'이라는 차원에서 접근하고자 한 것이 특징이다. 이는 향후 시찰단의 연구에서 다양한 시각으로 보아야 한다는 점을 강조한 것으로 생각된다.

필자의 지난 연구가 1910년대 일본시찰단에 대한 대강을 밝힌 것이라면 본고는 1913년의 동양척식주식회사(이하 동척)에서 파견한 일본시찰단(이하 동척시찰단)을 집중적으로 분석하고자 한다. 이를 위해 필자는 우선 1910년대 일제의 식민지 지배정책 – 동화정책을 『매일신보』를 중심으로 살핀 후 일본시찰단이 구체적으로 어떠한 경로를 통해 일본을 시찰하였으며 그 시찰 장소는 어떠한 성격을 갖는 곳인가를 파악하고자 한다. 또한 1913년 동척시찰단에 참여한 인물들은 어떠한 성격의 인물이며 시찰단 참여 이전과 이후의 활동상을 통해 이들이 식민지 지배에 어떻게 대응했는가를 가능한 범위 안에서 확인해보고자 한다. 또한 시찰단에 참여한 인물들이 남긴 기록이나 신문기사 등을 통해 시찰 이후 이들이 일본을 어떻게 인식했는가를 살피고자 한다. 이는 식민지 지배정책 속에서 일제가 의도했던 바를 확인하는 계기가 될 것이다.

한편 이와 동시에 일본에서 파견된 조선시찰단 및 남양시찰단, 만선시찰단 등에 대한 비교 연구가 이루어진다면 일제의 식민지 지배정책에 대한 연구에 깊이를 더할 것으로 생각된다.

## 2. 1910년대 일제의 식민지 지배 정책

1910년대는 일제가 조선을 식민지로 획득한 직후이기 때문에 식민지 지배의 토대를 구축할 시기였다. 이는 구한말 이래 지속적으로 전개되어 왔던 조선을 식민지로 획득하기 위한 일제의 침략정책의 연장선에서 추

---

치하여 자본의 이익을 확대하려는 일본의 관광산업과 관련지어 생각해야 한다는 생각을 갖고 있다.

구되었다고 생각된다. 그 대표적인 작업으로써 토지조사사업, 일본어 보급, 지방행정구역의 재편 및 면제의 시행 등 제도의 개편 등을 들 수 있다. 그러나 이외에도 일제는 식민지 조선인에 대해 동화정책을 추진하여 '일본인화' 하고자 하였다. 이는 '조선 귀족'의 창달과 일본시찰단의 파견 등 일제의 조선 지배에 협력할 조선인을 관리·양성하고자 하는 프로그램으로 나타났다. 즉 박람회나 공진회 혹은 일본시찰 등을 개최하여 일제의 식민지 지배가 조선을 근대적으로 발전시켰다는 점을 조선인의 '눈'으로 직접 확인시키는 작업을 지속적으로 수행함[8]으로써 대중의 의식을 조작하였다.

이처럼 1910년대는 일제가 조선을 항구적으로 지배하기 위한 기초작업을 추진하는 시기였다. 그리고 이러한 일제의 식민지 지배정책을 선전하는 도구로써 『매일신보』는 매우 효과적인 도구였다. 기존의 연구에서 밝혔듯이 『매일신보』는 조선총독부의 기관지로서 일제의 식민지 지배정책을 대중에게 선전하고 홍보하는 역할을 하였다. 그리고 그것은 일본의 식민지 통치가 온화한 수단으로 일본인과 조선인의 융화를 도모할 것을 강조하는 한편 '제왕적인 조선총독'을 강조함으로써 일제의 식민통치에 저항할 수 없도록 하는 정치적인 의도를 가지고 있었다.[9] 이는 곧 『매일신보』를 통해 일제가 의도하는 바가 조선에 대한 원활하고도 항구적인 식민지 통치였음을 보여준다.

이를 위해 일제가 채택한 정책이 식민지 동화정책이라는 것을 잘 알려진 사실이다. 즉 초대 총독이었던 데라우치 마사다케(寺內正毅)가 同化主義를 조선통치의 근본 방침으로 채택한 이래 약간의 변형이 있기는 하였으나 동화주의는 일제의 조선 지배의 기본정책이었음은 주지의 사

---

8) 이에 대해서는 수요역사연구회, 앞의 책을 참조 바람.
9) 황민호, 2003, 「총론 - 1910년대 조선총독부의 언론정책과 『매일신보』」 『식민지 조선과 매일신보』, 신서원, 24쪽.

실이다.[10] 『매일신보』는 이러한 일제의 의도를 반영하여 '同化政策'의 전파자로서의 역할을 충실히 수행하였다. 우선 『매일신보』는 병합 후 "조선 민족은 문명한 법률 하에서 생명과 재산을 보호하고 총독이 선정을 베풀어서 지식과 권리를 획득하게 되었으며", "총독의 제반정치가 日鮮同化에 유의하여 조선민족으로 하여금 충실한 일본인이 되게 하기에 여념이 없다."[11]고 동화정치를 선전하였다. 그리고 조선이 일본에 동화되어야 할 이유를 『매일신보』는 다음의 네 가지로 설명하고 있다.

> 첫째, 日鮮人이 同人種인 事
> 둘째, 朝鮮에는 本來 獨立할 國家로 그 歷史가 無할 事
> 셋째, 獨立國으로 存在키 不能할 事
> 넷째, 我 列聖이 相紹한 綏撫的 帝國主義[12]

이처럼 『매일신보』는 조선이 독립한 역사도 없고 독립할 능력도 없으므로 일본에 동화되어야 한다고 하였다. 그리하여 『매일신보』는 "內地人과 마찬가지로 일제에 忠良한 臣民을 양성"[13]하여야 한다는데 동화정책의 근본적 목적을 두었던 것이다. 이에 따라 『매일신보』가 日鮮同化의 방법으로 제기한 것이 일본어의 보급, 한일 양민족의 잡혼, 산업경제적인 측면에서의 공동경영, 풍속개량, 조선의 중류층에 대한 포섭 등이었다.

첫째, 『매일신보』가 가장 시급하게 생각한 것은 언어소통의 문제였

---

10) 병합 이후 초대 총독으로 부임한 데라우치(寺內正毅)는 조선 통치의 근본 방침으로서 '동화주의'를 표방하고 있다. 2대 총독 하세가와(長谷川好道)도 "조선의 통치 또한 일찍부터 동화 방침의 一視同仁의 大義에 準則하여 偏私없기를 기하였다."고 말하고 있다(1917.7.10, 『朝鮮總督府官報』). 그리고 이러한 입장은 20년대에도 이어져 3·1운동 이후에 부임한 사이토(齋藤實) 총독 역시 "一視同仁의 內地延長主義 아래 그 정책의 주력을 內鮮人同化에 두고 있음"을 밝히고 있다(靑柳南冥, 1928, 『總督政治史論』後篇, 京城新聞社, 128쪽.).

11) 『매일신보』 1914년 12월 6일, 「朝鮮民族觀」(10).

12) 『매일신보』 1915년 11월 1일.

13) 『매일신보』 1916년 1월 10일.

다. 그것은 일본어의 일상화를 통해 한일 양민족이 사상적으로나 감정적
으로 교류하고 이를 통해 자연스럽게 동화될 수 있을 것이라는 기대를
반영하는 것이었다. 그리하여 『매일신보』는 국어(일본어)의 보급이 가장
시급하다고 주장하면서 일본어 교육의 필요성을 지속적으로 강조하였
다.[14] 그리고 이를 통해 10년 내지 20년 후에는 일본과 조선이 완전히
동화될 것이라는 전망을 하기도 하였다. 이러한 전망이 가능했던 것은
일어 능통자를 간단한 면접만을 통해 하급관리나 통역주사로 채용하는
등의 시책이 조선인민에게 끼친 영향이 긍정적이었다는 판단 때문이었
다. 즉 일본어만 잘하면 관리로서 '출세'할 수 있다는 사회적인 분위기
는 국어인 '일본어'에 대한 관심을 촉발시켰던 것이다.[15]

　둘째, 『매일신보』가 日鮮同化를 위해 제기한 것이 조선인과 일본인의
雜婚이었다. 여기에는 인종간의 우열을 근거로 삼고 있는 인종주의적 식
민학이 전제가 되어 있었다.[16] 이에 대해 『매일신보』는 "日鮮同化를 위
한 進步" 또는 "同化의 促進"으로 평가하였다. 한일 양국인의 잡혼은 李
垠과 李方子가 결혼한 다음해인 1921년 6월 '內鮮人通婚法案'이 총독
부령 99호로 성립함에 따라 법적으로 성립하였고, 사실혼 관계에 있던

---

14) 『매일신보』 1911년 2월 23일, 「國語硏究의 必要」; 『매일신보』 1912년 8월 10일
　　「國語必習」.
15) 『매일신보』 1911년 2월 10일, 「日語硏究會의 好況」.
16) 박성진, 1999, 『한말-일제하 사회진화론 연구』, 한국정신문화연구원 박사학위논문,
　　115쪽. 서구의 인종주의적 식민학이 일본에 전해진 것은 이미 오래전의 일이었다.
　　1851년 런던만국박람회에서 시작된 식민지 전시는 1855년 파리만국박람회에서 이
　　데올로기적 경향을 강하게 보이기 시작하였다. 일본이 이러한 식민지 전시를 받아들
　　인 것은 1903년에 오사카 텐노지(天王寺)에서 개최되었던 제5회 내국권업박람회였
　　다. 이 박람회에는 홋카이도(北海道)의 아이누 5명, 대만생번 4명, 조선 2명 등 32명
　　의 '사람'이 학술인류관에 전시되었다. 그리고 1914년 도쿄의 다이쇼(大正)박람회에
　　서는 오카나와관, 만주관, 조선관, 대만관, 척식관 등이 개설되어 식민지 전시가 본
　　격화된다. 이는 미개, 야만, 반문명, 문명이라는 진화론적인 이해에 바탕을 두고 있
　　다고 할 수 있다(요시미 순야저, 이태문역, 2004, 『박람회』 논형, 참조바람).

부부들을 법적으로 뒷받침하였다. 이러한 일제의 정책변화는 3·1운동 이후 채택된 문화통치로의 전환과 그 궤를 같이 하는 것으로 보인다.

셋째, 『매일신보』는 동화의 한 방법으로서 한일 양민족의 '사업 공동 경영'[17)을 들고 있다. 여기에서 말하는 사업이란 그 범주가 매우 광범위한 것으로서 회사나 공장 등 비교적 규모가 큰 것에서부터 밭일과 인력거를 끄는 일 등 사소한 일을 망라하였다. 뿐만 아니라 도시나 농촌, 공업, 상업, 농업, 광업, 임업, 어업 등 산업 전반에 이르는 것이었다. 그런데 여기에서 주의할 것은 일본인은 자본을 대고 조선인은 노동을 제공하는 식의 수직적인 '공동 경영'이었다는 점이다. 이는 일본의 자본을 조선에 유치하여 조선의 산업을 진흥시킨다는 것으로 제국주의 자본침탈에 다름 아니었다는 점을 강조하고 싶다. 그리하여 『매일신보』에는 조선시찰단이라는 이름으로 조선에 대한 투자 여행단을 유치하는 기사나 그들에 대한 보도가 자주 게재되었다.

넷째, 일제는 조선의 야만, 미개, 무지 등을 강조하면서 자신의 식민지 지배정책을 이러한 조선의 상태를 개선하기 위한 것이라며 선전하고 추진하였다. 예를 들면 『매일신보』는 조선인의 위생관념은 '고래로 선천적으로 희박하며 유치'하다는 관념을 꾸준히 선전하였다. 『매일신보』는 그 근거로 노동자들이 웃옷을 벗는 것, 절약하지 않는 것, 청결하지 않는 것이라 전제하면서 그 이유를 미신의존도가 높고 풍속이 니태히기 때문이라 하였다. 따라서 조선이 이러한 미개 상황에서 벗어나기 위해서는 조선의 풍속을 새롭게 재편해야 한다는 것이었다. 그리고 그 모범을 일본에서 구하였다. 그리하여 『매일신보』는 식민지 전시기에 걸쳐 위생문제를 강하게 제기하였다고 볼 수 있다.

다섯째는 조선의 중류층을 획득하기 위한 방안이다. 이는 일본시찰단이나 조선내에서 개최된 박람회 또는 공진회[18)의 관람을 중류 이상의 사

---

17) 『매일신보』 1915년 6월 22일, 「如何히 하면 日鮮人이 融和될까」.

람들을 대상으로 한 것에서 확인할 수 있다. 일본시찰에 참여한 인물들은 주로 유지, 신사, 명망가, 면장 등 중류층 이상의 인물이었다. 특히 일본시찰단원은 주최측에서 도청이나 군청의 추천을 받아 선정하였다. 이는 시찰의 목적 달성에 적합한 인물을 선정하겠다는 의도였다. 그것은 시찰 이후 기행문 제출이나 간담회, 강연회 등의 참석이 의무사항이었던 점에서도 확인된다. 그리고 조선내에서 개최되었던 박람회에도 중류층 이상의 인물들의 관람을 조직적으로 유도하였음도 이미 확인된 바 있다. 이러한 점으로 보아 『매일신보』는 일선동화의 주축세력을 조선의 중류층으로 생각하고 이들을 획득하기 위한 프로그램을 진행시켰던 것으로 보인다.

이러한 방법론을 제기한 『매일신보』는 그 목적에 부합하는 방향에서 신문을 제작, 보도하였다. 즉 『매일신보』를 통해 조선에 대한 일제의 시혜를 강조하는 한편 조선인의 무지와 잘못되고 부족한 점을 집중적으로 부각하여 '조선(인)은 안된다.'는 의식을 스스로 갖게끔 조작하였다.[19] 그리고 다른 한편으로는 그러한 조선과 조선인을 일제가 근대화, 문명화하기 위해 노력한다는 점을 강조하였다. 특히 이러한 정책은 산업경제정책과 풍속개량정책에 두드러지게 나타났다.

『매일신보』가 전망한 日鮮同化의 형태는 "마음이 같고 사업이 동일하고 학식이 동일하면 모든 일이 자연히 동일하여 동일한 국민이 될 수 있으며", "日鮮民이 속마음을 털어놓고 지식을 교환하며 사업을 함께 하여 國利民福이 무한히 증진되는 상태"[20]라 보았다. 그리고 이러한 상

---

18) 이에 대해서는 박성진, 「일제초기 '朝鮮物産共進會' 연구」, 수요역사연구회, 앞의 책. 및 2003 『사회진화론과 식민지사회사상』, 선인을 참고 바람.

19) 이는 주로 사회면의 기사를 통해 확인된다. 사회면에는 주로 사기, 간통, 도박, 미신 등 조선 사회의 불건전성을 부각하는 부정적인 기사로 채워져 있다. 그리고 이러한 기사는 곧 조선이 일본과 동화되어야 하는 근거가 되는 것이기도 하였다. 이와 함께 조선총독부는 일본 내의 언론 매체에 대해 조선통치에 해가 되지 않는 방향에서 보도해줄 것을 당부하기도 하였다(조선총독부, 1921, 『朝鮮の近情 大阪府外十縣朝鮮視察團に對する演述』, 2~3쪽).

태가 되기 위해서는 天皇 중심의 '新日本主義'[21]가 관철되어야 하였다.
그리하여 『매일신보』는 천황의 생일인 天長節, 일본의 國祖인 神武天
皇이 즉위한 紀元節, 忌日인 神武天皇祭, 천황비의 생일인 地久節 등
을 매우 비중있게 보도하였다. 1910년대 『매일신보』는 이처럼 천황 중
심의 동화정책을 지면을 통해 끊임없이 강조하였다. 더 나아가 『매일신
보』는 『매일신보』 자체를 일제의 식민 지배를 위한 일종의 교육기관이
라 자처하였다.[22] 이는 곧 『매일신보』 스스로가 동화정책의 첨병 역할
을 자임한 것으로 이해된다.

## 3. 일본시찰단의 조직과 파견

### 1) 1913년 동척시찰단의 조직

경성일보사가 조선인민의 지식을 일층 鼓發하고 실업을 특히 장려하
기 위하여[23] 일본시찰단을 최초로 조직한 것은 1909년이었다. 여기에
참여했던 朴基順은 시찰기를 통해 후쿠오카(福岡)공진회와 아이치(愛
知)현 나고야(名古屋)공진회뿐만 아니라 海軍工廠, 造幣局, 鐵□場 등

---

20) 『매일신보』 1910년 9월 10일, 「論說:親密의 關係」. 그런데 조선총독부는 1914년
   조선에 대한 3년간의 식민지 지배의 성과에 대해 평가하면서 "一般의 安寧秩序를
   유지해서 人心의 歸服을 꾀했고 각종의 殖産興業을 장려해서 富源의 개발에 바탕
   이 되게 하였으며 敎化의 普及에 의해 人文의 向上을 촉진함으로써 國利民福을 증
   진"(朝鮮總督府, 1914, 『朝鮮統治三年間成績』, 72쪽)시켰다고 하여 『매일신보』가
   목적으로 했던 일선동화의 참뜻이 어느 정도 성과를 거두었음을 인정하고 있다.
21) 『매일신보』 1916년 10월 6일 사설, 「新日本主義를 高唱함」. 신일본주의는 武士道
   精神에 입각한 것으로 이해된다. 『매일신보』에 따르면 일본의 융성의 근저에는
   '天皇' 중심주의가 자리잡고 있었으며 '天皇' 중심주의란 '大和魂'과 무사도정신
   에 있다고 하였다(『『매일신보』 1917년 3월 14일, 「武士道와 朝鮮人」).
22) 『매일신보』 1916년 10월 3일, 「社會敎育과 新聞紙」.
23) 朴基順, 1913, 『觀光略記』, 6쪽.

을 시찰한 소감이 益深하다고 하면서 韓國物品이 外國譏笑를 徒招함
으로 槪論하여 全國工業界에 一聲警鼓한다고 하였다.[24] 더 나아가 그
는 자신이 시찰기를 쓴 목적을 "國家의 富强을 實業이라 略論함은 同
胞諸公의 公益思想을 鼓吹할 뿐 不是라 抑爲自家의 座銘을 作코져
함"[25]이라 하였다. 이는 박기순이 일본의 선진문물에 대해 감탄하는 한
편 이를 토대로 조선의 부국강병의 방법을 실업의 발전에서 찾고 있음을
보여준다.[26] 이러한 경성일보사의 사업성과를 반영하여 동척은 1911년
에 이 사업을 처음 실시하였다.[27]

　　1911년 동척시찰단의 파견 목적은 "朝鮮人의 思想을 啓發하고 朝鮮
의 産業을 改良하기 위하여 채택할 수단방법은 많으나 그들을 母國 各
般의 事物을 實地 目擊시키거나 또는 母國 上下의 人士에게 接觸시키
는 것이 가장 捷徑"[28]이기 때문이었다. 즉 "我의 事를 彼에 較하여 我
보다 長한 者를 取하고 我보다 利한 者를 學"[29]하여 "朝鮮啓發上에 莫
大한 效果"[30]를 기대한 것이었다. 그것은 곧 일본의 근대문물의 우수성
을 선전하여 조선인을 감복시키고 식민지 지배를 영구화하고자 했던 것
으로 이해된다. 그리하여 『매일신보』는 일본이 유럽을 시찰한 이후 동
양 제일의 선진국으로 도약할 수 있었다[31]고 스스로의 사례를 들었다.
그것은 동척이 1913년 일본시찰단을 계획하면서 일본시찰단이 "朝鮮

---

24) 朴基順, 앞의 책, 3쪽.
25) 朴基順, 앞의 책, 3쪽.
26) 여기에서 주의해야 할 것은 朴基順이라는 인물이 어떠한 성향의 인물인가를 확인
　　해야 한다는 것이다. 그가 친일성향의 인물이라면 이러한 그의 인식은 이미 고정
　　된 것이라 할 수 있지만 그러한 성향의 인물이 아니라면 일본시찰이 일본의 근대
　　성, 우월성과 조선의 전근대성, 열등성을 확인시키는 계기가 되었다고 할 것이다.
27) 조성운, 앞의 논문, 12쪽.
28) 東洋拓植株式會社, 1911, 『明治 44年 春期 朝鮮人內地視察』, 1쪽.
29) 『매일신보』 1911년 3월 19일, 「內地觀光團에 대한 感想」.
30) 『매일신보』 1912년 8월 14일, 「東拓實業視察團」.
31) 『매일신보』 1912년 8월 14일, 「東拓實業視察團」.

拓植上 不少한 貢獻이 有"[32]하다고 평가한 것에서 볼 수 있다. 이를 우사카와(宇佐川) 동척 총재가 시찰단을 보내면서 행한 훈시를 통해 보다 명확히 알 수 있다.

> 朝鮮人 중 有識者를 선발하여 직접 內地의 사물을 시찰시켜 그 장점을 선택하고 단점을 보완하여 朝鮮의 산업을 진흥시켜 朝鮮과 內地의 관계를 일층 친밀하게 하는데 있다. (중략) 시찰개소의 선정은 內務省, 農商務省의 지정에 의한 것으로서 산업에 관계있는 장소는 가능한 한 많이 시찰시킬 것을 계획하였으며 대개 시찰하는 府·縣·郡·市·町·村의 관민으로부터 다대한 편의를 제공받았다. (중략) 농촌의 實狀, 植林의 實際 등을 본 후 동척시찰단원이 이해할 수 없는 일이 있다면 해당 시찰지의 당사자 또는 八尋技師에게 충분히 질문해서 유감이 없도록 하라. (중략) 內地에서는 그 발달의 정도, 지방의 상황 등 朝鮮과 느낌이 다른 것이 있으므로 文物制度를 바로 채택하여 (조선에서 – 인용자) 응용하지 않으면 안된다. (중략) 귀향 후에는 힘써 시찰의 결과를 鄕閭의 실제에 응용할 것을 기대한다.(하략)[33]

또한 『매일신보』도 동척시찰단에 대해서 "季札의 莫邁로도 上國에 遊하고 子長의 文章으로도 江淮를 歷한 然後에 其知識이 增長하였으니 況普通의 人이 目擊이 無하고 어찌 外物의 了解가 有하리오."라 하여 여행의 중요성을 강조하면서 "京□ 및 大都□ 遊歷하여 各其事業의 識見을 增長케 하니 此가 즉 文明發展의 一助라."하여 동척시찰단의 의미를 높이 평가하였다. 그리고 이를 통하여 "內地에는 農事가 如何하니 我도 此를 倣行하라 하며, 內地에는 商業이 如何하니 我도 此를 倣行하라 하며, (중략) 其他 千百□物을 □□隨成하여 必我도 此를 倣行하리라 하여 視察의 效果"를 얻을 수 있도록 하여야 한다고 하였다. 또한 이렇게 얻은 지식은 동포에게 보급[34]해야 한다고 하였다. 특히 데라

---

32) 『매일신보』 1913년 4월 19일, 「東拓 主催 視察團의 計劃」.
33) 동양척식주식회사, 1911, 앞의 책, 10~12쪽.
34) 『매일신보』 1913년 6월 6일, 「東拓主催視察團」.

우치 마사다케(寺內正毅)총독도 시찰단의 귀국 이후 총독관저로 그들을
초대하여 "일본에서 견문한 것은 그것부터 鄕黨에 보이고 실제로 응용
할 것"35)을 요구하였다.

이를 통해 알 수 있듯이 동척은 일본시찰단의 파견을 통해 '조선과 일
본의 관계를 친밀하게' 하고 '시찰의 결과를 鄕閭의 실제에 응용'할 것을
기대하였다. 이를 위해 일본의 선진지역 곧 산업에 관계있는 장소는 가능
한 한 많이 시찰시키고자 하였던 것이다. 즉 이를 통해 동척이 목적으로
한 것은 결국 "조선을 개발하고 조선인을 동화"36)시키는 것이었다.

이는 일본의 선진문물을 견학시켜 이를 조선에서 실시, 보급하여 동화
정책을 추진하는데 그 의미가 있는 것으로 판단된다. 이러한 목적을 갖는
일본시찰단이 처음 조직된 것은 앞에서 보았듯이 1909년의 경성일보사
가 주최한 것이지만 동척에서는 1911년 처음으로 일본시찰단을 조직하
여 1914년까지 일본에 시찰단을 파견하였다. 특히 경성일보사는 일본의
국민신문사와 공동으로 일본시찰단과 함께 일본인으로 구성된 조선시찰
단을 조직하기도 하였는데 이는 '日鮮融和'를 목적으로 한 것이었다.37)
경성일보사가 국민신문사와 공동으로 시찰단을 조직한 것은 경성일보사
의 감독이자 일본 국민신문사의 사장이었던 도쿠토미 소호(德富蘇峰)의
영향 때문이었다고 할 것이다. 도쿠토미가 경성일보사의 감독으로 올 수
있었던 것은 초대 조선총독인 데라우치와의 인연 때문이었다.38)

---

35) 동양척식주식회사, 1914, 『大正2年(1913)秋期 朝鮮人內地視察記』, 72쪽.
36) 동양척식주식회사, 앞의 책, 1914, 1쪽.
37) 藤村生, 「京城日報社由來記」, 歷代社長の能と不能と其退社理由(정진석, 2005, 『언론
    조선총독부』, 커뮤니케이션북스, 72쪽에서 재인용).
38) 有山輝雄, 1992, 『德富蘇峰と國民新聞』, 吉川弘文館, 193쪽(정진석, 위의 책, 67쪽
    에서 재인용). 데라우치는 1904년 육군대신으로 있을 때 국민신문사에 자금을 지
    원하였고 조선총독으로 부임한 이후에는 도쿠토미에게 경성일보사의 경영을 위탁
    하였다. 경성일보사가 도쿠토미의 영향 하에 있던 1910년부터 1918년까지 경성
    일보사장은 도쿠토미가 창간했던 일본의 국민신문사 출신의 요시노(吉野太左衛

1913년 동척시찰단원의 선발은 동척이 조선총독부에 의뢰하고 조선총독부는 다시 각 도에 위임해서 선발하는 방법과 동척 출장소 및 파출소 관내에서 적당한 사람이 있으면 동척이 조선총독부에 신청하는 형식으로 이루어졌다.[39] 그리고 시찰단은 각도에서 10명 총 130명으로 정하였으나[40] 1913년에는 각도에서 4명씩 축소하여 총 52명을 감축하고[41] 각도에서 선발하는 시찰단원은 군수, 양반, 유생 중에서 2명, 독농가, 실업가, 면장 중에서 2명으로 정하였다.[42] 그리고 이들은 각 지방의 유지신사, 구습을 고수하는 자라 하더라도 一鄕에서 명망이 있는 자[43]로 제한하였다.

1913년 동척에서 조직한 일본시찰단의 단원은 동척이 총독부에 그 선발을 일임하여[44] 8월 22일 각도 4명씩 선발한 52명과 간부 및 통역 13명을 포함해 65명으로 구성되었다.[45] 이들은 군수, 면장, 양반, 독농가, 실업가 중에서 선발하였다.[46] 총 52명의 시찰단원 중 군수 20명, 면장 11명, 양반 5명, 독농가 10명, 실업가 6명이었다. 이들의 명단은 다음 <표 1>과 같다.

〈표 1〉 1913년 동척시찰단 명단

| 도 | | 이름 | 신분 | 나이 | 주소 | 약력 |
|---|---|---|---|---|---|---|
| 1반 | 경기도 | 朱榮煥 | 군수 | 32 | 이천군 읍내 | 전 관립중학교 교관, 동고등학교 교수 |
| | | 崔台鉉 | 군수 | 38 | 안성군 읍내 | 전 총순, 경시, 안성군수(1910-1913), 여주군수(1914), 봉산군수(1918-1924), 경기도지방토지조사위 임시위원 |

---

門)와 아베(阿部充家)였다(정진석, 앞의 책, 71~78쪽 참조).
39) 동양척식주식회사, 1914, 앞의 책, 1쪽.
40) 『매일신보』 1913년 4월 19일, 「東拓主催 視察團의 計劃」.
41) 『매일신보』 1913년 7월 3일, 「東拓觀光團人選」.
42) 『매일신보』 1913년 7월 12일, 「東拓視察團人選」.
43) 『매일신보』 1911년 4월 9일, 「內地觀光團의 組織과 道訓」.
44) 『매일신보』 1913년 6월 21일, 「東拓視察團決定期」.
45) 동양척식주식회사, 1914, 앞의 책, 2쪽.
46) 동양척식주식회사, 1914, 앞의 책, 3쪽.

| | | | | | | |
|---|---|---|---|---|---|---|
| 1반 | | 李寬榮 | 면장 | 38 | 가평군 군내면 | 전 사숙 및 사립학교 경영 |
| | | 李仁洙 | 독농가 | 28 | 경성부 연희면 | |
| | 황해도 | 金定鉉 | 군수 | 46 | 해주군 읍내 | 전 육군부위, 도사무관 |
| | | 李炳烈 | 군수 | 44 | 봉산군 읍내 | 전 농상공부 주사, 참모본부 번역관, 유년학교 교관, 도사무관, 중추원 참의 |
| | | 盧元有 | 면장 | 50 | 옹진군 부민면 | |
| | | 趙雲洙 | 독농가 | 35 | 배천군 서촌면 | 전 사립학교장, 보통학무위원 |
| | 강원도 | 申圭善 | 군수 | 32 | 춘천군 읍내 | |
| | | 沈相熹 | 군수 | 40 | 평해군 읍내 | |
| | | 金東和 | 독농가 | 37 | 화천군 읍내 | 전 군서기 |
| | | 李教完 | 독농가 | 36 | 양양군 도남면 | |
| | 평안남도 | 邊時鵬 | 군수 | 40 | 영원군 읍내 | 전 탁지부 주사, 재무관, 부(府)서기, 영원군수(1911-1913), 중화군수(1913-1924), 용강군 대대면장(1927-1937) |
| | | 金鳳鎭 | 군수 | 31 | 맹산군 읍내 | 전 보통학교장, 군서기, 도서기 |
| | | 黃業 | 면장 | 61 | 평양부 대흥면 | 전 도주사, 離宮大極殿참사, 도참사 |
| | | 鄭仁淑 | 실업가 | 34 | 평양부 융흥면 | 현 평양상업회의소회두, 동자기주식회사장 |
| | 평안북도 | 閔再鎬 | 군수 | 36 | 정주군 읍내 | 외국어학교 교관, 탁지부 재무관, 자성군수(1911), 정주군수(1912-1928),평북토지조사위임시위원(1918) |
| | | 林炳茂 | 양반 | 39 | 용천군 미라면 | |
| | | 金斗衡 | 실업가 | 33 | 의주부 성내 | |
| | | 吳基源 | 독농가 | 40 | 철산군 참면 | |
| 2반 | 경상남도 | 沈能益 | 군수 | 45 | 용남군 읍내 | 전 경부, 용남군수(1910-1913), 의령군수(1914-1921) |
| | | 李瓚永 | 군수 | 51 | 함안군 읍내 | 의령군수(1907), 영산군수(1908), 함안군수(1910-1913), 남해군수(1914), 용남군수(1915) |
| | | 盧正容 | 면장 | 37 | 창녕군 오야면 | |
| | | 黃麟秀 | 양반 | 46 | 하동군 덕양면 | 전 관찰도주사, 현 보통학교 학무위원, 경남지방토지조사위 임시위원, 남일물산(주) 이사 |

| | | | | | | |
|---|---|---|---|---|---|---|
| 2반 | 경상북도 | 成斗植 | 군수 | 42 | 문경군 읍내 | 한성재판소 주사, 電報司 주사, 문경군수(1913-1915), 남해군수(1917-1921) |
| | | 朴寅洙 | 면장 | 32 | 상주군 외남면 | |
| | | 李根和 | 실업가 | 32 | 선산군 읍내 | 도참사 |
| | | 尹㷱斗 | 독농가 | 32 | 장기군 서면 | |
| | 전라남도 | 蔡洙康 | 군수 | 42 | 강진군 읍내 | 전 제주목 주사, 중추원의관, 지도군수(1908), 강진군수(1910-1913), 함평군수(1914-1919) |
| | | 金演夏 | 군수 | 50 | 장성군 읍서내 | 전 외부주사, 도사무관, 장성군수(1910-1916, 1917-1920), 해남군수(1922) |
| | | 金長厚 | 면장 | 54 | 나주군 복암면 | |
| | | 李和範 | 독농가 | 41 | 함평군 기성면 | 전 영릉참봉, 지방위원, 금융조합 설립위원, 군수, 현도참사 |
| | 전라북도 | 朴喆凞 | 군수 | 36 | 임파군 읍내 | 탁지부 주사, 임파군수(1911-1913), 옥구군수(1914), 옥강군수(1915), 옥구군수(1916-1917), 전주군수(1918), 금산군수(1919-1920), 정읍군수(1921-1923), 충북 참여관, 중추원 참의 |
| | | 李敎承 | 면장 | 39 | 전주군 봉상면 | 전라북도 주사, 호남학회 찬성원, 사립양영학교 학감, 적십자사 정사원 |
| | | 閔泳得 | 양반 | 43 | 무장군 심원면 | 진사, 惠陵참봉, 豊慶宮참서관 |
| | | 李光儀 | 녹농가 | 44 | 임실군 하동면 | 현 군참사, 임실군민회 회장, 사립영진학교 교감, 임실군 지방금융조합 설립위원 겸 평의원 |
| 3반 | 충청남도 | 朴容觀 | 군수 | 39 | 공주군 읍내 | |
| | | 元殷常 | 군수 | 40 | 예산군 읍내 | 전 육군참위, 부위, 경부, 순흥군수(1910), 예산군수(1911-1913), 아산군수(1914-1915), 논산군수(1916-1920), 당진군수(1921-1922), 서산군수(1923-1924), 장연군수(1925-1927) |
| | | 金甲淳 | 실업가 | 42 | 공주군 읍내 | 전 도사무관, 군수, 현 도참사, 중추원 참의 |
| | | 宋秉直 | 독농가 | 29 | 은진군 삼운면 | 현 도참사 |

| 3반 | 충청북도 | 金鴻圭 | 군수 | 42 | 영동군 읍내 | 황간군수(1910-1911), 제천군수(1912), 영동군수(1913-1922), 진천군수(1923), 충주군수(1925-1927) |
|---|---|---|---|---|---|---|
| | | 李侃宰 | 양반 | 28 | 문의군 읍내 | 전 탁지부 주사, 현 지방금융조합평의원 |
| | | 南相祐 | 면장 | 43 | 황간군 상촌면 | |
| | | 任道宰 | 독농가 | 27 | 보은군 사각면 | |
| | 함경남도 | 李鐘殷 | 군수 | 29 | 영흥군 읍내 | 전 탁지부 주사, 재무관, 영흥, 단천, 이원, 정주, 선천, 강계군수, 전라북도 참여관(1935) |
| | | 金賢錫 | 면장 | 38 | 문천군 읍내 | 전 관찰도 서기 |
| | | 金輪經 | 양반 | 41 | 북청군 읍내 | 전 보통학교장, 학무위원, 사립학감 및 도참사 |
| | | 韓基鳳 | 실업가 | 38 | 함흥군 주남면 | 전 궁내부 주사 |
| | 함경북도 | 沈憲澤 | 군수 | 45 | 온성군 읍내 | 전 중추원의관, 참서관, 판사, 영사관, 온성군수(1913-1914) |
| | | 許鼎 | 면장 | 38 | 성진군 학성면 | |
| | | 李熙正 | 면장 | 54 | 길주군 길성면 | |
| | | 許壎 | 실업가 | 36 | 회령군 부남면 | |

(자료) 동양척식주식회사, 1914, 『大正2年(1913)秋期 朝鮮人內地視察記』; 1913, 『조선신사대동보』; 1916, 『조선총독부관보』; 『대한제국직원록』; 1921, 『조선은행회사요록』; 1972, 『대한제국관원이력서』; 『조선공로자명감』; 1935, 『조선인사흥신록』; 『조선총독부시정25주년기념표창자명감』.

　　<표 1>에서 보듯이 시찰단원은 경기도, 황해도, 강원도, 평안남도, 평안북도로 구성된 제1반, 경상남도, 경상북도, 전라남도, 전라북도로 구성된 제2반, 충청남도, 충청북도, 함경남도, 함경북도로 구성된 제3반으로 나누었다. 이들의 평균 나이는 대략 39세 정도였다.

　　그리고 시찰단원 중 확인 가능한 인물들의 경력을 보면 다음과 같다. 먼저 이천군수 주영환은 1901년 관립일어학교의 부교관, 1905년 일본시찰촉원, 이천군수(1911), 용인군수(1914), 진위군수(1919), 양주군수(1923),

고양군수(1927), 충청남도 참여관(1930), 경상남도 참여관(1935)이 되었
다.47) 봉산군수 이병렬은 농상공부박람회주사가 되어 1903년 박람회위
원으로 일본 오사카에 파견되었고 1904년 7월에 농상공부 주사(1904),
참모부 번역관(참모부 통역관), 陸軍幼年學校 교관(1905), 평안남도 사
무관(1908), 안악(1910), 서흥(1911), 봉산(1913), 여주(1917)의 군수가 되
었고 1927년에는 총독부 중추원 참의로 선출되었다.48) 실업가 김갑순은
1901년 중추원 의관이 되어 충청남도 捧稅官에 임명받아 활동하다
1902년 扶餘군수를 마지막으로 은퇴한 후 황무지 개간, 소택지매립, 수
리사업완성 등에 노력함과 동시에 시장경영, 자동차 수송업을 경영하였
다. 특히 자동차 수송은 公州를 중심으로 하여 각 방면에서 영업권을 획
득하여 사업에 수완을 보였다. 또한 도회의원으로 선출되어 도정에 수년
간 참여하였고 중추원 참의에 3회 임명되어 정무를 계획하였다. 공주구
제원장, 도농회부회장, 牛城수리조합장, 儒城온천주식회사 중역 등으로
활동하였다.49) 정주군수 閔再鎬는 관립외국어학교 교관, 탁지부주사, 세
무관, 재무관, 자성군수 등을 역임하였다.50) 문경군수 성두식은 한성재
판소 주사, 漢城電報總司 견습원, 은산, 금성, 시흥, 부산 전보사 주사
등을 역임하였다.51) 전주군 봉상면장 이교승은 한문을 수학하였으며 전
라북도 주사, 여산군 주사, 여산군수서리, 금산군 주사, 호남학회 찬성원,
사립양영학교 학감, 석십사사 정사원을 지냈다.52) 독농기 이광외는 임실
군 향교직원, 임실군 참사, 임실군민회 회장, 임실군사립영진학교 교감,
임실군지방금융조합 설립위원 겸 평의원을 역임하였다.53) 이들 중 주영

---

47)『대한제국관원이력서』 25책, 646쪽. ;『조선인사흥신록』, 228쪽 ;『조선공로자명
    감』, 540쪽 ;『조선총독부시정25주년기념표창자명감』, 753쪽.
48)『조선인사흥신록』, 535쪽.
49)『조선공로자명감』, 176쪽.
50)『조선신사대동보』, 785쪽.
51)『대한제국관원이력서』 14책, 376쪽.
52)『조선신사대동보』, 80쪽.

환, 최태현, 김정현, 김동화, 변시붕, 민재호, 심능익, 이찬영, 황린수, 성
두식, 채강수, 김연하, 이화범, 박철희, 이교승, 민영득, 원은상, 김갑순,
이종은, 한기봉, 심헌택 등은 구한국시기의 관원이었다. 그리고 주영환,
박철희, 이종은 등은 도참여관이 되었으며 이병렬, 김갑순, 박철희는 중
추원 참의가 되었다.

이렇게 볼 때 1913년 동척시찰단에 참여하였던 인물들은 구한말 이래
각 도에서 인민에 대해 영향력을 지닌 유력자들이었으며 구한국시기의 관
원이었던 인물들이 다수를 차지하였음을 확인할 수 있다. 그리고 이들은
대부분 '합병' 이후 일제의 식민지 지배에 적극적으로 협력한 인물이었다.
특히 군수를 지낸 인물들은 대략 1920년대 초반까지 군수직을 유지하고
있음을 확인할 수 있었다. 이들 중 주영환과 이병렬은 각기 1905년 일본
시찰 촉원과 농상공부 박람회위원으로 일본을 시찰한 경험이 있었다.

## 2) 시찰경로와 시찰시설

1913년 동척시찰단은 10월 1일 부산항을 출발하여 약 1달간의 일본
시찰 후 11월 2일 서울의 남대문역으로 귀환하는 일정이었다. 이들 중
평북, 황해, 경기, 강원도의 시찰단원은 9월 29일 서울에 집합하도록 하
였고 여타 시찰단원은 9월 30일 부산에 집합하도록 하였다.[54] 이들의
시찰지는 규슈(九州)를 제외하고 야마구치(山口)현부터 도쿄(東京) 부근
으로 예정[55]하였다가 최종적으로는 야마구치(山口), 오카야마(岡山), 오
사카(大阪), 교토(京都), 아이치(愛知), 시즈오카(靜岡), 도쿄(東京), 지바
(千葉), 도치기(栃木), 군마(群馬)의 3부 7현을 계획[56]하였던 것으로 보

53) 『조선신사대동보』, 28쪽.
54) 『매일신보』 1913년 8월 24일, 「東拓主催 內地視察團」.
55) 『매일신보』 1913년 6월 29일, 「東拓視察團의 行程」.
56) 『매일신보』 1913년 8월 24일, 「東拓主催 內地視察團」.

이나 실제로는 야마구치현이 빠지고 효고(兵庫)와 나라(奈良)현이 추가
되어 3부 8현을 시찰하였다.[57] 구체적인 시찰지와 시찰시설은 다음의
<표 2>와 같다.

〈표 2〉 1913년 동척시찰단의 시찰 경로 및 시찰 시설

| 날 짜 | 시찰지 | 시 찰 시 설 |
|---|---|---|
| 10.1 | 부산 | |
| 10.1 | 下關 | |
| 10.2 | 岡山 | 兒島灣 매립지 |
| 10.3 | 加古川 | 加古郡石守村 信用購買販賣生産組合, 同耕地整理, 同水楊機, 加古郡役所, 日本毛織株式會社 |
| 10.5 | 神戶 | 鍾淵紡績株式會社, 日本燐寸株式會社 |
| 10.6-8 | 京都 | 桃山御陵, 野野宮竹林, 嵐山國有林, 西陣同業組合, 島津敎育品製作所, 疏水及 水道事業, 商品陳列所, 東本願寺, 西本願寺 |
| 10.10 | 濱松 | 濱名郡積志村(교육급 納稅), 樂器製造會社, 帝國制帽株式會社 |
| 10.11 | 中泉 | 靜岡縣立農學校, 靜岡縣立農事試驗場 |
| 10.12 | 江尻 | 庵原郡庵原村(村治) |
| 10.13 | 興津 | 園藝試驗場, 小學校 |
| 10.14 | 兩國 | 八幡町耕地整理 |
| 10.14 | 三里塚 | 三里塚御料牧場 |
| 10.15 | 成田 | 新勝寺經營事業 |
| 10.15 | 日向 | 山武郡源村(村治) |
| 10.16 | 高崎 | 碓水社 |
| 10.17 | 前橋 | 赤城興業組合事務所, 水交社 |
| 10.17 | 桐生 | 개인기업의 상황, 羊毛製織會社 |
| 10.18 | 日光 | 日光廟 |
| 10.18 | 今市 | 報德文庫 |
| 10.19 | 上野 | 帝室博物館, 動物園, 帝國大學 |
| 10.20-24 | 東京 | 西西原農事試驗場, 蠶業講習所, 種畜牧場澁谷分場, 農科大學, 煙草製造所淀橋工場, 水道貯水場, 高等工業學校, 農商務省商品陳列館 |
| 10.26 | 名古屋 | 瀨戶町砂防工事, 陶器工場, 原製絲場 |

57) 동양척식주식회사, 1914, 앞의 책, 2쪽.

| 10.27 | 奈良 | 帝室博物館 |
| 10.28-29 | 大阪 | 砲兵工廠, 造幣局, 大阪城, 硝子製造場, 東洋製紙株式會社 |
| 10.30 | 神戸 | 川崎造船所 |
| 10.31 | 下關 | 해산식 |
| 11.1 | 부산 | |
| 11.2 | 남대문 | |

(자료) 동양척식주식회사, 1914, 『大正2年(1913)秋期 朝鮮人內地視察記』, 14~19쪽.

위의 시찰지와 시찰시설은 일본 내에서 저명한 곳으로서 모두 64개소
였다.[58] 그리고 이러한 시찰지와 시찰 장소는 위의 인용문에서 보았듯
이 내무성과 농상무성의 지도에 따른 것으로서 산업과 관련있는 장소를
가능한 한 많이 시찰시킬 계획이었음을 알 수 있다.

한편 동척시찰단의 시찰시설은 유형별로 농업과 관련된 시설, 교육
및 공공시설, 근대산업시설, 일본의 국체를 내면화하려는 시설 등으로
나누어 볼 수 있다. 먼저 농업과 관련된 시설로는 가시마(兒島)의 가시
마灣 매립지, 耕地整理와 水楊機, 교토의 野野宮竹林과 嵐山國有林,
시즈오카의 靜岡縣立農學校와 靜岡縣立農事試驗場, 園藝試驗場, 지
바의 八幡町耕地整理, 三里塚御料牧場, 도쿄의 西西原農事試驗場, 蠶
業講習所, 種畜牧場澁谷分場, 農科大學, 아이치현의 瀨戸町砂防工事,
原製絲場을 들 수 있다. 근대산업시설로는 가고가와의 日本毛織株式會
社, 信用購買販賣生産組合, 고베의 鍾淵紡績株式會社, 日本燐寸株式
會社, 川崎造船所, 교토의 西陣同業組合, 島津敎育品製作所, 疏水及
水道事業, 商品陳列所, 하마마츠의 樂器製造會社, 帝國制帽株式會社,
다카자키의 碓氷社, 赤城興業組合事務所, 水交社, 센바시의 赤城興業

---

58) 『매일신보』 1913년 9월 10일, 「東拓視察의 旅程」. 위의 <표 2>에 수록된 시찰
   시설은 모두 57개이며 이 중 가고가와의 信用購買販賣生産組合을 별개의 조합으
   로 인정해도 60개소에 불과하여 『매일신보』의 기사와 일치하지 않는다.

組合事務所, 水交社, 도쿄의 草製造所淀橋工場, 水道貯水場, 農商務省商品陳列館, 陶器工場, 오사카의 砲兵工廠, 造幣局, 東洋製紙株式會社, 고베의 川崎造船所가 있으며 교육 및 공공시설로는 加古郡石守村, 加古郡役所, 濱名郡積志村, 나카이즈미의 靜岡縣立農學校, 興津의 小學校, 도쿄의 農科大學, 高等工業學校, 帝國大學이 있으며 일본의 국체를 내면화시키려는 시설로 桃山御陵, 日光廟, 帝室博物館, 動物園, 나라의 帝室博物館, 오사카의 大阪城 등이 있다.

이렇게 보면 일제가 선정한 시찰시설은 근대산업시설이 가장 많았으며 그 뒤로 농업과 관련 있는 시설, 교육 및 공공시설, 일본의 國體를 내면화시키려는 시설의 순이었음을 알 수 있다.[59] 이는 1913년 동척시찰단의 성격을 분석하는데 의미 있다고 할 수 있다. 그러나 일본의 국체를 내면화시키려는 시설을 제외한 시찰시설은 모두 근대적인 성격을 지닌 것이라 한다면 동척의 일본시찰단의 파견은 역시 일본의 근대문물과 '국체'를 조선인 유력자에게 견학시킴으로써 그들의 의식을 일본에 동화시키고 더 나아가 이를 조선의 민중에게 전파시키고자 한 것이었다고 할 것이다. 이러한 의도에 맞게 1913년 동척시찰단원인 黃蘗과 鄭仁淑은 평양공립제일보통학교에서 학생과 학부형을 대상으로 강연회를 개최하였다.[60] 그리고 시찰 감상담 혹은 시찰기를 써서 제출하여 동척이 출판하였다.[61]

---

59) 1910년대 시찰단은 대부분 일본의 국체를 내면화하기 위한 시설을 시찰하였다. (조성운, 앞의 논문 참조). 특히 1917년 불교시찰단의 경우는 종교적인 성격을 갖고 있음에도 불구하고 이러한 시설을 시찰하였고 방문지에서 일본의 儀式을 거행함으로써 일본의 역사와 전통을 내면화하였다고 한다(이경순, 앞의 논문 참조).

60) 『매일신보』 1913년 11월 18일, 「內地視察談淸聽」.

61) 동양척식주식회사, 1914, 앞의 책. 일본시찰단의 시찰기 분석을 통해 당시 향촌사회의 지배층이 일본과 일본의 식민지 지배에 대해 어떠한 생각을 가지고 있었는가를 살필 수 있다는 측면에서 의미 있는 작업이 될 수 있을 것이다.

## 4. 시찰단원의 일본인식

이 절에서는 시찰단원이 남긴 시찰기를 통해 이들이 일본시찰을 어떠한 관점에서 받아들였고 일본을 어떻게 바라보았는지를 확인해보고자한다. 이는 시찰단원의 성격 규명에도 의미 있는 작업이 될 것이다.

먼저 시찰단원이 일본에 도착하여 최초로 받은 인상은 일본의 삼림이 울창하다는 것이었다. 그리하여 문경군수 成斗植은 ① 삼림보호의 상황에 의하면 연중 잡초베기(下刈) 또는 間伐이 금지되어 있는 것 같은데 생활상 보통의 취사용으로 곤란을 느끼지 않는가 ② 일본에서는 풀을 베어 비료로 하는 관습이 전혀 없는가 만약 있다면, 치수보육상 해가 없다면 그 적당한 방법은 어떠한가[62]를 물었다. 해주군수인 金定鉉은 일본시찰단에 참가한 것은 無上의 영광이라 여겼으며 시모노세키에 도착 이후 일본에 대한 첫인상을 다음과 같이 기록하였다.

> 甲板上에서 시모노세키(下關)를 展望할 수 있다. 船港內에 가까이 감에 따라 大小의 船舶이 마치 숲과 같고 陸上의 高樓巨閣은 우리 일행을 반기는 것 같고 높은 구름 밖에 우뚝 솟아 실로 華麗精構하다. 곧 棧橋에서 上陸하면 諸工場의 굴뚝은 낮부터 밤까지 검은 연기를 토해낸다. 長蛇와 같은 汽車는 西에서 東에서 옷감짜는 것과 같이 車轂相擊해서 人肩相磨하고 店頭의 賣品을 쌓아 산을 이루고 있다. 오호라 이것이 동양에서 覇權을 다투는 우리 母國의 風光인가.[63]

이러한 일본에 대한 첫인상은 앞에서 본 성두식과 김정현을 비롯한 대부분의 시찰단원이 같았을 것이다. 그리고 이러한 인상은 이후 시찰이 진행되면서 보다 진전되어 일본의 근대문물에 '감탄'하고 '동화'되고 있

---

62) 동양척식주식회사, 1914, 앞의 책, 22쪽.
63) 동양척식주식회사, 1914, 앞의 책, 5쪽.

는 모습을 보인다고 할 것이다.

　시찰단원이 특히 주목했던 것은 일본의 농촌이 부유하게 발전하였다는 점이었다. 이에 대해 김정현은 "村民一同의 公共心과 吏員의 精勵로 內務省에서 模範村이라 인정한 마을"[64]인 武山郡 源村과 庵原郡 杉山村의 사례를 들었다. 즉 김정현은 源村을 시찰하고 관민이 일치협력하여 사업을 경영하여 마을이 발전하였다는 점과 산간벽촌의 마을인 杉山村에서 1876년 호토쿠샤(報德社)[65]를 조직하여 근검저축하고 산업을 장려한 결과 1913년 현재 밀감 35,000원, 차 10,000원, 蠶繭 5,000원을 생산하는 부촌으로 거듭났다는 것이었다. 옹진군 부민면장인 盧元有는 庵原郡 庵原村을 보고 "朝鮮의 面治도 또한 이 治村으로서 模範이 可하다."[66]고 하였다. 또한 강경군수 蔡洙康은 "町村은 국가조직단위로서 町村行政은 국가행정의 기초이며 町村이 부유하게 되면 나라가 부유해지며 町村의 治가 이루어지면 나라의 治 가 이루어진다."[67]고 하여 말단지배기구의 중요성을 강조하였다.

　한편 채수강은 김정현, 박영철 등이 촌민일동의 공공심, 관민의 일치협력 등으로 표현한 것을 '국가적 公共'의 개념으로 파악하고 주목하였다. 그에 의하면 "국가적 공공의 개념은 국가존립의 기초로서 국민의 赤誠도 그것에서 胚胎"하며 시찰에서 가장 인상 깊었던 것이 "일본의 각

---

64) 朴英喆, 1913, 『內地觀光略記』, 18쪽. 박영철은 익산군수로서 1911년 동척시찰단의 일원으로 일본을 시찰하였다.

65) 호토쿠샤(報德社)는 1876년 니노미야 손토쿠(二宮尊德)의 영향을 받은 가타히라 노부아키(片平信明) 등이 니노미야의 호토쿠(報德)사상을 계승하여 시작한 농촌운동이라 할 수 있다. 니노미야의 호토쿠사상은 神道·儒敎·佛敎를 결합한 것으로서 殖産은 천지의 은혜에 보답하는 것이라고 주장하였다. 니노미야의 사상은 에도시대의 봉건제도에 기반한 것이지만 메이지시대의 농민에게 뿐만 아니라 전시체제기 조선에 대한 일본의 식민지 지배에도 크게 영향을 끼친 것으로 평가된다.

66) 동양척식주식회사, 1914, 앞의 책, 91쪽.

67) 동양척식주식회사, 1914, 앞의 책, 100쪽.

회사 및 조합 조직이 국가적으로 그것이 종업원도 역시 公共的 志想이
풍부하여 勤勉精勵하여 그 직"68)을 수행한다는 것이라 하였다.

이러한 모범촌에 대한 시찰은 이미 1911년 동척시찰단의 경우도 마
찬가지였다. 1911년 동척시찰단원으로 일본을 시찰한 익산군수 朴英喆
은 김정현이 시찰했던 源村과 함께 三重縣 阿山郡 玉瀧村을 시찰하였
다. 그리고 源村에 대해 상세하게 기록하였다.69) 여기에서 박영철은 김
정현과 마찬가지로 源村의 인민이 부유하게 된 원인을 근검절약과 저축,
그리고 촌장과 촌민이 일체가 되어 협력한 것으로 파악하였다.

한편 1916년 3월 12일부터 3월 28일까지 8회에 걸쳐 南原 龍城生이
『매일신보』에 호토쿠샤에 대한 시찰기를 연재하였다. 이에 따르면 杉山호
토쿠샤는 1876년(명치 9)에 창립되었으며 "勤儉推讓의 德義를 장려하고
救濟, 慈惠, 기타 공익사업을 행하고 자본을 助貸하여 실업의 발달을 기함
을 목적으로 한다."70)고 하였다. 그에 따르면 호토쿠샤는 土臺金, 善種金,
加入金을 기반으로 창립, 운영하였으며 私立實業補習學校, 12월연회, 부
인회, 처녀회를 설치하였고 報德販賣購買組合을 설치하였다.71) 이러한
활동에 따라 그는 杉山호토쿠샤에 대하여 다음과 같은 평가를 하였다.

　　區內 人民이 화합하고 근검을 守하며 公德을 重하여 共同事業을 행하
　는 사, 종래는 賭博이 성행하였으나 根絶한 사, 區內에 소송이 皆無한 사,
　公益과 慈惠事業을 위하여 금전을 喜捨하는 사, 조세의 滯納者가 무한 사,
　報德社의 集金 및 소寄與金이 加多할 사, 종래 면적의 3분의 1은 他村에
　歸하였음을 還退할 사, 現今은 토지의 購入을 競하고 旣히 他町村에서 400
　정보(我區의 2배)를 구입한 사, 社의 受한 상황이 전후 20여회에 及한 사, 구
　민일동이 購買組合을 설하고 상호 편의를 計하는 사, 本區의 美風은 他區

---

68) 동양척식주식회사, 1914, 앞의 책, 99쪽.
69) 朴英喆, 앞의 책, 18~21쪽.
70) 『매일신보』 1916년 3월 12일, 南原 龍城生, 「報德模範村視察記」(2).
71) 위와 같음.

에 영향하여 本村 庵原村도 亦富裕村이 된 사[72]

이로 보아 시찰단원은 일제의 근대화가 국가정신에 기인한 것으로 파악하고 있음을 알 수 있다. 그리고 채수강은 이를 위해 위생문제를 강조하였다.[73] 그는 위생이 제국의 부국과 안전 보장에 공헌[74]해야 한다는 일제의 가르침을 충실히 받아들인 것으로 보인다. 이렇게 일본은 국가주의적인 발전모델을 조선의 지도층에게 강조하고 가르침으로써 조선에 대한 식민지 지배정책의 모델을 제시했다고 할 것이다. 즉 국가(일본)에 대한 公共心, 公德心, 관민의 일치협력 등을 강조함으로써 조선의 인민을 일본에 동화시키고자 한 것이었다고 할 수 있다.

다음으로 산업에 관해서도 시찰단원은 감탄을 금하지 못하였다. 김정현은 각 공장의 규모와 설비, 직원 수 및 봉급의 규모를 보고 감탄하였다. 또한 製紙, 製絲, 硝子, 煙草, 樂器, 燐寸, 陶器, 織物, 製帽 등 각 공장의 규모, 기계설비, 제조력 등을 보고 일본의 근대성과 선진성에 감탄하고 있다. 특히 고베의 鐘淵紡績會社를 시찰하면서 직원에 대한 회사의 처우에 주목하였다. 즉 종연방적회사는 7천명에 이르는 직원이 있으며 그들의 자제들이 공장 안에 설치된 유치원, 소학교, 중학교에 다니면서 교육받는 것과 織工學校를 설치해서 직공을 교육시키고 병원에서 직공을 치료하며 娛樂部에서 일요일마다 위생상 혹은 기타 유익한 오락을 제공해서 직공들을 위로하는 프로그램을 실시하는 것을 본 후 이를 극찬하였다.[75] 이에 대해서 노원유는 公共心, 德義心에 감동을 받았다고 하였다.[76] 또 김정현은 다기(多木)製肥所의 시찰 이후 비료를 농촌에 공급해서 농산물의 수확

---

72) 『매일신보』 1916년 3월 18일, 南原 龍城生, 「報德模範村視察記」(3).
73) 동양척식주식회사, 1914, 앞의 책, 101쪽.
74) 정혜경·김혜숙, 「1910년대 식민지조선에 구현된 위생 정책」 수요역사연구회편, 2005, 『일제의 식민지 지배정책과 매일신보 1910년대』, 두리미디어, 62쪽.
75) 동양척식주식회사, 1914, 앞의 책, 76쪽.
76) 동양척식주식회사, 1914, 앞의 책, 88쪽.

이 증대한다는 점에 주목하였고 이는 所長의 명예, 이익만이 아니라 사회 공익상 막대한 이익이라 하였다. 또한 그는 미츠코시(三越), 시라키야(白木屋) 등의 백화점과 吳服店 등을 보고 그 설비의 규모나 정리된 모습뿐만 아니라 전시기법에 대해서도 이상적이라 하였다.[77)]

일본시찰의 주요한 목적 가운데 하나가 박람회 혹은 공진회의 시찰이라는 점에서 볼 때 1913년 동척은 박람회가 아닌 백화점의 시찰을 통해 박람회의 시찰에서 기대했던 효과를 얻고자 했던 것이라 생각된다.[78)] 결국 이러한 시찰을 통해 동척시찰단원은 일본의 근대문물에 깊은 '감명'을 받았던 것이라 할 수 있다. 그리고 그들은 일제의 식민지 지배를 통해 조선도 그와 같이 발전할 수 있을 것이라는 환상을 더욱 확신하게 되었던 것이라 생각된다.

다른 한편 노원유는 포병공창을 시찰한 후 "大砲小砲를 주조하여 兵도 국가의 藩屛이 되고 또 宇內에 웅비하여 열강과 相伍해서 强은 弱肉을 食하고 優勝劣敗하는 이 시대에 강자가 되어 승리를 얻"[79)]어야 한다고 하여 일본이 세계의 열강과 대등하며 그것은 일본의 군사력에서 기인하는 것으로 파악하고 있다. 이러한 그의 생각은 "제국은 이미 힘으로

---

77) 동양척식주식회사, 1914, 앞의 책, 79쪽. 일본의 백화점에서 진열판매가 시작된 것은 1895년 미쓰이오복점(후에 미쓰코시백화점)이었다. 그리고 이후 일본의 각 백화점에서는 미쓰코시백화점의 진열판매방식을 도입하였다(하쓰다 토오루 지음, 이태문 옮김, 2003, 『백화점 도시문화의 근대』, 논형, 94쪽). 따라서 대중들을 상대로 대량판매하는 일본의 백화점은 시찰단원에게는 새로운 충격이었으리라 생각된다.

78) 박람회와 백화점은 무작위의 대중을 대규모로 동원한다는 측면에서 동일한 성격을 갖는다. 동척은 시찰단원에게 지금까지 그들이 겪어보지 못했던 대규모 생산과 대규모 소비라는 새로운 사회의 모습을 보여줌으로써 그들의 의식을 식민지 본국인 일본과 일치시키고자 하였던 것이다. 1917년 불교시찰단으로 일본에 다녀온 권상로는 백화점을 시찰한 이후 "돈 있고 신용있는 조선 양반들 왜 이러한 조직 이러한 설비를 本하여 봅니까. 지금도 士農工商의 貴賤을 구별하고 老少南北의 黨派를 논단합니까. 신발명은커녕 남의 모범도 못되면서 禮義邦으로 자처하면 군자입니까"(『매일신보』 1917년 9월 28일, 「佛敎視察團」18)라고 말하였다.

79) 동양척식주식회사, 1914, 앞의 책, 96쪽.

세계를 놀라게 하였고, 열강의 대오와 나란히 고등의 지위를 차지하였으며, 군사면에서는 조금도 1등국의 자리를 양보할 구석이 없으며, 생산에서도 세계와 경쟁할 수밖에 없다."[80]고 한 주장과 큰 차이가 없음을 확인할 수 있다. 그리고 이러한 생각은 사회진화론의 영향을 받고 있음을 알 수 있다. 이외에도 시찰단에 참여했던 인물들은 일본 가정의 副業에 대해 주목하고 있다. 그리하여 이들은 군마현의 잠업, 시즈오카의 차, 기류(桐生)의 직조업 등에 대해 관심을 피력하였다. 그리고 이와 같이 일본의 산업이 발달할 수 있었던 원인으로서 교육을 들었다.[81]

다음으로 시찰단원이 크게 주목한 것은 개간사업과 같이 농업과 관련된 것들이었다. 김정현은 일본 농촌의 경지 정리가 정돈된 것을 마치 바둑판의 눈과 같이 農道溝渠가 종횡으로 일직선을 이룬다고 하였으며 가시마(兒島) 매립지에 설치한 농장에 揚水機, 水門, 籾槭器 등이 설치된 것이 인상 깊었다고 말하였다.[82] 노원유는 각지에 농사시험장을 설치하여 농사에 관한 시험을 해서 농사개량에 노력한 것이 농업발전의 길이었다고 하였다.[83] 또 그는 가시마 매립지의 이용에 관해서 관심을 가지고 관찰하였다.[84] 채수강은 일본의 발전된 농업과 조선의 낙후된 농업을 비교하고 牧民의 職에 있는 자신이 農桑改良의 길을 강구하고 지도개발을 기하지 않으면 안된다고 하였다. 특히 그는 농구를 개량하고 비료 사용의 방법을 가르치는 것이 급부라 인식하였다.[85]

이상에서 보았듯이 동척시찰단원은 일본시찰을 통해 일본에 대해 매우 긍정적인 생각을 갖게 되었다. 그런데 이들이 강조하였던 '국가적 공공'의

80) 「風俗畵報」 269호, 1903, 1쪽(요시미 순야 지음, 이태문 옮김, 2004, 『박람회 근대의 시선』, 논형, 241쪽에서 재인용).
81) 동양척식주식회사, 1914, 앞의 책, 79~80쪽.
82) 동양척식주식회사, 1914, 앞의 책, 77쪽.
83) 동양척식주식회사, 1914, 앞의 책, 85쪽.
84) 동양척식주식회사, 1914, 앞의 책, 86쪽.
85) 동양척식주식회사, 1914, 앞의 책, 98쪽.

개념은 니노미야 손토쿠(二宮尊德)의 사상에서 기인한 것으로 보인다. 니노미야 손토쿠는 에도(江戸)시대 농민출신의 농정가로서 메이지시대에 들어와서 '가장 모범적인 일본인'[86] 혹은 '대표적인 일본인'[87]으로 지칭되는 인물인 동시에 다이쇼(大正)와 쇼와(昭和)기에는 '이상적 인물' 조사나 '수신교과서에서 가장 감동받은 사람' 조사 등에서 거의 대부분 상위에 조사된 인물이다.[88] 조선에서 니노미야 손토쿠에 대한 소개는 필자가 확인한 바로는 1910년대부터 지속적으로 이어지고 있으나 그가 식민지 조선의 지배에 큰 의미를 갖게 되는 것은 일제가 중국을 본격적으로 침략한 1937년 이후의 일이라 생각된다. 간헐적으로 보이는 그에 대한 기사, 일대기 및 연구서가 이 시기에 집중적으로 소개되고 있기 때문이다.

이 시기는 일제가 중국에 대한 본격적인 침략을 행했던 시기로서 식민지 조선에서도 전쟁물자를 조달해야 할 시점이기도 하였다. 따라서 식민지 조선 민중에 대한 수탈과 착취의 강도가 더욱 강화되던 시기였다. 그러므로 조선 민중의 저항을 무마해야 할 필요도 있었던 시기였다. 따라서 어려운 현실에 순응하면서도 이를 극복하고 '성공'한 대표적인 인물이라 할 수 있는 니노미야 손토쿠의 사상이 전시체제기 조선의 농민들을 통제하는데 유용했으리라 생각된다. 즉 그가 활동하던 막부 말기는 막부의 권위가 약화되고 농민층의 봉기가 발생하던 시기였으나 정치는 말하지 않으면서 근검, 절약으로 20세에 일가를 이루어 무사계급으로 신분상승한 그는 지배층의 입장에서는 '모범'으로 삼을 만한 가치가 있었기 때문이다. 이러한 이유로 인하여 일본내에서도 1930년대의 경제공황기에 농촌의 자력갱생운동의 일환으로 니노미야 손토쿠의 사상이 다시

---

86) 留岡辛助, 1895, 『農業と二宮尊德』, 警醒社書店, 47쪽,
87) 内村鑑三, 1891, 『代表的日本人』(김우봉, 「일본 근대교육에 있어 '모범인물' 창출과 양상-『수신교과서』의 니노미야 손토쿠(二宮尊德)를 중심으로」 『일본어문학』 23, 222쪽, 주 4)에서 재인용).
88) 中村紀久二, 1990, 『復刻 國定修身教科書解說』, 大空社, 138쪽.

주목받았으며 그의 호토쿠샤운동 역시 새롭게 조명되기 시작하였다. 당시 일본내의 반봉건적 고액지대에 의해 자본주의적 경영으로의 전환에 어려움을 겪던 일본 경제가 이를 극복하기 위해 채택할 수 있었던 방법은 농민의 노동강화와 소비절약 외의 다른 방법이 없었기 때문이었다.[89] 이러한 사정을 반영하여 조선에서도 니노미야 손토쿠의 사상과 호토쿠샤운동을 전파하기 위한 움직임이 있었다. 1938년 강원도에서는 이른바 '報德精神普及計劃'을 수립하여 이를 실행할 것을 계획하기도 하였으며[90] 잡지 『家庭之友』에는 1940년 6월호부터 1941년 1월호까지 趙一齋[91]가 니노미야 손토쿠의 일대기를 '敎育講談 二宮尊德'이라는 제목으로 8회에 걸쳐 연재하여 그를 대중에게 알리고 있다. 또 전남 광주 대화공립고등여학교 敎諭였던 미야자키(宮崎秀義)는 조선인의 민족성과 조선경제의 현황을 설명하면서 "報德道가 半島敎育의 特殊性에 卽했던 實證이 끝난 것이라 생각한다."[92]고 하여 호토쿠샤운동을 도입할 것을 주장하였다. 이에 따라 니노미야 손토쿠의 동상은 일본 전국의 소학교뿐만 아니라 식민지 조선에서도 해방 직전에는 전국의 국민학교에 동상으로 건립되기도 하였다.

한편 시찰단원이 일본시찰을 통해 더욱 굳게 믿게 된 것은 사회진화론적인 생각이었다. 우선 평안남도 맹산군수 金鳳鎭은 교토의 琵琶湖疏水工事를 시찰한 이후 "자연의 이용이 문명을 진보"시킨다는 사실을 크게 깨달았다고 하며 "빨리 자연을 이용하면 일찍 문명인이 되고 자연의

---

89) 奧谷松治, 1936, 『二宮尊德と報德寺運動』, 高陽書院, 298쪽.

90) 『매일신보』 1938년 12월 2일, 「江原道農山漁村民에 報德精神普及計劃」.

91) 조일재의 본명은 조중환으로서 그는 『매일신보』의 경파주임을 역임하였으며 번안소설의 선구자적인 인물이다. 그는 『매일신보』에 「쌍옥루」「장한몽」「菊의 香」「단장록」「비봉담」「관음상」「金尺의 꿈」「安東義妓」 등을 발표하였다(정진석, 2005, 위의 책, 222쪽).

92) 宮崎秀義, 「敎育原理としての報德道の提唱とその敎育實踐形態」 朝鮮敎育會, 『文敎の朝鮮』 1941년 7월호, 23쪽.

이용이 늦으면 미개인"⁹³⁾이라는 생각을 갖게 되었다는 것이다. 또한 앞에서 본 "大砲小砲를 주조하여 兵도 국가의 藩屛이 되고 또 宇內에 웅비하여 열강과 相伍해서 強은 弱肉을 食하고 優勝劣敗하는 이 시대에 강자가 되어 승리를 얻"어야 한다고 한 노원유의 생각도 이와 다르지 않은 것이었다. 그리고 이러한 생각이 가능했던 것은 시찰단원에게 일본은 이미 '미개'의 단계를 지나 '제국'으로서의 위상을 지닌 '문명국'이었기 때문이라 할 수 있다.

마지막으로 시찰단원은 시찰 이후 일본에 대해 "일층 진보된 상태에 경탄하지 않을 수 없다."⁹⁴⁾거나 다음과 같이 말하였다.

> 일본은 교육, 산업, 교통 기타 백반의 사업이 발달하지 않은 것이 없이 완비되어 없는 것이 없으며 하물며 경색에 이르러도 천연에서 인조까지 善을 다하고 美를 다하는 것이다. 먼저 물질 방면만 관찰해도 진실로 문명국임을 알 수 있으며 장래 조선을 개척해서 내지에 비해 손색없도록 하려면 제1은 일본을 시찰하지 않으면 안된다⁹⁵⁾

이로 보아 일본시찰에 참여하였던 인물들은 시찰단원의 선발 원칙에서 볼 때 일본의 식민지 지배에 순응하거나 협력했던 인물들이 중심이 되었다 하더라도 시찰의 결과 일본에 대해 상당히 긍정적인 평가를 하고 있음을 알 수 있다. 그리하여 이들은 향후 식민지 지배에 협력하고 있는 것으로 보인다.

93) 동양척식주식회사, 1914, 앞의 책, 71쪽.
94) 동양척식주식회사, 1914, 앞의 책, 97쪽.
95) 동양척식주식회사, 1914, 앞의 책, 84쪽.

## 5. 맺음말

일제는 1876년 조선을 개항시킨 이래 친일적인 인물과 세력을 육성하는데 힘을 기울였다. 이것은 조선에 대한 식민지 지배를 위한 사전 정지작업의 성격을 갖는 것이었다. 그리고 이러한 작업은 '성공'해서 일제는 조선을 '합법적'인 방법으로 획득하였다. 이렇게 조선을 식민지로 '합병'한 이후 일제는 조선인 중에서 식민지 지배에 협력했던 인물들을 관리하고 새롭게 협력할 인물들을 발굴하고 양성해야 했다. 이러한 작업의 일환으로 조선귀족이 탄생하였으며 일본시찰단이 조직되어 지속적으로 일본에 파견되었다.

일본시찰단은 '병합' 1년전인 1909년에 경성일보사가 최초로 파견한 이래 시기에 따라 조직 주체 및 그 성격을 달리 하면서 식민지 지배 35년 동안 꾸준히 진행되었다. 1910년대 일본시찰단은 주로 경성일보사와 매일신보사 및 동척이 활발하게 진행하였다. 그러나 1910년대 후반부터 그 파견 주체가 다양화되었다.

본고에서 다룬 1913년의 동척시찰단에 대해 다음의 몇 가지로 정리할 수 있다.

첫째, 일제가 조선을 영구히 지배하기 위해 채택했던 동화정책을 구현하기 위해 실시되었다. 1910년대의 동화정책은 일본어의 일상화, 조선인과 일본인의 雜婚, 한일 양민족의 '사업 공동 경영', 위생문제의 해결을 통한 조선의 풍속 개량, 조선의 중류층 획득 등의 방법에 의해 추진되었다. 일본시찰단은 바로 조선의 중류층을 획득하기 위한 방법으로서 실시된 것으로 보인다.

둘째, 시찰단으로 선정되고 파견된 인물들은 구한말 이래 일제의 조선 침략과 식민지 지배에 협력했던 인물들이었다. 또한 이들은 지방 사회에 영향력을 행사할 수 있는 인물들이기도 하였다. 따라서 이들은 시찰 이후 의무적으로 시찰담을 시찰기로 제출하거나 강연회, 간담회 등의 형식으로 대중에게 전파해야 하였다.

셋째, 일본시찰단이 시찰한 시설은 유형별로 농업과 관련된 시설, 교육 및 공공시설, 근대산업시설, 일본의 국체를 내면화하려는 시설 등으로 나누어 볼 수 있다. 이 중 일본의 국체를 내면화하려는 시설을 제외한 나머지는 모두 근대적 시설로 볼 수 있다. 따라서 일제는 일본 시찰을 통해 조선의 유력자들에게 일본의 근대성, 선진성을 보여주고자 하였다. 그리고 이를 통해 조선은 일본과 '병합'됨으로써 근대 국가로 발전할 수 있다는 환상을 심어주고자 하였던 것으로 판단된다.

넷째, 시찰 이후 시찰단원은 일본의 선진적이고 근대적인 문물제도에 대해 '감탄'을 금하지 못하였다. 특히 이들은 조선도 일본을 본받으면 일본과 같이 발전할 수 있을 것이라는 생각도 하였다. 그리하여 이들이 주목하였던 것이 '국가적 公共'의 개념이라 할 수 있다. 이는 시찰단원 대부분이 조선의 발전에 유용한 의미가 있을 것으로 판단하였지만 농민의 철저한 희생을 바탕으로 한 것이라는 점에 대해서는 주목하지 못하였다. 그리고 이는 곧 니노미야 손토쿠의 호토쿠샤운동에 대한 관심으로 나타났다. 그러나 니노미야 손토쿠가 조선에서 보다 더 큰 의미를 지니게 된 것은 1930년대 말부터였다.

이상의 정리를 통해 볼 때 1913년 일본시찰단은 조선에 대한 식민지 지배를 위해 협력할 조선인을 관리하고 양성할 목적으로 시행되었으며 이를 위해 일제는 다양한 기관을 동원하였음을 알 수 있다.

# 제3장 1920년대 식민지 지배정책과 일본시찰단

## 1. 머리말

일본시찰단은 1910년 일제의 조선 강점 이래 조선총독부가 중심이 되어 추진한 사업이었다. 그 목적은 일본의 근대성과 일본 문화의 우수성을 조선의 중산층 이상의 계층에게 각인시켜 이들로 하여금 이러한 인식을 조선 민중에게까지 전파시킴으로써 조선을 동화시키고자 한 데에 있었다. 이러한 의미에서 식민지 지배정책에서 일본시찰단의 조직과 파견은 그 의미가 작지 않다.

그러함에도 불구하고 일본시찰단에 대한 연구는 최근에야 시작되었다. 일제의 조선 강점 직후인 1910년대 일본시찰단을 주도했던 趙重應은 그 기원을 1909년의 경성일보사 주최의 일본시찰단으로 보았다. 그 이유는 1909년 이전의 일본시찰단은 조선 정부나 조선 정부와 관련이 있는 단체 등에서 주최한 것으로서 통감부나 조선총독부가 주최한 것과 그 성격이 다르기 때문이라 생각된다. 즉 경성일보사 주최의 일본시찰단과 그 이전의 일본시찰단의 차이점은 조직 주체의 성격이나 그에 수반되는 시찰 목적의 차이에 있다고 판단된다.

일본시찰단에 대한 연구는 식민지 지배정책사의 관점[1]과 인류학적인

---

1) 식민지 지배정책사의 입장에서 이루어진 연구는 다음과 같다.

관점2), 그리고 종교적인 관점3)에서 이루어졌다. 식민지 지배정책사의 관점에서 이루어진 연구는 이경순, 성주현, 조성운, 박양신 등에 의하여 수행되었다. 1917년 불교시찰단에 대한 이경순의 연구는 일본시찰단에 대한 최초의 연구였다. 이 연구는 일본시찰단에 대한 기초적인 이해가 없는 상황에서 이루어져 이 시기 일본시찰단의 전체상을 확인하는 데는 한계가 있었다. 그러나 최초의 연구로서 가지는 의의와 일본시찰단을 동화정책의 일환이라 파악하여 이후 일본시찰단 연구에 기초를 제공하였다는 측면에서 연구사적 의의가 있다고 할 수 있다. 성주현은 1910년대 조선의 종교계와 동화정책을 분석하면서 '일본시찰단'을 대략적으로 서술하였으며 박양신은 1910년 일제의 조선 강점 직전의 일본시찰단에 대해 살폈다. 그리고 조성운은『매일신보』기사의 분석을 통해 1910년대 일본시찰단의 대강을 밝혔다. 이 연구에서 그는 일본시찰단이 1910년대에 이미 본격적으

---

이경순, 2000, 「1917년 불교계의 일본시찰 연구」『한국민족운동사연구』25, 한국민족운동사학회.

성주현, 2003, 「日帝의 同化政策과 宗教界 動向」『식민지 조선과 매일신보 1910년대』, 신서원.

조성운, 2004, 「매일신보를 통해 본 1910년대 일본시찰단 연구」『한일민족문제연구』6, 한일민족문제학회.

조성운, 2005, 「1910년대 일제의 동화정책과 일본시찰단」『사학연구』80.

박양신, 2005, 「일본의 한국병합을 즈음한 '일본관광단'과 그 성격」『동양학』37, 단국대학교.

조성운, 2006, 「1920년대 초 일본시찰단의 파견과 성격」『한일관계사연구』25, 한일관계사학회.

2) 인류학적인 시각에서 이루어진 연구는 다음과 같다.

한규무, 2005, 「한말 한국인 일본관광단연구(1909~1910)」『국사관논총』107, 국사편찬위원회.

李良姬, 2004, 「日本植民地下の觀光開發に關する硏究」『日本語文學』24, 일본어문학회.

박찬승, 2006, 「식민지시기 조선인들의 일본시찰 - 1920년대 이후 이른바 '內地視察團'을 중심으로 -」『지방사와 지방문화』9권 호, 역사문화학회.

3) 김경집, 2002, 「日帝下 佛敎視察團 연구」『불교학연구』44.

로 이루어지고 있음을 밝혔다. 더 나아가 그는 일본시찰단에 대한 사례연구로서 농사시찰단의 성격을 갖는 1913년 동양척식회사시찰단을 고찰하여 일본시찰단의 조직부터 파견에 이르기까지 조선총독부가 깊숙이 관여하였다는 점을 밝혔다. 계속해서 그는 1920년대 초반의 일본시찰단에 대해서도 살폈다. 이 연구에서 그는 1920년대 초반의 일본시찰단은 박람회의 관람이 기본적인 목적이라 파악하였으며 이를 통해 일본의 근대성과 일본 문화의 우수성을 조선의 중류층 이상의 인물에게 각인시켜 이를 조선 민중에게 전파하고자 하였음을 논증하였다.

　인류학적인 관점의 연구는 한규무, 李良姬, 박찬승 등에 의하여 수행되었다. 한규무의 연구는 박양신의 연구와 거의 같은 시기에 같은 주제를 다루었다. 다만 박양신이 식민지 지배정책의 입장에서 살핀 반면 한규무는 관광사업이라는 관점에서 살핀 것이 큰 차이점이라 할 수 있다. 이양희는 일본시찰단 뿐만 아니라 일본에서 조선을 시찰하는 조선시찰단 혹은 조선관광단에 대해 관광사업이라는 관점에서 고찰하였다. 그는 금강산 관광개발을 사례로 일본과 외국의 관광객을 유치하여 그들에게 조선의 발전상을 그들에게 보여줌으로써 자신의 식민지 지배를 선전하고 정당성을 부여할 목적을 가지고 있다고 주장하였다. 박찬승은 1920년대의 일본시찰단에 대해 전반적으로 살폈다. 이 연구는 식민지 시기 조선인의 일본 여행이라는 관점에서 주로 일본시찰단의 기행문을 중심으로 이루어져 조선총독부의 일본시찰단 파견 배경이나 의도를 파악하는데 일정한 한계를 보였다. 다만 당시 조선의 중류층 이상의 지식층 혹은 지배층이 일본을 어떻게 받아들였는지를 파악하는 데는 일정한 성과를 보였다고 할 수 있다.

　한편 불교사가인 김경집은 일제시기 전반에 걸친 불교시찰단을 살폈다. 그는 이경순의 연구를 계승하면서 1920년대 이후의 불교시찰단의 전반을 살폈으나 종교적인 관점에서 서술하다 보니 역시 일제의 식민지 지배정책 속에서 일본시찰단이 갖는 역사적 의의를 파악하는데 한계를 보였다.

이와 같이 최근 일본시찰단에 대한 연구가 활발히 이루어졌음에도 불구하고 일본시찰단에 대해서는 새롭게 밝혀야 할 부분이 적지 않다. 그것은 일제의 식민지 지배정책의 변화에 따른 일본시찰단의 성격 변화, 일본시찰단에 참여한 인물들의 성격 분석, 일본시찰단원의 귀국 이후의 활동, 일본시찰단에 대한 조선과 일본 내의 평가 등이다. 더 나아가 일본에서 조선과 만주를 시찰하기 위해 조직된 시찰단의 사례도 검토해야 할 과제이다. 이는 1920년대 조선총독부가 채택했던 식민지 지배정책의 일환이었기 때문이다.[4]

본고는 기존의 연구 성과를 바탕으로 식민지 조선에 대한 지배정책의 관점에서 3·1운동 이후 일본 '제국'의 식민지 지배정책의 변화 속에서 일본시찰단의 위상, 역할에 대해 고찰함을 목적으로 한다. 이를 위해 1920년대 식민지 지배정책의 변화 양상을 살핀 후 일본시찰단의 조직과 파견, 그리고 성격을 실증적으로 서술하고자 한다.

본고에서는 1920년대 일본시찰단을 제1기(1920~1922)와 제2기(1923~1929)로 구분하여 살폈다. 이 과정을 통해 1920년대 전시기에 걸친 일본시찰단의 전체상을 파악할 수 있을 것이다. 다만 제1기에 해당하는 1920년대 초반의 일본시찰단은 별고[5]에서 다루었기 때문에 본고에서는 제2

---

[4] 일본 최초의 단체 해외관광단은 1906년 7월 25일부터 8월 23일까지 30일간의 일정으로 조선과 만주를 시찰하기 위해 조직된 滿韓巡遊團이다. 이 시찰단은 아사히(朝日)신문사에서 조직하였는데 시찰지는 橫浜, 神戶, 大阪, 吳, 門司 등의 러일전쟁 관련지와 유적, 인천, 경성, 평양의 청일전쟁 관련지 및 유적, 그리고 大連, 遼陽, 奉天의 러일전쟁의 전승지였다. 따라서 일본 최초의 '관광사업'은 제국일본의 정체성을 확립하는데 그 목적이 있었다고 볼 수 있다(李良姬, 앞의 논문, 476쪽). 이후 일본인의 조선과 만주시찰은 1920년대에 더욱 증가하여 1920년 5월에는 방학도 아님에도 불구하고 조선으로 수학여행을 온 학생의 수가 16,900여명에 달할 정도였다(李良姬, 앞의 논문, 482쪽). 이는 조선에 대한 이해의 필요에 의해 일본 당국이 장려한 결과였다고 생각된다.

기를 중심으로 서술하고자 한다. 이 과정에서 제1기에 해당하는 시기의 서술은 앞선 연구의 범위를 벗어나지 않는다는 점을 미리 밝혀둔다.

## 2. 1920년대 식민지 지배정책

일본이 식민지를 경영하기 시작한 것은 1895년 대만을 식민지로 획득한 이후의 일이었다. 이후 일본은 조선과 만주 그리고 남태평양의 섬들까지 식민지로 획득하여 '제국'으로 성장하였다. 그런데 일본은 처음부터 식민지 지배를 위한 법률체계를 가지고 있지는 않았다. 최초의 식민지인 대만의 경우에서도 식민통치에 필요한 기본적인 법제를 마련하기 위한 다양한 논쟁이 전개되었다. 그 중 대표적인 것이 대만을 內地의 연장으로 보아야 할 것인가, 아니면 식민지로 간주해야 할 것인가 하는 문제, 즉 일본의 헌법인 메이지헌법을 식민지 대만에도 적용할 수 있는가에 대한 논의가 다양하게 전개되었던 것이다.[6]

이러한 문제는 대만에만 해당하는 것이 아니라 식민지 조선에도 해당하는 것이었다. 그리하여 조선을 식민지로 획득한 이후 일본에서는 식민지 지배정책을 둘러싸고 다양한 논의가 전개되었다. 이러한 논의는 다이쇼(大正) 데모크라시를 이끈 하라 다카시(原敬) 수상의 등장과도 밀접한 관련이 있다. 하라가 수상이 될 수 있었던 직접적인 계기는 1918년 '쌀폭동'으로 인해 데라우치 마사다케(寺內正毅) 수상이 낙마하였다는 것 외에도 이미 세계적으로 확산되던 민주주의 사조가 일본에서도 1910년대 이후 하나의 조류로 자리 잡고 있었기 때문이라고도 볼 수 있다. 즉 지금까지의 藩閥정치, 원로정치에 불만을 갖고 있던 상공업자, 도시의

---

5) 조성운, 앞의 논문, 『한일관계사연구』 25.
6) 신주백, 2001, 「일제의 새로운 식민지 경영전략과 재조일본인 및 '자치'세력의 대응(1919~22)」 『역사와 현실』 39 참조.

민중과 함께 정우회와 국민당 등 정당정치세력은 1913년 '번벌 타도, 헌정 옹호'라는 구호 하에 제1차 호헌운동을 시작한 이후 꾸준히 영향력을 확대하였다. 이에 따라 일본 정계의 최고 실력자였던 야마가타 아리토모(山縣有朋)는 군벌과 관료내각으로는 민심을 수습할 수 없다고 판단하여 1918년 하라 다카시를 수상으로 옹립하였던 것이다.

이렇게 수상이 된 하라는 취임과 동시에 식민지 지배정책에 대한 개혁을 추진하였다. 그는 식민지 역시 일본제국의 일부라 보고 일본의 국내법이 식민지에도 적용되어야 한다는 內地延長主義를 채택하고자 하였다. 식민지의 법률제도가 일본 국내와 구별되지 않아야 한다는 것이다. 이에 따라 대만사무국에서 대만총독을 감독하며, 본국의 해당 관청에서 대만의 육군과 해군, 우편, 전신, 철도, 관세, 재판 등을 직접 관리하도록 하자고 하였다.[7] 이렇게 되면 총독은 일본 정부의 직접적인 통제를 받게 되므로 군이 총독을 무관으로 임명할 필요는 없게 되는 것이다.

이와 같은 하라의 인식은 그가 대만사무국에 근무하던 1890년대 중후반부터 견지했던 것이었다. 하라는 대만과 일본이 지리적으로 근접하며 대만인과 일본인이 다른 인종이 아니기 때문에 대만이 다소 일본과 다르다 하더라도 식민지로 간주해서는 안 되며, 대만총독에게 상당한 직권을 주어야 한다 하더라도 대만의 제도는 되도록 일본에 가깝게 하여 종국에는 일본과의 구별을 없애야 한다고 주장하였던 것이다. 이러한 하라의 주장을 내지연장주의라 한다. 하라가 이렇게 주장한 궁극적 목적은 식민지 본국과 식민지의 '동화'에 있었다. 그리고 하라는 내지연장주의가 대만뿐만 아니라 조선에도 적용되어야 한다고 생각하였다.[8]

그러나 하라의 주장은 대만의 식민지 지배정책으로 채택되지 않았다.

---

7) 伊藤博文, 1936, 『秘書類纂 臺灣資料』, 秘書類纂刊行會, 32~34쪽.
8) 김동명, 2006, 『지배와 저항, 그리고 협력 식민지 조선에서의 일본제국주의와 조선인의 정치운동』, 경인문화사, 54쪽.

오히려 하라의 주장과 배치되는 죠슈(長州)·사쓰마(薩摩) 파벌의 주장이 채택되었다. 1896년 4월 1일 시행된 법률 제63호 「대만에서 시행할 법령에 관한 법률」에서는 대만총독은 자신이 관할하는 구역 내에서 법률의 효력을 갖는 명령을 내릴 수 있으며(제1조), 대만총독의 명령은 척무대신을 거쳐 '칙재(勅裁)'하도록 하여 감독권도 일원화되었다(제2조).[9] 또한 대만총독은 육해군의 대장 또는 중장으로만 임명할 수 있도록 하였고 대만군의 통솔권도 갖고 있었다.[10]

　대만의 통치방식에 대한 하라와 죠슈·사쓰마 파벌의 서로 다른 주장은 식민지 지배에 대한 일본내의 정치적 역학관계를 보여주는 것으로 이해할 수 있다. 그리고 이러한 논쟁의 결과 죠슈·사쓰마 파벌이 승리함으로써 식민지 지배 초기 일본의 식민지 지배정책이 결정되었다. 그러나 앞에서도 서술했듯이 1918년 '쌀폭동'은 죠슈·사쓰마 파벌의 약화를 초래하였고, 일본 정계의 실력자인 야마가타는 하라를 수상으로 옹립하였던 것이다.

　이러한 배경 하에서 하라는 수상에 취임함과 동시에 '제국'으로서의 식민지 지배체제의 개혁에 착수하였다. 우선 그는 죠슈·사쓰마 파벌을 설득하여 관제 개혁을 통해 내지연장주의를 실시함으로써 군부의 정치적 영향력을 약화시키고자 하였다. 그러나 내지연장주의로의 전환은 기득권층인 죠슈·사쓰마 파벌의 반대로 인해 그 실시가 불투명하였다. 이러한 때 조선에서 발생한 3·1운동은 내지연장주의의 실시를 가능하게 한 '우연한 사건'이었다. 그리하여 일본은 3·1운동에 대한 원인을 분석한 후 이를 조선 통치에 반영하고자 하였다. 그 결과 조선에서 이른바 '문화통치'라 불리는 새로운 식민지 지배정책으로의 변화가 가능하였다.

---

9) 外務省 編, 1990, 『外地法制誌 第3卷 － 台灣の委任立法制度』, 文生書院, 14~15쪽.
10) 外務省 編, 1990, 「勅令 第88號 臺灣總督府條例(1896.3.31)」 『外地法制誌 第5卷 － 日本統治下50年の台灣』, 148~149쪽.

먼저 하라는 3·1운동의 원인은 조선에 대한 식민지 지배정책이 구미제국을 참작한 지배정책의 오류에서 비롯한 것으로 이해하였다. 그는 구미제국의 식민지와 일본의 식민지가 갖는 성격이 다르다고 보았다. 즉 구미제국의 식민지는 인종, 종교, 역사, 언어, 풍속 등에서 식민지 본국과 다르기 때문에 식민지에서는 본국과 다른 제도와 법률을 적용할 수 있지만 일본과 조선의 관계는 그렇지 않다는 것이었다. 그리하여 하라는 조선에서도 일본에서와 마찬가지의 행정, 사법, 군사, 경제, 재정, 교육 제도 등을 시행해야 한다고 하였다. 그리고 이를 통해 3·1운동에서 드러난 것과 같은 조선의 독립이나 자치 요구를 막을 수 있으며, 궁극적으로는 조선민족이 일본에 동화될 것이라고 주장하였다. 다만 하라는 조선과 일본의 문명의 정도나 생활 상태 등에 차이가 있으므로 점진적인 방법으로 내지연장주의를 실시해야 한다는 단서를 달았다.[11]

그리고 그는 이를 위해 시급히 조선에서 실시해야 할 것으로 총독의 문무관 임명, 일본에서 시행하고 있는 법률의 조선 시행, 국방, 사법, 재정 사무도 일본과 동일하게 시행, 지방제도 개혁, 헌병경찰제 폐지, 일본인과 동등한 교육 실시, 잡거나 잡혼 장려, 관리 임용과 대우에서의 차별 철폐, 한일 양국민의 토지 개발 및 개간에서의 융화, 관리의 제복대검 폐지, 지방 명족에게 수작, 태형의 폐지 및 일본 형법의 조선 시행, 기독교 선교사와의 의사 소통, 조선 특별 회계의 존속을 통한 조선의 발전 도모 등 15가지의 항목을 적시하였다.[12]

이러한 하라의 생각은 3·1운동 이후 조선총독으로 부임한 사이토 마코토(齋藤實)가 제창한 새로운 통치방침에 반영되었다. 사이토는 취임 다음날인 1919년 9월 3일 발표한 諭告에서 다음과 같이 말하였다.

---

11) 「朝鮮統治私見」(『齋藤實文書』13, 高麗書林, 1990, 60~93쪽).
12) 위와 같음.

조선 통치의 대방침은 메이지 44년 한일병합 때 하사하신 메이지천황의
조서에 잘 나타나 있는데 (중략) 관제개혁의 취지는 (중략) 一視同仁으로 각
각 그 지위를 얻고 삶을 영위하며 훌륭하고 밝은 은덕을 누리게 하기 위하여
시의적절하게 시정의 편리를 제공하는 데 있다. (중략) 말하자면 문화적 제도
의 혁신에 의해 조선인을 유도하고 이끌어서 그들의 행복과 이익의 증진을
꾀하고 장차 문화의 발달과 민력의 충실에 맞추어 정치상, 사회상 대우에 있
어서도 내지인과 동일하게 취급할 수 있는 궁극의 목적을 달성할 것을 바라
마지 않는다.13)

또한 사이토는 조선통치에 대한 비밀문건인 「조선민족운동에 대한
대책」에서 "조선 문제 해결의 사활은 친일인물들을 많이 얻는 데에 있
으므로 친일 민간인에게 편의와 원조를 주어 수재교육의 이름 아래 많은
친일 지식인을 긴 안목으로 키운다."고 하여 식민지 지배의 새로운 협조
자, 동조자를 양성하고자 하였다. 그리고 조선총독부가 새로운 식민지
지배정책의 본의를 설명한 『朝鮮に於ける新施政』에는 신시정의 취지를
"메이지천황의 聖旨에 기초하여 內鮮을 一視同仁으로 대하며 문화적
정치의 확립에 의해 반도의 민생 각기한 바를 획득하며 그 삶에 연관하
여 休明의 澤을 향유"14)하도록 한다고 하였다. 이처럼 새로운 식민지
지배정책은 3·1운동 이후 일제의 식민지 조선에 대한 지배방식에서 나
타난 큰 변화였다. 그러나 조선을 영구히 식민지로 지배하고자 한 근본
적인 목적이 변한 것은 아니었다. 내면적으로는 조선에 대한 동화정책이
오히려 강화된 것으로 볼 수도 있다.

앞에서 보았듯이 식민지 지배정책의 전환은 '제국'으로 성장하는 과
정에서 일본제국주의가 지배체제를 정비하는 과정에서 제기되었고 3·1
운동을 계기로 식민지 조선에서 실시한 식민지 지배 방식이었다. 그리고
이를 시행하기 위해서는 3·1운동으로 인해 이반된 민심을 수습하는 것

---

13) 『매일신보』 1919년 9월 4일.
14) 조선총독부, 1920, 『朝鮮に於ける新施政』, 2쪽.

이 우선적이었다. 그리하여 조선총독부는 3·1운동으로 피해를 당한 조선인에 대한 구제를 실시하는 한편 새로운 식민지 지배정책에 대한 선전을 강화하였다.

이러한 사이토의 새로운 지배정책의 주요 내용은 一視同仁의 정신 강조, 형식주의의 쇄신, 민의창달, 교육의 쇄신, 지방행정의 개혁, 산업의 개발, 조선인민에 대한 구휼, 위생 시설의 확대, 경찰제도의 개혁, 새로운 종교정책의 실시, 조선의 관습 및 문화의 존중, 民事令 및 民籍法의 개정 등으로 요약할 수 있다. 이중 중요한 사항을 몇 가지 추려보면 다음과 같다.

우선 조선총독부는 일시동인의 정신을 강조하면서 조선인과 일본인의 차별을 철폐한다고 하였다. 이를 위해 조선인 문무관의 대우 개선, 조선인 관리의 敍位, 敍勳 자격 확장, 조선인 훈도의 공립학교장 임용, 조선인 판검사의 권한 확대, 태형 폐지 등을 추진하였다. 그리고 恩赦를 확대하며,15) 내선융화를 위해 조선인 군수의 일본 시찰, 일본 시찰 장려, 일본사정 및 조선 사정의 상호 소개, 회의·강습에 대한 일본과의 상호 列席, 조선 시찰자에 대한 편의 공여 등을 추진하였다. 형식주의를 쇄신하기 위한 방안으로는 관리의 제복 폐지, 중앙집권적인 사무의 간소화와 지방관청의 권한을 확장하고자 하였다. 민의를 창달하기 위한 방안으로는 지방유지의 招集 및 개혁의 취지 普傳, 민정시찰원의 파견, 한글신문의 발행 허가, 중추원의 회의 및 회합 실시, 도참여관 招集 등 식민지 지배에 조선인의 의사를 반영하겠다는 의도를 비추었다. 교육의 쇄신을 위해서는 공립보통학교의 급설, 학제 개혁 및 교육조사회의 설치, 고등보통학교, 여자고등보통학교 및 사립학교규칙의 개정 등을 계획하였으

---

15) 이에 따라 보안법 위반 2,216명, 소요죄 692명, 제령위반 232명, 출판법 위반 242명, 상해죄 89명, 毁棄罪 28명, 공무집행 방해죄 16명, 기타 31명 등 총 3,546명이 형을 감면받았다고 한다(조선총독부, 1920, 『朝鮮に於ける新施政』, 6쪽).

며, 지방행정을 개혁하기 위한 방안으로는 府協議會, 面協議會 등을 설
치하여 지방행정에 조선인의 의사를 반영하며 학교비용령을 제정하여
조선인의 교육에 사용하며, 향교재산을 보통학교 예산으로 전용하는데
불만을 가진 유림층을 회유하기 위해 文廟維持의 확립 및 향교재산의
經理를 개정하고자 하였다. 또 산업을 진흥시키기 위한 산미증식계획,
회사령의 철폐 및 시장규칙의 개정, 수산시험장 및 임산시험장의 신설
등을 추진하기로 하였다. 그리고 이러한 계획을 수립하고 준비하기 위해
產業調查委員會를 설치하도록 하였다. 또한 기존의 濟生院의 활동이나
각도 별로 운영되던 사립구제사업 외에도 臨時恩賜金에 의해 사회구제
사업을 운영하기로 하였다. 이외에도 총독부의료원 및 道慈惠醫院을 확
장하고 道衛生技術員, 公醫 및 海港檢疫員을 증원하며 屠場規則의 개
정, 중앙위생회와 전염병 및 지방병조사위원회를 설치하는 등의 의료사
업에도 개선을 하도록 하였다.16) 즉 조선인의 참정권을 확대하면서 사
회교화사업과 사회구제사업 등을 실시함으로써 조선인의 저항의식을 마
비시키고 사전에 예방하고자 하였던 것이다.

　조선에 대한 지배정책을 전환하면서 내걸었던 조선총독부의 이러한 정
책은 하라가「朝鮮統治私見」에서 말했던 조선인의 완전한 '동화'라는 정
책의도가 숨어있는 것이었다. 이를 위해 조선총독부는 조선인과 일본인의
상호 이해를 촉진시키기 위한 프로그램으로서 조선인으로 구성된 일본시
찰단의 파견이나 활동사진의 상영17)을 주목하였다. 이는 조선의 현실을
일본에 알리고, 일본의 현실을 조선에 알리기 위해 조선총독부가 실시한

---

16) 이에 대해서는 조선총독부, 1920~1922, 『朝鮮に於ける新施政』를 참조 바람.
17) 朝鮮總督府內務局社會課,「朝鮮總督府活動寫眞班槪況」『朝鮮社會事業』1928년 7
　　월호, 53쪽. 여기에 따르면 활동사진반은 1920년 4월 조선총독부 官房에 설치하였
　　으며 1923년 내무국으로 이관하였다. 그런데 활동사진반의 설치는 3·1운동에서 나
　　타난 조선 통치의 실패에 대한 내외의 비판을 시정할 목적으로 설치한 朝鮮情報委
　　員會의 활동과 맥을 같이 한다.

정책의 일환이었다. 또한 일본시찰단원은 감상문을 제출해야 하는 의무가 있었으며, 강연회, 간담회 등을 통해 일반 민중에게 시찰의 경험을 전달해야 하였다. 특히 본고에서 살피고자 한 일본시찰단 역시 일제의 동화정치의 틀 속에서 살펴야 한다는 것은 이미 필자가 지적[18]한 바 있으며, 이것이 3·1운동 이후 더욱 강조되는 것을 확인할 수 있다.

## 3. 1920년대 일본시찰단의 조직과 파견

### 1) 일본시찰단의 조직

3·1운동 후 조선총독으로 부임한 사이토는 3·1운동으로 인해 가옥이 소실되거나 파괴된 사람들 혹은 부상당한 사람들을 대상으로 부상자 치료, 급식, 소실된 가옥의 복구 등의 구제를 실시[19]함으로써 이반된 민심을 바로잡고자 하였다. 그리고 산업의 발전, 사회구제사업의 실시 등 사회경제적인 측면의 개혁을 통해 3·1운동으로 표출된 노동자, 농민 등 조선의 피지배층의 몰락을 예방, 방지하여 이들의 항일투쟁 의지를 약화시키고자 하였다. 또한 정치적으로도 조선인과 일본인의 차별을 철폐하겠다는 선언을 하기도 하였다. 이러한 조선총독부의 시도는 조선에 대한 식민지 지배를 정상화하려는 의도였다.

이와 함께 사이토는 조선의 중견인물들을 선발하여 일본의 발달되고 근대화된 시설 및 사회를 살펴보게 함으로써 일본 문물에 대한 동경심과 존경심을 불러일으켜 그들을 식민지 지배의 새로운 협조자, 동조자로 양성하고자 하였다. 그 결과 일본시찰단이 조직, 파견되고 있다. 그리하여

---

18) 조성운, 2004, 앞의 글, 『한일민족문제연구』 6.
19) 조성운, 「『매일신보』에 나타난 경기지방의 3·1운동과 일제의 대응」 『한국민족운동사연구』 42, 453쪽.

이미 1911년 靑目稿는 "조선 아동을 데리고 일본 소학교에 입학시키는 일, 조선인을 일본에 관광시키는 일 등은 일본 문물 및 풍습에 친숙해지는데 가장 효과적인 방법으로 여겨지고 있어 조선인 유학생, 관광객이 매년 증가하고 있다."[20]고 하였던 것이다.

최초의 일본시찰단은 1909년 경성일보사에 의해 조직되었다. 이후 1910년대에는 조선귀족관광단, 동척시찰단, 기독교시찰단, 규슈시찰단, 조선진신시찰단(朝鮮縉紳視察團), 불교시찰단, 교육시찰단, 잠업시찰단, 농사시찰단 등이 파견되었다. 이 시기 일본시찰단의 특징은 조선의 상류층 및 중류층 이상의 인사들을 중심으로 시찰단원을 선발하였지만 1910년대 중반을 지나면서 마름과 같은 특정한 직업 집단이나 잠업시찰단, 농사시찰단과 같이 특정한 목적을 가지고 시찰단이 조직되기 시작하였다.[21]

이러한 경향은 일본시찰단의 조직과 파견이 가장 왕성했던 1920년대에는 더욱 강화되었다. 이 시기의 일본시찰단은 1920년부터 1922년까지의 제1기[22]와 1923년부터 1929년까지의 제2기로 나누어볼 수 있다. 제1기는 1920년 후쿠오카공업전람회, 1921년 오이타의 규슈오키나와8현연합공진회, 1922년 도쿄평화기념박람회 등 일본 내에서 개최되었던 박람회를 시찰하는 것이 가장 중요한 목적이었다. 제2기는 1923년 9월 1일 관동대지진으로 인해 일본시찰단의 파견이 한동안 중지되었다가 재개된 시기이다.[23] 이 시기에는 식민지 조선에서 시행할 시책을 견학, 조사, 연구하기 위해 이미 그 시책을 실시하고 있던 일본에 시찰단을 파견한 시기이다. 즉 이 시기의 일본시찰단은 실무적인 의도에서 파견된 것으로 보

---

20) 靑目稿, 「朝鮮人 同化方法」 『活動寫眞界』 1911년 2월호, 活動寫眞界社, 1~2쪽 (복환모, 앞의 논문, 260쪽, 주 22)에서 재인용).

21) 조성운, 앞의 글, 『한일민족문제연구』 6, 28쪽.

22) 이 시기의 일본시찰단에 대해서는 조성운, 2006, 앞의 글, 『한일관계사연구』 25를 참조 바람.

23) <별첨 1>에도 보이듯이 1923년 일본시찰단은 모두 관동대지진이 발생한 9월 1일 이전에 파견되었다.

인다. 이것은 당시 하라수상이나 사이토총독이 표방했던 내지연장주의에
따른 것이었다고 할 수 있다. 그리하여 1920년대 일본시찰의 목적은 단
순히 동화라는 과거의 목적과는 달리 개별적인 시책을 조선에 적용하려
는 의도를 강하게 갖고 있었다고 할 것이다.

　이와 같이 제1기와 제2기의 일본시찰단의 파견 목적이 다른 것은 일
본제국주의의 발전과정 속에서 이해할 수 있을 것이다. 1918년 '쌀폭동'
이후 일본은 내부적으로 심각한 체제의 위기를 겪었는데 이를 극복하기
위한 방안으로서 일본 제국의 발전상을 대중에게 인식시킬 필요에 의해
각종의 박람회를 개최하였다. 또 박람회는 자본가의 입장에서는 불특정
다수의 대중에 대해 자신의 상품을 판매할 수 있는 기회이기도 하였다.
그리하여 불특정 다수의 대중을 동원할 필요가 있었기 때문에 박람회의
개최를 국가적인 행사로 진행하였던 것이다. 그리고 이를 식민지 지배에
도 적용하여 각종의 일본시찰단을 조직하였던 것이 제1기라면 제2기는
이러한 목적 외에 내지연장주의를 바탕으로 일본에서 시행되고 있던 정
책을 식민지 조선에서도 시행하기 위해 사전에 견학, 조사, 연구하기 위
한 것이었다고 할 것이다. 뒤에 서술하듯이 이를 위해 조선총독부는 일
본시찰을 위한 예산을 따로 편성할 만큼 일본시찰을 중요한 사업으로 생
각하였다. 그리하여 앞에서 보았듯이 일본시찰을 '内鮮融和'의 한 방법
으로 제기하였다. 이에 따라 조선총독부는 시찰단에 대한 행정, 교통편
등은 물론이고 심지어 시찰단의 숙소 문제까지 개입하는 등 일본시찰을
주도하였던 것이다.[24)]

　한편 1920년대에는 일본시찰단의 조직 주체가 다양해졌다. 즉 경성일
보사, 매일신보사, 조선일보사, 광주신문사, 목포신문사, 평남신문사 등의
언론기관, 조선총독부, 도·부·군, 중추원, 경기도경찰부 등의 행정기관,
동양척식주식회사, 금융조합, 축산조합, 면작조합, 농회, 상업회의소, 지

---

24) 조성운, 2006, 앞의 글, 『한일관계사연구』 25, 332쪽.

주연합회, 축산조합, 실업협회, 선일지물, 중앙번영회 등 산업 관련 기관, 유도진흥회, 향교, 조선불교대회 등 종교 관련 단체와 평양고보, 배재고보, 조선교육회 등 교육 관련 기관, 적십자사, 조선사회사업연구회 등 사회사업기관, 국민협회 등의 관변단체에 의해 조직되었다.[25]

그런데 앞의 일본시찰단 조직 주체는 조선에 대한 식민지 지배정책의 입안, 홍보, 실시에 관계있는 행정기관과 언론기관, 식민지 조선인에 대한 정신적 교화를 담당한 종교단체, 교육기관, 사회사업단체 등으로 다시 나눌 수 있다. 이는 일본 내에서 실시되고 있던 특정 정책을 조선에서도 식민지 현실에 맞추어 실시하기 위해 사전에 이를 견학, 조사하기 위한 목적과 식민지 조선인에 대한 정신적인 교화 곧 동화를 수행하기 위한 목적의 두 가지 목적을 가지고 있었음을 보여준다.

이를 다시 조직 주체가 위치하는 지역에 따라 중앙과 지방으로 나누어보면 경성일보사, 매일신보사, 조선일보사 등의 중앙의 신문사, 조선총독부, 중추원 등 중앙의 정치조직, 국민협회 등 중앙의 관변단체와 광주신문사, 목포신문사, 평남신문사 등의 지방의 신문사, 도·부·군, 경기도경찰부 등의 지방 행정기관, 금융조합, 축산조합, 면작조합, 농회, 상업회의소, 지주연합회, 축산조합, 실업협회, 鮮一紙物, 중앙번영회 등 지방의 산업관련기관, 평양고보, 배재고보 등의 교육기관, 유도진흥회, 향교, 조선불교대회 등 지방의 종교단체 등으로 나누어진다. 이로 보아 1920년대 일본시찰단은 중앙 단체보다는 지방 단체에 의해 조직되고 있음을 알 수 있다.

아래의 <별첨 1>에서 보면 1920년대 총 244개의 일본시찰단 중 중앙 단체에서 파견한 것은 33개 단체이며 나머지 211개는 지방 단체에서 파견하여 이 시기 일본시찰단은 주로 지방단체에 의해 조직, 파견되었다는 것을 알 수 있다. 이는 1910년대 일본시찰단의 조직 주체가 주로 중

25) 조성운, 2006, 앞의 글, 『한일관계사연구』 25, 331쪽.

앙 단체였던 사실에 비추어 새로운 변화라 할 수 있다. 이로 보아 3·1운
동 이후 통제와 교화의 대상으로서의 지방민에 대한 일제의 관심이 크게
고조되었음을 알 수 있다. 이는 일본시찰단이 조선에 돌아온 이후 강연
회나 간담회, 또는 일본시찰 활동사진 등을 통해 지방민에게까지 일본시
찰의 경험을 공유하게 하여 시찰 효과를 극대화하려고 한 조선총독부의
방침에서도 알 수 있다.

　동시에 일본인에게 조선의 사정을 이해시키기 위해 총독부가 간행한
책자 및 인쇄물을 조선을 여행하는 일본인에게 제공하는 등의 방법을 강
구하였다. 예를 들면 1921년 철원일본시찰단에 참여하였던 황항근(철원
군속), 이석형(철원면장), 최승삼(금융조합감사) 등은 전군을 面區洞별로
분담하여 강연하였으며,[26] 1923년 울산일본시찰단의 일원으로 일본에
다녀온 이재락(「농촌구제와 소작제도」), 김원룡(「우리의 살아갈 길이란」),
박병호(「나의 노동관이란」)는 울산군수의 참석 하에 울산청년회관에서
일본시찰에 대해 강연하였다.[27]

　또한 1920년 군수시찰단은 귀국 후 일본시찰의 과정과 일본의 문물
을 활동사진으로 만들어 교동공립보통학교, 매동공립보통학교, 남대문
공립소학교, 원정공립소학교 등에서 일반인을 대상으로 상영하였다.[28]
이후 사이토총독은 군수시찰단의 일본시찰에 대한 활동사진을 1920년
9월 2일 각 도지사를 초대한 자리에서 관람하고 일반에게도 관람케 하
라고 지시하였다.[29] 그리하여 1920년에는 조선 각지의 20개소에서 상영

---

26) 『조선일보』 1921년 6월 12일, 「日本視察講演」.
27) 『조선일보』 1923년 7월 30일, 「日本視察特別講演」.
28) 『조선일보』 1920년 8월 26일, 「日本視察의 活動寫眞映寫」. 이 군수시찰단에 대한
　　활동사진은 조선총독부 활동사진반이 시찰을 수행하면서 총 5400자의 필름을 촬
　　영하였고 모두 5권으로 편집하였다(『조선』 1920년 11월, 167쪽.) 조선총독부 활
　　동사진반에 대해서는 복환모, 2004, 「1920년대 초 조선총독부 「활동사진반」의 역
　　할에 관한 연구」 『영화연구』 24, 한국영화학회를 참조 바람.
29) 『동아일보』 1920년 9월 3일, 「總督知事招待 活動寫眞映寫」.

되었으며 약 10만 명 이상이 관람하였다.30) 또한 1920년 5월부터 6월에
는 도쿄, 오사카, 나고야 등지에서 '조선 사정 소개'라는 제목으로 일본
인들에게 활동사진을 상영하였다.31)

　이처럼 조선총독부는 활동사진의 상영을 통해 식민지 조선인에게는
일본사정을 이해시키고, 일본인에게는 조선의 사정을 이해시키고자 하
였다. 이에 대해 조선총독부 촉탁인 津村勇은 "'앎'은 친선의 근본이어
서 마땅히 그것이 내선융화를 촉진하는 일 수단이 된다고 생각한다. 그
것이 가능한 한 교화방면에서는 좋은 프로그램을 만들어 민중을 지도하
지 않으면 안된다. 일본에서도 우리들(조선총독부 – 인용자)도 항상 생
각"하고 있는 것이라 하여 활동사진을 동화정책의 주요한 수단으로 생
각하고 활용할 것을 주장하였다.32)

　그런데 활동사진의 상영은 1920년 11월 설치된 朝鮮情報委員會의

---

30) 朝鮮總督府, 『朝鮮に於ける新施政』, 1921, 7쪽. 지방의 각도에서 일반인들을 대상
　으로 한 상영은 각도의 지방과에서 담당했다는 것(朝鮮總督府內務局社會課, 「朝
　鮮總督府活動寫眞班槪況」 『朝鮮社會事業』 1928년 7월호, 55쪽)으로 보아 활동사
　진을 담당하는 부서가 각 도마다 설치되어 있었음을 알 수 있다.
31) 『朝鮮』 1920년 12월호.
32) 津村勇, 1926.7, 「敎化映畵は果して行詰つてゐるか」 『朝鮮社會事業』 제4권 제7호,
　23쪽. 1920년대 경상북도의 예를 들면 활동사진 상영 및 강연회를 개최한 횟수와
　청중의 수는 다음 표와 같다.

| 년도 | 예산액(엔) | 개최횟수(회) | 청중수(명) | 1회 평균 청중수 | 비고 |
|---|---|---|---|---|---|
| 1921 | 13,695 | 139 | 239,886 | 1,730 | 예산액은 프로그램 구입비, 기술원 급료 및 여비, 약품대, 기구기계구 입비, 운반비, 수선비 등을 포함함. 현재 소유 필름은 71종 112권임. |
| 1922 | 13,586 | 169 | 326,506 | 1,930 | |
| 1923 | 8,260 | 89 | 206,615 | 2,320 | |
| 1924 | 5,510 | 65 | 132,690 | 2,040 | |
| 1925 | 4,780 | 63 | 151,864 | 2,410 | |
| 1926 | 4,780 | 58 | 135,650 | 2,339 | |
| 1927 | 4,780 | 61 | 153,390 | 2,514 | |
| 1928 | 4,500 | 28 | 73,500 | 2,625 | |
| 1929 | 4,719 | | | | |

(자료) 경상북도, 1930, 『慶尙北道社會事業要覽』, 66~67쪽.

활동사진반에 의하여 운영되었다.[33] 조선정보위원회는 '제국' 일본이 식민지 지배정책을 재편성하는 과정에서 식민 본국인 일본과 조선을 포함한 식민지인, 그리고 유럽 등의 제3국에 대해 자국의 식민지 지배정책의 실상을 자신들이 의도한 바대로 전달하고자 한 목적에 의해 설치되었다.[34] 이는 도쿄평화기념박람회에서 조선의 사정을 선전할 방법을 협의하기 위해 1922년 2월 2일 조선정보위원회를 개최하였다는 기사에서 보듯이 조선정보위원회는 조선의 사정을 일본에 소개하는 목적도 가지고 있음을 알 수 있다.[35]

한편 일본시찰단의 조직과 파견은 조선총독부의 지시에 의해 이루어졌다. 그것은 앞 절에서 보았듯이 하라 수상의 등장과 함께 식민지 지배정책을 새롭게 수립하면서 동화정책의 일환으로 조선총독부가 채택한 방법 중의 하나였기 때문이다. 경기도의 경우 1920년부터 면장, 면리원, 교화단체 간부 및 실업가, 유지 등을 중심으로 1921년부터 1929년까지 총 13개의 일본시찰단을 조직하여 파견하였다.[36] 경기도가 이처럼 일본시찰단을 파견한 목적은 "중심인물양성"[37]에 있었다.

다음으로 일본시찰단의 경비에 대해 알아보자. 일본시찰단의 경비는 군수시찰단을 제외하고는 대략 120원 내외에서 최대 250원 정도[38]였는

---

33) 조선정보위원회에 대해서는 다음 논문이 참조된다.
李鍊, 1991, 『日本統治下の朝鮮における言論統制』, 上智大學 博士學位論文 ; 朴順愛, 2002, 「朝鮮總督府의 情報宣傳政策」『한중인문학연구』9 ; 배병욱, 2006, 「1920년대 전반 조선정보위원회와 선전영화」, 동아대학교 석사학위논문. 여기에서 박순애는 조선정보위원회가 설치된 것이 1920년 12월이라 하였지만 그것은 1920년 11월(朝鮮總督府, 1924, 『朝鮮總督府施政年報』, 14쪽)의 오기인 것으로 보인다. 이 때 설치된 조선정보위원회는 조선총독부의 자문위원회적인 성격을 갖는 비공식 선전기관이었다.
34) 李鍊, 앞의 논문, 230~232쪽.
35) 『동아일보』1922년 2월 3일, 「情報委員會」.
36) 京畿道, 1930, 『道地方費事業ノ槪況』, 173쪽.
37) 京畿道, 1930, 『道地方費事業ノ槪況』, 165쪽.

데 전액 자비 부담인 경우와 총독부나 도, 군 등의 행정기관을 비롯해
향교나 금융조합 등에서 경비의 전액 혹은 일부를 보조금으로 지급받는
경우로 나눌 수 있다. 앞에서 본 경기도에서 파견한 일본시찰단은 1921
년 실업가 및 유지 일본시찰단에 1인당 50원을 보조한 것을 시작으로
1924년 면장·공조회·청년단 간부 일본시찰단에 1인당 250원을 보조하
고 있다.[39] 또 1922년 강원도의 면직원시찰단, 흥풍회 및 청년회원시찰
단, 유림시찰단, 금융조합직원시찰단, 공립학교교원시찰단, 농업학교생
도시찰단, 도평의원시찰단, 산업단체역원시찰단은 도에서 보조를 받았
으며 군유지시찰단은 전액 자비 부담이었다.[40] 1921년 평안남도 일본시
찰단의 경우 시찰경비가 1인당 200원이었는데 100원을 道費에서 보조
하고 있으며,[41] 경기도에서 파견한 면장시찰단의 경우는 시찰경비 200
원 중 도비 보조 80원, 면비 보조 50원, 자비 70원으로서[42] 자비보다
도와 면에서 지급하는 보조금이 더 많았다. 또 1922년 개성에서 조직된
유림내지문화시찰단의 경우는 향교에서 전액 보조하였으며,[43] 여주군에
서 파견한 평화박람회시찰단의 경우는 유림은 향교 재산에서 70원을 보
조하였고, 실업가는 면비 보조 50원, 학교직원과 면리원은 규정에 의해
여비가 전액 지급되었다.[44] 1923년 함안군에서 조직한 농사시찰단은 지
방비에서 여비를 보조받았고,[45] 1923년 전라남도에서 조직한 청년시찰

38) 1925년 대전실업협회에서 조직한 구마모토공진회 및 오사카박람회시찰단의 경비
    가 60원으로 나와 있으나 다른 시찰단의 경비와 비료해 볼 때 이는 보조금을 의
    미하는 것으로 보인다.
39) 京畿道, 1930, 『道地方費事業ノ槪況』, 173~174쪽.
40) 1923년 4월, 『會報－江原道儒道闡明會』, 48쪽.
41) 『매일신보』1921년 4월 15일, 「內地視察團組織 平南 勸業係에서 金 100圓을 補
    給하여 募集해」.
42) 『동아일보』1921년 5월 4일, 「面長日本視察團」.
43) 『매일신보』1922년 2월 14일, 「視察感想錄贈呈」.
44) 『동아일보』1922년 3월 16일, 「平和博視察團組織」.
45) 『동아일보』1923년 6월 14일, 「咸安農會日本視察」.

단은 150원을 지방비에서 보조받았고,[46] 1924년 경북에서 조직한 제2회
청년일본시찰단은 지방비 100원을 보조받았으며,[47] 1924년 경북에서
조직한 제5회 유림일본시찰단은 160원의 경비 중 향교에서 상당액의 보
조금을 지급받았다.[48] 1927년 경기도 학무과에서 조직한 사립여학교직
원시찰단의 경우에는 12명의 단원이 2000원의 보조금을 지급받아 1인
당 약 167원의 지원을 받았음을 알 수 있다.[49] 또 1927년 총독부가 조직
한 관공립일본실업교육시찰단은 1인당 250원의 경비 전액을 지원받았
다.[50] 그리고 1928년 군수시찰단의 총예산은 6,795.16원[51]이었는데 地
方廳 事務費의 旅費에서 지출하였고 시찰단원으로 참여했던 고양군수
朱榮煥은 421.24원을 지급받았다. 함북 온성군수의 580.97원과 강원도
원주군수의 547.84원[52] 등 조선 내의 여비에 따라 시찰여비가 다르겠지
만 대략 주영환과 같은 액수의 여비를 지급받았다고 한다면 이 시찰단은
16명 내외로 조직되었음을 알 수 있다. 그러나 1927년 조선교육회에서
조직했던 북규슈학사시찰단(北九州學事視察團)의 경우 보조금의 지급
이 계획되어 있지 않아 희망자가 한 명도 없어 무산될 위기에 놓이자
함북 당국은 지방비 100원과 120원을 보조하여 3명을 선발했다[53]는 기
록으로 보아 보조금의 지급이 일본시찰단원의 모집에 중요한 요인으로
작용하였음을 알 수 있다. 동시에 자비로 추진하고자 했던 사업에 희망

---

46) 全羅南道內務部編, 『青年會指導方針』, 朝鮮總督府, 11쪽.
47) 『매일신보』 1924년 10월 5일, 「青年內地視察團」.
48) 『매일신보』 1924년 10월 31일, 「儒林內地視察團」.
49) 『매일신보』 1927년 9월 9일, 「私立女學校職員 內地學事視察團 지방비에서 보조
    를 하여서 내지 각처 학사를 시찰케 해」.
50) 『매일신보』 1927년 9월 18일, 「全鮮實業教育 內地視察團 전 단원이 28명이요 10
    월 1일에 출발을 한다」.
51) 「昭和3年度 地方廳豫算關係書類」(국가기록원 갑3호 기록 제324호). 1928년 군수시
    찰단은 10월 5일 경성을 출발하여 3주간 일본을 시찰하고 10월 27일 귀국하였다.
52) 「昭和3年度 地方廳豫算關係書類」(국가기록원 갑3호 기록 제324호).
53) 『매일신보』 1927년 5월 7일, 「咸北視察團 三氏出發」.

자가 없자 급하게 예산을 마련하여 시찰단원을 선정할 만큼 일본시찰단이 식민지 조선에 대한 지배에 큰 의미가 있음도 알 수 있다.

그리하여 앞에서 서술했듯이 조선총독부는 총독부 및 각 도와 군의 예산에 일본시찰을 지원할 수 있는 항목을 편성하기도 하였다. 일본시찰을 위한 예산은 도지방사업비의 사회사업비에 편성되어 있는 것으로 보인다. 예를 들면 경기도에서 파견한 일본시찰단의 여비 보조도 지방사업비의 사회사업비에 편성되어 있으며,54) 1922년 경북의 예산에는 '醫生日本視察團'의 보조비 450원이 사회구제비에 편성55)되어 있었다. 또 경상북도 유도진흥회에서는 1920년부터 1929년까지 일본시찰단 6회, 조선국내 시찰단 2회를 파견56)하였고, 청년회 역시 1923년부터 1928년까지 매년 1회씩 일본시찰단을 파견57)하였는데 이 역시 경상북도 사회사업의 일환으로 추진되었던 것이었다.58) 향교에서 여비를 보조하는 경우도 "지방교화사업을 실시"59)하는 것이었기 때문에 보조금의 성격이 사회사업에 있었다는 것을 알 수 있다. 이는 1920년 총독령 제91호로 반포된 鄕校財産管理規則 제3조 및 제4조에 근거하는 것이었다.60) 그리고 조

---

54) 京畿道, 1930, 『道地方費事業ノ槪況』 173~174쪽.

55) 『매일신보』 1922년 3월 1일, 「11年度 慶北地方費豫算 社會救濟費」. 그런데 1922년 경북에서 파견된 의생은 3명으로서 1인당 150원의 보조비를 지급한 것이므로 사실상 일본시찰비의 전액을 지원하였음을 알 수 있다.

56) 慶尙北道, 1930, 『慶尙北道社會事業要覽』 69~70쪽.

57) 慶尙北道, 1930, 『慶尙北道社會事業要覽』 75~76쪽.

58) 경상북도 유도진흥회는 시찰단 파견, 학술강습회, 강연회, 경로식, 효자·절부·독행자 표창, 근검장려, 공동경작 및 정기교화 간행물인 『嶺南時報』의 발행을 목적으로 하였다.

59) 「府面職員靑年儒林三團體內地視察」 『彰明』 제4호, 全南儒道彰明會, 1924.7, 2쪽.

60) 향교재산규칙 제3조와 제4조의 규정은 다음과 같다, 제3조 향교재산은 종교 기타 敎化事業에 供하기 위하여 필요가 有한 경우를 除한 외에 無料로 此를 대부 또는 사용케 할 사를 不得함. 제4조 향교재산으로부터 生한 수입은 此를 文廟의 비용, 기타 교화의 비용에 사용하는 것이 可함(「鄕校財産管理規則」 『彰明』 4호, 全南儒道彰明會, 1924, 49~50쪽)

선총독부가 파견했던 1928년 군수시찰단의 예산[61]은 각 도의 사업비에
편성되어 있었는데 경기도의 경우와 비교하면 이 역시 사회사업비에 포
함된 것으로 보아야 할 것이다.

　이처럼 일본시찰단에 대한 보조금은 각종 사회사업비에서 지원되었
다. 이것은 일본시찰단의 파견이 조선 민중에 대한 사회교화, 즉 동화에
있었다는 것을 다시 확인해주는 것이라 할 수 있다. 이는 <별첨 1>에
서 볼 수 있듯이 일본 도시의 사회사업, 도시계획, 전차사업, 시영주택,
히비야도서관 등의 시찰이라는 1921년 경성부공직자시찰단의 목적에서
도 드러난다.

　이외에도 경성부는 일본 내에서 실시되는 方面委員制度를 연구하기
위해 수차에 걸쳐 일본시찰단을 파견[62]하기도 하였다. 예를 들면 1920
년 2월 3일의 오사카 榮方面 시찰을 시작으로 1923년 11월 8일 조선총
독부 경무국장 長丸鶴吉의 생활상태조사를 위한 今方面 시찰이 있었
다.[63] 또한 조선총독부는 1923년 조선사회사업연구회가 주최한 전조선
청년단간부일본시찰단을 지원하였으며,[64]  1928년에는 일본 주요도시
사회사업시찰단을 조직하여 도쿄(東京)·오사카(大阪))·교토(京都)·나고
야(名古屋)·모지(門司)의 職業紹介所, 隣保事業, 社會館, 託兒所, 公設
質舖, 授産事業, 方面事業, 職業指導의 性能診查 등의 사회사업을 시
찰하였다.[65]

---

61)「昭和3年度 地方廳豫算關係書類」(국가기록원 갑3호 기록 제324호).

62) 이 부분은 기존의 방면위원제도나 일본시찰단에 대한 연구에서 간과되었다. 일본
　　시찰의 목적이 주로 조선인을 일본에 동화시키기 위한 것이라는 점만을 강조하고
　　조선총독부나 기타 행정기관이 조선 통치 과정에서 무엇을 목적으로 했는가를 살
　　피지는 못했기 때문이다. 향후 일본시찰단 연구에서 이 부분은 깊이 있게 연구되
　　어야 할 것이다. 이에 대해서는 후고를 기약한다.

63) 신은주, 1985,「日帝植民下 韓國社會福祉事業의 性格에 관한 研究－京城府 方面
　　委員制度를 中心으로－」서울대학교대학원 석사학위논문, 44쪽, 주 24) 재인용.

64)「朝鮮社會事業研究會規約」1923.6,『朝鮮社會事業』제2호, 1쪽 ;『동아일보』1923
　　년 2월 24일, 3면,「社會事業視察 사회사업연구회에서 일본시찰단을 조직 중」.

특히 1923년 전조선청년단간부일본시찰단시찰단은 시찰단장인 조선
총독부 사무관 洪承均이 말했듯이 "일본의 청년단체의 견실한 발달 상
황을 실지에서 볼 수 있다면 청년을 지도하는 외에 얻는 바가 있을 것"
이라는 목적을 가지고 1도에서 2명 내지 5명을 선발하여 각 도의 사회
교화사업을 담당하는 道理事官, 府理事官 및 囑託을 官命 視察團員과
함께 일본을 시찰하도록 하였다.66) 그리고 시찰지도 규슈의 농촌을 선
택하여 농촌청년단체의 조직 및 활동, 농촌청년단체를 중심으로 이루어
지는 사회사업 및 町·村治를 세밀히 시찰하는 일정으로 구성하였다.67)
결국 전조선청년단간부일본시찰단은 사회교화라는 구체적인 목적으로
조직되었던 것이다.

그러나 이들이 조선에 돌아와서 각 지역에서 활동한 상황에 대해서는
알려진 바가 없다. 다만 시찰단원 중 고양군 典踏靑年會의 총무인 李昌
業68)은 전답청년회의 당면 사업에 대해 서술하고 일본시찰 이후 자신의
삶의 태도에 변화를 줄 것이라고 말하고 있다. 즉 자신은 조선일보 기자,
생명보험회사 촉탁, 東拓世話人, 조선소작인상조회 고양지회장 등의 명
예와 직함을 버리고 농촌을 위해 일개 육체노동자가 될 것을 맹세하고
있는 것이다.69)

65) 加藤明時, 1928.4,「內地主要都市の社會事業を視察して」『朝鮮社會事業』1928년 4월호.
66) 洪承均, 1923.6,「內地農村は著實に一步と進んでゐろ」『朝鮮社會事業』제2호, 1쪽.
67) 洪承均, 앞의 글, 2쪽.
68) 이창업은 朝鮮步兵隊의 상등병, 京畿道 警官을 지낸 후 1921년 總督府로부터 優良
青年團長으로 발탁되어 九州 및 慶南 지방 농업 시찰였으며, 1923년 東京府 知事
의 소개로 일본의 近畿 농촌 및 노동 상황을 시찰하였다. 1926년 大正天皇의 장례
참배를 위해 全鮮靑年團 대표로 선출되어 일본에 갔으며 地方消防事業분야에서
활발히 활동하였다. 1933년 이후 城東發展會副會長, 淸凉里矯風會長이 되었으며,
咸北노동자 100명을 인솔하여 朱乙, 淸津, 慶源 등지에서 1년간 철도공사에 종사
하였다. 1936년에는 淸凉町 荷主運輸組 대표자였고 1936년 9월 20일에 실시되었
던 京城府會議員 선거에 입후보하여 당선되었다(『대경성공직자명감』 8)
69) 李昌業, 1923.6,「內地農村視察に依て私は方針を一變した」『朝鮮社會事業』제2호,
24쪽.

전조선청년단간부일본시찰단을 조직한 조선사회사업연구회는 경성부
청에 사무소를 두고 사회사업에 관한 각종의 연구조사 및 사업의 진흥을
도모하고 경영할 것을 목적으로 한 단체였다. 이를 위해 조선사회사업연
구회는 매월 1회의 정기모임, 강연회 및 강습회의 개최, 사회사업의 기
획 및 경영, 사회사업 및 민풍교화를 위한 각종의 선전 및 도서를 간행
하도록 하였다.[70] 이로 보아 조선사회사업연구회는 조선총독부 혹은 경
성부의 관변단체로서 조선에 대한 식민지 지배의 외곽단체로서 기능하
였음을 알 수 있다. 그리고 조선사회사업연구회의 활동의 결과 1927년
조선 최초의 방면위원제도가 경성부에서 실시되었던 것이다.

일본시찰단에 참여하였던 인물은 유지, 교원, 군수, 면장, 실업가, 군
참사, 군서기, 도평의원, 도참여관, 대지주, 경찰, 축산조합원, 향교평의
원·直員·掌議 등 향교 관계자, 면협의원, 부협의원, 삼림조합 기술원,
학교평의원, 농회 관계자, 독농가, 유림, 금융조합 관계자, 청년, 목사, 보
통학교장, 민풍진흥회 관계자, 잠종제조자, 승려, 인쇄업대표자, 소작인
등이었다. 이 중 소작인을 제외하면 모두 조선 사회의 중간 지배층에 해
당한다고 할 수 있다.

이들은 일정한 기준에 따라 선발되었다. 예를 들면 1924년 5월 전남
에서는 부면직원시찰단, 청년시찰단, 유림시찰단을 파견하였는데 그 선
발 기준은 다음과 같다. 부면직원시찰단은 "각 부·군·도 관내에서 多年
부·면에서 재직하여 평소의 성적이 우수하여 장래에 更히 부면사무에
종사코자 하는 각오가 有하며 또 新知에 當하여 시세를 解하는 자로 尙
수 일본을 시찰치 못한 자 중 1인씩 선출"[71]하였다. 청년시찰단은 "연령
이 30세 이하인 자로서 인물 우수, 사상 온건, 또 착실하여 時勢를 諒解
하는 지방청년 중견자로서 지도자 될 만한 勢 有하며 可成的 보통학교

70) 「朝鮮社會事業研究會規約」 1923.6, 『朝鮮社會事業』 제2호.
71) 全南儒道彰明會, 1924, 「府面職員靑年儒林三團體內地視察」 『彰明』 제4호, 71쪽.

이상 졸업자로서 국어에 堪能이 有한 자 중 尙今 일본시찰의 事가 無하
고 신체가 건강하여 장도여행에 堪耐할 만한 자"72)로 하였다. 유림시찰
단은 "각군 유림 중 學識名望이 유하며 時勢를 양해하는 유식자로서 연
령 50세 이하로 신체 강건하여 장도여행에 감내할 자로 각 군에서 선
정"73)하도록 하였다. 1923년 전라남도의 청년시찰단은 지방 청년의 중
견 지도자로서 일본 여행의 경험이 없으며 일본의 新政을 이해하는 건
실한 사상을 가진 보통학교 이상의 학력을 가진 자 중 일본어를 할 수
있는 자로 하였다.74) 결국 시찰단원으로 선정되기 위해서는 '時勢를 諒
解하는 유식자로서 일본어를 할 줄 아는 자'여야 하였다. 즉 일제의 식
민지 지배에 협조하거나 동조하는 중견계층이 선정되었던 것이다. 그러
나 조선총독부는 식민지 지배에 불만을 가진 자가 시찰단원으로 선정될
수 있다는 점에 대해 유의하였다.75)

이를 시기에 따라 구분하면 제1기의 시찰단원은 주로 교원, 면장, 군
수, 도참여관, 군참사, 유지, 경찰, 도평의원, 부협의원, 금융조합장을 비
롯한 금융조합 관련자, 유생 등이었으며 제2기의 시찰단원은 제1기의 구
성원의 비율이 감소하면서 청년단 간부, 유생, 임업 관련자, 금융조합 관
련자, 승려, 목사, 잠종 제조자, 민풍진흥회 관련자, 학교조합원, 삼림조
합 기술원, 여교원 등의 비중이 증가하였다. 이로 보아 제1기에 비해 제
2기 시찰단원의 구성이 보다 실무적인 성격을 갖고 있음을 다시 한 번
확인할 수 있다. 그것은 제2기 시찰단의 조직 목적이 실무적이었다는 분
석과 일맥상통하는 결과이다.

그리고 일본시찰단원으로 선정된 인물들은 1919년 조선총독부 사법
부장관이던 코쿠분 산카이(國分三亥)가 "중류지식계급을 식민지 지배의

72) 앞과 같음.
73) 全南儒道彰明會, 1924, 「府面職員青年儒林三團體內地視察」 『彰明』 제4호, 72쪽.
74) 全羅南道內務部編, 1930, 『青年會指導方針』, 朝鮮總督府, 10쪽.
75) 地第1722號 「內地視察團二關スル件」(국가기록원 소장).

협조자, 동조자로 흡수해야 한다."[76]고 한 주장에서 볼 수 있듯이 중류층 이상의 인물이었다. 이를 다시 <별첨 1>을 통해 일본시찰단에 참여한 인물들을 직업과 신분별로 나누어 보면 면관계자 45건, 교원 33건, 유생 22건, 유지 17건, 군관계자 18건, 청년 14건, 도관계자 12건, 축산조합, 임업조합, 금융조합 등 조합관계자 18건, 실업가 8건, 농회 5건, 기타 28건 등으로 나타난다. 특히 1923년 조선사회사업연구회에서 조직했던 전조선청년단간부일본시찰단은 단 1명도 일본어를 하지 못하는 자가 없을 정도로 시찰단원을 유식자로 선발하였다.[77] 여기에서 시찰단원으로 참여한 인물들은 지방 사회에서 지방민과 직접적으로 접촉하고 대면하는 직업 및 신분에 해당함을 알 수 있다. 이에 대해 1926년 군수시찰단에 대한 격려사에서 조선총독부 내무국장은 다음과 같이 말하였다.

> 종래 군수를 내지에 시찰케 하였음은 금회까지 제6회인데 시찰의 결과는 모두 상당한 효과를 齎來하였으므로 금번도 그것이 鑑하여 제군을 내지에 파견하여 친히 내지문물의 跡을 시찰케 하는 바이라. 물론 제군은 직접 일반 민중과 접하므로 일거수일투족은 其反影하는 바 極大하다. 고로 항상 민중과 접하매 친절의식을 피력함은 물론이요, 시세에 遲後되지 않도록 신지식을 흡수하려면 잡지, 신문의 이용, 혹은 견문을 넓히어서 민중의 지도□□에 힘쓰지 않으면 불가하다. 금반 내지시찰도 此主旨로 出한 바이니.[78]

이러한 결과는 조선총독부가 시찰단원의 선발에 도와 군을 통해 적극적으로 개입하였다는 사실에서도 유추할 수 있다. 또한 이 중 도·군·면 관계자로 구성된 시찰단은 전체 220건 중 65건으로서 26.6%를 차지한다. 이것은 일본 내에서 실시하고 있던 정책을 견학, 조사, 연구하여 조

---

76) 齋藤實文書 931, 國分三亥, 「總督施政の將來の方針に關する意見書」(1919년 5월 제출)
77) 洪承均, 앞의 글, 1~2쪽.
78) 孔濯, 「內地視察感想談」(『朝鮮』 1927년 3월, 44쪽).

선 내에서 같은 정책을 식민지 현실에 맞게 적용하고자 한 것이 시찰단의 파견목적 중의 하나라는 것을 통계적으로 보여준다 할 것이다.

한편 1920년대 일본시찰단의 조직에 나타나는 또 다른 특징으로는 제1기와 1923년 이후의 제2기 일본시찰단의 조직 목적에서 차이가 보인다. 제1기 일본시찰단이 주로 시찰 목적을 박람회에 두었던 것에 반하여 제2기에는 1925년의 구마모토공진회와 오사카박람회, 1927년의 동아박람회를 제외하면 박람회 시찰이라는 목적을 찾아보기 어렵다. 오히려 사회시설, 모범농촌, 우량조합, 청년회(단), 산업시설, 행정사무 시찰 등을 시찰의 주요 목적으로 설정하고 있는 것이다. 이러한 시찰 목적의 변화는 조선인에게 이미 다수의 박람회를 시찰한 경험이 축적되었으며 실제 조선 사회에서 박람회가 가지는 의미가 축소되거나 총독부가 예상했던 것만큼의 효과를 보지 못했기 때문이 아닌가 한다. 특히 1929년 졸업생 지도학교장으로 조직된 보교장일본시찰단은 1930년대에 접어들면서 일제가 일본시찰단을 식민지 지배에 직접적으로 이용하고자 한 것이라는 예상을 가능하게 한다.

또한 1920년대 일본시찰단의 조직에 나타나는 특징으로는 1910년대에는 볼 수 없었던 청년층의 참여가 이루어지고 있다는 것이다. 1922년 유도진흥회 경북지부에서 개최했던 제3회 유림일본시찰단에 유림 청년 2명이 참여한 것이 청년층이 참여한 최초의 시찰단이다. 이후 같은 해 5월에 조직된 청년일본시찰단이 청년층만으로 구성되었다. 그리고 1923년 조선사회사업구제회에서 조직된 전조선청년단간부일본시찰단[79] 이후 청년시찰단이 본격적으로 조직되고 있는 것으로 보인다. 청년층의 일본시찰단이 이 시기에 본격적으로 조직되기 시작한 것은 국내의 민족운동에서 청년운동이 차지하는 비중이 점차 커지던 시대적 상황과 밀접한

---

79) 『동아일보』 1923년 2월 24일, 「社會事業視察 사회사업연구회에서 일본시찰단을 조직 중」.

관련이 있다. 그리하여 조선총독부는 청년운동을 통제하고 '순화'시켜야 할 필요에 따라 청년층의 일본시찰을 장려하였던 것이다. 즉 조선총독부가 청년층을 일본시찰의 주요한 대상으로 설정한 것은 1919년 3·1운동 이후 '악화'된 청년층의 사상과 동향을 체제에 순응시키기 위한 것이라 볼 수 있다. 이와 함께 조선총독부는 1930년대 초반 이후 일본 내에서 실시하던 '졸업생지도'[80]와 농촌청년훈련소, 청년단, 청년훈련소 등의 시책을 조선의 청년층에게도 확대, 실시하였다.

그리고 1918년부터 조직[81]되기 시작한 교원시찰단은 1920년대에는 모두 32건이 있었는데 1920년부터 1922년의 3개년 동안 20개의 시찰단이 조직되어 일본에 파견되었다. 이는 3·1운동 과정에서 학생층이 보여주었던 민족의식과 항일의식을 약화시키고자 학생들에게 강한 영향을 끼치던 교사들을 회유하기 위한 것이었다고 할 수 있다. 그리하여 1920년대를 통하여 교원시찰단이 꾸준히 파견되었던 것이다.

결국 3·1운동의 결과 새로이 민족운동의 주도세력으로 부상하던 학생층과 청년층을 식민지 지배체제에 순응시키기 위한 방안으로서 일본시찰단이 기능하였다는 것이다.

## 2) 일본시찰단의 경로 및 시찰시설

제1기에 파견된 일본시찰단의 수는 1920년 10여 개 단체, 1921년 100여 개 단체, 1922년 192개 단체로 300여 개 단체 이상이었다.[82] 1920년 일본시찰단은 후쿠오카공업전람회(福岡工業展覽會), 1921년 일본시찰단

---

80) 졸업생지도의 목적은 보통학교 졸업생으로서 농업에 종사하는 자에 대해 생활 및 영농에 관한 실제지도를 하여 농촌에서 중견인물을 양성해서 농촌진흥의 선구자로 삼음으로써 지방산업의 개발 및 민풍의 作興을 도모하는데 있다(黑龍江公署總務廳, 1937, 『農村振興資料 第2集 朝鮮の卒業生指導に就て』, 黑龍江民報社, 38쪽).
81) 『동아일보』 1920년 5월 2일, 「朝鮮敎員日本視察」.
82) 조성운, 앞의 논문, 『한일관계사연구』 25, 349~355쪽.

은 오이타(大分)에서 개최되었던 규슈오키나와8현연합공진회(九州沖繩八
縣聯合共進會), 1922년의 일본시찰단은 도쿄평화기념박람회(東京平和記
念博覽會)를 시찰하는 것이 주요한 목적이었다. 그리고 <별첨 1>에서
보듯이 1920년대 244개의 일본시찰단 중 148개가 1920년부터 1922년에
집중되고 있다. 3·1운동 직후 조선인에 대한 통제와 회유가 절대적으로
필요했기 때문이겠지만 1920년대 일본시찰단의 약 61%가 제1기에 집중
되어 있는 것이다. 그러나 앞에서도 보았듯이 제2기에는 후쿠오카에서 개
최된 동아박람회를 제외하면 박람회의 시찰을 목적으로 한 시찰단은 거의
찾을 수 없으며 사회시설, 모범농촌, 우량조합, 청년회(단), 산업시설, 행정
사무 시찰 등을 시찰의 주요 목적으로 설정하고 있다.

다음으로 일본시찰단의 경로를 보도록 하자. 대표적인 사례로 1926년
군수시찰단과 1928년 조선여자교원일본시찰단의 시찰경로 및 시찰시설
은 다음의 <표 1>, <표 2>와 같다.

〈표 1〉 1926년 군수시찰단의 경로 및 시찰시설

| 날짜 | 시찰지 | 시 찰 시 설 |
|---|---|---|
| 10.16 | 서울 | 총독부 집합, 시찰계획 안내 |
| 10.17 | 서울 | 朝鮮神宮秋期祭 參拜 |
| 10.18 | 부산 | 오전 10시 서울 출발, 오후 8시 부산 도착, 연락선 탑승 |
| 10.19 | 下關 | 오전 8시 下關 도착, 八幡製鐵所, 中河內貯水池, 丸山學院 |
| 10.20 | 博多 | 福岡縣 犯人鑑識課, 福岡市, 西公園, 福岡日日新聞社, 磯野鑄造所, 福岡醫科大學, 農科大學, 莒崎八幡宮, |
| 10.21 | 博多 | 太宰府天滿宮, 觀世音寺, 農學部屬農場, 商品陳列所 |
| 10.22 | 佐世保 | 海軍航空機, 軍艦陸奧 |
| 10.23 | 長崎 | 三菱造船所, 長崎市 |
| 10.24 | | 陸軍飛行場, 土屋足袋會社 |

| 날짜 | 시찰지 | 시 찰 시 설 |
|---|---|---|
| 10.25 | | 大牟田三井炭鑛, 三菱染料場 |
| 10.26 | 鹿兒島 | 島津公別邸, 尙古集成舘, 城山公園, 南洲翁洞窟, 南洲翁終焉地, 鹿兒島市役所, 鹿兒島市, 鹿兒島縣 |
| 10.27 | 苗大川 | 鹿兒島縣 日置郡 苗大川 朝鮮人 移住 마을(민가 방문, 소학교 참관, 村役場, 신사참배, 沈壽官邸) |
| 10.28 | 別府 | 別府 |
| 10.29 | 大阪 | 別府에서 大阪으로 이동 |
| 10.30 | | 豊崎의 주택(조선인이 거주하는 주택), 內鮮協和會, 大阪府, 大阪每日新聞社 |
| 10.31 | | 春日神社, 奈良大佛, 大阪舞踏場 |
| 11.1 | | 造幣局, 大阪城, 十合吳服店, 中山太陽堂 |
| 11.2 | 伊勢 | 伊勢神宮, 二見浦 |
| 11.3 | 東京 | 上野公園(적십자사 제34회 총회 및 창립 50년 축하회), 제국미술전람회 |
| 11.4 | | 宮城二重橋, 日比谷公園, 愛宕公園, 愛宕放送局, 芝增上寺, 泉岳寺, 乃木大將邸, 明治神宮 |
| 11.5 | | 希望雜誌社, 新宿御苑, 丸之內빌딩, 法心寺(大塚내무국장 법요 참석), 李王邸, 日鮮相愛會 |
| 11.6 | 京都 | 경도로 이동 |
| 11.7 | | 桃山御陵, 比叡山 |
| 11.8 | | 京都御所, 풍山, 金閣寺, |
| 11.9 | 雲令 | 雲令으로 이동 |
| 11.10 | | 出雲大社 참배, 知井宮 참배 예정이었으나 부친의 기일 때문에 1일 먼저 귀국 |

(자료) 孔濯, 「內地視察感想談」『朝鮮』1927년 3월 : 1927년 4월.

〈표 2〉 1928년 조선여자교원일본시찰단의 시찰 경로 및 시찰시설

| 날짜 | 시찰지 | 시 찰 시 설 |
|---|---|---|
| 11.19 | 서울 | 총독부청사, 조선신궁 참배 |
| 11.20 | 부산 | 부산부청 |
| 11.21 | 宮島 | 嚴島로 이동 |
| 11.22 | | 嚴島神社, 大元公園, 紅葉谷, 天疊閣, 嚴島尋常高等小學校綴方 및 書方硏究敎授 참관 |
| 11.23 | 大阪 | 大阪城, 大阪市集英小學校, 築港, 大阪朝日新聞社, 大阪每日新聞社 |
| 11.24 | | 교통전기박람회, 大阪府堺市立高等女學校, 大和川染工場, 靑霞會館歡迎會 |
| 11.25 | | 堺市水族館 |
| 11.26 | 京都 | 鹵簿奉拜, 奈良女子高等師範學校 |
| 11.27 | 二見浦 | 奈良公園, 大佛殿, 春日神社, 若草山, 手向山神社, 二月堂, 三月堂 |
| 11.28 | 山田 | 伊勢大廟, 微古館, 倭姬宮 |
| 11.29 | 東京 | 宮城, 社會局, 東京日日新聞社, 齋藤邸 |
| 11.30 | | 上野公園, 淺草公園, 被服廠跡, 日比谷公園, 泉岳寺, 乃木大將邸, 明治神宮, 靖國神社, 三越, 故下岡總監邸 |
| 12.1 | | 新宿御苑, 自由學園, 池田化學工業會社 |
| 12.2 | | 觀兵式拜觀, 李王邸 |
| 12.3 | | 東海道沿線 |
| 12.4 | 京都 | 大禮式場, 桃山御陵, 比叡山 |
| 12.5 | | 일본해안 |
| 12.6 | 雲令 | 出雲大社 |
| 12.7 | 부산 | |

(자료) 조선총독부편집과, 1929, 『大禮奉拜朝鮮女子敎員內地視察記』.

또 1921년 매일신보에서 주최한 일본관광단의 경로는 서울-부산(4.1)
-下關-門司(4.2)-別府(4.5, 大分共進會)-門司(4.6)-下關-京都(桃
山御陵, 淸水寺, 知恩院, 八坂神社, 인클라인, 동물원, 內外博覽會 4.7)-

東京(東洋協會, 王世子邸, 帝國大學, 明治神宮, 新宿赤阪離宮, 帝國劇場, 首相官邸茶話會, 4.9) － 上野(4.12) － 日光 － 上野(4.13) － 東京(淺草公園, 오페라극장, 向島麥酒會社, 육군포병공창,4.14) － 名古屋 － 龜山(4.15) － 山田(伊勢神宮) － 二見 － 奈良(4.16) － 湊町 － 大阪(4.17) － 宮島(4.19) － 下關(4.20) － 부산 － 서울(4.21)이었다.[83]

1921년 충남 군수·면장·진흥회장 내지시찰단의 시찰경로 및 시찰시설은 공주－대전－부산－下關－門司－大分(九州沖繩八縣聯合共進會)－小倉(제당공장)－下關(龜山宮神社)－大阪(大阪水道, 大阪城, 中央燐寸株式會社, 大阪朝日新聞社, 琉璃제조공장, 大阪방적회사, 조폐국, 공설시장)－奈良(生駒郡 北倭村, 奈良공원, 春日寺, 大佛殿)－京都(眞宗 本願寺, 舊宮, 桃山御陵, 乃木神社, 琵琶湖, 通水源池, 淸水寺)－伊勢神宮－名古屋－靜岡縣 濱松郡 積志村－東京(東京驛, 日比谷公園, 國會議事堂, 明治神宮, 국기관, 위생박람회, 淺草公園, 大松料理店, 三越吳服店, 上野公園, 靖國神社, 後樂園, 東鄕演劇場)－橫須(砲兵工廠)－日光(東照宮)－東京－名古屋(伊藤吳服店)－下關－부산－조치원이었다.[84]

1927년 경북에서 주최한 중견청년으로 구성된 내지시찰단은 大阪市民苑, 大阪城, 市民博物館, 조폐국, 大阪朝日新聞社, 三越吳服店 및 기타 사회시설, 동경 총독부 출장소, 제국대학, 일본청년관, 東京市役所, 上野公園, 기타 우량농촌 및 청년회, 八幡製鐵所를 시찰하였다. 그리고 1920년 춘천시찰단의 경우 吳, 神戶, 大阪, 京都, 名古屋, 東京, 彦根, 廣島를 시찰하였으며,[85] 1921년 경북도농회에서 주최한 일본시찰단은 福岡縣, 佐賀縣, 久留米, 熊本縣, 鹿兒島縣을 시찰하였다.[86]

---

83) 『매일신보』 1921년 3월 8일, 「內地觀光團日程表」 ; 3월 24일, (사고)「內地觀光團」 ; 4월 8일, 「內地觀光團의 消息」 ; 4월 18일, 「內地觀光團의 消息 櫻花爛漫한 帝都 14일 東京出發」.
84) 박찬승, 앞의 논문, 42쪽.
85) 『동아일보』 1920년 5월 30일, 「春川 日本視察團」.

한편 일본시찰단의 시찰시설은 유형별로 농업과 관련된 시설, 교육 및 공공시설, 근대산업시설, 일본의 국체를 내면화하려는 시설 등으로 나누어 볼 수 있다.[87) 농업과 관련된 시설로는 農學部屬農場, 中河內 貯水池, 嵐山, 교육 및 공공시설로는 丸山學院, 福岡縣 犯人鑑識課, 福岡市, 福岡日日新聞社, 磯野鑄造所, 福岡醫科大學, 農科大學, 鹿 兒島市役所, 鹿兒島市, 鹿兒島縣, 大阪府, 大阪每日新聞社, 十合吳 服店, 愛宕放送局, 希望雜誌社, 嚴島尋常高等小學校, 大阪市集英小 學校, 奈良女子高等師範學校, 社會局, 東京日日新聞社, 自由學園을 들 수 있다. 근대산업시설로는 八幡製鐵所, 기野鑄造所, 商品陳列所, 三菱造船所, 土屋足袋會社, 大牟田三井炭鑛, 三菱染料場, 교통전기 박람회, 三越, 池田化學工業會社를 들 수 있으며, 일본의 국체를 내면 화하려는 시설로는 太宰府天滿宮, 觀世音寺, 海軍航空機, 軍艦陸奧, 陸軍飛行場, 津公別邸, 尙古集成舘, 城山公園, 南洲翁洞窟, 南洲翁 終焉地, 春日神社, 奈良大佛, 大阪城, 伊勢神宮, 上野公園, 宮城二重 橋, 日比谷公園, 愛宕公園, 芝增上寺, 泉岳寺, 乃木大將邸, 明治神 宮, 新宿御苑, 法心寺, 桃山御陵, 京都御所, 金閣寺, 出雲大社, 知井 宮, 嚴島神社, 大元公園, 오簿奉拜, 奈良公園, 若草山, 手向山神社, 微古舘, 倭姬宮, 淺草公園, 靖國神社, 觀兵式拜觀, 大禮式場 등을 들 수 있다.

한편 시찰 중 일본시찰단은 각지에서 환영회에 초대받기도 하였다. 1928년 조선여자교원일본시찰단은 11월 24일 力石大阪府知事 부인과 일반 숙녀 신사가 주최한 환영회에 참석하였다. 이 환영회에는 力石大 阪府知事 부인과 李王家御敬事紀念會長 야나기하라 기치베에(柳原吉 兵衛), 사카이시장(堺市長), 堺市敎育會長, 堺市方面委員, 大烏中學校

---

86) 『동아일보』 1921년 9월 17일, 「慶北農會主催 第2回 日本視察團 出發」.
87) 조성운, 2005, 「1910년대 일제의 동화정책과 일본시찰단」 『사학연구』 80, 211~ 213쪽.

長 등 堺市의 유력인사가 참석하였고 李王家御慶事紀念會, 堺市商工
會議所會頭, 堺市第2方面委員 堀畑利三, 堺市第3方面常任委員 堀井
久吉, 堺市第4方面常任委員 堀部德平, 堺市敎育會, 堺聯合婦人會, 堺
市役所, 濱寺婦人會, 堺市福井金物店 등이 시찰단원에게 선물을 증정
하기도 하였다.88) 그리고 이 시찰단의 소식이 「鹵簿と大觀兵式を拜觀の
朝鮮女敎員團」(『大阪每日新聞』1928. 11. 22.)와 「內鮮婦人の麗しき睦
み女子敎育の懇談會　　朝鮮女敎員內地見學團」(『大阪每日新聞』1928.
11. 28.)이라는 기사로 지역신문에 소개되기도 하였다.

　위에서 살핀 바와 같이 일본시찰단의 경로는 크게 규슈 일대를 살피
는 코스와 大阪－京都－名古屋－東京 일대를 살피는 코스로 나누어진
다. 그리고 이 코스를 중심으로 시찰단의 성격에 맞는 시찰시설을 추가
하거나 삭제하였던 것으로 보인다.

　앞의 <표 1>과 <표 2>를 비교하면 기본 코스는 크게 다를 것이
없지만 군수시찰단은 縣, 市, 村 등의 행정기관과 민가 등을 방문한 반
면 조선여자교원일본시찰단은 각급 학교를 시찰하고 있다. 이는 시찰단
의 성격에 따라 다른 시설을 시찰하고 있음을 보여준다. 그러나 일본시
찰단이 일본의 국체를 내면화 하려는 시설과 근대산업시설에 대한 시찰
은 시찰단의 성격과 관계없이 공통적으로 시행되고 있다. 이를 통해 일
본의 선진문물과 국체를 조선인에게 선전하고 내면화 하고자 했던 조선
총독부측의 의도를 파악할 수 있는 것이다. 즉 다양한 성격의 시찰단이
파견되고 있지만 개별적인 시찰단이 갖는 파견 목적은 1차적인 것이었
고 일본과 일본인에 대한 조선과 조선인의 '동화'에 궁극적인 목적이 있
었다고 볼 수 있다.

---

88) 朝鮮總督府編輯課, 1929, 『大禮奉拜朝鮮女子敎員內地視察記』, 12쪽.

## 4. 일본시찰단의 성격

3·1운동 직후 일본의 식민지 지배정책이 새로이 정비되면서 일본시찰
단에 대한 중요성이 더욱 부각되었다. 그리하여 사이토총독은 「조선민족
운동에 대한 대책」에서 "새로운 친일인물을 양성하여 귀족, 양반, 부호,
실업가, 교육가, 종교가 등에 침투"시킬 것을 지시하였던 것이다. 물론
이러한 사이토총독의 지시는 조선 총독 부임 이전 하라 수상과 협의를
마친 것이었다. 이는 기존의 친일인물이 조선인민에게 부정적인 인상[89]
을 주고 있으므로 이들을 더 이상 식민지 지배의 유일한 파트너로 상정
할 수 없었다는 당시의 사정을 반영하는 것으로 생각된다. 이에 따라 일
본시찰단을 조직하는 것은 "지방 관리의 중요 임무 중의 하나"[90]가 될
정도였다.

따라서 1920년대의 일본시찰단은 1910년대의 일본시찰단과는 그 구
성원이나 성격에서 차이를 보일 수밖에 없었다. 1910년대 일본시찰단의
구성원은 귀족, 중추원 찬의, 도참사, 군참사, 군수, 면장, 농업가, 실업가,
신사 등[91]이었으나 1920년대 일본시찰단원은 유지, 교원, 군수, 면장, 실
업가, 군참사, 군서기, 도평의원, 대지주, 경찰, 축산조합원, 도참여관, 향
교 평의원·直員·掌議 등 향교 관계자, 면협의원, 부협의원, 삼림조합 기
술원, 학교평의원, 농회 관계자, 독농가, 유림, 금융조합 관계자, 청년, 목
사, 보통학교장, 민풍진흥회 관계자, 잠종제조자, 승려, 인쇄업대표자, 소
작인 등으로 구성원의 직업과 신분이 크게 다양해졌다.

---

89) 齋藤實文書 935-5. 여기에서 下村宏도 "친일을 표방했기 때문에 조선인으로부터
　　원수처럼 손가락질 받는 자에 대해 얼마간의 동정과 은밀한 원조를 주는 것은 좋
　　지만 이러한 자들을 수족으로 조선인들에게 공작을 하면 오히려 전 조선인을 적
　　으로 만들 우려가 있다"고 하면서 새로운 협조자를 양성해야 한다고 주장하였다.
90) 『동아일보』 1922년 5월 12일, 「觀光團政策 得不補失」.
91) 조성운, 앞의 논문, 『한일민족문제연구』 6, 22쪽.

특히 청년, 경찰, 삼림조합 기술원, 금융조합 관계자, 민풍진흥회 관계자 등은 1910년대 일본시찰단에서 볼 수 없던 계층이었으며 이들은 지역사회에서 민중과 직접 접촉하고 대면하는 인물들이었다. 따라서 청년시찰단과 교원시찰단은 3·1운동 이후의 변화된 조선의 정세 속에서 일본시찰의 중요한 대상으로 설정되었음을 확인할 수 있다. 그것은 앞에서 언급하였듯이 3·1운동에서 표출된 식민지 지배에 대한 조선인민의 불만을 무마해야 했으며, 식민지 지배의 새로운 파트너를 양성해야 할 필요가 있었기 때문이었다. 그리하여 1923년 전조선청년단간부일본시찰단의 경우는 조선사회사업연구회에서 조선총독부의 지원에 의해 조직되어 42명의 청년단원과 사회사업 관련 관리들이 일본을 시찰하였다. 이 시찰단은 앞에서도 보았듯이 일본에서 실시되고 있던 사회정책에 대한 시찰을 목적으로 하였는데 그것은 이후 경성부에서 시행했던 방면위원제도와 같이 실제 시행된 것도 있었다. 이는 시찰단의 목적이 단순한 관광 혹은 동화라는 광범위한 개념이 아니라 특정 정책에 대한 시찰이라는 방향으로 이행하고 있음을 보여주는 중요한 사례라 할 수 있다. 그리하여 이 시찰단원이었던 이창업은 자신의 삶의 방향을 바꾸겠다고까지 할 정도로 큰 감화를 받았던 것이다.

또한 1927년 경북에서 주최한 중견청년일본시찰단이 후쿠오카현(福岡縣)의 □興村을 시찰하는 과정에서 "조선청년회 중에는 정치방면에만 주력을 注하는 感이 不無한 고로 吾人은 강습회나 혹 강연회 등 집회 있을 때마다 청년회 본연의 사명이라 할 만한 心身修鍊의 旨"를 고취한다는 현지인의 설명은 시찰단원에게 "청년회의 사명을 新히 自得"케 하였던 것이다.[92]

그렇다면 일본시찰단원은 이러한 조선총독부의 의도를 어떻게 받아들였을까. 이를 이들이 남긴 시찰기를 통해 살펴보자. 그런데 이들은 '의

---

[92] 『매일신보』 1927년 4월 4일, 「慶北中堅靑年團 內地視察과 所得司會主事談」.

무적'으로 시찰기를 제출해야 했기 때문에 조선총독부의 의도에서 벗어나 일본에 대해 비판적인 내용의 글을 쓸 수 없었다는 점을 주의해야 한다. 그러나 이들이 일본시찰단에 선발될 정도로 식민지 지배에 협조하거나 동조하는 성향의 인물들이었다는 점을 고려하면 이들의 글을 통해 이들이 일본에 대해 가졌던 인상이나 느낌을 전달하는 데는 큰 무리가 없다고 생각된다.

먼저 1921년 일본을 시찰한 咸北 會寧郡 雲頭面長 鄭源榮은 일본의 잘 보존된 자연에 대해 감탄하면서도 자연에 인공을 가하여 이용한 일본의 선진기술에 주목하였다. 특히 그는 쿠레해군공창(吳海軍工廠)은 군함, 대소포 등 각 병기를 제조하니 기계의 響은 如雷轟轟하고 煙突의 煙은 如雲濛濛이라 하였으며 오이타공진회에 출품된 물품 중 조선공산품의 劣等됨을 보고 鮮客의 反省을 촉구하고 있다. 또 조선과 일본의 학교 수를 비교한 후 이것이 곧 조선과 일본의 優劣의 分岐點이라 하면서 교육이 無하면 常識이 乏하고 급격한 문명풍조에 淘汰의 患을 면치 못할 것이라 하여 교육의 중요성을 강조하였다.[93]

1922년 도쿄평화기념박람회를 시찰한 강원도 유생시찰단의 한 단원은 山林川澤, 道路橋樑, 農業, 敎育, 美風良俗, 衛生, 商工業, 女子의 勤勉, 儒敎, 人民의 崇神尊佛, 자본가·기업가 등 投資狀況의 11개 항목으로 나누어 시찰소감을 서술하였다. 이는 위에서 서술한 鄭源榮의 느낌과 크게 다르지 않지만 정원영의 글에서 보이지 않은 내용을 살펴보면 도회지라 하여도 酒量이 上面하여 行步不正이 없으며 전차 안에서 少壯者가 老幼婦女에게 좌석을 辭讓하는 것을 보고 미풍양속이라 하였으며, 大成殿을 拜謁한 후 그 건물의 웅장함과 존숭의 엄숙함과 설비가 완전하여 조선의 鄕校는 실로 비교하기 어렵다고 하였다. 그리고 영리를 목적으로 하지 않고 자본가가 도서관, 공원, 학교, 병원, 공회당, 직업

---

93) 鄭源榮, 1921.12, 「內地視察感想」 『儒道』 4, 유도진흥회.

소개소, 공동숙박소 등을 설립하는 것 등을 본 후 자본가가 국가적, 사회
적 주의 하에서 활동한다고 하였다.[94]

역시 1922년 동경평화기념박람회를 시찰한 강원도의 유생 김재익은
조선관을 관람한 후 "18만원으로 건축한 조선관 2층 殿閣製는 衆舘에
傑出하나 내부진열은 他館보다 幼稚見하니 기계표본실에 古製船砲가
原初發明은 세계의 선각이라 稱揚할 만한 李汝諧의 龜船과 朴晉의 震
天砲를 想像하니 계속 부진한 陷下狀態가 誰의 過失인가 (중략) 후일
세계평화박람회에 朝鮮舘 出品이 一等 占據되기를 기대한다."[95]고 하
여 조선의 과학기술이 쇠퇴한 것에 대한 한탄과 함께 미래를 기약하고
있다.

1926년 군수시찰단의 일원이었던 孔濯은 일본시찰의 소감은 工業, 造
林, 農業, 道路, 勤勉, 敬神, 美術的 觀念, 國民道德, 內地渡航朝鮮人의
9항목으로 나누어 살핀 후 일자별로 시찰한 상황을 기술하였다.[96] 그는
일본의 공업이 大阪, 名古屋, 福岡, 東京과 같은 대도시만이 아니라 소
도시도 발달하였다는 사실에 "深感"하였다. 그리고 조선의 공업을 발달
시키기 위해서는 자본가의 자각과 奮起가 요구된다고 하였다. 또 그는
일본에 가면 도처에 울창한 산림이 사람의 눈을 유쾌하게 한다면서 일본
의 산림이 울창하게 된 원인으로서 당국의 산림정책도 있겠지만 일본 인
민의 愛林思想이 더 크게 영향을 끼쳤다고 보았다. 또한 공탁은 사가현
(佐賀縣)을 통과하면서 본 평야의 일목요연한 경지와 풍요한 농작물에
감명하면서 조선에서도 金肥를 사용할 것을 주장하였다. 그리고 일본도
로의 우수성에 대해 감탄하였다. 이러한 일본의 발달을 공탁은 일본 국민
의 勤勉, 敬神, 國民道德 등에서 찾고 있다. 그리하여 그는 일본국민, 특

---

94) 1923.4, 『會報 - 江原道儒道闡明會』.
95) 金在翼, 1922.7, 「內地視察槪要」『儒道』 8, 유도진흥회.
96) 이에 대해서는 孔濯, 「內地視察感想談」(『朝鮮』 1927년 3월)을 참조 바람.

히 여성의 노동에 대해 주목하였으며, 일본 도처에 있는 神社와 寺刹 등 일본의 국민적 신앙이 일본의 발전에 위대한 힘을 발휘하였다고 생각하였다. 또한 그는 도로 통행 시 보이는 차부들의 행위나 기차 내에서의 승객들의 예의 등을 보고 일본 국민의 도덕적 우수성을 목도하였다고 하였다.

1928년 조선여자교원일본시찰단원은 어디에 가도 神社와 佛閣이 많으며, 근로에 적극적으로 참여하고 있는 여성, 울창한 산림을 비롯한 자연경관, 오사카내선협화회(大阪內鮮協和會)의 활동, 일본의 문화유산에 대한 경외심 등을 말하였다. 이러한 결과 이들은 일본의 근대문물을 접한 후 "혼을 빼앗겼다."고 표현할 정도가 되었다. 또 시찰단원 중 한 사람은 일본 시찰 이전에는 "일본인과 조선인 사이에 큰 격차가 있었다고 생각했지만 적어도 나는 이해되며 진실로 골육의 형제"라고 생각된다고 말하고 사이토총독에 대해 감사하다고 하였다. 더 나아가 이들은 "人間道 향상을 위하여, 신일본 건설을 위하여, 대국민 육성을 위하여 感恩奉仕하는 생활로 정진"할 것을 맹세하고 있는 것이다.[97]

그런데 일본시찰을 다녀온 인물들은 자신이 살핀 일본의 우수한 근대문물을 조선에 적용할 것을 고민하고 있다. 이러한 생각은 조선여자교원일본시찰단에 참여하였던 교원이나 군수시찰단의 孔濯뿐만 아니라 일본시찰단원이라면 누구나 생각하는 것이었다.[98] 이는 시찰단원에 대한 조선총독부의 요구사항이기도 하였다. 조선총독부의 기관지인 매일신보는 "시찰을 완료하고 歸한 이후에는 혹은 참고로 하며 혹은 응용도 하여 그 소득의 지식과 경험으로써 徒히 有耶無耶의 중에 葬치 말아서 이후 실지 견학의 대공과를 收하기를 기대하는 바이오."[99]라 하여 시찰 이후

---

97) 朝鮮總督府編輯課, 1929, 『大禮奉拜朝鮮女子敎員內地視察記』, 39~44쪽.
98) 이들의 이러한 생각은 자신들의 행위를 민족을 위한 '친일'로 강변하는 근거가 되기도 한다.
99) 『매일신보』 1921년 4월 2일, (사설)「內地視察團을 送함」.

이를 조선의 인민에게 전해줄 것을 요구하였던 것이다.

예를 들면 황해도 주최의 일본시찰단의 일원으로 일본을 시찰하고 돌아온 柳東穆은 농사개량의 필요성을 절감하여 일반 인민에게 일본 농촌의 상황을 講話하면서 일본시찰기념사업으로 米作改良增殖組合, 小麥改良增殖組合, 大豆改良增殖組合, 養鷄改良增殖契, 養豚改良增殖契, 綿改良增殖組合 등을 재령면의 각 리에 조직하였다.[100] 특히 전라남도에서 1924년 파견했던 유림시찰단은 시찰 중이던 1924년 5월 30일 벳부(別府)에서 다음과 같은 귀국 후의 행동방침을 결의서의 형식으로 남겼는데 이것은 개별 일본시찰단의 이름으로 남긴 최초의 결의서였다고 한다.

> 결의서
> 1. 常히 公共協同의 觀念으로써 교육 기타 일체의 공동적 시설에 당하여 진실로 봉사를 辭하지 말 事
> 2. 농사의 개량, 진보에 필요한 시설은 각종 산업단체의 장려와 相待하여 必此를 감행할 事
> 3. 양잠, 양계 기타 적당한 부업을 선택하여 此를 경영할 事
> 4. 儒道彰明會, 風振興會, 靑年會, 金融組合 등 斯種의 단체를 중심으로 하여 實質康健, 勤儉貯蓄, 時間勵行, 公課速納, 淸潔尙美의 良風을 作興할 만한 民育의 방도를 講할 사[101]

이들이 결의서를 발표한 것은 "유림의 면목을 일신하고 일본시찰단을 파견한 道의 목적과 자신들을 추천한 군당국의 의도를 따르기 위한 것"[102]이라 스스로 밝히고 있다. 결국 일본시찰단원은 일제의 식민지 지배정책에 적극 호응하고 있음을 알 수 있다.

그러나 다른 한편 일본시찰단의 파견에 대해 반대하거나 비판적인 시각도 존재하였다. 1923년 전조선청년단간부일본시찰단의 단장 洪承均

---

100) 『매일신보』 1924년 7월 16일, 「內地視察과 紀念事業 載寧面長 柳東穆氏 計劃」.
101) 「府面職員靑年儒林三團體內地視察」 『彰明』 제4호, 全南儒道彰明會, 1924, 73쪽.
102) 위와 같음.

이 지적하였듯이 일본시찰단에 선정되는 사람은 "상당히 일본을 이해하고 있는 자이므로 도회지를 보는 것은 단순히 관광으로 끝나 무의미"[103]하다는 것이다. 그리하여 홍승균은 도회지보다는 농촌을 시찰할 것을 주장하였다. 그는 농촌 시찰이 갖는 장점으로서 일본 농촌의 현상이 조선 농촌의 실정과 크게 다르지 않고 단원이 조선의 농촌도 빠르게 일본의 수준에까지 발전할 수 있다는 희망을 가질 수 있기 때문이라 하였다.[104] 그리고 1928년 경성부에서 부협의원을 대상으로 한 일본시찰단의 조직을 위해 3,000원의 예산을 배정하자 이에 대해 부협의원 武上安一은 이를 "비경제적인 행동"이라 하여 반대하였다.[105] 또 동아일보는 일본시찰단원의 선정에 문제가 많다고 지적하였다.[106]

다른 측면에서는 언어의 차이에서 발생한 '오해'도 발생하였던 것으로 보인다. 1928년 전라남도에서 파견했던 면직원일본시찰단의 시찰 과정 중 몇몇의 시찰단원이 "일본의 발전은 거국일치하여 경제적으로 조선을 착취하여 일본에 주입한 결과"라고 하는 발언하였다는 것이다. 이에 대해 조선총독부는 전라남도에 조사를 지시하였다. 이 지시에 따라 전라남도는 이 사건을 조사한 후 언어 소통이 원활하지 못해 발생한 문제였다는 보고를 하였다.[107] 이 사건의 진실을 확인할 수는 없으나 현재 전해지는 시찰기를 통해 볼 수 있는 것처럼 시찰단원 모두가 일본시찰에 대한 긍정적인 평가만 했다는 것은 아니라 생각된다. 이는 시찰단원이 당국에 제출한 보고와는 다른 감상을 말하고 있다는 『동아일보』의 보도와 일맥상통하는 것이다.[108]

---

103) 洪承均, 1923.6, 「內地農村は著實に一步と進んでゐろ」『朝鮮社會事業』제2호, 1쪽.
104) 洪承均, 1923.6, 앞의 글, 2쪽.
105) 『동아일보』 1928년 7월 28일, 「日本視察問題로 府協議會에 暗流」.
106) 『동아일보』 1922년 5월 12일, 「觀光團政策 得不補失」.
107) 昭和 3年 9月 18日, 「地秘第65號 面職員內地視察團員ノ感想ニ關スル件」(檀紀 4261年 地方種 記錄第103號의 4 面에 關한 書類)

또한 본래의 목적과는 달리 일본시찰을 통해 오히려 일본의 조선 차별을 경험하는 사례도 있다. 경남의 면장시찰단의 경우 오사카를 지나는 기차 안에서 일본인 신사가 조선인이 타고 있는 것을 보고 얼굴을 찡그리며 "어이 더러워, 이런 데에 타고 있을 수 있나."라고 했다거나 "바가야로(馬鹿野郎)가 있으니까 가기 싫다."거나 나라역 근처에서 중학생이 "조선인 주제에 2등칸을 타다니 건방지다."고 한 것은 조선인들의 분노를 샀던 것이다.109)

또한 중추원 참의였던 趙義聞조차도 제실박물관을 관람할 때 조선의 문화재를 에조(蝦夷)와 같은 방에 진열해서 마치 조선문화를 '미개, 야만'한 것으로 인상을 주게 한 일에 대해 불만을 보이고 있다.110) 이로 보아 일본시찰단의 조직과 파견에 대해 조선 내에서도 시찰단원의 선발과 운영 및 투입되는 비용에 비해 그 성과가 미미하다는 비판적인 시각이 존재하였음을 알 수 있다. 또한 언어의 소통이 원활하게 이루어지지 않아 '오해'를 하는 경우도 있었으며, 더 나아가 일본의 조선에 대한 차별을 경험하는 장이 되기도 하였다.

그런데 이상의 비판적 시각이 일본시찰에 대한 부정이 아니라 시행과정에서 발생한 부작용에 대한 비판이었다면 『조선일보』는 1921년 5월 10일자 사설111)에서 일본시찰단의 파견 자체를 전면적으로 반대하는 인식을 보이고 있다. 이에 따르면 일본시찰단이 파견된 것은 이미 수십년이나 되었고 사이토총독의 부임 이후 매우 활성화 되었지만 일본시찰을 장려하는 목적이 "조선인의 暗昧를 破聞코자 일본의 문화제도를 시찰하는 것인가, 일본의 현대적 시설의 웅장을 조선인 전반에게 소

---

108) 『동아일보』 1922년 5월 12일, 「觀光團政策 得不補失」.
109) 守屋榮夫, 1924, 『朝鮮の開發と精神的敎化の必要』, 조선총독부, 24~25쪽.
110) 趙義聞, 「內地視察과 그 感想」 『朝鮮』 1921년 1월호, 114쪽(姜東鎭, 1980, 『日帝의 韓國侵略政策史』, 한길사, 51쪽, 주 81)에서 재인용)
111) 『조선일보』 1921년 5월 10일, (사설)「視察團에게 問하노라」.

개코자 함인가 不知하거니와 그 방침이 此에 不外할진대는 결코 현명한 정책이 아니다."고 하였다. 그리고 조선인은 臺灣의 土人이나 南洋의 蠻族이 아니라며 指路者와 일정한 통솔 하에 在하여 衣裳顚倒의 추태"를 보이지 말라고 하였다. 또 일본문화를 시찰하는 것이 목적이라면 조선내에서 어렵지 않게 볼 수 있으므로 굳이 일본까지 갈 필요가 없으며 "육해군의 武備나 기타 현대적 戰鬪器 등은 조선에 없으나 인생에 가장 필요한 세계적 사조□ 順廢될 소위 人道正義 (중략) 누구든지 존중치 아니"하지 못할 것이라 하였다. 계속해서 『조선일보』는 일본내에서의 일본시찰단에 대한 오사카지지신문(大阪時事新聞)의 보도를 인용하면서 동화정책에 대해 비판하고 있다. 즉 "鮮人視察團을 率하고 內地에 여행시키는 內地人의 說話를 종합한 바 내지 여관에서 종래에는 조선인의 숙박이 희귀하므로 대우도 우대로 하였더니 근자에는 此가 관례가 되는 동시에 鮮人의 惡臭가 觸鼻하며 食器에 胡麻를 가득 塗沫하여도 관념치도 않고 □唾 □不潔行爲가 頗多함으로써 대우가 일변한 결과 시찰단측에서도 반감을 抱함에 至하여 도리어 排日思想을 助長케 하는 경향이 有하다."고 하였다. 더 나아가 조선일보는 당국의 방침과 시찰단의 목적이 矛盾撞着에 불과할 것이라 주장하였다. 그리고 조선인에 대해서도 굳이 멀리 일본에까지 가서 일본인의 惡感을 빌을 필요가 없으므로 시찰단원은 반드시 민족의 체면은 고려해야 한다고 주장하였다. 조선총독부의 일본시찰단의 조직 목적을 전면적으로 부정하는 것이다.

이렇게 보면 1920년대의 일본시찰단은 동화정책의 일환으로 추진되었다는 점에서 1910년대 일본시찰단의 조직 목적과 일치하지만 시찰단원의 구성에서 차이가 있음을 알 수 있다. 이는 일본시찰단의 조직과 파견의 성격이 시기에 따라 차이가 있음을 보여주는 것이다. 즉 식민지 지배정책에 따라 일본시찰단 역시 궁극적인 목적으로서의 '동화'를 강조했던 시기와 1차적인 목적으로서의 '당면의 목적'을 강조했던 시기의 차이라 볼 수 있다.

## 5. 맺음말

이상의 고찰을 통해 우리는 1920년대 일본시찰단에 대하여 다음과 같은 몇 가지로 나누어 설명할 수 있다.

첫째, 1920년대 일본시찰단은 3·1운동 이후 일제의 식민지 지배정책의 변화와 밀접한 관련이 있다. 즉 내지연장주의자인 하라의 등장과 사이토 마코토의 조선 총독 취임은 식민지 조선에 대한 지배정책의 변화를 의미한다. 그리하여 이른바 '문화정책'이라는 새로운 지배정책이 수립되었고 조선인에 대한 동화정책은 더욱 강조되었다. 그 결과 다양한 동화정책이 수립되고 시행되는데 그 중의 하나가 일본시찰단의 조직과 파견이었다. 결국 일본시찰단은 동화정책의 틀 속에서 이해될 수 있다.

둘째, 1920년대 일본시찰단은 제1기(1920~1922)와 제2기(1923~1929)로 나누어 볼 수 있다. 제1기는 주로 박람회의 시찰을 통해 일본의 선진성과 근대성을 조선인에게 인식시키고자 한 조선총독부의 의도와 일본 내의 관광산업을 비롯한 경제적인 요구에 의해 조직되었다. 반면에 제2기는 하라가 수상에 취임하면서 내걸었던 내지연장주의에 바탕하여 일본에서 시행되고 있던 제도를 조선에서 시행하기에 앞서 제도 실시의 적부를 가리기 위한 실무적인 목적의 일본시찰단이 주로 파견된 것으로 보인다. 그리하여 시찰단의 파견 목적에 맞는 다양한 계층의 사람들이 다양한 목적으로 일본을 시찰하였다.

셋째, 1920년대 일본시찰단원은 주로 민중과 직접 접촉하고 대면하는 인물들을 중심으로 선정하였지만 시기와 조직 목적에 따라 구성원의 성

격을 달리 하였다. 제1기에는 주로 동화정책을 민중에게 직접 전달하고
이해시킬 수 있는 인물들을 중심으로 시찰단원이 선정되었다면 제2기에
는 식민지 지배정책을 실제 집행하는 실무적인 성격의 인물들이 시찰단
원에 선정되었다. 예를 들면 경성부가 도시계획을 실시하기 위해 파견한
시찰단과 사회사업을 실시하기 위해 파견한 시찰단, 그리고 조선총독부
의 지원에 의해 1923년 조선사회사업연구회가 조직했던 전조선청년단
간부일본시찰단이 대표적인 것이라 할 수 있다. 그러나 시찰단원은 기본
적으로 일본의 식민지 지배에 동조하거나 협조적인 인물들이었다는 점
에서 일본시찰단의 성격을 알 수 있다.

넷째, 일본시찰단은 사회교화의 목적과 행정실무를 견학, 조사, 연구
하기 위한 목적으로 나누어 볼 수 있다. 이는 시찰목적에서 뿐만 아니라
지급되는 보조금이 지출된 예산항목에서도 확인할 수 있다. 1920년대
경기도에서 일본시찰단에 지급한 보조금은 지방비의 사회사업비에서 지
출되었다. 향교에서 지급한 보조금 역시 사회사업과 관련이 있었다. 이
는 일본시찰단의 목적이 사회교화와 관련이 있다는 것을 의미한다. 그러
나 군수시찰단은 사업비의 여비항목에서 지출되었으므로 행정시찰의 성
격을 갖는다고 판단된다.

다섯째, 일본 시찰을 위한 비용은 도나 군·부 등 행정기관, 향교, 금융
조합, 농회 등에서 전부 혹은 일부를 보조하는 경우와 전액을 자기부담
으로 하는 경우로 나누어 볼 수 있다. 유지시찰단의 경우를 제외하고 대
부분의 시찰단원에게는 보조금이 주어졌을 것이라 판단된다. 그런데
1927년 조선교육회에서 조직하고자 했던 북규슈학사시찰단의 경우에서
볼 수 있듯이 보조금이 지급되지 않았을 경우 시찰단의 조직에 어려움이
있었다. 이는 보조금의 지급이 일본시찰단 조직의 성패에 큰 영향을 끼
쳤음을 의미한다고 할 것이다. 또한 보조금을 지급하는 기관이 같다 하
더라도 어느 부서에서 보조금을 지급하느냐에 따라 시찰단 조직의 목적

과 시찰단원의 구성도 달랐다고 볼 수 있다.

여섯째, 1920년대 일본시찰단의 경로는 크게 규슈 일대를 살피는 코스와 大阪 - 京都 - 名古屋 - 東京 일대를 살피는 코스로 나누어진다. 그리고 농업과 관련된 시설, 교육 및 공공시설, 근대산업시설, 일본의 국체를 내면화하려는 시설 등을 시찰하였는데, 이를 기본으로 시찰단의 성격에 맞는 시찰시설을 추가하거나 삭제하였던 것으로 보인다.

마지막으로 일본시찰을 통해 조선총독부가 목적으로 했던 것은 의심할 여지없이 식민지 지배를 안정시키고 조선을 영구히 지배하고자 하는 것이었다. 그리하여 일본 시찰 후 시찰단원에게 감상문 제출, 간담회나 강연회의 개최, 시찰기의 발행 등을 의무로 부과하였다. 또한 시찰일정을 활동사진으로 촬영하여 조선 각지를 돌며 상영하기도 하였다. 이러한 활동을 통해 민중에게 일본의 문화와 근대 문물에 대한 존경심과 경외심을 갖도록 하는 한편 조선 문화에 대한 열등 의식을 주입하고자 하였던 것이다.

이러한 조선총독부의 목적은 표면적으로 성공한 듯이 보이지만 1928년 전라남도 면직원일본시찰단의 경우에서 보이는 것과 같은 '오해'는 실제 시찰단원의 '속마음'은 공식적인 보고와는 다른 감상을 말한다는 동아일보 기사의 타당성을 어느 정도 보여준다고 할 수 있다. 특히『조선일보』의 사설에서 지적하고 있듯이 일본시찰단 자체에 대한 반대 입장도 분명히 존재하였다. 그리고 그것은 조선총독부가 일본시찰단의 파견 목적을 정면으로 부정한 것이었다. 따라서 일본시찰단의 조직과 파견의 주체들이나 시찰단원이 남긴 시찰기 등에서 보이는 일본시찰의 성과들은 '표면적'인 것에 불과하다는 평가도 가능할 것이다.

〈별첨 1〉 1920년대 일본시찰단일람표

| | 연도 | 시찰단명 | 주최 | 시찰단원 | 날짜 | 비 고 |
|---|---|---|---|---|---|---|
| 1 | 1920 | 내지관광단 | 충남 | 국유지 소작인 및 우량소작인 | 4. 8 | 福岡 공업전람회 및 九州지방 농사시찰 |
| 2 | 1920 | 일본시찰단 | 전남 | | 4.16 | (동) 광주신문사, 목포신문사 주최 |
| 3 | 1920 | 내지관광단 | 경북 | 조선인유지 23명 | 4.26 | 福岡 공업전람회 |
| 4 | 1920 | 제3회 관공립학교 조선인일본 시찰단 | 총독부 | 29명(교원 27명) | 5. 2 | 1918년 이래 실시 효과 현저(동) |
| 5 | 1920 | 군수일본 지방행정 시찰단 | 총독부 | 각도 군수 2~3명씩 30여명 | 5. 6 | |
| 6 | 1920 | 정평관람단 | 정평군 | 30여명 | 5.10 | 福岡 공업전람회 |
| 7 | 1920 | 내지시찰단 | 정평군 | 16명 | 5.10 | 일반산업 기타 도시 상황시찰, 여비 240원 |
| 8 | 1920 | 일본관광단 | 청주군 | 면장 및 실업가 29명 | 5.14 | |
| 9 | 1920 | 일본시찰단 | 황해도 | 도청에 응모한 21명 | 5.14 | (동) |
| 10 | 1920 | 불교시찰단 | | 9명 | 5.16 | 포교방법 시찰 |
| 11 | 1920 | 일본시찰단 | 적십자사 | | 5.20 | 적십자총회 참석 |
| 12 | 1920 | 학사시찰단 | | | 5.28 | |
| 13 | 1920 | 춘천 일본시찰단 | 춘천군외 4군 | 50명 | 5.30 | 吳, 神戶, 大阪, 京都, 名古屋, 東京, 彦根, 廣島(동) |
| 14 | 1920 | 일본시찰단 | 청도금융 조합 | 11명 | 6. 1 | 李相喆 明治大學 입학, 趙岡熙 가사정리 후 재도일(동) |
| 15 | 1920 | 교원시찰단 | | | 6. 3 | |
| 16 | 1920 | 5군연합시찰단 | 강원도 | 유지신사, 면장, 군참사 12명 | 6. 7 | 일본문명 흡수 목적 |

| 연도 | | 시찰단명 | 주최 | 시찰단원 | 날짜 | 비 고 |
|---|---|---|---|---|---|---|
| 17 | 1920 | 여교원<br>일본시찰단 | 총독부 | 13명 | 7.15 | |
| 18 | 1920 | 일본시찰단 | 경북<br>각군<br>농회 | 각 군농회에서 12명 선정 | 9.23 | (동) |
| 19 | 1920 | 일본시찰단 | 경북각군<br>유도<br>진흥회 | 각군에서 대표자 기인 선정 | 9.23 | 향교재산에서 여비<br>보조(동) |
| 20 | 1920 | 平高<br>見學團 | 평양<br>고보 | | 10.24 | |
| 21 | 1920 | 유생시찰단 | 경상<br>북도 | | 11. 4 | |
| 22 | 1920 | 중추원<br>시찰단 | 중추원 | 유맹, 박중양, 유혁로, 조희<br>문(이상 찬의), 정진홍, 어<br>윤적, 홍운표, 송지헌, 정병<br>조, 이만규(이상 부찬의) 등<br>17명 | 11.13 | |
| 23 | 1921 | 재조선<br>내지인교원<br>내지시찰단 | | | 5.28 | |
| 24 | 1921 | 사립학교<br>교원내지<br>시찰단 | 경기도<br>학무과 | 淵上長利(경기도시학), 盧<br>俊鐸(연희전문), 金東赫(배<br>재고보), 金顯璋(휘문고보),<br>趙男熙(보성고보),  李重華<br>(중앙학교), 南相□(진명여<br>고보),  松木末藏(숙명여고<br>보), 荒井立之助(양정고보) | 2.24 | |
| 25 | 1921 | 일본시찰단 | 평북 | 면장, 면직원, 지방유력자<br>31명 | 3. 4 | (동) |
| 26 | 1921 | 내지관광단 | 매일<br>신보사 | 閔泳綺(단장, 남작) 金漢<br>睦외(부단장,중추원부찬<br>의), 박진영(홍원군수, 제1<br>반장), 劉鴻洵 (함남 도 | 3. 7:<br>4. 3 | 8縣연합공진회  관<br>람 |

| | 연도 | 시찰단명 | 주최 | 시찰단원 | 날짜 | 비 고 |
|---|---|---|---|---|---|---|
| | | | | 축), 吳藏植, 中山治朔, 元晉喜(이상 군속), 韓章淑, 全昌奎, 洪性佶, 全淳京, 張河根, 張應斗, 魏秀龍, 李相鎭, 李炳宰(이상 면장), 朱東爕(실업가), 韓俊鐵(실업), 金聖準 (실업가) 제2반 鈴木吉藏(반장, 진주군속), 朴在華, 梁在洪, 宋秉濬, 金溶集, 吳純根, 鄭穆陽, 吳整書, 韓禹源, 姜大慶, 金在圭, 金溶□, 曹秉讚, 金景□, 鄭炳敎, 鄭相運(이상 면장), 許萬□, 金在坤, 許善九(이상 실업가), 鄭孝郁 제3반 朴南政(반장, 면장), 崔孝弼, 申鍵, 高□柱, 金協瑩, 鄭竣用, 崔炳圭, 李敏鎬, 鄭寬永, 金泰坤(이상 면장) 제4반 藤原弘(반장, 실업가), 高貞厚, 高誠明, 朴勝英, 黃文□, 新田利兵衛, 金相喆, 李憲寧, 徐炳柱, 朴容三(이상 실업가) | | |
| 27 | 1921 | 내지시찰단 | 해주군 | 末畠, 朴勝瑚, 吳怡錫(면장), 朴行一(면장) 외 10명 | | |
| 28 | 1921 | 일본시찰단 | 전북 | 단원 20명 | 3.12: 3.20 | 제14회구주충승박람회시찰 및 1차대전 이후 공업 발달 시찰. 여비 120원 (동) |
| 29 | 1921 | 내지관광단 | 함흥군 | | 3.16 | 大分연합공진회 관람, 회비 200원(1개월) |

| 연도 | | 시찰단명 | 주최 | 시찰단원 | 날짜 | 비 고 |
|---|---|---|---|---|---|---|
| 30 | 1921 | 내지시찰단 | 경기도 | 조선인 유력자 약 40명 | 3.18 | |
| 31 | 1921 | 내지관광단 | 충청남도 | 長大塚(단장, 군수), 池端山(부단장, 군수) 및 군서기, 각군의 면장 2명과 진흥회장 3명 | 3.21 | 지방개량을 목적으로 일본의 산업발달의 상황과 우량정촌의 시찰 |
| 32 | 1921 | 교원내지시찰단 | 평안남도 | 관내 우량 내선인 교원 14명 | 3.21 | 학술연구 |
| 33 | 1921 | 부리원시찰단 | 경성부 | 조선인 3명, 일본인 3명 | 3.21 | 府事에 관한 정황 시찰(동) |
| 34 | 1921 | 내지관광단 | 평안남도 | | 3.25 | |
| 35 | 1921 | 경북유림시찰단 | | 백남수(도내무부속), 이상황(도재무부), 박정렬(상주군), 박재류(경산군), 류시환(청송군), 권중철(안동군), 황진성(고령군), 박성주(도속, 단장) | 3.25 | (조) |
| 36 | 1921 | 내지시찰단 | 북청군 | 실업가, 교육가, 면장, 면서기, 도평의원, 대지주 | 3.26: 5.10 | 大分물산공진회 관람 |
| 37 | 1921 | 일본시찰단 | 경기도 | 조선인 유지 40명 | 4. 4 | (동) |
| 38 | 1921 | 조선인경관내지시찰단 | 경기도 | 조선인 경부 8명 | 4. 6 | |
| 39 | 1921 | 공진회시찰단 | 진위군 | 서무주임 박윤용외 20인 | 4. 7 | 大分물산공진회 관람 |
| 40 | 1921 | 내지관광단 | 북청군축산조합 | 북청군축산조합원 | 4.10 | 동경축산박람회 및 大分물산공진회 관람 |
| 41 | 1921 | 학사시찰단 | 총독부 | | 4.11 | 1917년 이래 실시, 일본, 만주, 청도 시찰 계획(동) |
| 42 | 1921 | 일본시찰단 | 달성군 | 20명 | 4.12 | (동) |

| 연도 | | 시찰단명 | 주최 | 시찰단원 | 날짜 | 비 고 |
|---|---|---|---|---|---|---|
| 43 | 1921 | 일본시찰단 | 전북 | 도평의원, 면장 23명 | 4.12 | (동) |
| 44 | 1921 | 일본시찰단 | 강원도 | 59명 | 4.14 | (동) |
| 45 | 1921 | 군수시찰단 | 총독부 | 경기도참여관 金潤晶 등 30명 | 4.15 | |
| 46 | 1921 | 내지시찰단 | 평안남도 | 1군에 1명 | 4.15 | 농사개량, 회비 200원(100원 도보조) |
| 47 | 1921 | 전남내지시찰단 | 전라남도 | 우량면장, 지방유력자 | 4.17 | 지방행정 개량 |
| 48 | 1921 | 개성내지시찰단 | 개성군 | 山崎三郎(단장), 朴海洙(간사) 외 4개반 20명 | 4.22 | 개성군문묘 재산에서 지원 |
| 49 | 1921 | 강릉내지관광단 | 강릉군 | 면장, 유력가, 유지 | 4.22 | |
| 50 | 1921 | 유생내지시찰단 | 유도진흥회 경북지부 | 姜□, 任弘宰, 金萬埴, 金萬兼, 有賀豊之進, 崔炳植 | 4.22 | 東京공자묘 참사 |
| 51 | 1921 | 일본시찰단 | 해주군 | 군수, 면장 5명 | 4.23 | (동) |
| 52 | 1921 | 면장시찰단 | 황주군 | 면장 | 4.23 | (동) |
| 53 | 1921 | 면장시찰단 | 황해도 | 성적 우등한 면장 19명 | 4.24 | (조) |
| 54 | 1921 | 일본축산시찰단 | 황해도 | 21명 | 4.25 | (동) |
| 55 | 1921 | 일본시찰단 | 양주군 | 면장 및 면서기 11명 | 4.25 | (동) |
| 56 | 1921 | 일본시찰단 | 부산부 | 20명 | | (동) |
| 57 | 1921 | 갑산내지시찰단 | 갑산군 | 35명 | 4.26 | 大分물산공진회 관람 |
| 58 | 1921 | 봉화영주양군시찰단 | 봉화군, 영주군 | 24명 | 4.27 | (동) |
| 59 | 1921 | 일본시찰단 | 장단군 | 20명 | 4.27 | (동) |
| 60 | 1921 | 농사시찰단 | 평남 | 20명 | 4.28 | (동) |

| 연도 | | 시찰단명 | 주최 | 시찰단원 | 날짜 | 비 고 |
|---|---|---|---|---|---|---|
| 61 | 1921 | 금천군 시찰단 | 금천군 | 21명 | 4.28 | (동) |
| 62 | 1921 | 경북시찰단 | 경북 | | 4.28 | (동) |
| 63 | 1921 | 영흥일본 시찰단 | 영흥군 | 면장 및 면서기 18명 | 4.28 | (동) |
| 64 | 1921 | 하동일본 시찰단 | 하동군 | 실업가, 면장, 면서기 22명 | 4.28 | (동) |
| 65 | 1921 | 固城내지 시찰단 | 고성군 | 17명 | 4.29 | |
| 66 | 1921 | 김천내지 시찰단 | 김천군 | 군수, 향교평의원, 면장, 면협의원 등 20명 | 4.29 | |
| 67 | 1921 | 청도내지 시찰단 | 청도군 | 28명 | 4.29 | |
| 68 | 1921 | 제1회교원 시찰단 | 함남 | 공립학교 교원 20명 | 5. 1 | (동) |
| 69 | 1921 | 일본시찰단 | 강원도 | | 5. 2 | (동) |
| 70 | 1921 | 파주내지 시찰단 | 파주군 | | 5. 6 | 大分물산공진회 관람 |
| 71 | 1921 | 삼척내지 관광단 | 삼척군 | 면장, 유지 등 16명 | 5. 6 | |
| 72 | 1921 | 일본시찰단 | 순천군 축산조합 | 김창영, 김종회, 김용일, 박종렬 | 5. 6 | (조) |
| 73 | 1921 | 경기도 시찰단 | 경기도 | 면장, 면서기 등 36명 | 5. 9 | |
| 74 | 1921 | 고창일본 시찰단 | 고창군 | 20명 | 5. 9 | (동) |
| 75 | 1921 | 협천일본 시찰단 | 협천군 | 유지 및 면장 | 5. 9 | (동) |
| 76 | 1921 | 평북내지 시찰단 | 평안 북도 | 임래석, 이종린(이상 박천군), 차국원, 신태조(이상 | | |

| 연도 | | 시찰단명 | 주최 | 시찰단원 | 날짜 | 비 고 |
|---|---|---|---|---|---|---|
| | | | | 영변군), 이병건(원창군), 이여재(자성군), 박응호(태천군), 이명환(의주)(이상 도평의원) 외 자비로 3명 | | |
| 77 | 1921 | 교원내지 시찰단 | 총독부 | 26명 | 5.10 | 廣島, 大阪, 京都, 東京 |
| 78 | 1921 | 성천내지 시찰단 | 성천군 | 22명 | 5.10 | |
| 79 | 1921 | 용강내지 시찰단 | 용강군 | 11명 | 5.10 | |
| 80 | 1921 | 도평의원 일본시찰단 | 황해도 | 도평의원 15명 | 5.14 | (동) |
| 81 | 1921 | 유생일본 시찰단 | 황해도 | 유생 21명 | 5.14 | (동) |
| 82 | 1921 | 이천일본 시찰단 | 이천군 | 군서기, 면장 및 기타 23명 | 5.16 | (동) |
| 83 | 1921 | 봉산일본 시찰단 | 봉산군 | 면직원 21명 | 5.19 | (동) |
| 84 | 1921 | 내지관광단 | 경기도 | 지방유력자(수원 6명, 개성 2명, 포천 1명), 경성부 실업가 7명 | 5.19: 5.25 | 京都, 廣島, 大阪 |
| 85 | 1921 | 영변일본 시찰단 | 영변군 | 23명 | 5.28 | (동) |
| 86 | 1921 | 여교원 연구단 | 경기도 | 17명 | 5.31 | 京都, 大阪, 奈良 |
| 87 | 1921 | 일본시찰단 | 원주군 | | 6. 8 | (동) |
| 88 | 1921 | 일본시찰단 | | 황항근(철원군속), 이석형(철원면장), 최승삼(금융조합감사) 등 10인 | 6.12 | (조) 각 面區洞별로 분담 강연회 |
| 89 | 1921 | 평고보생일 본시찰단 | 평양 고보 | | 7. 5 | 사범과 지망생 |

| 연도 | | 시찰단명 | 주최 | 시찰단원 | 날짜 | 비 고 |
|---|---|---|---|---|---|---|
| 90 | 1921 | 제2회내지시찰단 | 경북도농회 | | 8. 4 | 九州, 廣島 각지 |
| 91 | 1921 | 면직원위탁강습 | 경기도 | 15명(지정면 각 1명, 기타 면 12명) | 8.23 | |
| 92 | 1921 | 강원학사시찰단 | 강원도 | 공립학교 교원 25명 | 9. 6 | 福岡, 廣島, 神戶, 吳, 宮島, 名古屋, 大阪, 京都, 東京 |
| 93 | 1921 | 제2회일본시찰단 | 경북도농회 | 도평의원, 도농회의원, 면장, 독농가 18명 | 9.17 | 군농회에서 여비 100원 보조외에는 자비 부담. 福岡縣, 佐賀縣, 久留米, 熊本縣, 鹿兒島縣(동) |
| 94 | 1921 | 유림시찰단 | 충북 | 보통학교교원 5명, 유림 15명, 간부 3명) | 9.19: 9.29 | (동) |
| 95 | 1921 | 전남유림시찰단 | 전라남도 | 石참여관 외 25명 | 9.20 | 下關부터 日光 |
| 96 | 1921 | 일본시찰단 | 진천군 | | 9.29 | (동) |
| 97 | 1921 | 교원내지시찰 | 총독부 | 남자 교원 27명 | 10.7 | 廣島, 神戶, 大阪, 京都, 名古屋, 東京 |
| 98 | 1921 | 유림시찰단 | 경북 | 27명 | 10.20 | (동) |
| 99 | 1921 | 중추원참의일본시찰단 | 중추원 | 6명 | 10.21 | (동) |
| 100 | 1921 | 공직자일본시찰단 | 경성부 | | 10.23 | 일본도시의 사회사업, 도시계획, 전차사업, 노개시뇨정리, 시영주택, 히비야도서관 등 시찰(동) |
| 101 | 1921 | 제2회사립중등교원일본시찰단 | 경기도 | 9명 | 10.25 | (동) |
| 102 | 1921 | 제6회조선인교원일본 | 총독부 | 27명 | 10.26 | (동) |

| 연도 | | 시찰단명 | 주최 | 시찰단원 | 날짜 | 비 고 |
|---|---|---|---|---|---|---|
| | | 시찰단 | | | | |
| 103 | 1921 | 공직자내지 시찰단 | 경성부 | 澤村荒次郎(단장), 신장희, 최한우, 안□정, 유병필, 戶部巖, 이강혁, (이상 부협의원), 曾我勉(학교조합의원), 고응원, 이용숙(학교평의회원) | 11. 6 | |
| 104 | 1922 | 배재고보 직원일본 시찰단 | 배재 고보 | | 2.12 | 신교육령에 기반한 새로운 교육방침을 일신할 목적(동) |
| 105 | 1922 | 유림내지 문화시찰단 | 개성군 | 유림 22명 | 2.14 | 개성향교재산으로 시찰 |
| 106 | 1922 | 평박시찰단 | | 전주면 유지 20여명 | 2.16 | 東京평화박람회 관람 |
| 107 | 1922 | 제3회유림 내지시찰단 | 유도 진흥회 경북 지부 | 유림 중 청년층 2명 | 2.18: 5.17 | 東京평화박람회 관람 |
| 108 | 1922 | 유림시찰단 | 의주 향교 | 향교 直員, 掌議 10명 | 2.19 | 東京평화박람회 관람, 향교에서 1300원 보조 |
| 109 | 1922 | 의생내지 시찰단 | 총독부 | | 3.13 | 福岡, 大阪, 京都 |
| 110 | 1922 | 경관내지 시찰단 | 총독부 | 경관 100명 | 3.14 | 일본 각부현의 경찰상황 및 東京평화박람회 관람 |
| 111 | 1922 | 평박관광단 | 황해도 경찰부 | 경부 및 경부보 7명 | 3.15 | 東京평화박람회 관람 |
| 112 | 1922 | 일본시찰단 | 단양군,제 천군 | 20명 | 3.15 | (동) |
| 113 | 1922 | 일본시찰단 | 진천군 | 20명 | 3.15 | (동) |
| 114 | 1922 | 일본시찰단 | 통영군 | 28명 | 3.15 | (동) |

| 연도 | | 시찰단명 | 주최 | 시찰단원 | 날짜 | 비 고 |
|---|---|---|---|---|---|---|
| 115 | 1922 | 실업가 시찰단 | 경성부 | 30명 | 3.24 | 평박 관람, 여비 250원 중 70원 보조 |
| 116 | 1922 | 충남일본시찰단 | 충남 | 각군에서 유력인사 1인 선발 | 3.24 | 여비 150원 보조(동) |
| 117 | 1922 | 내지시찰단 | 의령군 | | 3.29 | 1차는 관공리, 2차는 지방유지와 면협의원으로 모집, 평박시찰 |
| 118 | 1922 | 금조이사 일본시찰단 | 경기도 | 18명 | 3.30 | 평박 시찰(동) |
| 119 | 1922 | 금융직원 시찰단 | 경북금융조합연합회 | 금융조합 이사, 서기 및 직원 갑(조선인이사 및 견습이사), 을(일본인이사), 병(명예직원)의 3개조로 나누어 시찰(1개조는 20명) | 3.31 | 평박 및 각지 산업조합 상황 시찰, 여비 130~150원 보조 |
| 120 | 1922 | 평박시찰단 | 밀양군 | 각면 면장 및 권업서기 28명 | 4. 6 | 東京평화박람회 관람 |
| 121 | 1922 | 평박시찰단 | 봉화군 | 21명 | 4. 9 | 東京평화박람회 관람 |
| 122 | 1922 | 교원평박 시찰단 | 경성부 | 소학교원 20명, 보통학교 교원 13명 | 4.11 | 동경평화박람회 관람 |
| 123 | 1922 | 평박시찰단 | 경상북도 | 도평의원 및 도이사관 등 11명 | 4.13 | 지방비 160원씩 보조 |
| 124 | 1922 | 예천군 시찰단 | 경북 권업과 | | 4.13 | 東京평화박람회 관람 |
| 125 | 1922 | 평박시찰단 | 전라북도 | 도평의원 및 지방유지 | 4.14 | 東京평화박람회 관람 |
| 126 | 1922 | 상공시찰단 | | | 4.17 | |
| 127 | 1922 | 고성시찰단 | 高城郡 | 면직원 16명 | 4.17 | 東京평화박람회 관람 |
| 128 | 1922 | 경북시찰단 | 경상북도 | 도청 3명, 군부에서 각 2명 | 4.19 | 일본 각 정촌의 사무 시찰 |

| | 연도 | 시찰단명 | 주최 | 시찰단원 | 날짜 | 비 고 |
|---|---|---|---|---|---|---|
| 129 | 1922 | 평박시찰단 | 인제, 양구, 김화군 | 지방유지 48명 | 4.19 | 東京평화박람회 관람 |
| 130 | 1922 | 군수시찰단 | 총독부 | 군수 30명 | 4.20 | |
| 131 | 1922 | 제1회내지시찰단 | 경기도 | 伊四良□ 이하 23명 | 4.20 | 동경평화박람회 관람 |
| 132 | 1922 | 내지시찰단 | 경기도 | | | 전체경비 200원 중 지방비 100원 보조 |
| 133 | 1922 | 평박시찰단 | 포천 | 김재용(단장), 권영하(부단장), 최규재, 이종렬, 박규현, 서정훈, 이도의 등 | 4.22 | 東京평화박람회 관람 |
| 134 | 1922 | 교원내지시찰단 | 전라남도 학무과 | 제1회 시찰단 25~6명, 제2회시찰단 13명 | 4.22 | |
| 135 | 1922 | 내지문화시찰단 | 평안남도 사회과 | 유림, 종교단체 및 청년단체 간부 40명 | 4.30 | |
| 136 | 1922 | 전주시찰단 | 전라남도 | 전주군(참의, 유생, 直員), 임실군 합 42명 | 5. 1 | |
| 137 | 1922 | 내지시찰단 | 북청군 | 22명 | 5. 3 | 東京평화박람회 관람 |
| 138 | 1922 | 교원시찰단 | 강원도 | 20명 | 5. 4 | |
| 139 | 1922 | 청년내지시찰단 | 전라남도 | 30여명 | 5. 8 | |
| 140 | 1922 | 제2회 우량면직원 내지시찰단 | 경상북도 | 면장 및 면서기 23명 | 5. 8 | 일본 각부현 정촌 행정사무 시찰 |
| 141 | 1922 | 전남유림시찰단 | 전라남도 | 30여명 | 5.14 | |
| 142 | 1922 | 내지시찰단 | 재령군 | 면장 | 5.15 | 東京평화박람회 관람 |
| 143 | 1922 | 평박시찰단 | 홍성군 | 10명 | 5.28 | 東京평화박람회 관람 |

| 연도 | | 시찰단명 | 주최 | 시찰단원 | 날짜 | 비 고 |
|---|---|---|---|---|---|---|
| 144 | 1922 | 평박시찰단 | 강릉군 | 17명 | 6. 4 | 평박 및 일본 각지의 중요처 시찰 |
| 145 | 1922 | 학교장 시찰단 | 충북 | 12명 중 조선인은 3명 | 7. 7 | (동) |
| 146 | 1922 | 동척농감 내지시찰 | 동척□□ 지점 | | 8.17 | 경지정리와 집약적 농사의 상황 시찰하여 소작인을 지도할 목적 |
| 147 | 1922 | 공자추모 참예조선 유림시찰단 | 총독부 | 경학원 각 도의사 30명 | 10.22 | 공자추모제 참예(동) |
| 148 | 1922 | 내지농사 시찰단 | 전남 나주, 장성 지주 연합회 | 40명 | 11.16 | 일본의 농사시찰 |
| 149 | 1923 | 전조선 청년단간부 일본시찰단 | 사회 사업 연구회 | 제1반(경기 이남 19명), 제2반(강원, 황해 이북 15명) | 2.24 | 사회사업 연구 및 시설 시찰(동) |
| 150 | 1923 | 일본시찰단 | 경기도 | 27명 | 5.11 | (동) |
| 151 | 1923 | 일본시찰단 | 음성군 | 30명 | 5.21 | (조) |
| 152 | 1923 | 농사시찰단 | 함안 | | 6.14 | 일본 각처 모범농촌 시찰, 여비는 지방비 보조(동) |
| 153 | 1923 | 경북교직원 일본시찰단 | | 15명 | 7. 5 | (조) |
| 154 | 1923 | 일본시찰단 | 울산군 | | 7.30 | (조) 일본시찰강연(울산청년회관), 군수의 인사말, 「농촌구제와 소작제도」(이재락) 「우리의 살아갈 길 이란」(김원룡), 「나의 노동관이란」(박병호) |

| 연도 | | 시찰단명 | 주최 | 시찰단원 | 날짜 | 비 고 |
|---|---|---|---|---|---|---|
| 155 | 1924 | 전선 금융조합장 일본시찰단 | 총독부 | 조합장 및 서기 37명(제1 반:경기, 강원, 함남북, 제2반:황해, 평안남북, 제3 반:경상남북, 충북, 제4반: 전라남북, 충남 | 4.11 | (동) |
| 156 | 1924 | 일본관광단 | 평양 | 11명 | 4.19 | (조) |
| 157 | 1924 | 일본시찰단 | 목포 | 31명 | 4.19 | (조) |
| 158 | 1924 | 유지일본 시찰단 | 경기도사 회과 | 9명 | 4.25 | 일본 각지의 실익있 는 시설 견학(동) |
| 159 | 1924 | 일본시찰단 | 의령군 | 군직원 17명 | 5.5 | (조) 경도박람회, 지방 행정, 농촌자치, 각 산업단체, 모범청년단체 시찰, 東京, 京都 大阪, 廣島, 入本松 시찰 |
| 160 | 1924 | 일본시찰단 | 전라 남도 | 청년단, 면직원, 향교유림 20여명 | 5. 5: 5.13 | (조) |
| 161 | 1924 | 공직원일본 시찰단 | 충청 남도 | | 5.23 | 산업 및 인정, 풍속 시찰 |
| 162 | 1924 | 경북면리원 시찰단 | 경북 | 28명 | 6. 7 | |
| 163 | 1924 | 전선소학교 급보통학교 여교원내지 시찰단 | 총독부 | 경북도내 여교원 30명 | 6.23 | 사정에 의해 연기 |
| 164 | 1924 | 내시사범교 시찰단 | 전북 | 도내 소학교 훈도2명 | 9. 8 | 연차사업 |
| 165 | 1924 | 제2회청년 내지시찰단 | 경북 | 30세 미만 조선인 중견청 년 12명 | 10. 5 | 지방비 100원 보조, 15일 예정 |
| 166 | 1924 | 여교원내지 시찰단 | 부산부 | 부산에 근무하는 여교원 | 10.10 | |
| 167 | 1924 | 내지임업 | 총독부 | 약 30명 | 10.23 | |

| 연도 | | 시찰단명 | 주최 | 시찰단원 | 날짜 | 비 고 |
|---|---|---|---|---|---|---|
| | | 시찰단 | | | | |
| 168 | 1924 | 제5회유림 내지시찰단 | 경북 | 각군 1명씩 25명, 단장 도사회과장 유만겸 | 10.31 :11.1 2 | 여비 160원 중 향 교재산에서 상당액 보조 |
| 169 | 1925 | 웅본공진회 및 대판박람회 시찰단 | 대전실업 협회 | | 3.11 | 여비 60원 |
| 170 | 1925 | 경북도 평의원내지 시찰단 | | 약 20명 | 3.21 | |
| 171 | 1925 | 일본시찰단 | 황해도 | 도평의원, 일반 청년 10명. | 3.27: 4.10 | 안악에서 3명, 해주 에서 2명 선발(동) |
| 172 | 1925 | 청년시찰단 | 황해도 | 복강, 웅본, 녹아도, 궁기, 별부 시찰 | 4. 6 | (동) |
| 173 | 1925 | 제3회청년 내지시찰단 | 경북 | 대구, 의성, 청송, 영양, 영덕, 영일, 영천, 경산, 고령, 김천, 문경, 영주에 서 중견청년 1명씩 12명 | 4.10 | 일본의 사회시설 및 우량정촌, 청년회 시찰 |
| 174 | 1925 | 제1회내지 시찰단 | 충북금융 조합연합 회 | 금조 직원 20명 | 4.16 | 산구현에서 개최되는 산업조합 총회 참석 및 대판박람회 시찰 |
| 175 | 1925 | 내지시찰단 | 양산군 | 면장, 면서기 | 4.17 | 우량정촌과 웅본공 진회의 시찰 |
| 176 | 1925 | 일본시찰단 | 충남 | 우량면장, 면서기, 진흥회 장 등 12명 | 4.20 | 대판기념박람회, 웅본시사업기념공 진회(동) |
| 177 | 1925 | 금조내지 시찰단 | 전남 | 장성, 장흥, 옥과, 금□금 융조합서기 4명 | 4.28 | |
| 178 | 1925 | 전남청년내 지시찰단 | 전남 | 20명 | 6. 1 | |

| 연도 | | 시찰단명 | 주최 | 시찰단원 | 날짜 | 비 고 |
|---|---|---|---|---|---|---|
| 179 | 1925 | 유림내지 시찰단 | 경남 고성 | 26명 | 6. 8 | |
| 180 | 1925 | 일본시찰단 | 함남 | 성적 우수하고 사상 견고한 조선인 목사 2명 | 7.25 | (동) |
| 181 | 1925 | 일본시찰반 | 함남 | 원산 8명, 함흥 4명 | 8.20 | 일본 각지의 무역산업계의 상황 조사 |
| 182 | 1925 | 임업시찰단 | 총독부 | 경북에서 20명 참가 | 9. 7 | 군농회 여비 보조 |
| 183 | 1925 | 일본시찰단 | 밀양군 | 면장, 장의, 실업가 19명 | 10.11 | (동) |
| 184 | 1925 | 면장시찰단 | 함안군 | | 10.16 | (동) |
| 185 | 1925 | 군수시찰단 | 총독부 | 전남 3명, 함북 1명 | 11.13 | |
| 186 | 1925 | 교원내지 시찰단 | 평남 | | 11.13 | |
| 187 | 1926 | 도평의원 내지시찰단 | 충남 | 김갑순, 권병하, 이풍구, 심의조, 성원□,임창수 외 6명 | 2. 2 | |
| 188 | 1926 | 제6회유림 내지시찰단 | 경북 | 학식, 명망이 있는 유림 25명 | 2.13 | 교육, 산업 기타 문화사회적 시설 및 모범부락 시찰 |
| 189 | 1926 | 견학단 | 조선불교 대회 | 5명 단장 李胤鉉, 매일신보 특파원 송순기 | 3.26 | 일본의 불교상황과 문화정도 시찰 |
| 190 | 1926 | 내지시찰단 | 함북금융 조합 | 직원 12명 | 5.27 | 우량산입조힙 시찰 |
| 191 | 1926 | 면직원 시찰단 | 전남 | 면직원, 청년회, 민풍진흥회 직원 30명, 단장 화순 군수 吳光殷 | 6. 5: 6.23: 6.29 | 지방개선사업 시찰 |
| 192 | 1926 | 면서기일본 시찰단 | 함남 | 6명 | 7. 4 | 면사무 쇄신의 목적, 면서기를 일본 모범촌에 위탁(동) |
| 193 | 1926 | 양계시찰단 | 경남 | 단장 閔麟鎬외 44명 | 8.17 | 농상공가 부업의 장려 목적(동) |

| 연도 | | 시찰단명 | 주최 | 시찰단원 | 날짜 | 비 고 |
|---|---|---|---|---|---|---|
| 194 | 1926 | 내지시찰단 | 진주군 | 유림 6명, 면직원 19명 등 25명 | 9.28 | 일본 주요도시의 문화시설 시찰 |
| 195 | 1926 | 잠종제조자 내지시찰단 | 충북 | 잠종제조자 23명 | 9.29 | 잠종제조자의 전문지식 향상, 전문직 종사자만으로 구성된 시찰단으로는 효시 |
| 196 | 1926 | 내지농사 시찰단 | 논산군 농회 | 20여명 | 10. 1 | |
| 197 | 1926 | 내지관광단 | 통영군 | | 10.17 | |
| 198 | 1926 | 군수내지 시찰단 | 총독부 | 경북 참여자 2명 | 10.17 | |
| 199 | 1926 | 면직원 시찰단 | 평남 | 2개의 단으로 나누어 실시(1단 17명, 2단 19명) | 10.21 | |
| 200 | 1926 | 내선인 여교원학사 시찰단 | 총독부 | | 10.25 | |
| 201 | 1926 | 농사시찰단 | 논산군 농회 | 독농가 8명 | 10.28 | |
| 202 | 1926 | 내지시찰단 | 경남 | 조선인 유력자 | 11.12 | |
| 203 | 1926 | 일본시찰단 | 경남 | 도평의원 5명, 면부협의원, 학교조합원 기타 총 24명 | 11.13 | 사회사업시설 및 우량농촌 시찰, 여비 125원(동) |
| 204 | 1927 | 사립교원 내지시찰단 | 경기도 | 18명 | 3.19 | |
| 205 | 1927 | 내지시찰단 | 경북 | 조선인 중견청년 12명 | 3.19 | 大阪市民苑, 대판성, 시민박물관, 조폐국, 대판조일신문사, 삼월오복점 및 기타 사회시설, 동경총독부 출장소, 제국대학, 일본청년관, 동경시역소, 상야공원, 기타 |

| 연도 | | 시찰단명 | 주최 | 시찰단원 | 날짜 | 비 고 |
|---|---|---|---|---|---|---|
| | | | | | | 우량농촌 및 청년회, 팔번제철소 |
| 206 | 1927 | 유림시찰단 | 경북 | 학식과 명성 있는 유림 중 30세 이상 60세 미만 자 17명 | 3.25 | 향교재산에서 보조금, 복강의 동아박람회 시찰 |
| 207 | 1927 | 동아박 시찰단 | 예산 | 우량 진흥회 역원, 우량 면직원 20명 | 3.25 | 동아박 및 내지 일반 모범농촌, 기타 문명시설 시찰 |
| 208 | 1927 | 내지문화 시찰단 | 경북 | 중견 청년 11명 | 4. 4 | |
| 209 | 1927 | 동아박 시찰단 | 황해도 | 도평의원단, 면리원단(1군 2명씩 34명), 청년단(1군 1명 16명)의 3단으로 구성 | 4. 5 | 다소의 도비 보조 |
| 210 | 1927 | 내지시찰단 | 영변 | 면장, 면서기 | 4.22 | 우량정촌 및 농촌 시찰, 동아박시찰 |
| 211 | 1927 | 내지시찰단 | 충북 | 군 및 삼리조합기술원 7명 | 4.24 | 島取縣 知圓, 奈良縣 吉野의 임야 및 岡山의 사방공사장 시찰 |
| 212 | 1927 | 내지시찰단 | 충남 | 면직원 및 진흥회장 12명 | 5. 2 | 지방비 보조, 복강 박람회 시찰 |
| 213 | 1927 | 내지시찰단 | 경북 | 면당 1명씩의 우량면직원 22명(면장 11명, 면직원 11명) | 5. 3: 5.12 | |
| 214 | 1927 | 북구주학사 시찰단 | 조선 교육회 | 219명(제1반 경기 29명, 제2반 경기, 전북 29명, 제3반 충북, 평북 29명, 제4반 충남, 황해 33명, 제5반 경북, 평남 52명, 제6반 경남 29명, 제7반 강원, 함남, 함북 31명 | 5. 7 | 지방비보조가 없어 희망자가 無, 결국 지방비 100원과 120원을 보조하여 3명을 선발(함북), 구주 제국대학, 여자전문학교, 동아박 시찰 |
| 215 | 1927 | 구주시찰단 | 총독부 | 전북 교원으로 조직 | 5.13 | |
| 216 | 1927 | 일본시찰단 | 안성 | 독농가, 면직원 25명 | 5.16 | 동아박람회 시찰(동) |

| 연도 | | 시찰단명 | 주최 | 시찰단원 | 날짜 | 비 고 |
|---|---|---|---|---|---|---|
| 217 | 1927 | 동아박 시찰단 | 남원군 | | 5.21 | |
| 218 | 1927 | 동아박 시찰단 | 무주군 | | 5.21 | |
| 219 | 1927 | 동아박 시찰단 | 부안군 | | 5.21 | |
| 220 | 1927 | 내지시찰단 | 평북 | 각군당 1명씩 선발, 25명 | 6. 6~ 6.28 | 지방비 보조 90원, 하관, 신호, 내량, 명고옥, 安城, 東京, 日光, 京都, 吳 등 시찰 |
| 221 | 1927 | 면장시찰단 | 동래 | | 6.22 | |
| 222 | 1927 | 면직원내지 견학단 | 공주 | 면서기 2명 | 6.26 | |
| 223 | 1927 | 동경관광단 | 매일 신보사 | 제1반 | 7.15 | |
| 224 | 1927 | 동경관광단 | 매일 신보사 | 제2반 | 8.17 | |
| 225 | 1927 | 내지학사 시찰단 | 경기도학 무과 | 경성의 사립여학교직원 | 9. 9 | 1인당 200원의 도 지방비 보조 |
| 226 | 1927 | 임업시찰단 | 총독부 | 관민 60명 | 9.10 | 전북도에서 각군수에게 모집을 통첩 |
| 227 | 1927 | 내지실업교 육시찰단 | 총독부 | 관공립 실업학교 교원 28명 | 9.18 | 1인당 250원 도지방비 보조, 조선인은 3명 |
| 228 | 1927 | 조선여교원 내지학사 시찰단 | 총독부 | 각도 공사립보통학교  여교원 1~2명 | 9.20 | |
| 229 | 1927 | 내지인교원 내지학사 시찰단 | 총독부 | 각도 공사립보통학교  여교원 1~2명 | 9.20 | |

| 연도 | | 시찰단명 | 주최 | 시찰단원 | 날짜 | 비 고 |
|---|---|---|---|---|---|---|
| 230 | 1927 | 내지실업교육시찰단 | 총독부 | 각도 공립실업학교 및 실업보습학원 교원 중 1~3명 | 9.20 | |
| 231 | 1927 | 임업시찰단 | 총독부 | 50명 | 9.24 | |
| 232 | 1927 | 모범촌시찰단 | 경남 | 독농가 15명 | 11.9 | |
| 233 | 1928 | 내지시찰단 | 경남 | 21명 | 1.13: 2.13 | 청년단체의 자각 촉진 위해 우량정촌과 모범청년단, 처녀회 등을 시찰, 여비 100원. 지방비보조. |
| 234 | 1928 | 내지시찰단 | 전북축산동업조합 | | 3.15 | 일본축산의 시설과 진보발달 상황을 견학하여 축산을 장려할 목적. 여비70원 조합이 보조 |
| 235 | 1928 | 박람회시찰단 | 경성상의 | | 3.18 | 여비 87원(기차, 기선, 숙박, 급행료 포함) |
| 236 | 1928 | 경찰관시찰단 | 충남경찰부 | 각 서별로 조선인 순사 1명 | 3.23 | |
| 232 | 1928 | 간도동포내지시찰단 | 간도재류동포민회 | 간도재류동포민회장 및 유지 20명 | 4.23 | |
| 238 | 1928 | 임업시찰난 | 김천군 | 면정 및 사찰 주지 21명 | 5.31 | 임업 기타 산업시찰 (동) |
| 239 | 1928 | 선일지물시찰단 | 선일지물 | 인쇄업대표자 수십명 | 11. 5 | 개업 3주년 기념 (동) |
| 240 | 1928 | 일본시찰단 | 경남 | | 12.29 | 농촌 시찰(동) |
| 241 | 1929 | 일본상공업시찰단 | 조선일보, 중앙번영회 | | 2.13 | 중요공장과 각 회사 시찰, 회비 180원, 시찰기간 22일(조) |
| 242 | 1929 | 일본학사시찰단 | 경기도 | 9명 | 4. 9 | (동) |

| | 연도 | 시찰단명 | 주최 | 시찰단원 | 날짜 | 비 고 |
|---|---|---|---|---|---|---|
| 243 | 1929 | 보교장일본 시찰단 | 경기도 | 10명 | 11.20 | 졸업생지도학교장 (중외) |
| 244 | 1930 | 보교장일본 시찰단 | 경기도 | 11명 | 11. 6 | 졸업생지도학교장, 일본 각지의 청년 단, 산업조합, 보습 학교 등 시찰(동) |

(자료) 특별한 표시가 없는 것은 『매일신보』, (동)은 『동아일보』, (조)는 『조선일보』, (중외)는 『중외일보』이며 날짜는 해당 기사의 보도 날짜임.

# 제4장 1920년대 초반 조선정보위원회의 선전활동

## 1. 머리말

3·1운동 이후 조선총독부의 지배정책이 변화하였다는 것은 주지의 사실이다. 이러한 변화는 다양한 측면에서 나타났지만 이 변화를 조선과 조선인, 일본과 일본인, 외국과 외국인에 대해 선전하고자 했던 조선총독부의 활동에 대해서는 그리 주목하지 못한 형편이다. 본고에서 살필 조선정보위원회는 3·1운동 이후 일제의 식민지 지배정책이 무단통치에서 소위 '문화통치'로 전환되면서 조선총독부의 정책을 선전할 목적으로 설치되었던 임시 행정위원회 성격을 지녔던 조직이다. 따라서 조선정보위원회의 선전활동에 대한 연구는 일제의 식민지 지배정책의 변화와 매우 밀접한 관계를 갖고 있다.

이처럼 1920년대 초반 식민지 조선에 대한 지배정책에서 큰 의미가 있다고 할 수 있는 조선정보위원회에 대한 연구는 그리 활발히 이루어지지 않은 형편이다. 먼저 이에 대한 선구적인 연구로는 김규환과 강동진의 연구를 들 수 있다. 이들의 연구는 개설적인 차원에서 이루어졌다. 김규환[1]은 일제의 언론통제정책이라는 측면에서 접근하였으며, 강동진[2]은

---

1) 김규환, 1978, 『일제의 대한언론·선전정책』, 이우출판사.
2) 강동진, 1980, 『일제의 한국침략정책사』, 한길사.

일제의 침략정책사라는 측면에서 연구하였다. 이러한 연구를 바탕으로
이연[3])은 조선중앙정보위원회의 연구 과정 속에서 조선정보위원회에 대
해 설명하였다. 그는 1937년 설치되는 조선중앙정보위원회에 대한 분석
을 하면서 그 기원으로서의 조선정보위원회를 살피고 있어 1920년대 초
조선정보위원회의 활동을 정밀하게 분석하고 있지 않다. 다만 조선정보
위원회가 일본의 내각정보위원회의 모태와 같은 역할을 하였음을 밝혔
다. 박순애[4])는 조선총독부의 정보선전정책을 담당하는 기구로서 조선정
보위원회와 조선중앙정보위원회를 파악하였다. 그는 일본의 내각정보기
구를 설명하면서 조선중앙정보위원회를 언급[5])하였지만 1920년 설치되
는 조선정보위원회에 대해서는 논의하지 않고 1921년 일본 외무성에 설
치되는 정보부를 일본의 정보기구의 기원으로 파악하였다. 복환모[6])는
1920년 4월 조선총독부 활동사진반을 분석하였으나 조선정보위원회의
조직 이후의 활동에 대해서는 소략하게 서술하였다. 다만 활동사진반이
조선정보위원회의 업무에 귀속되었다는 사실을 밝힘으로써 3·1운동 직
후부터 활동사진을 동화정책에 적극적으로 이용하였음을 밝혔다. 배병욱
은 그의 석사논문[7])에서 1920년대 초 조선총독부의 문화통치를 선전영화

---

3) 이연, 1993, 『일제하의 조선중앙정보위원회의 역할 – 정보선전과 언론정책을 중심
    으로 – 』(언론학논선 13), 서강대학교 언론문화연구소.
4) 박순애, 2002, 「조선총독부의 情報宣傳政策」 『韓中人文學研究』 9. 박순애는 조선
    총독부의 정책을 정보선전정책의 측면에서 3기로 나누었다. 1기는 1905년 한국통
    감부의 설치부터 1919년까지, 2기는 조선정보위원회의 시기, 즉 1920년부터 1937
    년 중일전쟁 발발 전까지, 3기는 조선중앙정보위원회가 설치되는 1937년 이후의
    시기로 보았다. 그런데 조선정보위원회는 1924년에 폐지되므로 1937년까지를 제
    2기로 보는 것은 무리가 있다고 생각된다. 특히 1931년은 만주를 침략한 이후 병
    참기지화정책을 수행하면서 민족말살통치를 시행하는 시기이므로 이러한 구분은
    사실에 맞지 않는다고 할 수 있다.
5) 朴順愛, 1995, 「15年戰爭期內閣情報機構對內情報宣傳政策」, 一橋大學大學院 博
    士學位論文.
6) 복환모, 2004, 「1920년대 초 조선총독부 「활동사진반」의 역할에 관한 연구」 『영
    화연구』 24.

라는 사례를 들어 설명하면서 이 시기의 문화통치가 동화주의에 기반한 것임을 주장하였다. 그리고 이 연구는 1920년대 초의 조선정보위원회를 본격적으로 분석한 최초의 논문이라 할 수 있다. 다만 그는 조선에 대한 일본의 식민지 지배정책은 식민지 본국인 일본과의 관련성 속에서 파악하지 않았다는 측면에서 일제의 식민지 지배정책 내지는 일본의 지배체제 속에서 조선정보위원회가 가지는 의미를 설명하지 못하였다.

이러한 선행연구를 통해 알 수 있는 것은 조선정보위원회가 조선총독부의 정책을 선전하고 통제하는 기구로서의 역할을 수행했다는 것을 알 수 있었다. 그런데 기존의 연구는 주로 신문방송학의 관점에서 진행되었으며, 활동사진의 상영을 통한 동화정책의 추진과 조선정보위원회 - 일본 내각정보위원회 - 조선중앙정보위원회로 이어지는 계통상의 문제에 초점이 맞추어져 있음을 확인할 수 있었다.

조선정보위원회에 대한 연구가 이와 같이 진행된 것은 한국근대사학계의 연구 경향이 주로 일제에 대한 저항에 초점을 맞추어 진행되어온 것과 밀접한 관련이 있을 것이라 생각된다. 그러나 최근 일제의 식민지 지배정책사에 대한 관심이 고조되면서 이러한 경향이 지양되고 있다.

본고는 '일본 제국'의 식민지 지배정책사의 관점에서 조선정보위원회가 설치되는 과정을 살핀 후 그 활동을 정치선전활동으로 규정하면서 활동사진의 상영, 각종 인쇄물의 발간 및 배포, 강습회의 개최의 세 부분으로 나누어 살피고자 한다. 이 과정에서 우리는 일제의 정치선전활동이 조선과 일본에 머물지 않고 미국, 영국 등의 외국에까지 미쳤다는 사실을 확인할 수 있을 것이다. 그리고 이를 통해 3·1운동 이후의 식민지 지배정책의 변화가 변화된 정세에 대응하면서 '동화정책'을 보다 강화한 것이라는 점을 확인할 수 있을 것이다.

---

7) 배병욱, 2005, 「1920년대 전반 조선정보위원회와 선전영화」, 동아대학교 석사학위논문.

## 2. 조선정보위원회의 설치

3·1운동은 전민족적이며 거족적인 독립운동으로서 일제의 식민지 통치에 심각한 타격을 주었음은 잘 알려진 사실이다. 그것은 일제가 대만을 식민지로 획득한 1895년 이래 지속적으로 채택했던 식민지에 대한 무단적인 지배정책에 근본적인 의문을 제기한 것이기도 하였다. 이러한 비판의 결과 1918년 하라 다카시가 수상에 선출되었고 그는 식민지 지배정책을 무단통치에서 소위 '문화통치'로 변경하였다. 이러한 변화는 3·1운동의 결과를 일정하게 반영한 것이기도 하였다.

이렇게 수상이 된 하라는 취임과 동시에 식민지 지배정책에 대한 개혁을 추진하였다. 그는 식민지 역시 일본제국의 일부라 보고 일본의 국내법이 식민지에도 적용되어야 한다는 內地延長主義를 채택하고자 하였다. 식민지의 법률제도가 일본 국내와 구별되지 않아야 한다는 것이다. 하라가 이렇게 주장한 궁극적 목적은 식민지 본국과 식민지의 '동화'에 있었다.

하라는 수상에 취임함과 동시에 자신이 구상하였던 '제국' 일본의 식민지 지배체제의 개혁에 착수하였다. 우선 그는 일본 정계를 이끌던 죠슈·사쓰마 파벌을 설득하여 관제 개혁을 통해 내지연장주의를 실시함으로써 군부의 정치적 영향력을 약화시키고자 하였다. 그러나 내지연장주의로의 전환은 기득권층인 죠슈·사쓰마 파벌의 반대로 인해 그 실시가 불투명한 형편이었다. 이러한 때 조선에서 발생한 3·1운동은 내지연장주의의 실시를 가능하게 한 '우연한 사건'이었다. 그리하여 일본은 3·1운동에 대한 원인 분석을 통해 조선에 대한 지배정책을 변경하였다. 그 결과 조선에서 이른바 '문화통치'라 불리는 새로운 식민지 지배정책을 채택하였다.

먼저 하라는 조선과 일본의 문명의 정도나 생활 상태 등에 차이가 있으므로 점진적인 방법으로 내지연장주의를 실시해야 한다는 단서[8]를 달았지만 향후 조선에서 시행해야 할 것으로 총독은 문무관 임명, 일본에서 시행하고 있는 법률의 조선 시행, 국방·사법·재정 사무도 일본과 동일하게 시행, 지방제도 개혁, 헌병경찰제 폐지, 일본인과 동등한 교육 실시, 잡거나 잡혼 장려, 관리 임용과 대우의 차별 철폐, 한일 양국민의 토지 개발 및 개간의 융화, 관리의 제복대검 폐지, 지방 명족에게 수작, 태형의 폐지 및 일본 형법의 조선 시행, 기독교 선교사와의 의사 소통, 조선 특별 회계의 존속을 통한 조선의 발전 도모 등 15가지의 항목을 적시하였다.[9]

하라의 이러한 생각은 3·1운동 이후 조선총독으로 부임한 사이토 마코토(齋藤實)가 제창한 새로운 통치방침에 반영되었다. 사이토는 취임 다음날인 1919년 9월 3일 발표한 諭告에서 "문화적 제도의 혁신에 의해 조선인을 유도하고 이끌어서 그들의 행복과 이익의 증진을 꾀하고 장차 문화의 발달과 민력의 충실에 맞추어 정치상, 사회상 대우에서도 내지인과 동일하게 취급할 수 있는 궁극의 목적을 달성할 것을 바라마지 않는다."[10]고 하였다.

그리하여 사이토총독은 일본인과 조선인을 정치적, 사회적으로 동일하게 대우한다는 취지에서 融合同化할 것을 선언하였다. 그리고 이를 위해 달성해야 할 것으로 치안 확보, 민의창달, 형식주의 타파, 행정 쇄신, 생활의 안정, 문화 및 복리의 증진, 인심의 일신 등을 들고 이러한 목적을 달성하기 위해 실천해야 할 사항으로서 일본인과 조선인 관리의 차별 철폐, 법률의 간소화, 사무정리의 간소화, 지방분권의 확대, 관습의 존중, 언론·출판의 자유, 교육의 보급, 산업개발, 경찰기관의 정비, 의료 위생기관의 확장, 민심의 순무선도, 인재등용의 문화개방, 일본인과 조선인의 융화 등을 내걸었다.[11] 또한 조선인에 대한 은사의 확대, 군수일

---

8)「朝鮮統治私見」(『齋藤實文書』13, 高麗書林, 1990, 60~93쪽).
9) 위와 같음.
10) 『매일신보』 1919년 9월 4일.

본시찰단의 파견, 활동사진반의 신설[12] 등을 통하여 조선인에게 일본의 사정을 소개하고 일본인에게는 조선의 사정을 소개하여 상호 이해를 통한 동화를 추구하였다.

그리고 사이토총독은 조선총독부의 새로운 시정방침, 즉 '문화통치'의 내용을 조선인에게 보다 잘 이해, 관철시키기 위해 1919년 9월 20일부터 '신시정'에 대한 강습회를 개최하였다. 또한 조선의 군수, 중추원 참의, 면직원, 교사, 공직자, 지방 유력자 등을 대상으로 일본 각지를 시찰하게 하는 일본시찰단을 본격적으로 조직, 파견하였다.[13] 특히 조선총독부는 1920년 4월 총독부 관방 문서과에 활동사진반을 설치하여 1945년 식민지 지배가 끝날 때까지 총독부의 시정선전, 동화정책, 사회교화 및 전쟁동원 등에 활용하였다.[14]

이상에서 보았듯이 3·1운동 이후 채택한 일제의 새로운 식민지 지배 정책은 식민지 조선에 대한 지배방식에서 나타난 큰 변화였다. 이러한 변화는 식민지 조선을 영구히 지배하고 조선의 인적·물적 자원을 동원하기 위한 다양한 정책을 통해 나타났다. 그리고 이러한 정책을 효과적으로 달성하기 위한 원칙으로 정무총감 미즈노 렌타로(水野錬太郎)는 1920년 9월 1일 1. 치안유지, 2. 교육의 보급개선, 3. 산업의 개발, 4. 교통위생의 정비, 5. 지방제도의 개혁 등 이른바 '5대정책'[15]을 발표하였다.

따라서 조선총독부는 이러한 정책의 변화를 조선민중에게 선전해야

---

11) 朝鮮總督府, 『朝鮮總督府施政年報』(1918~1920), 12~13쪽.

12) 조선총독부, 1921, 『朝鮮に於ける新施政』, 3~8쪽.

13) 朝鮮總督府, 1921, 『朝鮮總督府施政年報』, 16쪽. 1920년에는 봄, 가을에 걸쳐 100여 단체, 2,000명이 일본시찰을 하였으며, 1922년에는 200여 단체, 5000명 이상의 인원이 일본을 시찰하였다(朝鮮總督府, 『朝鮮總督府施政年報』, 1922, 16~17쪽). 이 시기 일본시찰단에 대해서는 조성운의 연구(2006, 「1920년대 초 일본시찰단의 파견과 성격」, 『한일관계사연구』 25, 한일관계사학회)를 참조 바람.

14) 복환모, 앞의 논문, 259쪽.

15) 朝鮮研究會, 1922, 「朝鮮統治の一轉機」 『施政に關する諭告·訓示竝演述』, 342쪽.

만 하였고, 3·1운동의 발생으로 인해 조선총독부에 대한 비난이 고조된
일본 내의 여론과 서구의 제국주의국가 및 조선 민중에게도 일본의 식민
통치에 의해 조선이 발전하였다는 것을 알릴 필요가 있었다. 즉 조선총
독부는 일본국내에 조선총독부가 식민지 지배를 위해 행한 정책과 성과
를 보여줄 필요가 있으며, 조선인에게도 식민지 지배가 조선의 근대적인
발전을 가능하게 하였다는 사실을 보여주어야 했다. 그리고 이를 통해
식민지 지배가 조선과 일본 양민족 공동의 번영을 위한 것이며, 이를 위
해 양민족이 동화되어야 한다는 것을 선전하였다. 따라서 조선총독부는
대내외적으로 이러한 정책을 추진하고 실행할 기구가 필요하였다.

이에 따라 사이토총독은 조선민족운동에 대한 탄압책으로서 "비밀선
전기관을 설립하여 유식자를 이용하여 문서나 구두로 선전활동을 실시하
여 조선인들에게 경각심을 일깨우기 위한 방법"[16]을 계획하였다. 이 계
획에 따라 조선총독부는 "朝鮮事情을 內外 및 外國에, 日本事情을 朝
鮮에 소개하고 施政의 眞相과 施政方針의 周知普及을 도모"[17]할 목적
으로 조선정보위원회를 설치하였다. 그리고 조선총독부는 이와 동시에
서무부에 정보계를 설치[18]하여 조선정보위원회의 업무를 담당하도록 하
였다. 즉 잡지『朝鮮』,『朝鮮事情』,『朝鮮總督府要覽』,『朝鮮總督府施
政年報』등의 인쇄물의 발행을 통해 내외 사정 또는 조선 사정을 소개하
고 이 책지들의 규모를 확대하여 시정방침을 주지, 시정외 진상에 관한
소개, 조선사정의 대내외 소개, 일본 사정의 조선에 대한 소개의 업무를

16)「朝鮮民族運動に對する對策」『齋藤實文書』742.
17)「情報委員會及情報係」朝鮮總督府,『朝鮮』1921년 1월호, 148쪽. 김규환은 일본
의 정치선전 활동의 대상으로서 첫째, 조선 내의 조선인, 둘째, 외국 및 외국인,
셋째, 일본 국내의 일본인으로 나누면서 외국 및 외국인을 대상으로 한 이유는 미
국과 영국 등의 對朝鮮論을 중시하고 일본의 善政을 선전하고 조선인의 반일운동
을 중단시키게 하는 동시에 총독부의 시정에 대한 협조를 얻는데 목적이 있다고
하였다(金圭煥, 1978,『日帝의 對韓言論·宣傳政策』, 이우출판사, 187쪽).
18)「情報委員會及情報係」朝鮮總督府,『朝鮮』1921년 1월호, 149쪽.

담당하도록 하였다. 그리고 1922년 10월에는 정보계를 확장하여 종래의 통계과와 병합해서 조사과라 하고 정보사무의 확충과 함께 제반 조사를 행하도록 하였다.[19] 이렇게 보면 조선정보위원회는 정보계(조사과)의 이러한 업무와 활동사진의 상영, 국문(한글)·일문·영문 소책자의 발행, 사진첩 등의 간행, 시정방침에 대한 강연회 등의 개최 등 업무를 조사, 심의[20]하는 기능을 하였음을 알 수 있다. 이에 대해 조선정보위원회 초대 위원장인 조선총독부 정무총감 미즈노 렌타로가 1920년 12월 2일 제1차 정보위원회 회의에서 행한 다음과 같은 말에서도 확인할 수 있다.

> 종래 조선총독부에서는 잡지 『朝鮮』, 그 외의 인쇄물, 활동사진 등을 통하여 施政의 진상을 내외에 소개하려고 노력했지만 금번에는 보다 조직을 일신해서 정보위원회를 설치하여 전적으로 그 방면의 사무에 전념시키려고 한다. 정보위원회는 內地와 朝鮮 상호간의 사정을 서로 소개하여 이로써 융화의 일단으로 삼고 나아가 최근과 같이 조선사정이 誤傳되는 것이 많기 때문에 시정의 실상을 내외에 표명함과 동시에 시정방침의 철저와 각종 시설의 취지를 주지시키려 함에 중요한 심의를 하려고 한다. 또한 근래 각국에서 선전의 사무는 점차 중요한 의미를 갖게 되므로 제군은 충분하고 신중한 협의를 거칠 것을 바라마지 않는다.[21]

즉 조선정보위원회의 설치 이전에도 식민지 지배를 위해 조선내의 시정 상황을 잡지를 비롯한 각종 인쇄물과 매체를 통해 대내외에 선전하였지만 3·1운동과 같은 대규모의 민족운동이 발생하였던 것은 시정선전이 기대에 미치지 못하였다는 것을 의미하는 것이므로 이를 보다 강화하기 위해 조선정보위원회를 설치하였다는 것이다. 이것은 3·1운동의 발생 원인을 일제의 식민통치의 근본적 의미를 조선민중에게 제대로 전달하지 못했기 때문이라는 조선총독부의 인식을 보여주는 것이라 할 수 있다. 따

---

19) 朝鮮總督府, 『朝鮮總督府施政年報』, 1922, 14쪽.
20) 위와 같음
21) 朝鮮總督府, 『朝鮮』 1921년 1월호, 148쪽.

라서 조선정보위원회의 설치를 통해 조선총독부의 시정방침을 조선민중
에게 올바로 전달하여 식민지 지배의 안정을 꾀하겠다는 것이었다.

이 조선정보위원회는 1920년 11월 20일 조선총독부훈령 제59호에 의
하여 설치되었다. 조선정보위원회는 위원장 1인, 부위원장 1인, 위원 약
간 명으로 조직되는데 위원장은 정무총감, 부위원장은 서무부장, 위원은
조선총독부와 그 소속관서의 고등관 및 학식경험이 있는 자 중 조선총독
이 위촉하도록 하였다. 이에 따라 위원장에는 미즈노 정무총감, 부위원
장에는 아오키 카이조(靑木戒三)서무부장, 위원에는 사무관 13명, 비서
관 2명, 시학관 1명, 참사관 2명, 통역관 2명, 체신사무관, 御用掛, 국제
친화회평의원(촉탁), 국제친화회간사장(촉탁)이 각 1명씩 총 24명이 임명
되었다.22) 그리고 조선정보위원회는 문서과장을 간사로 하였고, 서기는
조선총독부 판임관 중 1인을 임명23)하도록 하였으며, 실무를 담당할 부
서인 정보계에는 사무관 1명, 통역관 1명, 촉탁 4명, 속 5명 등 11명을
배치하였다.24)

그런데 조선정보위원은 각 지역별로 민간인도 위원으로 임명한 것으
로 보인다. 경성의 오가키 타게오(大垣丈夫)와 인천의 오기타니 도시오
(萩谷籌夫)가 민간인 정보위원으로 임명25)되었으며 기쿠치 겐조(菊池謙
讓)와 아유가이 후사노신(鮎貝房之進)도 민간인 정보위원으로 임명되었
다.26) 이들은 일찍이 조선에 건너와 활동한 인물들이었다.

기쿠치는 1895년 을미사변에 관련되어 복역27)한 인물로서 1900년『漢
城新聞』의 사장이었으며, 1904년『大東新報』을 창간하였다. 그는 사이

---

22) 「情報委員會設置」『朝鮮』1920년 12월호, 136쪽.
23) 「朝鮮情報委員會規程」『朝鮮總督府官報』제2484호.
24) 「情報委員會及情報係」朝鮮總督府,『朝鮮』1921년 1월호, 148쪽.
25) 『朝鮮日報』1920년 12월 23일, 「情報委員囑託」.
26) 강동진, 앞의 책, 29쪽 : 이연, 앞의 책, 25쪽. 조선정보위원회 위원의 약력은 배병
    욱, 앞의 논문, <부록 1>을 참조 바람.
27) 최혜주 선생님의 교시(2007년 4월 21일)

토총독의 신임을 바탕으로 조선의 정보 수집에 역량을 발휘하였다. 또한 그는 1922년 李址鎔의 후임으로 商務社의 사장으로 취임하였다.[28)

오가키는 『京都新報』, 『奈良縣大和新聞』의 기자로 활동하였으며, 1891년『石川日日新聞』과 1899년『東京さくら新聞』을 창간하였다. 1904년 1월 조선으로 건너와 京城에서 大韓協會를 창설하고 顧問이 되었으며, 1914년 京城通信社를 승계하였고 1917년 3월 滿鮮評論雜誌社長을 겸임하였다. 1921년 京城通信社 社長, 京城學校組合 會議員, 京城府 協議會 會員, 朝鮮總督府 囑託으로 활동하였다.[29)

아유가이는 1894년 조선에 와서 활동을 시작하였으며 1917년 東洋協會殖民專門學校 京城分校 講師로 있었다. 1922년 이후에는 博物館 協議員, 고적조사위원 등[30)으로 활동하였다.

오기타니는 1894년 9월 下野新聞社, 1896년 7월 水戶市 이바라키신문사(いばらき新聞社)에서 편집에 종사하였으며 1899년 2월 이바라키신문사를 사직한 후 조선으로 건너와, 인천에서 朝鮮新報社에 입사해 1905년 사직하였다. 1907년에는 인천의 日本人商業會議所 書記長이 되었다가 1910년 퇴사하였고 1908년 12월 이후로 朝鮮新聞社를 창립하여 경영하였다.[31)

이로 보아 민간인 위원들은 비교적 조선에 일찍 건너온 사람들 중 조선의 사정을 상세히 알고 있는 인물들을 임명했음을 확인할 수 있다. 특히 기쿠치와 오가키, 오기타니는 언론에 종사하면서 조선의 여론 동향에 민감한 인물이었기 때문에 조선정보위원회의 위원으로서는 적합한 인물

---

28) 「現下ノ朝鮮卜總督府經濟策」『齋藤實文書』 10.
29) 『在朝鮮內地人紳士明鑑』, 117쪽 ; 『京城市民明鑑』, 77쪽(한국역사정보통합시스템에 의한 것임).
30) 『在朝鮮內地人紳士明鑑』, 429쪽 ; 『朝鮮總督府職員錄』(한국역사정보통합시스템에 의한 것임).
31) 『在朝鮮內地人紳士明鑑』, 62쪽(한국역사정보통합시스템에 의한 것임).

이었다.

한편 조선총독부가 이처럼 정보를 종합적으로 관리하는 정보기관을 설치한 것은 그것이 비록 정식 관제에 의해 설치된 것이 아니라 하여도 '일본 제국'에서는 최초의 일이었다. 일본 국내에서는 1921년 8월 13일 칙령 제3813호에 의해 외무성에 정보부가 설치[32]되었던 것이다. 이는 제1차 세계대전의 선전전에서 열강에 대해서, 또 그에 이은 파리강화회의의 선전전에서 중국에 대해 열세였다는 관계자의 인식[33]에 따른 것이었다.

이렇게 보면 외무성에 설치된 일본 최초의 정보기관인 정보부는 조선총독부의 조선정보위원회보다 약 1년 뒤에 설치된 셈이다. 이는 이 시기 '일본 제국'이 정보기관의 설치를 고려하고 있었다는 것을 의미한다고 할 수 있다. 따라서 조선정보위원회는 일본 내에서 설치되는 정보위원회의 모델 역할[34]을 하였다고 할 수 있다. 식민지 조선에 대한 통치가 '일본 제국'의 틀 안에서 이루어지는 것이라면 조선정보위원회의 설치 역시 '일본 제국'의 시각에서 바라보아야 할 것이기 때문이다.

## 3. 조선정보위원회의 활동 내용

앞장에서 보았듯이 조선총독부는 조선정보위원회를 조직하여 조선의 사정을 일본 및 외국에 일리고 일본의 사정을 조신에 일리고자 하였다. 이러한 목적을 달성하기 위하여 조선정보위원회는 잡지 『朝鮮』 등의 인쇄물 발행, 활동사진의 상영, 국문·일문·영문 소책자의 발행, 사진첩 등의 간행, 시정방침에 대한 강습회·강연회 등을 개최하였다. 이를 활동사진의 상영, 인쇄물의 발행, 강습회의 개최 등으로 나누어 서술하기로 한다.

---

32) 朴順愛, 1995, 「15年戰爭期內閣情報機構對內情報宣傳政策」, 一橋大學大學院 博士
    學位論文, 20쪽.
33) 위와 같음.
34) 이연, 앞의 책, 참조.

## 1) 활동사진의 상영

조선총독부가 식민지 지배의 선전수단으로서 가장 대중적으로 이용하였던 것은 활동사진의 상영이었다. 활동사진을 정치선전수단으로 최초로 이용한 인물은 이토 히로부미(伊藤博文)였다.[35] 그가 조선 통치에 활동사진을 이용한 목적은 크게 두가지로 나눌 수 있다. 하나는 조선의 통치 사정을 소개하는 활동사진을 제작하여 조선을 식민지화하는데 대한 일본 국내의 긍정적인 여론을 형성하는 것이며, 다른 하나는 조선인에게 일본의 우월성을 인식시키는 활동사진을 제작하여 조선인의 동화에 보탬이 되게 하는 것이었다.[36]

이러한 목적 하에 그는 1905년 을사늑약의 체결 이후 의병항쟁으로 인해 일본 내에서 일었던 조선 침략에 대한 부정적인 여론을 이토통감 저택의 야유회, 남대문과 남대문역·덕수궁·대한문 등 서울의 거리, 인천 월미도 해안의 자연풍경, 기생의 춤, 학동의 모습 등과 같은 '식민지' 조선의 '평온한 모습'을 촬영하여 일본에서 상영함으로써 불식시키고자 하였다. 또한 그는 1907년 황태자 영친왕의 도일과 일본 인민의 대대적인 환영 광경을 촬영한 활동사진을 1908년 4월 15일 창덕궁에서 상영[37] 하여 조선 황실과 조선 인민이 황태자에 대해 갖고 있던 우려를 불식시키는 한편 일본의 의도가 선의에 있다는 것을 선전하였다. 이외에도 도쿄에 체재 중인 황태자의 일상생활을 활동사진화하고, 동북지방과 북해도지방에 대한 순시를 촬영하여 상영하였다. 그리고 1909년 순종의 전국 순행을 담은 활동사진도 제작, 상영하는 등 활동사진을 조선침략에

---

35) 이토 히로부미가 대만과 조선을 지배하는데 활동사진을 어떻게 이용했는가에 대해서는 복환모, 「한국영화사 초기에 있어서 이토 히로부미(伊藤博文)의 영화이용 연구」 『영화연구』 28.을 참조 바람.
36) 복환모, 앞의 논문, 『영화연구』 28, 225쪽.
37) 『황성신문』 1908년 4월 17일.

적극적으로 이용하였다.

이토 히로부미 이후 활동사진을 다시 식민지 지배의 선전수단으로 적
극적으로 이용하기 시작한 것은 3·1운동 이후의 일이었다. 1920년 조선
총독부 관방 문서과에 활동사진반이 설치되면서 활동사진은 식민지 지배
의 주요한 선전수단으로서 활용되었던 것이다. 조선총독부가 활동사진을
주요한 선전도구로 삼은 것은 "가장 평이하고 또 계급에 대해서 보편적
으로 효과가 있으며, 상당한 흡인성을 갖고 있는 매력적인 것"[38]이었기
때문이었다. 활동사진반은 1924년 12월 내무국으로 이관되어 이후 조선
총독부가 직접 활동사진의 제작과 상영[39]을 담당하였다. 활동사진반이
제작한 활동사진의 수와 총독부가 직접 상영한 회수는 다음의 <표 1>,
<표 2>와 같다.

〈표 1〉 활동사진반이 제작한 활동사진의 수

| 연도 | 1920 | 1921 | 1922 | 1923 | 1924 | 1925 | 1926 | 1927 | 합계 |
|---|---|---|---|---|---|---|---|---|---|
| 권수 | 18 | 20 | 39 | 44 | 36 | 38 | 43 | 36 | 274 |
| 척수 | 24,500 | 18,400 | 58,900 | 96,050 | 60,000 | 39,500 | 67,400 | 36,000 | 420,750 |

(자료) 朝鮮總督府內務局社會課, 1928, 「朝鮮總督府活動寫眞班槪況」 『朝鮮社會事業』
　　　제6권 7호, 54쪽.

〈표 2〉 조선총독부가 활동사진을 상영한 회수

| 연도 | 1920 | 1921 | 1922 | 1923 | 1924 | 1925 | 1926 | 1927 | 1928 | 합계 |
|---|---|---|---|---|---|---|---|---|---|---|
| 회수 | 49 | 66 | 93 | 132 | 123 | 192 | 193 | 203 | 133 | 1,184 |

(자료) 朝鮮總督府內務局社會課, 1928, 「朝鮮總督府活動寫眞班槪況」 『朝鮮社會事業』
　　　제6권 7호, 55쪽.

<표 1>, <표 2>에서 볼 수 있듯이 조선총독부는 활동사진을 꾸준
히 제작하여 상영하였다. 이 중 조선의 사정을 소개하는 내용의 것이 가

---

38) 조선총독부내무국사회과, 1928, 「朝鮮總督府活動寫眞班槪況」 『朝鮮社會事業』 제
　　6권 7호, 53쪽.
39) 위와 같음.

장 많이 제작되었고, 이외에도 산업과 교육 및 사회사업에 관한 영화, 기록영화, 시사영화를 제작하였으며, 황실과 관련된 것은 별도로 제작되었다.[40] 참고로 1920년대 경상북도에서 활동사진 상영과 관련된 사항을 도표화한 것이 <표 3>이다.

〈표 3〉 1920년대 경북의 활동사진 상영 횟수 및 관람자 수

| 년도 | 예산액(엔) | 개최횟수(회) | 관람자수(명) | 1회 평균 관람자수 | 비고 |
|---|---|---|---|---|---|
| 1921 | 13,695 | 139 | 239,886 | 1,730 | 예산액은 프로그램 구입비, 기술원 급료 및 여비, 약품대, 기구기계구입비, 운반비, 수선비 등을 포함함. 현재 소유 필름은 71종 112권임. |
| 1922 | 13,586 | 169 | 326,506 | 1,930 | |
| 1923 | 8,260 | 89 | 206,615 | 2,320 | |
| 1924 | 5,510 | 65 | 132,690 | 2,040 | |
| 1925 | 4,780 | 63 | 151,864 | 2,410 | |
| 1926 | 4,780 | 58 | 135,650 | 2,339 | |
| 1927 | 4,780 | 61 | 153,390 | 2,514 | |
| 1928 | 4,500 | 28 | 73,500 | 2,625 | |
| 1929 | 4,719 | | | | |

(자료) 경상북도, 1930, 『慶尙北道社會事業要覽』, 66~67쪽.

이처럼 활동사진의 상영을 주요한 선전수단으로 이용한 것에 대해 조선총독부 촉탁인 津村勇은 "'앎'은 친선의 근본이어서 마땅히 그것이 내선융화를 촉진하는 일 수단이 된다고 생각한다. 그것이 가능한 한 교화방면에서는 좋은 프로그램을 만들어 민중을 지도하지 않으면 안된다. 일본에서도 우리들(조선총독부 - 인용자)도 항상 생각"하고 있는 것이라 하여 활동사진을 동화정책의 주요한 수단으로 생각하고 이용할 것을 주장하였다.[41]

한편 조선의 사정을 일본 및 외국에 소개할 목적으로 조선총독부 내무

---

40) 조선총독부내무국사회과, 1928, 「朝鮮總督府活動寫眞班槪況」 『朝鮮社會事業』 제6권 7호, 53쪽.
41) 津村勇, 1926.7, 「敎化映畵は果して行詰つてゐるか」 『朝鮮社會事業』 제4권 제7호, 23쪽.

국이 제작한 활동사진은 두 종류로 구분할 수 있다. 하나는 일제의 식민지 지배의 결과 조선이 근대적인 발전을 이루었다는 것이고, 다른 하나는 조선의 명승지를 소개한 것이다.

먼저 전자의 것으로는 <朝鮮의 交通>, <朝鮮의 都市>, <朝鮮의 農業>, <朝鮮의 産業>, <朝鮮의 임업>, <조선의 교육>, <조선의 사회시설>, <조선의 병원>, <조선의 미션>, <조선의 관공서>, <조선의 商工業> 등이 있다. 예를 들면 <조선의 교육>은 조선교육령에 의한 시설개요를 촬영한 것으로서 보통학교, 고등학교, 실업학교, 전문학교 등을 소개하였으며, <조선의 사회시설>은 사회사업에 관한 것으로서 도서관의 이용 상황, 순회문고의 방법, 기타 수도 상수 시설 등을 소개하였다. <조선의 미션>은 기독교의 활동을 소개한 것으로서 교회당의 내부와 교회가 경영하는 병원, 학교, 선교사의 주택 등을 소개하였다. <조선의 관공서>는 조선총독부, 도청, 군청, 면사무소의 외관 및 집무상황을 소개하였다.

후자의 것으로는 <朝鮮의 金剛山>, <妓生의 舞>, <新羅舊蹟>, <百濟遺蹟>, <鴨綠江의 筏>, <金剛山>, <雪의 秘苑>, <丹陽江伴>, <朝鮮의 旅 日本으로부터>, <朝鮮의 旅 滿洲로부터>, <朝鮮의 旅 間島로부터>, <朝鮮旅行> 등을 들 수 있다. <朝鮮의 金剛山>은 세계적 명승지로서 인구에 회자되는 금강산의 실경을 표현하고 있는 實寫物로서 내금강, 외금강, 해금강으로 나누어 소개하였다. <妓生의 舞>는 '조선 명물'의 하나인 春鳳舞, 四鼓舞, 劍舞, 僧舞 등 기생의 춤을 소개하였다. <金剛山>은 금강산의 대표적인 계곡미를 모은 것으로서 만폭동, 장안사, 비로봉, 구룡연, 팔담, 만물상, 해금강 등을 소개한 것이다. 특히 <朝鮮의 旅 日本으로부터>, <朝鮮의 旅 滿洲로부터>, <朝鮮의 旅 間島로부터>, <朝鮮旅行>은 조선에 대한 관광 안내서와 같은 역할을 하였던 것으로 보인다. <朝鮮의 旅 日本으로부터>는 시모노세키(下關)

부터 부산에 상륙하여 대구, 경주를 보고 서울에서 금강산에 들어가 신의주에 이르는 과정을 소개하였으며, <朝鮮旅行>은 부산에 상륙하여 대구, 서울, 인천, 개성, 평양을 보고 신의주에서 끝나는 行程을 소개하였다.[42] 이는 일본인의 조선 여행을 확대하려는 목적에 의한 것이라 보인다. 그리하여 금강산을 관광지로 개발하고자 하였던 것이다.[43]

이외에도 일본 및 외국의 사정을 소개하기 위한 활동사진으로는 <間島事情>, <露國避難民>, <米人朝鮮觀光團> 등이 있으며, 사회사업 시설을 소개하는 활동사진으로는 <看護婦養成>, <京城水害>, <京城幼稚園>, <愛國婦人會總會>, <感化院> 등이 있었다.

이렇게 제작된 활동사진 중 조선에 대한 소개영화는 일본 및 외국인에 대해 조선을 이해시킴으로써 식민지 지배의 정당성을 부여하는 것에 이용되었다. 그리하여 영문 혹은 불문으로 자막을 넣은 활동사진을 각국의 대사관이나 대표적인 단체 등에 기증하여 적당한 기회에 상영을 의뢰하였다. 조선 관련 활동사진을 송부한 국가는 미국, 영국, 프랑스, 스위스, 스웨덴 등이었다.[44] 이외의 활동사진은 각각 사회사업에 대한 소개 및 농촌진흥운동 등의 교화사업, 노동자 수급 조절 등 조선총독부가 조선인을 설득하는데 이용되었다.[45]

---

[42] 조선총독부내무국사회과, 1928, 「朝鮮總督府活動寫眞班槪況」『朝鮮社會事業』 제6권 7호, 56~63쪽.

[43] 조선총독부는 조선을 식민지로 획득한 이후부터 관광개발에 착수하여 조선인과 일본인을 관광객으로 유치하고자 하였다. 금강산 관광개발에 가장 큰 역할을 하였던 것은 금강산전기철도였다. 금강산전기철도는 1924년 철원에서 김화 사이의 영업을 개시하였고, 1931년에는 末輝里에서 內金剛까지의 노선이 모두 개통되었다. 또한 조선총독부철도국이 경영하였던 동해북부선이 개통되어 금강산 관광객은 더욱 증가하였다.(李良姬, 2004, 「金剛山 觀光開發の文化人類學的硏究」, 廣島大學大學院國際協力科 博士學位論文, 26쪽.)

[44] 조선총독부내무국사회과, 1928, 「朝鮮總督府活動寫眞班槪況」『朝鮮社會事業』 제6권 7호, 55쪽.

[45] 조선총독부내무국사회과, 1928, 「朝鮮總督府活動寫眞班槪況」『朝鮮社會事業』 제

특히 1920년 5월 조선총독부는 군수들로 구성된 일본시찰단을 파견하였는데 활동사진반을 동행시켜 촬영하도록 하였다.[46] 이 필름은 모두 5권으로 구성되었는데 사이토총독은 1920년 9월 2일 각 도지사를 초대한 자리에서 군수시찰단의 활동사진을 관람하고 일반에게도 공개하라고 지시하였다.[47] 활동사진 속에 나타난 군수시찰단의 여행일정과 상영 일시 및 장소는 다음의 <표 4>, <표 5>과 같다.

〈표 4〉 1920년 활동사진 '군수시찰단' 시찰 일정

| | |
|---|---|
| 제1권 | 군수 일행, 남대문과 남대문역, 京城下關간 여행도, 연락선의 항해, 下關상륙 모습, 일본여행단, 廣島(시가광경, 부인근로), 吳해군공창, 軍港攝津, 神戶(항내광경, 川崎조선소, 湊川신사) |
| 제2권 | 대판(시가광경, 大阪城과 砲兵工廠, 中の島公園과 公會堂, 控訴院, 大阪朝日新聞社, 日本紡績株式會社工場, 簡易食堂과 職業紹介所, 道頓堀, 樂天地와 通天閣 |
| 제3권 | 경도(二條離宮, 東本願寺, 疏水, 동물원, 北野神社, 金閣寺), 나라(春日神社, 鹿群, 三笠山, 猿澤池, 大佛殿, 公會堂), 山田(伊勢神宮, 徵古館내 日本上古服裝, 二見浦日出 광경), 名古屋(名古屋城, 廣小路) |
| 제4권 | 日本製陶會社, 소방 연습, 淺野合板所, 岡崎 부근(安城農林學校, 三龍社), 靜岡 부근(久能山 東照宮, 村祠, 興津, 淸見寺, 사범학교 부속 소학교, 농상무성 과수시험장, 日本製茶會社) |
| 제5권 | 동경(東京驛에서 宮城으로, 凱旋通, 大審院 부근, 日比谷公園, 乃木將軍邸와 그의 묘, 上野公園과 不忍池, 교통정리의 광경), 高麗村(촌내 광경, 聖天院, 高麗神社), 所澤飛行場 |

(자료)「郡守內地視察狀況の活動寫眞映寫」朝鮮總督府,『朝鮮』1920년 11월호, 167~168쪽.

〈표 5〉 1920년 활동사진 '군수시찰단' 상영 일자 및 장소

| 상영일자 | 상 영 | 장 소 | 관 람 자 수 (명) |
|---|---|---|---|
| 8. 26 | 서 울 | 어의동보통학교 | 4,000 |
| 8. 27 | 서 울 | 교동보통학교 | 4,500 |
| 8. 28 | 서 울 | 매동보통학교 | 4,500 |

6권 7호, 54쪽.
46) 조성운, 앞의 논문, 112쪽.
47)『동아일보』1920년 9월 3일,「總督知事招待 活動寫眞映寫」.

| 8. 29 | 서 울 | 남대문소학교 | 4,500 |
|---|---|---|---|
| 8. 30 | 서 울 | 원정동 | 3,500 |
| 8. 31 | 인 천 | 심상동 | 2,500 |
| 9. 8 | 개 성 | 제일보통학교 | 8,000 |
| 9. 4 | 함 흥 | 보통학교 | 8,000 |
| 9. 5 | 원 산 | 同樂座 | 500 |
| 9. 10 | 평 양 | 제일보통학교 | 8,000 |
| 9. 11 | 의 주 | 보통학교 | 2,500 |
| 9. 12 | 안 동 | 유치원 | 1,500 |
| 9. 15 | 광 주 | 보통학교 | 3,000 |
| 9. 17 | 대 전 | 경찰서의 橫手 | 5,000 |
| 9. 20 | 대 구 | 조선관 | 2,500 |
| 9. 22 | 부 산 | 寶來館 | 1,400 |
| 9. 22 | 진 주 | 심상소학교 | 4,100 |
| 계 | | | 68,000 |

(자료)「郡守內地視察狀況の活動寫眞映寫」朝鮮總督府,『朝鮮』1920년 11월호, 168쪽.

<표 4>, <표 5>를 통해 볼 때 군수시찰단은 일본의 근대문물, 행정 사무와 관련된 시설 및 전통문화시설을 주로 시찰하였으며 상영장소는 주로 보통학교의 운동장을 이용하여 가능한 한 많은 사람들이 볼 수 있 도록 하였다. 부산, 원산, 인천, 대구 등지는 우천으로 인하여 학교운동장 을 사용하지 못하고 강당에서 상영했기 때문에 관람인원이 상대적으로 적었다. 그리고 진주, 대전과 같이 전력이 약한 지역에서는 활동사진의 화면을 최대한 선명하게 하기 위해 상영장 근처의 점등수를 반감시키고 민가의 전력 사용도 감소시키도록 하는 등 특별한 대책을 강구하였다.[48]

그리고 관람자는 주로 지식층이었다고 하지만 평양, 의주, 안동지역 은 관람자의 50% 이상이 부녀자였다. 관람자 중에는 소학교, 보통학교, 고등보통학교, 농학교 등의 학생, 遞信局吏員養成所生徒, 경성기업장의 여공, 안변군 각 면장, 조선인교원양성소강습생, 진주수비대 장교 이하

---

48)「郡守內地視察狀況の 活動寫眞映寫」朝鮮總督府,『朝鮮』1920년 11월호, 169쪽.
실제 서울의 매동보통학교, 함흥, 대구에서는 상영 중 전기가 고장나기도 하여 전 력사정이 그리 좋은 편이 아니었음을 알 수 있다.

100여명의 군인 등 단체관람자도 있었다. 또한 김천에서는 면직원, 학교 평의원, 면협의원, 각 면의 구장, 기타 유지자, 군청원, 경찰서장, 보통학 교 직원 등이었다.[49] 그런데 관람자는 "관민 유지와 면장의 안내"[50]나 "부군청과 경찰서의 公力"[51]에 의해 동원되었다. 활동사진의 소개는 일 본시찰을 다녀온 군수들이 맡았으며 그 효과가 만족스러웠다고 한다.[52] 그런데 활동사진의 내용 중 일반 유식자는 사회시설 및 상공업의 발달, 부인은 제사공장 및 농사에 관한 것과 히로시마지방의 일본여성의 노동, 학생은 일본의 학교, 군함 및 비행기의 상황 등에 관심을 보였으며, 일본 의 신사나 사찰 등에 대해서는 상대적으로 관심이 적었다고 한다.[53]

그런데 활동사진 '군수시찰단'에 대한 상영은 영사기를 보유한 충북, 전북, 강원의 3도를 제외한 나머지 지방에서 행해진 것이며 이들 3도에 는 필름을 복사, 대여하여 상영하도록 하였으므로 실제 관람자의 수는 더 많았을 것으로 보인다.[54] 또한 1920년 12월 22일 제2회 정보위원회 에서도 조선사정 및 내지사정에 관한 활동사진을 상영하였다.[55]

그리고 일본에서 조선 및 간도사정을 소개할 목적으로 東洋協會의 협조를 받아 활동사진을 상영하였으며, 미국 뉴욕의 뉴욕교회에서는 朝 鮮事情活動大寫眞會가 'Japanese-American Commercial Weekly社'의 주최로 개최되었는데 좌석이 모자라 서서볼 정도였다고 한다. 이 자리에 서는 소학교에서 대학교에 이르는 학생들의 생활을 담은 <學校生活>

---

49) 『매일신보』 1921년 4월 22일, 「각도 선전 상황, 김천군의 선전」.
50) 『매일신보』, 1921년 4월 26일, 「統營宣傳」.
51) 「全羅南道知事の施政宣傳」 朝鮮總督府, 『朝鮮』 1921년 2월호, 192쪽.
52) 「郡守內地視察狀況の活動寫眞映寫」 朝鮮總督府, 『朝鮮』 1920년 11월호, 169~170쪽.
53) 郡守內地視察狀況の 活動寫眞映寫」 朝鮮總督府, 『朝鮮』 1920년 11월호, 170쪽.
54) 郡守內地視察狀況の 活動寫眞映寫」 朝鮮總督府, 『朝鮮』 1920년 11월호, 168쪽.
이와 같은 사이토총독의 관심 속에서 활동사진은 1920년의 경우 조선 각지의 20 개소에서 상영되었으며 관람자는 약 10만 명을 상회하였다(朝鮮總督府, 1921, 『朝 鮮に於ける新施政』, 7쪽).
55) 「情報委員會及情報係」 朝鮮總督府, 『朝鮮』 1921년 1월호, 148쪽.

을 상영한 후 조선사정을 소개하는 활동사진을 상영하였다. 이를 통해 조선총독부가 조금도 미국의 종교(기독교－인용자)를 탄압하지 않았으며 조선을 병합한 이후 조선의 개발에 힘써 격세지감을 느낄 정도로 발전하였다는 것을 선전하였다.[56]

이처럼 '근대 문물'로서의 활동사진은 일본의 근대성과 선진성을 조선, 일본뿐만 아니라 미국과 영국 등 외국에까지 선전함과 동시에 조선에 대한 일본의 식민지 지배의 근대성과 정당성을 부여하는 데에 이용되었다.

## 2) 인쇄물의 발행

조선총독부는 조선을 식민지로 획득한 이후 시정방침을 주지, 선전하기 위해 활동사진과 함께 일본어신문인『경성일보』, 조선어신문인『매일신보』, 영어신문인『The Seoul Press』등 일간지와『朝鮮總督府月報』,『朝鮮彙報』,『朝鮮』,『朝鮮文朝鮮』등의 월간지를 기관지로 발행하여 조선총독부의 정책 선전과 조선인에 대한 동화의 수단으로 이용하였다. 그리고 앞에서도 언급했듯이 정무총감 미즈노는 "종래 조선총독부에서는 잡지『朝鮮』, 그 외의 인쇄물, 활동사진 등을 통하여 施政의 진상을 내외에 소개하려고 노력했지만 금번에는 보다 조직을 일신해서 정보위원회를 설치하여 전적으로 그 방면의 사무에 전념"시키기 위해 조선정보위원회를 조직하였다고 하였다. 여기에서『朝鮮』을 비롯한 기관지의 발행이 조선정보위원회의 설치와 밀접한 관련을 갖고 있다는 것을 알 수

---

56)「內地に於ける朝鮮事情紹介」朝鮮總督府,『朝鮮』1921년 9월호, 177쪽. 東洋協會의 협조로 일본 내에서 조선 및 간도사정을 소개하는 활동사진이 상영된 장소 및 횟수는 다음의 표와 같다.

| 부현명 | 長野 | 山形 | 和歌山 | 兵庫 | 佐賀 | 大阪 | 京都 | 新潟 | 千葉 | 新奈川 | 계 |
|--------|------|------|--------|------|------|------|------|------|------|--------|------|
| 개소수 | 7 | 5 | 6 | 1 | 5 | 4 | 3 | 6 | | | 37 |
| 인 원 | 18,000 | 6,000 | 10,000 | 4,000 | 6,000 | 5,000 | 3,000 | 8,000 | | | 60,000 |

(자료)「內地に於ける朝鮮事情紹介」朝鮮總督府,『朝鮮』1921년 9월호, 177쪽.

있다.

월간지의 경우만을 보면 『朝鮮總督府月報』는 발행목적이 창간 당시 "조선의 시정, 산업 기타의 상황을 수집"[57]하기 위한 것에서 1913년 11월 발행 규정이 개정되면서 "조선의 시정 기타 제반 사항을 주지"하는 것으로 변경하였으며, "서임 및 사령, 통계, 판결례, 법령 및 통첩"[58] 등을 기록하도록 명시하였다. 즉 기존의 발행목적을 '수집'에서 '주지'로 변경함과 동시에 '서임 및 사령, 통계, 판결례, 법령 및 통첩' 등을 수록하도록 하여 『朝鮮總督府月報』를 관보로써 정책홍보의 수단으로 활용하겠다는 조선총독부의 의도를 파악할 수 있다.[59]

『朝鮮彙報』는 "조선의 행정 및 제반 사항"을 알릴 것을 목적으로 하였으며, "서임 및 사령, 행정, 재정 및 금융, 산업, 교통 및 토목, 학사, 사법 및 경찰, 연구자료, 외국사정, 지방통신, 잡보, 질의응답, 통계, 법령 및 통첩, 판결례, 국어 및 조선어 연구"[60]를 게재하도록 하였다. 『朝鮮總督府月報』보다 수록되는 기사가 세분화되었음을 알 수 있다. 더욱이 조선어 연구가 수록되는 것은 1917년 10월에 한글판 지방호를 발행하여 조선총독부의 정책방향이나 목표가 지방의 하부행정조직에까지 미칠 수 있도록 한 것이었다고 할 수 있다. 특히 한글판 지방호가 발행되는 1917년은 1914년 지방행정제도의 개편, 1917년 면제의 전면적 실시로 이어지는 지방지배체제의 개편과 맞물려 있는 것으로 판단된다.[61]

『朝鮮』(1920. 7~1944. 11·12 합병호)은 『朝鮮總督府月報』(1911. 5~1915. 2)와 『朝鮮彙報』(1915. 3~1920. 6)를 계승한 조선총독부의 기관지

57) 朝鮮總督府, 1911.12.20, 『朝鮮總督府月報』(1-7).
58) 京城帝國大學 法文學部 經濟硏究室編, 1935, 『朝鮮彙報分類總目錄』.
59) 황민호, 「일제하 조선총독부 기관지의 발행과 법률 관련 자료의 경향」 『법사학연구』 31, 293쪽.
60) 朝鮮彙報編纂委員, 1915.5, 『朝鮮彙報』.
61) 황민호, 앞의 논문, 297쪽.

였다.『朝鮮彙報』가 어떠한 과정을 거쳐『朝鮮』으로 개편되었는지는 명확하지 않지만 3·1운동 이후 이른바 '문화통치'의 실시와 관련이 있을 것으로 보인다. 이와 관련하여 조선정보위원회는 특별위원을 두어『朝鮮』의 경영방법에 관한 연구를 행하도록 하였다.[62] 그런데『朝鮮』의 편찬위원은 대부분『朝鮮彙報』의 편찬위원으로 활동했던 인물[63]이었으므로『朝鮮』의 편집방향은『朝鮮彙報』와 크게 다르지 않았을 것이라 생각된다.

조선정보위원회가『朝鮮』을 편찬하기 시작한 직후인 1921년의 경우 수록된 글의 내용과 필자를 보면 총독부 관리 105명, 일본인 56명, 외국인 6명, 조선인 17명이며, 내용을 보면 통치정책 43건, 외국의 식민정책 및 소개 4건, 사회교화를 포함한 교육·사회사업 42건, 사회·풍속·습관·역사·사정·민족성에 관한 것 40건, 산업경제 25건, 내선융화 19건, 재조일본인에 관한 것이 20건이다.[64] 이를 통해 보았을 때『朝鮮』은 총독부 관리 및 일본인이 필진의 대부분을 차지하였으며 그 내용은 조선의 전통적인 문물이 열등하다는 것을 강조하는 내용과 일제의 식민지 지배의 결과 조선이 근대적으로 발전하였다는 것을 강조하는 내용의 글이 주가 되었다는 것을 알 수 있다. 이는 결국 조선의 식민지 지배를 정당화하는 것이라 할 수 있다.

한편 조선정보위원회가 발행한 도서에는 이외에도 3·1운동에 대한 각국의 반응을 수집, 분석한『情報彙纂』이 있다.『情報彙纂』은 월간으로 발행된 소책자로서 분량도 약 20~60쪽 내외로 발행된 조선총독부의 비밀보고서로 보인다. 따라서 이를 통해 일제가 3·1운동 이후 조선에 대한 일본의 식민지 지배를 서구에서 어떠한 시각으로 바라보고 있는가를 예의주시하고 있었음을 알 수 있다. 다음의 <표 6>을 통해 조선총독부가 이 문건을 제작한 이유를 알 수 있을 것이다.

---

62) 「情報委員會及情報係」朝鮮總督府,『朝鮮』 1921년 1월호, 149쪽.
63) 황민호, 앞의 논문, 305쪽.
64) 김규환, 앞의 책, 주 79).

〈표 6〉『情報彙纂』 각호의 제목 및 수록 기사 제목[65]

| 권호 | 년도 | 제목 | 수록 기사 제목 |
|---|---|---|---|
| 정보휘찬 7 | 1921. 8 | 조선에 관한 외국인의 평론 | 조선문제의 감상, 피케로씨의 강연, 피케로씨의 일본식민정책, 세계에서의 일본의 지위 |
| 정보휘찬 8 | 1921. 9 | 조선에 관한 해외 간행물 기사적요 | 『조선비평(Korea Review)』 5월호(신일영동맹약관의 제안, 일영동맹론, 친일주뇌자를 살해함, 그러라 들어라 보라), 하와이신문(조선독립운동은 더욱 성하게 된다고 동양여행에서 돌아온 이승만이 말함), 미국잡지(민족자결주의란 말에 잘못된 조선문제) |
| 정보휘찬 1 | 1923. 3 | 조선통치에 관한 외국인의 비평 | 조선자결의 요망, 조선 독립운동의 梗槪, 조선통치비평의 서간 |
| 정보휘찬 2 | 1923. 3 | 조선평론, 하와이 국민보 및 독일 신문 기사적요 | 『조선평론(Korea Review)』 1920년 9월 발행분, 『조선평론(Korea Review)』 1920년 10월 발행분, 국민보, 독일신문 백림일보 기사적요, 『Koreanische Zeitung』 기사적요 |
| 정보휘찬 3 | 1923. 3 | 조선평론, 미국저서 및 독일신문 기사적요 | 『조선비평(Korea Review)』 1920년 11월호 기사적요, 미국저서 한국의 부흥의 梗槪, 독일신문 백림일보 기사적요 |
| 정보휘찬 4 | 1923. 3 | 조선평론, 하와이 미국신문 간행물 및 통신 | 『조선비평(Korea Review)』 1920년 12월호 기사적요, 하와이(국민보 기사적요, 한미보 기사적요), 미국신문(워싱톤헤럴드 기사적요, 뉴욕타임즈 기사적요), 미국간행물(재미조선동정자협회의 목적위치 및 역원, 재미인도독립동정자협회의 목적위치 및 역원), 영미통신(재미조선인활동의 형식, 재미조선인의 활동기관, 조선문제와 영국) |
| 정보휘찬 5 | 1923. 3 | 영미의 조선인의 불온운동 | 미국 재류 조선인의 독립운동, 영국의 조선독립운동에 관한 선전사정에 대하여(선전운동의 발단, 선전기관의 조직, 선전공명의 이유), 조선인의 요청 |
| 정보휘찬 11 | 1923. 4 | 조선인의 사상 | 조선인의 사상(부론, 白大鎭의 오해), 속 조선인의 대일사상(어느 것이 그 본류) |
| 정보휘찬 12 | 1923. 6 | 조선인에 대하여 | 조선에 대하여 |
| 정보휘찬 10 | 1923. 12 | 하와이 재류 조선인 일반상태 | 인구, 妻子呼寄, 귀국자, 생활상태, 교육(미국인 경영 학교, 조선인 경영 학교), 종교(멘지스트교회, 신립교, 성공회, 각교회 소재지 및 목사 성명), 위생, 범죄, 미국관청에 고용된 조선인, 결사단체 및 그 기관지(교민단, 조선인독립단, 대한인부인구제회) |

<표 6>을 통해 볼 수 있듯이 조선총독부는 3·1운동 이후 미국, 하와이, 영국, 독일 등지에서 조선에 대한 일본의 식민지배에 대한 여론의 동향과 조선인의 독립운동 동향을 세밀히 관찰, 주목하였음을 확인할 수 있다. 특히 일본은 자국의 동맹국인 영국에서 조선의 독립운동에 대한 동정여론이 발생한 것에 대해 주목하였다. 이하에서는 『情報彙纂』에 소개된 기사를 중심으로 일본의 대외선전활동을 살펴보고자 한다.

미국과 영국에서 조선문제가 대중 및 정치권에서 관심을 끌게 된 것은 맥켄지(Fred Arthur Mckenzie)와 같은 인물들의 활동에 힘입은 바가 크다고 할 수 있다. 그는 1922년 『Chicago Daily News』에 당시 경성일보사장이던 후쿠시마(副島)백작에게 공개서한을 발표하였다. 여기에서 맥켄지는 일본이 주장하던 조선인 열등설과 자치능력 결여론을 반박하였다. 즉 "조선인이 본질적으로 열등한 인종(제2의 아이누처럼)이라고 하는 일본인의 사고방식은 일본이 조선을 지배하기 시작한 때부터 많은 곤란한 문제를 제기하는 원인이었다. 조선인을 모멸함으로써 조선인에 대한 학대와 불의를 행하여 권력의 남용을 가져오게 하는 결과가 되기도 하였다."[66]고 하였다. 또한 자신의 저서인 『朝鮮의 獨立運動』을 모국인 영국의 각 신문사에 무료 배포하여 각 신문에서 이 책을 소개하도록 하였다. 이에 따라 영국 내에서는 조선문제에 대한 관심이 증가하였고, 조선의 독립에 대한 동정적인 여론이 형성되었으며, 그 결과 영국의 자유당과 노동당의 하원의원들을 중심으로 英國朝鮮同情者協會(The League of the English Friends of Korea)가 조직되어 활동하게 되었다.[67]

영국조선동정자협회는 1920년 10월 26일 영국하원 외교위원실에서 발회식을 거행하고 로버트 뉴먼(Robert Newman)을 회장으로 선임하였다. 이 협회의 목적은 자유와 정의를 위해 분투하고 있는 조선민족을 구

---

65) 국회도서관 전자도서관의 자료에서 정리하였다.
66) 『Chicago Daily News』 1922년 11월 22일(김규환, 앞의 책, 202쪽에서 재인용)
67) 「朝鮮問題와 英國」 朝鮮情報委員會, 1923.3, 『情報彙纂』 4, 42~43쪽.

제하는 중대문제를 협의하는 것이었다.[68] 이 회의에서 결의된 사항은
조선의 사회·정치·경제 및 종교에 관한 상황을 정밀하고 확실하게 조사
하여 정보선전에 힘쓸 것, 조선민족의 정의와 자유를 획득하기 위한 운
동에 대해 동정적 원조를 줄 것, 조선의 기독교 전도에 대해 신교의 자
유를 옹호하는데 힘쓸 것, 조선에서 박해받는 과부, 고아와 정치 및 종교
상의 희생자에 대해 위안, 원조를 줄 것[69] 등이었다.

또한 조선총독부는 미국조선동정자협회에 관해서도 기초조사를 하였
다. 이 협회의 목적은 다음과 같다.

  (1) 조선의 실정을 선전하고 미국공중에게 주지시켜 조선민족의 복리를
      도모할 것
  (2) 조선인 기독교도의 신교자유를 보호할 것
  (3) 종전 조선인이 받았던 학대의 재연을 방지할 것
  (4) 조선의 과부, 고아 및 무고한 궁민을 구조할 것
  (5) 米朝 양인민간의 우의와 통상관계를 扶植進善할 것
  (6) 조선 독립을 위해 여론을 환기, 통일할 것[70]

이로 보아 3·1운동 직후 영국과 미국에서는 조선의 독립을 옹호, 원
조하는 단체가 발족되었으며, 이들 단체에는 국회의원 등 정치인도 참여
하였음을 알 수 있다. 또한 양국의 조선동정자협회의 설립 목적이 대단
히 유사하였음을 알 수 있다. 따라서 이러한 변화는 일본의 입장에서는
껄끄러운 것일 수밖에 없었을 것이다.

또한 양국의 조선동정자협회에서 내걸었던 목적 가운데 주목되는 것

---

68) 「英國に於ける獨立運動に關する宣傳事情に就て」 朝鮮情報委員會, 1923.3, 『情報彙纂』 5,
    16쪽.
69) 「英國に於ける獨立運動に關する宣傳事情に就て」 朝鮮情報委員會, 1923.3, 『情報彙纂』 5,
    17~18쪽.
70) 「在米朝鮮同情者協會の目的位置及役員」 朝鮮情報委員會, 1923.3, 『情報彙纂』 4,
    35쪽.

은 기독교의 신교 자유를 강조한 것이다. 이는 조선총독부가 3·1운동이 발생했을 때 수원 제암리의 경우에서 보였던 교회에 대한 방화와 학살 등 기독교에 대한 탄압과 가혹한 식민지 지배의 이미지가 강했기 때문이 아닌가 한다. 그리하여 조선총독부는 종교탄압이라는 서구세계의 비판을 극복해야 하였을 것이다.

이러한 필요에 따라 조선총독부는 기독교에 대한 정책 변화를 채택해야 했다고 생각된다. 즉 조선총독부는 3·1운동의 주요원인으로서 파악했던 기독교선교사들의 반일활동에 대해 적극적으로 대처하여 그들에게 접근하여 회유하는 방향으로의 정책변화를 꾀하였다. 그리하여 사이토 총독은 일본교육령에서 금지하였던 학교 내의 선교활동을 허용하였다. 그리고 일본인 유지와 기독교 목사들과의 간담회의 개최, 총독이나 정무 총감이 개최하는 파티에 선교사 초대, 기관지인 『朝鮮』에 선교사들이 조선에서 이룩한 업적을 소개하기도 하였다. 이리하여 『Seoul Press』의 사장 야마기타(山縣五十雄)은 다음과 같이 말하였다.

> 조선의 조선인 사이에 외국선교사의 신망이 높은 것은 세상이 잘 아는 일이지만 그 원인은 그들 선교사의 많은 수가 일의전념, 일신안락을 희생함으로써 헌신적으로 죽을 때까지 조선인 교화에 노력하여 영적으로 그들을 유도할 뿐만 아니라 앓는 사람에게 의료를 베풀고 고아를 양육하고 불구자를 구제하는 등의 박애사업을 수행하기 때문이다.[71]

정무총감 미즈노도 같은 취지의 발언을 하였다.[72] 이처럼 3·1운동 이후 조선총독부는 외국인 선교사를 포함한 조선의 기독교 및 신자들을 체제 내적으로 포섭하고자 하였던 것이다. 그리고 이렇게 함으로써 외국인 선교사나 조선인 신자의 협력을 얻어 이익이 된 점이 많았다[73]고 하였다.

---

71) 김규환, 앞의 책, 196쪽.
72) 「朝鮮基督教新教傳道團聯合會議に於ける水野政務總監の演說」 『施政關諭告·訓示並演說』(1919~1922), 朝鮮總督府, 349쪽.

이외에도 조선정보위원회는『比律賓人問題』(1921),『比律賓의 敎育과 그 將來』(1922),『朝鮮事情』(1922) 등을 편찬, 출판하였다. 그리고『1919년 이집트 대폭동』(1923)은 조선총독부관방서무부에서 편찬되었지만 조선정보위원회의 업무를 담당하였던 것이 서무부 조사과였으므로 이 역시 조선정보위원회에서 편찬한 것으로 보아야 할 것이다. 그런데 필리핀과 이집트는 각각 미국과 영국의 식민지였으므로 조선을 식민지로 통치하는 조선총독부는 타국의 지배정책에 대한 연구의 필요에 의해 이 책들을 편찬하였다고 생각된다.

따라서 조선정보위원회는 단순히 조선의 사정을 일본 및 외국에 소개하고 일본의 사정을 조선에 소개하는 수준이 아니라 타국의 여론 동향과 그 지역에 거주하는 조선인들의 동향까지도 파악, 분석하는 기능도 수행하였던 것이라 생각된다. 이것은 제1차 세계대전 당시의 일본의 정보력 부재가 조선정보위원회를 설치하게 된 계기였다는 측면에서 보면 일견 타당성이 있다고 생각된다.

### 3) 강습회의 개최

강습회는 조선총독부가 3·1운동으로 인해 분출된 조선인의 독립 의지와 독립운동을 진무하기 위해 채택한 방법의 하나였다. 이것은 활동사진의 상영, 각종 인쇄물의 배포와 함께 '新施政'의 내용을 조선인에게 주지, 선전하기 위한 이른바 '施政周知運動'의 일환으로 전개되었다. 이러한 시도는 사이토총독이 구상한 것으로 보인다. 조선총독으로 부임하면서 조선통치의 방법에 대한 의견을 각계로부터 수렴한 사이토는 '신시정'에 대한 인쇄물의 배포, 민정시찰 등과 함께 "지방선전의 방법을 마련하고 각도의 조선인 중 유능한 인물을 총독부에 불러내어 시정방침의

---

73)『子爵 齋藤實傳』제2권, 564쪽(강동진, 앞의 책, 90쪽, 주 63) 재인용)

대강과 세계에서 차지하는 일본의 지위 등을 알리고 각 지방민에게 그 취지를 전"[74]하도록 하였다. 특히 '세계에서 차지하는 일본의 지위'는 <표 3>에서 보이듯이 『情報彙纂』(1921년 8월)에 수록된 기사의 제목과 같다. 이는 세계에서 일본이 차지하고 있는 위상을 강조함으로써 조선인들에게 일본의 강대함을 보여 조선의 독립이 불가능하다는 것을 각인시키고자 했던 것으로 판단된다.

이러한 취지에서 조선총독부는 각지에서 강습회나, 강연회를 개최하였다. 그 첫 번째 시도가 1919년 9월 20일부터 각도의 유력자, 명망가, 신지식층 51명을 초대하여 강습회를 개최한 것이었다. 이것은 조선총독부의 새로운 시정방침, 즉 '문화통치'의 내용을 조선인에게 보다 잘 이해, 관철시키기 위한 목적을 갖고 있는 것이었으며, 정무총감 이하 총독부의 고위관리들이 강연을 하고, 참석자들로부터 민정과 식민통치에 관한 의견을 청취하였다.[75] 그러나 이 강습회는 "특별한 효과가 無하고 會集한 50여명의 각도 대표단 등도 有耶無耶裏에 귀향하였다."[76]고 할 정도로 그 성과가 크지 않았다.

이를 시작으로 조선총독부는 1921년 '시정주지운동'을 전개하여 전국 각지에서 강습회를 개최하였는데 조선총독부가 제시한 강연요령은 다음과 같다.

> 병합의 정신과 신총독의 시정방침
> 관제 개정 후의 신시정에 대한 취지 설득 요령
> A. 지방자문기관(도평의회, 학교평의회, 부·면협의회)에 대해서는
>    자문기관은 지방자치제의 첫걸음이다.

---

74) 「사이토총독, 최근에 있어서의 조선의 정세」(강동진, 위의 책, 22쪽 재인용)
75) 朝鮮總督府, 『朝鮮總督府施政年報』(1918~1920), 13쪽.
76) 『獨立新聞』, 1920년 10월 11일, 「總督府施政講習會의 大失敗 日本新聞이 總督府 의 愚劣을 嘲笑함」. 이 기사는 1921년 10월 2일자의 『大阪每日申報』의 기사를 전 재한 것이다.

　　지방자치제에 대한 오해(조선인의 이익을 위한 것이라는 점을 강조)
　　자문기관 운영에 대한 협력을 요망
B. 문화시설
　① 교육기관의 보급 개선에 대해서는 보통학교의 증설 및 수업연한 연
　　장, 중등학교의 증설
　② 태형폐지
　③ 위생기관 확장
　④ 임시 은사금에 따른 사회구제사업 시설
　⑤ 형식정치의 타파
C. 치안유지의 확립
　① 경찰제도의 개혁
　② 경찰기관의 충실
　③ 불평행위의 박멸
　　독립은 불능이라는 것. 불령자의 盲動은 양민에게 해를 끼치므로
　　恩威병행주의로 대처한다는 것을 강조.
D. 조선인 관리의 대우 개선
　① 봉급령 기타 급여령(여비규칙)의 개정
　② 조선인 보통학교장의 임용, 고등관 임용 범위 확대, 조선인 판·검사
　　권한 확대

　지방민에 대한 희망
A. 공존공영
　　세계의 대세와 동양의 상황에서 제국의 지위와 사명은 중대하며 조선
　　인은 일본과 공존하는 것으로서 행복하게 된다.
B. 內鮮融和
　① 同源同族
　② 양 왕가의 성혼 및 정치범의 은사
　③ 상호이해와 반성
　④ 지방 유력자의 책무
　⑤ 지방청년의 참된 사명[77]

　한편 '시정주지운동'이 전개된 지역은 다음의 <별첨 1>과 같다. 이

---

77) 『朝鮮』 1921년 2월호.

외에도 경상북도에서는 1921년 6월에도 16곳에서 강습회를 개최하여
18,800여명을 대상으로 조선총독부의 시정방침을 선전하였다.[78] 경북의
한 당국자는 이러한 '시정주지운동'의 성과로서 다음을 들었다.

78) 「各道一齊に實行せる施政周知運動」 朝鮮總督府, 『朝鮮』 1921년 8월호, 169쪽. 경
북에서 시정주지운동이 전개되었던 곳은 다음의 표와 같다.

| 일자 | 장소 | 강연자 | 인원 | 방법 |
|---|---|---|---|---|
| 6. 2 | 영주(榮州邑) | 군수, 경찰서장 | 1,000 | 강연, 활동사진, 인쇄물 반포, 그림엽서 반포 |
| 6. 3 | 영주(順興邑) | 군수, 경찰서장 | 800 | 강연, 활동사진, 인쇄물 반포, 그림엽서 반포 |
| 6. 5 | 봉화(物野面) | 군수, 경찰서장 | 500 | 강연, 활동사진, 인쇄물 반포, 그림엽서 반포 |
| 6. 6 | 봉화(春陽面) | 군수, 경찰서장 | 600 | 강연, 활동사진, 인쇄물 반포, 그림엽서 반포 |
| 6. 7 | 봉화(乃城面) | 군수, 경찰서장 | 1,500 | 강연, 활동사진, 인쇄물 반포, 그림엽서 반포 |
| 6. 9 | 안주(安州面 邑內) | 군수, 경찰서장 | 1,000 | 강연, 활동사진, 인쇄물 반포, 그림엽서 반포 |
| 6.14 | 영일(浦項面) | 군수, 경찰서장 | 2,300 | 강연, 활동사진, 인쇄물 반포, 그림엽서 반포 |
| 6.15 | 영일(淸河面) | 군수, 경찰서장 | 2,000 | 강연, 활동사진, 인쇄물 반포, 그림엽서 반포 |
| 6.16 | 영덕(尙寧面) | 군수, 경찰서장 | 1,000 | 강연, 활동사진, 인쇄물 반포, 그림엽서 반포 |
| 6.18 | 영덕(盈德 邑內) | 군수, 경찰서장, 현지선출도평의원 | 800 | 강연, 활동사진, 인쇄물 반포, 그림엽서 반포 |
| 6.19 | 영덕(寧海面) | 군수, 경찰서장, 현지선출도평의원 | 1,000 | 강연, 활동사진, 인쇄물 반포, 그림엽서 반포 |
| 6.20 | 영덕(盈德面) | 군수, 경찰서장, 현지선출도평의원 | 1,000 | 강연, 활동사진, 인쇄물 반포, 그림엽서 반포 |
| 6.21 | 경주(江東面) | 서무주임, 主席警部 | 800 | 강연, 활동사진, 인쇄물 반포, 그림엽서 반포 |
| 6.22 | 경주(江西面) | 서무주임, 主席警部 | 1,500 | 강연, 활동사진, 인쇄물 반포, 그림엽서 반포 |
| 6.23 | 경주(慶州面) | 서무주임, 主席警部 | 2,000 | 강연, 활동사진, 인쇄물 반포, 그림엽서 반포 |
| 7.14 | 달성(鮮顔面) | 군속 | 1,000 | 강연, 활동사진, 인쇄물 반포, 그림엽서 반포 |

1. 종래의 迷夢을 완전히 탈피시킨 것
2. 舊政時代와의 비교로써 감사의 마음을 상기시킨 것
3. 경찰기관에 대한 신뢰를 강화시킨 것
4. 교육보급의 욕구를 높인 것
5. 조세에 관한 이해를 얻은 것
6. 활동사진의 효과[79]

그러나 이러한 평가는 사실과는 다른 것으로 보인다. 이것은 앞에서 본 사이토총독 부임 직후인 1919년 9월 20일부터 23일까지 열렸던 강습회에 참여했던 인물들의 반응을 통해서도 알 수 있다. 이 강습회에 참여한 인물들 중 반은 일본인이고 반은 '친일'적인 인물이었다고 한다. 이러한 성격의 인물이 참여하게 된 것은 조선총독부가 참가를 원했던 인물들은 민중들의 반발을 생각해 참여하지 않았기 때문이었다. 그러므로 이들은 조선 민중의 의사를 대변할 수 있는 위치에 있지 못했다. 그러함에도 불구하고 이들 중 일부는 조선총독부의 방침에 정면으로 반발하기도 하였다.[80]

한편 <별첨 1>을 통해 볼 때 '시정주지운동'은 전국 각지에서 전개되었는데 경북, 경남, 황해, 함남, 함북에서는 전군적(全郡的)으로 시행되었고, 특히 함북과 황해도에서는 면 단위까지도 시행되었음을 알 수 있다. 그리고 지방의 사정에 따라 강연, 활동사진의 상영, 인쇄물 및 그림엽서의 배포[81] 등의 방법을 적절히 사용하였으며, 강연자는 총독부의

---

79) 『京城日報』 1921년 5월 3일(김규환, 앞의 책, 191~192쪽에서 재인용).
80) 강동진, 1980, 앞의 책, 21~26쪽. 참석자 중 어떤 사람은 강사인 山縣의 말에 정면으로 반박하였으며, 총독이 강습회 기념품으로 증정한 탁상시계를 버리기도 하였다고 한다.
81) 그림엽서는 조선의 풍물, 조선의 근대문물, 조선의 유적·유물 등을 소재로 한 것들이 만들어졌다. 이는 당시 조선민중들에게 진기함과 호기심을 자극하려는 것과 함께 조선 문물의 후진성과 근대문물의 선진성을 대비시켜 일본의 식민지 지배를 선전하려는 의도가 내포되어 있었다고 생각된다.

국장, 도지사를 비롯한 도 관계자, 군수를 비롯한 군 관계자, 경찰서장, 교사, 도평의원, 지방 유력자 등이었음을 알 수 있다. 그런데 하동에서는 하동청년회 부회장이 있어 독특하다 할 것이다.[82] 따라서 '시정주지운동'은 사용 가능한 방법을 최대한 이용하여 그 효과의 극대화를 꾀했다고 평가할 수 있다. 이로 보아 조선총독부는 '시정주지운동'에 총력을 기울였음을 알 수 있다.

다른 한편 '시정주지운동'에 동원되었던 청중들은 면직원, 학교평의원, 면협의원, 각 면의 구장, 기타 유지자, 군청원, 경찰서장, 보통학교 직원 등 조선인 지역 유지층이었다고 한다.[83] 이들은 활동사진 상영회의 경우와 마찬가지로 행정력에 의해 동원되었다. 그런데 이들은 일본시찰단에 선정되는 계층과 같다. 따라서 조선총독부가 식민지 지배의 새로운 협력자를 양성하고자 했던 '중견인물'의 대상이 이들이었다고 판단된다.

그리고 '시정주지운동'에서 행한 강연의 내용은 앞에서 보았듯이 일본사정에 대한 소개, 일제의 조선 통치 이후의 조선의 발달상에 대한 소개, 새로운 시정방침에 대한 소개 등이었을 것으로 보인다. 여기에서는 1921년 4월 16일 서울의 경성여고보에서 오츠카(大塚)내무국장의 강연[84]을 중심으로 그 내용을 소개하고자 한다.

오츠카는 강연의 대부분을 3·1운동의 가장 큰 원인이라 할 민족자결주의에 대한 비판에 할애하면서 '日鮮同化'를 강조하였다. 그는 먼저 총독의 시정방침이 "一視同仁의 聖旨를 奉하여 조선의 개발을 計하여 1

---

82) 특히 이 부분은 당시 조선총독부가 지방의 유력한 청년층을 식민지 지배의 새로운 협력자로서 획득하기 위해 일본시찰단으로 파견하고 있는 시기와 거의 일치하고 있다. 이러한 측면에서 기존의 청년회에 대한 연구에 새로운 접근이 필요하다고 생각된다. 즉 이 시기의 청년운동이 실력양성론적인 측면에서 하나의 민족운동의 흐름으로 평가되었던 기존의 주장에 대한 재검토가 이루어져야 한다고 생각된다.
83) 배병욱, 앞의 논문, 21쪽.
84) 大塚常三郎, 1921, 『帝國臣民의 自覺』, 施政宣傳講會. 같은 글이 『儒道』 1921년 5월호에도 수록되어 있다.

일이라도 속히 조선인으로 하여금 일본인과 같이 진보발달케 하고자 함"에 있다고 전제하면서 "內鮮이 공히 혼연일체가 되어 세계의 進運에 伴하여 양민족의 번영, 발달을 圖謀", "동양의 평화를 영원히 保持하고 제국의 안전을 장래에 확보", "조선의 안녕을 유지하고 그 신민의 복리를 중진"하는데 그 목적이 있다고 하였다.

그런데 조선인 중 일부가 일본의 조선 지배가 일본만을 위한 것이며 시설이 철저하지 못하다고 비판하지만 그것은 조선 사회의 현실에 맞게 통치하는 과정에서 나타나는 문제일 뿐이며 위정자의 誠意問題가 아니라고 하였다. 따라서 민족자결을 제창하는 것은 "모든 사물이 孤立으로부터 提携에, 分離로부터 結合에 進할 현대의 추세"에 "宇內의 대세를 不通하는 것이며 妄動"이라고 하였다. 그리고 "인류생활에는 常히 현실과 이상의 양방면이 有하여 일생은 그 一方으로만은 立키 불능한 즉 능히 時勢의 實相을 如實的으로 正視함이 아니면 사회국가의 일원으로서 그 귀추를 誤了"하는 것이라 하였다. 즉 제1차대전은 개인과 사회의 자유, 평등 등 개조문제를 제기하였지만 그것은 理想이며 실제에는 "사회의 안녕질서를 不害하는 범위 내에서 점차로 이 이상에 달할 것이니 실상을 고려치 아니하고 무조건으로 하는 자유평등주의의 개조는 결코 사회국가의 복리를 圖謀하는 所以가 아니다."라고 하였다.

또한 '내선융화'의 문제에 대해서도 과거 수천년간 일본과 조선의 관계는 깊으며 혈통도 혼합되어 있는 경우가 석지 않으므로 내선융합 곧 '동화'가 가능하다는 것이다. 더 나아가 '동화'를 통해 일본과 조선의 양 민족은 결코 "一者가 他者로 化할 것이 아"니며, "大日本帝國을 확립" 할 것이라고 하였다. 그리고 '대일본제국'은 "민생의 행복을 중진"할 것이며 "今에 合하여 一體될 力으로써 분열하여 상쟁하면 양민족의 전도" 는 어려워지므로 조선민족의 자각을 촉구한다고 하였다.

이상에서 보았듯이 '시정주지운동'은 3·1운동 이후 조선총독부가 이

른바 '문화통치'를 표방하면서 내걸었던 새로운 시정방침에 대한 선전을
목적으로 행하였으며, 그것은 '동화'를 위한 것이었음을 확인할 수 있다.
그러나 이렇게 전개되었던 '시정주지운동'에 대해 조선총독부는 "도처
에서 수많은 청중들이 모인 것을 보고 당국자는 민심이 총독정치에 승복
해온 것"으로 받아들였지만 실은 청중이 모인 것은 "지방관리들이 자기
성적을 인정받으려고 경찰을 앞세워 특히 권유시켰기 때문"이며 "조선
인들은 오히려 구한국시대의 善政碑의 건설이 강요되었을 때와 같은 인
상을 품게 되었다."[85]는 진술은 '시정주지운동'의 기만성을 보여주는 것
이라 할 수 있다.

## 4. 맺음말

지금까지 1920년 조선총독부의 정치선전기관이라 할 수 있는 조선정
보위원회의 설치와 정치선전활동을 활동사진의 상영, 인쇄물의 발간 및
배포, '시정주지운동'으로 나누어 살펴보았다. 이상을 통해 조선정보위
원회가 식민지 조선에 대한 일제의 식민지 지배정책에서 어떠한 의미가
있는가를 정리하고자 한다.

첫째, 조선정보위원회의 설치 배경이다. 제1차 세계대전의 전개과정에
서 일제는 정보능력의 부족을 심각하게 노출하였다. 이에 따라 제1차 세
계대전 직후 일본에서는 정보기관의 설치에 대한 다양한 논의가 시작되
었으나 각 기관의 주도권 다툼에 의해 정보기관을 설치하지는 못하였다.
이러한 때에 조선총독부는 행정위원회의 성격을 갖는 조선정보위원회를
설치하여 운용하였다. 그리고 3·1운동의 결과 나타난 조선민중의 여론을
파악하고 이들에게 일제의 식민지 지배가 조선을 근대적으로 발전시켰으

---

85) 「同光會報告書」, 『조선통치의 현상』(강동진, 앞의 책, 67쪽에서 재인용).

며 장래에도 그럴 것이라는 점을 적극적으로 선전할 필요가 있었다. 따라서 조선총독부의 식민지 지배정책은 '일본 제국'이라는 시각에서 접근할 필요가 있다고 생각된다. 결국 조선정보위원회의 설치는 '일본 제국'의 식민지 조선의 지배에 매우 유효한 수단이었다고 할 수 있다.

둘째, 조선정보위원회는 朝鮮事情을 內外 및 外國에, 日本事情을 朝鮮에 소개하고 施政의 眞相과 施政方針의 周知普及을 도모할 목적으로 조직되었다. 이를 위해 조선정보위원회는 활동사진의 상영, 각종 인쇄물의 배포, 시정주지운동 등 다양한 수단을 동원하였다. 즉 조선정보위원회는 3·1운동 이후 식민지 조선에 대한 지배정책의 변화와 그에 수반된 새로운 정책을 선전할 기관의 필요에 따라 조직되었다고 할 수 있다. 이러한 목적을 달성하기 위해 조선정보위원회는 조선총독부의 관리와 민간인으로 구성하였다. 특히 민간인들은 19세기 말부터 20세기 초에 조선에 건너와 언론에 종사하던 인물들로서 조선의 여론에 매우 민감한 인물들이었다.

셋째, 조선정보위원회의 정치선전활동은 조선의 전통문화의 열등성과 일본의 식민지 지배의 결과 조선이 근대적으로 발전하였다는 것을 강조함으로써 조선인을 '동화'시키고자 한 것이었다. 따라서 조선총독부가 채택한 활동사진이나 인쇄물, 강연회·강습회 등의 선전수단은 동화정책을 수행하는 주요한 수단이었다고 할 수 있다. 그러나 조선총독부의 정치선전활동은 경찰이나 면 능 지방 권력기관의 상제석인 동원에 의하여 수행되었으므로 실제로 조선인들에게 조선총독부의 의도가 관철되었는가는 의문이 있다. 즉 조선인 청중이나 관람자들은 자화자찬에 가까웠던 조선총독부의 선전을 마치 '조선시대의 선정비 건립'과 같은 의미로 받아들였다는 지적이 그것을 말해준다고 할 수 있다.

넷째, 조선정보위원회의 활동 중 특히 주목되는 점은 미국, 영국 등 서구에서 전개되는 조선인의 동향과 조선의 독립에 동정적인 외국인들의 동향에 관해 수집된 정보를 분석하여 식민지 지배에 반영하고 있는 점이다. 특히 이 부분에서 주목해야 할 것이 기독교에 관한 것이라 할 수 있다. 사실 3·1운동 시기까지만 하더라도 외국인 선교사에 대한 조선총독부의 시각은 매우 부정적인 것이었지만 3·1운동 이후에는 기독교에 대한 정책이 변경되어 기독교를 지배정책의 틀 속으로 포섭하고자 하였던 것이다. 그 결과 기독교 목사 및 관계자들에 대한 회유책으로서 일본교육령에서 금하였던 학교 내의 선교활동까지 허용하였던 것이다.

다섯째, 조선총독부가 정치선전의 대상으로 삼은 계층은 주로 면직원, 학교평의원, 면협의원, 각 면의 구장, 기타 유지자, 군청원, 경찰서장, 보통학교 직원 등 지방사회에서 영향력을 행사할 수 있는 지식층이었다. 이들은 일본시찰단에 선정되는 인물들과 크게 다르지 않다. 따라서 조선총독부가 식민지 지배의 새로운 협력자로 양성하고자 했던 '중견인물'을 이들이라 생각할 수 있을 것이다.

마지막으로 조선정보위원회는 1924년 폐지되었지만 1937년 7월 22일 '황민화선전'을 위한 기구로서 조선총독부 훈령 제51호에 의해 조선중앙정보위원회로 공식적으로 설치되어 조선과 조선인을 침략전쟁에 동원하고자 하였다는 점도 밝히고자 한다.

〈별첨 1〉'施政周知運動'의 일환으로 강습회가 개최되었던 지역 일람[86]

| 장 소 | | 날짜 | 강 연 자 | 방 법 |
|---|---|---|---|---|
| 경기 | 경성여고보 | 4.16 | 大塚內務局長, 賀田直治 | 강연, 활동사진, 인쇄물 반포, 그림엽서 반포 |
| | 경성중학교 | 4.17 | 柴田學務局長, 有賀光豊, 金漢奎 | 상동 |
| | 인천공립소학교 | 4.18 | 佐藤內務部長, 若松菟三郎, 金參與官 | 상동 |
| 충북 | 옥천군청 | 4.16 | 上田視學官 | 상동 |
| | 영동 | 4.17 | 上田視學官 | 상동 |
| | 괴산 | 4.16 | 尙參與官 | 상동 |
| | 청주 | 4.18 | 충북지사, 上田視學官 | 상동 |
| | 음성 | 4.17 | 尙參與官 | 상동 |
| | 충주 | 4.18 | 尙參與官 | 상동 |
| | 제천 | 4.19 | 尙參與官, 大島理事官 | 상동 |
| 충남 | 공주 | 4.16 | 松本內務部長, 韓參與官, 小田中樞院書記官, 關永警察部長, 金知事 | 상동 |
| | 강경 | 4.17 | 松本內務部長, 韓參與官, 小田中樞院書記官, 金中樞院副贊議, 金知事 | 상동 |
| | 대전 | 4.18 | 松本內務部長, 韓參與官, 小田中樞院書記官, | 상동 |
| 전남 | 광주 | 4.16 | 山本遞信事務官, 佐佐木內務部長 | 상동 |
| | 목포 | 4.18 | 山本遞信事務官, 佐佐木內務部長 | 상동 |
| 전북 | 이리 | 4.17 | 小出내부부상, 총독부사무관 | 강연, 활동사진, 인쇄물 반포, 그림엽서 반포 |
| | 김제 | 4.17 | 八尋교사 | 강연 |
| | 군산 | 4.18 | 宮館부윤, 小田내무부장 | 강연, 활동사진, 인쇄물 반포, 그림엽서 반포 |
| | 정읍 | 4.18 | 내무부장 | 강연 |
| | 전주 | 4.19 | 小田내무부장, 총독부사무관 | 강연, 활동사진, 인쇄물 반 |

---

86) 「各道一齊に實行せる施政周知運動」『朝鮮』1921년 5월호, 125~131쪽 및 「各道一齊に實行せる施政周知運動」『朝鮮』1921년 8월호, 167~169쪽.

| 장 소 | | 날 짜 | 강 연 자 | 방 법 |
|---|---|---|---|---|
| 경북 | | | | 포, 그림엽서 반포 |
| | 대구 | 4.16 | 경북지사, 下村理事官, 新庄警察部長, 조原參與官, 韓道評議會員, 大垣丈夫 | 상동 |
| | 달성 | 4.16 | 군수, 경찰서장, 지압유력자 | 강연, 인쇄물, 그림엽서 반포 |
| | 군위 | 4.16 | 군수, 경찰서장, 지압유력자 | 상동 |
| | 의성 | 4.16 | 군수, 秦內務部長 | 강연, 황동사진, 인쇄물 및 그림엽서 반포 |
| | 청송 | 4.16 | 군수, 경찰서장 | 강연, 인쇄물, 그림엽서 반포 |
| | 영양 | 4.16 | 군수, 경찰서장 | 상동 |
| | 영덕 | 4.16 | 군수, 경찰서장, 文道評議會員, 申參與官 | 강연, 활동사진, 인쇄물 및 그림엽서 반포 |
| | 영일 | 4.16 | 군수, 경찰서장, 申參與官 | 상동 |
| | 영천 | 4.16 | 군수, 경찰서장, 竹林道屬 | 강연, 인쇄물 및 그림엽서 반포 |
| | 경산 | 4.16 | 군수, 경찰서장, 竹林道屬 | 상동 |
| | 청도 | 4.16 | 군수, 경찰서장, 李道評議會員 | 상동 |
| | 고령 | 4.16 | 군수, 경찰서장, 小島道屬 | 상동 |
| | 성주 | 4.16 | 군수, 경찰서장, 中石道屬 | 상동 |
| | 김천 | 4.16 | 군수, 경찰서장, 竹下道屬 | 상동 |
| | 선산 | 4.16 | 군수, 경찰서장, 竹下道屬 | 상동 |
| | 상주 | 4.16 | 군수, 경찰서장, 兪理事官 | 상동 |
| | 문경 | 4.16 | 군수, 경찰서장, 針贊道屬 | 상동 |
| | 예천 | 4.16 | 군수, 경찰서장, 兪理事官 | 상동 |
| | 영주 | 4.17 | 군수, 경찰서장, 圓田理事官, 지방유력자 | 상동 |
| | 봉화(乃城) | 4.18 | 군수, 경찰서장, 下村理事官 | 상동 |
| | 봉화(春陽) | 4.18 | 權道評議會員, 姜道評議會員 | 상동 |
| | 경주 | 4.18 | 군수, 경찰서장, 申參與官 | 강연, 활동사진, 인쇄물 및 그림엽서 반포 |
| | 안동(읍내) | 4.20 | 秦內務部長, 下村理事官 | 상동 |
| | 안동(예안면) | 4.21 | 秦內務部長, 下村理事官 | 상동 |

| 장 소 | | 날짜 | 강 연 자 | 방 법 |
|---|---|---|---|---|
| | 안동(도산면) | 4.22 | 秦內務部長, 下村理事官 | 상동 |
| | 안동(풍산면) | 4.23 | 秦內務部長, 下村理事官 | 상동 |
| 경 남 | 마산 | 4.16 | 馬野警察部長, 高津府尹 | 강연, 인쇄물, 그림엽서 반포 |
| | 진주 | 4.16 | 佐佐木知事, 上內理事官 | 상동 |
| | 함양 | 4.16 | 矢島內務部長 | 상동 |
| | 밀양 | 4.16 | 西脇財務部長, 군수 | 상동 |
| | 양산 | 4.16 | 참여관 | 상동 |
| | 울산(언양) | 4.16 | 군수, 경찰서장 | 상동 |
| | 사천(곤양) | 4.16 | 군수 | 상동 |
| | 부산 | 4.17 | 澤田監察官 | 강연, 활동사진, 인쇄물 및 그림엽서 반포 |
| | 김해 | 4.17 | 西脇財務部長, 군수 | 강연, 인쇄물, 그림엽서 반포 |
| | 창원(鎭東) | 4.17 | 군수, 경찰서장 | 상동 |
| | 사천(삼천포) | 4.17 | 군수 | 상동 |
| | 고성 | 4.17 | 군수, 경찰서장 | 상동 |
| | 울산(蔚山) | 4.17 | 崔參與官 | 상동 |
| | 거창 | 4.17 | 矢島內務部長 | 상동 |
| | 사천(泗川) | 4.17 | 군수 | 상동 |
| | 의령 | 4.17 | 군수, 경찰서장 | 상동 |
| | 동래 | 4.16 | 군수 | 상동 |
| | 산청 | 4.16 | 군수, 경찰서장, 金殷鎬 | 상동 |
| | 창령(南旨) | 4.16 | 경찰서장, 金道評議會員 | 상동 |
| | 협천(三嘉) | 4.16 | 군수 | 상동 |
| | 함안 | 4.16 | 군수, 趙道評議會員 | 상동 |
| | 하동 | 4.16 | 군수, 李道評議會員 | 상동 |
| | 창녕(靈山) | 4.17 | 군수, 경찰서장, 金道評議會員 | 상동 |
| | 협천 | 4.17 | 군수 | 상동 |
| | 함안(漆原) | 4.17 | 군수, 趙道評議會員 | 상동 |
| | 하동(橫川) | 4.17 | 군수, 李道評議會員, 河東靑年會 副長 | 상동 |
| | 통영(長生浦) | 4.17 | 군수 | 상동 |

| 장 소 | 날짜 | 강 연 자 | 방 법 |
|---|---|---|---|
| 통영(巨濟) | 4.17 | 경찰서장 | 상동 |
| 산청(丹城) | 4.18 | 군수, 鄭道評議會員 | 상동 |
| 남해 | 4.18 | 군수 | 상동 |
| 창녕(昌寧) | 4.18 | 군수, 경찰서장, 金道評議會員 | 상동 |
| 협천(草溪) | 4.18 | 군수 | 상동 |
| 협천(冶爐) | 4.18 | 군수 | 상동 |
| 함안(郡北) | 4.18 | 군수 | 상동 |
| 통영 | 4.18 | 군수 | 상동 |
| 해주 | 4.16~18 | 吉村內務部長, 笠井總督府事務官, 下坂郡守, 兪參與官, 경찰서장, 朴道知事 | 강연, 활동사진, 인쇄물 및 그림엽서 반포 |
| 연백(白川) | 4.17 | 군수, 경찰서장, 雄谷道屬 | 강연, 인쇄물 및 그림엽서 반포 |
| 금천(金川) | 4.16 | 군수 | 상동 |
| 금천(市邊里) | 4.18 | 군수 | 상동 |
| 평산(南川) | 4.16 | 阿鷹郡屬 | 상동 |
| 평산(汗浦) | 4.17 | 阿鷹郡屬 | 상동 |
| 평산(漏川) | 4.18 | 阿鷹郡屬 | 상동 |
| 신계 | 4.18 | 군, 학교, 경찰서직원, 민간 유력자 | 상동 |
| 옹진 | 4.16 | 군수 | 상동 |
| 송화 | 4.17 | 군수 | 상동 |
| 은율 | 4.16 | 小山郡屬 | 상동 |
| 안악 | 4.16 | 군수 | 상동 |
| 신천 | 4.17 | 笠井總督府事務官, 靑山郡屬, 군수 | 상동 |
| 재령 | 4.16 | 吉村內務部長, 군수 | 상동 |
| 황주(黑橋) | 4.16 | 吉村內務部長, 군수 | 상동 |
| 황주(兼二浦) | 4.17 | 吉村內務部長, 군수 | 상동 |
| 황주 | 4.18 | 笠井總督府事務官, 경찰서장, 군수 | 상동 |
| 봉산(楚師面) | 4.16 | 군수 | 상동 |
| 봉산(山水面) | 4.17 | 五十풍郡屬 | 상동 |
| 서흥 | 4.16 | 군수 | 상동 |
| 수안(邃安) | 4.17 | 군수, 경찰서장 | 상동 |

(황해)

| 장 소 | 날짜 | 강 연 자 | 방 법 |
|---|---|---|---|
| 수안(延岩面) | 4.18 | 橋本郡屬, 경찰서장 | 상동 |
| 곡산 | 4.17 | 군수, 경찰서장대리, 牟仁雨, 指宿道技師 | 상동 |
| 평북 | | | |
| 의주 | 4.16 | 尹參與官, 평북지사, 澤崎總督府事務官, | 강연, 활동사진, 인쇄물 및 그림엽서 반포 |
| 선천 | 4.17 | 尹參與官, 澤崎總督府事務官, 磯野內務部長, 金道評議會員 | 상동 |
| 정주 | 4.18 | 尹參與官, 磯野內務部長, 田中總督府事務官, 金道評議會員 | 상동 |
| 안동현 | 4.22 | 磯野內務部長, 安東領事 | 상동 |
| 평양 | 4.16 | 조田知事, 丸山總督府事務官 | 강연, 인쇄물 및 그림엽서 반포 |
| 순천 | 4.16 | 松澤理事官 | 강연, 인쇄물 반포 |
| 숙천 | 4.16 | 福島財務部長 | 상동 |
| 개천 | 4.16 | 井川理事官 | 상동 |
| 순천(舍人場) | 4.17 | 松澤理事官 | 상동 |
| 성천 | 4.18 | 朴參與官 | 상동 |
| 중화(祥原) | 4.18 | 平井內務部長 | 상동 |
| 강서 | 4.18 | 中野警察部長 | 상동 |
| 평원(漢川) | 4.18 | 福島財務部長 | 상동 |
| 개천(北院) | 4.18 | 井川理事官 | 상동 |
| 성천(了波) | 4.19 | 朴參與官 | 상동 |
| 강동 | 4.20 | 朴參與官 | 상동 |
| 중화 | 4.20 | 平井內務部長 | 상동 |
| 안주 | 4.20 | 松澤理事官 | 상동 |
| 진남포 | 4.21 | 平井內務部長 | 상동 |
| 춘천 | 4.16 | 元道知事, 武井경찰부장, 山本道技師 | 강연, 인쇄물 및 그림엽서 반포 |
| 화천 | 4.18 | 金理事官 | 상동 |
| 철원 | 4.16 | 내무부장, 矢島總督府事務官 | 상동 |
| 평강 | 4.17 | 내무부장 | 상동 |
| 김화 | 4.19 | 내무부장 | 상동 |

| 장 소 | | 날 짜 | 강 연 자 | 방 법 |
|---|---|---|---|---|
| | 횡성 | 4.16 | 金理事官 | 상동 |
| | 원주 | 4.17 | 金理事官, 金理事官 | 상동 |
| | 영월 | 4.20 | 金理事官 | 상동 |
| | 평창 | 4.22 | 金理事官 | 상동 |
| | 정선 | 4.24 | 金理事官 | 상동 |
| | 강릉 | 4.16 | 재무부장 | 강연, 활동사진, 인쇄물 및 그림엽서 반포 |
| | 삼척 | 4.19 | 재무부장 | 상동 |
| | 울진 | 4.22 | 재무부장 | 상동 |
| | 이천 | 4.20 | 내무부장 | 강연, 인쇄물 및 그림엽서 반포 |
| | 회양 | 4.23 | 金理事官 | 상동 |
| 함 남 | 원산 | 4.17 | 永野警察部長 | 상동 |
| | 한흥 | 4.16 | 田中總督府商工課長, 萩谷籌夫 | 강연, 활동사진, 인쇄물 및 그림엽서 반포 |
| | 정평 | 4.16 | 李道知事 | 강연, 인쇄물 및 그림엽서 반포 |
| | 영흥 | 4.17 | 萩谷籌夫, 富田道屬 | 상동 |
| | 고원 | 4.17 | 徐道警視 | 상동 |
| | 문천 | 4.18 | 徐道警視 | 상동 |
| | 덕원 | 4.16 | 徐道警視 | 상동 |
| | 안변 | 4.18 | 永野警察部長, 渡邊總督府屬 | 상동 |
| | 홍원 | 4.17 | 三田內務部長, 南道視學 | 상동 |
| | 북청 | 4.16 | 三田內務部長, 군수 | 상동 |
| | 이원 | 4.18 | 金道理事官 | 상동 |
| | 단천 | 4.16 | 金道理事官 | 상동 |
| | 신흥 | 4.17 | 李道知事 | 상동 |
| | 장진 | 4.18 | 立花道技師 | 상동 |
| | 풍산 | 4.16 | 加藤道理事官 | 상동 |
| | 삼수 | 4.18 | 上瀧道理事官 | 상동 |
| | 갑산 | 4.18 | 加藤道理事官 | 상동 |
| | 신갈파진 | 4.20 | 上瀧道理事官 | 상동 |

| 장 소 | | 날 짜 | 강 연 자 | 방 법 |
|---|---|---|---|---|
| 전북 | 이리 | 4.17 | 小田內務部長, 總督府事務官 | 강연, 활동사진, 인쇄물 및 그림엽서 반포 |
| | 김제 | 4.17 | 八尋敎師 | 강연 |
| | 군산 | 4.18 | 宮館府尹, 小田內務部長 | 강연, 활동사진, 인쇄물 및 그림엽서 반포 |
| | 정읍 | 4.18 | 內務部長 | 강연 |
| | 전주 | 4.19 | 小田內務部長, 總督府事務官 | 강연, 활동사진, 인쇄물 및 그림엽서 반포 |
| 함북 | 청진 | 4.17 | 甘蔗理事官 | 강연, 활동사진, 인쇄물 및 그림엽서 반포 |
| | 나남 | 4.16 | 上林知事 | 상동 |
| | 경성 | 4.16 | 福山警視, | 강연, 인쇄물 반포 |
| | 경성(朱乙溫面) | 4.16 | 松本군수 | 상동 |
| | 경성(梧村面) | 4.17 | 松本군수 | 상동 |
| | 경성(龍城面) | 4.18 | 松本군수 | 상동 |
| | 경성(漁郞面) | 4.16 | 德廣郡屬 | 상동 |
| | 경성(漁大津) | 4.16 | 德廣郡屬 | 상동 |
| | 경성(朱南面) | 4.17 | 德廣郡屬 | 상동 |
| | 경성(朱北面) | 4.18 | 德廣郡屬 | 상동 |
| | 명천(明川邑) | 4.19 | 玄군수 | 상동 |
| | 명천(河山面) | 4.20 | 玄군수 | 상동 |
| | 명천(下加面) | 4.21 | 玄군수 | 상동 |
| | 갈주(吉州邑) | 4.17 | 張길주군수 | 상동 |
| | 갈주(英北面) | 4.18 | 張길주군수 | 상동 |
| | 갈주(長白面) | 4.19 | 張길주군수 | 상동 |
| | 성진 | 4.16 | 今村事務官 | 상동 |
| | 성진(鷄中面) | 4.18 | 金理事官 | 상동 |
| | 성진(鷄城面) | 4.18 | 筋瀨성진군수 | 상동 |
| | 성진(鷄上面) | 4.29 | 筋瀨성진군수 | 상동 |
| | 성진(鷄西面) | 4.30 | 筋瀨성진군수 | 상동 |
| | 성진(鷄東面) | 5.2 | 筋瀨성진군수 | 상동 |

| 장 소 | 날 짜 | 강 연 자 | 방 법 |
|---|---|---|---|
| 성진(鷄南面) | 5.10 | 筋瀨성진군수 | 상동 |
| 부령(富寧邑) | 4.16 | 金부령군수 | 상동 |
| 부령(靑岩面) | 4.17 | 金부령군수 | 상동 |
| 부령(富寧面) | 4.18 | 長島부령군속 | 상동 |
| 무산(茂山邑) | 4.16 | 李무산군수 | 상동 |
| 무산(西下面) | 4.17 | 李무산군수 | 상동 |
| 무산(三長面) | 4.18 | 李무산군수 | 상동 |
| 무산(延上面) | 4.19 | 李무산군수 | 상동 |
| 회령(會嶺) | 4.18 | 時實總督府監察官 | 상동 |
| 회령(花豊面) | 4.19 | 江田회령군수 | 상동 |
| 회령(碧城面) | 4.20 | 江田회령군수 | 상동 |
| 회령(昌斗面) | 4.21 | 江田회령군수 | 상동 |
| 종성(豊谷邑) | 4.17 | 柳종성군수 | 상동 |
| 종성(古邑面) | | 柳종성군수 | 상동 |
| 종성(鍾關面) | | 柳종성군수 | 상동 |
| 온성 | 4.16 | 時實總督府監察官 | 상동 |
| 경원(河山面) | 4.16 | 申경원군수 | 상동 |
| 경원(慶源面) | 4.18 | 申경원군수 | 상동 |
| 경흥(雄基) | | 甘蔗理事官 | 강연, 활동사진, 인쇄물 및 그림엽서 반포 |
| 경흥(慶興) | | 甘蔗理事官 | 강연, 활동사진, 인쇄물 및 그림엽서 반포 |

# 제5장 일제하 불교시찰단의 파견과 그 성격

## 1. 머리말

일본시찰단은 1910년대 이래 일제의 조선 강점 이래 조선총독부가 동화정책의 일환으로 추진한 사업이었다. 이 사업의 목적은 1920년대까지는 일본의 근대성과 일본 문화의 우수성을 조선의 중산층 이상의 계층, 즉 중견인물에게 각인시켜 이들로 하여금 이러한 인식을 조선 민중에게 전파하여 조선을 동화시키는데 있었다. 그리고 1930년대 초중반 경제공황으로 인해 일본시찰이 축소되기도 하였지만 1937년 이후에는 내선일체와 황국신민화를 강조하면서 조선인에게 일본정신을 체득시키고자 신궁참배(성지참배)와 '선진지' 시찰을 중심으로 다시 활성화되었다. 그러므로 일본시찰단의 조직과 파견은 1930년대 일제의 민족말살정책기의 식민지 지배정책을 이해하는 데에도 그 의미가 직지 않다.

본고에서 살필 불교시찰단은 기독교시찰단, 유교시찰단 등 종교시찰단의 하나이다. 이들 종교시찰단은 일본시찰단의 기본적인 성격에 종교적인 성격이 가미된 것으로 이해할 수 있다.

일본시찰단에 대한 연구는 최근에야 시작되었는데, 식민지 지배정책사의 관점[1]과 인류학적인 관점,[2] 종교사적인 관점[3]에서 이루어졌다. 식

---

1) 식민지 지배정책사의 입장에서 이루어진 연구는 다음과 같다.

민지 지배정책사의 관점에서 이루어진 연구는 이경순, 성주현, 조성운, 박양신 등에 의하여 수행되었다. 인류학적인 관점의 연구는 한규무, 李良姬, 박찬승 등에 의하여 수행되었으며, 불교사적인 관점에서 김경집은 일제시기 전반에 걸친 불교시찰단을 살폈다.

이와 같이 최근에는 일본시찰단에 대한 연구가 활발하게 이루어져 일본시찰단에 대한 기초적인 이해가 가능하게 되었다. 그러나 기왕의 연구는 1920년대 일본시찰단까지만 이루어져 1930년대 이후의 일본시찰단에 대한 연구는 전혀 이루어지지 않았다. 또한 일제의 식민지 지배정책의 변화에 따른 일본시찰단의 성격 변화, 일본시찰단에 참여한 인물들의 성격

이경순, 2000, 「1917년 불교계의 일본시찰 연구」 『한국민족운동사연구』 25, 한국민족운동사학회.

성주현, 2003, 「日帝의 同化政策과 宗敎界 動向」 『식민지 조선과 매일신보 1910년대』, 신서원.

조성운, 2004, 「매일신보를 통해 본 1910년대 일본시찰단 연구」 『한일민족문제연구』 6, 한일민족문제학회.

조성운, 2005, 「1910년대 일제의 동화정책과 일본시찰단」, 『사학연구』 80.

박양신, 2005, 「일본의 한국병합을 즈음한 '일본관광단'과 그 성격」 『동양학』 37, 단국대학교.

조성운, 2006, 「1920년대 초 일본시찰단의 파견과 성격」, 『한일관계사연구』 25, 한일관계사학회.

조성운, 2007, 「1920년대 일본시찰단의 조직과 파견」 『한국독립운동사연구』 28.

조성운, 2007, 「1920년대 초반 朝鮮情報委員會의 宣傳活動」 『한국민족운동사학연구』 51.

성주현, 2007, 「1920~30년대 유림계 단체의 조직에 관한 연구」, 수요역사연구회, 『식민지 동화정책과 협력 그리고 인식』.

 2) 인류학적인 시각에서 이루어진 연구는 다음과 같다.

한규무, 2005, 「한말 한국인 일본관광단연구(1909~1910)」 『국사관논총』 107, 국사편찬위원회.

李良姬, 2004, 「日本植民地下の觀光開發に關する硏究」 『日本語文學』 24, 일본어문학회.

박찬승, 2006, 「식민지시기 조선인들의 일본시찰 - 1920년대 이후 이른바 '內地視察團'을 중심으로 -」 『지방사와 지방문화』 9권 호, 역사문화학회.

 3) 김경집, 2002.6, 「日帝下 佛敎視察團 硏究」 『佛敎學硏究』 44.

분석, 일본시찰단원의 귀국 이후의 활동, 일본시찰단에 대한 조선과 일본 내의 평가, 더 나아가 일본에서 조선과 만주를 시찰하기 위해 조직된 시찰단의 사례 등에 대해서도 보다 깊은 연구가 이루어져야 할 것이다.

본고는 기존의 연구 성과를 바탕으로 식민지 조선에 대한 지배정책의 관점에서 불교시찰단에 대해 살피고자 한다. 필자가 불교시찰단을 분석하고자 한 목적은 조선에 대한 식민지 지배 수단으로써 일제가 불교를 적극적으로 이용하고자 했고 이러한 일제의 정책에 대해 불교계가 어떻게 반응했는가를 살필 수 있는 계기라 생각하기 때문이다. 또한 시찰단원이 남긴 시찰기를 통해 불교계의 일본인식을 살필 수 있기 때문이다. 다만 불교시찰단에 대한 대강은 이미 이경순과 김경집에 의해 밝혀졌기 때문에 본고에서는 이를 보완하는 한편 식민지 지배정책사적인 관점에서 서술하고자 한다.

## 2. 불교시찰단의 파견과 배경

### 1) 파견의 배경

구한말 이래 일본시찰단이 파견되고 있는 것은 잘 알려진 사실이다. 그러나 이 시기의 일본시찰단은 근대 문물의 수용에 대한 조선인의 관심에 의해 '스스로' 조직된 것이었으나 일제시기 이후에는 조선총독부의 정책적 관심과 후원 아래 조직, 파견되었다는 점에서 그 성격이 다르다고 할 수 있다. 이는 일본시찰단을 이해하는데 매우 중요한 요소라 할 수 있다. 그러므로 조선총독부의 지배정책 속에서 일본시찰단의 성격을 파악해야 한다고 생각한다. 여기에서는 이를 위해 기존의 연구를 바탕으로 불교시찰단의 파견 배경으로서 조선총독부의 불교정책을 살펴보고자 한다.

잘 알려져 있듯이 일제는 조선지배의 기본정책으로 동화주의를 채택

하였다. 이는 조선인을 일본인화 하는 정책이므로 자연스럽게 조선인의
정신세계를 지배하는 다양한 형태의 사회조직이나 사회시설, 풍습 등에
대한 조사를 통해 동화를 위한 방안을 강구하였다. 이러한 방안 중의 하
나가 조선인의 정신세계를 지배해 왔던 유교, 불교, 천도교 등 전통적이
거나 민족적인 성격의 종교나 사상에 대한 조사를 통해 이 종교들을 체
제에 협력하도록 하는 정책이었다.

한 연구에 따르면 메이지유신 이후 일본정부는 조선침략의 종교적 첨
병으로 불교를 선택하였다고 한다. 그것은 조선의 불교가 표면상으로는
무력하게 보이나 사회 심층에까지 뿌리를 내려 사회 각층에 광범위하게
영향력을 미칠 수 있을 것이라는 판단 때문이었다고 한다.4) 이에 따라
일본의 각 종파는 조선에 진출하기 시작하였다. 1877년부터 眞宗 大谷
派 東本願寺의 포교사 오쿠무라 엔싱(奧村圓心)과 히라노 게이스이(平
野惠粹)가 조선에서 포교활동5)을 시작한 이래 1881년 일련종의 와타나
베 이치웅(渡邊日運)이 부산에 日宗會堂을 건립하였으며, 1890년에는
京都 妙覺寺의 아사히 미츠(旭日苗)가 日宗海外宣敎敎會를 조직하였
다. 그리고 1897년 정토종의 미쓰미다 모지몬(三隅田持門)이 포교를 시
작6)하여 1898년에는 경성에 開敎院을 설치하였다. 그리고 1904년 러일
전쟁이 발발한 이후에는 기존의 大谷派 本願寺·本派 本願寺·淨土宗·
日蓮宗·曹洞宗·臨濟宗·眞言宗 등이 조선에 진출하였다.7) 이처럼 일본
불교의 조선 진출은 메이지 정권의 요구와 교세의 확대라는 명분하에 19
세기 후반부터 시작하여 일제의 조선침략에 직간접적으로 협력하였다.8)

4) 韓晳曦, 1988, 『日本の朝鮮支配と宗敎政策』, 未來社.
5) 朝鮮開敎監督部, 1927, 『朝鮮開敎50年誌』, 大谷派本願寺朝鮮開敎監督部, 19쪽.
6) 廣安眞隨, 1903, 『淨土宗開敎誌』, 淨土宗傳道會, 66쪽.
7) 1910, 『第3次統府統計年報』, 169~170쪽.
8) 근대일본불교가 국가주의적 성격을 갖게 되는 과정에 대해서는 다음의 논문이 참
조된다.
   鄭珖鎬, 1994, 『近代韓日佛敎關係史硏究-日本의 植民地政策과 關聯하여-』, 인

이러한 일본불교의 조선 진출은 1910년 일제의 강점 이후에도 지속되었다. 1916년에는 "불교 각종파도 내지인 및 조선인을 통하여 신도의 결집을 노력하는데, 현재 진종 본원사파는 포교소 39개소 포교사 44인이요, 진종 대곡파는 포교소가 40개소 포교사 41이요, 정토종은 포교소 33개소 포교사 39인이요, 조동종은 포교소 31개소 포교사 33인이요, 일련종은 포교소 17개소 포교사 19인이요, 임제종 묘심사파는 포교소 5개소 포교사 5인이요, 眞宗 山元派는 포교소 4개소 포교사 5인이요, 新義 眞言宗 智山派는 포교소 6, 포교사 5인을 유하다"[9]고 할 정도로 일본불교의 조선 포교가 활발히 진행되고 있음을 알 수 있다.

그러나 이러한 적극적인 포교활동에도 불구하고 조선인 신자의 수는 크게 증가하지 않았다.[10] 참고로 1910년대 일본 불교의 조선 내의 포교소 현황은 다음의 <표 1>과 같다.

〈표 1〉 1910년대 일본불교 각 종파의 조선에 설치한 포교소 현황[11]

| 지역 | 포교된 일본불교 | 지역 | 포교된 일본불교 |
|---|---|---|---|
| 진남포 | 대곡파, 본파, 정토종, 조동종, 각파연합 | 목포 | 정토종, 본파, 일련종, 조동종, 지산파, 대곡파 |
| 방어진 | 정토종, 본파 | 안동 | 산원파 |
| 상주 | 산원파, 조동종, | 칠곡 | 산원파 |
| 京城 | 정토종, 제호파, 임제종, 본파, 대곡파, 조동종, 법화종 | 평양 | 임제종, 조동종, 산원파, 정토종, 일련종, 본파, 대곡파, 각파연합, 대객사파 |

하대학교 출판부.
채상식, 2000, 「日本 明治年間 淨土眞宗의 추이와 그 특성 - 한말 불교침탈 배경과 관련하여 -」『韓國民族文化』16, 부산대 한국문화연구소.
이종수, 2007, 「근대 일본의 尊王主義와 불교계의 國粹主義」『불교문화연구원 발표문』, 동국대학교.
 9) 『매일신보』 1916년 1월 1일.
10) 鄭珖鎬, 앞의 책, 175~176쪽.
11) 성주현, 2005, 「1910년대 朝鮮에서의 日本佛教의 布教와 성격」『일제의 식민지 지배정책과 매일신보 1910년대』, 두리미디어.

| 지역 | 포교된 일본불교 | 지역 | 포교된 일본불교 |
|------|------------------|------|------------------|
| 동래 | 지산파, 대곡파, 각파연합 | 용산 | 정토종 |
| 사리원 | 본파, 일련종 | 부산 | 대곡파, 임제종, 지산파, 조동종, 본파, 법화종 |
| 황주 | 정토종, 본파 | 마산 | 본파, 일련종, 정토종, 풍산파 |
| 춘천 | 대곡파 | 금산 | 지산파, |
| 논산 | 대곡파, 고야파, 정토종, 각파연합 | 강경 | 대곡파, 본파 |
| 공주 | 조동종, 정토종, 대곡파 | 사천 | 대곡파, 본파 |
| 통영 | 지산파, 정토종, 조동종, 본파 | 철원 | 조동종, |
| 원산 | 조동종, 본파, 정토종, 대곡파 | 여수 | 본파, 정토종, 지산파 |
| 진해포 (평북) | 조동종 | 진주 | 조동종, 본파, 대곡파 |
| 대전 | 정토종, 제호파, 임제종, 본파, 대곡파, 조동종, 법화종 | 진해 | 일련종, 고야파, 풍산파, 본파, 조동종, 대곡파, 정토종, 각파연합 |
| 충주 | 조동종, 본파 | 온양 | 고야파 |
| 광주 | 조동종, 본파, 일련종, 지산파, 대곡파 | 개성 | 조동종, 정토종, 대곡파, 일련종, 각파연합 |
| 해주 | 본파, 정토종 | 함흥 | 고야파, 조동종, 대곡파, 일련종 |
| 영산포 | 일련종, 조동종, 대곡파 | 김제 | 본파, 대곡파 |
| 홍주 | 조동종 | 나남 | 본파, 정토종, 각파연합, 일련종 |
| 예산 | 고야파, | 인천 | 일련종, 본파, 정토종, 대곡파, 제호파 |
| 고성 | 조동종, 본파 | 재령 | 고야파, 각파연합 |
| 벌교포 | 본파, 불광사파 | 선천 | 본파, 고야파, 각파연합 |
| 순천 | 본파, 대곡파 | 대구 | 임제종, 조동종, 본파, 지산파, 정토종, 각파연합 |
| 연안 | 일련종 | 하동 | 풍산파, |
| 신의주 | 일련종, 대곡파, 본파, 각파연합, 조동종 | 경주 | 본파, 조동종 |
| 정읍 | 대곡파 | 나주 | 지산파, 조동종, 일련종, 대곡파, 본파 |
| 밀양 | 고야파, 지산파, 대곡파, 각파연합, 정토종 | 청진 | 본파, 대곡파, 각파연합, 정토종, 조동종 |

| 지역 | 포교된 일본불교 | 지역 | 포교된 일본불교 |
|---|---|---|---|
| 안주 | 조동종, 대곡파 | 영천 | 본파, |
| 김해 | 본파, 정토종 | 군산 | 본파, 정토종 |
| 정주 | 일련종, 본파, 정토종 | 평택 | 조동종 |
| 겸이포 | 정토종, 일련종, 조동종 | 용천 | 조동종 |
| 김천 | 본파, 지산파, 조동종 | 鏡城 | 본파, 정토종, 조동종 |
| 전주 | 정토종, 본파, 조동종, 대곡파, | 대동 | 정토종 |
| 이리 | 일련종, 각파연합, 본파, 대곡파 | 서흥 | 정토종 |
| 청주 | 정토종, 대곡파 | 영등포 | 본파, 각파연합, 조동종, 일련종 |
| 연안 | 일련종 | 조치원 | 대곡파, 각파연합, 정토종 |
| 수원 | 대곡파, 정토종, 각파연합, 일련종, 본파 | 장흥 | 본파 |
| 장승포 | 본파 | 의주 | 본파 |
| 포항 | 대곡파, 동곡사파, 지산파 | 북청 | 각파연합 |
| 영동 | 지산파, 정토종 | 칠곡 | 불광사파 |
| 경산 | 조동종, 본파 | 송정리 | 대곡파, 본파 |
| 용강(광량만) | 대곡파 | 성진 | 대곡파, 일련종 |
| 울산 | 정토종, 각파연합 | 울릉도 | 정토종 |
| 원산 | 각파연합 | 옥구 | 각파연합 |
| 창녕 | 조동종 | 부여 | 조동종, 본파 |
| 웅기 | 정토종 | 안악 | 조동종 |
| 청도 | 조동종 | 담양 | 조동종 |
| 강진 | 불광사파 | 회령 | 각파연합, 대곡파 |
| 통천 | 각파연합 | 강화 | 징도종 |
| 보령 | 임제종 | 평강 | 대곡파 |
| 영암 | 대곡파 | 은률 | 본파 |

이와 같은 상황 속에서 조선을 강점한 직후인 1911년 조선총독부는 사찰령을 실시하여 불교를 체제에 포섭하려고 하였다. 그리하여 전조선 사찰의 승려와 재산은 조선총독부의 관리와 통제 하에 들어갔으며 30개 의 본산은 조선총독부의 실질적인 통제를 받아 하나의 행정기구화 하였

다.12) 특히 30본산체제가 형성되면서 본산 주지들의 역할이 강조되었고, 1915년 30본산연합사무소가 설치되었다.

또한 1915년 8월 '포교규칙'이 반포되어 神道, 불교, 기독교만을 종교라 하고 천도교를 비롯한 이외의 종교는 유사종교로 분류하였다. 이는 일본종교의 조선 진출을 통해 일본의 '國體'를 조선에 인식시켜 동화정책을 보다 강화하기 위한 방안의 하나로 이해된다. 그리고 그 방법으로서 교육과 의료 등을 포함한 사회사업을 활용하고자 하였다.13) 이에 따라 일본불교는 조선에 교육기관을 설립하거나 조선인 유학생을 일본에 파견하였다.14) 이를 통해 일본불교는 단순히 포교라는 목적 외에 일제의 침략 및 식민정책에 편승하여 친일세력의 양성 및 동화정책의 동조자로서 적극 활동하고 있는 것이다.15) 그리하여 『매일신보』는 "宗敎는 一

<hr/>

12) 박승길, 「일제 무단정치시대의 종교정책과 그 영향」, 『현대 한국의 종교와 사회』, 문학과 지성사, 1992, 46쪽. 이외에도 사찰령에 대한 연구로는 다음 글이 참고된다.
정광호, 1980, 「일제의 종교정책과 식민지 불교」, 『한국사학』 3.
서경수, 1982, 「일제의 불교정책 ─ 사찰령을 중심으로 ─」, 『불교학보』 25.
김광식, 1996, 「1910년대 불교계의 진화론 수용과 사찰령」, 『한국근대불교사연구』, 민족사.
한동민, 2005, 『사찰령체제하 본산제도연구』, 중앙대학교 박사학위논문.
13) 정토진종 본파는 1912년 1월 17일 京城 新橋通 籂洞에 불교고등학원과 啓成學校를 개교하였다. 불교고등학원은 중등교육기관으로 30명을, 계성학교는 초등교육기관으로 남학생 30명과 여학생 30명을 각각 모집하였다(『매일신보』 1912년 1월 14일). 정토종 평양포교소는 일본어 보급을 위해 國語學校를 개설하였고, 少年會를 유치원으로 확장하고 운영하고 있다(『매일신보』 1913년 8월 29일).
14) 이렇게 일본의 불교교단이나 조선불교 교단에서 일본에 유학생을 파견하기도 하였으나 조선인 스스로 일본불교에 귀의하여 승려가 된 경우도 있다. 1917년 불교시찰단이 조동종 대본산이 摠持寺를 방문하였을 때 만난 울산 출신의 李成春은 출가하여 조선전도사로 양성되고 있었다(『매일신보』 1917년 9월 15일).
15) 성주현, 2005, 「1910년대 朝鮮에서의 日本佛敎의 布敎와 성격」, 『일제의 식민지 지배정책과 매일신보 1910년대』, 두리미디어. 그런데 『매일신보』는 日鮮同化를 "마음이 같고 사업이 동일하고 학식이 동일하면 모든 일이 자연히 동일하여 동일한 국민이 될 수 있으며", 日鮮民이 속마음을 털어놓고 지식을 교환하며 사업을 함께 하여 國利民福이 무한히 증진되는 상태(『매일신보』 1910년 9월 10일)라 하

而已로대 國體에 適한 然後에 國家의 昇平과 人民의 安樂을 得할지라. 故로 其宗敎를 勿論하고 此를 信服코자 할진대 不可得 現時 國體를 先察하여 如何하면 國體를 適할까 하여 不適한 者를 避하고 適한 者를 取할지니"16)라 하여 종교는 국체에 순응해야 한다고 하였다. 바로 이러한 일본 불교의 활동의 연장선에서 조선총독부는 불교에 대한 회유책으로서 승려관광단을 조직하여 경성에 초대17)하기도 하고 불교시찰단을 일본에 파견하기도 하였다. 그리하여 일제 당국은 1917년 불교시찰단에 대해 '李王' 외의 조선인은 아무도 참관하지 못하였던 新宿御公園을 참관18)시키고 데라우치(寺內)수상과의 면담을 주선하는 등 최대한의 예우를 하였다고 판단된다.

한편 1920년대는 3·1운동 이후 일제는 식민지 지배정책을 문화통치로 전환하면서 동화정책을 보다 강화하는 한편 조선 통치를 원활히 수행하기 위하여 지방 유력층에 대한 회유작업도 강화하였다. 이러한 상황에서 1919년 3·1운동 이후 총독으로 부임한 사이토는 친일적인 인물들이 종교단체의 주도권을 장악하도록 하여 종교가 체제에 협력하도록 도모하였다.19) 사이토가 일본 본국으로부터 받은 문서에는 다음과 같은 불교 대책이 들어있다.

1. 사찰령을 고쳐 경성에 30본산을 통할하는 총본산을 세우고 중앙집권화를 꾀한다
2. 총본산의 관장에는 친일주의자를 세운다
3. 불교진흥촉진단체를 만들어 총본산의 옹호기관으로 삼는다

---

면서 이러한 상태가 되기 위해서는 천황 중심의 '新日本主義'(매일신보』 1916년 10월 6일)가 관철되어야 하였다.
16)『매일신보』 1913년 1월 17일.
17)『매일신보』 1914년 4월 30일.
18)『매일신보』 1917년 9월 16일.
19) 강동진,『日帝의 韓國侵略政策史』, 한길사, 1984, 388쪽.

    4. 진흥촉진단체는 본부를 경성에 두고 회장을 거사 중 친일주의자로서
       덕망이 높은 사람으로 한다
    5. 이 단체의 사업을 일반 인민의 교화, 죄인의 감화, 자선사업, 기타로 한다
    6. 총본산·각본산·불교단체에 상담역으로 인격있는 내지인을 둔다[20]

  결국 이러한 계획에 의하여 1920년 조선불교대회, 1925년 조선불교
단이 조직되었고 조선불교단의 조직 이후 매년 조선인 주지급 승려 및
유력인사 5명 내외를 시찰단으로 파견[21]하고자 하였다. 특히 1928년 불
교시찰단원으로서 시찰기를 남긴 林錫珍은 일본시찰의 계기와 목적을
다음과 같이 말하였다.

    우리는 조선 사람입니다. 조선 사람은 새로 改造하고 建設할 일이 많게
  되었음은 言을 不候할 事實입니다. 就中 우리의 朝鮮 僧侶로서는 李朝의
  被壓戒急 중에 있는 特殊한 一數입니다. 그러므로 三國時代의 燦爛한 佛
  敎의 文化와 高麗의 그것이 餘地없는 蹂躪을 當케 되었습니다. 따라서 우
  리 數爻가 줄어지고 人才가 줄어지고 威儀가 解弛해지고 智識이 薄弱해진
  결과 자연 威信까지 墮落케 되었습니다. 할사록 더욱 남의 蔑視를 받게 되
  고 스스로 挫縮을 짓게 되어 점점 有耶無耶의 劣等한 社會를 이루게 되었
  습니다. 그러므로 근세에 至하여는 新出家의 資格까지가 거의 寒微한 門閥
  의 出身이 많게 되었습니다. 따라 志操가 高尙치 못하고 氣魄이 勇敢치 못
  하여 遊食이 多하고 厭世가 甚하였으므로 이상 不振한만큼 만반이 退步케
  되고 寺門이 蕭凉케 되어 실로 其亡其亡한 결과 不食의 危境에 處케 되었
  음은 隱匿치 못할 사실입니다.
    하다가 凜冬을 보내고 東風을 맞는 春堤의 模樣으로 우리는 문득 이같
  은 束縛을 벗고 自由를 얻는 一隅의 機를 얻게 되었습니다. 한즉 踢天踏地
  하던 우리 조선 승려의 처지로서는 아무리 수효가 적고 微弱하다 할지라도
  이러한 好機를 蹉逸하여서는 아니 되게 되었습니다.[22]

---

20) 「朝鮮民族運動ニ對スル對策案」,『齋藤實文書』제9권, 高麗書林, 1990, 143~151쪽.
21) 鄭昌朝, 1925.10,「內地見學の旅を終へて」『朝鮮佛教』18, 33~37쪽. 그러나 1927
    년 조선불교단 파견의 불교시찰단에 관한 기록이 발견되지 않은 것으로 보아 매
    년 파견된 것은 아닌 것으로 판단된다.
22) 林錫珍, 1928.8,「日本佛教視察記」『佛教』49, 85쪽.

> 일본의 名所와 寺刹을 玩景하기 때문이 아니라 모든 參考材料를 蒐集
> 하여 어떻게 하였으면 朝鮮佛敎를 改造하고 建設하여 세계적으로 光揚케
> 하며 朝鮮僧侶를 向上시키고 紹介하여 세계적으로 活躍케 할까 함에 一助
> 가 되도록 努力함에 있습니다.[23]

　결국 임석진은 조선왕조 이래 억압 받았던 조선 불교의 상황이 불교
시찰단 파견의 동기요 계기라 하면서 이를 통해 조선 불교의 발전을 도
모하고자 하였다는 것이다. 이는 불교시찰단 뿐만 아니라 당시 파견되었
던 일본시찰단이 내걸었던 공통의 배경이며 목적이었다. 그리하여 1924
년 5월부터는 조선의 젊은 청년 가운데 적게는 3명에서 많게는 10여 명
을 선발하여 일본 유학생으로 파견하였다.[24]

　다른 한편 1930년대 조선총독부의 불교정책은 우가키총독의 심전개
발운동과도 관련이 있다고 판단된다. 심전개발운동의 목적은 綠旗聯
盟[25]의 창설자이며 내선일체론을 선도적으로 수행하였던 츠다 사카에
(津田榮)가 지적했듯이 "천황에게 충성을 다하는 황국신민"[26]을 양성하
는데 있었다. 우가키는 心田開發運動[27]을 구상하면서 1935년 1월 30일
일기에서 "참여관 및 각 방면의 이야기를 들어보더라도 神道·儒敎·佛

---

23) 林錫珍, 위의 글, 86쪽.
24) 朝鮮佛敎社, 1925.1, 『朝鮮佛敎』21, 91쪽. 1928년 불교시찰단이 高野山 金剛峰寺
　　를 시찰할 때 朝鮮佛敎團의 후원으로 유학을 온 金洪周와 朴昌溶이 마중을 나왔
　　다는 기록이 있다(林錫鎭, 1928.11, 앞의 글, 『佛敎』53, 77쪽)
25) 녹기연맹에 대해서는 다음의 글이 참고된다.
　　정혜경·이승엽, 1999, 「일제하 綠旗聯盟의 활동」『한국근현대사연구』10.
　　박성진, 「일제말기 綠旗聯盟의 內鮮一體論」, 위의 책.
26) 津田榮, 1936.3, 「心田開發根本的用意」『朝鮮』1936년 3월호, 250쪽.
27) 心田開發運動에 대해서는 다음 글이 참조된다.
　　한긍희, 1996, 「1935~37년 일제의 '心田開發'정책과 그 성격」『韓國史論』35,
　　서울대학교 국사학과.
　　김순석, 2000, 「1930년대 후반 조선총독부의 '심전개발운동' 전개와 조선불교계」
　　『한국민족운동사연구』25.

敎·耶蘇敎를 신앙의 대상으로 해야 한다는 것을 알 수 있고 敬神崇祖
의 고양과 神社의 건설과 참배의 장려, 승려의 소질개선, 불교의 가두진
출, 사원재산의 정리, 유도의 부흥, 明倫學院 및 文廟의 활동 등을 우선
착안할 수 있다. 특히 정치적으로 압박 받았던 불교를 소생시키는 것은
크게 고려해야 할 요소이다."[28]고 하였다. 이는 그가 조선통치의 기본정
책으로 내세웠던 정신생활의 안정(內鮮融和)과 물질생활의 안정을 도
모[29]하는데 불교를 적극적으로 이용하겠다는 것을 의미한다. 그리고
1934년 3월 8일 우가키는 朝鮮佛敎中央敎務院評議員들을 총독 관저에
초대하여 "여러분들은 마땅히 시세의 추이에 유의해서 祖師先德의 행적
을 살피시고 더욱 知德硏鑽에 노력하여 私를 버리고 公을 취해서 반도
민중의 精神作興 즉 心田이 젖을 수 있도록 당국이 의도하는 것을 양해
하시고 일심으로 협력하여 조선불교를 부흥시켜 정신계를 진전시키는데
공헌"[30]해달라는 요구를 하였다. 이를 위해 조선총독부는 1936년 사원
규칙의 제정을 통해 이를 뒷받침하였으며, 1939년 일본의회에서 통과된
종교단체법을 조선에서도 실시할 것인가를 검토하였다.[31] 조선총독부는
이와 같이 불교를 통해 조선의 민심을 안정시키고 지배체제를 공고히 하
고자 하였던 것이다.[32]

그런데 이러함에도 불구하고 1931년 우가키총독이 취임한 이래 1936
년까지 일본시찰단의 파견은 감소되었다. 그것은 이 시기의 경제공황에
의한 재정압박에 기인하는 바가 적지 않게 작용하였으리라 생각된다. 그

---

28) 宇垣一成, 1988,『宇垣一成日記』, みすず書房, 997쪽.
29) 宇垣一成, 위의 책, 801쪽.
30) 宇垣一成, 1934,「精神界のために貢獻せよ」『朝鮮佛敎』99, 2~3쪽.
31)『매일신보』1939년 3월 28일.
32) 사실 조선총독부는 불교뿐만 아니라 유교, 기독교 역시 식민지 지배체제의 안정
    을 도모하고 조선인을 침략전쟁에 동원시키기 위하여 이용하였다. 그리하여 유교
    시찰단과 기독교시찰단도 파견되고 있다. 이러한 종교시찰단에 대해서는 별도의
    연구가 필요하다고 판단된다.

러나 1937년 이후 '국체'와 '내선일체'를 강조하면서 이른바 '성지(신궁) 참배와 선진지 시찰'을 중심으로 일본시찰단의 파견이 다시 활발해지고 있다. 또한 이 시기에는 이른바 '皇軍慰問'의 명목 하에 중국대륙의 일본군을 위문하는 시찰단이 원기왕성하고 일본어에 능통한 청년층으로 조직되기도 하였다.[33] 이는 일본이 중국에 대한 침략을 본격화 하면서 조선과 조선인을 침략전쟁에 동원하기 위한 것이었다. 그리하여 국민총력조선연맹은 매년 성지참배와 선진지(일본 – 인용자)의 시찰을 통해 일본정신을 조선인에게 체득시키고자 하였다.[34]

결국 불교시찰단은 1920년대까지는 임석진이 말했듯이 '모든 參考材料를 蒐集하여 어떻게 하였으면 朝鮮佛敎를 改造하고 建設하여 세계적으로 光揚케 하며 朝鮮僧侶를 向上'시킨다는 명분이 있었으나 1930년대 중반을 거치면서 내선일치를 통한 조선인의 전쟁동원에 이용하였음을 알 수 있다.

## 2) 불교시찰단의 파견

일제시기 파견된 일본시찰단의 수는 『매일신보』, 『동아일보』, 『조선일보』 등 일간지에 보도된 것만으로도 1910년대 15개,[35] 1920년대 244

---

33) 김순석, 2004, 『일제시대 조선총독부의 불교정책과 불교계의 대응』, 경인문화사, 209쪽.

34) 國民總力朝鮮聯盟, 1943, 『國民總力運動要覽』, 46쪽. 그런데 한 연구에서는 1925년 조선불교단시찰단을 평가하면서 "단체(조선불교단 – 인용자)가 파견한 시찰단이어서 일본불교 내의 지배층의 관심이 덜했다. 이는 시기적으로도 1917년과 같이 한일합방 이후 조선과 일본의 동화를 위한 정치적 목적이 덜했기 때문이다."(김경집, 앞의 논문, 295쪽)고 하였다. 이는 일제의 지배정책의 오해에서 비롯된 것이라 생각된다. 일제가 3·1운동 이후 무단통치를 문화통치로 전환하였다는 것은 주지의 사실이다. 이는 하라수상의 등장과 함께 이루어진 지배정책의 전환이었다. 그러나 동화정책의 본질이 변화한 것은 아니었다. 오히려 '內地延長主義'를 내걸면서 동화정책은 더욱 강화되었다(김동명, 2006, 『지배와 저항 그리고 협력』, 경인문화사, 참조 바람).

개,36) 1930~40년대 131개37)로서 모두 390개였다.38) 이 중 종교시찰단
의 성격을 갖는 것은 불교시찰단과 함께 유교시찰단, 기독교시찰단, 천
도교시찰단이 있다. 이 중 유교시찰단이 가장 많았으며 천도교시찰단은
단 1건에 불과하였다. 불교시찰단의 수는 1917년 불교시찰단, 1920년
불교시찰단, 1931년 승려시찰단, 1940년 불교시찰단 등 4건에 불과하다.
여기에 『불교』, 『조선불교총보』, 『해동불교』, 『조선불교』, 『불교시보』,
『경북불교』 등 불교 관련 잡지나 신문 등에 보도된 것을 더 해도 일제시
기 일본시찰단의 조직과 파견에서 불교시찰단이 차지하는 비중은 높은
편이 아니다. 일제시기 파견된 불교시찰단은 다음의 <표 2>과 같다.

<표 2> 일제시기 불교시찰단 일람

| 연도 | 파견<br>주체 | 시 찰 단 원 | 시찰장<br>소(기간) | 목 적 | 비 고 |
|---|---|---|---|---|---|
| 1917 | 조선<br>불교<br>선교<br>양종<br>30본산<br>연합<br>사무소 | 金九河(통도사주지 겸 30본산연합사무소위<br>원장), 李晦光(해인사주지), 姜大蓮(용주사<br>주지), 羅晴湖(봉은사주지), 郭法鏡(위봉사<br>주지), 金龍谷(범어사주지 후보자, 범어사<br>명정학교교장), 李智永(전등사 수반말사 화<br>장사 주지), 金相淑(봉은사 수반말사 신륵사<br>주지), 權相老(조선불교총보기자), 加藤灌覺<br>(조선총독부 내무부 학무국 촉탁) | 東京,<br>三重,<br>京都,<br>奈良,<br>大阪,<br>(8.31~<br>9.24) | 日本의 宗<br>敎敎育, 桃<br>山御陵 참<br>배, 寺內總<br>督의 후의<br>에 감사 | 조선총독<br>부 어비 3<br>00원 보조 |
| 1920 | | | (5.11~) | 불교 포교<br>의 발전정<br>도와 상태<br>시찰 | 이회광의<br>조일 불교<br>통합운동 |
| 1924 | 조선불 | 이원석 | 東京, | 일본 불교 | |

---

35) 조성운, 앞의 논문, 『한일민족문제』 6,
36) 조성운, 앞의 논문, 『한국독립운동사연구』 28, 242~253쪽.
37) 조성운, 2007, 「전시체제기 일본시찰단 연구」 『사학연구』 88, 한국사학회, 1094~
    1105쪽.
38) 이 통계는 필자가 『매일신보』, 『조선일보』, 『동아일보』의 기사에서 찾은 것으로
    정확하지는 않지만 그 경향을 파악하는 데는 무리가 없다고 생각한다.

| 연도 | 파견<br>주체 | 시 찰 단 원 | 시찰장<br>소(기간) | 목 적 | 비 고 |
|---|---|---|---|---|---|
| | 교대회 | | 大阪,<br>京都,<br>奈良 | 의 현황 및<br>포교 현황<br>견학 | |
| 1925 | 조선불<br>교단 | 鄭慧理, 安錫淵(이상 승려), 廉時模(신자),<br>鄭昌朝(불교사회 기자), 李潤鉉(조선불교단<br>사무원) | 大阪,<br>京都,<br>奈良,<br>神戶<br>(8.20~<br>9.2) | 불 교 계 의<br>현황과 기<br>타 사회사<br>정 시찰 | |
| 1926 | 조선불<br>교단 | 李胤鉉(단장), 宋淳기(매일신보 기자) 등 5<br>명 | (3.26~<br>4.15) | 일본의 불<br>교 사 황 과<br>문 화 정 도<br>의 시찰 | |
| 1928 | 조선<br>불교<br>중앙<br>교무원 | 宋宗憲(백양사 전주지), 白景霞(해인사 주<br>지), 李大蓮(건봉사 주지), 張河應(석왕사 주<br>지), 柳護庵(법주사 주지), 黃普應(동화사 주<br>지), 河龍華(화엄사 주지), 李海窒(보석사 주<br>지), 崔仁澤(금룡사 주지), 柳寶庵(귀주사 주<br>지), 黃耕雲(통도사 감사), 吳梨山(범어사 감<br>사), 鄭大庵(유점사 감무), 崔鍾山(선암사 감<br>무), 姜性仁(봉은사 감무), 李震海(용주사 감<br>무), 李壯祐(고운사 감사), 玄祥奎(봉선사 감<br>무), 金法龍(중앙교무원 사무원), 出口勇吉<br>(종교과 사사계 주임), 洪錫模(종교과 사사<br>계 촉탁), 임석진(松廣寺 감무) | 東京,<br>大阪,<br>京都,<br>奈良 | | |
| 1935 | 경상<br>북도<br>5본산 | 경북 5본산 주지 및 법무 | (10.23<br>~<br>11.3) | | 제1회 중<br>견승려시<br>찰단 |
| 1936 | 경상<br>북도<br>5본산 | 車應俊(단장, 영지사 주지), 李石寶(은해사<br>감사), 金龍峰(동화사 감사), 朴性夏(동화사<br>서기), 金龍鶴(용연사 주지), 金敎賞(석굴암<br>주지), 趙龍璥(고운사 감사), 趙敬仁(봉정사<br>주지), 崔斗璟(금룡사 감사), 金敎煥(대승사<br>주지), 朴尙遜(남장사 주지), 韓泰悅(운문사<br>주지), 廣渡一男(도속) | 大阪,<br>奈良,<br>京都,<br>山利,<br>神奈川,<br>東京<br>(9.10~<br>9.22) | | 제2회 중<br>견승려시<br>찰단 |

| 연도 | 파견<br>주체 | 시 찰 단 원 | 시찰장<br>소(기간) | 목 적 | 비 고 |
|---|---|---|---|---|---|
| 1937 | 경상<br>북도<br>5본산 | | (10.15<br>~<br>10.24) | | 제3회 중<br>견승려시<br>찰단 |
| 1939 | 경상<br>북도<br>5본산 | 崔舜敎(도속), 金擎林(**기림사** 주지), 金大雲<br>(**동화사** 포교사), 朴秉宇(**동화사** 서기), 張奇<br>翔(은해사 감사), 金相烈(은해사 포교사), 景<br>錫義(고운사 법무), 閔東宜(고운사 포교사),<br>徐萬俊(금룡사 포교사), 玄周□(금룡사 서기) | | | 제4회 중<br>견승려시<br>찰단 |
| 1939 | 강원도 | 鄭野雲(고성 유점사), 文□龜(고성 보광사),<br>崔□庵, 金錦峰(이상 고성 **건봉사**), 李愚虛<br>(양양 □□庵), 朴淇宗, 姜尙□(이상 평창<br>**월정사**), 朴善宇(삼척 삼화사) | 大阪,<br>京都,<br>奈良,<br>山田,<br>名古屋<br>(5.15~<br>6.2) | 일본 불교<br>의 상황 시<br>찰을 통한<br>조선 불교<br>의 진흥 | 1 인 당<br>170원 보<br>조 |
| 1940 | 강원도 | 柳□□(**월정사**), 琴□垍(□룡사), 沈元澤<br>(□□사), 崔×寅, 王允文(이상 **건봉사**), 金<br>□松(신흥사), 金龍冾(표훈사), 崔敬出(石□<br>庵) | | 불교진흥 | 20세 이상<br>50세 미만<br>의 자, 1<br>인당 170<br>원 보조 |

* 굵은 글씨는 30본산에 해당하는 사찰임.

<표 2>에서 볼 수 있듯이 불교시찰단은 그 수가 많은 편은 아니었으나 1910년대부터 1940년대에 걸쳐 꾸준히 파견되고 있다. 그리고 불교시찰단은 30본산을 중심으로 파견되었으나 30본산 중 패엽사, 대흥사, 마곡사, 송광사, 귀주사, 봉선사, 전등사, 영명사, 법흥사, 보현사, 성불사 등 11본산의 승려들이 일본시찰을 했다는 기록은 보이지 않는다. 이는 후술하듯이 불교시찰단의 파견에 소극적이거나 비판적이었던 사찰이었다고 추측된다. 또한 1935년 이후에는 경상북도와 강원도의 사찰을 중심으로 불교시찰단이 활발히 파견되고 있음을 볼 수 있다. 이외에도

1938년 5월 15일 중앙불교전문학교 3학년이 일본으로 수학여행을 가기
도 하였다.39)

그런데 이와 같은 불교시찰단의 파견에 대해 조선 불교계 전체가 찬성
하지는 않았던 것으로 보인다. 1928년 불교시찰단의 경우 이에 찬성하는
입장도 있었으나 재단법인 출자의 부담으로 인하여 사찰을 폐쇄하기도
하고, 학교를 정지하기도 하며, 경성 및 해외에 파견하였던 유학생마저도
소환하는 형편에 5~6천원의 거금을 들어 일본시찰을 할 필요가 있었는
가 하는 비판이 제기되었다. 또한 시찰단의 파견이 자기 의사에 의한 것
이 아니라 피동적, 수동적으로 하는 일이므로 찬부를 논할 것이 아니라는
비판도 제기되었다.40) 이로 보면 조선 불교 내부에서 불교시찰단의 파견
에 대해 다양한 입장이 존재하였음을 알 수 있다. 특히 피동적, 수동적으
로 파견하였다는 비판은 불교시찰단의 파견이 조선총독부의 지시에 의한
것이었음을 시사한다고 할 수 있다.

그리고 1920년대 일본시찰단의 여비는 주로 조선총독부나 도·군 등
의 행정기관이나 향교, 조선사회사업협회 등 관변단체 등에서 전액 혹은
일부를 보조하는 경우와 전액자비로 하는 경우로 나뉘어진다. 그리고 이
경비는 사회사업비에서 지원되었다.41) 불교시찰단의 경비 역시 조선총
독부에서 보조하는 경우와 각 사찰의 예산에서 지출하는 경우로 나누어
볼 수 있다. 조선총독부의 경비 보조를 받은 시찰단은 1917년 불교시찰
난, 1939넌과 1940넌의 강원도 불교시찰딘이 확인된다. 그런데 1917년
불교시찰단은 시찰비용 전액을 보조받은 것으로는 보이지 않지만 1939

---

39) 『慶北佛敎』 1938년 6월 1일.

40) 金大隱, 1928.10, 「日本佛敎의 視察을 마친 諸位에게」, 『금강전』 16, 8~9쪽.

41) 조성운, 앞의 논문, 『한국독립운동사연구』 28, 214~216쪽. 1920년대 일본시찰
    비용은 시찰 기간에 따라 다르겠지만 대략 150원 내외였다. 사회사업은 3·1운동
    이후 일제가 채택한 통치방법 중의 하나였다. 일제는 이를 조선 민중에 대한 敎化
    라는 측면에서 접근하였다. 그리하여 1920년대 이후 교화를 위한 예산이 사회사
    업비의 항목으로 책정되었다.

년과 1940년의 강원도 불교시찰단은 1인당 170원을 보조받음으로써 시
찰비용을 전액 보조받은 것으로 보인다. 그러나 1928년 불교시찰단이나
경북중견승려시찰단의 경우는 자비 시찰인 것으로 보인다. 특히 경북중
견승려시찰단의 경우 제1차와 제2차 시찰단에 지출된 경비가 총 2,300
원이었으며 1936년에는 동화사, 은해사, 고운사, 김룡사, 기림사 등 경북
의 5본산에서는 100원씩의 일본시찰경비를 예산에 계상42)하여 1937년
의 일본시찰을 준비하였다. 그리고 1937년에도 은해사와 기림사에서는
1938년도 일본시찰비를 예산에 계상하였다.43)

한편 일본시찰단은 시찰 이후 귀국하면 시찰기를 당국에 제출하고 강
연회나 간담회를 통해 자신의 경험을 일반 민중에게 전달해야 하는 의무
가 있었다. 불교시찰단의 경우도 마찬가지였다. 1917년 불교시찰단원
權相老, 1925년 조선불교단 시찰단의 小白頭陀, 1928년 조선불교중앙
요무원 시찰단원 林錫珍 등이 시찰기를 제출하였다. 그리고 1928년 조
선불교중앙요무원 시찰난의 일원으로 일본을 시찰했던 金法龍은 1928
년 6월 3일 평북 영변의 보현사에서 일본시찰에 대한 강연을 하였다.44)
1937년 11월 19일 동화사 본말사 주지 정기총회의 안건에는 일본시찰
감상담에 관한 건45)이 있었던 것으로 보아 이 자리에서 시찰에 관한 강
연이나 간담이 있었을 것으로 보인다. 또 강원도 3본산의 불교시찰단원
으로 일본을 다녀온 유점사의 鄭野雲은 강원도 내무장관의 통첩에 따라
心田開發과 時局認識에 대해 1939년 8월 5일부터 7차례에 걸쳐 일본시
찰에 대한 강연을 하였다.46) 이 강연은 강원도 사회과에서 정야운 외 7
명의 강사로 강원도 각군 당 2개소 정도에서 승려를 포함한 만명을 대상

---

42) 『경북불교』 1936년 12월 1일 6면, 「각 본산 예산안」.
43) 『경북불교』 1937년 3월 1일 ; 1937년 4월 1일.
44) 「日本佛敎視察團員 講演」 『佛敎』 50, 1928, 21쪽.
45) 『경북불교』 1937년 2월 1일.
46) 『佛敎時報』 제51호, 1939년 10월.

으로 계획하였던 것이었다.[47)]

## 3. 시찰경로 및 시찰시설

일본시찰단의 경로는 크게 규슈 일대를 살피는 코스와 大阪 - 京都 - 名
古屋 - 東京 일대를 살피는 코스로 나누어진다.[48)] <표 3>, <표 4>, <표
5>, <표 6>에서 보듯이 불교시찰단은 大阪 - 京都 - 名古屋 - 東京 일대
를 살피는 코스를 따라 시찰하였음을 알 수 있다. 이 코스는 과거 조선통신
사나 조사시찰단의 코스와 크게 차이나지 않지만 근대 이후 철도가 건설된
지역이었고, 철도 연선을 따라 각종의 공장들이 건립되어 식민지 조선인에
게 일본의 근대 문물을 보여줄 수 있는 길이었다. 일본시찰단은 부산에서
선박을 이용해 下關에 상륙하여 기차를 이용하여 이 길을 따라 東京까지
이동하였던 것이다. 불교시찰단의 시찰 경로 역시 이와 다르지 않다. 이를
다음의 <표 3>, <표 4>, <표 5>, <표 6>에서 확인할 수 있다.

〈표 3〉 1917년 불교시찰단 시찰 경로 및 시찰시설

| 일 자 | 장 소 | 시 찰 시 설 | 비 고 |
|---|---|---|---|
| 8.31 | 京城 | | 출발 |
| 9.1 | 下關 | | 東京으로<br>출발 |
| 9.2 | 東京 | | 朝陽旅館<br>투숙 |
| 9.3 | 東京 | | 휴식 |
| 9.4 | 東京 | 首相邸, 大谷光瑩邸, 國民新報社[49)] | |
| 9.5 | 東京 | 摠持寺(조동종 대본산), | |
| 9.6 | 東京 | 新宿御苑, 王世子邸 | |

47) 『동아일보』 1939년 6월 4일.
48) 조성운, 앞의 논문, 『한국독립운동사연구』 28, 229쪽.

| 일 자 | 장 소 | 시 찰 시 설 | 비 고 |
|---|---|---|---|
| 9.7 | 東京 | 上野公園(天台宗 寬永寺, 德川氏의 第1廟, 第2廟), 淺草公園(淺草寺 觀音堂), 환영회 참가(東京佛敎護國團과 불교연합회 주최) | |
| 9.8 | 東京 | 白木屋 사장과 오찬, 조선총독부동경출장소 | |
| 9.9 | 東京 | 三越吳服店 본사 | |
| 9.10 | 東京 | 문부성, | |
| 9.11 | 東京 | 東洋大學, 東洋女學校, 宗敎大學, 東京養育院, 曹洞大學, 東京感化院, 福音會, 育兒院 | |
| 9.12 | 東京 | 천황 봉영, 제국대학교 | |
| 9.13 | 東京 | 수상저(김구하), 鎌倉大佛(이회광), 精國神社(권상로) | |
| 9.14 | 伊勢 | | 숙박 |
| 9.15 | 伊勢 | 伊勢神宮(오전 內宮, 오후 外宮 참배) | |
| 9.16 | 京都 | 桃山御陵, 東御陵, 西大谷本廟, 淸水寺, 圓山公園, 東本願寺本廟, 智恩院, 新京極 | |
| 9.17 | 京都 | 東本願寺, 涉成園, 三十三觀音堂, 妙法院, 豊太閤廟, 大佛 | |
| 9.18 | 京都 | 京都高等女學校, 幼稚園, 京都大學, 平安中學, 西本願寺(환영회 참석) | |
| 9.19 | 京都 | 智恩院, 大谷大學, 花園中學校, 妙心寺, 仁和寺, 金閣寺 | |
| 9.20 | 奈良 | 東大寺, 興福寺 | |
| 9.21 | 大阪 | 四天王寺, 心齋橋, 通天閣 | |
| 9.22 | 下關 | | 부산으로 출발 |
| 9.23 | 釜山 | | 경성으로 출발 |
| 9.24 | 京城 | | 경성 도착 |

(자료) 「視察日誌」 1917, 『朝鮮佛敎叢報』 7, 8~17쪽.

---

49) 『國民新聞』은 당시 조선총독부의 기관지인 『경성일보』 『매일신보』 『THE SEOUL PRESS』의 감독으로서 사실상 조선 언론계의 총수였던 도쿠토미 소호(德富蘇峰)가 창간하였던 우익계열의 신문이었다. 도쿠토미는 조선인의 일본시찰을 적극 장려하여 경성일보사나 매일신보사의 주최로 일본시찰단을 파견하기도 하였다.

〈표 4〉1925년 조선불교단 시찰단의 시찰경로 및 시찰시설[50]

| 일 자 | 장 소 | 시 찰 시 설 | 비 고 |
|---|---|---|---|
| 8.20 | 경 성 | | 출발 |
| 8.21 | 부 산 | | 하관 도착 |
| 8.22 | 大阪 | | 휴식 |
| 8.23 | | 高山神社(津市), 伊勢神宮(養馬所, 大砲), 徵古館,, 農業舘(이상 山田) | |
| 8.24 | | 伊勢新聞社, 東洋紡績株式會社, 진종 본원사, 龍寶山 西來寺(천태종 眞盛派 중본산), 觀音寺(조선수해사망 자추도회 참석), | |
| 8.25 | 京 都 | 대판시역소, 사천왕사(조동종 영평사파), 山岡國利 사저(京都縣知事), 專修寺(眞宗 대본산, 이상 津市), | |
| 8.26 | 京 都 | 淸水寺(법상종 대본산), 大谷大學(동본원사 경영), 鹿苑寺, 金閣寺, 양로원, 妙心寺(臨濟宗 대본산), 仁和寺, 廣隆寺, 知恩院(淨土宗 대본산) | |
| 8.27 | 京 都 | 納骨所(서본원사 경영), 여자고등학교, 妙法院(三十三間堂, 天台宗 延曆寺의 別院), 京都博物館, 東本願寺(眞宗 大谷派 본산), 西本願寺(眞宗 本派 대본산), 桃山御陵, 桃山東御陵, 乃木紀念館, 萬福寺(黃蘗宗 본산), 淸水寺 | |
| 8.28 | 大阪 | 대판시청, 大谷派 本願寺 難波別院, 四天王寺, 三越吳服店, 大阪每日新聞社 | |
| 8.29 | 奈 良 | 興福寺(法相宗 본산), 商品陳列館, 東大寺(華嚴宗 본산), 法隆寺 | |
| 8.30 | | 法隆寺 | 下關으로 출발 |
| 8.31 | | | 부산 도착 |

<표 5> 1928년 불교시찰단 시찰경로 및 시찰시설[51]

| 일 시 | 시찰 시설 | 비 고 |
|---|---|---|
| 3.23 | | 下關으로 출발 |
| 3.24 | 日和公園, 下關市 구경 | 大阪으로 출발 |
| 3.25 | 貨幣鑄造局, 大阪城, 四天王寺, 通天閣, 三越吳服店, 大阪每日新聞社 | |
| 3.26 | 高野山 金剛峰寺(靈寶館, 奧院, 弘法大師廟) | |
| 3,27 | 天理敎本部, 天理敎高等女學校, 天理敎外國語學校, 猿澤池, 興福寺(法相宗 大本山), 東大寺(華嚴宗 總本山), 春日神社 | 高野山 출발 |
| 3.28 | 伊勢大廟, 二見浦, 二見公園, 山田市 本宮(豊受大神宮) | 山田 도착 |
| 3.29 | | 想根 도착, 숙박 |
| 3.30 | 摠持寺(曹洞宗 大本山), 上野館 투숙(재일 불교유학생 방문) | 東京으로 출발 |

<표 6> 1936년 제2회 경북 중견승려시찰단 시찰경로 및 시찰시설[52]

| 일 자 | 장 소 | 시 찰 시 설 | 비 고 |
|---|---|---|---|
| 9.10 | 대 구 | | 출발 |
| 9.11 | 大 阪 | | 도착 |
| 9.12 | 大 阪 | 四天王寺 | 숙박 |
| 9.13 | 和歌山 | 金剛峰寺(진언종총본사), | |
| 9.14 | 奈 良 | 東大寺(화엄종본산) | |
| 9.15 | 京 都 | 東·西本願寺 | |
| 9.16 | 京 都 | 妙心寺(임제종 묘심사파 대본산), 桃山御陵 | |
| 9.17 | 身邊町 | | 숙박 |

---

51) 임석진, 「일본불교시찰기」 『불교』 제49호, 제50호, 제53호, 제54호, 제56호, 제57
호, 참조 바람.
52) 『慶北佛敎』 1936년 11월 1일.

| 일 자 | 장 소 | 시 찰 시 설 | 비 고 |
|--------|--------|-----------|--------|
| 9.18 | 山 利 | 久遠寺(신연산 일련종 총본산) | |
| 9.19 | 東 京 | 皇城, 明治神宮, 眞宗 本願寺派 別院, 淺草寺(천태종 직할) | |
| 9.20 | 神奈川 | 摠持寺(조동종 대본산) | |
| 9.21 | 東 京 | | 부산으로 출발 |
| 9.22 | 下 關 | | 대구 도착 |

다음으로 불교시찰단의 시찰시설에 대해 알아보자. 1920년대 일본시찰단의 시찰시설을 유형별로 보면 농업과 관련된 시설, 교육 및 공공시설, 근대산업시설, 일본의 국체를 내면화하려는 시설 등으로 나눌 수 있다.[53] 농업과 관련된 시설로는 農學部屬農場, 中河內貯水池, 嵐山, 교육 및 공공시설로는 丸山學院, 福岡縣 犯人鑑識課, 福岡市, 福岡日日新聞社, 磯野鑄造所, 福岡醫科大學, 農科大學, 鹿兒島市役所, 鹿兒島市, 鹿兒島縣, 大阪府, 大阪每日新聞社, 十合吳服店, 愛宕放送局, 希望雜誌社, 嚴島尋常高等小學校, 大阪市集英小學校, 奈良女子高等師範學校, 社會局, 東京日日新聞社, 自由學園을 들 수 있다. 근대산업시설로는 八幡製鐵所, 磯野鑄造所, 商品陳列所, 三菱造船所, 土屋足袋會社, 大牟田三井炭鑛, 三菱染料場, 교통전기박람회, 三越, 池田化學工業會社를 들 수 있으며, 일본의 국체를 내면화하려는 시설로는 太宰府天滿宮, 觀世音寺, 海軍航空機, 軍艦陸奧, 陸軍飛行場, 津公別邸, 尙古集成舘, 城山公園, 南洲翁洞窟, 南洲翁終焉地, 春日神社, 奈良大佛, 大阪城, 伊勢神宮, 上野公園, 宮城二重橋, 日比谷公園, 愛宕公園, 芝增上寺, 泉岳寺, 乃木大將邸, 明治神宮, 新宿御苑, 法心寺, 桃山御

---

53) 조성운, 앞의 논문, 『사학연구』 80, 211~213쪽.

陵, 京都御所, 金閣寺, 出雲大社, 知井宮, 嚴島神社, 大元公園, 오簿奉拜, 奈良公園, 若草山, 手向山神社, 微古館, 倭姬宮, 淺草公園, 靖國神社, 觀兵式拜觀, 大禮式場 등을 들 수 있다.[54]

불교시찰단의 경우는 1920년대의 일본시찰단의 시찰 시설과는 달리 주로 일본의 사찰이나 佛跡 등 을 시찰하였다. 이는 '불교'시찰단이기 때문에 당연한 것이었다.[55] 그런데 <표 3>, <표 4>, <표 5>, <표 6>에서 볼 수 있듯이 1917년 불교시찰단, 1925년 조선불교단 시찰단, 1928년 조선불교중앙요무원 시찰단, 1936년 경북중견승려시찰단은 시찰경로는 대동소이한데 시찰 시설에서는 차이를 보이고 있다. 그것은 1930년대 후반 이전인 1917년 불교시찰단, 1925년 조선불교단 시찰단, 1928년 조선불교중앙요무원 시찰단은 사찰 외에도 근대교육시설, 사회시설, 공공시설 등을 시찰하였으나 1936년 경북중견승려시찰단은 桃山御凌, 皇城, 明治神宮을 제외한 시찰시설이 모두 사찰이기 때문이다. 일제시기 불교시찰단이 사찰 이외에 시찰한 일본의 근대시설은 다음과 같다.

1917년의 불교시찰단의 경우 東洋大學, 東洋女學校, 宗敎大學(정토종립), 曹洞大學(종동종립), 京都高等女學校(동본원사), 京都大學, 平安中學(서본원사), 大谷大學(진종 대곡파 동본원사), 佛敎大學(진종 본파 서본원사), 花園中學校(임제종 묘심사), 幼稚園 등 불교 관련 근대 교육시설, 國民新聞社, 上野公園, 三越吳服店, 心齋橋, 通天閣 등 근대 문

54) 조성운, 앞의 논문, 『한국독립운동사연구』 28, 228쪽.
55) 그런데 여기에서 주의할 점은 일본 불교는 전통적으로 국가주의적 성격이 강했지만 明治維新 이후 廢佛毁釋정책에 따른 강력한 배불정책을 극복하기 위해 '王法爲本', '鎭護國家', '尊皇奉佛', '勤王護法'의 성격을 불교 스스로 강화하여 明治政府와의 타협을 도모하였다(정광호, 앞의 책, 27~49쪽). 그러므로 이 시기의 일본 불교는 국가의 정책을 종교적인 입장에서 선전하고 실천하는 성격이 매우 강했던 시기였다고 볼 수 있다. 이는 곧 조선총독부가 조선불교에 국가주의적 불교의 수립을 요구했다고 볼 수 있지 않을까 한다. 따라서 본고에서는 이를 조선인에게 국체를 내면화시키려 했던 것으로 이해하고자 한다.

물, 東京養育院, 東京感化院, 福音會, 育兒院 등과 같은 사회시설 등을 시찰하였다. 1925년 조선불교단 시찰단은 高山神社, 伊勢神宮, 桃山御陵, 桃山東御陵, 乃木紀念館 등 국체를 내면화하려는 시설, 伊勢新聞社, 大阪每日新聞社徵 등의 언론기관, 徵古舘, 農業舘, 京都博物館, 三越吳服店, 商品陳列館, 東洋紡績株式會社 등의 근대 전시관과 상업시설, 大谷大學, 여자고등학교 등의 교육시설, 그리고 納骨所, 養老院 등의 사회시설과 大阪市廳을 시찰하였다. 1928년 조선불교중앙요무원 시찰단도 天理敎本部, 春日神社, 伊勢大廟, 山田市 本宮(豊受大神宮) 등 국체를 내면화 하려는 시설, 日和公園, 貨幣鑄造局, 通天閣, 三越吳服店, 大阪每日新聞社, 二見浦, 二見公園 등의 근대 문물, 天理敎高等女學校, 天理敎外國語學校 등 교육시설 등을 시찰하였다.

이렇게 볼 때 1917년과 1925년, 1928년 불교시찰단은 사찰 외에도 학교를 포함한 근대 시설과 신사 등 일본의 국체를 내면화하려는 시설을 시찰하였음을 알 수 있다. 그러나 1936년 경북중견승려시찰단의 경우는 皇城, 明治神宮, 桃山御凌 등 일본의 국체를 상징하는 시설을 제외한 나머지가 모두 사찰이었다는 점에서 이 시기의 불교시찰단의 시찰시설과 이전 시기의 불교시찰단의 시찰시설에 차이가 있음을 알 수 있다. 특히 1936년 경북중견승려시찰단의 시찰시설은 모두 일본의 국체를 내면화 하려는 성격을 갖는 것이었다. 이러한 차이는 1930년대 이전과 이후의 식민지 지배정책의 차이에서 비롯되는 것으로 이해할 수 있다. 즉 1931년 일제의 만주 침략 이후 전쟁에 조선인을 동원하기 위해 조선인에 대한 동화정책을 보다 강화할 수밖에 없었던 일제의 정책이 시찰시설에서도 확인되는 것이다.

다음으로 불교시찰단이 시찰한 사찰을 살펴보자. 1917년 불교시찰단은 조동종 대본산인 摠持寺를 비롯하여 寬永寺(천태종), 智恩院(정토종 본산), 妙心寺(임제종 묘심사파 대본산), 仁和寺(光孝天皇의 願刹), 金

閣寺, 東本願寺(진종 대곡파 본산), 西本願寺(진종 본파 대본산), 妙法院(천태종 延曆寺의 별원), 東大寺(화엄종 대본산), 興福寺(법상종 본산), 四天王寺를 시찰하였다. 1925년 조선불교단 시찰단은 진종 본원사, 龍寶山 西來寺(천태종 眞盛派 중본산), 觀音寺(조선수해사망자추도회 참석), 사천왕사(조동종 영평사파), 專修寺(眞宗 대본산, 이상 津市), 淸水寺(법상종 대본산), 鹿苑寺, 金閣寺, 妙心寺(臨濟宗 대본산), 仁和寺, 廣隆寺, 知恩院(淨土宗 대본산), 妙法院(三十三間堂, 天台宗 延曆寺의 別院), 東本願寺(眞宗 大谷派 본산), 西本願寺(眞宗 本派 대본산), 萬福寺(黃蘗宗 본산), 大谷派 本願寺 難波別院, 四天王寺, 興福寺(法相宗 본산), 東大寺(華嚴宗 본산), 法隆寺를 시찰하였다. 1928년 불교시찰단은 四天王寺, 高野山 金剛峰寺, 興福寺(法相宗 大本山), 東大寺(華嚴宗 總本山), 摠持寺(曹洞宗 大本山)를 시찰하였다. 1936년 경북중견승려시찰단은 四天王寺, 金剛峰寺, 東大寺(華嚴宗 본산), 東本願寺(眞宗 大谷派 본산), 西本願寺(眞宗 本派 대본산), 妙心寺(임제종 묘심사파 내 본산), 久遠寺(신연산 일련종 총본산), 眞宗 本願寺派 別院, 淺草寺(천태종 직할), 摠持寺(조동종 대본산)를 시찰하였다.

그런데 위에서도 보았듯이 이들이 시찰한 사찰들은 대부분 일본 내에서 각 종파의 대본산 혹은 본산의 위치에 있는 지도적인 사찰이었으며, 앞에서 보았듯이 진종 대곡파, 진종 본파, 정토종, 조동종, 임제종, 일련종은 19세기말부터 1910년대까지 이미 조선에 포교사를 파견하거나 사찰을 건립한 종파로서 일제의 조선침략의 첨병 역할을 하던 종파와 사찰이었다. 그리고 시텐노지(四天王寺)나 호류지(法隆寺)처럼 조선과 관련이 있는 사찰은 日鮮同祖論의 근거로서 시찰하도록 한 것으로 생각된다. 따라서 불교시찰단의 파견은 일본정부의 조선침략정책과 궤를 같이 하는 것이었다.

다른 한편 불교시찰단의 시찰시설이 일반인을 대상으로 한 시찰단과

다른 점은 그 구성원의 성격이 다르기 때문이겠지만 같은 불교시찰단인
1917년·1925년·1928년의 불교시찰단과 1936년 경북중견승려시찰단의
시찰시설의 차이는 시찰단이 파견된 시기의 지배정책의 강조점이 다르기
때문이라 할 수 있다. 1920년대까지 일제의 조선지배정책은 일본의 선진
문물과 조선 문물의 열등감을 상하의 조선인에게 직접 선전하고 각인시
킬 필요가 있던 시기였다. 그리하여 조선총독부는 이 시기의 시찰단에게
공통적으로 일본의 근대 문물을 시찰시키고 있다.[56] 따라서 이 시기의
불교시찰단은 1930년대의 불교시찰단과는 달리 일본의 근대문물도 함께
시찰하였던 것으로 생각된다.

　반면에 1930년대는 일제가 만주와 중국, 태평양전쟁을 일으키면서 총
력동원을 통해 전쟁을 수행하고 있던 시기였다. 그러므로 이 시기의 시찰
단은 일본의 國體를 상징하는 장소를 주로 시찰하고 있다. 이는 나날이
확대되는 전쟁에 조선인을 동원하고자 한 일제의 정책과 연관 지을 수
있다. 실제 1937년부터 전시동원체제가 성립하기 직전의 상황이고 경북
과 강원도에서는 1940년까지 불교시찰단을 파견하고 있는 것에서도 알
수 있다. 그리하여 앞에서도 보았듯이 국민총력조선연맹은 매년 성지참
배와 선진지의 시찰을 통해 일본정신을 조선인에게 체득시키고자 하였던
것이다. 또한 같은 의미에서 일본의 대륙 진출을 확인하고 일본의 강대함
을 보여주고 '황군'을 위문하기 위한 北支視察도 매우 활발하게 전개되
기도 하였다.[57]

---

56) 여기에 대해서는 조성운, 앞의 논문, 『한일민족문제연구』 6을 참조 바람.
57) 북지시찰단은 일제의 이러한 정책과 함께 조선인 상공업자들의 대중국 상공업 진
　　출과 관련하여 생각해야 한다고 판단된다. 그것은 북지시찰단의 대부분이 상공인
　　이었다는 점에서도 확인할 수 있다. 이에 대해서는 후고를 기약한다.

## 4. 불교시찰단의 성격

'일본시찰단'은 1909년 경성일보사 주최로 조직되어 200여 명의 인원이 일본을 시찰한 후 일제의 식민지 지배기간 동안 지속되었던 사업이다. 이는 일본과 일본문화의 우수성을 조선인에게 각인시키기 위한 사업이라는 측면에서 동화정책 수행의 한 방편이었다.

1910년대에 파견된 일본시찰단은 조선귀족관광단(1910), 기독교시찰단(1911), 유림시찰단(1912), 동양척식주식회사시찰단(1911~1915), 조선진신내지시찰단(1914), 교육시찰단(1914), 실업시찰단(1915), 불교시찰단(1917), 구주시찰단(1918), 잠업시찰단(1919), 농사시찰단(1919) 등이 있었다. 이를 보면 시찰단은 최초에는 주로 식민지 조선의 상층부를 중심으로 이루어지다가 1910년대 중반 이후에는 교육, 실업, 잠업 등 특정한 목적 하에서 특정한 집단을 대상으로 시찰 대상을 확대하였음을 알 수 있다. 이는 1910년대 중반 지방행정제도를 개편하면서 획득한 일제의 식민지 지배에 대한 자신감의 발로라고 생각된다.

한편 시찰단의 시찰지역은 주로 일제의 근대문물이나 일본문화의 우수성을 선전할 수 있는 지역을 중심으로 선정되었다. 또한 이들 지역에서 조선과 일본이 역사적으로 관련이 있는 장소를 견학하게 함으로써 과거부터 일본과 조선은 밀접한 관련을 맺고 있었다는 점을 강조하고자 하였던 것으로 판단된다. 그리하여 교토, 오사카, 나라 등지의 시찰이 이루어지고 있는 것으로 보인다. 예를 들면 교토에서 인클라인을 견학한 것이 대표적이다.

그리고 1910년대 시찰단원은 주로 귀족을 비롯한 신사, 종교지도자, 면장, 실업가, 독농가, 군수 등 조선의 여론 주도층인 조선 사회의 상층 및 중류층을 대상으로 하였다. 그러나 1910년대 중반 이후에는 마름과 같은 특정한 집단을 시찰단원으로 하는 시찰단이 등장하는 것으로 보아

이 시기 이후 시찰단의 파견 목적에 변화가 있는 것으로 생각된다. 그리
고 시찰단원의 선정에는 일제의 입장이 전적으로 반영되었다. 이는 시찰
단의 선발원칙과 어긋나는 인물들이 대거 시찰단에 참가하고 있는 것에
서도 확인할 수 있다. 요컨대 시찰단은 일제의 입장에서 식민지 지배에
적당한 인물을 선정하여 그들에게 일본문물의 우수성을 인식시켜 그들을
식민지 지배의 협력자, 동조자로 육성하려는 것이었다고 할 수 있다.

3·1운동 직후에는 일본의 식민지 지배정책이 새로이 정비되면서 일본
시찰단에 대한 중요성이 더욱 부각되었다. 그리하여 사이토총독은 「조선
민족운동에 대한 대책」에서 "새로운 친일인물을 양성하여 귀족, 양반,
부호, 실업가, 교육가, 종교가 등에 침투"시킬 것을 지시하였다. 이는 기
존의 친일인물이 조선인민에게 부정적인 인상58)을 가지고 있으므로 이
들을 식민지 지배의 유일한 파트너로 상정할 수 없었다는 당시의 사정을
반영하는 것이었다고 생각된다.

이에 따라 '새로운 친일인물' 중심의 일본시찰단을 조직하는 것은
"지방 관리의 중요 임무 중의 하나"59)가 될 정도였다. 따라서 1920년대
의 일본시찰단은 1910년대의 일본시찰단과는 그 구성원이나 성격에서
차이를 보일 수밖에 없었다. 1910년대 일본시찰단의 구성원은 귀족, 중
추원 찬의, 도참사, 군참사, 군수, 면장, 농업가, 실업가, 신사 등60)이었
으나 1920년대 일본시찰단원은 유지, 교원, 군수, 면장, 실업가, 군참사,
군서기, 도평의원, 대지주, 경찰, 축산조합원, 도참여관, 향교 평의원·直
員·掌議 등 향교 관계자, 면협의원, 부협의원, 삼림조합 기술원, 학교평
의원, 농회 관계자, 독농가, 유림, 금융조합 관계자, 청년, 목사, 보통학교

---

58) 齋藤實文書 935-5. 여기에서 下村宏도 "친일을 표방했기 때문에 조선인으로부터
    원수처럼 손가락질 받는 자에 대해 얼마간의 동정과 은밀한 원조를 주는 것은 좋
    지만 이러한 자들을 수족으로 조선인들에게 공작을 하면 오히려 전 조선인을 적
    으로 만들 우려가 있다"고 하면서 새로운 협조자를 양성해야 한다고 주장하였다.
59) 『동아일보』 1922년 5월 12일, 「觀光團政策 得不補失」.
60) 조성운, 앞의 논문, 『한일민족문제연구』 6, 22쪽.

장, 민풍진흥회 관계자, 잠종제조자, 승려, 인쇄업대표자, 소작인 등으로
구성원의 직업과 신분이 크게 다양해졌다. 청년, 경찰, 삼림조합 기술원,
금융조합 관계자, 민풍진흥회 관계자 등은 1910년대 일본시찰단에서 볼
수 없던 계층이었으며 이들은 지역사회에서 민중과 직접 접촉하고 대면
하는 인물들이었다. 특히 청년과 교원은 3·1운동 이후 변화된 조선 정세
속에서 일본시찰의 중요한 대상으로 설정되었다. 그것은 3·1운동에서
표출된 식민지 지배에 대한 조선인민의 불만을 무마해야 했으며, 식민지
지배의 새로운 파트너를 양성해야 할 필요가 있었기 때문이었다.[61] 이
러한 상황에서 조선인민에게 강력한 영향력을 행사하던 불교, 기독교,
유교 등에 대한 회유정책은 대단히 중요하였다. 그리하여 이들 종교를
중심으로 한 시찰단이 조직되어 일본에 파견되고 있다.

　1930년대 이후의 일본시찰단은 우가키가 조선총독으로 부임한 1931
년부터 1936년까지의 시기에는 이전과 이후에 비해 그리 활발히 파견되
지는 않았다. 그러나 이 시기 파견된 일본시찰단의 경우 주로 산업시찰
단, 학사시찰단 성격의 시찰단이 파견되어 우가키총독이 추진하던 '조선
공업화정책'과 '내선융화정책'이 일본시찰단의 파견에도 영향을 미쳤음
을 추측할 수 있다. 그리고 1937년 이후에는 전시동원체제에 맞추어 주
로 성지(신궁)참배를 목적으로 한 시찰단이 파견되었다. 그리하여 사상전
향자시찰단, 지원훈련병시찰단 등 침략전쟁에 동원하거나 직간접적으로
영향을 미칠 수 있는 대상자들을 조직하여 일본을 시찰시키고도 있다.[62]

　불교시찰단 역시 이러한 추세에 따라 조직되고 파견되었다. 앞에서
언급했듯이 1920년대까지의 불교시찰단은 일반시찰단과 마찬가지로 일
본 근대 문물과 일본 문화의 우수성을 보여주는 시설을 시찰하였다. 이

---

61) 조성운, 앞의 논문, 『한국독립운동사연구』 28, 219쪽.
62) 『동아일보』 1938년 11월 7일 ; 『매일신보』 1939년 9월 26일 ; 『조선일보』 1939
　　년 6월 1일 ; 『조선일보』 1939년 10월 11일 ; 『동아일보』 1939년 11월 6일 등을
　　참조 바람.

는 조선총독부의 조선불교에 대한 정책이 반영된 것이라 할 수 있다. 즉 1917년 불교시찰단은 조선시대 동안 받았던 억압을 조선총독부를 통해 해결하고자 했던 조선불교 내부의 사정이 반영[63]된 것으로 판단된다. 그러나 이는 지배와 피지배의 관계에 있는 조건 속에서 양측이 동등한 입장에서 이루어진 것이 아니었다는 측면에서 향후 조선불교에 일본불교의 영향이 강하게 미치는 배경이 된다고 할 수 있다. 그리고 1920년대에는 앞에서 본 바와 같이 조선총독부의 불교정책이 조선불교대회와 조선불교단의 성립을 가져왔다. 이로써 조선불교는 식민지 지배체제에 포섭되어 일제의 지배정책에 순응하는 것으로 판단된다. 특히 조선총독부는 1930년대 심전개발운동을 전개하여 불교를 통해 내선융화 혹은 내선일치를 이루고자 하였다. 또한 중일전쟁을 발발한 이후 일제는 조선인을 전쟁에 동원하기 위한 방편으로서 성지(신궁)참배를 계획하여 이세신궁, 가시하라신궁, 메이지신궁 등에 대한 참배를 강조하였다. 불교시찰단 역시 이러한 성지참배에 동참하고 있다. 물론 앞에서도 밝혔듯이 근대 일본 불교가 국가주의적 성격을 강하게 지니고 있으므로 사실상 일본불교 역시 천황제를 적극적으로 지지하는 하나의 축이었다는 점을 감안하면 일제의 동화정책 속에서 불교시찰단의 의의를 찾을 수 있을 것이다.

이제 불교시찰단원으로 일본을 시찰했던 인물들의 시찰기를 통해 이들의 일본인식에 대해 알아보자. 먼저 1917년 시찰단원인 권상로는 시찰기를 남긴 다른 사람들과 마찬가지로 일본의 울창한 산림을 보고 "일본의 財源은 아마 산림이 그 대부분을 점령"[64]하겠다며 감탄하였다. 그리고 공익사업에 대한 부자들의 관심과 자선을 '기생첩'과 '화투판'에 빠져사는 조선의 부자들과 비교함으로써 도덕적 혹은 사회공익적인 측면에서 조선의 부자들을 비판도 하고 있다.[65] 더 나아가 그는 시라키야

---

63) 이경순, 앞의 논문, 57쪽.
64) 『매일신보』 1917년 9월 6일.

(白木屋)과 미쓰코시(三越)백화점을 시찰하면서 조선의 자본가들도 이
와 같은 사업의 경영을 통해 공익에 힘쓸 것을 주문하고 있다. 이것은
1913년 동척시찰단의 일원이었던 채수강이 "국가적 공공의 개념은 국가
존립의 기초로서 국민의 赤誠도 그것에서 胚胎"하며 시찰에서 가장 인
상 깊었던 것이 "일본의 각 회사 및 조합 조직이 국가적으로 그것이 종
업원도 역시 公共的 志想이 풍부하여 勤勉精勵하여 그 직"[66]을 수행한
다고 한 것이나 1921년 儒林視察團의 일원으로 일본을 시찰한 鄭源榮
이 "자본가가 국가적, 사회적 주의 하에서 활동한다."[67]고 한 감상과 대
동소이한 것이었다. 그리고 東京에 도착한 후 동경의 발달상에 대해 "朝
鮮 京城도 근래 시가도 매우 改正되고 물질도 매우 발달되었으므로 眼
識도 그에 따라 다소간 진보되었으므로 얼마큼 적게 놀랐습니다. 20년
전이나 30년 전의 眼識을 가지고 왔던들 아마 當惑함을 금치 못할 뻔
하였습니다."[68]고 하여 10년이 채 안된 일제의 식민지 지배 속에서 조선
이 발전하였음을 은연 중 인정하고 있다. 이러한 인식은 이후에도 너욱
강화되고 있다.

또한 시찰단원 이회광은 "내지 불교계가 일체로 국가를 본위로 삼아
활동하는 것을 생각하건대 내지의 국민이 일치로 애국하는 데는 불교의
힘이 깊고 큰 줄로 생각하였습니다."[69]고 하여 일본의 국가주의적 불교
에 대해 긍정적인 판단을 하고 있다. 또한 이들은 일본시찰에 대한 감상
을 한시로 남기기도 하였다. 이 중 이세신궁을 참배했을 때 김구하와 나
청호가 남긴 시에서는 일본의 국체 즉 천황과 천황제에 대한 이들의 생
각을 알 수 있다.[70]

---

65) 『매일신보』 1917년 9월 26일 ; 9월 27일.
66) 동양척식주식회사, 1914, 『大正2年(1913) 秋期 朝鮮人內地視察記』 99쪽.
67) 鄭源榮, 1921.12, 「內地視察感想」 『儒道』 4, 유도진흥회.
68) 『매일신보』 1917년 9월 8일.
69) 『매일신보』 1917년 9월 26일.

輸誠廟路雨中尋　정성을 다해 묘에 가는 길 비 내리는 중에 찾으니
碧樹森羅轉轉深　푸른 숲은 펼쳐져 점점 깊어지네
拜謁神前天地肅　신 앞에 배알하니 천지가 엄숙하고
笙歌一曲覺仙林　피리 소리 한 곡조에 仙林을 깨우치네(김구하)

鮮僧渡海御陵尋　조선승려가 바다 건너 어릉(명치천황릉)을 찾으니
聖帝餘風重且深　천황의 은혜가 깊고 또 깊구나
肅氣英明盈宇宙　맑고 영명한 기운이 우주에 가득 차니
春情和樂及叢林　춘정이 화락하여 총림에 미치는구나(김구하)

蒼梧遺蹟遠來尋　무성한 오동나무 유적을 멀리서 찾아오니
萬木參天古廟深　만목은 하늘을 덮고 고묘는 깊네
鶴舞鸞笙三拜地　학이 춤추고 수레소리에 엎드려 삼배하니
皇靈庶幾下雲林　황령대현이 운림에 내리네(나청호)

　그리고 1925년 조선불교단시찰단의 일원으로 일본을 시찰한 小白頭陀[71]는 일본 불교시찰의 감상으로 "麗濟時代에 曇徵, 惠慈 등 諸大高僧의 敎化事業을 聯想하면 靑은 藍에서 出하였건만 藍보다 더 푸르고 氷은 水에서 生하였건만 水보다 더욱 차게"[72]되는 사실을 생각하게 한다면서 조선에서 전래된 일본불교가 조선불교보다 우월하게 되었다며 한편으로는 조선불교의 낙후를 한탄하면서 다른 한편으로는 일본불교의 발전에 감탄하였다. 이러한 인식은 실상 1895년 승려의 入城解禁을 계기로 일본불교에 대한 호의적인 인식 풍조[73]가 나타나고, "內地 何宗과 연락하여 敎勢를 引上코자 하"[74]는 현상의 연장선상에서 이해할 수 있을 것이다. 그리고 이러한 인식은 사회진화론의 영향을 받은 것으로 이

70) 『朝鮮佛敎叢報』 7, 1917, 34~35쪽.
71) 小白頭陀는 安錫淵이라고 한다(김경집, 앞의 논문, 294쪽).
72) 小白頭陀, 「一號一言」 『佛敎』 20, 27쪽.
73) 정광호, 앞의 책, 59쪽.
74) 권상로, 1939, 『朝鮮佛敎略史』 251쪽.

해된다.75)

한편 1928년 조선불교단 시찰단의 일원인 임석진은 시모노세키(下關)에서 오사카(大阪)로 가는 기차 안에서 일본의 산야를 보면서 "朝鮮에 비하여 愛林思想이 優越함을 엿볼"76) 수 있다고 하여 일본시찰을 갔던 다른 인물들과 마찬가지로 일본의 산야에 임야가 울창한 모습에 감탄하였다. 그러나 그는 일본의 임야가 이처럼 울창한 것을 일본의 임야관리에서 찾고 있다. 즉 조선의 濫伐 대신 全伐을 하고 全伐한 후 補植을 통해 산림을 가꾸고 있는 것으로 조선과 일본의 산림상태의 차이를 설명하고 있다.77) 또한 농촌에서 노동하는 사람이 주로 여성이 많다는 것을 발견하고는 "工場이나 軍營에 出入한 男子가 많음에 말미암은 것이 아닌가 推想"78)된다고 하여 나름대로의 분석을 하고 있다. 오사카성(大阪城)에 도착하였을 때는 "근대식 공원"79)이라는 용어를 쓰면서 일본의 여가생활에 대한 관심을 표하고 있다. 그리고 工場의 煤煙으로 뿌연 大阪의 하늘을 보고는 "보는 자로 하여금 大阪이 넓은가. 天氣가 흐린가. 내 눈이 어두운가를 의심하게"80) 한다고 하였다.

다른 한편 불교시찰단이니만큼 일본불교와 조선불교의 비교를 통해 조선불교의 낙후성에 대해 그는 "日本佛敎의 隆盛한 象徵은 넉넉하도다. 아! 우리도 이만한 位置와 琳宮과 信者만 있었으면 …… 三國時代의 그것을 高麗時代의 그것을"81) 이라며 탄식하였다. 이러한 그의 탄식

75) 이에 대해서는 다음의 글을 참고바람.
  김춘식, 2002, 「사회진화론의 유입과 '조선불교유신론'」『한국어문학연구』 39.
  강미자, 2007, 『韓龍雲의 佛敎改革運動과 民族主義運動』, 경성대학교박사학위논문.
76) 임석진, 1928, 앞의 글, 『불교』 50·51합호, 209쪽.
77) 위와 같음.
78) 임석진, 1928, 앞의 글, 『불교』 50·51합호, 210쪽.
79) 임석진, 1928, 앞의 글, 『불교』 50·51합호, 211쪽.
80) 임석진, 1928, 앞의 글, 『불교』 50·51합호, 212쪽.
81) 임석진, 1929, 앞의 글, 『불교』 57, 107쪽.

은 서울에서 부산으로 이동하는 기차 안에서도 이루어졌다. 고려불교의
전성기를 극하였던 경기도를 벗어나면서 그는 背汗이 鬆然함을 느꼈으
며 대전에서는 일본에 불교를 전해주었던 백제의 고도가 가깝다면서 역
시 제2차의 背汗을 금치 못한다고 하였다. 그리고 대구에서는 신라불교
를 향수하면서 제3차의 背汗을 흘렸다고 하는 등 조선불교의 처지를 아
쉬워하였다.[82] 이로 보아 임석진은 조선불교의 퇴락에 대한 짙은 아쉬
움과 함께 일본불교의 수용을 통해 조선불교를 진흥시키려는 생각을 가
지고 있었다고 판단된다.

1937년 경북중견승려시찰단의 일원인 金海潤은 시찰기에서 이른바
'內鮮一體(內鮮融化)'와 '國體'를 강조하는 사실을 다수 기록하였다. 예
를 들면 야스쿠니신사(靖國神社)나 메이지신궁(明治神宮)의 참배[83] 사
실이나 일련종의 총본산인 山利縣 久遠寺에 들렸을 때 그곳에 사는 조
선인이 '心會'를 조직하여 활동하고 있다고 하면서 '心會'의 회칙을 소
개하였다.[84] 이 회의 목적은 '敬神崇祖의 行事', '修養講話', '融化事
業', '隣保事業'으로써 이는 일제의 동화정책을 표방한 것이었다. 그리
고 진종 본파의 '융화사업'에 대해서도 주목하였다. 築地 本願寺 別院
에서 이원석, 조홍, 김혜주, 최금옥 등 진종 본파 조선교회 관계자들을
만나 담화하였으며, '內鮮融化'에 관한 사업 등 7개의 목적을 가진 진종
본파 조선교회의 회칙 전문을 수록하였다.[85] 이처럼 1930년대 후반의
불교시찰단은 '內鮮融化', 즉 동화를 목적으로 한 것이었다.

다른 한편 摠持寺 貫主인 이시카와 소도(石川素童)는 "佛法에 東西
가 無하고 鮮日은 是에 同胞라. 宜히 互相提携하여 專혀 皇運을 扶翼
하고 祖風을 宣揚함을 可하도다."[86]고 하여 동화정책에 적극 협력할 것

---

82) 임석진, 1928, 앞의 글,『불교』49, 89쪽.
83) 金海潤, 1938.7.5,「內地佛敎視察記」(4)『慶北佛敎』.
84) 金海潤, 1938.6.1,「內地佛敎視察記」(3)『慶北佛敎』.
85) 金海潤, 1938.7.5,「內地佛敎視察記」(4)『慶北佛敎』.

을 시찰단원에게 부탁하고 있다. 여기에서도 일본불교가 국가의 식민지 지배정책에 적극적으로 동참하고 있음을 알 수 있다.

이렇게 보면 일제시기의 불교시찰단은 표현은 다르지만 일본 불교의 우수성과 사회적인 영향력에 대해 감탄한 반면에 조선불교의 열등하다는 인식을 확대재생산하였다는 평가를 할 수 있을 것이다. 이는 일본시찰단의 파견을 통해 일본의 우수성과 조선의 열등함을 조선인에게 인식시키고자 했던 조선총독부의 정책이 일정하게 성과를 보였다는 것을 의미한다. 그리고 조선불교는 일본불교의 장점을 흡수하여 극복하고자 하였다. 이를 위해 조선불교는 1920년대까지는 일본에 유학생을 꾸준히 파견[87]하여 조선불교를 발전시킨다는 계획을 갖고 있었다. 그러나 1930년대 이후에는 이러한 기록조차 찾기 힘들다. 오히려 심전개발운동 등 식민지 지배정책에 친일불교세력이 협력하였다. 이에 대해 전통불교를 수호하려 했던 세력들은 호법투쟁과 항일민족운동을 전개하였다.[88]

## 5. 맺음말

이상에서 우리는 일제시기 불교시찰단에 대하여 살펴보았다. 이를 통해 다음의 몇 가지를 알 수 있었다.

첫째, 대체로 일본시찰단은 조선총독부의 정책적, 재정적 지원 하에

---

86) 『매일신보』 1917년 9월 15일.
87) 『매일신보』 1924년 3월 27일.
88) 이에 대해서는 다음의 논문이 참조된다.
　　채상식, 1991, 「한말, 일제시기 범어사의 사회운동」 『한국문화연구』 4, 부산대 한국문화연구소.
　　임혜봉, 2001, 「열렬한 민족주의자 최범술」 『일제하 불교계의 항일운동』, 민족사.
　　김상현, 2004, 「曉堂 崔凡述(1904~1979)의 獨立運動」 『사헌(史軒) 임영정(林英正) 교수 정년 기념논총』.
　　김순석, 2004, 앞의 책, 경인문화사.

서 파견되는 것이 일반적이었다. 조선총독부가 이처럼 일본시찰단의 파견에 적극적이었던 이유는 일본시찰을 통해 조선인을 '동화'시킬 수 있을 것이라 믿었기 때문이었다. 불교시찰단의 파견 역시 이와 같은 조선총독부의 정책 속에서 이루어졌다. 따라서 불교시찰단이 주로 시찰한 시설은 동화정책의 수행과 관련 있는 시설이었다. 그리고 이들이 시찰한 시설들은 불교의 틀 속에서 동화정책의 수행에 도움이 되는 사찰들을 중심으로 구성되었다. 다만 1930년 이전과 이후의 시찰시설에는 약간의 차이가 보인다는 점도 지적하지 않을 수 없다. 1930년대 이전에는 불교 사찰과 함께 일본의 근대문물을 함께 시찰하였으나 1930년대 이후에는 이세신궁, 강원신궁, 명치신궁 등 일본의 국체를 내면화 하려는 시설 외에는 모두 불교사찰이었다는 점이다. 이는 이 시기 일본의 불교가 침략전쟁을 적극적으로 지지하였음을 보여준다고 할 것이다. 요컨대 불교시찰단은 1920년대까지는 조선불교의 발전이라는 명분이라도 있었으나 1930년대 중반을 거치면서 전시치제에 동원하기 위한 수단이 되었다고 할 것이다.

둘째, 첫째와 관련하여 이들이 시찰한 사찰들은 일본 내에서 각 종파의 대본산 혹은 본산의 위치에 있는 지도적인 사찰들로서 일본의 국가주의적 불교의 성격을 대변하는 것들이었다. 또한 이 사찰들은 대부분 19세기 말 이래 조선에 사찰을 건립하거나 포교사를 파견하여 일본의 조선침략에 직간접적으로 관련이 있는 사찰들이다. 이는 일세의 불교정책이 조선불교를 체제내로 포섭하여 식민지 지배에 이용하는 것이었다는 측면에서 불교시찰단이 가지는 기본적인 성격을 말해준다. 특히 1930년대에는 이러한 성격이 더욱 강하게 나타나고 있음을 확인할 수 있었다. 이에 대해서는 1930년대 심전개발운동과의 연관성을 찾아보는 것도 의미있는 일이라 생각된다.

셋째, 일본시찰단에 대해 조선민족의 반응이 시찰기에서 보이는 바와

같이 모두 긍정적인 것은 아니었다. 1928년 전라남도 면직원일본시찰단
에서 있었던 일본의 조선 착취 발언이나 시찰단원이 시찰기와는 다른 의
미의 발언을 한다는 『동아일보』의 보도, 그리고 일본시찰단의 파견 자체
를 부정하는 조선일보의 사설 등 일본시찰단에 대한 조선민족의 반응은
시찰기에서 보이듯이 전적으로 찬성하고 있지는 않았다.[89] 이는 불교시
찰단의 경우에서도 마찬가지였다. 앞에서 언급하였듯이 시찰단의 파견이
자기 의사에 의한 것이 아니라 '피동적, 수동적으로 하는 일'이므로 찬부
를 논할 것이 아니라는 비판도 제기되었다. 이는 조선불교의 전통과 자주
성을 지키려는 그룹의 시각이었다고 판단된다.

넷째, 일본에 파견된 시찰단 중 종교시찰단은 불교시찰단 외에도 유림
시찰단, 기독교시찰단, 천도교시찰단이 있는데 이 중 가장 활발히 파견된
것은 유림시찰단이었고 그 다음이 불교시찰단이었다. 이는 유교와 불교
가 조선 민중에게 끼치는 영향력이 가장 컸다는 일제의 판단에 따른 것
이었다. 그리하여 일제는 유교와 불교시찰단의 조직과 파견에 힘을 기울
였다. 다만 기독교시찰단은 향후 기독교가 조선민중에 대한 영향력을 확
대하여 일본의 조선지배에 걸림돌이 될 것이라는 예상에 따라 기독교시
찰단의 조직과 파견도 이루어지고 있다고 판단된다. 이는 3·1운동 이후
일제의 기독교정책의 변화에 따른 것이라 생각된다.[90] 특히 당시 세계의
주도세력이 기독교 국가였으므로 이들 국가와의 관계를 설정하는데 도움
이 될 것이라는 정치적인 판단이 이루어진 것이라고 생각된다.

다섯째, 최소한 1920년대까지만 하더라도 불교시찰단의 구성들은 일
본불교의 수용을 통해 조선불교의 부흥을 이루겠다는 생각을 갖고 있었

89) 조성운, 앞의 논문, 『한국독립운동사연구』 28, 236~237쪽.
90) 조선총독부는 3·1운동 초기 운동의 주모자를 외국인 선교사로 판단했던 듯하다.
그리하여 『매일신보』의 보도나 朝鮮情報委員會의 정보분석 등에는 외국인선교사
의 역할에 관한 기사가 자주 나온다. 그리고 3·1운동이 진정되면서 기독교정책을
수정하고 있다. 즉 학교 내에서의 선교활동의 인정, 외국인 선교사에 대한 조선총
독부의 회유책 등 다양한 정책적 변화가 이루어지고 있다.

다고 판단된다. 그것은 이들이 남긴 시찰기에서 지속적으로 보이고 있다. 다만 이들은 불교시찰단이 일본의 동화정책의 일환으로서 파견되었다는 사실을 간과하였다는 측면에서 일제의 지배정책을 제대로 이해하지 못하였다는 비판에서 자유롭지 못하다고 생각된다.

결론적으로 불교시찰단은 일제가 동화정책의 수행과정에서 불교를 통해 조선 민중을 동화시키고자 한 것이었다. 그리고 이러한 정책은 시찰단원이 남긴 시찰기나 김구하, 나청호의 한시, 심전개발운동에 대한 강연 등에서 드러나듯이 어느정도 성과를 거둔 것도 사실이었다고 판단된다. 그리고 불교시찰단은 1920년대까지는 일본시찰을 통한 조선 불교의 발전이라는 명분이라도 있었으나 1930년대 중반을 거치면서 내선일치를 통한 조선인의 전쟁동원에 그 목적이 있었음을 알 수 있다. 그러나 이러한 일제의 정책에 대해 조선 불교 내에서 당시 조선 불교 교단이 처한 사회적, 경제적 이유를 들어 비판하거나 일본시찰 자체를 비판하는 등 불교시찰단의 파견에 대한 반발기류가 형성된 것도 사실이었다.

# 제6장 전시체제기 일본시찰단 연구

## 1. 머리말

일본시찰단은 1910년대 이래 일제의 조선 강점 이래 조선총독부가 동화정책의 일환으로 추진한 사업이었다. 이 사업을 통해 조선총독부는 1920년대까지는 일본의 근대성과 일본 문화의 우수성을 조선의 중산층 이상의 계층, 즉 중견인물에게 각인시켜 이들로 하여금 이러한 인식을 조선 민중에게까지 전파시킴으로써 조선을 동화시키고자 하였다. 그리고 1930년대 초중반까지는 경제공황으로 인해 일본시찰이 축소되기도 하였지만 1937년 이후에는 내선일체와 황국신민화를 강조하면서 조선인에게 일본정신을 체득시키고자 신궁참배(성지참배)와 선진지 시찰을 중심으로 일본시찰이 다시 활성화되었다. 그러므로 일본시찰단의 조직과 파견은 1930년대 일제의 민족말살정책기의 식민지 지배정책을 이해하는 데에도 그 의미가 작지 않다.

일본시찰단에 대한 연구는 최근에야 시작되었는데, 식민지 지배정책사의 관점[1]과 인류학적인 관점,[2] 종교적인 관점[3]에서 이루어졌다. 식민

---

1) 식민지 지배정책사의 입장에서 이루어진 연구는 다음과 같다.
   이경순, 2000, 1917년 불교계의 일본시찰 연구」『한국민족운동사연구』 25, 한국민족운동사학회.
   성주현, 2003, 「日帝의 同化政策과 宗敎界 動向」『식민지 조선과 매일신보 1910

지 지배정책사의 관점에서 이루어진 연구는 이경순, 성주현, 조성운, 박
양신 등에 의하여 수행되었다. 1917년 불교시찰단에 대한 이경순의 연
구는 일본시찰단에 대한 최초의 연구였다. 이 연구는 일본시찰단에 대한
기초적인 이해가 없는 상황에서 이루어져 일본시찰단의 전체상을 확인
하는 데는 한계가 있다. 그러나 일본시찰단에 대한 최초의 연구로서 일
본시찰단을 동화정책의 일환이라 파악하여 이후 일본시찰단 연구에 기
초를 제공하였다. 성주현은 1910년대 조선의 종교계와 동화정책을 분석
하면서 '일본시찰단'을 대략적으로 서술하였으며 박양신은 1910년 일제
의 조선 강점 직전의 일본시찰단에 대해 살폈다. 그리고 조성운은『매일
신보』기사의 분석을 통해 1910년대 일본시찰단의 대강을 밝혔다. 이
연구에서 그는 일본시찰단이 1910년대에 이미 본격적으로 이루어지고

---

년대』, 신서원.

조성운, 2004,「매일신보를 통해 본 1910년대 일본시찰단 연구」『한일민족문제연
구』6, 한일민족문제학회.

조성운, 2005,「1910년대 일제의 동화정책과 일본시찰단」『사학연구』80.

박양신, 2005,「일본의 한국병합을 즈음한 '일본관광단'과 그 성격」『동양학』37,
단국대학교.

조성운, 2006,「1920년대 초 일본시찰단의 파견과 성격」『한일관계사연구』25,
한일관계사학회.

조성운, 2007,「1920년대 일본시찰단의 조직과 파견」『한국독립운동사연구』28.

조성운, 2007,「1920년대 초반 朝鮮情報委員會의 宣傳活動」『한국민족운동사학
연구』51.

조성운, 2007.10,「일제의 식민지 지배정책과 불교시찰단」『한국선학회 추계학술
대회 발표문』.

 2) 인류학적인 시각에서 이루어진 연구는 다음과 같다.

한규무, 2005,「한말 한국인 일본관광단연구(1909~1910)」『국사관논총』107, 국
사편찬위원회.

李良姬, 2004,「日本植民地下の觀光開發に關する硏究」『日本語文學』24, 일본어
문학회.

박찬승, 2006,「식민지시기 조선인들의 일본시찰 - 1920년대 이후 이른바 '內地視
察團'을 중심으로 - 」『지방사와 지방문화』9권 호, 역사문화학회.

 3) 김경집, 2002.6,「日帝下 佛敎視察團 연구」『불교학연구』44.

있음을 밝혔다. 이 연구를 시작으로 조성운은 일본시찰단에 대해 본격적인 연구를 수행하였다. 즉 그는 일본시찰단에 대한 사례 연구로서 농사시찰단의 성격을 갖는 1913년 동양척식회사시찰단을 고찰하여 일본시찰단의 조직부터 파견에 이르기까지 조선총독부가 깊숙이 관여하였다는 점을 밝혔다. 계속해서 그는 1920년대 초반의 일본시찰단에 대해서도 살폈다. 이 연구에서 그는 1920년대 초반의 일본시찰단은 박람회의 관람이 기본적인 목적이라 파악하였으며 이를 통해 일본의 근대성과 일본문화의 우수성을 조선의 중류층 이상의 인물에게 각인시켜 이를 조선 민중에게 전파하고자 하였음을 논증하였다. 그리고 그는 1920년대 초반의 일본시찰단 연구를 확대하여 1920년대 일본시찰단에 대해 고찰하였다. 이 연구에서 그는 일본시찰단에 대한 보조금이 사회사업비에서 지원되었음을 밝혀 일본시찰단이 3·1운동 이후 조선총독부가 강화하였던 사회사업정책의 중요한 구성요소임을 밝혔다. 또한 그는 1920년대 초반 일본시찰단의 파견을 비롯해 문화정치의 내용을 조선, 일본 및 외국인에게 선전하기 위해 설치되었던 조선정보위원회에 대해서도 고찰하여 3·1운동 이후의 일본시찰단의 파견 주체가 조선총독부임을 확실하게 밝혔다. 또한 그는 불교시찰단에 대한 연구에서 일제가 불교를 통해 동화정책을 적극적으로 수행하고자 하였으며 불교는 이를 적극적으로 수용하여 1930년대 중반 이후 불교시찰단이 매년 파견되고 있음을 밝혔다.

인류학적인 관점의 연구는 한규무, 李良姬, 박찬승 등에 의하여 수행되었다. 한규무의 연구는 박양신의 연구와 거의 같은 시기에 같은 주제를 다루었다. 다만 박양신이 식민지 지배정책의 입장에서 살핀 반면 한규무는 관광사업이라는 관점에서 살핀 것이 큰 차이점이라 할 수 있다. 이양희는 일본시찰단 뿐만 아니라 일본에서 조선을 시찰하는 조선시찰단 혹은 조선관광단에 대해 관광사업이라는 관점에서 고찰하였다. 그는 금강산 관광개발을 사례로 일본과 외국의 관광객을 유치하여 그들에게 조선의 발전상을 보여줌으로써 자신의 식민지 지배를 선전하는 한편 정당성을 부여하고자 하였다고 주장하였다. 박찬승은 1920년대의 일본시찰단에 대해 전반적으로 살폈다. 이 연구는 식민지 시기 조선인의 일본 여행이라는 관점에서 주로 일본시찰단의 기행문을 중심으로 이루어져 조선총독부의 일본시찰단 파견 배경이나 의도를 파악하는데 일정한 한계를 보였다. 다만 당시 조선의 중류층 이상의 지식층 혹은 지배층이 일본을 어떻게 받아들였는지를 파악하는 데는 일정한 성과를 보였다고 할 수 있다.

한편 불교사적인 관점에서 김경집은 일제시기 전반에 걸친 불교시찰단을 살폈다. 그는 이경순의 연구를 계승하면서 1920년대 이후의 불교시찰단의 전반을 살폈으나 종교적인 관점에서 서술하다 보니 역시 일제의 식민지 지배정책 속에서 일본시찰단이 갖는 역사적 의의를 파악하는 데 한계를 보였다.

이와 같이 최근에는 일본시찰난에 대한 연구가 활빌하게 이루어져 일본시찰단에 대한 기초적인 이해가 가능하게 되었다. 그러나 기왕의 연구는 1920년대의 일본시찰단까지만 이루어져 1930년대 이후의 일본시찰단에 대한 연구는 전혀 이루어지지 않았다. 또한 일제의 식민지 지배정책의 변화에 따른 일본시찰단의 성격 변화, 일본시찰단에 참여한 인물들의 성격 분석, 일본시찰단원의 귀국 이후의 활동, 일본시찰단에 대한 조선과 일본 내의 평가, 더 나아가 일본에서 조선과 만주를 시찰하기 위해 조직된 시찰단의 사례 등에 대해서도 보다 깊은 연구가 이루어져야 할 것이다.

본고는 기존의 연구 성과를 바탕으로 식민지 조선에 대한 지배정책의 관점에서 1930년대 이후 일본 '제국'의 식민지 지배정책의 변화 속에서 일본시찰단에 대해 고찰함을 목적으로 한다. 이를 위해 1930년대 식민지 지배정책, 즉 전시동원체제의 변화 양상을 살핀 후 일본시찰단의 조직과 파견, 그리고 성격을 실증적으로 서술하고자 한다. 본고에서는

1930년대 일본시찰단을 제1기(1930~1937)와 제2기(1937~1945)로 구분하여 살폈다. 이 과정을 통해 1930년대 전시기에 걸친 일본시찰단의 전체상을 파악할 수 있을 것이다.

## 2. 일본시찰단의 파견 배경[4]

일본시찰단의 파견은 일제가 조선을 식민지로 획득한 이래 지속적으로 추진한 사업이었다. 1910년대의 일본시찰단은 조선을 식민지로 획득하는 과정에서 협력한 조선인 상층부에 대한 논공행상의 성격을 갖기도 하였으나 기본적으로는 동화정책의 틀 속에서 이해할 수 있다. 1920년대에는 3·1운동으로 조선인의 독립의지가 확인되면서 일제는 식민지 지배정책에 조선인의 독립의지를 무력화하는 방안을 강구하여야 하였다. 그것은 내지연장주의라는 형식으로 동화정책을 더욱 강화하는 방향으로 나타났다. 그리고 일본시찰단의 파견은 동화정책 수행의 중요한 방안으로서 채택되었다.

한편 본고에서 살피고자 하는 1930년대는 1931년 만주사변, 1937년 중일전쟁, 1941년 태평양전쟁으로 일제가 전쟁을 점차 확대하였던 시기이다. 이러한 전쟁의 확대는 전쟁 수행에 필요한 인적·물적 자원의 확보를 전제로 하였다. 따라서 일제는 식민지 조선에서도 전쟁 수행에 필요한 인적·물적 자원을 징발하고자 하였다. 이러한 필요에 의해 지원병제, 학도병제, 징병제가 실시되고 전시노무동원을 위한 징용제도가 실시되었다. 또한 공출제, 배급제 등 물적 자원을 수탈하는 제도도 실시되었다. 결국 전쟁의 확대는 필연적으로 식민지 지배정책의 변화를 초래하여

---

4) 1931년부터 1936년 우가키 총독 시기의 식민지 지배정책에 대해서는 안유림의 논문을 주로 참고하였음을 미리 밝힌다(1993, 「1930年代 총독 宇垣一成의 植民政策－北鮮收奪政策을 中心으로－」, 이화여자대학교 석사학위논문).

1930년대 후반 이른바 '내선일체'를 선언하면서 형식상으로는 內地(일본)와 外地(조선)의 차별이나 구분이 철폐되는 방향으로 지배정책을 변화시켰다. 이는 침략전쟁에 조선과 조선인을 동원하려는 일제의 정책을 보여주는 것이었다. 따라서 일본시찰도 이러한 정책의 변화가 반영되어 조선인을 전쟁에 동원하기 위한 수단으로 기능하게 되었다. 이렇게 보면 일본시찰단은 동화정책의 수단으로서 일제의 식민지 지배 전시기에 걸쳐 파견되었으나 시기에 따라 그 내용과 성격에 차이가 나타났다. 그리고 이러한 변화에 따라 시찰지나 시찰시설이 변화하였고, 시찰단원으로 선발되는 인물들의 성격 역시 변화하였다.

일본의 제국주의적 발전과정에서 1930년대는 1920년대의 경제적 어려움을 극복해야 했던 시기였다. 잘 알려진 것처럼 1910년대의 제1차 세계대전은 일본자본주의의 일대 발전기였다. 전시에 필요한 물자를 충당할 수 없었던 연합국들이 군수 물자 등의 공급을 일본에 의존하였고, 인도·중국·동남아시장에서 철수한 유럽을 대신해 일본이 이들 시장을 차지하였다.[5] 이 결과 일본의 독점자본이 비약적인 성장을 이루었고 독점자본은 정부와 군부에 일정한 영향력을 확보하였다.[6] 그러나 제1차 세계대전의 종전 이후 일본 경제는 심각한 불황에 직면하였다. 그것은 유럽자본주의가 전쟁으로 인해 철수하였던 시장에 다시 진출하였기 때문이었다. 여기에 1927년의 금융공황은 일본금융자본의 독점을 강화하였고, 1929년의 세계대공황은 대자본에 의한 일본경제의 지배현상을 더욱 확대, 강화하였다. 그 결과 1920년대 말에서 30년대에 이르면 일본경제에서 독점이 이루어지지 않은 부문을 찾을 수 없을 정도가 되었다.[7]

특히 세계대공황은 일본뿐만 아니라 세계적으로도 자국 산업의 보호

5) 피터두으스 저, 김용덕 역, 1983, 『일본근대사』, 지식산업사, 189쪽.
6) 井上淸 저, 서동만 역, 1989, 『일본의 역사』, 이론과 실천, 387쪽.
7) 허수열, 「1930년대 군수공업화정책과 일본 독점자본의 진출」차기벽 엮음, 1985, 『일제의 한국식민통치』, 정음사, 232~233쪽.

와 자급자족을 위주로 한 경제정책을 채택하게 하여 식민지와 식민지 본국을 하나의 경제권으로 묶는 블록경제를 확립시켰다. 이러한 블록경제의 성립은 원료를 수입하고 가공품을 수출하여 국민경제를 유지하던 일본에게는 심각한 위기였다. 이에 일본제국주의는 이러한 위기상황을 극복, 타개하기 위해 독점자본의 식민지 진출과 새로운 군사적 진출을 포함한 다양한 시도를 하였다.

한편 이와 같은 경제적인 위기와 함께 일본의 정치적 환경 역시 국내외적으로 위기에 처하였다. 그것은 제1차 세계대전 이후의 워싱턴체제에 기인하였다. 즉 대미 협조, 중국에 대한 내정불간섭, 태평양에서의 미국과 일본의 해군 군축을 골자로 한 제1차 세계대전 이후의 국제질서에 대한 일본 군부와 우익의 반발 때문이었다. 이러한 불만은 1930년의 統帥權干犯問題와 1931년의 '3월사건'으로 표출되었다. 이와 같은 일련의 사건은 군부가 민간정부에 대해 자신들의 불만과 의견을 합법적으로나 비합법적으로나 관철시키려고 했다는 점에서 일본의 파시즘화가 진행되고 있다는 것을 보여주는 사건이기도 하였다. 따라서 제1차 대전 이후부터 1930년대에 이르는 시기는 일본이 공황을 극복하기 위해 독점자본과 군부가 파시즘적으로 결합하는 시기였다고 볼 수 있다.

일본 국내의 정세가 이와 같이 재편되고 있던 시기의 조선은 경제적으로는 1920년 회사령의 철폐로 회사의 설립이 급증하였으며 산미증식계획을 통해 일본의 식량공급기지가 되었다. 그리고 1920년대 초 사이토 총독의 문화통치에 의해 한편으로는 민족운동의 공간이 확대되었고 노동자·농민의 진출이 두드러지게 나타났다. 특히 1920년대 중반 이후에는 사회주의운동이 활성화되어 조선 내의 민족운동을 주도할 정도로 그 세력이 확산되었다. 이와 같은 아래로부터의 움직임은 공황의 부담을 식민지와 식민지 민중에게 전가시키려 한 일본제국주의의 입장과는 대립하는 것이었다. 더 나아가 조선뿐만 아니라 만주와 대만에서도 발생한

몇 차례의 폭동은 일본 군부와 우익을 중심으로 식민지에서 무단통치의 실시를 주장하는 근거가 되었다.[8]

이러한 정세 속에서 육군대신을 역임하였던 우가키 가즈시케(宇垣一成)가 1931년 조선총독으로 부임하였다. 우가키는 1868년 오카야마(岡山)에서 태어나 1887년 일본 육사 1기생으로 입학하였다. 육사 졸업 후 육군대학교에 입학하였으며 1902년부터 군제의 조사와 연구를 위해 2년간 독일에 유학하였으며 1904년 러일전쟁이 발발하자 귀국하여 참전하였다. 이 때 경성, 원산, 진남포, 함흥 등지에서 2개월간의 주둔생활을 하면서 조선의 정세, 사회 등 조선에 대한 기본적인 인식을 하게 되었다.[9] 그리고 러일전쟁 이후 독일에 재차 유학을 한 후 육군성 군무국 군사과장, 육군대학교장, 교육총감부본부장, 육군차관을 거쳐 1924년 육군대신이 되었다. 이후 그는 조선총독 사이토가 1927년 4월부터 10월까지 제네바군축회의에 참석하기 위해 자리를 비운 사이 조선총독 대리로 근무한 시기를 제외하면 조선총독으로 부임하는 1931년까지 7년간 육군대신으로 일본 정계의 핵심적인 역할을 하였다. 이러한 우가키의 경력을 통해 볼 때 우가키는 일본육군을 정치적 배경으로 성장하였으며 점차 파쇼화하는 당시의 시대 분위기에 편승하고 더 나아가 주도하였음을 알 수 있다.

이러한 시대 분위기 속에서 조선총독으로 부임한 우가키는 1927년 조선총독대리로 근무하면서부터 주장했던 '총력전체제'를 구현하기 위해 조선을 일본의 '북진'을 위한 기지로 삼으려는 정책을 채택하였다. 즉 조선을 중국과 시베리아의 침략을 위한 전초기지로서 육성해야 한다는 일본 육군의 전통적인 노선을 명확히 한 것이었다.[10] 이를 위해 우가

---

8) 關寬治, 1965, 「大陸外交の危機と三月事件」『近代日本の政治指導』, 東京大學出版會, 440~442쪽.

9) 額田坦, 1973, 『秘錄宇垣一成』, 芙蓉書房, 294쪽.

10) 『宇垣一成日記』26쪽(안유림, 1993, 「1930年代 總督 宇垣一成의 植民政策－北鮮 收奪政策을 中心으로－」, 이화여자대학교 석사학위논문, 26쪽에서 재인용). 이러

키는 '문화통치'를 폐지하고 무단적인 통치를 채택할 것을 주장하였다. 다시 말하면 그는 '총력전'체제를 성립시키기 위한 방법으로서 무단정책과 조선의 산업개발을 통한 수탈정책을 주장하였던 것이다. 이러한 그의 구상은 결국 일본 – 조선 – 만주 – 중국으로 이어지는 블록을 형성함으로써 일본자본주의의 팽창요구를 대변한 것이라 할 수 있다.

이렇게 보면 우가키가 조선총독으로 부임한 1931년부터 1936년까지의 시기는 문화통치에서 민족말살통치로 변화하는 과도기적인 시기라 할 수 있다. 그리고 이 시기의 지배정책을 표현할 수 있는 것은 '조선공업화정책'[11]이라 할 수 있다. 이 정책은 1931년 우가키가 조선총독으로 부임한 이후 제국주의 일본이 공황을 극복하는 과정에서 채택한 것으로서 지주계급 위주로 이루어졌던 이전까지의 농정과 식민지 지배정책에 일대전환을 도모한 것이었다. 즉 조선을 粗공업지대로 설정하여 精공업지대인 일본과 농업지대인 만주를 연결하는 교량의 역할을 하도록 추진되었다. 이렇게 함으로써 일본 – 조선 – 만주를 잇는 블록이 형성되어 일본 내 과잉자본의 출구를 마련하고자 하였던 것이다.

다른 한편 우가키의 이러한 정책은 조선내의 지주자본에게도 농업 이외의 새로운 투자처를 제공한다는 측면에서 조선의 지주자본이 산업자본으로 성장할 수 있는 조건이 되기도 하였다. 그리하여 『조선일보』는 이러한 정책상의 변화를 반영하여 1935년과 1936년 2차례에 걸쳐 일본에 산업시찰단을 조직, 파견하였고, 1937년부터는 북지시찰단을 조직하

---

한 육군의 '북진론'에 대해 해군은 해군의 군비확장을 통해 대만을 거점으로 '남양'에 진출하자는 '北守南進論'을 주장하였다.

11) 1930년대 이후 조선총독부는 식민지 공업화정책을 추진하였다. 식민지 공업화정책은 일제의 대륙침략과 밀접한 관련이 있는 것이지만 그 과정이나 내용, 성격적인 측면에서 차별성이 있다고 한다. 그리하여 식민지 공업화정책은 1930년대 전반기의 조선공업화정책과 1930년대 후반기 이후의 병참기지화정책의 두 단계로 구분할 수 있다고 한다(국사편찬위원회, 2001, 『한국사』 50, 13쪽).

기도 하였다. 특히 사주인 方應模는 1935년 단독으로 일본의 상공업을 시찰하고 시찰기를 『조선일보』에 연재하였다. 이렇게 보면 1930년대 중반 이후 조선일보사를 비롯한 조선의 자본가들이 일제의 이러한 정책에 반응하여 일본시찰과 중국시찰을 통해 자본의 성장을 도모하고 있었다고 볼 수 있을 것이다.

그런데 이와 같은 정책을 성공적으로 수행하기 위해서는 조선의 민족운동을 없애야 하였다. 그리하여 한편으로는 민족운동을 탄압하면서 다른 한편으로는 조선인의 민족정신을 말살할 필요가 있었다. 이에 따라 1930년대에 접어들면서 식민지 이데올로기정책으로 제기되었던 것이 '精神敎化'정책이었다. '정신교화'정책은 1932년에 입안된 농촌진흥운동에서 그 기원을 찾을 수 있다. 농촌진흥운동은 농촌사회에 대한 조선총독부의 통제를 강화하고 조선총독부의 의도대로 농촌을 전면적으로 재편성 하고자 한 것이었다.

이러한 목적에서 조선총독부는 1920년대 이래 농민운동을 주도하였던 사회주의세력은 물론이고 천도교·기독교 등 종교세력을 포함한 민족주의세력에게도 농민운동의 주도권을 인정하지 않고 지방행정기구 및 관변단체들을 중심으로 농촌사회를 재편성하고자 하였던 것이다. 특히 소작농을 대상으로 했던 농가갱생계획은 대폭적인 자금지원을 통해 소작농의 생활을 안정시키고자 하였기 때문에 '정신교화'가 매우 중요하였다. 즉 농가갱생계획은 농민층의 정신교화에 그 성공의 여부가 달려있다고도 볼 수 있는 것이다.[12]

이에 대해 우가키는 "農村振興·自力更生은 명실공히 전조선 총동원 (중략) 민중이 협력일치해서 朝鮮의 更生, 帝國 興隆을 위해 최대 능률을 발휘하고 매진하고 있는 바로써 半島에서 최고이며 또 가장 중요한 사업이다. 이것이 완성 때에는 內鮮融和도, 惡思想의 시정도, 勞資의

---

12) 山崎延吉, 1932.11, 「農道の大本」 『朝鮮社會事業』.

협조도, 陋習의 근절도, 경제의 갱생도, 생활의 안정 내지 향상도, 지방
자치의 발달 등도"13) 가능하다고 하였다. 그리고 이를 수행하기 위해 心
田開發政策이 입안되었다.

심전개발정책의 목적은 綠旗聯盟14)의 창설자이며 내선일체론을 선도
적으로 수행하였던 츠다 사카에(津田榮)가 지적했듯이 "天皇에게 충성
을 다하는 皇國臣民"15)을 양성하는데 있었다. 우가키는 心田開發運
動16)을 구상하면서 1935년 1월 30일 일기에서 "참여관 및 각 방면의 이
야기를 들어보더라도 神道·儒敎·佛敎·耶蘇敎를 신앙의 대상으로 해야
한다는 것을 알 수 있고 敬神崇祖의 고양과 神社의 건설과 참배의 장려,
승려의 소질개선, 불교의 가두진출, 사원재산의 정리, 유도의 부흥, 明倫
學院 및 文廟의 활동 등을 우선 착안할 수 있다."17)고 하여 조선사회에
영향력이 있는 종교나 사상을 이용하고자 하였다. 특히 그는 "정치적으
로 압박 받았던 불교를 소생시키는 것은 크게 고려해야 할 요소"18)라고
하여 그가 조선통치의 기본정책으로 내세웠던 정신생활의 안정(內鮮融
和)과 물질생활의 안정을 도모19)하는데 불교를 적극적으로 이용하고자
하였다. 이를 위해 1934년 3월 8일 우가키는 朝鮮佛敎中央敎務院評議

---

13) 朝鮮總督府, 1935, 『農村振興運動の全貌』, 40~41쪽.
14) 녹기연맹에 대해서는 다음의 글이 참고된다.
    정혜경·이승엽, 1999, 「일제하 綠旗聯盟의 활동」『한국근현대사연구』 10.
    박성진, 「일제말기 綠旗聯盟의 內鮮一體論」, 위의 책.
15) 津田榮, 1936.3, 「心田開發根本の用意」『朝鮮』1936년 3월호, 250쪽.
16) 心田開發運動에 대해서는 다음 글이 참조된다.
    한긍희, 1996, 「1935~37년 일제의 '心田開發'정책과 그 성격」『韓國史論』 35,
    서울대학교 국사학과.
    김순석, 2000, 「1930년대 후반 조선총독부의 '심전개발운동' 전개와 조선불교계」
    『한국민족운동사연구』 25.
17) 宇垣一成, 1988, 『宇垣一成日記』, みすず書房, 997쪽.
18) 위와 같음.
19) 宇垣一成, 위의 책, 801쪽.

貝들을 총독 관저에 초대하여 "여러분들은 마땅히 시세의 추이에 유의해서 祖師先德의 행적을 살피시고 더욱 知德研鑽에 노력하여 私를 버리고 公을 취해서 반도 민중의 精神作興 즉 心田이 젖을 수 있도록 당국이 의도하는 것을 양해하시고 일심으로 협력하여 조선불교를 부흥시켜 정신계를 진전시키는데 공헌"[20]해달라는 요구를 하였다. 이에 따라 조선불교계는 불교시찰단을 조직하여 일본에 파견하였다.

한편 1936년 미나미 지로(南次郎) 총독이 부임한 직후인 1937년부터 실시되는 병참기지화정책은 조선공업화정책과는 달리 '제국'적인 관점에서 조선경제가 담당해야 할 역할과 방향을 설정하였다. 이것은 일제의 대륙침략과정에서 조선이 담당해야 할 경제적인 역할 즉, 병참기지로서의 역할을 부여한 것이었다. 이를 위해 일제는 1936년 제령 제16호로 '조선사상범보호관찰령'을 실시하여 치안유지법 위반자 중 사상 전향을 하지 않은 자를 감시하는 한편 서울, 함흥, 청진, 평양, 신의주, 대구, 광주 등에 보호관찰소를 설치하였다. 그리고 1938년에는 '시국대응전선사상보국연맹'을 사상전향자들로 조직하게 하여 사상보국운동을 전개하도록 하였다. 1937년 7월에는 조선중앙정보위원회[21]를 설치하여 식민지 지배정책에 대한 선전과 통제의 업무를 담당하도록 하였으며, 1937년 10월부터 '임시자금조정법'을 조선에도 적용하여 군수공업 이외의 부문에 대해서는 자금조달을 규제[22]하여 군수공업에 자금이 집중되도록 하였다. 또한 민간자본을 군수공업에 투자하기 위하여 강제저축을 비롯한 조세의 증징, 조선은행권의 증발 등의 시책을 시행하였다. 그리고 생산·유통·소비를 통제하기 위한 배급제를 실시하여 군수물자의 원활한 조달을 획책하

---

20) 宇垣一成, 1934,「精神界のために貢獻せよ」『朝鮮佛敎』99, 2~3쪽.
21) 조선중앙정보위원회에 대해서는 이연의 연구(1993,『일제하의 조선중앙정보위원회의 역할 – 정보선전과 언론정책을 중심으로 –』(언론학논선 13), 서강대학교 언론문화연구소)를 참고 바람.
22) 정태헌,「전시체제와 민족말살정책」『한국사』50, 16쪽.

였다. 뿐만 아니라 1938년 '국가총동원법'을 공포하여 군수공업에 필요한 노동력을 동원하였으며 1941년에는 '노무조정령'을 공포하여 비군사부분의 노동자 고용을 제한하고 군사부문의 노동자의 이동을 일제 금지시켰다. 1944년에는 '국민징용령'을 시행하여 징용을 '황국신민'의 의무로 규정하여 조선인 노동력을 강제로 동원하는 정책을 채택하였다. 이와 같은 1937년 이후의 식민지 지배정책은 경제적으로는 대륙 침략을 위한 수탈정책으로 나타났으며, 한편으로는 민족말살을 통해 조선을 영구히 지배하려는 것이었다.

민족말살을 위한 일제의 정책은 동화정책으로 설명될 수 있다. 동화정책은 3·1운동 이후 내지연장주의, 우가키 총독 시기의 '내선융화', 1937년 중일전쟁 이후의 '내선일체'의 형태로 점차 강화되었다. 특히 내선일체론은 조선과 일본이 '하나'가 되었다는 논리이므로 더 이상 조선의 고유한 것은 필요 없게 되었다. 따라서 조선어, 조선사 등은 교육할 필요가 없으므로 학교의 교과과정에서도 폐지하였다. 이러한 정책은 일제의 식민지 지배에 대한 조선인의 비판의식을 마비시켜 어떠한 저항도 없이 조선과 조선인을 통치하고 침략전쟁에 동원하기 위한 수단이었다고 할 것이다. 그러므로 이 시기에는 '내선일체'를 확인하고 강화하려는 정책이 강조되었다. 이러한 목적을 달성하기 위해 일제는 이세신궁(伊勢神宮), 가시하라(橿原)신궁, 메이지(明治)신궁 등 '일본정신'을 강조하는 시설에 시찰단을 파견하였던 것이다.[23] 결국 이 시기 일본시찰단의 파견은 황국신민화정책의 일환이었다고 할 수 있을 것이다.

그런데 여기에서 주의해야 할 것은 일본시찰단의 파견은 분명히 동화정책의 추진을 위한 것이었으나 이러한 정책과는 별도로 일본의 관광산업 발달에 따른 자본의 요구라는 점도 있다는 점을 밝혀둔다. 일본에서

---

23) 사실 신사참배는 1933년 이래 농촌진흥운동과 함께 心田開發運動으로 시작된 것으로서 매월 1일을 애국일로 지정하여 朝鮮神宮을 비롯한 각 신사에 愛國班을 단위로 신사참배, 국기계양, 황국신민의 서사 제창, 근로봉사 등을 하도록 하였다.

해외여행이 본격적으로 발전하기 시작하는 것은 1904년 러일전쟁 이후
라고 할 수 있다. 전쟁의 승리로 일본은 전승국의 자부심을 대내외적으로
홍보하고 선전할 필요가 있었다. 그리하여 陸軍省과 文部省의 정부기관
과 민간 신문사가 러일전쟁 전승지를 중심으로 한 해외수학여행과 해외
여행을 기획하였다.[24] 그리고 1910년 조선을 강점한 이후에는 각 철도역
이 주체가 되어 시찰단을 모집하여 일본 관광을 실시하기도 하였다.

　따라서 일본의 해외여행은 일본의 제국주의적 발전과정과 그 궤를 같
이하고 있다고 볼 수 있다. 즉 침략전쟁의 확대에 따라 '제국 일본'의
영역이 조선, 만주, 중국대륙으로 확대되면서 일본 국내적으로는 자국의
제국주의적 발전을 국민에게 확인시켜 이를 바탕으로 더욱 팽창할 수 있
는 기반을 조성하는 한편 식민지인들에게는 일본의 강대함을 확인시킴
으로써 소극적으로는 독립의지를 약화시키고 적극적으로는 일본에 동화
시키려는 목적으로 '여행' 혹은 '관광'을 이용하였다. 더 나아가 3·1운
동 이후 조선총독부는 일본과 일본문화의 강대함과 우수성, 그리고 소선
통치의 '근대적'인 성과를 대내외적으로 선전할 필요성을 느끼고 조선정
보위원회를 설치하여 운영하기도 하였던 것이다.[25]

　특히 경제공황을 극복하기 위한 하나의 방안으로서 일본정부는 관광
산업을 육성하고자 하였다.[26] 그리하여 1930년 4월 23일 일본 정부 내
에 國際觀光局을 설치하여 관광산업을 국책사업으로 적극 추진하기 시
작하였다. 그러므로 이 시기 일본은 외국인의 일본관광을 위한 다양한

---

24) 임성모, 2006, 「팽창하는 경계와 제국의 시선」『일본역사연구』 23, 93쪽. 그런데
　　임성모는 수학여행의 경우는 우선 여정이 러일전쟁 전적지를 중심으로 구성되었
　　고, 군부가 가이드를 담당하는 등 여행을 주도적으로 이끌었으며, 수학여행단을
　　군대식으로 조직하고 운영하였으므로 여행은 곧 국민교육의 장이라는 성격을 지
　　닌다고 하였다(임성모, 앞의 논문, 97쪽).
25) 조선정보위원회에 대해서는 조성운의 연구(앞의 논문, 『한국민족운동사학연구』
　　51)를 참조 바람.
26) 新井堯爾, 1931, 『觀光の日本と將來』, 觀光事業硏究會, 3쪽.

정책과 시설을 마련하였다. 더 나아가 일본정부는 관광산업을 '제국 일
본'을 선전하는 수단으로 이용하고자 한 정책을 더욱 강화하였다. 즉 일
본은 외국 관광객이 일본만을 관광하기 위해 오는 것이 아니라 일본을
보고 조선·만주·중국·동양으로 가기 위해 오는 것이라 판단하고 관광코
스 역시 이러한 외국관광객의 취향에 맞도록 구성해야 한다고 하였다.[27]

또한 일본정부는 처음부터 일본 본국 이외에 조선·만주·중국 등 자신
의 세력권까지를 포괄한 관광사업계획을 마련하였다. 이를 위해 일본의
철도성이나 조선총독부 철도국에서는 각종의 관광안내서와 리플렛 등을
제작하여 일본과 조선을 포함한 대내외에 배포하였다. 특히 이러한 관광
안내는 앞에서도 언급했듯이 1920년대에 조선총독부 조선정보위원회에
서 각종의 그림엽서나 활동사진을 통해 조선의 '근대적 발전'을 알리고
있던 상황과 함께 생각하면 '여행' 혹은 '관광'이 단순한 여가활동이 아
니라는 것을 알 수 있다. 그것은 곧 조선·만주·중국관광이라는 것이 단
순한 관광이 아니라 일본의 발전상을 대내외에 알릴 수 있는 좋은 기회
가 되기 때문이었다. 또한 조선·만주·중국관광은 외국관광객만을 대상
으로 한 것이 아니라 일본인도 대상으로 포괄하는 것이기 때문에 더욱
그러하다. 이는 일본이 관광산업에 대해 본격적으로 투자하기 시작하였
다는 것을 의미한다.

요컨대 앞에서 서술하였듯이 일본시찰단은 조선인을 동화시키고자
한 일제의 정책수단으로서 파견되었으며 이를 관장하는 조선철도국이나
일본여행협회 등의 자본이 적극적으로 참여하였음을 알 수 있다.

---

27) 이러한 계획에 따라 1930년 설치된 국제관광국의 국장인 新井堯爾은 위의 책에서
관광객 유치의 방법으로서 선전, 호텔의 신설과 개선, 숙박업자에 대한 보조, 철
도·선박·자동차·비행기 등 교통기관의 충실, 관광지와 관광경로의 선정과 정비,
국립공원의 설정 및 관리, 위생설비의 충실, 풍토 및 문물에 대한 소개, 오락기관
의 개선 및 충실화, 토산품의 개선과 통일 등을 주장하였다. 그가 국제관광국장이
라는 직위에 있던 인물이기 때문에 이러한 그의 주장은 개인의 주장이 아니라 일
본정부의 기본정책이라 보는 것이 옳을 것이다.

## 3. 일본시찰단의 파견과 시찰경로

### 1) 1930년대 일본시찰단의 파견

1930년대 일본시찰단의 파견은 1930년부터 1936년까지의 시기의 제1기와 1937년 이후의 제2기로 나누어 볼 수 있다. 제1기는 1931년 우가키 총독의 취임 이후의 시기로서 1920년대에 비교하여 일본시찰단의 조직과 파견이 매우 축소되었다. 뒤의 <별첨>에서 알 수 있듯이 일본시찰단은 1930년의 15개의 시찰단이 조직, 파견된 이후 1931년 5개, 1932년 6개, 1933년 2개, 1934년 7개, 1935년 5개, 1936년 7개 등으로 그 수가 그리 많지 않음을 알 수 있다. 그러나 이러한 경향은 8개의 시찰단이 파견되는 1928년부터 이미 나타나고 있었다.

이러한 현상이 나타나게 된 원인은 1920년대 초반의 일본시찰단에 대한 평가에서 비롯되는 것으로 생각된다. 즉 일본시찰단의 단원 선정과 운영에 대한 『동아일보』의 비판이나 일본시찰단 파견에 대한 『조선일보』의 근본적인 비판은 일본시찰단에 대한 조선인들의 시각을 보여준다. 따라서 조선총독부가 식민지 지배정책의 일환으로 추진했던 일본시찰단은 조선인들에게 긍정적인 영향을 준 것으로만은 생각되지 않는다.

그러함에도 불구하고 1920년대 후반에 이르기까지 일본시찰단이 꾸준히 파견되었던 것은 조선총독부가 그 효과를 일정하게 인정하였음을 의미한다고 볼 수 있다. 또한 그것은 이 시기 일본의 관광정책에 기인하는 바도 없지 않을 것이다. 특히 일본시찰단의 수가 감소하고 있는 1928년 이후에는 더욱 그러하다고 할 수 있다. 1920년대 후반은 세계적인 공황이 시작되는 시기였다. 따라서 지금까지 조선총독부가 보조하였던 시찰비와 관련하여 일본시찰단의 파견은 축소될 수밖에 없는 형편이었다. 이러한 형편으로 인해 1931년부터 1936년까지 일본시찰단은 그리 활발히 파견되지 못하였던 것으로 판단된다.

　그러나 다음에서 보듯이 신문에 보도되지 않아 <별첨>에 소개되지 않은 시찰단이 조선총독부와 조선교육회의 주최로 일본과 대만에 파견되고 있다. 1931년에는 조선총독부의 주최로 여교원내지학사시찰단과 내지우량정촌초등학교시찰단, 조선교육회의 주최로 내지우량정촌연구원파견단이 파견되었다.[28] 1932년에는 여교원학사시찰단,[29] 내지우량교육시설 및 정촌시찰단[30]이 파견되었고,[31] 1934년[32]과 1935년[33]에도 여교원학사시찰단이 파견되었다. 그런데 이들 학사시찰단의 구성을 보면 1920년대의 시찰단이 주로 조선인을 중심으로 조직되었던 점과는 달리 일본인과 조선인을 구분하지 않고 구성되는 경향이 보인다. 그것은 우가키총독이 부임한 이후 강조한 내선융합정책의 영향이라 생각된다.

　<별첨>을 통해 볼 때 1930년대 이후 일본시찰단을 파견하고 있는 주체들은 조선총독부를 포함한 도·부·군 등의 행정부서가 78개, 매일신

---

28) 『文敎の朝鮮』 1931년 2월호, 105쪽.

29) 1932년 여교원학사시찰단의 단원은 朝野菊太郎(조선교육회 주사)을 단장으로 하여 李仙姙(소사공립보통학교 훈도), 金榮姬(공주공립보통학교 훈도), 李貞眞(평양명륜여자공립보통학교 훈도), 吳賢淑(평양종로여자공립보통학교 훈도), 李貞雲(강계공립보통학교 훈도) 등 5명의 조선인과 8명의 일본인 등 14명으로 구성되었다 (『文敎の朝鮮』 1932년 12월호, 138쪽).

30) 이 시찰단은 단장인 片岡秀雄(전남도시학)을 포함해 27명으로 구성되었는데 그 중 조선인은 韓禎洙(동면공립보통학교 교장), 李德潤(천천공립보통학교 교장), 韓載經(도시학), 趙奎鶴(신풍공립보통학교 교장), 權重洙(도시학), 朴楨淵(함흥여자공립보통학교 훈도) 등 6명이었다(『文敎の朝鮮』 1932년 12월호, 135~136쪽).

31) 『文敎の朝鮮』 1932년 12월호, 133~138쪽.

32) 『文敎の朝鮮』 1934년 12월호, 190~191쪽. 1934년의 여교원학사시찰단은 단장 原田次郎(조선총독부 학무국속)을 포함한 10명이었는데 그 중 조선인은 孫淑英(개성여자보통학교 훈도)가 유일하였다.

33) 『文敎の朝鮮』 1935년 11월호, 171~172쪽. 단장은 砂田又一(조선총독부속)이었으며 劉修産(서산공립보통학교 훈도), 張壽子(평양남산공립보통학교 훈도), 金永熙(양구공립보통학교 훈도), 吳仁淑(함북 두도구보통학교 훈도) 등 4명의 조선인을 포함하여 12명이었다.

보사·조선일보사·동아일보사·조선수산신문사 등 언론기관 8개, 각도 경찰부 및 경찰서 6개, 조선철도국 및 각 역 5개, 산업조합·산림회·상공회의소·도매상연합회·쌀협회 등 경제관련 기관 7개, 체신국 3개, 교육회 3개, 관광(여행)협회 3개, 농회 2개, 신사 2개 그리고 부산항우회, 이왕가 어경사기념회·예술좌·경방단·방공협회·병원 등 기타가 5개 등이다.

이를 1936년까지의 제1기와 1937년 이후의 제2기로 나누어 보면 제1기에는 행정기관 28개, 언론기관 7개, 경제관련 기관 3개, 철도역 3개, 농회 2개, 기타 4개이며 제2기에는 행정기관 50개, 각도 경찰부 및 경찰서 6개, 철도역 2개, 경제관련기관 4개, 체신국 3개, 교육회 2개, 관광(여행)협회 3개, 기타 1개로 볼 수 있다.

여기에서 나타나는 특징은 1920년대의 시찰단과 비교할 때 경방단이나 방공협회 등 전시체제기에 성립하거나 활동이 강화되는 단체가 조직한 시찰단이 등장했다는 점과 언론기관이 조직한 일본시찰단이 제2기에는 하나도 없다는 점, 관광협회가 주최한 것이 모두 제2기에 나타난나는 점이다. 이것은 전시동원체제가 강조되면서 이와 관련있는 단체가 일본시찰단의 조직과 파견을 시작하였으며, 조선일보사 주최의 산업시찰단이 1937년부터 일본이 아니라 만주나 중국에 파견된 것과 관련된 것으로 보인다. 이는 중국에 대한 침략이 본격화한 1937년 이후 시기의 대륙에 대한 관심을 보여주는 것이라 할 것이다. 특히 이 부분은 조선인 자본가의 중국진출과 관련지어 생각할 수 있다.

그리고 이를 시찰목적에 따라 구분하면 농업·임업·축산·상공업 등 산업시설 시찰을 목적으로 한 것이 39개, 신궁참배와 국체인식을 목적으로 한 것이 30개, 행정시찰을 목적으로 한 것이 18개, 학사시찰을 목적으로 한 것이 15개, 도시시찰을 목적으로 한 것이 10개, 사회시설 시찰을 목적으로 한 것이 6개, 기타 목적의 시찰단 8개로 파악할 수 있다. 이것 역시 제1기에는 산업시설 시찰 17개, 행정시찰 10개, 학사시찰 7

개, 도시시찰 6개, 사회시설 시찰 1개, 기타 2개이며 제2기에는 산업시설 시찰 22개, 신궁참배와 국체인식 30개, 행정시찰 8개, 학사시찰 8개, 도시시찰 4개, 사회시설 시찰 4개, 기타 6개이다. 여기에서 보이는 특징은 신궁참배와 국체인식을 목적으로 한 성지참배시찰단이 모두 제2기에 조직되었다는 점이다.

　이렇게 보면 이 시기의 시찰단의 파견 목적은 크게 두 가지로 나누어진다고 볼 수 있다. 그 하나는 제1기에는 1920년대와 마찬가지로 동화정책의 구현하기 위해 산업, 행정, 교육적인 목적이 강조되었다면 일본의 중국침략이 본격화되는 제2기에는 조선인을 전쟁에 동원하기 위해 '성지' 참배라는 명목으로 일본을 시찰하도록 한 것이라 할 수 있다. 특히 국민총력 조선연맹이 매년 성지참배와 선진지(일본 – 인용자)의 시찰을 통해 일본정신을 조선인에게 체득[34]시키고자 한 것은 '성지' 참배가 식민지 지배정책의 일환으로 이루어졌다는 것을 의미한다. 이는 위에서 보았듯이 성지참배를 위한 시찰단이 모두 1937년 이후에 조직되고 있는 것에서도 확인된다.[35] 예를 들면 1941년 조선유도연합회에서 파견한 조선유림성지순배단[36]의 파견 목적은 다음과 같다.

---

34) 國民總力朝鮮聯盟, 1943, 『國民總力運動要覽』, 46쪽.

35) 그러나 1936년 이전에도 신사참배를 위해 일본을 시찰하는 경우가 없지 않았다는 것은 아니다. 예를 들면 1936년 양주삼, 이명직 등을 중심으로 한 기독교시찰단이 신사참배를 목적으로 일본을 시찰한 적이 있다.

36) 조선유림성지순배단의 단원은 다음과 같다.
　　永田種秀(단장, 조선총독부 사무관, 조선유도연합회 교화부장), 竹城濟鳳(간사, 경학원 司成, 조선유도연합회 참사), 平山泰仁(간사, 조선유도연합회 상무참사), 嘉川久士(경학원 강사, 조선유도연합회 참사), 南相翊(경학원 강사, 충북 진천군유도회 부회장), 徐村載克(경학원 강사, 조선유도연합회 참사), 安東正會(경학원 강사, 조선유도연합회 참사), 尹定鉉(경학원 강사, 전남도회의원), 山佳潤(경학원 강사, 경부도회의원), 鄭淳賢(경남유도연합회부회장), 白川壎榮(경학원 강사), 康本鳳薰(평양부유도회 상무이사), 高山景植(明倫專門學院 평의원, 조선유도연합회 평의원), 淸河達斌(경학원 강사, 조선유도연합회 참사), 富山森(경학원 강사), 松原利貞(매일신보사 사회부 차장)(조선유도연합회, 1942, 『朝鮮儒林聖地巡拜記』, 3쪽)

　　皇道儒學의 확립은 國體觀念의 昻揚과 敬神思想의 철저적 함양에 의
해 시작되며 그것을 구현해야 한다고 인정된다. 그 방법으로서는 먼저 全鮮
儒林 중 지도계급인 中堅者를 선발하여 伊勢의 皇大神宮을 시작으로 橿原
神宮 및 明治神宮 기타 각지에서 半島와는 유서깊은 神社를 參詣하고 우
리 國體의 尊嚴과 神社의 崇高함에 感觸體得시킴과 동시에 內鮮一體·同
祖同根인 사실을 史籍에 의해 인식시키도록 한다.[37]

　　그런데 산업, 행정, 교육 등의 목적으로 일본에 파견되었다 하더라도
이러한 목적은 전쟁을 보다 효율적으로 수행하기 위한 것이었기 때문에
이 시기 일본시찰단은 전시동원체제와 직간접적으로 관련이 있다고 보
아야 할 것이다.

　　그러면 어떠한 신분이나 직업의 인물들이 이 시기 일본시찰단에 선정
되었는가를 살펴보자. 제1기에는 면장·면서기 9, 도·부·군·면 협의원 8,
교원 7, 상공업자 3 등이었으나 제2기에는 교원 15, 도·부·군·면협의원
12, 상공업자 7, 청년 6, 사상전향자 및 사상보국연맹 관계자 5, 지원병
4, 경찰 4, 정총대 3, 체신국원 3, 소학생 3 등으로 나타난다. 이로 보아
이 시기 일본시찰단에 주로 파견된 신분이나 직업은 면장·면서기, 도·부·
군·면협의원, 교원 등이었음을 알 수 있다. 그리고 경찰, 사상전향자 및
사상보국연맹 관계자, 정총대, 체신국원, 소학생 등은 제2기에만 보인다.

　　이는 전시체제에 맞추어 신진용을 구축할 목적[38]으로 시찰단을 파견
했던 체신국의 사례에서도 볼 수 있듯이 전시동원체제 속에서 동원 대상
자를 동원하는데 의미 있는 역할을 할 수 있거나 동원할 수 있는 신분과
계층을 중심으로 일본시찰단이 파견되었음을 의미한다고 볼 수 있다. 또
한 <별첨>에서 보이는 군수품 재청부를 희망하는 철공업자를 대상으
로 일본시찰단을 파견한 사례로 보아 상공업자를 중심으로 한 시찰단은

---

37) 朝鮮儒道會聯合會, 1942, 『朝鮮儒林聖地巡拜記』, 1쪽.
38) 『조선일보』 1938년 11월 17일, 「遞信吏員選拔 內地에 視察團」.

일본의 군수공업의 하청이나 연계를 목적으로 한 것으로 판단된다.

그런데 충청남도 면서기 시찰단의 경우 기간을 축소하고 인원은 2배로 확대하여 보내고자 하였다.[39] 이로 보아 조선총독부는 보다 많은 인원에게 일본시찰의 기회를 부여하고자 한 것으로 보인다. 그리고 시찰단원에게 휴대물품을 최소화하여 1개 이상의 가방을 휴대하지 못하도록 하였으며, 간편복을 착용할 것을 주문하였다.[40]

한편 1937년 이후 일본시찰단은 1937년 9개, 1938년 21개, 1939년 32개, 1940년 19개, 1941년 6개, 1942년 3개, 1943년 2개 등 92개로서 다시 활발히 파견되고 있다. 1940년 이후 일본시찰단의 수가 감소한 것은 제2차 세계대전에서 일본의 전세가 불리하게 전개되어 戰費에 충당하기 위해 예산을 편성하지 않았을 가능성과 『동아일보』와 『조선일보』의 폐간에 따라 신문기사가 확인되지 않은 때문이라 생각된다. 다만 이러한 분석은 불교나 유교, 기독교 등 각 종교의 관련 잡지나 신문 등을 통해 알 수 있는 기사들은 제외하고 『매일신보』, 『동아일보』, 『조선일보』 등에 보도된 기사를 토대로 작성되었기 때문에 경향성을 나타내주는 것일 뿐이라는 점을 밝혀둔다.

## 2) 시찰시설과 경로

일본시찰단의 경로는 크게 규슈 일대를 살피는 코스와 大阪－京都－名古屋－東京 일대를 살피는 코스로 나누어진다.[41] 특히 大阪－京都－名古屋－東京 일대를 살피는 코스는 과거 조선통신사나 조사시찰단의 코스와 크게 차이나지 않지만 철도 연선을 따라 각종의 공장들이 건립되어 식민지 조선인에게 일본의 근대 문물을 보여줄 수 있는 길이었

---

39) 『매일신보』 1934년 10월 4일, 「선진지 파견 면서기 금년은 14명」.
40) 朝鮮儒道會聯合會, 1942, 『朝鮮儒林聖地巡拜記』, 2쪽.
41) 조성운, 앞의 논문, 『한국독립운동사연구』 28, 229쪽.

다. 일본시찰단은 부산에서 선박을 이용해 시모노세키(下關)에 상륙하여 기차를 이용하여 이 길을 따라 東京까지 이동하였던 것이다. <표 1>, <표 2>, <표 3>에서 볼 수 있듯이 1930년대 이후에도 이러한 시찰 경로에는 큰 차이가 나지 않는다. 그런데 <표 3>은 1941년의 사실로서 조선유림성지순배단의 경로이다. 이와 함께 <별첨>에서 성지참배의 구체적인 경로와 시찰시설을 파악할 수 있다. 따라서 일본시찰단의 이동 경로는 일본의 도카이도센(東海道線)을 따른 것이었으며 시찰단의 성격에 따라 시찰시설의 내용이 달라지는 것으로 이해된다.

시찰단의 시찰지역은 주로 일제의 근대문물이나 일본문화의 우수성을 선전할 수 있는 지역을 중심으로 선정되었다. 또한 이들 지역에서 조선과 일본이 역사적으로 관련이 있는 장소를 견학하게 함으로써 과거부터 일본과 조선은 밀접한 관련을 맺고 있었다는 점을 강조하고자 하였던 것으로 판단된다. 그리하여 교토, 오사카, 나라 등지의 시찰이 이루어지고 있는 것으로 보인다. 예를 들면 교토에서 인클라인을 견학한 것이 대표적이다.

그리고 1910년대 시찰단원은 주로 귀족을 비롯한 신사, 종교지도자, 면장, 실업가, 독농가, 군수 등 조선의 여론 주도층인 조선 사회의 상층 및 중류층을 대상으로 하였다. 그러나 1910년대 중반 이후에는 마름과 같은 특정한 집단을 시찰단원으로 하는 시찰단이 등장하는 것으로 보아 이 시기 이후 시찰단의 파견 목적에 변화가 있는 것으로 생각된다.

또한 시찰단원의 선정에는 일제의 입장이 전적으로 반영되었다. 이는 시찰단의 선발원칙에 어긋나는 인물들이 대거 시찰단에 참가하고 있는 것에서도 확인할 수 있다. 요컨대 시찰단은 일제의 입장에서 식민지 지배에 적당한 인물을 선정하여 그들에게 일본문물의 우수성을 인식시켜 그들을 식민지 지배의 협력자, 동조자로 육성하려는 것이었다고 할 수 있다.

3·1운동 직후에는 일본의 식민지 지배정책이 새로이 정비되면서 일본시찰단에 대한 중요성이 더욱 부각되었다. 그리하여 사이토총독은 「조

선민족운동에 대한 대책」에서 "새로운 친일인물을 양성하여 귀족, 양반, 부호, 실업가, 교육가, 종교가 등에 침투"시킬 것을 지시하였다. 이는 기존의 친일인물이 조선인민에게 부정적인 인상[42]을 가지고 있으므로 이들을 식민지 지배의 유일한 파트너로 상정할 수 없었다는 당시의 사정을 반영하는 것이었다고 생각된다. 이에 따라 '새로운 친일인물' 중심의 일본시찰단을 조직하는 것은 "지방 관리의 중요 임무 중의 하나"[43]가 될 정도였다.

따라서 1920년대의 일본시찰단은 1910년대의 일본시찰단과는 그 구성원이나 성격에서 차이를 보일 수밖에 없었다. 1910년대 일본시찰단의 구성원은 귀족, 중추원 찬의, 도참사, 군참사, 군수, 면장, 농업가, 실업가, 신사 등[44]이었으나 1920년대 일본시찰단원은 유지, 교원, 군수, 면장, 실업가, 군참사, 군서기, 도평의원, 대지주, 경찰, 축산조합원, 도참여관, 향교 평의원·直員·掌議 등 향교 관계자, 면협의원, 부협의원, 삼림조합 기술원, 학교평의원, 농회 관계자, 독농가, 유림, 금융조합 관계자, 청년, 목사, 보통학교장, 민풍진흥회 관계자, 잠종제조자, 승려, 인쇄업대표자, 소작인 등으로 구성원의 직업과 신분이 크게 다양해졌다. 특히 청년, 경찰, 삼림조합 기술원, 금융조합 관계자, 민풍진흥회 관계자 등은 1910년대 일본시찰단에서 볼 수 없던 계층이었으며 이들은 지역사회에서 민중과 직접 접촉하고 대면하는 인물들이었다. 더욱이 청년과 교원은 3·1운동 이후 변화된 조선 정세 속에서 일본시찰의 중요한 대상으로 설정되었다. 그것은 3·1운동에서 표출된 식민지 지배에 대한 조선인민의

---

42) 齋藤實文書 935-5. 여기에서 下村宏도 "친일을 표방했기 때문에 조선인으로부터 원수처럼 손가락질 받는 자에 대해 얼마간의 동정과 은밀한 원조를 주는 것은 좋지만 이러한 자들을 수족으로 조선인들에게 공작을 하면 오히려 전 조선인을 적으로 만들 우려가 있다"고 하면서 새로운 협조자를 양성해야 한다고 주장하였다.
43) 『동아일보』 1922년 5월 12일, 「觀光團政策 得不補失」.
44) 조성운, 앞의 논문, 『한일민족문제연구』 6, 22쪽.

불만을 무마해야 했으며, 식민지 지배의 새로운 파트너를 양성해야 할
필요가 있었기 때문이었다.[45] 이러한 상황에서 조선인민에게 강력한 영
향력을 행사하던 불교, 기독교, 유교 등에 대한 회유정책은 대단히 중요
하였다. 그리하여 이들 종교를 중심으로 한 시찰단이 조직되어 일본에
파견되고 있다.

1930년대 이후의 일본시찰단은 우가키가 조선총독으로 부임한 1931
년부터 1936년까지의 시기에는 이전과 이후에 비해 그리 활발히 파견되
지는 않았다. 그러나 이 시기 파견된 일본시찰단의 경우 주로 산업시찰
단, 학사시찰단 성격의 시찰단이 파견되어 우가키총독이 추진하던 '조선
공업화정책'과 '내선융화정책'이 일본시찰단의 파견에도 영향을 미쳤음
을 추측할 수 있다. 그리고 1937년 이후에는 전시동원체제에 맞추어 주
로 성지(신궁)참배를 목적으로 한 시찰단이 파견되었다. 그리하여 사상
전향자시찰단, 지원훈련병시찰단 등 침략전쟁에 동원하거나 직간접적으
로 영향을 미칠 수 있는 대상자들을 조직하여 일본을 시찰시키고도 있
다.[46] 또한 중일전쟁이 발발한 이후 일제는 조선인을 전쟁에 동원하기
위한 방편으로서 성지(신궁)참배를 계획하여 이세(伊勢)신궁, 가시하라
(橿原)신궁, 메이지(明治)신궁 등에 대한 참배를 강조하였다.

〈표 1〉 1934년 이왕가어경사기념회 주최 여교원시찰단 일정

| 일시 | 장소 | 시 찰 시 설 | 비 고 |
|---|---|---|---|
| 4.20 | 부산 | | 출발 |
| 4.21 | 下關 | 赤間神社, 安德天皇陵, 청일전쟁 강화담판소 | 京都로 출발 |
| 4.22 | 京都 | 桃山御陵, 乃木神社, 伏見稻荷神社, 豊國神社, 三十三間堂, 淸水寺, 八坂神社, 圓山公園, 知恩院, 平安神宮, 御所, 北野神社, 金閣寺, 西本願 | |

---

45) 조성운, 앞의 논문, 『한국독립운동사연구』 28, 219쪽.
46) 『동아일보』 1938년 11월 7일 ; 『매일신보』 1939년 9월 26일 ; 『조선일보』 1939년 6월
   1일 ; 『조선일보』 1939년 10월 11일 ; 『동아일보』 1939년 11월 6일 등을 참조 바람.

| 일시 | 장소 | 시 찰 시 설 | 비 고 |
|---|---|---|---|
| | | 寺, 東本願寺 | |
| 4.23 | 京都 | 比叡山 三井寺, 石山寺 | |
| 4.24 | 京都 | 京都成德尋常小學校,   京都市立堀川高等女學校, 二見浦 | 二見 도착 |
| 4.25 | 宇治, 名古屋 | 伊勢神宮 | 차중 취침 |
| 4.26 | 東京 | 東京 견학 | 관광버스 여행 |
| 4.27 | 東京 | 日光, 中禪寺湖 | |
| 4.28 | 東京 | 李王家伺候, 首相官邸 | |
| 4.29 | 東京 | 天長節 觀兵式 | |
| 4.30 | 奈良 | | 奈良 도착 |
| 5. 1 | 奈良 | 奈良女子高普祝賀式 參禮 | |
| 5. 2 | 奈良 | 畝傍御陵, 橿原神宮, 法隆寺 | 大阪 도착 |
| 5. 3 | 大阪 | 堺市 見學, 靑霞會館 | |
| 5. 4 | 大阪 | 大阪 견학 | 嚴島 도착 |
| 5. 5 | 宮島 | | |
| 5. 6 | 宮島 | | 下關 도착 |
| 5. 7 | 부산 | 시찰단 해산 | 도착 |

(자료) 北川淸之助 편, 1934, 『李王家御慶事記念會主催 女敎員內地學事視察報告』.

〈표 2〉 1937년 경성도시산업시찰단 일정

| 일시 | 장소 | 시 찰 시 설 | 비 고 |
|---|---|---|---|
| 4. 7 | 경성 | | 출발 |
| 4. 8 | 別府 | | 鶴の居旅館 투숙 |
| 4. 9 | 別府 | 市役所, 국제온천관광박람회 | |
| 4.10 | 別府 | 국제온천관광박람회 | 高知 도착 |
| 4.11 | 高知 | 南國土佐博覽會 | |
| 4.12 | 高知 | 中央卸賣市場 | 高松 도착 |
| 4.13 | 神戶 | 市役所, 中央卸賣市場 | 大阪 도착 |
| 4.14 | 大阪 | 市役所, 中央卸賣市場 | |
| 4.15 | 名古屋 | 市役所 | |

| 일시 | 장소 | 시 찰 시 설 | 비 고 |
|------|------|-----------|------|
| 4.16 | 名古屋 | 범태평양평화박람회 | |
| 4.17 | 名古屋 | 범태평양평화박람회 | |
| 4.18 | 東京 | | 여관 투숙 |
| 4.19 | 東京 | 조선총독부사무소, 政治博覽會(東京日日 및 大阪每日新聞 주최), 李王邸, 市役所, 中央卸賣市場 | |
| 4.20 | 東京 | 중앙조선협회, | 시찰단 해체, 자유시간 |
| 4.22 | 경성 | | 도착 |

(자료) 京城府, 1938, 『內地都市產業視察報告』, 1쪽.

### 〈표 3〉 1941년 유림성지순배단 일정

| 일시 | 장소 | 시 찰 시 설 | 비 고 |
|------|------|-----------|------|
| 10.17 | 경성 | | 부산 도착 |
| 10.18 | 宮島 | 嚴島神社 | |
| 10.19 | 京都 | | 京都 도착 |
| 10.20 | 京都 | 桃山御陵, 神社參拜, 시내 견학 | |
| 10.21 | 京都 | 橿原神宮 | 奈良 |
| 10.22 | 山田 | 伊勢皇大神宮, 二見浦 | |
| 10.23 | 名古屋 | 名古屋城 | 차중 취침 |
| 10.24 | 東京 | 明治神宮, 湯島聖廟, 大東學院, 國學院 | |
| 10.25 | 東京 | 高麗神社, 儒學 關係 知名人士 訪問, 宇野박사 강연 | |
| 10.26 | 東京 | 시내 견학 | |
| 10.27 | 水戶 | 史蹟地 견학, 水戶學 청강 | |
| 10.28 | 日光 | 東照宮 및 기타 견학 | 中禪寺 숙박 |
| 10.29 | 東京 | | 차중 취침 |
| 10.30 | 大阪 | 大阪城, 시내 견학, 협화회 사업 및 조선인 마을 | |
| 10.31 | 松江 | | |
| 11. 1 | 松江 | 出雲神社 史蹟地 및 시내 견학 | 차중 취침 |
| 11. 2 | 別府 | 시내 견학, 지옥순례 | |
| 11. 3 | 門司 | | 선중 취침 |
| 11. 4 | 부산 | | 해산 |

(자료) 朝鮮儒道會聯合會, 1942, 『朝鮮儒林聖地巡拜記』, 4~6쪽.

## 4. 일본시찰단의 성격

위에서도 언급했듯이 1930년대 이후의 일본시찰단은 우가키 총독 시
기(1931~1936)와 미나미 총독의 부임 이후로 나누어 볼 수 있다. 우가키
총독 시기에는 1920년대에 비해 그 파견이 현저하게 감소했으나 미나미
총독이 부임한 이후로는 이른바 '성지시찰"의 명목으로 일본시찰이 다시
활발히 전개되었다. 또한 이 시기는 일본정부가 관광산업을 발전시키기
위해 노력한 시기였다. 이에 따라 관광을 위한 다양한 정책이 수립되고
다양한 시설들이 마련되었다. 이러한 일본정부의 정책에 조선으로부터의
일본 관광 혹은 시찰은 의미 있는 것이었다고 판단된다.

이처럼 일본정부가 시찰단이나 외국 관광객을 유치하고자 한 목적은
다양하였다. 그 중 이 시기 조선인을 일본시찰의 대상으로 삼은 것은
1920년대까지 일본의 선진문물과 제도에 대한 선전이나 과시를 통해 조
선인의 열등감을 조성하고 일본에 동화시키려 했던 목적을 보다 명확하
고 직설적으로 알리기 위함이었다고 생각한다. 그러나 1930년대에 접어
들면 일본시찰의 명분이나 목적에 시대상황을 반영한 약간의 변화가 있
다고 볼 수 있다. 그것은 크게 두 가지 방향에서 나타났다고 볼 수 있다.
하나는 1930년대 전반에는 우가키 총독의 조선공업화정책에 따른 조선
인 자본가들의 자발적인 일본 및 북지시찰단의 조직에서 볼 수 있다. 또
다른 하나는 1920년대까지는 보이지 않던 "皇國精神의 顯揚"[47)이라는
용어의 사용이다.

그런데 1930년대 전반의 일본시찰단에서 보이는 1934년의 李王家御
慶事記念會에서 주최한 여교원시찰단은 매우 독특하다고 하지 않을 수
없다. 李王家御慶事記念會는 야나기하라 기치베에(柳原吉兵衛)가 주축

47) 北川淸之助 편, 1934, 『李王家御慶事記念會主催 女敎員內地學事視察報告』, 1쪽.

이 되어 1922년에 1920년 4월에 있었던 조선 왕세자 李垠과 나시모토 노미야 마사코(梨本宮方子)의 결혼을 기념하여 "內鮮融和를 위해 盡力을 다한다"는 취지로 조직하였다.[48] 야나기하라가 이를 조직한 것은 그의 독특한 식민지 교화관에 있었다. 그는 식민지 조선의 교화에 대해 다음과 같이 말하였다.

> 조선 동포의 완전한 통치를 기하기 위해서는 그들의 언어·풍속·습관 등을 동일한 문화 아래 지도해 彼我相愛의 정신적 일치를 제일로 하지 않으면 안 된다.[49]
>
> 본회(이왕가어경사기념회)가 주된 이상으로 삼고 있는 것은 조선은 조선인의 조선이라는 것입니다. 따라서 조선의 일은 조선인 스스로가 선처 해결하여 그럼으로써 폐하의 적자, 국가의 일원다운 책임과 의무를 수행해나가는 것이라고 생각합니다. 이것이 국민으로서의 자각을 촉구하는 까닭입니다. (중략) 그리하여 그 일조로서는 그들(조선인)을 교육할 (조선인)교육가를 가령 한명이라도 양성하는 것이 될 것이라 생각하여 (하략)[50]

결국 야나기하라에게 조선의 지배는 곧 조선인을 일본문화에 동화시키는 것을 의미하였다. 그리고 조선인 교육자를 통한 조선인 교육을 그 방법으로 제시하였던 것이다. 그런데 그는 내선융화를 위해서는 어머니가 될 여성들의 교육과 여성교육을 담당할 여성교육자가 매우 중요하다고 생각하였다.[51] 바로 여기에 그가 조선인 여교원시찰단을 조직하여 일본을 시찰하게 한 이유가 있다고 할 수 있다.

이러한 1930년대 초반의 시찰단 파견의 목적이 중일전쟁이 발발하는 1937년 이후에는 '聖地參拜'로 강화되고 있다. 여기에서 '성지'란 <별

---

48) 北川淸之助 편, 1934, 『李王家御慶事記念會主催 女敎員內地學事視察報告』, 8쪽.
49) 1935, 『櫻槿의 華』제4호, 2쪽(박선미, 2007, 『근대여성 제국을 거쳐 조선으로 회유하다』, 창비, 131쪽, 주 31) 재인용).
50) 1930, 『向上』제21권, 4쪽(박선미, 위의 책, 132~133쪽, 주 35) 재인용)
51) 박선미, 앞의 책, 137쪽.

첨>에서 확인할 수 있듯이 伊勢神宮, 橿原神宮, 明治神宮, 桃山御陵, 靖國神社, 乃木神社, 平安神宮, 神武大皇御陵, 湊川神社, 廣島 大本營, 豊受大神宮, 出雲大社, 宮崎神宮 등 일본정신을 강조하고 확인할 수 있는 장소를 의미한다. 伊勢神宮은 BC 4세기에 건립된 것으로 태양의 여신이자 일본 왕실의 창시자인 아마테라스 오미카미(天照大神)를 모시며, 橿原神宮은 1889년 건립되어 일본의 초대천황인 神武天皇을 모신 신궁이며 가까운 곳에 神武天皇의 능이 있다. 명치신궁은 1920년 明治 천황과 그 황후의 덕을 기리기 위해 창건되었다. 이즈모다이샤(出雲大社)는 오쿠니시 시노오카미(大國主大神)를 祭神으로 하는 시마네(島根)현에 있는 신사로서 舊社格은 官幣大社이나 近代社格制度하에서는 유일한 '大社'이다. 또 桃山御陵은 明治天皇의 능이다. 따라서 성지참배는 일본 역대 천황이나 그 조상을 향사하는 신궁을 중심으로 이루어졌다. 이는 곧 식민지 조선인들을 동화시키고자 한 것이었다. 여기에 히로시마대본영은 일제의 침략전쟁을 영웅시하고 미화하는 장소였다. 따라서 성지참배를 통해 일제가 의도한 것은 조선인을 동화시켜 그들을 침략전쟁에 동원하는 것이었다고 할 수 있다.

　그러면 당시 시찰에 참여했던 인물들이 남긴 글을 통해 그들의 일본 인식을 알아보자. 여기에서 아쉬운 점은 일본시찰 이후 이들의 삶의 변화를 추적할 수 있는 근거를 발견할 수 없어 일본시찰 이후의 결과를 확인할 수 없다는 점이다. 이 문제는 향후 자료를 보완하면서 해결하도록 하겠다.

　1933년 일본학사시찰단으로 북규슈(北九州)를 시찰했던 황해도 안악군 西河公普校長 文鳳煥은 시찰기에서 '일본인은 친절하다', '일본인은 근면하다', '일본인은 동물애가 풍부하다', '일본인은 愛樹사상이 풍부하다', '일본인은 공덕심이 높다', '일본은 예의의 국가다', '일본인은 경신숭조의 사상이 강하다', '일본인은 義勇奉公의 사상이 강하다', '일본은 경지가 잘 정리되어 있다', '일본은 생산물을 상품화한다', '일본에는 기념물이 많다', '일본에는 공회당이 많다' 등으로 일본의 인상을 정리하였다.[52] 또 함남 佳會公普의 許鎭의 시찰기를 보면 1933~34년 무렵에 이미 奧薄奉迎門, 伊勢神宮, 宮城, 桃山御陵, 太宰府神社 등 일본 정신을 강조하는 장소를 주로 시찰하는 시찰단이 조직되었음도 알 수 있다.[53] 또한 1936년 조선일보의 산업시찰단의 일원으로 일본을 시찰한 李東奎는 자신이 가장 감동한 것은 동경의 王子製紙株式會社였다면서 다음과 같이 말하였다.

> 이 회사는 아시는 바와 같이 전국 주요지 20여 개 소에 공장을 두고 자본금이 3억 원이라니 우리 상공업계 전체를 합하더라도 이 회사 하나만 못하니 참으로 놀라지 않을래야 놀라지 않을 수가 없습니다. 그리고 그 공장의 생산 과정이 고도로 有機化 하여 있는 점은 보고 온 저로서도 일일이 말씀드릴 지식이 없는 것을 섭섭히 여깁니다.[54]

이러한 생각은 이동규만이 아니라 산업시찰단으로 일본을 시찰한 인물들에게서 공통적으로 나타나고 있다. 한편 이들은 조선의 현실이 뒤떨어진 원인은 "선조들이 상공업을 천시한 것이 遠因"이요, "질서가 없고 □往邁進하는 성질이 부조한 점이 近因"이라 분석하고 있다. 그리고 조선이 일본과 같이 발전하기 위해서는 일본의 "勤勉自進하여 自彊不息하는 성질"을 배우면 된다고 보았다. 즉 동화를 조선이 발전할 수 있는 조건으로 보았던 것이다.

1937년 경북중견승려시찰단의 일원인 金海潤은 시찰기에서 이른바 '內鮮一體(內鮮融化)'와 '國體'를 강조하는 사실을 다수 기록하였다. 예를 들면 야스쿠니신사(靖國神社)나 메이지신궁(明治神宮)의 참배[55] 사

---

52) 文鳳煥, 1934.2, 「內地學事視察所感」『文敎の朝鮮』.
53) 許鎭, 1934.3, 「內地視察所感」『文敎の朝鮮』.
54) 『조선일보』 1936년 5월 16일, 「産業視察團感想」.

실이나 일련종의 총본산인 山利縣 久遠寺에 들렀을 때 그곳에 사는 조선인이 '心會'를 조직하여 활동하고 있다고 하면서 '心會'의 회칙을 소개하였다.56) 이 회의 목적은 '敬神崇祖의 行事', '修養講話', '融化事業', '隣保事業' 으로서 이는 일제의 동화정책을 표방한 것이었다. 그리고 진종 본파의 '융화사업'에 대해서도 주목하였다. 築地 本願寺 別院에서 이원석, 조홍, 김혜주, 최금옥 등 진종 본파 조선교회 관계자들을 만나 담화하였으며, '內鮮融化'에 관한 사업 등 7개의 목적을 가진 진종 본파 조선교회의 회칙 전문을 수록하였다.57) 이처럼 1930년대 후반의 불교시찰단은 '內鮮融化', 즉 동화를 목적으로 한 것이었다. 또한 摠持寺 貫主인 이시카와 소도(石川素童)는 "佛法에 東西가 無하고 鮮日은 是에 同胞라. 宜히 互相提携하여 專혀 皇運을 扶翼하고 祖風을 宣揚함을 可하도다."58)고 하여 동화정책에 적극 협력할 것을 시찰단원에게 부탁하고 있다.

그리고 1941년 6월 5일부터 24일까지 장로회총회종교교육부 총무 鄭仁果, 조선기독교서회편집총무 白樂濬, 영업총무 吳文煥 등과 함께 일본기독교를 시찰하고 돌아온 조선기독교서회총무 梁柱三은 "조선기독교가 일본기독교에 비해 양으로는 단연 우세를 점하고 있으나 문화적 수준에는 뒤떨어지는 점이 너무도 크다"59)고 하면서 소수의 교파를 제외한 일본의 기독교가 합동하여 '일본기독교단'을 창립한 것을 세계기독교사상 미증유의 획기적 일대변혁이라 평가하였다.60) 그런데 '일본기독교단'이라는 것은 '일본적 성격'을 강조하는 것으로서 이는 곧 일본의 국

---

55) 金海潤, 「內地佛敎視察記」(4) 『慶北佛敎』 1938년 7월 5일.
56) 金海潤, 「內地佛敎視察記」(3) 『慶北佛敎』 1938년 6월 1일.
57) 金海潤, 「內地佛敎視察記」(4) 『慶北佛敎』 1938년 7월 5일.
58) 『매일신보』 1917년 9월 15일.
59) 梁柱三, 1941.9, 「內地基督敎界의 動向」 『三千里』 13권 9호, 106쪽.
60) 梁柱三, 앞의 글, 106~107쪽.

체, 즉 천황제를 적극적으로 옹호하는 것이었다. 그리고 그는 "기독교를 통한 內鮮結合은 쌍방이 요구하여 마지않는 바이며 이렇게 되기 위해서는 우선 조선기독교도 일본의 新敎團 합동실현과 같은 역사적 운동이 있어야"61)한다고 주장하였다. 결국 그는 침략전쟁을 지지하고 옹호하는 '일본적 성격'의 기독교와 조선의 기독교가 합동해야 한다는 것을 주장함으로써 일제의 내선일체운동을 적극 지지하였던 것이다.

그리고 1941년 가시하라신궁을 참배한 李錫薰은 "기계문명은 서구의 것이기 때문에 공장의 메커니즘이 서구 그대로 일본의 자연 속에 따로 동떨어져서 존재하는 것이 아니라 일본의 자연에 조화되고 일본인의 정신이 들어있는 일본적인 메커니즘으로 化하였다"면서 "일본 국체의 기초가 공고할뿐더러 오래면 오랠수록 항상, 명일에도 기운차게 뻗어나가는 명랑한 희망이 거기 내포되어 있다"고 하였다.62)

또 1941년 조선유림성지순배단장이었던 永田種秀는 시찰 이후 참가 멤버들은 "팔굉일우의 대이상도 국민의 단결과 신의에 의해 실현되는 것"이라 하며 "스스로 경신사상을 강하게 가져 신도 실천, 진충보국의 뜻을 올려 황국민신으로서 부끄럽지 않은 봉공을 할 것"이라며 이 결심을 "조선에 돌아가면 강조하고 싶다"고 하였다.63) 즉 '천황폐하의 충실한 신민'으로서의 삶을 스스로 강조하고 있는 것이다.

이렇게 보면 1930년대 이후의 일본시찰단은 일본의 침략전쟁을 지지하고 내선일체를 통해 조선과 조선인을 전쟁에 참여시키고자 한 일본제국주의의 정책에 따른 것이었다고 할 것이다. 그리고 이를 위해 조선총독부는 조선의 사회와 민심을 안정시켜야 할 필요가 있었다. 그리하여 이 시기에 정총대시찰단이 조직되기 시작하였다고 생각한다. 1939년 개성부 北本町의 역원인 朴載珪, 朱德鍾과 함께 선진도시 문화시설과 정

---

61) 梁柱三, 앞의 글, 110쪽.
62) 李錫薰, 1942, 「聖地參拜通信」『朝光』8권 1호, 115쪽.
63) 「영전종수단장의 답사」, 조선유도회연합회, 앞의 책, 55~56쪽.

회제도를 시찰할 목적으로 일본을 시찰한 정총대 方夏榮은 화장실 소독과 하수구 시설 등 위생시설이 철저한 점과 세궁민 구제의 상부상조 정신이 강한 점에 대해 감명을 받은 후 북본정에서도 년말의 동정사업만이 아니라 보다 적극적인 사회사업을 추진해야겠다는 다짐을 하였다.[64]

그러나 일본시찰단의 파견이 조선총독부의 의도대로 성공적으로만 수행된 것은 아니었다. 예를 들면 1932년 5월 10일 무렵 출발 예정이던 경성부의원 일본시찰단이 일부의 반대로 중지된 사실[65]이나 1933년 경성부에서 파견했던 부의원시찰단의 경우 일본시찰 중 일본인 부의원이 조선인 부의원인 朴準鎬에게 公事를 위시하여 기거침식과 같은 私事에 이르기까지 차별대우를 하여 귀국 후 조선인 부의원들이 공분하고 있는 사실에서 알 수 있다.[66]

## 5. 맺음말

이상에서 1930~40년대의 일본시찰단을 1930~1936년까지의 제1기와 1937년 이후의 제2기로 구분하여 살펴보았다. 이 시기는 1931년 만주사변, 1937년 중일전쟁, 1941년 태평양전쟁으로 일본이 전쟁을 점차 확대해가던 시기였으므로 식민지 조선에 대한 지배도 이와 밀접한 관련을 갖으면서 이루어졌음은 주지의 사실이다. 일본시찰단 역시 이러한 일제의 식민지 지배정책에 영향을 받고 있다. 이를 1930~40년대의 일본시찰단에 국한하여 정리해보자.

첫째, 이 시기는 전쟁의 확대에 따라 일본군부의 영향력이 절대적으로 강화되었던 시기이다. 그리고 이러한 일본내의 정치적 역관계는 식민

---

64) 『조선일보』 1936년 1월 26일, 「衛生施設의 完備와 隣保事業에 驚歎」.
65) 『동아일보』 1932년 5월 8일, 「日本視察 中止」.
66) 『조선일보』 1933년 6월 21일, 「朝鮮人府議員의 侮辱事件問題化」.

지 조선에도 영향을 미쳤다. 즉 우가키 총독의 '조선공업화정책'은 대륙 침략의 전초기지로서의 조선의 위상을 확인하는 것이었다. 그리하여 우가키 총독은 지금까지의 지배정책에서 벗어나 조선을 粗공업지대로 육성하는 한편 농촌진흥운동을 실시하여 조선의 민족운동을 없애고자 하였다. 더 나아가 심전개발운동을 통해 조선의 사상을 통제하고 이른바 '국체관념'을 부식하여 '황국신민'을 육성하고자 하였다. 이러한 조선총독부의 정책은 1937년 중일전쟁이 발발하면서 더욱 확고히 되어 민족말살을 통한 내선일체의 완성을 추구하였다. 그리하여 제2기가 되면 성지참배라는 슬로건 하에 이세신궁, 가시하라신궁, 메이지신궁 등에 대한 시찰이 강조되었다.

둘째, 일본정부는 세계적인 경제공황을 탈피하고자 1930년 국제관광국을 설치하여 관광산업을 국책으로 육성하고자 하였다. 이를 위해 일본정부는 외국인 관광객을 유치하기 위한 다양한 정책과 시설을 마련하였다. 그리고 이들 외국인 관광객을 조선·만주·중국 등 일본의 영향권 하에 있는 지역에까지 관광할 수 있게 하기 위해 여행안내서나 리플렛 등을 제작하여 보급하였다. 이와 함께 조선인을 대상으로 한 일본관광사업에도 진출하여 조선철도국과 재팬 투어리스트 뷰로(일본여행협회), 일본여행협회 조선지부 등을 중심으로 일본시찰단을 조직하기도 하였다.

셋째, 1930년대의 일본시찰단은 1930~1936년까지의 제1기와 1937년 이후의 제2기로 나누어볼 수 있다. 이러한 구분은 1937년 중일전쟁을 계기로 한 전시동원체제의 성립에 따라 일본시찰단의 성격에 변화가 있다고 보기 때문이다. 제1기는 준전시체제에 해당하는 시기이므로 제2기와는 달리 조선인을 직접적으로 전시동원하고자 하지는 않았다. 다만 1920년대까지 보이지 않던 '皇國精神의 顯揚'이라는 용어가 사용되고 신궁참배가 보다 강화되어 전시체제로의 이행을 준비하는 모습이 보인다. 그리하여 제2기는 '성지참배'를 직접적인 목적으로 하는 일본시찰단이 파견되었으며 그 외의 시찰단 역시 이러한 목적과 간접적으로 관련이 있는 것으로 판단된다.

넷째, 셋째와 관련하여 일본시찰단의 파견 주체와 목적에 따라 일본시찰단의 성격을 찾을 수 있다. 먼저 파견 주체는 행정부서, 언론기관, 경찰부 및 경찰서, 조선철도국, 경제관련 기관, 체신국, 교육회, 관광(여행)협회, 농회, 신사 등이다. 이 중 경방단, 사상보국연맹, 체신국, 신사, 방공단, 정총대, 육군훈련지원병, 국민총력 조선연맹 등은 제2기에만 보인다. 그리고 <별첨>에서 볼 수 있듯이 일본시찰단의 파견 목적은 1930년대 이전 시기에도 보이는 행정시찰, 학사시찰 등을 제외하고 제2기에는 성지참배를 목적으로 한 시찰단이 30개이다. 이는 일본시찰단이 전시동원체제와 밀접한 관련을 가지면서 파견되었음을 보여준다.

다섯째, 일본시찰에 선발되었던 인물들을 보면 면장·면서기, 도·부·군·면 협의원, 교원, 상공업자, 청년, 사상전향자, 육군훈련지원병, 경찰, 정총대, 체신국원, 소학생 등이 주된 대상이었음을 알 수 있다. 이 중 사상전향자, 육군훈련지원병, 경찰, 정총대, 체신국원, 소학생 등은 제2기에만 보인다. 이는 전시동원체제 속에서 동원대상자를 동원하는데 의미 있는 역할을 할 수 있는 인물이나 동원 대상자를 중심으로 시찰단이 조직되었음을 의미한다.

여섯째, 시찰경로는 이전시기와 마찬가지로 東海道線을 중심으로 이동하였음을 알 수 있다. 다만 시찰지역이나 시찰시설에서는 차이를 보인다. 주로 1920년대까지의 시찰단이 일본의 근대문물과 제도의 우수성을 확인하는 지역과 시설을 중심으로 시찰한 것에 비하여 1930년대에는 이세신궁, 가시하라신궁, 메이지신궁, 桃山御陵 등 일본정신, 곧 황국신민의 의식을 강조하는 지역과 시설을 중심으로 시찰이 이루어지고 있다.

결론적으로 말하면 1930~40년대의 일본시찰단은 전시동원체제와의 밀접한 관련을 맺으면서 파견되었으며 그것은 국체관념을 확고히 함으로써 조선인을 전쟁에 동원하기 위한 수단으로서 기능하였다는 것이다.

〈별첨〉 1930~40년대 일본시찰단 일람

1. 매일신보

| 번호 | 연도 | 시찰단명 | 주최 | 시찰단원 | 시찰지 | 시찰목적 (시찰기간) | 날짜 | 비고 |
|---|---|---|---|---|---|---|---|---|
| 1 | 1930 | 중견인물 실업시찰단 | 함경남도 | | | | 4.23 | |
| 2 | 1930 | 산림조합 시찰단 | 충남 산림조합 | 조합직원 21명 | 別府, 岡山, 鹿兒島, 大津, 吳, 廣島 | 산업발달 (5.21~6.3) | 5.13 | |
| 3 | 1930 | 규슈시찰단 | 전라북도 | 부락개량조합 간부 10명 | 下關, 八幡, 博多, 熊本, 鹿兒島, 大分, 別府, 宇島 | (5.15~25) | 5.13 | |
| 4 | 1930 | 행정시찰단 | 전라남도 | 3명 1조 3개반 | | 일본 府縣의 행정사무 (5.19~) | 5.13 | |
| 5 | 1930 | 창녕군 시찰단 | 창녕군 | 각면 면장 | 규슈일대 | 농사시찰 (6.9~15) | 5.26 | |
| 6 | 1930 | 산업시찰단 (우량면리원 시찰단) | 매일신보 경북지국 | 임태식(의성면서기), 이동진(영일군 신광면서기), 이종태(영천군 청경면서기), 임덕림(김천군 아천면서기), 김봉환(상주군 청리면서기), 김명준(예천군 보문면서기) | 岡山, 大阪, 吳, 廣島(대보영), 宮島, 佐伯郡 河內村, 下關 | (7.6~13) | 6.15 6.28 | 50원 보조 |
| 7 | 1930 | 博多시찰단 | 부산 항우회 | 부협의원, 각신문기자 등 27명 | | (6.21~) | 6.16 6.21 | |
| 8 | 1930 | 임업시찰단 | 조선 | 강병국함부 | 京都, 名古屋, 靑森, 北海 | 임업시찰 | 7.30 | |

| 번호 | 연도 | 시찰단명 | 주최 | 시찰단원 | 시찰지 | 시찰목적<br>(시찰기간) | 날짜 | 비 고 |
|---|---|---|---|---|---|---|---|---|
| 9 | 1930 | 하사시찰단 | 조선총독부 학무국 | 2개반으로 구성, | 道, 日光, 二見, 大阪 | 우량청년, 실업학교 시설<br>(8.3~24) | 8.25<br>8.27 | |
| 10 | 1930 | 사립중등교원 하사시찰단 | 경기도 학무과 | 황원(양정), 박유훈(보성), 장응하(배재), 이일(휘문), 전영□(숙명), 이한철(진명), 유두□(동덕), 최중환(정신), 井上要一 (경성여자기예학교) | 大阪, 東京, 福岡 등 | (10.28~11.20) | 10.26 | |
| 11 | 1930 | 규슈유람단 | 경성일보, 상인천역 | | 下關, 門司, 福岡, 香椎, 博多, 二日市, 熊本, 大分, 別府 | (1.1~6) | 12.7 | 요금 10원 |
| 12 | 1931 | 도서시설 시찰단 | 함경남도 | 최종룡, 이선욱, 강□구, 노흥주, 최상욱(이상 도의원), 최계순김국보, 조문환(이상 면장) | | (3.9~24) | 3.11 | |
| 13 | 1931 | 우량청년 시찰단 | 전라남도 | 송복량, 오동선, 김원직, 한학수, 문제구, 정□식, 최윤환, 서병오, 설병□, 김영한, 오계신, 이종권, 윤우흠, 이수일, 하□일, 김상기, 이승보, 최광부, 정만희, 김후생, 고홍운, 하삼홍, □사택, 向井芳美, 高木古幹野口半 | 下關, 京都, 奈良, 龜山, 宇治, 山田, 名古屋, 日光, 上野, 東京, 濱松, 大阪, 廣島 | (5.26~6.14) | 5.29 | |
| 14 | 1932 | 면시기 시찰단 | 매일신보 경북지국 | 하동구(가창면), 이우영(경주군 학북면), 이승수(청도군 중도면), 하병기(성주군 대가면), 이경□(영주군 순흥면) | 岡山, 京都, 東京, 安城, 名古屋, 大阪 | 모범촌과 가방면 시설 (10.20~29) | 10.21 | |
| 15 | 1934 | 충남면작기 술단시찰단 | 충청남도 | 송가식, 김영배, 조동옥, 이석구, 최동식, 田修동, 이민웅, 정민종, 최동식, 止村 | 오사카 방면 | 면업시설 (3.20~30) | 3.29 | |

| 번호 | 연도 | 시찰단명 | 주최 | 시찰단원 | 시찰지 | 시찰목적 (시찰기간) | 날짜 | 비고 |
|---|---|---|---|---|---|---|---|---|
| 16 | 1934 | 여교원 시찰단 | 이왕직 이경사 기념회 |  |  | (4.20~5.7) | 4.18 |  |
| 17 | 1934 | 내지시찰단 | 경상남도 산업과 축산계 | 5개군에 1군당 1명 |  | 축산기술의 향상 | 5.10 |  |
| 18 | 1934 | 중견인물 시찰단 | 고성군 | 보통학교장, 14개면장 |  | 모범농촌의 상황 및 시설 시찰(6.7~) | 6. 8 |  |
| 19 | 1934 | 면작기 시찰단 | 충청남도 | 면작기 14명 |  | 시찰기간은 1933년부터 1개월로 축소, 대신 인원을 7명에서 14명으로 확대 | 10. 3<br>10. 4 | 1932년부터 시행 |
| 20 | 1934 | 임업시찰단 | 조선 산림회 |  | 규슈 일원 | 산전임업기술습득(12.26~1.2) | 12.13 | 연맥연선이용 |
| 21 | 1935 | 도시행정 시찰단 | 청진부 |  |  |  | 4.20<br>8.16 |  |
| 22 | 1935 | 내지시찰단 | 평안북도 | 홍제□, 김□□, 김우락, 강은현, 장상우, 전시환, 김□제, 이헌풍, 김□제 | 秋田, 愛知, 兵庫, 東京 | 농촌개생자료의 습득(10.2~22) | 9.27 |  |
| 23 | 1935 | 상공시찰단 | 매일신보 |  |  |  | 10. 8 |  |
| 24 | 1936 | 도의원 내지시찰단 | 충청북도 | 原田, 原口, 류화수, 이상훈, 이명구, 立野, 松木, 정병희, 안등, 신등제 | 山形, 秋田, 青森, 宮城, 新潟 등 | (5.11~30) | 5.14 | 동경에서 해산 |

| 번호 | 연도 | 시찰단명 | 주최 | 시찰단원 | 시찰지 | 시찰목적 (시찰기간) | 날짜 | 비 고 |
|---|---|---|---|---|---|---|---|---|
| 25 | 1936 | 내지시찰단 | 남해군 | 면장 및 면협의원 등 12명 | 福岡, 愛知, 兵庫, 滋賀, 奈良, 東京, 大阪, 京都 | 지방행정 및 문물제도 시찰 (5.6~) | 5.14 | |
| 26 | 1937 | 중소상공업자시찰단 | 경성부 | | 廣島, 京都, 名古屋, 東京 | 과학적 경영의 습득(5.1~10) | 4.29 | |
| 27 | 1938 | 내지시찰단 | 경기도 | 조병상, 김현준, 이란구, 김□준 | 東京, 岡山, 名古屋 | 산업상황시찰 | 4.3 4.13 4.17 | |
| 28 | 1938 | 초등교원시찰단 | 경기도 학무과 | 공립교원 10명, 사립교원 5명 | | 사립학교 소질 향상 | 5.14 | 여비보조 |
| 29 | 1938 | 청년단원시찰단 | 경기도 | 청년단원 20명 | 東京, 大阪, 규슈 | 신궁참배 | 5.28 | |
| 30 | 1938 | 철공업자도시시찰단 | 경기도 | 철공업자 15명 | 吳, 高知, 大阪, 名古屋 | 군수품공업 시찰(5.11~21) | 6.14 | |
| 31 | 1938 | 이세신궁참배단 | 인천신사 | 청년단 대표 10명 | | (7.28~8.7) | 7.27 | |
| 32 | 1939 | 승려시찰단 | 강원도 | 승려 10명 | | 20일간 | 3.19 | 170원 보조 |
| 33 | 1939 | 금융조합원시찰단 | 강원도 | 금융조합원 10명 | | 우량산업시찰 (5.8~28) | 5.5 | |
| 34 | 1939 | 소학교교원하사시찰단 | 경성부 | 공립교사 12명, 사립교사 5명 | 大阪, 奈良, 二見, 橫濱, 京都 | 학사시찰 (6.22~7.7) | 6.18 | |
| 35 | 1939 | 도시행정시찰단 | 경성부 | 경성부회의원 18명 | 神戸, 大阪, 京都, 奈良, 名古屋, 東京, 伊勢神宮, 仙臺 | 행정시찰 (9.24~) | 9.21 | |

| 번호 | 연도 | 시찰단명 | 주최 | 시찰단원 | 시찰지 | 시찰목적 (시찰기간) | 날짜 | 비 고 |
|---|---|---|---|---|---|---|---|---|
| 36 | 1939 | 사상전향자 시찰단 | 강원도 경찰부 | 통진, 고성의 전향자 20명 | | 일본 국내에 대한 인식과 보다 활발한 활동 촉구 | 9.26 | |
| 37 | 1939 | 정총대 시찰단 | 경성부 | | 大阪, 京都, 廣島, 明治神宮, 伊勢神宮, 多摩御陵, 桃山御陵, 協和會 | 도시행정시찰 | 9.30 | |
| 38 | 1940 | 성지참배단 | 일본 여행협회 조선지부 | 312명 출발, 향후 311명 출발 예정 | | | 2.20 | 87개단체, 황기 2600년 기념 |
| 39 | 1941 | 미곡증산 시찰단 | 경상남도 | 쿠키川, 古賀, 七浦, 기포 등 7명의 기수 | 滋賀, 愛知, 靜岡, 新奈川, 埼玉, 宮城, 岩手, 青森, 佐賀, 熊本鹿兒島 | 미곡증산개발실 시상황 시찰 (2.16~25) | 2.17 | |
| 40 | 1941 | 부인지도자 농촌시찰단 | 조선 총독부 | 부인지도원 160명 | | 부인지도자들의 소질 향상과 활동 촉진 | 3.12 | |
| 41 | 1941 | 성지참배단 | 매일 신보사 | 국민총력 조선연맹 간부 및 부락 이사장 26명, 단장 □田, 부단장 홍순복 | 伊勢神宮, 橿原神宮, 桃山御陵, 濫朝宮, 大阪師團司令部, 鶴崎練兵廠, 住吉神社 | 국제관남과 향도 정신 강화, 고도 국방국가건설정 신대 라오 (5,21~) | 5.22 | 경비는 매일신보 시가 부담 |
| 42 | 1941 | 아마증산 시찰단 | 평안남도 | | 北海道 | 군수용품인 아마의 재배 증산 촉진 | 6.13 7. 3 | |

| 번호 | 연도 | 시찰단명 | 주최 | 시 찰 단 원 | 시 찰 지 | 시찰목적<br>(시찰기간) | 날짜 | 비 고 |
|---|---|---|---|---|---|---|---|---|
| 43 | 1941 | 중견부인성지참배단 | | | | | 10.17 | |
| 44 | 1941 | 유림성지참배단 | | | 桃山御陵, 乃木神社, 平安神宮, 橿原神宮, 神武天皇御陵, 春日大社 | (10.17~11.4) | 10.19<br>10.22 | |
| 45 | 1942 | 정총대시찰단 | 경성부 | | 神戸, 大阪, 京都, 奈良, 東京 | 隣組의 활동상황 및 익찬운동 시찰(2.14~3.5) | 2.14 | |
| 46 | 1942 | 교육자성지참배단 | 조선교육회 경기도지부 | 초등학교 교원 12명 | 橿原神宮, 皇大神宮, 熱田神宮, 明治神宮, 宮城, 靖國神社, 桃山御陵 | (9.18~29) | 8.26 | |
| 47 | 1942 | 중견유림성지참배단 | | 15명 | 伊勢神宮, 住吉神社, 鶴橋隣保館, 出雲大社 | (11.10~29) | 11.21 | |
| 48 | 1943 | 조선문화대표단시찰단 | | | 유진오, 최재서, 무지치, 가메모리(김존옹) | 대동아문학자대회 출석 | 9. 6 | |
| 49 | 1943 | 전선청년단지도자내지성적참배 겸 우량청년단시찰단 | 조선총독부육성과 | 청년단 지도자와 우수단원 25명(각 도당 2명) | 橿原神宮, 皇大神宮, 내일본청소년단, 각지 청년 학교 | (2.27~3.10) | 2.12<br>2.27 | |

2. 조선일보

| 번호 | 연도 | 시찰단명 | 주최 | 시찰단원 | 시찰지 | 시찰목적(시찰기간) | 날짜 | 비고 |
|---|---|---|---|---|---|---|---|---|
| 1 | 1932 | 예술좌 시찰단 | 예술좌 | 이사방, 김□메, 하지□, 장진, 김점, 김□조, 신카나리아, 고용군, 한음, 핫다사, 김선랑 외 | | 외국의 희곡 및 조선희곡을 소개(3.2~) | 3. 1 | |
| | 1933 | 부인원 시찰단 | 경성부 | 6명 | 東京, 大阪 | 모범도시 시찰(5.26~6.7) | 6.21 | 1인당 250원 보조, 매년 3000원 예산 책정 |
| 2 | 1935 | 제1회 산업시찰단 | 조선 일보사 | 상업가, 사업회사 간부, 공장경영자, 농수산업자 신입자 30인 이내 | 京都, 福井, 金澤, 光, 東京, 橫濱, 奈良, 神戶, 別府, 八幡 | 일본의 상공업 현상 시찰(4.27~5.13) | 3.10 3.26 | 회비 248원 |
| 3 | 1936 | 제2회 산업시찰단 | 조선 일보사 | 陳俊相, 洪性欽, 閔丙世, 黃利善, 李東奎 金龍宗, 朴厚榮, 朴容灝 | 博多, 阿蘇山, 別府, 神戶, 大阪, 奈良, 名古屋, 東京, 日光, 京都, 吳, 宮島 | (4.24~5.13) | 4.24 5.14 5.16 | |
| 4 | 1936 | 부인원 시찰단 | 경성부 | 杉市郎平, 한만희, 菅總治, 關根金作, 加藤好晴, 朴勝城, 大梅健治, 古城龜之助 외, 조병상, 한상 □ | 大阪, 京都, 名古屋, 橫濱, 東京 | 도시문제회의(京都) 참석 및 도시 시설조사 | 10. 3 10.10 | |

| 번호 | 연도 | 시찰단명 | 주최 | 시찰단원 | 시찰지 | 시찰목적 (시찰기간) | 날짜 | 비 고 |
|---|---|---|---|---|---|---|---|---|
| 5 | 1936 | 초등교원 하사시찰단 | 경성부 | | 廣島, 大阪, 宇治山田, 東京, 橫濱, 橫須賀, 京都, 松江, 大社 | (10.10~25) 하사시찰 (10.26~11.11) | 10.22 | |
| 6 | 1936 | 우량농촌 시찰단 | 양주군 | 면장 및 면서기 20명 | | 우량농촌시찰 (10.29~11.11) | 10.31 | |
| 7 | 1937 | 부의원 산업시찰단 | 경성부 | 李昌業, 南條晟晃, 木田建義, 上原誠治, 間島梅吉, 芮薰洙, 賓諸彌七 | 別府, 高松, 高知, 大阪, 名古屋, 東京 | (4.7~22) | 4. 3 | |
| 8 | 1937 | 상공업자 시찰단 | 경성부 | 상공업자 25명 | 廣島, 京都, 名古屋, 東京 | (5.1~10) | 4.29 | |
| 9 | 1937 | 하사시찰단 | 경기도 | 사립중등교원 10명 | | (11.11~12.1) | 11.14 | |
| 10 | 1937 | 하사시찰단 | 경기도 | 보통학교 졸업생지도학교 교원 10명 | | (11.14~12.4) | 11.14 | |
| 11 | 1938 | 도의원 산업시찰단 | 경기도 | 조병상, 김현준, 이동구, 김태준 | | | 4. 6 | |
| 12 | 1938 | 도시시찰단 | 경성부 | 부의원 | | | 4.17 | |
| 13 | 1938 | 도시시찰단 | 광양군 | 면장 9명 | | (5.3~15) | 5.17 | |
| 14 | 1938 | 경북유림단 시찰단 | | 34명 | | (5.17~27) | 5.18 6. 1 | 경북각지에서 강연 |

| 번호 | 연도 | 시찰단명 | 주최 | 시찰단원 | 시찰지 | 시찰목적(시찰기간) | 날짜 | 비고 |
|---|---|---|---|---|---|---|---|---|
| 15 | 1938 | 부의원 시찰단 | 인천부 | 장광순, 김태성, 김口섭, 伴康備, 向井最一 | | 도시계획자료 조사(6.6~26) | 6.5 | |
| 16 | 1938 | 일본시찰단 | 충남도 교육회 | | | (8.1~10) | 8.12 | |
| 17 | 1938 | 방호단원 시찰단 | | 森高源口, 홍우완, 임종순, 野必清成, 若松重義, 永倉定吉, 佐倉定吉, 杉本喜太郎, 原井口, 藤村忠助, 廣口德太郎, 湯山清一, 小田圭次郎, 李鶴洙, 野尻源三(이상 단원), 丸井彌十一, 趙南燮, 金壽篆(이상 동행자) | 博多, 久留米, 大分 | 방공시설 및 연습 견학(9.29~) | 9.30 | |
| 18 | 1938 | 면장시찰단 | 서산군 | 면장 20명 | 남조선 각지연선, 廣島, 京都, 愛知, 埼玉 각지 연선 | 서산군의 산업 학습(9.2~12) | 10.4 | |
| 19 | 1938 | 체신리원 시찰단 | 체신국 | 고등관 2명 | 우편국 시찰 | 전시체제에 맞추어 신진용을 구축 | 11.17 | |
| 20 | 1939 | 경충대 시찰단 | | 方夏榮(경충대), 朴載珪, 朱德鍾(이상 역) | 東京, 日光, 新潟, 京都, 良, 京都, 別府, 祭 | 도시문화시설과 정회 시찰(1.7~21) | 1.26 | |
| 21 | 1939 | 철공업자 | 경성부 | 철공업자 중 군수품 再請負 희망자 14명 | 門口, 小倉, 佐世保, 吳, | | 3.25 | |

| 번호 | 연도 | 시찰단명 | 주최 | 시찰단원 | 시 찰 지 | 시찰목적 (시찰기간) | 날짜 | 비 고 |
|---|---|---|---|---|---|---|---|---|
| | | 시찰단 | | | 阪神, 大阪(5.1~12) | | | |
| 22 | 1939 | 麥麥米協會 視察團 | 麥麥米協會 | 회원 일동 | 阪神, 名古屋, 東京 5.7~21 | 조선미의 일본진 출상황 및 신품 종의 선전, 일본 내의 쌀 작황 조 사 | 5. 7 | |
| 23 | 1939 | 지원병 시찰단 | | 지원병훈련생 200명 | 東京, 大阪 등 주요 도시 | 이세신궁 참배와 천황 알현 | 5.28 | |
| 24 | 1939 | 사상전향자 시찰단 | 양양 경찰서 | 전향자 김대봉 외 10인, 유지 12명 | 東京, 大阪 등 주요 도 시 및 궁성, 신사 | (6.7~22) | 6. 1 | 사상보국연맹 함흥 지부에서 500원 보 조, 강원신사 확장 공사에 2시간에 걸쳐 보국활동 |
| 25 | 1939 | 청년시찰단 | 경기도 | 조상원, 김영철, 고창영, 이□른, 안정수, 신현□, 홍종표, 민병□, 박노순, 양호식, 이재모, 임□□ | 천순강림의 유적, 이 세신궁, 새신궁 | 국체관념 교취 (6.12~26) | 6. 7 | |
| 26 | 1939 | 초등교원 학사시찰단 | 경성부 | 남교원:野中□之助, 정병□, 홍순홍, 윤□ 섭, 이기택, 문선범, 김철기, 노제익, 김영 순, 강진하, 곽동수, 오배동 | 別府, 廣島, 大阪, 京 都, 二見, 奈良, 東京, 名古 屋, | 각 도시의 학사 시찰 여교원(6.19 ~7.4), 남교원 (6.22~7.7) | 6.17 | |

| 번호 | 연도 | 시찰단명 | 주최 | 시찰단원 | 시찰지 | 시찰목적<br>(시찰기간) | 날짜 | 비 고 |
|---|---|---|---|---|---|---|---|---|
| 27 | 1939 | 도의원 시찰단 | 평안북도 | 최정준, 安井支兵橋, 이안제, 조상진, 오현욱, 백□□, 장용관, 장□남 | 北陸, 奥羽, 北海道 | 농촌과 도시 시찰(9.23~10.13) | 9.15 | 인원 제한 관계로 주최에 의해 결정 |
| 28 | 1939 | 부의원 시찰단 | 경성부 |  |  | (9.24~) | 9.28 |  |
| 29 | 1939 | 정총대 시찰단 | 경성부 | 神崎此助, 송창원, □山頃吉, 三浦志郎, 拷水彦五郎, 강영□, 강지환, 심위덕, 김엉기정□, 신□덕, 제□석, 박인덕 | 東京, 大阪, 廣島 | 우량정회의 활동 시찰 | 9.30<br>10.25 |  |
| 30 | 1939 | 사상보국 연맹원 및 방공단원 시찰단 | 강릉 경찰서 | 사상관제자 12명, 방공단원 14명 | 大阪, 名古屋, 東京, 九州 南部 | (10.10~28) | 10.11 |  |
| 31 | 1939 | 경방단 시찰단 | 강원도 경방단 | 소방수시대에 공적이 있고 성적이 우량한 자 26명 |  | 신사참배, 선진 시정 시찰 | 10.19 |  |
| 32 | 1939 | 내지우량 정회시찰단 | 경성부 | 神崎此助, □山暗吉, 李信龜, 宇昌源, 麦永皓, 鄭鑵, 文基玉, 蔡聖錫, 宋昌派, 三浦志郎, 守展武夫, 姜志道, 申慶德, 朴仁德, 金武基, 金永基, 金鐘盆, 眞子文作 | 宮島, 廣島, 山田, 京都, 名古屋, 東京 | 우량 정회 견학 (10.25~11.9) | 10.25 |  |
| 33 | 1939 | 지인병 시찰단 |  | 지원병훈련생 300명(京都) 지인병 1반, 2반(神戶) | 京都, 大阪(사업소, 조폐국, 조선청년교공회) | 중후보국의 상항 및 신사참배1반 | 11. 1<br>11.11 | 3개반으로 조직 |

| 번호 | 연도 | 시찰단명 | 주최 | 시찰단원 | 시찰지 | 시찰목적<br>(시찰기간) | 날짜 | 비 고 |
|---|---|---|---|---|---|---|---|---|
| 34 | 1939 | 사상보국연 맹시찰단 | | 사상보국연맹원 40명 | 인과 회동, 熊谷部隊, 神戸 中部防衛司令部 | (11.2~) 2반과 3반(11.3~) | 11. 6 | |
| 35 | 1939 | 사립중학 교장시찰단 | 경기도 학무국 | 사립중등학교장 10명 | 東京 일대 | (11.9~23) | 11. 9 | |
| 36 | 1939 | 농사시찰단 | 강원도 | 농사지도자와 관계자 5명 | 下關, 大阪, 名古屋 | (11.28~) | 11.29 | 내지반과 3개의 조 선반 |
| 37 | 1940 | 경관시찰단 | 전라남도 경무과 | 조선인 순사 22명, 일본인 순사 9명 | | 일본의 문화시설 과 순사들의 근무 상황 시찰 (3.2~14) | 1.23 | |
| 38 | 1940 | 일본시찰단 | 순천 경찰서, 충청 경찰서 | 사상전향자, 종교관계자 및 유력자 14명 | 東京, 京都, 大阪 | | 1.23 | |
| 39 | 1940 | 협화회 시찰단 | 조선 총독부 | 경기도 이남의 철도의 사회자 직원, 경찰 부원, 부산도항사무소 직원 등 17명 | 博多, 大阪, 奈良, 京都, 名古屋, 橫濱, 京, 二見, 撫持寺, 東 | | 3.13 | 중앙협화회의 요청 에 의해 조선총독 부가 파견 |

| 번호 | 연도 | 시찰단명 | 주최 | 시 찰 단 원 | 시 찰 지 | 시찰목적 (시찰기간) | 날짜 | 비 고 |
|---|---|---|---|---|---|---|---|---|
| 40 | 1940 | 부의원 시찰단 | 경성부 | 부의원 9명 | | 도시시설 시찰 | 4. 7 | 봄, 가을로 나누어 시찰 |
| 41 | 1940 | 우량촌 시찰단 | 충청북도 | 박도희, 오희창, 조관구, □內武一, | | 신사참배, 농촌 시찰 | 5. 9 | |
| 42 | 1940 | 교원시찰단 | 충청북도 | 田中學, 宮□熊之助, 정기□, 김하동, 노등우, 이태희 | | 교육시설 시찰 (6.10~24) | 5.23 | |
| 43 | 1940 | 불교시찰단 | 강원도 사회과 | 柳物奎, 심원태, 전문모, 김□승, 최명을, 김용흡, 김□오 | | 불교의 전종 도모(5.30~6. 15) | 5.26 | |
| 44 | 1940 | 임업시찰단 | 충청남도 산림회 | | 廣島, 大阪, 京都, 奈良, 和歌山, 東京 | (6.15~26) | 6.18 | |

* 날짜는 기사가 게재된 날짜임.

## 3. 동아일보

| 번호 | 연도 | 시찰단명 | 주최 | 시찰단원 | 시찰지 | 시찰목적 (시찰기간) | 날짜 | 비고 |
|---|---|---|---|---|---|---|---|---|
| 1 | 1930 | 중등교원 하사시찰단 | 경성부 | | 東京, 京都 등 | (10.22~11.6) | 10.22 | |
| 2 | 1930 | 중등교원 시찰단 | 경기도 학무국 | 사립중등교원 10여명 | | (10.28~11.20) | 10.26 | |
| 3 | 1930 | 부회의원 시찰단 | 경성부 | | | 조기, 위생, 도시 시설 등 시찰 | 10.31 | |
| 4 | 1930 | 졸업생지도 교교장 시찰단 | 경기도 학무과 | 졸업생지도학교교장 11명 | | 청년단, 산업조합, 보습학교 등 시찰 (11.13~12.6) | 11. 6 | |
| 5 | 1931 | 상공시찰단 | 대구상공 회의소 | 조선상공업자 20명 | 東京, 大阪, 京都, 名古屋, 神戶, 日光, 廣島, 相牛 | 일본상공지 시찰 | 3.31 | |
| 6 | 1931 | 예산시찰단 | 동아일보 예산지국 | | 下關, 廣島, 神戶, 大阪, 京都, 名古屋, 奈良, 東京, 橫濱, 日光, 福岡, 부산, 대구, 경주 | (10.10~22) | 9.10 | 여비 50원 |

| 번호 | 연도 | 시찰단명 | 주최 | 시찰단원 | 시찰지 | 시찰목적 (시찰기간) | 날짜 | 비고 |
|---|---|---|---|---|---|---|---|---|
| 7 | 1931 | 교화단체 시찰단 | 경기도 | 교화단체 지도자 18명 | | 우량갱생촌과 교화시설 시찰 (10.7~24) | 9.26 | |
| 8 | 1932 | 독농가 시찰단 | 조선농회 | 경기, 강원, 함남, 충남 각 1명 | | 산업조합, 과수재배법, 부업장려, 항 시설 | 2.24 | 여비 보조 |
| 9 | 1932 | 예술좌 시찰단 | | | | | 4.16 | |
| 10 | 1932 | 부회의원 시찰단 | 경성부 | | | | 5. 8 | 일부 반대로 중지 |
| 11 | 1932 | 규슈시찰단 | 시흥 군농회 | 면리원과 지방독농가 22명 | | (6.7~) | 6. 9 | |
| 12 | 1933 | 규슈일주단 | 신태인역 | | 別府, 阿蘇山, 熊本博覽會 등 | (3.23~4.1) | 3.15 3.29 | 여비 58원, 부인군 후원 |
| 13 | 1933 | 의료계 시찰단 | 대구 동산병원 | 김용식, 조경규 | | (1.29~) | 2. 2 | |
| 14 | 1934 | 別府견학단 | 철원역 | | | (2.16~22) | 2.10 | |
| 15 | 1935 | 도시시찰단 | 철진부 | | 경성, 대구, 부산, 下關 | (9.3~) | 8.17 | |

| 번호 | 연도 | 시찰단명 | 주최 | 시찰단원 | 시찰지 | 시찰목적 (시찰기간) | 날짜 | 비고 |
|---|---|---|---|---|---|---|---|---|
| 16 | 1936 | 부의원 시찰단 | 진남포부 | | 門司, 小倉, 大阪, 神戶, 奈良, 伊勢, 京都, 名古屋, 東京, 橫濱, 日光 | | 5.29 | 시찰계획 중 野田의 원의 조선인 차별행위로 조선인 부의원이 퇴기 |
| 17 | 1937 | 초등교원 시찰단 | 경성부 학무과 | 공사립 초등교원 13명 | | 일본의 교육상황, 문화발전, 지방시설 시찰 | 6. 5 | |
| 18 | 1937 | 부의원 시찰단 | 경성부 | 부의원 10명 | 松江, 京都, 金澤, 新潟, 秋田, 靑森, 仙臺, 東京 | 일본도시의 토목, 수도, 교육, 권업, 사회사업 시설 (10.10~23) | 10.8 | |
| 19 | 1937 | 교원시찰단 | 경기도 | 사립중등학교 교원 10명 | | (11.11~25) | 11.14 | |
| 20 | 1937 | 교원시찰단 | 경기도 | 졸업생지도학교 교원 10명 | | (11.14~28) | 11.14 | |
| 21 | 1938 | 부의원 시찰단 | 경기도 | 김현조, 이□구, 김□배 | | 경기도의 산업발달 (4.28~5.11) | 4.29 | |

| 번호 | 연도 | 시찰단명 | 주최 | 시찰단원 | 시찰지 | 시찰목적 (시찰기간) | 날짜 | 비고 |
|---|---|---|---|---|---|---|---|---|
| 22 | 1938 | 철공업자 시찰단 | 경성부 | 군수품 하청업 희망자 15명 | 吳, 高知, 大阪, 名古屋 | (5.10~20) | 5. 5 | 선자비와 숙박료 전액 보조 |
| 23 | 1938 | 청년시찰단 | 경기도 | 우량청년단원 15명, 소학교원 3명 | 九州, 大阪, 伊勢, 東京 | 청년단 활동과 문화시설 시찰 | 5.28 | |
| 24 | 1938 | 초등교원 신궁참배단 | 경성부 | 공립초등학교 교원 20명 | 伊勢神宮, 宮城遙拜, 明治神宮, 靖國神社, 乃木神社, 桃山御陵, 平安神宮, 神武天皇御陵, 橿原神宮, 湊川神社, 廣島大本營蹟 | 경신숭조의 사상과 광원참우의 신념의 감회케 하여 교육보국에 매진하게 함 (6.5~7.3) | 6.25 | |
| 25 | 1938 | 지원병 훈련생 신궁참배단 | | 육군지원병 제1기생 201명 | 皇大神宮, 豊受大神宮, 京都, 大阪, 神戶 | 국체명징, 정신 수조(11.7~13) | 11. 7 | |
| 26 | 1938 | 체신국원 시찰단 | 체신국 | 교등관 2명, 판임관 8명 | 東京, 大阪, 廣島, 名古屋, 熊本, 神戶, 京都, 岡山, 松山 등 | 통신사항의 운영 상황, 시구인식의 정신 진작 | 11.17 | |
| 27 | 1938 | 교육자 신궁참배단 | 경기도 교육회 | 교육자 20명 | 伊勢神宮, 橿原神宮, 桃山御陵 | 국체명징과 국민정신의 체득 | 12.20 | |

| 번호 | 연도 | 시찰단명 | 주최 | 시찰단원 | 시찰지 | 시찰목적<br>(시찰기간) | 날짜 | 비고 |
|---|---|---|---|---|---|---|---|---|
| 28 | 1939 | 경찰<br>신궁참배단 | 경기도<br>경찰부 | 모범경찰관 31명(25개 경찰서 각 1명, 개<br>성, 인천 각 3명) | 伊勢神宮, 橿原神宮, 東<br>京, 大阪, 奈良, 日光 | 국제명정과 황군<br>정신의 앙양 | 1.19 | |
| 29 | 1939 | 체신국원<br>신궁참배단 | 체신국 | 모범체신종업원 60명 | 伊勢神宮, 橿原神宮,<br>出雲大社, 京都, 大阪 | 국제명정과 일본<br>정신의 앙양 | 2.24 | |
| 30 | 1930 | 수산시찰단 | 조선수산<br>신문사 | 어업조합 이사 | | (5.4〜) | 4.18 | 신청금 35원, 강원<br>도에서 선발 |
| 31 | 1939 | 실업시찰단 | 경성부 | 15명 | 廣島, 大阪, 京都, 名<br>古屋, 東京 | (4.25) | 4.19 | |
| 32 | 1939 | 상공시찰단 | 경성도매<br>상연합회 | 수당직원 24명 | | 신궁참배, 근문<br>봉사(7.20〜28) | 7.21 | |
| 33 | 1939 | 부의원<br>시찰단 | 경성부 | 부의원 17명 | 神戸, 大阪, 京都, 奈<br>良, 伊勢, 名古屋 | 선진도시 시찰<br>(9.24〜10.8) | 9.21 | |
| 34 | 1939 | 부의원<br>시찰단 | 인천부 | 부의원 8명 | | 선진도시 시찰<br>(10.3〜) | 10. 5 | |
| 35 | 1939 | 소학교장<br>시찰단 | | 평남 13개교 교장 13명 | 九州, 大阪, 名古屋,<br>東京 | 일본의 교육상황<br>시찰(10. 12〜26) | 10.14 | |

| 번호 | 연도 | 시찰단명 | 주최 | 시 찰 단 원 | 시찰지 | 시찰목적 (시찰기간) | 날짜 | 비고 |
|---|---|---|---|---|---|---|---|---|
| 36 | 1939 | 지원병 시찰단 | | | | 총후보국의 상황 시찰 및 신사참배 | 11. 3 | 3개반으로 조직 |
| 37 | 1939 | 중등교장 시찰단 | 경기도 학무과 | ス-임중등학교장 10명 | | | 11. 9 | |
| 38 | 1939 | 소학생 신궁참배단 | | 안동군내 소학교 상급생 26명 | | (11.28~) | 11.30 | |
| 39 | 1940 | 방공시찰단 | 조선 방공협회 중남지부 | | | (2.9~22) | 1.30 | 실비 지원 |
| 40 | 1940 | 성지참배단 | 조선철도 국 각역 | | | | 1.18 2.18 2.20 | 제패 투어리스트 뷰 로에서 취급, 300명 이상 출발 |
| 41 | 1940 | 철도원신궁 참배단 | 조선 철도국 | 50명 | 都島神宮, 伊勢神宮, 橿原神宮, 宮崎神宮, 明治神宮, 桃山御陵 | 황도정신 앙양, 1 반(2.6~), 2반(2.9~) | 2. 6 | 황기 2600년 기념 사업 |
| 42 | 1940 | 경성신 궁참배단 | 경성 관광협회 | | | | 2.16 | 황기 2600년 기념 사업 |

| 번호 | 연도 | 시찰단명 | 주최 | 시찰단원 | * | 시찰지 | 시찰목적 (시찰기간) | 날짜 | 비고 |
|---|---|---|---|---|---|---|---|---|---|
| 43 | 1940 | 소학생 신궁참배단 | 충청남도 | 각군당 2명 | | 伊勢神宮 | 국체명징, 내선일제정신의 앙양 | 2.22 | 황기 2600년 기념사업 |
| 44 | 1940 | 경찰신궁참배단 | 경기도 | 36명 | | 伊勢神宮, 橿原神宮, 明治神宮 | 일본정신 체득 (3.7~) | 3. 9 | |
| 45 | 1940 | 협화회 시찰단 | | 남조선 7도의 관계자 17명 | | 下關, 福岡, 名古屋, 京都, 橫濱, 東京 | (3.14~23) | 3.13 | 동경에서 해산 |
| 46 | 1940 | 농업보국 청년대 | 조선총독부 농림국 | 각도 농민훈련소 수료생 125명 | | 佐賀, 大分, 宮崎, 熊本 | 일본농촌 일손돕기(6.10~7.10) | 3.21 5.13 | 농촌훈련소생 시찰단? |
| 47 | 1940 | 임업시찰단 | 충남 산림회 | 임업직원 및 애림잠농성적 우수자 35명 | | 京都, 大阪, 奈良, 和歌山, 東京 | 조림에 대한 모든 방식 시찰 (6.15~29) | 6.18 | |
| 48 | 1940 | 작문시찰단 | 일본 여행협회 조선지부 | 조선인과 일본인 소학교 6년생 | | | 신궁참배(7월 하순~8월 상순) | 7.1 | |

* 날짜는 기사가 게재된 날짜임.

# 참고문헌

## 신문·잡지

『獨立新聞』『조선일보』『동아일보』『매일신보』『京城日報』『조선중앙일보』『중외일보』『부산일보』『大阪朝日新聞』『시대일보』『慶北佛敎』『佛敎時報』『Chicago Daily News』『朝鮮公論』『朝鮮』『朝鮮及滿洲』『文化朝鮮』『朝光』『文敎の朝鮮』『佛敎』『朝鮮佛敎』『금강전』『朝鮮佛敎叢報』『儒道』『朝鮮佛敎叢報』『齋藤實文書』『朝鮮總督府施政年報』『朝鮮總督府官報』『朝鮮社會事業』『朝鮮彙報』『情報彙纂』『ツーリスト』『朝鮮鐵道協會會報』『朝鮮鐵道協會會誌』『活動寫眞界』『旅』『觀光朝鮮』『文化朝鮮』『朝鮮の自動車』『別乾坤』

## 단행본

朝鮮總督府鐵道局, 1902, 『朝鮮鐵道線路案內』.

廣安眞隨, 1903, 『淨土宗開敎誌』, 淨土宗傳道會.

『釜山案內誌』, 1906, 日韓商品博覽會協贊會.

朴基順, 1910, 『觀光略記』.

경상북도, 1911, 『內地視察日記』.

박영철, 1913, 『內地觀光略記』.

THE IMPERIAL JAPANESE GOVERNMENT RAILWAYS, 『An Official Guide to Eastern Asia』Vol.1, PREFACE, 1913.

동양척식주식회사, 1914, 『大正2年(1913) 秋期 朝鮮人內地視察記』.

1916, 『鮮滿觀光旅程』, 南滿洲鐵道株式會社運輸部營業課.

『ジャパンツーリストビューロー大正5年度事業報告』.(발행년도 불명)

『ジャパンツーリストビューロー大正6年度事業報告』.(발행년도 불명)

京城府, 1917, 『京城府南山公園設計案』.

1918, 『朝鮮鐵道旅行案內』, 南滿洲鐵道株式會社 京城管理局.

1921, 『朝鮮に於ける新施政』, 조선총독부.

1922, 『施政に關する諭告·訓示竝演述』, 朝鮮研究會.

『施政關諭告·訓示竝演說』(1919~1922), 朝鮮總督府.(발행년도 불명)

朝鮮開敎監督部, 1927, 『朝鮮開敎50年誌』, 大谷派本願寺朝鮮開敎監督部.

조선총독부경무국, 1928, 『乘合自動車運轉狀況』, 조선총독부.

조선총독부철도국, 1929, 『京城』.

조선총독부철도국, 1929, 『釜山』.

경상북도, 1930, 『慶尙北道社會事業要覽』.

新井堯爾, 1931, 『觀光の日本と將來』, 觀光事業研究會.

北川淸之助 편, 1934, 『李王家御慶事記念會主催 女敎員內地學事視察報告』.

1934, 『朝鮮旅行案內記』, 朝鮮總督府鐵道局.

京城帝國大學 法文學部 經濟研究室編, 1935, 『朝鮮彙報 分類 總目錄』.

1936, 『ビューロー讀本』, ジャパンツーリストビューロー(日本旅行協會).

1937, 『回顧錄』, 社團法人ジャパン·ツーリスト·ビューロー(日本旅行協會).

1938, 『內地都市產業視察報告』, 京城府.

1939, 『案內所實務』, ジャパン·ツーリスト·ビュ-ロ-(日本旅行協會).

金剛山電氣鐵道株式會社, 1939, 『金剛山電氣鐵道株式會社20年史』.

國際觀光局, 1940, 『觀光事業十年の回顧』.

朝鮮儒道會聯合會, 1942, 『朝鮮儒林聖地巡拜記』.

조선총독부, 1942, 『朝鮮事情』.

國民總力朝鮮聯盟, 1943, 『國民總力運動要覽』.

日本交通公社, 1962, 『50年史』.

宇垣一成, 1968~1971, 『宇垣一成日記』(1, 2, 3), みすず書房.

額田垣, 1973, 『秘錄宇垣一成』, 芙蓉書房.

김규환, 1978, 『일제의 대한언론·선전정책』, 이우출판사.

鮮交會, 1981, 『朝鮮交通回顧錄』, 三元社.

日本交通公社, 1982, 『日本交通公社70年史』.

피터두으스 저, 김용덕 역, 1983, 『일본근대사』, 지식산업사.

강동진, 1984, 『日帝의 韓國侵略政策史』, 한길사.

奈良本辰也, 高野澄, 1986, 『京都の謎』, 祥伝社.

金贊汀, 1988, 『關釜連絡船 海峽を渡った朝鮮人』, 朝日選書.

韓晳曦, 1988, 『日本の朝鮮支配と宗敎政策』, 未來社.

井上淸 저, 서동만 역, 1989, 『일본의 역사』, 이론과 실천.

이연, 1993, 『일제하의 조선중앙정보위원회의 역할 – 정보선전과 언론정책을 중심으로 – 』, 서강대학교 언론문화연구소.

고유섭, 1993, 『高裕燮全集』 4, 東方文化社.

鄭珖鎬, 1994, 『近代韓日佛敎關係史硏究 – 日本의 植民地政策과 關聯하여 – 』, 인하대학교출판부.

손정목, 1995, 『日帝强占期都市社會相硏究』, 일지사.

本城靖久, 1996, 『トーマスクックの旅 – 近代ツーリズムの誕生』, 講談社.

吉見俊哉, 2000, 『博覽會の政治學』, 中公新書.

국사편찬위원회, 2001, 『한국사』 50.

有山輝雄, 2002, 『海外觀光旅行の誕生』, 吉川弘文館.

吉見俊哉 外, 2002, 『擴大するモダニティ』, 岩波書店.

曾山毅, 2003, 『植民地臺灣と近代ツ-リズム』, 靑弓社.

李良姬, 2004, 『金剛山觀光の文化人類學的硏究』, 廣島大學 博士學位 論文.

닝왕 지음, 이진형·최석호 옮김, 2004, 『관광과 근대성』, 일신사.

권혁희, 2005, 『조선에서 온 사진엽서』, 민음사.

박선미, 2007, 『근대여성 제국을 거쳐 조선으로 회유하다』, 창비.

山下晋司編, 2007, 『觀光文化學』, 新曜社.

曾山毅, 2003, 『植民地台湾と近代ツ—リズム』, 靑弓社.

太田秀春, 2008, 『近代の古蹟空間と日朝關係』, 淸文堂.

국사편찬위원회 편, 2008, 『여행과 관광으로 본 근대』, 두산동아.

『인천의 긴요문제(1932)』, 2006, 인천대학교 인천학연구원.

小林健, 2009, 『日本初の海外觀光旅行』, 春風社.

『過去一年間に於けるジャパンツ—リスト—ビューロ—』(발행처, 발행년도 불명).

국제관광국, 『觀光講話資料』(발행년도 불명)

## 논문

關寬治, 1965, 「大陸外交の危機と三月事件」 『近代日本の政治指導』, 東京大學出版會.

정광호, 1980, 「일제의 종교정책과 식민지 불교」 『한국사학』 3.

서경수, 1982, 「일제의 불교정책 -사찰령을 중심으로-」 『불교학보』 25.

白幡洋三郎, 1985, 「異人と外人」 『十九世紀日本の情報と社會變動』, 京都大學人文科學硏究所.

허수열, 1985, 「1930년대 군수공업화정책과 일본 독점자본의 진출」, 차기벽 엮음, 『일제의 한국식민통치』, 정음사.

下村彰夫, 1988, 「觀光地空間との關わりから見た交通機關の史的展開」 『日本造園學會硏究發表論文集』 6.

손정목, 1989, 「일제강점기 도로와 자동차에 관한 연구」 『도시행정연구』 4, 서울시립대학교도시행정연구소.

渡部宗助, 1990, 「中學校生徒の異文化体驗―1906年滿韓大修學旅行の分析」 『國立敎育硏究所硏究收錄』 21, 財団法人會誌刊行センター.

蘇斗永, 1991, 「韓末·日帝初期(1904~1919) 道路建設에 대한 一硏究―用地收奪과 夫役을 中心으로―」, 한양대학교 석사학위논문.

채상식, 1991, 「한말, 일제기 범어사의 사회운동」 『한국문화연구』 4, 부산대 한국문화연구소.

박승길, 1992, 「일제 무단정치시대의 종교정책과 그 영향」 『현대 한국의 종교와 사회』, 문학과 지성사.

안유림, 1993, 「1930年代 총독 宇垣一成의 植民政策―北鮮收奪政策을 中心으로―」, 이화여자대학교 석사학위논문.

朴順愛, 1995, 「15年戰爭期內閣情報機構對內情報宣傳政策」, 一橋大學大學院 博士學位論文.

한긍희, 1996, 「1935~37년 일제의 '心田開發'정책과 그 성격」 『韓國史論』 35, 서울대학교 국사학과.

김광식, 1996, 「1910년대 불교계의 진화론 수용과 사찰령」 『한국근대불교사연구』, 민족사.

홍순권, 1997, 「일제 초기의 면 운영과 '조선면제'의 성립」 『역사와 현실』 23.

荒山正彦, 1999. 3, 「戰前期における朝鮮·滿洲へのツーリズム」 『關西學院史學』 26, 關西學院大學文學部史學科.

정혜경·이승엽, 1999, 「일제하 綠旗聯盟의 활동」 『한국근현대사연구』 10.

박성진, 1999, 「일제말기 綠旗聯盟의 內鮮一體論」 『한국근현대사연구』 10.

김순석, 2000, 「1930년대 후반 조선총독부의 '심전개발운동' 전개와 조선불교계」『한국민족운동사연구』 25.

이경순, 2000, 1917년 불교계의 일본시찰 연구」『한국민족운동사연구』 25, 한국민족운동사학회.

채상식, 2000, 「日本 明治年間 淨土眞宗의 추이와 그 특성 - 한말 불교침탈 배경과 관련하여 - 」『韓國民族文化』 16, 부산대 한국문화연구소.

김영근, 2000, 「일제하 서울의 근대적 대중교통수단」, 『韓國學報』 98, 일지사.

임혜봉, 2001, 「열렬한 민족주의자 최범술」『일제하 불교계의 항일운동』, 민족사.

김경집, 2002, 「日帝下 佛敎視察團 연구」『불교학연구』 44.

최석영, 2002, 「식민지시대 고적보존회와 지방의 관광화 - 부여고적보존회를 중심으로 - 」『아시아문화연구소』 18, 한림대아시아문화연구소.

최석영, 2002, 「일제 강점 상황과 扶餘의 '관광명소'화의 맥락」『인문과학논문집』 35, 대전대학교 인문과학연구소.

김춘식, 2002, 「사회진화론의 유입과 '조선불교유신론'」『한국어문학연구』 39.

박순애, 2002, 「조선총독부의 情報宣傳政策」『韓中人文學研究』 9.

서기재, 2002, 「일본근대「여행안내서」를 통해서 본 조선과 조선관광」『일본어문학』 13, 한국일본어문학회.

성주현, 2003, 「日帝의 同化政策과 宗敎界 動向」『식민지 조선과 매일신보 1910년대』, 신서원.

高媛, 2003, 「滿州修學旅行の誕生」『彷書月刊』 215.

최석영, 2003, 「식민지 상황에서의 부여 고적에 대한 재해석과 '관광명소'화」『비교문화연구』 9-1, 서울대학교비교문화연구소.

심재욱, 2003, 「1910년대 『매일신보』의 식민지지배론」, 수요역사연구회편, 『식민지 조선과 매일신보』, 신서원.

박성진, 2003, 「일제 초기 '朝鮮物産共進會' 연구」, 수요역사연구회편, 『식민지 조선과 매일신보』.

권혁희, 2003, 「일제시대 사진엽서에 나타난 '재현의 정치학'」 『한국문화인류학』 36-1.

金旻榮, 2003, 「植民地時代 勞務動員 勞動者의 送出과 鐵道·連絡船」 『한일민족문제연구』 4.

조성운, 2004, 「매일신보를 통해 본 1910년대 일본시찰단 연구」 『한일민족문제연구』 6, 한일민족문제학회.

李良姬, 2004, 「日本植民地下の觀光開發に關する研究」 『日本語文學』 24, 일본어문학회.

李良姬, 2004, 「金剛山 觀光開發の文化人類學的研究」, 廣島大學大學院國際協力科 博士學位論文.

須永德武, 2004, 「解題」, 『東亞旅行社滿洲支部15年誌』.

김상현, 2004, 「曉堂 崔凡述(1904~1979)의 獨立運動」 『史軒林英正教授停年紀念論叢』.

佐藤哲哉, 2004, 「明治初期か第二次世界大戰に至る日本の觀光政策」 『九州産業大學商経論叢』 45-2.

복환모, 2004, 「1920년대 초 조선총독부 「활동사진반」의 역할에 관한 연구」 『영화연구』 24.

차혜영, 2004, 「1920년대 해외 기행문을 통해 본 식민지 근대의 내면형성경로」 『국어국문학』 137, 국어국문학회.

김중철, 2005, 「근대 초기 기행 담론을 통해 본 시선과 경계 인식 고찰 - 중국과 일본 여행을 중심으로 - 」 『인문과학』, 성균관대학교 인문과학연구소.

서기재, 2005, 「일본 근대 여행관련 미디어와 식민지 조선」 『일본어문학』 14.

조성운, 2005, 「1910년대 일제의 동화정책과 일본시찰단」 『사학연구』 80.

박양신, 2005, 「일본의 한국병합을 즈음한 '일본관광단'과 그 성격」 『동양학』 37, 단국대학교.

배병욱, 2005, 「1920년대 전반 조선정보위원회와 선전영화」, 동아대학교 석사학위논문.

한규무, 2005, 「한말 한국인 일본관광단연구(1909~1910)」 『국사관논총』 107, 국사편찬위원회.

김정훈, 2005, 「'한일병합' 전후 국내관광단의 조직과 그 성격」 『전남사학』 25.

根橋正一, 2005, 「日本植民地時期臺灣における國際觀光の成立」 『社會學部論叢』 16-1, 流通經濟大學.

한동민, 2005, 『사찰령체제하 본산제도연구』, 중앙대학교 박사학위논문.

성주현, 2005, 「1910년대 朝鮮에서의 日本佛敎의 布敎와 성격」 『일제의 식민지 지배정책과 매일신보 1910년대』, 두리미디어.

한경수, 2005, 「한국의 근대 전환기 관광(1880~1940)」 『관광학연구』 29-2(통권 51호).

三谷正憲, 2005, 「日本近代の朝鮮觀―明治期の滿韓修學旅行をめぐって」 『Gyros』 11.

황민호, 2005, 「일제하 조선총독부 기관지의 발행과 법률 관련 자료의 경향」, 『법사학연구』 31.

손환, 2005, 「일제하 인천월미도의 여가시설에 관한 연구」 『한국체육학회지』 44권 5호, 한국체육학회.

平山昇, 2006, 「'日鮮滿を結んだ鐵路と航路－關釜連絡船·朝鮮鐵道·滿鐵－」 『歷史と地理』 592, 山川出版社.

조성운, 2006, 「1920년대 초 일본시찰단의 파견과 성격」『한일관계사연구』 25, 한일관계사학회.

박찬승, 2006, 「식민지시기 조선인들의 일본시찰 - 1920년대 이후 이른바 '內地視察團'을 중심으로 - 」『지방사와 지방문화』 9권 호, 역사문화학회.

中村宏, 2006, 「戰前における國際觀光(外客誘致)政策」『神戶學院法學』 제36권 2호.

기무라 겐지, 2006, 「關釜連絡船이 輸送史에서 차지하는 위치」『한국민족문화』 28.

洪淵津, 2006, 「釜關連絡船 始末과 釜山府 日本人 人口移動」『한일민족문제연구』 11.

柳敎烈, 2006, 「帝國과 植民地의 境界와 越境 - 釜關連絡船과 '渡航證明書'를 중심으로 - 」『한일민족문제연구』 11.

鈴木普慈夫, 2006, 「滿韓修學旅行の敎育思想的考察―敎育目標の時代的変化の一例として」『社會文化史學』 48.

임성모, 2006, 「팽창하는 경계와 제국의 시선」『일본역사연구』 23.

김사헌·지선진, 2006, 「근대 - 탈근대사회 맥락에서 본 관광패턴의 변화 : 이론적 논의를 중심으로 - 」『경기관광연구』 9,관광종합연구소.

關谷次博, 2007, 「戰前期中國·朝鮮への旅行と鐵道」『鐵道史學』 24, 鐵道史學會.

조성운, 2007, 「1920년대 일본시찰단의 조직과 파견」『한국독립운동사연구』 28.

조성운, 2007, 「1920년대 초반 朝鮮情報委員會의 宣傳活動」『한국민족운동사학연구』 51.

조성운, 2007, 「일제의 식민지 지배정책과 불교시찰단」『한국선학』 18.

조성운, 2007, 「전시체제기 일본시찰단 연구」『사학연구』 88.

李良姬, 2007, 「植民地朝鮮における朝鮮總督府の觀光政策」『北東アジア研究』 13, 島根縣立大學北東アジア地域研究センタ-.

오카와 히토미, 2007, 「일제시대 선전영화에 표상된 조선의 이미지-『朝鮮素描』를 중심으로-」, 이화여자대학교 석사학위논문.

조성운, 2007, 「1920年代 初 朝鮮情報委員會의 設置와 性格」『한국민족운동사연구』 51.

이종수, 2007, 「근대 일본의 尊王主義와 불교계의 國粹主義」『불교문화연구원 발표문』, 동국대학교.

강미자, 2007, 『韓龍雲의 佛敎改革運動과 民族主義運動』, 경성대학교박사학위논문.

홍순애, 2007, 「근대소설에 나타난 타자성 경험의 이중적 양상」『정신문화연구』 106권, 한국학중앙연구원.

李良姬, 2007, 「植民地時期における朝鮮總督府の觀光政策」『東北アジア研究』 13, 島根縣立大學東北アジア地域研究センター.

中村宏, 2007, 「戰前における國際觀光(外客誘致)政策-滿州事變日中戰爭第二次大戰--」『神戶學院法學』 36권 2호.

中村宏, 2007, 「戰時下における國際觀光政策-滿州事變日中戰爭第二次大戰--」『神戶學院法學』 36권 3·4호.

安田政彦, 2007, 「繪葉書にみる大正時代の博覽會」『帝塚山學院大學研究論集』 42, 文學部.

홍순애, 2007, 「근대소설에 나타난 타자성 경험의 이중적 양상」『정신문화연구』 106권, 한국학중앙연구원.

김려실, 2008, 「기록영화 <Tyosen> 연구」『상허연구』 24, 상허학회.

조성운, 2008, 「1910년대 식민지 조선의 근대관광의 탄생」『한국민족운동사연구』 56.

宋安寧, 2008, 「1906(明治39)年における滿州敎員視察旅行に關する

研究」『研究紀要』 1-2.

차순철, 2008, 「일제강점기 경주지역의 고적조사와 관광에 대한 검토」 『新羅史學報』 13.

추교찬, 2008, 「월미도 유원지와 경인선」 『仁川文化研究』 6.

김신재, 2009, 「1910년대 경주의 도시변화와 문화유적」 『新羅文化』, 동국대학교 신라문화연구소.

김영수, 2009, 「1920~30년대 인천의 ‘관광도시’ 이미지 형성」 『인천학연구』 11.

조성운, 2009, 「일제하 조선총독부의 관광정책」 『동아시아문화연구』 46, 한양대학교 동아시아문화연구소.

조병로, 2009, 「日帝 植民地時期의 道路交通에 대한 研究(Ⅰ)」 『한국민족운동사연구』 59, 한국민족운동사학회.

조성운, 2010, 「1930년대 식민지 조선의 근대관광」 『한국독립운동사연구』 36, 한국독립운동사연구소.

조병로·조성운·성주현, 2010, 「일제 식민지시기의 도로교통에 대한 연구(Ⅱ), 『한국민족운동사연구』 61.

# 찾아보기

## ㄱ

# 경인한국학연구총서